U0145951

# 中華文明史

## 第一卷

主　　编　袁行霈　严文明

本卷主编　张传玺　楼宇烈

本卷副主编　严文明　李零

北京大学出版社

PEKING UNIVERSITY PRESS

**图书在版编目（CIP）数据**

中华文明史（精装本）/袁行霈、严文明、张传玺、楼宇烈主编 . —北京：北京大学出版社，2006.4

ISBN 978 - 7 - 301 - 10602 - 0

Ⅰ. ①中…　Ⅱ. ①袁…②严…③张…④楼…　Ⅲ. ①文明史—中国　Ⅳ. ①K203

中国版本图书馆 CIP 数据核字（2006）第 025057 号

| | |
|---|---|
| 书　　　　名 | 中华文明史（精装本） |
| | ZHONGHUA WENMING SHI |
| 著作责任者 | 袁行霈　严文明　张传玺　楼宇烈　主编 |
| 责任编辑 | 王春茂　岳秀坤　张凤珠　刘　方 |
| 图片编辑 | 齐东方　刘玉才　李星明 |
| 标准书号 | ISBN 978 - 7 - 301 - 10602 - 0 |
| 出版发行 | 北京大学出版社 |
| 地　　　　址 | 北京市海淀区成府路 205 号　100871 |
| 网　　　　址 | http://www. pup. cn　新浪微博：@北京大学出版社 |
| 电子信箱 | 编辑部 wsz@pup. cn　总编室 zpup@pup. cn |
| 电　　　　话 | 邮购部 010 - 62752015　发行部 010 - 62750672　编辑部 010 - 62750577 |
| 印刷者 | 北京中科印刷有限公司 |
| 经销者 | 新华书店 |
| | 787 毫米 × 1092 毫米　16 开本　116 印张　48 插页　1656 千字 |
| | 2006 年 4 月第 1 版　2023 年 8 月第 12 次印刷 |
| 定　　　　价 | 490.00 元（全四册） |

彩图1 辽宁凌源牛河梁第二地点的积石冢和祭坛

彩图2 河南密县古城寨中原龙山文化的城墙剖面

彩图3 二里头遗址出土镶嵌
绿松石铜牌

彩图4 夏家店下层文化的彩绘陶鬲，内蒙古敖汉旗大甸子出土

彩图5　利簋及武王克商铭文

彩图6 商代早期大方鼎，郑州商城出土

彩图7 虎食人卣，商代晚期，现藏日本京都泉屋博古馆

彩图8　殷墟妇好墓出土象牙杯

彩图9　失蜡法铸铜尊盘，湖北曾侯乙墓出土

彩图10　青铜错金银虎噬鹿器座，河北平山县中山王墓出土

彩图11　刻辞卜甲，安阳殷墟出土

彩图12　刻辞卜骨，安阳殷墟出土

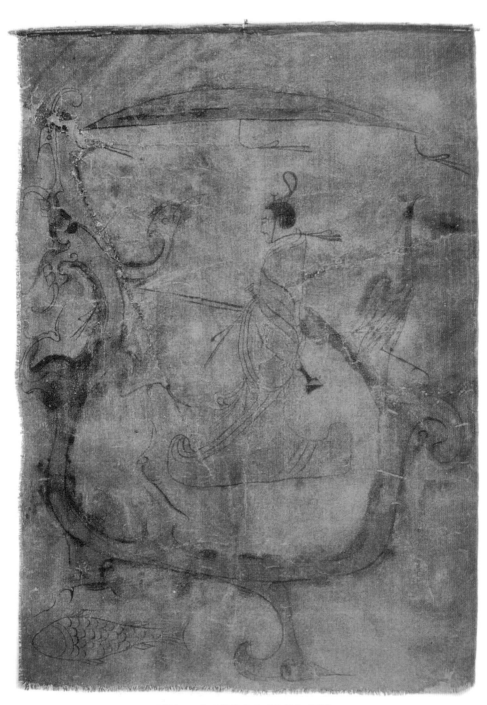

彩图13 长沙楚墓帛画"人物御龙图"

彩图14　虎座鸟架悬鼓，湖北江陵望山一号墓出土

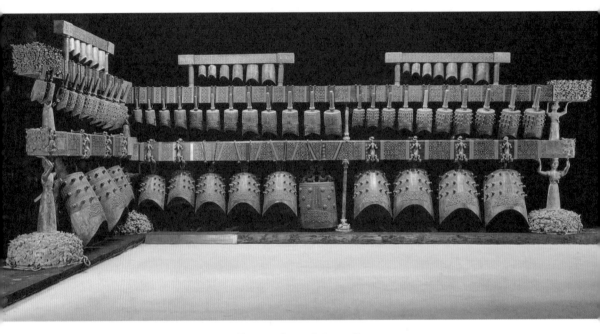

彩图15　曾侯乙墓出土编钟

# 目　录

# 中华文明史总绪论

人类的出现,特别是人类文明的出现,是宇宙间的一大奇迹。

人类既是文明的创造者,又是文明成果的体现者。人类在创造文明的过程中,不断改变着自己的生存方式;同时文明成果的积累也推动了人类的演进。人类自身和人类所创造的文明形成互动的关系。文明史既是人类的创造史,也是人类的演进史。编纂文明史,就是用文字把这创造和演进的过程记录下来。

文明可以分解为物质文明、政治文明、精神文明三个方面,这三方面对应着人类和自然的关系、人类的社会组织方式,以及人类的心灵世界(思想的、道德的、美感的)。前两个方面是具体可感的人类生存方式,是文明的外部现实。第三个方面是文明的另一种现实,即无涯无涘的思维的想象的空间。当然,精神文明也常常外化为物质的或政治的现实。人类正是在处理与自然的关系中,在处理自己和自己的关系中,在发挥自由想象的过程中,创造了文明。这三方面是紧密联系在一起的,物质文明是政治文明和精神文明赖以建立的基础,政治文明和精神文明又反过来推动或阻碍着物质文明的进步。文明的进步有时是这三方面同时推进,有时是某一方面或两方面领先,而其他方面相对滞后。

我们在本书中描述中华文明演进的过程,特别注意用浓墨重彩描绘文明发展过程中的亮点,彰显那些对文明发展作出重大贡献的人物。如果说,人和人的创造是本书的中心,那么物质文明、政治文明、精神文明则是本书的三根支柱。在描述文明发展的过程时,我们注意这三方面参差错落的情形,在不同的时期侧重不同的方面。

本书着重描述那些反映总体面貌的标志性成果,也就是那些对中华民族甚至全人类的进步产生过重大影响的成就。我们认为,分门别类地叙述科技、制度、思想、文艺等等方面的成就是必要的,但更需要把这些方面综合起来说明各个时期文明的进程和特点。文明史不同于科技史、制度史、思想史、文学史、艺术史等等的简单拼合,更不是一部百科知识全书,既不能脱离各门专史,又要力求多学科的交叉与综合,力求作出总体性的描述。

研究文明史必须重视文献资料,也必须重视文物考古资料,并且努力将这两方面的资料结合起来,进行互证。本书对先秦文明史的论述尤其大量地运用了文物考古资料,在秦汉以后文明史的论述中也充分注意到文物考古资料与文献资料的结合。

考察中华文明史,不能脱离世界文明的大格局。应当力求写出中华文明各个时期的特点及其在世界文明进程中所处的地位,中华文明对世界的贡献,以及中华文明对世界其他各种文明的吸收和借鉴。

本书从事实出发,力求对事实作出准确的描述、考证与概括,概括就体现为理论。本书属于史学著作,史笔、议论、才情三者的结合,是我们追求的目标。

回顾过去是为了瞻望未来。中华文明史应当在总结文明发展历史的基础上,启发读者思考未来文明的发展方向。

## 第一节　世界四大古老文明

古埃及文明　巴比伦文明　古印度文明　延绵不断的中华文明

与具有大约 46 亿年历史的地球相比,人类的历史是短暂的,从早期猿人算起,至今大约有 350 万到 200 万年,大约占地球历史的万分之四至万分之七。与人类的历史相比,人类的文明史也是短暂的,从新石器时代算起,大约只相当于人类历史的千分之三。据考古学和人类学目前研究的结果,人类文明的起源是多元的。早期文明的发展是一个缓慢的过程,直立人相当于旧石器时代早期,其出现大约在二三百万年以前;早期智人相当于旧石器时代中期,其出现大约在 30 万年以前;晚期智人相当于旧石器时代晚期,其出现大约在 5 万年以前。现代人相当于新石器时代,大约距今 10000 年到 4000 年之间,"这一时代的基本特征是农业、畜牧业的产生,磨制石器、陶器、纺织的出现。严格地讲,这时已从依赖天然赏赐,过渡到生产经济阶段"[1]。

新石器的使用是人类步入文明的标志。

人类古老的文明有四种,都是沿着江河发祥的。这就是尼罗河流域的古埃及文明、幼发拉底和底格里斯两河之间的巴比伦文明、印度河与恒河流域的古印度文明、黄河和长江流域的中华文明[2]。

古埃及文明可以追溯到公元前 4000 年左右。大约公元前 3100 年美尼斯统一了上埃及和下埃及,建立了第一王朝,此后数百年间文明趋于成熟,开始使用象形文字,组织了国家,开创了法老专制政治。大约公元前 2686 年建立了第三王朝,从第三王朝至第十七王朝经历了许多变化。这期间,第三王朝建造了层级金字塔,第四王朝建造了吉萨的大金字塔和斯芬克斯狮身人面像;第五王朝建造了太阳神庙。从公元前 1570 年开始的第十八王朝,到公元前 332 年第三十一王朝结束,这一千多年间内讧不断,外族屡屡入侵,战乱频仍。公元前 332 年,马其顿的亚历山大大帝接管了埃及,开始了希腊、罗马文明与埃及文明交融的时期。到 4 世纪中叶,埃及成为主要的基督教国家。公元 639 年阿拉伯人入侵以后,经过缓慢的过程,埃及逐渐阿拉伯化。古埃及文明对现代西方文明的形成和非洲文明的发展都产生过很大的影响。

巴比伦文明起源于公元前 4000 年左右,那时巴比伦城还没有崛起,居住在两河流域的是苏美尔人和阿卡得人,他们创造了楔形文字,制定了最早的法典,建立了城邦,发明了陶轮、帆船、耕犁。大约公元前 1900 年,从西方来的阿莫里特人征服了这个地区,继承苏美尔人和阿卡得人的文明,并使巴比伦成为两河流域的政治和商业中心。公元前 1595 年喀西特人掌握政权,建立了一个延续四百年的王朝。此后,亚述人、阿拉米人和迦勒底人展开多年的斗争。从公元前 9 世纪到公元前 7 世纪下半叶,统治这个地区的主要是亚述帝国。最后一位亚述国王逝世后,迦勒底人的领袖那波帕拉萨尔在公元前 626 年建立了新巴比伦王国,他的儿子尼布甲尼撒二世在巴比伦修筑了空中花园,改建了马尔杜克神庙和通天塔。这个地区在公元前 539 年被波斯人占领,公元前 331 年又被亚历山大大帝占领,巴比伦遂纳入希腊文明的轨道之中。

古印度文明又称哈拉帕文明,其时间大约相当于公元前 2300 年至公元前 1750 年,分布在印度河流域大约 50 万平方英里的土地上,至今已发现 70 处遗址,包括两大城市和一百多个较小的城镇和村庄。当时已有比较发达的农业和畜牧业,铜器和陶器的制造以及纺织业也有所发展,已有车船等运输工具。但是这一文明不知何故竟销声匿迹了。公元前1500年至公元前500年是吠陀时代,《吠陀》是印度-雅利安人的历史文献,这个时代就是以它所记载的那段时间命名的。印度-雅利安人在吠陀前期活动在印度西北部,到吠陀后期他们进入恒河中下游地区,并开始使用铁器,奴隶制国家开始形成。公元前6世纪摩揭陀国控制了恒河谷地,佛教和耆那教开始占有重要的地位。公元前325年,旃陀罗笈多建立了孔雀王朝,几乎在整个印度次大陆建立了中央集权的统治。公元前150年到公元300年,印度陷入混乱,月氏人、贵霜人相继侵入北印度,潘地亚、哲罗、朱罗三国在南印度对峙。这种列国争雄的局面持续了一千多年,一直到印度沦为英国的殖民地[3]。

如果与上述三大古文明相比,中华文明的起源不能算是最早的,但中华文明是唯一的从未中断过的文明。今天生活在这片土地上的人就是那创造古老文明的先民之后裔,在这片土地上是同一种文明按照自身的逻辑演进、发展,并一直延续下来。同时,中华文明在发展过程中显示了巨大的凝聚力,不仅没有中断,也没有分裂;只有新的文明因素增加进来,而没有什么文明的因素分离出去成为另一种独立的文明[4]。

这是一个很值得探讨的现象,但作出全面解释并非易事。我们可以从地理环境中找到一些答案,前三种文明都是在相对集中的一个较小范围内展开的,回旋的余地不大,一旦遭到强悍的外族入侵和战争的破坏或严重的自然灾害,就难以延续和恢复。而中华文明则是在一个很大的范围内展开的,回旋的余地很大,便于将不同民族的势力和文化加以吸纳与整合,也不致因地区性的自然灾害而全体毁灭,所以能够传承数千年而绵亘不绝[5]。探讨中华文明延续不断的原因,还应当考虑中华文明本身的规模,中华文明在遭到周围其他文明威胁时,其总体规模已经十分巨大,在经济、政治、哲学、科技、文学、艺术等许许多多的领域内,已经形成了完整的相互关联的文化整体。对中华文明构成威胁的其他文明虽然可以用武力部分地或全部地占领这块土地,但无论如何最终还是不能不被这规模巨大的文明整体所吸收同化。地域的广大和整体规模的巨大,形成一种难以征服的力量[6]。探讨中华文明延续不断的原因,还可以深入到中华文明内部来考察，其中有一些因素有利于文明的延续，例如祖先崇拜所起的作用。祖先崇拜由来已久，其表现之一就是神化祖先的能力和功绩，把他们奉为神灵进行祭祀，祈求护佑。小到一个家庭，大到一个家族、宗族，更大到一个民族，都崇拜自己的祖先，祖先就是神。这种以血缘为纽带的关系，发挥着巨大的维系文明的作用。各部族的祖先不同，所崇拜的对象也不同，《礼记·祭法》："有虞氏禘黄帝而郊喾，祖颛顼而宗尧。夏后氏亦禘黄帝而郊鲧，祖颛顼而宗禹。殷人禘喾而郊冥，祖契而宗汤。周人禘喾而郊稷，祖文王而宗武王。"[7]这种状况本来隐含着文化传承断裂或分裂的危险，所幸这个危险由炎帝和黄帝消解了。关于他们的事迹虽然带有很大的传说成分，但是影响深远，深入人心，炎、黄二帝被推为中华民族共同的始祖[8]，《史记》即以黄帝本纪为中国历史的开篇。古人对他们的祭祀很早而且延续不断，战国时的秦国祭四帝：白帝、青帝、黄帝、赤帝，其中的赤帝就是炎帝[9]。历代祭祀黄帝之举史不绝书，而且一直流传至今。中古以降，当少数民族入主中原时，往往托黄帝以明正朔，如北魏即自称是黄帝之子昌意之后[10]。对中华民族共同祖先炎、黄二帝的崇拜，使中华文明在多元发展的同时，一以贯之地保持了连续性。祖先崇拜的底蕴是强烈的本根意识，就是对自身本源之探究、认同、尊重与返归。《老子》十六章："夫物芸芸，各复归其根。"《淮南子·原道》："万物有所生，而独知守其根。"归根、守根与现在常说的寻根，都体现了同一种本根意识，这是维系中华文明使之延绵不断的一个重要原因。与祖先崇拜相关，以家庭和宗族为基本单位的社会模式，家庭、宗族与国家的同构性，以及宗族作为国与家的中介，都发挥着协调关系、维系国家、延续历史的作用。中华文明中强烈的爱国精神、高尚的民族气节，使中华儿女在国家和民族的危难关头，能够迸发出巨大的力量，维护国家民族的生存，并延续了自己的文明。探讨中华文明延续不断的原因，我们还注意到，中华文明中"自强不息"和"厚德载物"的精神，使这个文明既有刚性又有韧性，能够适应内外条件的变化，兼容各种不同的文明，不断丰富自己，顽强地生存发展。古代的哲人看到大自然运行的一条重要规律，并由此引申出人生的重要准则："天行健，君子以自强不息。"（《易·乾卦·象传》）人的"自强不息"乃是植根于天道的，是合于自然规律的。刚健自强，奋发有为，才能生存和发展。自强不息的精神对中华民族的生存发展和延续不断具有重大的意义。古代的哲人又看到大自然运行的另一条重要规律,并由此引申出人生的重要准则:"地势坤,君子以厚德载物。"(《易·坤卦·象传》)君子应当像大地一样,以厚德载物,兼容纷纷总总各不相同之物。厚德载物的精神,使中华民族能够容纳百川,不断丰富发展自己。探讨中华文明延续不断的原因,不能忘记这文明的一个重要载体和标志即汉字所发挥的作用。汉字独特的象形、表意等功能,使它可以成为各方言区的人群用来交际的共同工具,也可以成为各民族用来交际的共同工具。汉字把广大地域内的居民拉近,从而增强了中华民族的凝聚力,并使中华文明延绵不断直到今天。

## 第二节　中华文明的思想内涵

阴阳观念　人文精神　崇德尚群　中和之境　整体思维

一种延绵不断的古老文明,必有其丰富而又深刻的思想内涵贯穿其中,并成为支撑其生命的坚强支柱。中华文明的思想内涵可以概括为以下几个方面:

阴阳观念。阴阳的本意是阳光的向背,向日为阳,背日为阴。所以山的南面称阳,山的北面称阴。引申开来,物体的正面、前面称阳,背面、后面称阴。古代思想家看到一切事物都有正反两方面,就用阴阳来概括两种互相对立的或互相消长的方面,从而形成阴阳观念。这种观念起源相当早,《诗经》《老子》《周易》中就已出现,如《诗·大雅·公刘》:"相其阴阳,观其流泉。"《老子》四十二章:"万物负阴而抱阳。"《易·系辞上》:"一阴一阳之谓道。"诸如天地、日月、昼夜、寒暑、君臣、男女、夫妇、律吕、刚柔、奇偶、开合、依违等等,莫不可以阴阳概括之。就连人本身也是阴阳二气之精华汇合而成,《大戴礼记·曾子天圆》:"唯人为倮匈而后生也,阴阳之精也。"[11]

阴阳的交替变化,有序而调和就是治,就吉祥;无序而不调和就是乱,就有难。《易·系辞下》:"子曰:'乾坤,其易之门邪?'乾,阳物也;坤,阴物也。阴阳合德而刚柔有体,以体天地之撰,以通神明之德。"《国语·周语上》记载西周幽王时的大夫伯阳父说:"阳伏而不能出,阴迫而不能烝,于是有地震。"[12]

《韩诗外传》中的一段话将包括阴阳在内的自然界的状况和政治的得失联系起来，很有代表性："国无道，则飘风厉疾，暴雨折木，阴阳错氛，夏寒冬温，春热秋荣，日月无光，星辰错行，民多疾病，国多不祥，群生不寿，而五谷不登。"[13]如果能够调和阴阳，就可以达到人和自然的和谐，也就可以治理好国家。《韩诗外传》接着又说："当成周之时，阴阳调，寒暑平，群生遂，万物宁。"所以古人特别强调阴阳的调和，《荀子·天论篇》："列星随旋，日月递照，四时代御，阴阳大化，风雨博施，万物各得其和以生，各得其养以成。"[14]《潜夫论·本政》："凡人君之治，莫大于和阴阳。阴阳者，以天为本。天心顺则阴阳和，天心逆则阴阳乖。天以民为心，民安乐则天心顺，民愁苦则天心逆。"[15]总之：阴阳二分乃是对于宇宙间万事万物的概括，阴阳调和乃是对宇宙秩序的认识和追求。正如张岱年先生所说："古时人见万物万象都有正反两方面，此种两极的现象普遍于一切，于是成立阴阳二观念。所谓阴阳，其实即表示正负。更发见一切变化皆起于正反之对立，正反乃变化之所以起，于是认为阴阳乃生物之本，万物未有之前，阴阳先有。更进而认为阴阳有未分之时，此阴阳未分之体，方是宇宙之究竟根本。"[16]英国学者阿诺德·汤因比在《历史研究》一书中说："在不同社会、不同的观察者用来表示静止状态和活动状态这一宇宙韵律的各种符号当中，阴阳是最贴切的，因为它们不是通过心理学、机械学或数学的某些暗喻方式，而是直接表现出了交替的韵律。"[17]

人文精神。人文一词起源很早，《易·贲卦·彖辞》："刚柔交错，天文也；文明以止，人文也。观乎天文，以察时变；观乎人文，以化成天下。"[18]所谓"文明以止"，意思是：止物不以威武，而以礼乐教化。"观乎天文，以察时变；观乎人文，以化成天下"，是将人文与天文放到对等的地位，从中可以看出对人文的重视程度。如果把天理解为宇宙自然，那么这段话又包含着人和自然相通的哲理。人文精神的核心是对人的尊崇，《尚书·泰誓上》："惟天地，万物父母；惟人，万物之灵。"意思是说天地是万物之父母，人是万物之灵。《老子》二十五章："故道大，天大，地大，人亦大。域中有四大，而人居其一焉。人法地，地法天，天法道，道法自然。"把人和道、天、地并列，称之为四大之一。《礼记·礼运》："故人者，其天地之德，阴阳之交，鬼神之会，五行之秀气也。"从天地、阴阳、鬼神、五行等角度，肯定了人的崇高地位。《说文解字》解释"人"这个字的时候说:"人,天地之性最贵者也。"关于人和天的关系、人和神的关系,古人也有精辟的论述,《左传·昭公元年》引《尚书·泰誓》说:"天矜于民,民之所欲,天必从之。"《孟子·万章上》引《尚书·泰誓》又说:"天视自我民视,天听自我民听。"《左传·桓公六年》里有这样的话:"夫民,神之主也,是以圣王先成民,而后致力于神。"孔子也说:"敬鬼神而远之。"中国虽然也有宗教,也有神学,但宗教和神学没有取得像欧洲那样至高无上的地位。中国没有国教,没有教皇,没有宗教裁判所。中国的文学艺术虽然也和宗教发生关系,但宗教的题材远不如欧洲那样盛行和重要。中华文化所崇拜的是祖先,注重的是祭祖,或者崇拜和祭祀那些为民族的生存和发展作出过突出贡献的人。中华文明是以人为中心的文明,以人为主体的文明,人和人的关系远比人和神的关系重要。

崇德尚群。重视人的节操和修养,注重人之所以成为人的道德素质,进而追求人格的完美,这可以称之为道德意识或人格意识,这是中华文明的又一个重要特点。崇德的意识出现很早,《周易·系辞上》:"子曰:'夫易,圣人所以崇德而广业也。'"[19]意思是说:易是圣人用以崇德广业的。就个人而言,崇德和修身联系在一起,《论语·颜渊》:"子张问崇德、辨惑。子曰:'主忠信,徙义,崇德也。'"孔子又说:"朝闻道,夕死可矣。"[20]又说:"杀身以成仁。"[21]孟子说:"舍生而取义。"[22]孟子还有一句名言:"富贵不能淫,贫贱不能移,威武不能屈。"[23]在他们看来,道德和节操比生命还重要。在古代,道德和智能完善的人就是圣贤。中华文明以人为中心,在众人之中又以圣贤为中心,而且认为只要认真修养,"人皆可以为尧舜"[24]。圣贤并不是天生的,是通过自身的刻苦修养达到的,修身离不开社会实践,甚至需要各种苦难和逆境的磨炼。孟子说:"天将降大任于是人也,必先苦其心志,劳其筋骨,饿其体肤,空乏其身,行拂乱其所为,所以动心忍性,曾益其所不能。"[25]修身也离不开自我反省,孔子说:"见贤思齐焉,见不贤而内自省也。"[26]孔子的学生曾子说:"吾日三省吾身。"他们都强调了自我修养的重要。修身注重从我做起,孟子说:"有大人者,正己而物正者也。"[27]正己不仅是修养自身,也是对社会负责,如果人人都能正己,社会的道德环境就改善了。儒家的这些古训发展为宋明理学,则成为以"天理"为核心的伦理世界观和修养论,特别注重立身处世的道德自励,并以德治兴邦为社会使命。宋代张载所谓"为天地立心,为生民立命,为往圣继绝学,为万世开太平"[28]，遂成为个人修养最高的境界。

尚群即崇尚群体利益，群体利益高于个人利益，群体的发展先于个体的发展，这是中华民族的价值观。小到家庭，大到国家、民族，都是群。个体是小我，群体是大我，群就是公。天下为公的理想作为中华文明核心的一部分，显得十分辉煌。《礼记·礼运》："大道之行也，天下为公。选贤与能，讲信修睦。故人不独亲其亲，不独子其子。使老有所终，壮有所用，幼有所长，矜寡、孤独、废疾者，皆有所养。男有分，女有归，货恶其弃于地也，不必藏于己。力恶其不出于身也，不必为己。是故谋闭而不兴，盗窃乱贼而不作，故外户而不闭。是谓大同。"落到个人的修养上，公和私，应以公为先；人和己，应以人为先。孔子说："君子贵人而贱己，先人而后己。"便是这个意思。尚群还有一层意思就是以众人群居为乐事，以合群为美德。荀子发展了孔子的学说，提出群居和一之道作为人类生活的基本准则，他认为有秩序的伦理生活，才符合天地之道，《荀子·礼论篇》："上取象于天，下取象于地，中取则于人，人所以群居和一之理尽矣。"这就是说，群体的力量超过个人的力量，众人只有合成群体才能生存并得到充分的发展。

中和之境。中的本意是中间、中央，引申有正、均、恰当等意义。《论语·尧曰》："尧曰：'咨！尔舜！天之历数在尔躬，允执其中。四海困穷，天禄永终。'"何晏集解引苞氏曰："言为政信执其中，则能穷极四海，天禄所以长终也。"执中也就是把握住平衡点，不走极端，平正通达，无往而不利。和的本义是声音相应，也就是声音的和，引申为和谐、和顺、和协、和衷、和畅、和平、中和、融和、祥和、调和、温和等意义。《老子》四十二章说："万物负阴而抱阳，冲气以为和。"认为万物都包含着阴阳二气，它们在冲虚的气中达到统一，所以和是万物演化的目标。《韩诗外传》卷三："天施地化，阴阳和合。……万民育生，各得其所。"和合又是万民育生的过程。在中国传统观念中，"和"与"同"是两个不同的概念。《论语·子路》："子曰：'君子和而不同，小人同而不和。'"何晏集解："君子心和，然其所见各异，故曰不同。小人所嗜好者同，然各争其利，故曰不和也。"[29]《国语·郑语》："今王弃高明昭显，而好谗慝暗昧；恶角犀丰盈，而近顽童穷固，去和而取同。夫和实生物，同则不继。以它平它谓之和，故能丰长而物生之。若以同裨同，尽乃弃矣。"韦昭注："和谓可否以相济;同谓同欲也。"又注:"谓阴阳相生,异味相和。""同者,谓若以水益水,尽乃其弃之,无所成也。"[30]朱熹《论语精义》卷七上引尹氏(焞)曰:"君子尚义,故有不同;小人尚利,安得而和?"这样一来"和"又成了一种道德标准。《论语·学而》:"有子曰:'礼之用,和为贵,先王之道斯为美。'"则从"和"与"礼"的关系这个角度,说明先王之道所推崇的原则[31]。中和是中华文明的精髓,《礼记·中庸》以"中和"为天地得以安置、万物得以发育的根本:"喜怒哀乐之未发,谓之中;发而皆中节,谓之和。中也者,天下之大本也;和也者,天下之达道也。致中和,天地位焉,万物育焉。"中和又是执政的准绳,《荀子·王制篇》:"故公平者,职之衡也;中和者,听之绳也。"杨倞注:"君子用公平中和之道,故能百事无过。中和,谓宽猛得中也。"中和还是为人的标准,为人要兼顾文和质两方面,使这两方面达到和谐。质朴超过文采就粗野了,文采超过质朴就浮华了,"文质彬彬"(《论语·雍也》),才称得上君子。中和还是审美的追求,所谓"乐而不淫"、"哀而不伤"(《论语·八佾》)就达到了中和之境。《潜夫论·本训》:"是故天本诸阳,地本诸阴,人本中和,三才异务,相待而成,各循其道,和气乃臻,机衡乃平。"这就把中和提升到与阴阳同等的地位,而称之为人之本了。中和既然如此重要,所以扬雄《法言·序》说:"天下莫尚于中和。"中和之境也体现在对外关系上,和平共处五项原则作为睦邻友好的准则,正是这种精神在当代的体现。

整体思维。《易传》提出"三才之道"[32],视天地人为一整体,认为天、地、人存在着普遍的联系。这种思维的集中体现就是"天人合一","天人合一"对当代世界文明的启示意义已经引起广泛的注意。整体思维注意从整体上把握事物的性质、事物之间的关系及其发展规律。部分是整体中的一部分,任何一个部分都反映整体。整体思维在中华文明中有种种具体的表现,例如中医就是把人的身体看作一个有机的整体。虽然是局部的病症,却往往着眼于全身进行治疗。中国的艺术创作、艺术鉴赏也是注重整体的把握。在画竹之前先要成竹在胸,就是这个道理。而所谓"气象"、"神韵"、"格调"等等,都是文艺作品给予欣赏者的整体感受。中国的文学家、艺术家一向注重"雄浑"和"自然",因为雄浑、自然都是整体的美感。随着近代自然科学的兴起,分析的方法在西方发展起来了。分析的方法要求把事物分割成尽可能小的部分,分别加以考察。分析方法的发展以及学科分工的细密,曾经促使科学长足发展,是人类文明史上的一大进步。但分工过细，以致互相割裂，只见树木，不见森林，未必能发现事物的普遍规律，有时候倒需要从总体上把握，这样才更准确。随着科学的进一步发展，边缘学科、交叉学科越来越受到重视，西方的科学家和哲学家们也越来越感到整体思维的重要。而中华文明注重整体思维的特点，就更引人瞩目了。中国古代科学技术灿烂辉煌，曾经居于世界领先地位，这已经是人所共知的事实了。中国古代科学技术的发展与中国人的勤劳智慧有很大关系，同时与这种思维方式也是密不可分的。中国古代的科学家以阴阳五行观为其自然哲学的基础，以相感相通和相生相克的整体思维考察自然现象的性能及其变化过程，从而在天文学、气象学、医学、化学、地学、物理学和生物学等领域作出了自己的贡献。英国学者李约瑟是研究中国科技史的权威，他十分推崇中国古代哲学所使用的"通体相关的思维"方法，特别强调从战国时代的庄子到宋代的周敦颐、朱熹等人的贡献，他说："也许，最现代化的'欧洲'的自然科学理论基础应归功于庄周、周敦颐、朱熹等人的，要比世人至今所认识到的更多。"[33] 我们既要积极学习近代西方文明善于分析的长处，以及与此相关的先进的科学技术，又要从原有的整体思维的思想方法中得到应有的启示和借鉴，以弥补其缺陷，并克服种种现代文明的病症，诸如对自然的过度开发所带来的环境污染等等。中西思维方式的贯通融合，必定能使中华文明更迅速地发展，并为世界文明掀开新的一页。

## 第三节　中华文明的演进

多元一体格局的形成　多民族的融合　外来文明的吸收　雅与俗的互动以复古为革新

越来越多的考古资料证明，中华文明的发祥地，不只是黄河流域，还包括长江流域。正是黄河和长江这两条横贯中华大地的河流，哺育了古老的中华文明[34]。越来越多的考古资料又证明，除了黄河流域和长江流域这两个主要的发源地之外，还有许多文明的遗存散布在各地。中华文明的组成，既包括定居于黄河、长江流域的较早以农耕为主要生活来源的华夏文明,也包括若干以游牧为主要生活来源的少数民族文明。中华文明是多元的,但中华文明的演进过程,不是多元文明互相灭绝,而是互相整合。中华文明的演进过程,在很大程度上可以视为不同地域的文明以及不同民族的文明,在交往过程中整合为一体的过程。整合的模式是以中原华夏文明为核心,核心向周围扩散,周围向核心趋同,核心与周围互相补充、互相吸收、互相融合。多元一体的格局最晚在西周就建立起来了。此后虽然历经战乱与分裂,不断有新的文明元素加入进来,但没有任何一种文明的分支分裂出去,所以这个大格局始终保持着它的完整性而没有打破。

在中华文明演进的过程中,有两个方面值得特别注意:

首先是民族的融合。在长期的交往中,以汉族为主体,形成 56 个民族多元一体的格局。距今大约五千年至七千年,在黄河流域就出现了仰韶文化、龙山文化,在长江下游出现了河姆渡文化、马家浜文化等多种文化,同时在北方草原地带也出现了以游牧和狩猎为特点的文化。进入传说时代,黄帝居住在中原一带,炎帝本是姜姓部落的首领。居住在北方的人统称为狄,居住在东方的人统称为夷,居住在南方的人统称为蛮,居住在西方的人统称为戎。传说尧时推举舜为继承人的便是四方部落的首领,而在禹之后的皋陶、伯益都是夷族。可见在远古时代就开始了民族融合的过程。到了夏商周三代,黄河流域的居民不断吸收周围的东夷、南蛮、西戎、北狄等族的成分,逐渐形成华夏民族。远在黑龙江流域的肃慎也成为周朝的属国。相传周文王的伯父太伯、仲雍与当地的民族结合,形成兼有商、周和当地特点的吴文化,吴和越开发了东南地区。秦人和西戎诸族共同开发了西北地区。楚地的华夏族和许多少数民族相融合,共同开发了长江中游地区。最后秦灭六国,统一了中国,这个统一的过程也可以视为多民族融合的过程。到了汉朝,华夏族进一步吸收其他民族的成分,扩大成为人口近六千万(公元 2 年)的民族,后来遂称为汉族。魏晋南北朝是民族大融合的时期,一方面,西部和北部的一些少数民族如匈奴、鲜卑、羯、氐、羌与汉族在纷争中交往融合,逐渐同化;另一方面,大量汉族人南下,在长江流域和珠江流域与南方各民族融合。唐代各民族之间的联系更加密切,如北方和西北的东、西突厥、东北的契丹、西南的彝族和白族都与汉族有进一步的融合。文成公主和亲于吐蕃松赞干布,加强了西藏与中原地区的联系,尤其值得注意。在宋辽金时期,契丹、女真、党项等族人民和汉族人民一起,进一步开发了北部的广大地区。而由蒙古族建立的元朝,结束了分裂的局面,建立起规模空前的统一国家,汉族和蒙古族的交融也得到空前的发展。清朝以后,大量满族人迁居山海关内,汉族人迁居关外,形成汉满杂居的状况,促进了两族的融合过程。同时,清朝与西藏的关系更加巩固,在新疆设立了行省,使中国这个多民族统一国家得到进一步的发展[35]。

如上所述,中华民族从一开始就是多元的,在漫长的发展过程中,汉族不断与周围的民族相融合,形成由 56 个民族组成的大家庭。在这过程中,只有加入进来的,没有分裂出去的。因此,中华文明的发展史从一个侧面看来就是民族融合的历史,中华民族的灿烂文明是 56 个民族共同的创造。

其次是外来文化的吸收。中华文明和域外异质文明的接触,无论是与印度佛教文明的接触,还是对西方近代文明的引进,都促进了中华文明的发展。印度佛教对中华文明的影响表现在思想观念和生活习俗等等许多方面,而佛教与中华传统文化相融合便出现了禅宗,禅宗成为中华文化的一个重要组成部分。仅就佛教对中国文学的影响这个局部而言,至少表现为五点:一、从此有了三世的观念和三界的观念,从而丰富了中国文学的想象世界,扩大了思维的时间和空间。二、加强了中国文学的故事性。三、促进了反切的产生和四声的发现。四、扩大了汉语的词汇。五、使文学观念更加多样化,例如真与空的观念、心性的观念、境界的观念、象和象外的观念等等,都与佛教有关[36]。明代中叶西方文明开始传入中国,但那还只是对中国传统文明的局部补充。鸦片战争之后,在救亡的呼声中,中国的知识分子纷纷介绍和学习西方先进的文明,魏源编纂《海国图志》,提出"师夷长技"的方针,便是一个带有标志性的变化。此后,向西方学习经历了从科学技术的层面到政治、人文层面的深化过程。废科举、兴学校,留学、办报,种种新的事物迅速出现,形成一种新的时代潮流,促使中华文明继续前进。

中华文明演进的过程中有一些值得注意的规律。物质文明的发展,特别是生产力的发展起着基础性的、决定性的作用。例如铁器的使用,推动了农业的发展,进而带来整个文明的进步。印刷术的发明和普及,便利了文明的传播,进而带动了文明的进步。一些具有进步性的制度的建立也起着不可忽视的作用,例如郡县制的建立、科举制的建立、比较完善的文官制度的建立,都推动了社会的发展和文明的进步。精神文明的发展对整个文明也起到推动作用,例如对德治的重视、百家争鸣的局面、唐诗的繁荣,都具有带动整个社会和文明前进的意义。

此外还有一些值得注意的方面,例如雅与俗的互动。所谓雅,是指社会上层的或见诸经典的部分;所谓俗,是指社会下层的或见诸非经典记载的部分。雅与俗是相对而言的,例如魏晋南北朝的世族与宋元以来的市民,前者的文化可以归之为雅,后者的文化可以归之为俗。见诸"四书"、"五经"的文化可以归之为雅,见诸戏曲、小说的文化可以归之为俗。朝廷的礼制可以归之为雅,民间的习俗可以归之为俗。就一个侧面而言,中华文明就是由雅化俗、由俗化雅,在雅与俗的互相转化中得以发展的。道教在汉末起源于民间,到了东晋、南朝得到不少世族的信奉,其地位逐渐提升。到了唐朝,皇帝大力提倡,使之具有与儒家和佛教等同的地位。这就是一个由俗化雅的过程,当然上层的道教和民间的道教仍然有所不同,这又当别论。孔子招收弟子讲学,本是一种私学,是百家争鸣中的一家。汉武帝罢黜百家,独尊儒术,儒家遂得到官方的权威地位。与此同时,儒家思想不断向民间普及,三纲五常、忠孝节义等等思想在人民生活中起着重要的作用,并贯穿在民间习俗、乡约、家规以及大量的戏曲、小说作品之中,这又是一个由雅到俗的过程。每一次的雅化或俗化都可以视为文明的一次演进,雅与俗的互动促进了中华文明的发展。又如,以复古为革新也是中华文明实现变革的一种常见方式。由于尧、舜、禹甚至更早的大同时代被视为理想的社会,所以变法维新的势力为了顺利地推行其革新的措施,有时便以复古为旗帜,借复古之名行革新之实。清代龚自珍、魏源、康有为等人复兴今文经学,借《公羊传》微言大义,议论时政。康有为更是借以推进维新变法,在当时影响颇大。在文学发展的过程中,以复古为革新更加普遍,唐代的陈子昂反对齐梁诗风,高倡汉魏风骨,促进了唐诗的健康发展,为盛唐诗坛的到来做了准备;韩愈、柳宗元倡导古文运动,反对六朝以来盛行的骈文,提倡三代两汉的古文,建立了一种新的文学语言和文体,也是以复古为革新的明显例证。

# 第四节　中华文明史的分期

分期的依据:总体性与标志性　第一期:先秦　第二期:秦汉魏晋南北朝
第三期:隋唐至明中叶　第四期:明中叶至辛亥革命

一般通史的写法偏重于政治史,但文明包括物质文明、政治文明和精神文明。文明史的写法自然应当有别于通史,必须总体考察文明各个方面的状况,找到文明发展总体的阶段性。因为文明所包括的范围很广,文明的各种要素的发展不平衡,在综合考察的同时还必须有重点,重点就是不同时期不同的标志性文明成果。于是我们将总体性和标志性两者结合起来,以确定文明史的分期。

依据这个原则,我们将中华文明分为四期,四期之中还可以细分为八个阶段:

第一期:先秦(公元前 2 世纪以前)

　　第一阶段:先夏

　　第二阶段:夏商周

第二期:秦汉魏晋南北朝(公元前 2 世纪至 7 世纪)

　　第一阶段:秦汉

　　第二阶段:魏晋南北朝

第三期:隋唐至明中叶(公元 7 世纪至 16 世纪)

　　第一阶段:隋唐五代

　　第二阶段:宋元至明中叶(正德末)

第四期:明中叶至辛亥革命(公元 16 世纪至 20 世纪)

　　第一阶段:明中叶(嘉靖初)至鸦片战争

　　第二阶段:鸦片战争至辛亥革命

中华文明很可能应当上溯至龙山时代,即公元前第三千年。根据考古资料和文献资料综合考察,分布于河南西部和山西南部的二里头文化,很可能就是目前已经发现的具有标志性的夏代文化遗存[37]。在夏代以前漫长的岁月里,有丰富的考古资料证明,在广阔的中华大地上繁衍着远古的生民,并有许多文明的创造,但总的看来还只能算是中华文明的曙光期,或者说是中华文明的序幕。夏文化有一个重要标志,就是青铜冶铸技术的产生和青铜器的应用。与此相关的是礼制的形成,宫殿和宗庙的出现。

夏朝与其后的商朝、周朝合称三代,三代有密切的文化传承关系,正如孔子所说:"殷因于夏礼,所损益可知也。周因于殷礼,所损益可知也。"(《论语·为政》)商朝的勃兴,以及商朝青铜器冶炼术和青铜器艺术的臻于高峰,农业和商业的发展,特别是完整的文字体系殷墟甲骨文的出现,标志着中华文明的巨大进步。周朝完善的宗法制,作为中华文明中思维源头的《周易》,铁器的使用,百家争鸣局面的出现,老子、孔子、孙子、庄子、孟子、墨子、韩非子等众多思想家的涌现,《尚书》《春秋》等书的编纂和史学传统的建立,《诗经》《楚辞》的出现以及中国文学传统的建立,都证明春秋战国时期是中华文明的一个高峰。

秦汉是中华文明史上一个新时期的开始,具有标志性的发展有以下几点:多民族大一统国家的形成;分封制的废除和郡县制的建立;文字的统一。秦朝奠定了中国此后两千年中央集权的政治制度的基础,对于国家的统一、文明的延续起到了重要的作用。汉承秦制,土地私有制和地主经济得以确立,经学的兴起,史学的兴盛,造纸术的发明,佛教的传入和道教的兴起,西域的开通也都是重要的进展。魏晋南北朝是这个时期的第二阶段,北方和西方众多少数民族进入中原,接受了汉族的文明,从而促成了历史上第一次民族的大融合。同时由于大量中原移民进入长江流域,也促成了南方经济文化的迅速发展。一种异域文明即佛教与佛学,深入到社会生活和思想、文学、艺术等多个领域,汉语的词汇也丰富了,佛教和佛学促使中华文明发生了不可低估的变化。一种新的富有思辨色彩的玄学迅速兴起,改变了人们的宇宙观、人生观和美学观。魏晋南北朝时期,文学进入自觉的时代,艺术更加精致。

隋唐是第三期的开始,具有标志性的发展有以下几个方面:国家再一次由分裂走向统一,南北文化在统一的国家中互相补充,中外文化在开放的局面下广泛交流。于是,中华文明史上的另一个高峰迅速崛起,在这座高峰上,展现着一批富有开拓精神的政治家,一批意气轩昂的诗人,一批垂范后世的艺术家。走向高峰的过程,可以归结为在整合中创新,这也成为一条很重要的历史经验。唐诗的辉煌成就,反映出唐代文明的整体水平和那个时代的浪漫气息,是中国这个诗的国度永远的骄傲。此外,中下层庶族地主阶级的兴起,以及科举制的实行,促使文化的重心下移,即从门阀世族垄断的状态转向庶族文化人的活跃;中唐以后城市经济与城市文化的繁荣,又促使市民文化人出现,他们以崭新的姿态开拓了文明的新面貌。一种本土化的佛学即禅宗的兴盛,是这个时期值得注意的现象,它为本土思想和异域思想的交融提供了一个范例。禅对士大夫的生活,进而对文学艺术的创作都产生了深刻的影响。

宋代是中华文明史上的另一座高峰。宋代的军事力量虽然不强,因而显得国势较弱,但宋代的经济、政治和文化却突飞猛进:城市经济的繁荣,文官制度的完善,社会整体教育水平的提高,都超过了唐代。宋代兴起的理学,在中国思想史上具有里程碑的意义,宋儒也以其新的风貌在历史上留下浓重的一笔。宋代的文学特别是宋词的高度成就及其广泛传唱,至今仍然能够让人感受到宋代文明所达到的高度。宋代艺术,包括书画、陶瓷等等,也有令世界瞩目的成就。尤其值得强调的是,宋代科学技术迅猛发展,居于当时世界领先的地位。仅就印刷术而言,这方面所达到的高度及其普及的程度,是文明史上一件具有世界意义的大事,这在传播文化、造就人才、延续传统等方面所起的作用,无论怎样估计都不会过分。从唐到宋的过渡过程中,中唐是一个转折期。宋代的不少新的文明成果,都可以追溯到中唐。为了突出宋代在文明史上的成就,我们把宋代作为第三期第二阶段的开始,但丝毫也不低估中唐的意义。

元代蒙古族入主中原,又成为一个民族大融合的朝代。元代在边疆的开拓与建设方面,有显著的贡献。在元朝的统治下,文明中有些部分的发展受到一些影响,如儒家文化受到冲击;但另外一些部分却异军突起,杂剧和南戏便是十分鲜艳的奇葩,元代的白话小说也得到迅速的成长,元代的书画也有惊人的成就,中西文明的交流再度活跃起来。明代前期由于政治上的专制和思想上的禁锢,文明的发展相对停滞,除了不多的几个领域有所进展(如白话长篇小说)之外,整体看来比较平庸。但是在平庸中孕育着新的突破。永乐三年(1405)郑和下西洋,是人类航海史和中外交通史上的一件壮举,比哥伦布在1492年率领的那次著名的航行时间更早。

明嘉靖初开始了文明史的第四期,其重要的标志就是商业经济的繁荣,市民的壮大,以及由此带来的城市文化形态的形成,世俗化、商业化、个性化成为一时之风气。同时王学左派兴起,张扬个性,肯定人欲,向理学禁欲主义发起冲击,为思想解放开辟了一条道路。以上两股潮流互为因果,它们的合力为这个时期造成了一种有别于传统的新的文明景观,整个社会呈现出个性解放的气息。另一个值得注意的现象就是对外贸易的迅速增长,中国经济整体水平居于世界领先地位[38]。文学艺术中出现新的世俗化商品化倾向,借助日益廉价的印刷出版这个媒体,在社会下层广泛传播。

清代康熙、雍正、乾隆年间,中国达到了在原有体制下经济社会发展的极致,史称"康乾盛世"。盛世延续了一百三十多年,经济总量居于当时世界的首位,对外贸易长期顺差,整个学术文化呈现集大成的态势,编纂了各种大型的类书、总集、丛书。但正是这个时期,在欧洲科学技术突飞猛进,工业革命带动西方的经济全面迅速地发展,政治和文化也发生了巨大的变化。而中国的帝王却安于现状,闭关自守;官僚腐败无能,故步自封,以致在不长的时间内中国就明显地落后了。

1840 年爆发的鸦片战争,带来千古未有之变局。中西文明的大碰撞是鸦片战争到辛亥革命这个阶段的主要景观:一方面是西方文明大量涌入中国,中国的有识之士向西方寻求富国强兵之路,救亡图存和求新变于异邦成为社会的主调;另一方面,国力的衰弱也充分暴露了传统文明固有的缺陷,对传统的反思与批判成为强烈的时代呼声。中国历史的车轮从未如此迅速地前进。终于,孙中山领导的辛亥革命结束了几千年的封建王朝统治,中华文明也开始迈上了新的征程。

# 第五节 中华文明的未来

打开大门与走向世界 经济全球化趋势中的中华文明 接纳与馈赠 弘扬和培育民族精神 中华文明的伟大复兴

中华文明是在一个相对封闭的地理环境中发育成长起来的,周围的天然屏障,一方面保护着中华文明较少受到外族的入侵而能够独立、连续地发展;另一方面也限制了中华文明与其他文明的交流。汉唐以来,中国与西域、印度的交流,曾经促进了本土文明的发展,特别是印度佛教的传入对中华文明的影响既深刻又广泛。而随着华侨南下的足迹以及他们对东南亚的开发,中华文明与东南亚的文化交流,对那个地区的经济和社会发展发挥了不可估量的作用。但是总的看来对外文化交流的机会毕竟不多,交流的地域也不广。当中华文明发展到鼎盛期后,特别是当世界上其他地区的文明实现了近代化的转变之后,中华文明急需吸取其他文明的优秀成果以丰富发展自己。可是在这个历史的关头,清朝统治者却采取了闭关锁国的政策,故步自封,不图进取,丧失了历史机遇,遂使中华文明逐渐被排斥到世界文明发展的主流之外,中国处于落后的地位,甚至沦落到任人宰割的地步。这是我们回顾中华文明史的时候不能不深感悲痛的,也是我们中华儿女应当牢牢记住的一个惨痛的历史教训!

近代以来,中华文明发展的趋势可以简单地概括为打开大门与走向世界,一切有识之士的种种呼号与努力,无非以此为中心。直到今天,打开大门与走向世界,仍然是尚未完成的历史任务。打开大门,是在保持自己民族优良传统的同时,吸取世界上其他民族创造的优秀文明成果;走向世界,是带着自己民族的优秀传统,融入世界文明的潮流之中。

当前世界形势发生了空前的变化,经济全球化深刻地影响着人类文明的进程。但这种状况不应当也不会导致民族文化特色的消亡。在经济全球化的大趋势下,我们提倡文明的馈赠。文明的馈赠是极富活力和魅力的文明创新活动,各个民族既把自己的好东西馈赠给别人,也乐意接受别人的馈赠。馈赠的态度是彼此尊重,尊重别人的选择,决不强加于人。馈赠和接受的过程是取长补短、融会贯通。馈赠和接受的结果是多种文明互相交融、共同发展,以形成全球多元文明的高度繁荣。因为多元的文明各具本色,吸取外来文明的内容、分量和方式不同,交融之后出现的人类文明仍然是千姿百态,我们的世界仍然是异彩纷呈。

一切有良知的学者,在这个关系人类命运和前途的重大问题上,应率先采取尊重的态度,担负起馈赠的任务,并影响自己的政府保持文明的多样性,寻求不同文明的和平共处与共同繁荣。中国的经济正在腾飞,中国的综合国力逐渐强大,但中国的腾飞和强大不会对别人构成威胁。我们是从学者的角度说这句话的,根据我们多年研究所得到的认识,中华文明本质上是一种和平的文明,中华文明有能力在外来威胁下保存自己,但没有兴趣威胁别人。这样一种文明对于未来世界的稳定是不可缺少的。

在经济全球化的趋势中,中华文明的未来是我们十分关心的问题。

首先,我们要欢迎伴随着经济全球化而来的、更加广泛和深刻的文化交往,积极吸取人类文明的一切优秀成果。过去,中华文明在与外来文明的接触中,既然能够吸取改造它们以丰富发展自己,今后必然能够做得更好。

其次,中华文明应当更主动地走向世界。我们现在对世界的了解虽然还很不够,但是世界对我们的了解更少、更肤浅。牛津大学教授雷蒙·道森在1967年出版的名著《中国变色龙——欧洲中国文明观之分析》一书中,详尽而具体地介绍了西方对中国的种种看法,并总结说:在西方人眼中,中国的形象似乎在两个极端间变化:或者是理想的王国,或者是停滞与落后的象征。中国时而被描绘为富裕的、先进的、聪明的、美好的、强大的和诚实的,时而被描绘为贫穷的、落后的、愚蠢的、丑陋的、脆弱的和狡诈的[39]。由此可见,西方对中国的认识与中国的实际有很大的距离。西方对待东方的态度,常常给人这样一种印象,即只有西方才拥有解释东方的权威。我们并不想纠缠他们对包括中国在内的东方所持有的种种偏见,只是从中深切地感到,在经济全球化的过程中,中华文明具有广阔的空间,可以在世界上充分展示自己的真面目。随着经济的全球化,特别是中国经济的日益繁荣,世界更需要了解中国;中华文明也会得到更多的途径走向世界。经济全球化对中华文明来说,机遇大于挑战。我们应当清醒地认识这种形势,把握这个历史机遇,培育和弘扬民族精神,为人类文明的进步作出更大的贡献。

第三,要坚持文明的自主。无论是引进世界文明的优秀成果,还是走向世界,都是我们自主的意识和行为。回顾历史,汉唐人对外来文明的开放胸襟与拿来为自己所用的宏大气魄,即鲁迅称之为"闳放"的那种态度,便是自主性的很好表现。西方近代文明,从明朝末年逐渐传入中国,鸦片战争之后大量涌入,影响着中国百余年来的历史进程,但中华文明并没有失去自主的能力。到了今天,我们更有条件加强文明的自主性,自己决定自己文明的命运。

在经济全球化的趋势中,我们一方面要采取坚决的切实的措施,努力保持中华文明的民族特色,另一方面也要看到民族特色是因比较而存在的,越是有比较就越能显示自己,因此要坚持和其他文明开展交流。还要看到文明的民族特色不是一成不变的,在与其他文明交流的过程中,有些因素会凸显出来,有些因素则会逐渐淡化乃至消失,应当创造条件促成适应时代发展的新的特色逐步形成。

总之,与经济全球化同时到来的,既不是单一的全球文化,也不是文明的冲突,而是文明多元的繁荣,以及文明的自主。这种新的文化生态的出现和确立,是人类进化到更高阶段的一个重要标志。中华民族必能抓住这个历史的机遇,实现伟大的复兴。中华民族必能以高度的文明重塑自己在世界上的形象。具有几千年历史而从未中断过的中华文明,必将在世界未来的文明进程中再现自己的辉煌,并对全人类的文明进步作出更大的贡献!

## 注 释

〔1〕《中国大百科全书》考古卷"史前考古学"条,裴文中、安志敏撰,中国大百科全书出版社,1986 年,第 476 页。

〔2〕有的学者将古希腊文明(或称爱琴文明)与这四种文明并列,如马世力主编《世界史纲》。这里采用的是比较传统的说法。

〔3〕以上关于古埃及文明、巴比伦文明、古印度文明的论述,参考《简明不列颠百科全书》中文版有关内容,中国大百科全书出版社,1986 年。希罗多德:《历史》,王以涛译,商务印书馆,1978 年修订版。吴于廑、齐世荣主编:《世界史》,高等教育出版社,1994 年。马世力主编:《世界史纲》,上海人民出版社,1999 年。刘家和、廖学盛主编:《世界古代文明史研究导论》,高等教育出版社,2001 年。刘文鹏著:《古代埃及史》,商务印书馆,2000 年。刘文鹏主编:《古代西亚北非文明》,"世界文明大系",中国社会科学出版社,1999 年。"联合国教科文组织编写《非洲通史》国际科学委员会",G. 莫赫塔尔主编:《非洲通史》第二卷,中国对外翻译出版公司,1984 年。菲利普·李·拉尔夫等著:《世界文明史》,赵丰等译,商务印书馆,2001 年。关于古代文明,各家说法不一的地方,我们采用比较通行的说法。

〔4〕 正如苏秉琦在《中国文明起源新探》中所说:"世界上没有哪一个像中国如此之大的国家有始自百万年前至今不衰不断的文化发展大系。"三联书店,1999 年,第 176 页。

〔5〕 钱穆:《中国文化史导论》:"埃及、巴比伦、印度诸邦,有的只藉一个河流和一个水系,如埃及的尼罗河。有的是两条小水合成一流,如巴比伦之底格里斯与阿付腊底河,但其实仍只好算一个水系,而且又都是很小的。只有印度算有印度河与恒河两流域,但两河均不算甚大,其水系亦甚简单,没有许多支流。只有中国,同时有许多河流与许多水系,而且都是极大和极复杂的。"商务印书馆,1994 年修订版,第 4—5 页。

〔6〕 阮炜《文明的表现》一书,提出"文明规模"和"文明能量"的概念,认为中华文明的独特性在于其规模和能量巨大,因此,"中华文明即便暂时衰落了,最终也能走向复兴,甚至进一步成长壮大,将其影响所及伸延至前所未有的范围"。北京大学出版社,2001 年,第 340 页。

〔7〕 《十三经注疏》卷四六,中华书局 1980 年影印本,第 1587 页。

〔8〕 参看顾颉刚:《汉代学术史略》,东方出版社 1996 年《民国学术经典文库》本。

〔9〕 见《史记·秦本纪》正义引《括地志》。

〔10〕 《魏书》卷一《帝纪第一·序纪》:"昔黄帝有子二十五人,或内列诸华,或外分荒服。昌意少子,受封北土,国有大鲜卑山,因以为号。其后,世为君长,统幽都之北,广漠之野。畜牧迁徙,射猎为业,淳朴为俗,简易为化,不为文字,刻木纪契而已。世事远近,人相传授,如史官之纪录焉。黄帝以土德王,北俗谓土为托,谓后为跋,故以为氏。其裔始均,入仕尧世,逐女魃于弱水之北,民赖其勤,帝舜嘉之,命为田祖。爰历三代,以及秦汉,獯鬻、猃狁、山戎、匈奴之属,累代残暴,作害中州,而始均之裔,不交南夏,是以载籍无闻焉。"中华书局 1974 年排印本,第 1 页。

〔11〕 《大戴礼记》卷五,《四部丛刊》据无锡孙氏小绿天藏明袁氏嘉趣堂刊本影印。

〔12〕 《国语》卷一,《四部丛刊》据杭州叶氏藏明金李刊本影印。

〔13〕 《韩诗外传》卷二,《四部丛刊》影印明沈氏野竹斋刊本。

〔14〕 《荀子》卷一一,《四部丛刊》影印《古逸丛书》本。

〔15〕 《潜夫论》卷二,《四部丛刊》据江南图书馆藏述古堂影宋写本影印。

〔16〕 《中国哲学大纲》,中国社会科学出版社,1982 年,第 29 页。

〔17〕 《历史研究》修订插图本第十章《关于各文明起源的性质》,刘北成、郭小陵译,上海人民出版社,2000 年,第 62 页。

〔18〕 《四部丛刊》本并无"刚柔交错"四字,后人以为或系脱漏。

〔19〕 《四部丛刊》影印宋刊本,卷七。

〔20〕 《论语·里仁》,《诸子集成》第一册,中华书局 1954 年据世界书局原版重印,第 78

页。以下凡引本版《诸子集成》,不再注版本。

〔21〕 《论语·卫灵公》,《诸子集成》第一册,第337页。

〔22〕 《孟子·告子上》,《诸子集成》第一册,第461页。

〔23〕 《孟子·滕文公下》,《诸子集成》第一册,第246页。

〔24〕 《孟子·告子下》,《诸子集成》第一册,第477页。

〔25〕 《孟子·告子下》,《诸子集成》第一册,第510页。

〔26〕 《论语·里仁》,《诸子集成》第一册,第83页。

〔27〕 《孟子·尽心章句上》,《四部丛刊》影印内府藏宋刊本,卷一三。

〔28〕 见《张载集》,中华书局1978年版,第387页。

〔29〕 《四部丛刊》影印长沙叶氏观古堂藏日本正平本。

〔30〕 《四部丛刊》影印杭州叶氏明金李刊本。

〔31〕 张立文提倡和合学,著有《和合学概论——二十一世纪文化战略的构想》,首都师范大学出版社,1996年。他所谓和合的"和"是和谐、和平、祥和,"合"是结合、融合、合作,和合是指自然、社会、人际、心灵、文明中诸多元素、要素的相互冲突、融合,与在冲突、融合的动态过程中各元素、要素和合为新生命、新事物的总和。

〔32〕 《周易·说卦》:"是以立天之道曰阴与阳,立地之道曰柔与刚,立人之道曰仁与义。兼三才而两之,故易六画而成卦;分阴分阳,迭用柔刚,故易六位而成章。"

〔33〕 《中国科学技术史》第二卷,科学出版社、上海古籍出版社,1990年,第338页。

〔34〕 苏秉琦认为:"从全国范围来看,我们可以将现今人口分布密集地区的考古学文化分为六大区系,它们分别是:1、以燕山南北长城地带为重心的北方;2、以山东为中心的东方;3、以关中(陕西)、晋南、豫西为中心的中原;4、以环太湖为中心的东南部;5、以环洞庭湖与四川盆地为中心的西南部;6、以鄱阳湖—珠江三角洲一线为中轴的南方。"见《中国文明起源新探》,三联书店,1999年,第35—37页。

〔35〕 以上关于民族融合的论述参考王锺翰主编:《中华民族史》,中国社会科学出版社,1994年。《中华民族凝聚力的形成与发展》编写组所编:《中华民族凝聚力的形成与发展》,民族出版社,2000年。《中国大百科全书·民族卷》翁独健撰"中国民族史",中国大百科全书出版社,1986年。

〔36〕 参见袁行霈主编《中国文学史》第二卷绪论,高等教育出版社,1999年,第18—19页。

〔37〕 此用邹衡、郑杰祥说,分别见《夏商周考古学论文集》,文物出版社,1980年;《夏史初探》,中州古籍出版社,1988年。至于夏朝的年代,据夏商周断代工程课题组公布的《夏商周年表》,相当于公元前2070年至前1600年,这个说法可供参考。

〔38〕 贡德·弗兰克在《白银资本》一书中说:中国"在整个世界经济中即使不是中心,也占据支配地位。……它吸引和吞噬了大约世界生产的白银货币的一半"。"自 16 世纪中期起,白银注入中国经济所造成的经济扩张更为壮观。明代经济越来越在银本位的基础上货币化,并且至少到 17 世纪 20 年代一直在飞速扩张。"刘北城译,中央编译出版社,2000 年,第 19—20 页、第 224 页。

〔39〕 Raymond Dawson:*The Chinese Chameleon: an Analysis of European Conceptions of Chinese Civilization*,(London:Oxford University Press,1967) pp. 1-8. 此书有中文译本,《中国变色龙:对于欧洲中国文明观的分析》,常绍民、明毅译,时事出版社,1999 年。

# 绪　　论

　　中国大约在将近二百万年以前就有人类居住,而且往后的发展连绵不断。自从一万多年以前农业产生以来,经济文化迅速发展,大约五千多年以前出现了文明的曙光,不久就诞生了夏商周三代文明。因此中华文明的起源是有深厚基础的,是世界上少数有重大影响的原生性文明之一。夏商周三代是中华文明发展的上古时期,中华古代文明在物质、制度和精神诸方面都有高度发展,基本特质都已形成。以三代文明为主体、结合周围多个青铜文化的多元一体格局基本确立。春秋—战国是从青铜时代向铁器时代转变的时期,是社会政治体制发生深刻变化的时期,又是文化昌盛和学术思想特别活跃的时期。孔、孟、老、庄等大师辈出,灿若群星。这个时期在文化上的成就不但对此后中华文明的发展一直发挥着重要的作用,就是对世界文明史来说也是一个巨大的贡献。

## 第一节　中华文明发生的地理环境

　　雄踞东亚的神州大地　　依托大陆与面向海洋　　相对独立的地理单元与内部复杂的自然环境　　典型的季风气候　　黄河与长江——农业的温床和文明的摇篮

　　中国位于亚洲的东部,西起帕米尔高原,东临太平洋,北抵黑龙江边的漠河,南达南沙群岛南端的曾母暗沙,陆地面积约 960 万平方公里。伟大的中华文明就诞生在这一片神州大地上。

中国的地形西高东低，好像三级巨大的台阶：第一级台阶在东南沿海和近海地区，包括东北平原、华北平原、长江中下游平原、江南丘陵和珠江三角洲平原等，大部分海拔在 200 米以下，丘陵部分也多在 500 米以下；第二级台阶包括云贵高原、四川盆地、黄土高原、新疆和内蒙古高原等，平均海拔 1000—2000 米；第三级台阶就是号称世界屋脊的青藏高原，平均海拔在 4000 米以上，边境还有世界最高的山脉喜马拉雅山。因此整个中国地形的态势是背靠亚洲腹地而面向浩瀚的太平洋。中国的海岸线长达 18000 多公里，有包括台湾岛和海南岛在内的 5000 多个岛屿，还有作为我国内海的渤海和宽阔的大陆架，海疆面积约 300 万平方公里，海洋资源十分丰富。可见中国不但是一个有着广阔腹地的大陆国家，同时也是一个面向海洋并且拥有广大海疆的海洋国家。

由于地域辽阔，南北纬度相差甚大，气温有很大的变化，从北往南跨越了寒温带、温带、暖温带、北亚热带、中亚热带、南亚热带和热带。降水量因为距离海洋的远近也有很大的差别，从东南往西北可以分为湿润、半湿润、半干旱和干旱等区。加上地形复杂，所以各地的自然环境很不相同。

根据自然环境最主要因素的差异，可将全国划分为三个大自然区，就是东部季风区、西北干旱区和青藏高寒区[1]。东部季风区大约占全国面积的 46%（一说 45%），现今人口占全国的 96% 以上，是我国经济文化发展的主要地区。本区大部分滨海或近海，是世界上著名的季风区，风向、降水和温度均随季节而有明显的变化。特别是夏季来自海洋的东南季风带来大范围的降水，湿润程度较高，天然植被丰富。西北干旱区大约占全国面积的 27.3%（一说 30%），而人口仅占 3%。由于地处内陆且四周多山，来自海洋的水汽很难进入，故干旱少雨，又多风沙。几个大沙漠都集中在本区。沙漠周围有广阔的荒漠草原和干草原，历来是我国重要的牧场。山麓因为有冰雪融水和雨水的补充，往往形成绿洲，可以发展农牧业，是居民比较集中的地方。青藏高寒区大约占全国面积的 26.7%（一说 25%），由于地势特高，空气稀薄，气温低，风力强，水分不足，土壤发育不良。植被稀薄，以荒漠和高山草甸灌丛为主，只有河谷地带才有一些森林。历来人烟稀少，至今全区人口还不及全国的 1%，经济文化的发展自然会受到很大的制约。

即使在东部季风区，各地的自然环境也有很大的差异。根据综合自然区划的原则,本区又被划分为东北、华北、华中、华南和西南五个地区。东北地区纬度最高,因为接近世界上最冷的地方——号称寒极的维尔霍扬斯克和奥伊米亚康,又受西伯利亚与蒙古高压气团的控制,所以冬季漫长而气候严寒,比世界上同纬度的其他地区平均低10℃左右。由于气温低,蒸发微弱,降水量适中,所以植被多为冷湿性森林与草甸草原,森林资源十分丰富。在史前时期,这里是发展狩猎和采集经济的好地方,但是不适于发展农业。到历史时期才逐渐发展为重要的农业区和林业区。

华北地区的自然环境有三大特点。一是属于中纬度暖温带季风气候,夏季炎热多雨,水热同步。年降水量约400—800毫米,且变率很大,基本上是半湿润至半干旱状态。冬季受极地大陆气团控制,时有寒潮,气候寒冷,年平均气温比世界上同纬度的其他地区低8℃—10℃。加上春季干旱且多风沙,大陆性气候的特点比较明显。二是黄土广泛分布。从更新世早期开始,定向的西北风把蒙古高原的沙尘吹向整个华北大地,形成世界上面积最大、堆积最厚和发育最全的黄土。更新世早期的称为午城黄土,中期的称为离石黄土,晚期的称为马兰黄土,全新世的是新黄土。黄土集中的地方在黄土高原,中心地区的堆积厚达100—200米。一般地区也有50—100米。华北平原则主要是从黄土高原冲刷下来的黄土的再造堆积,但在山丘地带包括山东丘陵直至渤海与黄海之交的长岛也都有原生的黄土堆积。黄土质地疏松,易受侵蚀。而黄土高原又是我国著名的暴雨区,每年夏季暴雨的冲刷会造成千沟万壑,使黄土高原的地貌十分破碎,土壤发育不良。但在河谷和平原地带土壤比较肥沃,是发展旱地农业的好地方。三是黄河贯穿全境。黄河是中华民族的母亲河,也是中国的第二大河。她发源于青藏高原巴颜喀拉山支脉的卡日曲,经青藏高原、黄土高原和华北大平原注入渤海。在进入黄土高原时,一遇夏季暴雨,就有大量的泥沙汇入。据河南陕县水文站的记录,多年的平均含沙量高达每立方米37公斤,是世界上大河中含沙量最高的。黄河的输沙量更是多得惊人,据陕县站的记录,平均每年约16亿吨,1933年曾经达到39.1亿吨。黄河在经过三门峡后地势平缓,大量泥沙沉淀下来,河床不断淤高,河流就不断改道。据有历史记载的2000多年中,黄河决口泛滥就有1500多次,大幅度的改道有26次。向北的决口破坏了海河的水系,甚至夺海河从天津注入渤海;向南的决口破坏了淮河水系,有时甚至夺淮入江。这是在有堤防时出现的情况,在史前时期更可以自由摆动。这样就造成了以郑州西北的沁河口为起点,北至天津,南到淮阴大约 25 万平方公里的平原地带,都是黄河泥沙淤积的范围。换句话说,整个华北大平原主要就是由黄河的泥沙淤积而成的。本区土壤发育较好,含矿物养分较高,适于发展旱地农业,水洼地带也可以发展水田农业。

华中地区位于北纬 25°—34° 之间,按照一般规律应该属于副热带高压控制的干旱气候。但是由于青藏高原的隆起导致行星风系的改变,使得这里成为湿润的亚热带季风气候,冬温夏热,四季分明,降水丰沛且季节分配比较均匀,是全球同纬度气候条件最好的地区。本区年降水约为 1000—1600 毫米,个别地方可达 2000 毫米以上。因此本区的江河纵横,平原地区水网密布,湖泊星罗棋布。中国最大的河流长江大部分流经本区,其流量是黄河的 20 倍。中国的四大淡水湖鄱阳湖、洞庭湖、太湖和洪泽湖都在华中地区,湖泊最多的湖北省更有千湖之省的称誉。加上有较长的海岸线和众多岛屿,所以水产资源十分丰富,水上交通也十分方便。本区有肥沃的长江中下游平原,水热条件都很优越,适宜于种植水稻等农作物,历来是我国农业和多种经济最发达的地区。

西南地区气候条件与华中地区相近,而且同属于长江流域,只是地势较高,大部分位于长江的上游。本区多山而少有平地,交通多有不便;自然资源虽然丰富却难于发展大规模农业,所以人口分散而民族复杂,民族文化多姿多彩而经济相对滞后。

华南地区位于我国最南部分,年平均气温超过 20℃,年雨量约 1400—2000 毫米,是一个高温多雨、四季常绿的热带-南亚热带区域,自然资源十分丰富。本区海岸线特长,且多岛屿,水上交通便利,但是夏季易受台风侵袭。陆地多山而平地较少,所以农业发展滞后,而海外贸易开展较早而且是比较发达的。

自然环境虽然是经常变化的,但是相对于人类社会的发展来说却是比较稳定的。上述自然区域的划分主要是根据现在的情况,但对于整个全新世也基本上是适用的。至于自然环境对于人类社会来说究竟是好是坏也不完全是绝对的。例如在采集经济时代,华南地区无疑是十分优越的,但正是因为那里一年四季都可以比较容易地获取天然食物,缺乏用人工方法生产食物的压力和动力,那里的农业就发生得比较晚。在别的地方农业经济发展起来以后,华南的经济文化就显得滞后。东北地区可能是最适于狩猎的地方,对于猎人固然很好,但是对整个社会发展来说则是另一回事。因为气候寒冷,发展农业有相当的困难,而狩猎-采集经济的发展总是有很大的局限。在较晚的历史时期,沿海地带在发展渔业和海外交通与贸易方面无疑具有极大的优势。但是在史前或上古时期,有关这方面的技术和知识都十分有限,因而不可能有很大的发展,不可能成为经济文化发展的重心。在史前时期,对于整个社会经济文化的发展具有决定性影响的当首推农业的发明,而最有利于农业发生和发展的,事实上只有华北和华中两个地区,它们是农业发生与发展的两大温床。这两大温床紧相毗连,各有特色而又相互补充,这在世界上是独一无二的。它们的发展对于中华文明的起源、文明特点的形成以及往后的发展道路都具有十分深远的影响,是伟大中华文明的摇篮。

在中国地理环境中还有一个特点是不能忽视的,就是在国境的周围有明显的天然屏障。最西部有帕米尔高原,从那里往东北走有天山、阿尔泰山、蒙古戈壁沙漠、大小兴安岭和黑龙江,往南折有长白山等;从帕米尔高原往东南走有喜马拉雅山、横断山脉和与中南半岛交界的一系列山脉;东部和东南部则是广阔的海洋。在史前或上古时期,这些屏障都是难以逾越的。加上世界上几个最古老的文明发祥地离中国都很远,同距离最近的古印度文明中间恰巧又隔着世界最高的喜马拉雅山和青藏高原,同中华文明的核心区仍然很远而难以沟通。因此中华文明只能是本地起源的,在早期的发展中也很少与外界文化发生关系,是世界上少有的原生性文明之一。

# 第二节　神州大地的古代居民

从最早的人类到蒙古人种的形成　以东亚和南亚蒙古人种为主体的古代居民　华夏族的形成与多元一体的民族关系　古代居民的语言和信仰

中国从什么时候开始有人类居住,是考古学者一直关注的问题。一些迹象表明,在地质上的更新世早期,在现代中国的大地上就已经有人类活动。安徽繁昌人字洞、河北阳原泥河湾地区的马圈沟等地都发现了当时人类使用的石器,绝对年代都在 200 万年以前。据说重庆巫山也发现了 200 万年以前的石器,同时还有人类牙齿化石出土,并被命名为巫山人,但学界还有不同看法。云南元谋上那蚌更新世早期地层中也出土了石器和人类牙齿化石,据古地磁测定大约为 175 万年。此外在湖北建始高坪龙骨洞和郧县龙骨洞采集的人类牙齿化石也被认为是属于早更新世的早期直立人[2]。这些遗存尽管还比较零散而不丰富,但是涉及的范围很大,年代之早已经离人类起源的时期不远。所以有些学者认为在探讨人类起源和早期发展的问题时,除了要重视非洲,亚洲也应该受到必要的关注,尤其不能忽视中国的有关发现[3]。不过这些最早的年代记录都是由古地磁方法测定的,准确性不是很高。中国火山不甚发达,至今没有发现被火山灰覆盖的古人类遗址,无法像非洲那样用比较准确的钾氩法测定年代,选择古地磁法测定年代乃是不得已而为之。这样,在研究人类起源的实际年代时,亚洲(主要是中国)和非洲在一定程度上存在着不可比性。再者,由于亚洲至今还没有发现比直立人更早的相当于非洲能人的化石,没有证据说明亚洲有过南方古猿,早期直立人的材料又比较零散,因此,多数学者还是认为,人类最初起源于非洲,而后扩散到亚洲等地。由于遗传和选择因素的作用,造成了群体变异和地区性的连续性特征[4]。看来这个问题还不到下结论的时候,还需要进一步的研究。

相比之下,中国晚期直立人的资料是相当丰富的。其中比较重要的有陕西的蓝田人、北京的北京人(图 0-1)、安徽的和县人、南京的汤山人和湖北的郧县人等。蓝田人化石包括一个中年女性的头骨和一个老年女性的下颚骨,分别发现于蓝田县的公王岭和陈家窝。二者在形态上也有差异,前者明显比北京人原始而后者则比较接近于北京人。据古地磁测定,前者的年代为 110—115 万年,而后者只有 65 万年[5]。北京人化石出自北京西南周口店第一地点的第 3—第 11 层,从 1927 年起连续多年的发掘,获得了属于 40 多个个体的大量标本。据裂变径迹、铀系、热释光和古地磁等多种方法的测定,其绝对年代为 46—23 万年。北京人是世界上最早发现的直立人之一,资料十分丰富,长期以来成为研究直立人的典型标本。

中国早期智人的化石标本也很丰富,比较重要的有辽宁营口的金牛山人、

图 0-1  北京人复原头像

陕西的大荔人、山西襄汾的丁村人、山西阳高的许家窑人、安徽的巢县人和广东曲江的马坝人等[6]。中国的晚期智人化石已经发现有 40 多件,其中有比较完整的头骨的有北京的山顶洞人、广西的柳江人、四川的资阳人、陕西的黄龙人和贵州的穿洞人等。在原河套人地点附近的萨拉乌苏层中就发现了 23 件人骨化石[7]。至于与晚期智人同时的旧石器时代晚期的文化遗址更是遍及全国各地。

从上述各个阶段的人骨化石中可以看出,他们的发展具有明显的承袭性与连续性。例如蒙古人种特有的铲形门齿,从最早的元谋人,经过北京人、金牛山人、丁村人到山顶洞人都是一脉相承的。一些重要的体质特征,如面部较扁、鼻部较宽、鼻骨较直,上颌骨颧突与颧骨交接处有显著转折等,在各个阶段的化石标本中都可以见到(图 0-2)。这些特征的承袭与连续,证明中国古人类的演化模式是以地区连续性进化为主,与周围地区的基因交流为辅[8]。现在有一种颇为流行的理论,认为全世界的现代人都起源于非洲,他们扩展到世界各地取代了原先在那里生活的早期智人。中国古人类化石研究的结果与这种

图 0-2　仰韶文化半坡人复原头像

理论是相冲突的,中国旧石器时代文化的研究也是与这种理论不相符合的[9]。

人类进化到晚期智人,也就进化到了现代人,而现代人是有种族区别的。世界上有三大人种:蒙古人种、欧罗巴人种和尼格鲁人种。人种的区别主要根据肤色、发色、眼色、发型、脸型、头型和身高等,其中不少与环境的长期影响有关,这与三大人种各有其主要分布区是不无关系的。不过这种分布区并不是在晚期智人形成的时候才出现的。早在直立人时期各大人种的主要分布区就已经有人类居住,没有证据证明这些人后来全部或绝大部分绝种了。所以人种某些特征的萌芽可以在早期智人乃至直立人化石上看到,蒙古人种尤其如此。根据研究,欧罗巴人种和尼格鲁人种之间的差别在童年时期比较小,到成年时期才比较显著;而蒙古人种在童年时期就与其他两个人种有着显著的差别。这可能是因为蒙古人种的祖先同其他两个人种的祖先长期处于相当隔离的状态所致[10]。

中国是蒙古人种的主要分布区。在旧石器时代发现的晚期智人化石已经具备了蒙古人种的基本特征。在新石器时代遗址中发现了数以万计的人骨,其中经过鉴定研究的毫无例外地属于蒙古人种。韩康信和潘其风在全面研究我国古代人骨的体质特征后指出:"黄河流域一些地点发现的新石器时代居民的遗骸一般地接近东亚或南亚人种,青铜时代居民接近东亚人种,与现代华北人有相当明显的关系。我国南方的早、晚新石器时代居民则有更明显的接近南亚人种的性质,并有同赤道人种相对比的性状。在我国北方和东北地区发现的青铜时代和更晚的古人骨骼上,较常见北亚人种或北亚与东亚人种混合的性质。"新疆没有发现青铜时代以前的人骨,从公元前 13 世纪以后才陆续有欧罗巴人种进入。所以他们得出结论说:"中国的古代文明是在同其他人种成分相对隔离的基础上产生的,它对尔后中国古代文化长期持续稳定的发展起了重大的作用。"[11]总之,从人类学研究的成果来看,中国是蒙古人种的故乡,从古至今,中国的居民都是以东亚和南亚蒙古人种为主,兼有少量北亚蒙古人种,相互之间有不少混血的情况。从三千多年前起,一些欧罗巴人种进入新疆,以后更有少数人逐渐进入内地,华南一些地方甚至有尼格鲁人种的成分。所以在人种的问题上,中国从来就是采取四海之内皆兄弟的态度而不是相互排斥。

如果说种族主要是依据人类体质特征来划分,那么民族则主要是依据语言和文化等特征来划分,与种族不是一个概念。中国现在是以汉族为主体,结合 55 个少数民族的统一多民族国家。汉族人口约占 92% ,少数民族人口不足 8%[12]。其中 400 万人口以上的少数民族有壮、蒙、藏、回、维吾尔、满、苗、彝 8 个。各少数民族有相对聚居的地方,也有一些是同汉族或别的民族杂居,相互通婚的情况也不少,形成非常密切的关系。费孝通曾经把这种关系形成的格局称之为"多元一体格局"[13]。它是长期历史发展的结果,其起源甚至可以追溯到远古时期。

现在知道,中国的旧石器时代文化具有明显地区别于非洲或欧洲旧石器文化的特点,同时自身又有不同的区系。到新石器时代,文化的区系更加明显,并且逐渐形成以中原地区为核心,以黄河流域和长江流域的若干文化区为主体,再联系周围许多个区域性文化的一种重瓣花朵式的格局[14],从而为往后多元一体的民族格局奠定了基础。从古史传说的研究中也可以略知中华民族的起源是多元而非一元,同时在不同的部落集团之间又具有密切的联系。到夏商周华夏民族形成之时,其周围同时也出现了许多民族性群体。例如夏的东方就有一个强大的夷人族群,他们建立了一个有穷国,曾经一度夺取了夏的政权,即所谓"因夏民以代夏政"。近年来发现于山东一带的岳石文化,是直接继承龙山文化而发展起来的早期青铜文化,一般认为它就是夏代东方夷人的文化[15]。事实上相当于夏王朝的东北方的夏家店下层文化、北方的朱开沟文化、西北方的四坝文化和东南方的马桥文化等都已经是青铜文化,应该初步形成了各自的民族群体,并且都与可能是夏文化的二里头文化发生不同程度的关系[16]。商族有自己的起源,但商的先公在夏朝做官,事实上也属于夏。成汤革命,推翻了夏王朝而建立商朝,势力大为扩张。同样周族也有自己的起源,周文王原在商朝做官,当了西伯,所以周族的地方也应该属于商朝。武王革命,推翻了商朝而建立周朝,势力范围又扩大了许多。由于周朝统治的范围内包含了许多被征服的和非华夏的民族,除了周人故土和当时王畿范围以外,大多难以采取直接统治的方式。所以从武王时期起便广泛地实行封邦建国的办法,在各地建立了许多大大小小的诸侯国。为了能够对各诸侯国实行有效的控制,中央王朝便制礼作乐,在各封建国内大力推行王化,从而大大加速了华夏化的进程。各国的情况不同,推行的方式也不相同。例如东方的齐国和鲁国都有大量夷人,齐国的政策是"因其俗,简其礼",因势利导;而鲁国的政策则是"变其俗,革其礼",强制推行华夏化[17]。春秋战国时期各国争霸称雄,周朝作为政治实体事实上已经分裂,但是在名义上大家还是承认有一个周天子,必要时要"假天子以令诸侯"。这时期各国的经济文化有了很大的发展。由于大家使用同一种文字,只是写法稍有不同,相互交往并没有多大困难,一些学者可以到各国讲学,一些政治家也可以到不同的国家做官,促进了各国的接近,事实上也就是促进了各国的华夏化。这个时期兼并战争不断,一些非华夏族的小国往往被华夏族的大国所兼并。例如秦穆公就曾经"益国十二,遂霸西戎",兼并了 12 个西戎小国。楚国也先后兼并了 45 个属于群蛮或百濮的小国。本来东方还有许多夷人小国,在这种形势下也都被齐、鲁兼并而逐渐华夏化了。由此可见华夏族是逐步扩大的,其中融入了许多原本是非华夏族的人民。同时其影响更远及于尚未华夏化的周围各族人民,从而在民族关系上初步形成了以华夏族为主体的多元一体格局。华夏族形成和发展的过程,也就是华夏文明形成和发展的过程。由于华夏文明在中国处于核心地位,又是最先进和影响力最大的,所以成为中华文明上古期的代表,并且深深地影响着往后整个中华文明的发展。

要了解古代各族的语言和信仰是很困难的,但是我们可以拿现在的情况作参考。现在中国56个民族的语言分别属于汉藏、阿尔泰、南亚、南岛和印欧五大语系。其中绝大多数属于汉藏语系,如果按人口计算大约占98%以上,单是讲汉语的大约占94%以上。其次是阿尔泰语系,全部分布在中国的北方,主要有维吾尔族、蒙古族和满族(现在的满族多讲汉语),总人口不到1.5%。属南亚语系的民族主要在云南南部,人数很少。台湾的原住民属南岛语系。在古代,属于南亚语系和南岛语系的人口按比例也许比现在要多一些,只是后来一部分融入汉族和其他民族中去了。至于属印欧语系的只有俄罗斯族和塔吉克族,俄罗斯族是后来迁入的,人数极少;塔吉克族也只有三万多人。

在汉藏语系中汉语是主体,其余有藏缅语族、壮侗语族和苗瑶语族。藏缅语族主要分布在西藏、云南和四川西部,壮侗语族分布在广西、云南和贵州部分地区,苗瑶语族分布在贵州和湖南西部等地区。事实上有不少少数民族也会讲汉语,汉语已逐渐成为全国各族的共同语言,并且是世界上最有影响的语言之一。现在的汉语有北方、吴、闽、粤、湘、赣和客家七大方言。在古代有些方言也许是独立的语言,只是由于华夏族大量融合相近的民族,独立的语言逐渐变成了方言。在语言形态分类中,汉语是所谓词根语,语言简练,语词的意义与词性常常依据它在句子中的次序来决定,与带有前置词或前缀、词尾和助词等附加成分,有的又有变位和变格等复杂结构的粘着语和屈折语大不相同。古汉语多属单音节词,并且有四声的变化。随着语言的发展,需要表达的内容越来越丰富,又产生了不少双音节词和少量多音节词,这些双音节词和多音节词也多是由单音节词组合而成。

古代人的信仰可以从商代大量的甲骨卜辞和先秦文献中窥知一二。《礼记·表记》说:"殷人尊神,率民以事神,先鬼而后礼。"殷人相信天神、地上的山川河岳和四方风等自然神,也十分相信和崇敬自己的祖先神。各种天神中有一位至高无上的帝或上帝,他是天地万物的主宰,也能够左右人事。殷人相信他们的先公先王都具有神力,能够宾于帝或配于天,也就是处在上帝左右,关心或干预现实世界的事务。所以殷人凡事都要敬神问卜。殷墟的甲骨卜辞主要是商王占卜的记录,一般的商殷遗址也常常发现卜骨,说明各地的殷人也实行占卜。周人相信天命,只是更加强调德治,即所谓以德配天。周人为了推行宗法制度,更加强调祭祀祖先神,同时也祭祀天神地祇。在占卜方法上除了龟卜还有筮占。《周易》本是筮占用的筮书,不过里面包含有重要的哲学思想和历史掌故,所以后来被视为儒家的经典。

在古代人的信仰中龙似乎占有特殊的位置。中国是龙的故乡,中国人对于龙的崇拜、颂扬和喜爱历久不衰。但龙在自然界是不存在的,是我们的祖先创造出来的。传说"大皞氏以龙纪,故为龙师而龙名"(《左传·昭公十七年》引郯子语)。另一传说讲黄帝令应龙蓄水攻蚩尤(《山海经·大荒北经》)。至夏代传说有豢龙氏和御龙氏,龙是为人所用的。商代甲骨文中有龙字,但形态极不统一。商代的青铜器上也常常有夔龙纹的装饰。《周易》乾卦就五次提到龙,有"初九潜龙勿用","九二见龙在田","九五飞龙在天","上九亢龙有悔","用九见群龙无首",还有"九四或跃在渊"的或也应该指龙,可见龙是极富于变化的神物。《管子·水地》篇说:"龙生于水,被五色而游,故神。欲小则化如蚕蠋,欲大则藏于天下,欲尚(上)则凌于云气,欲下则入于深泉。变化无日,上下无时。"龙既然如此神奇,人们自然会顶礼膜拜,又想利用它的神力。《山海经·大荒西经》和《海外西经》都谈到夏后启乘两龙上天的事。龙能够播云降雨,所以历史上常常有建龙王庙、画龙、塑土龙以祈雨的事。人们喜爱龙,用龙作建筑和各种物品上的装饰,百家姓中有龙,十二生肖中有龙,赞颂美好的婚姻叫龙凤呈祥,春节舞龙灯、端午赛龙舟,凡此等等,龙几乎渗透到中国人生活的方方面面,已经逐渐脱离开原有的迷信色彩。龙能够腾云驾雾,薄光影,撼震电,威武奋发,更成了中华民族自强不息、腾飞向上精神的象征[18]。

不过总起来说,中国人的宗教观念是比较淡薄的。一个显著的事实是,在先秦时期一直没有形成一个有教宗、教义和教规的宗教组织。虽然从汉代以来产生了道教,以后又从域外传来了佛教和其他宗教,但是由于儒家在思想领域占有统治地位,孔子不语怪力乱神和敬鬼神而远之的态度具有广泛的影响,宗教势力不能不受到很大的限制。除了某些少数民族以外,信教的人只有一小部分。一些宗教为了吸引更多的信徒,也往往吸收某些儒家的思想。在这种环境下,各种宗教共存而不相互倾轧,没有一种宗教占据绝对统治的地位,更从来没有形成一个全民信奉的国教。

# 第三节　神话、传说和历史

中国人十分重视自己历史的记述。早在春秋时代各诸侯国就有了系统的历史记载。在此以前尚有所谓虞、夏、商、周之书。如果说商、周之书多是可靠的,那么所传虞、夏之书则多为后人的追述。再往前面追溯便只有零散的传说,在可能包含有历史真实的传说时代以前的荒远年代,已经越出历史记忆的范围之外,在考古学发生以前,人们不可能获得任何真实的知识,只能构建一个可以任意驰骋想象的神话世界。而传说时代的许多人物和事件,也往往附丽以神话的色彩。

关于开天辟地和创造人类的神话,有女娲和盘古的故事。女娲的故事出现得较早,《山海经》中有所谓"女娲之肠"。楚辞《天问》云:"女娲有体,孰制匠之?"是说女娲造了人类,谁又造了女娲呢?《太平御览》卷七八引《风俗通》讲得比较详细:"俗说天地开辟,未有人民。女娲抟黄土作人,剧务,力不暇供,乃引绳于絚泥中,举以为人。故富贵者,黄土人也;贫贱凡庸者,絚人也。"一说女娲和伏羲均为华胥所生,人身蛇躯,兄妹结婚以繁衍人类。在汉代的画像石和画像砖以及壁画墓中,多有伏羲、女娲人身蛇躯相互交尾的图像,说明这个故事在古代是流传很广的。女娲补天的事首见于《淮南子》,其《览冥》篇云:"往古之时,四极废,九州裂,天不兼覆,地不周载。火爁炎而不灭,水浩洋而不息。猛兽食颛民,鸷鸟攫老弱。于是女娲炼五色石以补苍天,断鳌足以立四极,杀黑龙以济冀州,积芦灰以止淫水。苍天补,四极正,淫水涸,冀州平,狡虫死,颛民生。"她创造了人类,还要给人类创造一个良好的生存环境,的确是一位值得纪念的天神。

盘古的故事较早见于三国徐整的《三五历记》,书中写道:"天地浑沌如鸡子,盘古生其中,万八千岁。天地开辟,阳清为天,阴浊为地。盘古在其中,一日九变,神于天,圣于地。天日高一丈,地日厚一丈,盘古日长一丈。如此万八千岁,天数极高,地数极深,盘古极长。后乃有三皇。"《五运历年记》又说:"首生盘古,垂死化生:气成风云,声为雷霆,左眼为日,右眼为月,四肢五体为四极五岳,血液为江河,筋脉为地里,肌肉为田土,发髭为星辰,皮毛为草木,齿骨为金石,精髓为珠玉,汗流为雨泽,身之诸虫因风所感,化为黎氓。"这个故事可能首先产生于南方,而后在全国民间广为传播。创世神话中还有有巢氏构木为巢、燧人氏钻燧取火、伏羲氏制作罔罟、神农氏教民稼穑等等,多系后人对往昔历史的逻辑推测,把人类产生之后一些最重大的发明附丽于几位想象中的圣王身上。

进入传说时代,涉及的人物和事件较多,加以各家说法不一,真假杂糅,董理实属不易。《尚书》仅追溯至尧舜,《史记》则以《五帝本纪》作为开篇。于是人们常常把五帝所处的时代作为传说时代,五帝的历史便成为传说时代的主要内容。实际上所谓五帝不过是一种整齐化的说法,在不同的著作中五帝的具体人物和排比秩序多有不同。《史记》主要依据《大戴礼记》的《五帝德》和《帝系》,把黄帝、颛顼、帝喾、帝尧、帝舜作为先后相继的五帝,《国语·鲁语》和《吕氏春秋·古乐》等也持这一说法。第二种说法是把伏羲、神农、黄帝、帝尧、帝舜列为五帝,见于《易·系辞》《战国策·赵策》《庄子·缮性》《淮南子·俶真》等。第三种说法是把太昊、炎帝、黄帝、少昊、颛顼称为五帝,见于《吕氏春秋·十二纪》《礼记·月令》《淮南子·天文》等书。第四种说法是把少昊、颛顼、帝喾、帝尧、帝舜作为先后相继的五帝,见于《世经》和《帝王世纪》。可见直到汉代,五帝的问题并没有形成定论,只是因为《史记》采取了第一种说法,所以影响较大。实际上传说中称为帝的人物还有不少,例如帝俊在《山海经》中的地位就非常显赫,他如帝鸿、帝江、帝丹朱等还有许多。反映当时大约是一种万国林立的局面,那些所谓帝大约就是各个大大小小国家或部落的首领。他们出现的先后次序除了尧舜较晚似乎没有异议以外,其他多不易确定。

蒙文通注意到不同的传说出自不同的史学系统,他认为晚周史学可以分为东系、北系和南系[19]。各系所传承的古史系统,其人民可以相应地划分为河洛民族、海岱民族和江汉民族[20]。而徐旭生的《中国古史的传说时代》则划分为华夏集团、东夷集团和苗蛮集团，并且有更加详细的分析[21]。这种划分虽然难以十分准确，但是如果同新石器时代的考古学文化系统相互参照，大致上还是符合的，说明这种划分的确反映了一定的历史真实。

反映各民族集团关系的事件中，最有影响的有两件事，较早是黄帝与蚩尤的战争，较晚是尧、舜、禹连续征伐三苗的战争。此外见于先秦文献的还有许多大大小小的战争，这是行将进入文明社会的重要前兆。如果说黄帝与蚩尤的战争在考古学文化上还难以得到印证，那么征伐三苗的事则可以看到一些比较明确的迹象，证明这一类传说并非空穴来风，而是包含有真实的历史成分。

各种五帝说的前三帝多有矛盾，也许根本就没有传承关系。但是后二帝尧舜以及禹的关系则是比较清楚的。在先秦古籍中，舜继尧、禹继舜是没有不同说法的。但是儒家和墨家认为这种传承是依据选贤举能的原则，是禅让。而在古本《竹书纪年》和法家的著作中则说成是争夺，是斗争。尧本属陶唐氏，地处冀方；舜本属有虞氏，地望偏东；禹为夏后氏，地望略偏南。三者有些像联盟的关系。尧把两个女儿嫁给舜，又有联姻的关系。据《尧典》所述，尧舜的政府机构已经比较复杂，而且有刑法有军队。政府的职官并不是各个氏族或部落的代表，而是负责各专业部门的管理。因此已经是名副其实的国家，而不是什么部落联盟了。而且在尧舜寻找继承人的时候，首先被举荐的都是他们的儿子。只不过他们觉得自己的儿子担负不了那么重大的责任，才采取选贤举能的办法。禹也曾先后举皋陶和伯益，授之政，禹死后才由他的儿子即位。所以孔子说："唐虞禅，夏后殷周继，其义一也。"（《孟子·万章上》）

传说时代的各项事件中，影响最大，并且几千年来传诵不息的莫过于大禹治水的故事了。在先秦的古籍中，讲到大禹治水最生动的是《孟子·滕文公上》的一段话。孟子说："当尧之时，天下犹未平，洪水横流，泛滥于天下。草木畅茂，禽兽繁殖，五谷不登，禽兽逼人，兽蹄鸟迹之道交于中国。尧独忧之，举舜而敷治焉……禹疏九河，瀹济漯而注诸海，决汝汉，排淮泗而注之江，然后中国可得而食也。当是时也，禹八年于外，三过其门而不入。"《孟子·滕文公下》也有很生动的描述。此外，《尚书》中的《尧典》《皋陶谟》和《禹贡》，《诗经》《论语》《墨子》《左传》《国语》《庄子》《荀子》《韩非子》《尸子》和《吕氏春秋》等,也都有关于大禹治水的记载或者赞颂之词。例如《诗经》中的《商颂·长发》就有"洪水芒芒,禹敷下土方"的诗句;《大雅·文王有声》:"丰水东注,维禹之绩。"《鲁颂·闷宫》:"奄有下土,缵禹之绪。"莫不是颂扬大禹的丰功伟绩。人概由于他的事迹过于神奇,所以在有些书中又把大禹描述为神。

在传说中讲到洪水的地方还有很多,所以大多数人相信中国远古时代曾经有过一个时期给人类造成重大灾害的大洪水。治水的人物也有很多,例如共工就是一位著名的治水人物,但是有的书又说"共工振滔洪水,以薄穷桑"(《淮南子·本经》),《国语·周语下》也有类似的说法,成了一个反面的神话人物。但共工的后裔佐禹治水还是有功的。《左传·昭公元年》说,金天氏和他的儿子台骀疏通了汾水和洮水,后来成为汾水之神。《左传·昭公二十九年》引蔡墨曰:"少皞氏有四叔,曰重曰该曰修曰熙……修及熙为玄冥,世不失职,遂济穷桑。"可见修和熙是专职的治水官,而且很有成绩。至于大禹的父亲鲧治水失败因而被诛的故事更是大家所熟知的。治水难,在技术水平比较低下的远古时代更难,而大禹获得成功,无怪乎人们对他是那样地崇敬。

传说时代的创造发明,最集中地见于《世本·作篇》。但《世本》早已失传,根据他书所引,大致有伯余作衣裳,史皇作图,诅诵仓颉作书,大桡作甲子,鲧作城郭,尧作宫室,化益作井,祝融作市,仪狄作酒,夔作乐,昆吾作陶,芒氏作罗,棣首作算数,容成作调历,伶伦造磬作律,蚩尤以金作兵,巫咸作筮,巫彭作医,奚仲作车,共鼓货狄作舟,垂作规矩准绳,咎繇作耒耜,挥作弓,夷牟作矢,雍父作杵臼,胲作服牛,相土作乘马,宿沙煮盐等等,惜多语焉不详。其他许多先秦古籍也有不少关于创造发明的记述。把所有创造发明都系于个人不一定正确,何况有些说法又相互矛盾,所以不足凭信。但这些发明大多可以与现今的考古发现相参照,显然并非向壁虚构。如果我们不拘泥于个人而把那些发明看成是那个时代的产物,可能更加接近于真实。由此可见,在传说时代,涉及人们的衣食住行、社会生活、文物典章制度等各个方面都已略具雏形,从而为文明社会的成立奠定了充分的物质基础。

传说时代还有一件重要事情是专职巫师的出现。《国语·楚语下》记观射父对昭王问曰:"古者民神不杂,……及少皞之衰也,九黎乱德,民神杂糅,不可方物。……颛顼受之,乃命南正重司天以属神,命火正黎司地以属民。使复旧常,无相侵渎,是谓绝地天通。"这就是说,在颛顼之前是民神杂糅,家为巫史,没有专职的巫师。而颛顼时则设立专职巫师,只有他们才能够沟通民神与天地。这是世界宗教发展史上的通例,是走向文明的重要步骤。关于颛顼的宗教改革,徐旭生有过非常详细的论述[22]。应当指出的是,由于有专职司天司地的巫师,他们不但执行宗教职事,还有足够的时间和经验注意天文和地上的变化,于是就有可能创造出历法。传说中的颛顼历大概就是在这个时候创造出来的。

从以上情况来看,传说时代是一个社会发生深刻变化的时代:一方面生机勃勃,充满着创造发明;一方面社会剧烈动荡,冲突不断,英雄辈出。那是中国的英雄时代,文明的曙光开始从东方显露出来。

如果说传说的历史不免掺杂许多后人的想象,或者如徐旭生先生所说,一些学者为了理出一个大致能够自圆其说的系统,把一些不相干的人物和事件硬拉上关系,因而在一定程度上失去了历史的真实。那么自从考古学出现以来,对于这段历史的情况就越来越清楚了。

在我国,以田野调查和发掘为基础的考古学是从1921年河南渑池县仰韶村遗址的发掘才起步的。仰韶村遗址距今约五至七千年,稍后对北京周口店遗址的发掘,又发现了距今将近50万年的北京人及其文化遗存。至于河南安阳殷墟的大规模发掘,更是使商代晚期以来的中国文明史得到了丰富的地下实物遗存的确证。不过那时的考古工作还处在初创阶段,只是在少数遗址上有较大的突破,仅仅根据那些资料还无法对中国的史前史和早期历史形成比较全面而系统的认识。

近50年来,中国考古学得到了迅速的发展。初步理清了史前文化的发展谱系和复杂的结构,基本上弄清了农业的起源及其早期发展,以及由此而形成的全国史前经济的格局及其对社会与文化发展的影响。对聚落演变的研究又有力地促进了中国文明起源的探索。对夏文化的探索有明显的进展,对商周文化的研究日益深入,而且对夏商周周围的诸多青铜文化有了基本的体系性的认识。特别是近年来甲骨文(包括西周甲骨文)、金文、简牍、帛书等古文字资料大量涌现,大大充实了我们关于先秦历史的知识。这就使本书第一卷包含了相当多的考古学资料和研究成果,成为本卷的一大特色。

前面谈到中国有两个农业起源的温床,而且实际上形成了两个农业起源中心。这两个农业起源中心后来发展为两大农业区,并且形成两大农业体系。至此整个中国的经济区划以及由不同经济对文化造成的影响而形成的格局,事实上已经基本上奠定了。这是在新石器时代中晚期发生的事,也就是距今5000—9000 年之间发生的事情。这个格局的基本情况是:1)以黄河流域为主的华北地区为旱地农业区,主要种植粟和黍,也有少量水稻,可能还有大豆。有成套的适应粗耕农业的农具。饲养家畜以猪为主,其次有狗、牛、羊,但没有马。居室多采用单间半地穴式或窑洞式,可以称为旱地农业经济文化区;2)以长江流域为主的华中地区为水田农业区,主要种植水稻,也有少量粟和黍,有成套的适应水田耕作的农具。主要养猪,也养水牛、狗和羊。居室多为分间长屋,采台基式或干栏式,可以称为水田农业经济文化区;3)华南地区自然资源丰富,采集经济发达,同时受华中地区的影响而有一定的水田稻作农业,沿海地带则主要是渔捞采集经济,这里有比较多的洞穴遗址和贝丘遗址,是半农半采集经济文化区;4)东北地区史前文化中常有较多的细石器,是狩猎经济比较发达的表现。同时因受华北地区的影响而有一定的旱地粟作农业,北部兴安岭一带则主要是狩猎兼采集经济,是半农半狩猎经济文化区。5)内蒙古、新疆和青藏高原,也就是自然地理区划中的西北干旱区和青藏高寒区,在新石器时代人烟稀少,也没有发展农业的条件,是狩猎采集经济文化区,后来发展为我国主要的畜牧经济区。从这个经济文化区的基本格局便可以看出,至迟在新石器时代中晚期,全国的经济文化重心已经确立为华北和华中,或者说是黄河流域和长江流域。这对于往后中国历史的发展起着十分重大而深远的影响。

在华北和华中地区不但农业经济比较发达,手工业也是比较发达的,正是农业经济的发展,为手工业的发展提供了坚实的物质基础。开始手工业是与农业紧密地结合在一起的。一个人农忙的时候务农,农闲的时候从事各种生活必需品的制造,没有专门的手工业者,只有一些在某些专业上比较能干的人。到了铜石并用时代,情况就发生了明显的变化,一些高档的、技术要求很高而并非日常生活所必需的手工业品发达起来了。例如玉器、漆器、象牙雕刻、丝绸、铜器和高档陶器等,其中大部分早在新石器时代中晚期就已出现,只是规模不大,技术水平也不甚高。这时则完全为贵族所控制,不但有了一定的规模,技术水平也大为提高。这样就出现了两种手工业,一种是与一般人日常生活与生产紧密相连的,例如石器、木器、陶器、骨角器的制造,筐篮的编织和普通的纺织与衣服制作等,不一定要专门的手工业者,普通人就可以做,可以叫作普通手工业。一种是高档手工业,必须有专门的手艺匠人,他们有较高的技艺、智慧和文化素养,却是专门为贵族服务的。因此手工业的分化又加强了社会的分化和等级化,进而又促进了社会文明化的进程。我们注意到一些高档次的手工业有明显的区域性,例如玉器最发达的地方在长江下游,其次在燕辽地区,再次在陕甘地区;漆器和丝绸主要在长江下游;最高档的陶器蛋壳黑陶和有细密针刻花纹的磨光黑陶分别出于山东的龙山文化和长江下游的良渚文化之中,从而这些地方文化的文明化程度也比较高,应该不是偶然的。

由于农业和手工业的发展,导致了所有制关系、交换关系和分配关系的发展,导致了社会的进步,促进了从村落到国家的演变的历程。这种情况,从聚落形态演变的过程中可以比较明显地反映出来[23]。新石器时代早期,由于农业的发生以及集约性采集经济的发展,人们普遍地走向定居,出现了一些规模甚小的聚落;到新石器时代中期,主要是由于农业的发展,农业区的聚落明显扩大,一个聚落中有几十座以至上百座房屋。聚落的布局往往是凝聚式的,房屋虽然略有大小但没有质地之别,反映一种自给自足的平等的有组织的社区生活。新石器时代晚期聚落规模又有所扩大,至少在农业区是如此。聚落布局往往是凝聚式和内向式的,同时内部又是有区划的。从房屋、墓葬和一些生产设施反映的情况来看,当时的社区经济仍然是自给自足的。人们之间的关系是基本平等的、有组织的和有相当凝聚力的。不过有些产品的交换还是经常发生的,例如长江三峡地区土地狭窄不宜农耕,而江边的砾石则是制造石器的好原料。那里的许多聚落便以制造石器为生,并且初步形成了一个石器交换网。类似的情况在别处也能够看到一些。在一些文化最发达的地区出现了个别的中心聚落,其中房屋和墓葬都发生了一定程度的分化,个别聚落甚至筑土城防护,预示社会将有一个显著的变化。

到铜石并用时代,聚落内部和聚落之间都发生了分化,大经济文化区之间的发展不平衡现象也突显出来。在一个考古学文化的范围内,有时可以看出中心聚落、次中心聚落和普通聚落的金字塔式的结构。在中心聚落的内部,有时可以看到殿堂式的建筑、高等级房屋和普通房屋的差别,而这种差别在墓葬中表现更为明显,说明这时的社会已经分裂为不同的等级。从前武器和狩猎工具是不分的,现在则普遍出现了专门用作武器的石钺,军事指挥者则用玉钺。到处都有被杀死者的乱葬坑,说明战争已经成为社会生活中的严重问题。为了有效地保护自己,一些中心聚落的贵族们便组织大量人力修筑城池。到目前为止,在全国发现的史前城址已经达到五十多处[24],其中有的只是军事城堡,有的则可能是古国的都城。例如山西襄汾陶寺古城的城内面积就超过200万平方米[25],城内有多处夯土台基和高等级建筑的残迹;有估计超过一万座墓葬的公共墓地,有可能是王者的大贵族墓葬。说明城中聚集有相当数量的人口,而且很可能在一定程度上打破了氏族-部落的界限。从这些情况来看,陶寺古城已基本具备了都城的性质,说明这时很可能产生了最初的国家,而且此类国家大大小小还有许多,是一种小国林立的状态。与传说中的五帝时代的情况基本上是相合的。

上述变化并不是在一朝一夕之间实现的,更不是沿着直线顺利发展的,期间还有不少跌宕起伏。在铜石并用时代早期,长江流域中下游、黄河流域中下游和燕辽地区文明化的势头都很旺,甚至有进入初级文明的许多证迹。但是到铜石并用时代晚期,长江流域中下游和燕辽地区的发展明显走向低谷,而黄河流域中下游则继续发展,从而为夏商周文明的相继勃兴奠定了基础。这种全局性的转变之所以发生,可能有多方面的原因。就长江中游而言,可能与尧舜禹时期连续征伐三苗有关;在长江下游,也许与良渚文化的过分特化,将过多的社会资财用于非生产性的工程和宗教性活动有关,加上自然灾害和外族的入侵,自然就会衰败下来。不过这只是文明发展进程中一时的起伏,并不是黄河周围的文化都消失了。只要看一看东周时期各大国的疆域同从新石器时代以来的几个大文化区的范围基本相合,就知道几个暂时走入低谷的文化,其实还保存有深厚的底蕴。

在中华文明起源的研究中,夏鼐和苏秉琦都提出过十分重要的见解。夏先生认为文明的起源应该追溯到新石器时代[26]。苏先生则认为中国文明的起源是一个非常复杂的过程,应该有不同的模式。有原生型,还有次生型和续生型,最后才形成以汉族为主体的多民族统一国家[27]。他们的论述是符合实际情况的。

## 第四节　中华文明的第一个高峰

中华文明的开始　夏代历史与夏文化的探索　商代考古的成就　夏、商、周的国家体制　春秋-战国社会的发展与转型　中华文明的第一个高峰　华夏文明的基本特征与历史地位

如果说龙山时代或五帝时代还只是初露文明的曙光,只能算是中华文明的前奏,那么夏代就应该是中华文明的开始,商周便是中华文明第一次走向繁荣的时期。先秦文献中常常以三代指称夏、商、周,把夏看成是和商周一样的王朝,只是时间有先后,发展水平当然也会有高低。可是夏代没有文献流传下来,所谓《夏书》至多不过是后人的追记。这样所谓夏代实际上也只是一个传说的时代。自从王国维于1916年发表《殷卜辞中所见先公先王考》和《续考》二文,看到卜辞中的殷世系与《史记·殷本纪》所记基本相同,证明《殷本纪》所记是可靠的。而殷的先公适当夏王朝之世。既然司马迁对殷先公的世次还很清楚,那么他在《史记·夏本纪》中所记夏王朝的世次和有关事迹也不会是没有根据的。至于从考古学上探索夏文化,基本上是从1959年以来才逐步展开的,并且取得了显著的成绩。一般认为,分布于河南西部和山西南部的二里头文化,无论从相对年代、分布地域、发展水平还是某些文化特征来看,都应该是夏文化。在这方面邹衡[28]和郑杰祥[29]有比较详细的研究,但是也还有一些不同的看法,这问题还不能认为已经最终解决。

比起夏王朝来,商代的历史就明确得多了。除了有为数不多但十分珍贵的文献史料外,还有超过15万片甲骨卜辞及数量巨大的田野考古资料。这些资料不但使整个商代的历史成为信史,而且对商代文明发展的高度及其丰富内容都可以有比较清楚的认识。周代特别是东周的历史文献已经比较丰富了,举凡政治、军事、哲学、思想、礼制、历史、地理、文学艺术等方面莫不有开创

性的著作。周代考古也有许多重要的发现,诸如列国都城勘察和诸侯墓地的发掘,大批金文和简帛文书的发现,都极大地充实了周代文明史的内容。

根据历史记载,夏、商和周既不完全是一脉相承的,也不完全是并行发展的不同文化。固然在夏朝时商人就已经建立了自己的国家,但是二者关系密切,地域相邻。据说商汤的重臣伊尹曾经五就于桀,另一位重臣仲虺则是夏车正奚仲的后人。根据文献记载,商灭夏并不是异族的征伐,而是因为夏桀昏庸无道,人民痛苦不堪,而汤行仁政,他灭夏是打着诛无道以拯救百姓的旗号。汤在推翻夏朝以后所建立的商朝,是"尽有夏商之民,尽有夏商之地,尽有夏商之财"(《吕氏春秋·分职》),不但全面继承了夏和自己祖先的基业,而且又有很大的发展。周人灭商之前也有自己的国家,但是周文王曾经受商朝封为西伯,成了商朝的地方政权,关系是很密切的。周人的文字就是商人使用的文字,周人的青铜器也是仿效商人的青铜器而发展起来的。至于周人的封建制度和宗法制度等,也应该是在商人的有关制度的基础上发展完善起来的。所以孔子说殷因于夏礼,周因于殷礼,只不过有所损益罢了[30]。总之,夏、商、周三代虽有差别,但是从整个中国历史来看,还是应该视为一个整体,代表中国文明的第一个高峰——上古时期的华夏文明。

这个时期国家的显著特点是分封世袭制,社会上氏族组织长期存在,统治集团则在氏族制的基础上逐渐发展为一种严密的宗法制,这在周代表现得特别明显。周初大封建,除了都城附近的王畿之地由王朝的官吏直接统辖外,绝大部分地方都被分封给王室近亲以建立诸侯国。所谓分封,就是把一个地区的土地和人民都授予一位诸侯全权管理,即所谓授民授疆土,代代世袭。诸侯对王室的义务则是要镇守疆土,按时朝觐纳贡,必要时还要率领军队勤王。同样诸侯在自己的封疆内也可以把土地和人民授予亲属和亲信以为卿大夫,卿大夫又可以按照同样的道理封赐家臣。这样层层分封既是一种国体,又是一种政体。由于强调嫡长子继承和大宗小宗的区别,使得这种体制能够把政权和族权乃至神权巧妙地结合起来。既能保证中央和地方政权的巩固,又能够照顾到各个地方的具体情况,维系广大领域内不同族系和不同文化传统的各诸侯国的统治,并使之逐渐华夏化,为往后建立更加统一的中央集权制帝国奠定了基础。

分封制与土地制度密切相关。既然周天子可以把土地和人民分封给下属,那么说"溥天之下,莫非王土;率土之滨,莫非王臣"(《诗·小雅·北山》),就不能看成只是名义上的或只具有象征意义。在诸侯国内也是一样。《左传·昭公七年》说:"封略之内,何非君土;食土之毛,谁非君臣。"诸侯以下的情况应该也是一样。除了层层分封,土地还常常作为对下属的赏赐。这样土地事实上成了从天子到以下各级贵族官吏多级所有的公产即所谓公田。先秦文献中常常把公田和私田对举,而且常常和井田制相联系[31],说明农民是被组织起来的,他们的私田也只可能是按期分配的份田而不是真正意义上的私田。这种土地制度还深深地影响到赋税制度和军事制度,农民不仅要服劳役,也还要服兵役。从一定意义上来说,整个三代文明就是建立在这些根本制度之上的。

这个时期的物质文明不仅在许多方面是开创性的,而且是光辉灿烂的。例如都城的建设就达到了很大的规模。可能为夏代都城的二里头遗址面积在6平方公里以上,可能为商代早期亳都的郑州商城有内城和外郭,内城有3平方公里以上,外郭则近20平方公里[32]。新近发现的安阳花园庄商代中期的都城规模甚至更大,而安阳殷墟侯家庄西北岗王陵规模之宏大,殉葬人牲之多,也是十分罕见的。到东周时期,随着诸侯国势力的膨胀,他们的都城也得到极大的扩展,甚至功能也发生了相应的变化。如果说以前的外郭城仅是偶见,那么到东周就几乎成为定制。所谓"筑城以卫君,造郭以守民"(《吴越春秋》),说明都城的居民有所增加,对他们的安全不能不有进一步的考虑。这是都城制度的一个转变[33]。

三代物质文明的集中表现是青铜器。现在知道,中国的青铜时代基本上是与夏商周三代相始终的。江西瑞昌的铜岭、湖北大冶的铜绿山、安徽的铜陵和南陵等地都发现了商周时期的大型铜矿遗址,井巷系统和采矿设备都已十分完备。一些都城级的遗址如相当于夏代的二里头、早商的郑州商城、晚商的安阳殷墟、西周的洛阳北窑和东周晋国的新田(在山西侯马)等处都发现了巨大的铸铜作坊遗址。制造的青铜器主要有鼎、簋、瓿、爵、斝、尊、盘等包括炊器、食器、酒器、盛储器等通常作为礼器的容器,钟、铙、铃等乐器,钺、戈、矛、剑等兵器,軏、辖、衔、銮等车马器,斧、锛、凿、锯等手工工具,锸、镈等农具,镜、带钩等生活用具,以及货币和各种装饰品等,涉及社会生活的方方面面,其中尤以种类繁多、造型优美、纹饰独特的礼乐器,堪为中国青铜文化的一大特色。

近年来的研究证明,在夏商周青铜文明的周围还有一系列青铜文化。例如四川盆地的三星堆文化中有大量神人和假面具的造型,还有高大的神树,表现丰富的神话故事;江西大洋洲的青铜器中也有反映神话的内容,同时还有大量的农具;湖南宁乡发现的特大型铙也是别的地方所不见的。它们固然都受到夏商周青铜文明不同程度的影响,但是都有自己的特点,并且也在一定程度上影响了夏商周青铜文明。至于长城以北的广大地区内以游牧民族或半农半牧的民族为主体所创造的青铜文化,其青铜器多武器、用具和装饰品,体量轻巧易于携带,其装饰多用圆雕或半圆雕的鹿、羊、马、骆驼等动物形象。因此中国青铜文明是以夏商周为主体,同时结合不同系统的大青铜文明。只有全面地了解这些青铜文明的发展及其相互关系,才能更深刻地了解夏商周青铜文明的成就和历史地位[34]。

在青铜文化的推动下,一些具有中国特色的手工业品这时也纷纷涌现。例如原始青瓷器、玉器、丝绸和漆器等。原始青瓷器在商代早期就多有发现,到西周更加普遍。中国瓷器的大发展虽然在唐宋以后,其始原则应追溯到商周时期。丝绸虽然是在新石器时代就已肇其端倪,大发展却是在商周时期。至迟在商代就有提花的文绮,还有刺绣,到东周各种织法的丝绸都已面世,花纹活泼流畅。从此丝绸在我国历久不衰,成为中国服饰的一大特色。

三代的精神文明集中表现在一大批古文献资料上,这与作为其载体的古文字(指作为中国主体文字的汉字的早期形式)的形成和广泛应用是分不开的。前面谈到汉语的特点是词根语,单音节词发达,即使双音节词和多音节词也多是由单音节词组合演变而成的。汉语的这种特点,使得汉字长期保持一字一词,一字一音,而同音字用不同的造型来表达不同的意义,成为以形声字为主体并且将形音义巧妙地结合在一起的文字体系。与拼音文字特别强调发音准确不同,汉字可以用不同的方言朗读。在一个方言众多且发音差别极大的社会里,汉字可以毫无阻碍地起到沟通思想和传递信息的作用,甚至不同族系的人都可以比较容易地认识以至借用为自己的书面语言。中华文明之所以能够长期传承而不中断,并且有很强的亲和力,原因固然是多方面的,汉字的推广无疑也发挥了积极的作用[35]。

三代在天文、历法、算学、医药、哲学、史学、文学、音乐等许多方面都有开创性的成就，成为后来有关学科发展的重要基础。

历法是与农业生产密切相关的，由于农业的发展使得中国古代很早就产生了历法。传说最早有所谓黄帝历和颛顼历，后来又有夏历、殷历和周历。孔子提倡行夏之时，可能那时是夏历和周历并用。直到现在民间还是喜欢用夏历，它是一种改进了的阴阳合历。传说为夏历的《夏小正》成书虽晚，也可能反映夏历的基本精神。至于殷历则由于甲骨文的研究而有较多的了解。殷历也是以太阴纪月、太阳纪年的阴阳合历。用干支记日，一年分春秋两季并划分为十二个月，多余的天数设闰月来调整。由于历法还不十分精密，需要根据星象来进行调整，因此观象授时成为政府的重要职能[36]。

三代思想文化的发展，到春秋、战国时期而臻于鼎盛。这个时期各诸侯国都在酝酿深刻的改革：废井田开阡陌，履亩计税，设郡县，改革世袭官制，加强君主集权等等。社会经济与政治的转型，乡校的设立和士人的兴起，打破了文化教育完全由官方垄断的旧传统，开始出现私人讲学，学术思想也空前活跃起来。首先创办私学的是孔子，他提倡有教无类和诲人不倦，并且很重视因材施教。他的门徒号称有三千人，其中有不少著名的学者和社会活动家。孔子虽然相信天命，但着力研究的是人世间的问题而不大愿意谈鬼神。他提倡周礼，主张为国以礼和为政以德，当政者要节用而爱人，反对苛政暴政。孔子思想的核心和最高道德标准是仁，仁者爱人，做人要有仁爱之心，把人的地位提到了前所未有的高度。孔子自称是述而不作，但在整理和传播古代文献典籍方面还是做出了杰出的贡献。他说："吾自卫返鲁，然后乐正，雅颂各得其所。"（《论语·子罕》）据说经他删订过的有《诗》《书》《礼》《乐》《易》《春秋》等书籍，后来被视为儒家经典而流传至今，成为研究商周时期历史文化的最重要的典籍。孔子和以他为首的儒家学派的思想，在中国古代社会长期受到推崇而发挥极大的作用，他本人则被尊崇为至圣先师，成为上古时期最伟大的教育家和思想家。

比孔子稍后的墨子和他创立的墨家学派，在战国时期和儒家一样被视为显学。墨子主张兼爱，爱无差等，延伸到国家关系上就反对相互攻伐即非攻。

他的尚贤比儒家的选贤举能更为彻底："虽在农与工肆之人，有能则举之"，要做到"官无常贵，而民无终贱"（均见《墨子·尚贤》上），反对贵族的世官世禄。他的节葬和非乐等主张也是和儒家思想相对立的。

战国时期，兼并战争连绵不断，各国国君和贵族为了寻求富国强兵乃至统一天下的方略而争相礼贤下士，养士之风盛行。在这种情况下，士人的队伍空前扩大，他们著书立说，各成一家。除儒、墨外，还有以老、庄为代表的道家，以韩非为代表的法家，以及兵家、名辩家和阴阳家等。即使在同一家内也分成不同的派，所谓"儒分为八，墨离为三"（《韩非子·显学》）。儒家中最有名的孟子和荀子就属于不同的派。可谓学派林立，群星灿烂，大师辈出。各个学派的代表人物可以不分国界地到处游说讲学，而当权者也多不主一家，允许各家之间相互批判和论争，从而形成了我国学术历史上少有的"百家争鸣"的盛况。各家的著述容或有短长，但都有理有据，自成体系，处处闪烁着华夏文明的光辉，不但是整个中华文明的重要财富，也是对世界文明史的伟大贡献。

三代在精神文明方面的成就是多方面的，除了前面谈到的以外，在史学、文学和艺术等方面也都有开创性的成绩。

先秦古籍中多次引用《夏书》，其中有不少内容是今文《尚书》中没有的。《尚书·多士》中谈到"唯殷先人有册有典"，大概夏、商时期都已经有了官方的典册文书。到了西周，除了《尚书》中的周书以外，《诗》中的雅、颂有不少可以看作是商、周及其祖先的史诗。到西周晚期，周王朝和各诸侯国先后设史官修编年体的国史，有的卿大夫也编家史，可惜这些书都没有流传下来。到春秋末年，孔子主要依据鲁国的国史新编了一部《春秋》，除非常简练地叙述史实外，还包含有对历史事件和人物的评价。所谓笔则笔、削则削，寓褒贬、别善恶，以至于使乱臣贼子惧。《春秋》之后出现了一系列历史著作，其中有号称春秋三传的《左传》《公羊传》《穀梁传》和被称为春秋外传的《国语》，还有《世本》和后来发现的《竹书纪年》等。这些大部分是私人著作，体裁不一，有编年体、传记体、纪事本末体和典志体等，其中以《左传》所记史事最为翔实。《竹书纪年》自夏殷周写至魏哀王，《世本》自黄帝写至战国末年，已带有通史性质。由于这一时期历史撰述不拘体裁和形式在多方面的实践，为后来史学的大发展准备了充分的条件。

　　商周是文学形成和初步发展的时期,主要的文体是散文和诗歌。春秋以前,《尚书》的一些篇章和某些铜器铭文可以视为最初的散文,文风古朴简练。到春秋战国时文风为之一转,特别是《左传》和诸子的一些著作,语言渐趋通俗化,记事条理清晰,形象生动,常常引用神话寓言和历史典故,富有说服力和感染力。诸子中的庄子更是具有极高的文学天才和驱使语言的能力,他思想豁达,感情奔放,气质浪漫,文章如行云流水,不可遏止,成为后世散文的范本。这时期诗歌的成就集中表现在《诗经》和《楚辞》上。《诗经》是西周到春秋时期的诗歌总集,分为风、雅、颂三类,既有王室庙堂的乐诗,又有各诸侯国的许多民歌。当时有一种采风制度,采集反映民间生活和风俗的诗歌再经过文人加工便成了《诗经》中的国风。《诗经》多为四言体,能够配乐歌唱,是中国诗歌的开山之作。战国时期,在南方的楚国出现了一种被称为《楚辞》的骚体诗,其代表作是屈原的《离骚》。这首诗长达337行,是我国古典文学中篇幅最长的个人抒情诗。《楚辞》是一种与《诗经》不同的诗体,其中大量引用神话传说,思想丰富,文采华丽,感情奔放,富有浪漫色彩,在中国文学史上具有十分重要的地位。

　　这个时期在艺术方面的成就也是多方面的。由于考古学的发展,人们对当时的绘画、雕塑和工艺美术开始有了比较深刻的印象。当时在音乐方面也达到了很高的水平。周人礼、乐并重。前举《诗经》和《楚辞》很多是可以配乐歌唱的。许多音乐还跟舞蹈结合在一起。孔子是很懂音乐的,他特别喜欢韶乐而不喜欢郑声。他在齐国听韶乐听得入神,以至于三月不知肉味。可惜那些音乐没有曲谱留下来,只可以从乐器组成情况约略推知一二。例如湖北随州发现的曾侯乙墓中随葬了用于庙堂的整套乐器,包括编钟、编磬、鼓、琴、瑟、笙、排箫和篪等。编钟、编磬都挂在架上,俨然一个演奏室的样子。编钟上有错金的乐律铭文,其音域极宽,达到五个半八度。中心音域的三个半八度12个半音齐备,可以旋宫转调,可以演奏各种复杂的乐曲,令当今音乐理论家为之惊叹。可是曾侯只是一个小国的国君,就能够达到如此的气派,于此可以想见当时音乐景况之盛与水平之高。

　　上面的叙述说明,夏商周时期的华夏文明,不论在物质方面、制度方面,还是精神方面都有了开创性的成就和相当的发展,而且是一代比一代前进,是中华文明发展的第一个高峰。其中最重要的当为多元一体格局的奠立和中华文明基本特质的形成,从而为往后更高水平的发展奠定了坚实的基础。

## 注 释

〔1〕 中国自然地理编写组:《中国自然地理》(第二版),高等教育出版社,1984 年,第 153—160 页。

〔2〕 董兴仁:《中国的直立人》,载《中国远古人类》第二章,科学出版社,1989 年,第 19 页。

〔3〕 张森水:《旧石器时代考古》,载《中华人民共和国重大考古发现》(1949—1999),文物出版社,1999 年,第 20 页。

〔4〕 同注〔2〕,第 23 页。

〔5〕 吴汝康、吴新智、张森水主编:《中国远古人类》,科学出版社,1989 年,第 16 页。

〔6〕 吴新智:《中国的早期智人》,载《中国远古人类》第三章,科学出版社,1989 年,第 24—41 页。

〔7〕 吴茂霖:《中国的晚期智人》,载《中国远古人类》第四章,科学出版社,1989 年,第 42—61 页。

〔8〕 吴新智:《论中国古人类的连续发展》,载《中国原始文化论集》,文物出版社,1989 年,第 27—34 页。

〔9〕 王幼平:《更新世环境与中国南方旧石器文化发展》,北京大学出版社,1997 年,第 158 页。

〔10〕 见阿列克谢耶夫为罗金斯基和列文所著《人类学》一书中文版所写的序言,警官教育出版社,1993 年。

〔11〕 韩康信、潘其风:《古代中国人种成分研究》,《考古学报》1984 年 2 期,第 257 页、第 260 页。

〔12〕 1953 年第一次全国人口普查,总人口为 5.826 亿,少数民族为 0.3532 亿,占全国人口的 6.06%;1964 年第二次全国人口普查,总人口为 6.9458 亿,少数民族为 0.3993 亿,占全国人口的 5.78%;1982 年第三次全国人口普查,总人口为 10.0871 亿,少数民族为 0.6729 亿,占全国人口的 6.7%;1990 年第四次全国人口普查,总人口为 11.3368亿,少数民族为 0.912 亿,占全国人口的 8.04%。由于政府实行对少数民族适当优惠的政策,有些原来申报汉族的改报少数民族;加以对汉族和少数民族实行有区别的人口政策,使得少数民族的人口出生率比汉族为高,所以少数民族在全国人口中的比例有所上升。

〔13〕 费孝通:《中华民族多元一体格局》,中央民族学院出版社,1989 年。

〔14〕 严文明:《中国史前文化的统一性与多样性》,《文物》1987 年 3 期,第 38—48 页。

〔15〕 岳石文化的个别遗存虽然在 20 世纪 30 年代就有所发现,但直到 20 世纪 80 年代才被确认并提出命名。现在确知这个文化是直接继承龙山文化而发展起来的早期青铜文化,绝对年代经多次碳十四测定大约在公元前 19 世纪至公元前 17 世纪之间,正好落在夏代纪年范围之内。详见严文明:《夏代的东方》和《东夷文化的探索》,载《史前考古论集》,科学出版社,1998 年,第 306—333 页。

〔16〕 李伯谦:《中国青铜文化的发展阶段与分区系统》,《华夏考古》1990 年 2 期,第 82—91 页。

〔17〕 事见《史记·齐世家》和《鲁世家》。

〔18〕 近人有把中国人说成是龙的子孙或龙的传人,其实在古文献中并没有这种说法。只是从汉代以来,有些帝王把自己比附为龙的化身,长的面相是龙颜,穿的是龙袍,坐的是龙椅,睡的是龙床,用以显示其威严和地位的神圣。见刘志雄、杨静荣:《龙与中国文化》,人民出版社,1992 年。

〔19〕 蒙文通:《中国史学史》,《蒙文通文集》第三卷《经史抉原》,巴蜀书社,1995 年,第 241—254 页。

〔20〕 蒙文通:《古史甄微》,商务印书馆,1933 年。

〔21〕 徐旭生:《中国古史的传说时代》(增订版),文物出版社,1985 年。

〔22〕 同上书,第 74—87 页。

〔23〕 严文明:《中国新石器时代聚落形态的考察》,《史前考古论集》,科学出版社,1998 年,第 48—62 页。

〔24〕 赵辉、魏峻:《中国新石器时代城址的发现与研究》,北京大学中国考古学研究中心、北京大学古代文明研究中心编:《古代文明》(第 1 卷),文物出版社,2002 年,第 1—34 页。

〔25〕 何驽、严志斌:《黄河流域史前最大城址进一步探明》,《中国文物报》2002 年 2 月 8 日。

〔26〕 夏鼐:《中国文明的起源》,文物出版社,1985 年,第 96 页。

〔27〕 苏秉琦:《中国文明起源新探》,香港商务印书馆,1997 年,第 107—140 页。

〔28〕 邹衡:《试论夏文化》,《夏商周考古学论文集》,文物出版社,1980 年,第 95—182 页。

〔29〕 郑杰祥:《夏史初探》,中州古籍出版社,1988 年。

〔30〕 《论语·为政》:"子曰:'殷因于夏礼,所损益可知也;周因于殷礼,所损益可知也;其或继周者,虽百世可知也。'"

〔31〕　先秦的井田制的具体情形究竟怎样,甚至是不是真有井田制那么一回事,学术界多
　　　　有不同的看法。有些学者认为所谓井田制虽然不会像孟子讲的那么规整划一,但是
　　　　如果把它看成是基层的社会组织和农业生产单位,其中有公田和份地,代表着一种
　　　　从原始公社所有制向私有制过渡的农村公社制度,应该是比较符合实际的。这种制
　　　　度可能从夏代就开始实行,直到战国废井田开阡陌才完全改变,是三代实行的根本
　　　　制度之一。参见徐喜辰:《井田制度研究》,吉林人民出版社,1982 年。

〔32〕　河南省文物考古研究所:《郑州商城 1953 年—1985 年考古发掘报告》,文物出版社,
　　　　2001 年。

〔33〕　许宏:《先秦城市考古学研究》,北京燕山出版社,2000 年。

〔34〕　李伯谦:《中国青铜文化结构体系研究》,科学出版社,1998 年。

〔35〕　由于汉族的重大影响,历史上一些少数民族也仿照汉字来创造自己的文字。例如历
　　　　史上曾经使用过的契丹文、西夏文、女真文以及壮族、瑶族、白族、水族和布依族等民
　　　　间使用的土俗字,无不是以汉字为蓝本制定出来的。汉语和汉字还曾经对东亚一些
　　　　国家产生过重大影响。例如朝鲜、日本和越南在古代就长期用汉语作为书面语言,
　　　　或者用汉字语音记录自己的语言,形成一个超越国界的汉字文化圈。后来出现的朝
　　　　鲜的谚文、日本的假名和越南的字喃等都是借用汉字的笔画、偏旁或方块字的构形
　　　　创造出来的。

〔36〕　常玉芝:《殷商历法研究》,吉林文史出版社,1998 年。

# 第一章　中华文明的曙光

在中国大地上,大约在一万多年前出现了农业,这为人类社会的发展奠定了长远的基础。伴随着经济技术的发展,社会生活的方方面面也逐渐变化。到了公元前4000年前后,社会所有层面的变化其积累似乎达到了一个临界点。此后,原本简单、平均、平等的氏族社会开始了文明化的进程。第一个王朝——夏王朝的建立,标志着中华文明史的正式开始。先夏大约两千多年的时间,显露出中国文明的曙光。这个阶段,大致相当于古史传说的"五帝"时代;在考古学上,是新石器时代晚期的晚段和铜石并用时代。

## 第一节　文明胎动时期的经济

农业的起源　两种农业经济体系的形成和发展　手工业的发展与分化
贵族手工业的出现　建筑业的进步

包括中华文明在内的世界上几个最古老的人类文明,都发生在最早出现农业经济的地方,都是农业文明。这种情形,绝非偶然。农业作为可靠的食物来源,使人口增加成为可能,而人口增加,社会关系就变得复杂。又是由于农业提供的食物储备,一些社会成员才有可能脱离食物生产,转而从事其他行业乃至专门的社会管理,社会的经济、政治、艺术文化才会不断发展。总之,农业的发明之于人类历史实乃划时代的事件,以至有人将其称为"农业革命"。尽管目前的研究表明,它的发明实乃一个颇为漫长的积累过程。但在叙述中华文明起源时,仍然要从中国农业的起源开始。

在大多数神话传说中,农业是神农氏发明的。《易·系辞下》说:"包牺氏没,神农氏作。斲木为耜,揉木为耒。耒耨之利,以教天下。"《逸周书》也说:"神农之时,天雨粟,神农耕而种之,……然后五谷兴,以助果蓏之实。"《白虎通·号》的描述更生动:"古之人民,皆食禽兽肉,至于神农,人民众多,禽兽不足,于是神农因天之时,分地之利,制耒耜教民农作,神而化之,使民宜之,故谓之神农也。"神农氏究竟是什么时候的人,古人就已经说不清楚了。根据考古发现,中国农业的萌芽是相当早的事情。

两万多年前,最后冰期越过最寒冷的峰值期,气候在一连串的剧烈波动中逐渐回暖。人们也从以狩猎为主的取食活动逐渐过渡为渔猎和植物性食物采集并举的广谱型采集经济。在这个过程中逐渐积累起来的有关植物资源的了解,成为最终农业被发明的知识基础。

坐落在南岭北侧浅山地带的湖南道县玉蟾岩和江西万年仙人洞,都是从旧石器时代晚期起就有人居住的洞穴遗址[1]。遗址附近既有山地,也有平坝湖沼,环境多样,是从事广谱采集经济的理想环境。在仙人洞的旧石器时代晚期文化堆积中,发现了数量众多的野生稻植硅石[2],时间稍晚的地层堆积里,开始出现具有栽培稻形态的植硅石。而在玉蟾岩,甚至还发现了这一时期的几粒稻谷。考古证据反映出人们对野生稻逐渐认识、利用,进而主动驯化栽培的过程。碳十四年代测定数据表明,人们开始栽培水稻的时间至少在距今12000年以前,这是目前世界范围内已知最早的稻作农业证据。

长江流域地处温带。温带气候的特点是四季分明。对于生活在其中的人类来说,冬季是个食物匮乏的季节。而在诸般植物性食物中,唯有谷物具有方便长期储存的特点。这对于年复一年地被迫面对如何顺利过冬问题的人们来说,意义自然非同小可。也许这就是谷物农业发明的最主要原因了[3]。

和南方相比,黄河流域居民的过冬问题更严峻一些。北方的四季温差变化大,降水集中在夏季,不适合种植水稻。当地居民经过长期选择,培育出耐干旱的粟和黍。于是,在世界上出现了唯一种植这两种作物的旱地农业[4]。目前还不十分清楚的是,南方的水田稻作和北方的旱作是分别独立的发明,还是在彼此的启发中共同发展起来的。不过,有一点可以肯定,即在黄河和长江流域的外围地区,农业的出现迟滞了许多。因此,在整个农业起源的世界版图中,地域比邻的这两大河流域实为一个独立发展的整体。如果将来发现这两种农业在起源过程中有过交流互动,也在意料之中。

　　刚刚萌芽的农业还十分幼稚弱小,仅仅是人们生计中十分次要的补充手段。但农业意味着人们从此拥有了一种稳定的和可以扩大的食物来源,从而消除了在采集经济方式下,不得不限制人口数量和群体规模,以便随时与环境资源之间保持某种微妙平衡的担忧。而人口的增加,反过来又成为促进农业发展的动因。为了追求更多的农业生产效益,人们逐渐离开适合采集经济的生态环境复杂地区,向地势开平、易于开展农业生产的平原沼泽地区迁移。在公元前7000年前后,长江和黄河的中下游以及辽河流域开始出现了第一批农业村落。稻作和粟作两个农业文化区遂告形成[5](图1-1)。

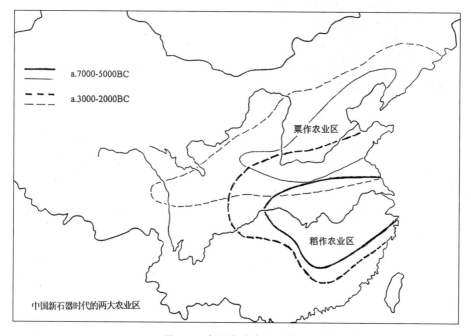

图1-1　中国史前农业分布图

　　年代距今八九千年前,主要分布在今天的洞庭湖区一带的彭头山文化中,有丰富的稻谷遗存。当时的人们常把水稻皮糠当作羼合料,拌在黏土中制作陶器以及涂抹房屋墙壁,可见产量已然不小了[6]。再晚一些时候,在著名的浙江余姚河姆渡遗址上,普遍发现了一层稻谷、稻草的堆积,层厚20至50厘

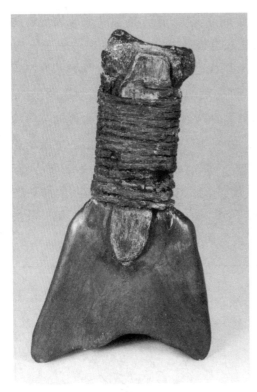

图1-2 河姆渡遗址出土的骨耜

米,最厚处超过 1 米,若折算成稻谷,可达 120 吨以上。这个数字也许偏大,但河姆渡居民的稻作生产能力颇高当是事实[7]。

河北武安磁山遗址则是这个时期北方旱作农业村落的代表。在 2500 平方米发掘范围内,发现大量贮存粮食的窖穴,其中还尚存粟的朽灰的至少 70 余座[8]。有人尝试将这些窖穴内的朽灰换算成新鲜粮食,竟达令人咋舌的十多万斤[9]。这还只是在总面积约 8 万平方米的磁山遗址上十分有限的局部范围内的情况!

这个时期,南方稻作农业的农具多为木、骨质器具。河姆渡遗址上有很多发现。其中一种翻土用的骨耜,是利用牛等大型动物的肩胛骨修整制作成的,在骨臼部着柄,形状和用法已经很接近现在的铁锹了(图1-2)。另外还有木铲、收割用骨镰以及木杵、石磨盘等粮食加工工具[10]。北方土地干硬,翻土工具多为石锄、石铲之属。亦有制作精致的石镰刀和加工谷物的石磨盘、石磨棒等[11](图1-3)。从耕作器具的类别看,当时无论南方还是北方,都处在农业发展史上称之为耜耕农业的阶段。

家畜饲养,是同农业经济起源相关的。首先被人们加以驯化的动物是猪,也许还有狗。较晚一些时候,又陆续驯化了黄牛、水牛、山羊、绵羊、鸡等动物。中国古代的所谓"六畜"中,除了马的饲养晚到了商代之外,其余者的驯化在新石器时代中期就已经基本完成了[12]。这其中,猪是最重要的家畜,不但在新石器时代,直到今天依然是中国人食谱中最主要的肉类食物来源。但猪是杂食性动物,跟牛羊不同,与人类争食。它能够被驯化并成为最主要家畜,也从

图 1-3　裴李岗文化的谷物加工器具——石磨盘和石磨棒

侧面反映了农业的发达程度。此外,伴随农业发展,人们定居程度越来越高,猪可圈养的习性尤其适合定居生活方式,这也使得家猪饲养逐渐发展成为中国农业经济的一个重要特征。

到了新石器时代晚期的偏晚阶段,即大约从公元前 4000 年或稍晚一些时候开始,各地的农业有了进一步的发展。分布于江浙一带的崧泽文化和后续的良渚文化的居民,不但已经拥有了用作翻土开垦、中耕、收割的一整套石质农具,尤其值得一提的是还发明了石犁。这种犁用薄石板加工而成,呈对称的弧边等腰三角形,最初大小二十几厘米长,后来逐渐演变成长四十多厘米的大型石犁(图 1-4)。这样大的尺寸牵引起来,单凭人力是很难胜任的。因此推测当时出现了服驭畜力的技术。表明当时至少在一些地区,已经发展到了犁耕农业的阶段。

长江、黄河中下游广大地区的人们,都过着农业生活,有着大致相同的需要,彼此之间的交流沟通就容易,也频繁。许多带动历史前进的发明创造,都是首先在这里产生的,这里的文化程度最高,社会也率先走向文明。而在它的周围,要么是自然环境条件优越,根本用不着从事农业,如岭南一带;要么是环境恶劣,很难开展农业,如内蒙古高原、青藏高原和东北地区。当地的人们长期停滞在采集经济阶段,社会和文化的进步也就缓慢。如此,黄河和长江的中下游地区便成为中国乃至整个东亚经济文化的中心,长期引领着历

图1-4 良渚文化的组合式石犁,浙江平湖庄桥坟出土

史发展[13]。

为了满足农业生产需要和日益增长的生活需求,手工制造业也在不断发展之中。神话传说中,有不少关于远古时代人们的发明创造的记载。从确凿的考古发现可知,新石器时代的手工业称得上丰富多彩,主要门类有陶器、石器以及骨角牙蚌器、漆木器的制作等,稍晚一些时候还出现了铜器的制作。而一些出于材质原因很难保留下实物的行业,如纺织、编织、制革、缝纫以及酿酒、造醋、制盐等,也肯定是有的。在这之中,石器和陶器的制作,是关乎人们劳作和生活的非常重要的两项技术。

石器制作是自人类诞生以来就开始了的最古老的手工行业。早期的石器都是一些所谓的打制石器,即将石料打击劈裂,把那些有锋利边缘的石片和石块当作工具,用来猎杀和肢解动物等。随着更新世晚期的到来,人们越来越多地从事植物性食物的采集乃至种植,便需要一些大型的砍伐工具和挖掘工具;又由于定居生活,也需要一些专门的木工工具来建造住居。这些器具要求有较大的体型、整齐的刃口和适合特定用途的特定形状,于是,方便加工出规整形状的琢打、砥磨等技术就被逐渐发明出来,其产品,叫作磨制石器。为了处理那些必须炊煮方可食用的植物籽粒,人们又发明了陶器。这两项发明,是人类历史上新石器时代的两个主要标志。大量资料已经证明,这两项重要的技术发明,在包括中国在内的东亚地区出现得最早,皆可上溯到一万多年以前。

适合农业经济生活需求的手工制造业在新石器时代中期已告成熟。其标志是这些制品都是根据不同需求或功能,成套制作出来的。例如石器,可分农具、木工工具和狩猎工具,陶器则按炊爨、饮食、盛储的不同要求,质地不同、形状各异,而且一应俱全、固定搭配。其他如骨角牙器的制作,也是如此。个别地方,还出现了玉石饰品。由于居住稳定和近邻之间的交往,一个地区内的制造业技术特点和产品风格也就逐渐趋同而有别于其他地区,于是这些制品还被赋予了人群的风俗习惯、审美情趣等多方面的文化内涵。

手工业的重大进步,发生在新石器时代晚期。首先是传统制造业中出现了若干新技术。陶器制作普遍采用了可以转动角度,以方便对器坯进行修整装饰作业的辅助装置——慢轮。陶器皆在挖筑的陶窑中烧成,一些地方的人们还掌握了烧制灰色和黑色陶器的闭窑和渗碳工艺。此外还有利用矿物质颜料装饰陶器、选择特殊陶土制作白陶的技术等等。这些技术进步使得产品的面貌焕然一新。北方地区装饰华丽的彩陶与南方造型复杂多变的陶器群交相辉映,成为时代之特征。稍晚一些时候,人们进一步发明了利用高速旋转的轮盘拉坯成型的技术。这种技术的产品外形规整美观,器胎薄厚均匀,更有胎厚不足 1 毫米、薄如蛋壳的精美作品。更为重要的是快轮制陶是一种可以较大批量生产的技术。它的发明,迟早要引起制造业内部的结构变革[14]。这个时期的石器中,普遍采用了以砂、水为介质的石料切割法和钻孔技法。玉器的制作更是精益求精,从简单的平面阴线雕刻,逐渐发展出浮雕、凸线圆雕等一系列新技法。

其次,出现了一些新的手工制作的门类。浙江余姚河姆渡遗址发现过木胎漆器[15]。较晚一些时候,也是在江浙一带的良渚文化的遗址中,出土过丝绸[16]。由于有机质材料不容易保存下来,我们至今还很难了解这些手工生产的全貌。然而可以推测,这类物品的制作,肯定不在少数。玉器的制作虽然早已有之,但从新石器时代晚期以来,玉器在社会生活和宗教中的象征性功能越来越被人们尤其是社会上层重视。为了烘托这种象征性,工匠们发展出各种专门工艺,制作出各种形状复杂的器物,并在表面雕刻出繁缛的纹饰,制玉也就逐渐从一般石器生产中脱离出来,变成了一个独立的行业。另一项意义深远的新生事物是铜器的出现。最早的铜制品发现于公元前 5000 至公元前 4000 年间的仰韶文化早期。到了公元前 3000 年以来,铜器在各地普遍有所发现,说明此时的铜器制作已经不是偶然现象了。这些铜器一般是刀、凿、锥、钻之类的小型工具,也有铜泡、指环、耳环、手镯之类的饰物以及铜镜,除了少数系锻造外,多为铸造。山西襄汾陶寺遗址出土的铜铃,则是用更复杂的内外合范技术铸造而成的。这些铜器绝大多数为红铜(纯铜),质量上和夏商时期的青铜(铜铅或铜锡的合金)器还有一定的差距[17]。但它们的出现,毕竟为中国的青铜时代的到来做好了技术准备。

新石器时代晚期以来更重要的变化发生在手工业的生产方式领域。仔细比较此前时期的手工业制品可以发现,即便都出自一个遗址上的同类器物,其间的个体差异也很大,颇不规范。意味着从事这些器物制作的人很多,或者就是大家分头制作,自己既是制造者,也是使用者,既是农人,也是工匠。但从新石器时代晚期开始,随着手工制造业的技术越来越复杂和高效,一些制造者也就开始某种程度地脱离农业,向专门化发展。例如此时的长江流域,出现了两个石器制作最发达的地区。一个在长江三峡及靠近出口的湖北西部,另一个在南京至巢湖一带。在这些地区的遗址上,不仅出土的成品石器制作精良,还往往发现有大量石器半成品和石片碴等废料,有的还发现有制作石器的房屋建筑,甚至遗址本身就是一个专业的石器加工场[18]。这种规模的生产,自然不会是全部用来自己消费,而是以交换为目的的生产。如果说石器制造中的这种区域经济特征是和石材原料的产地有关的话,制陶业内部的分化,就完全是部分制造者技术与心智能力胜出的结果了。从已经出现的可供大批量生产的快轮制陶技术和一些数量不多的精制陶器却分布甚广等情况看,此时的制陶业中也萌生了以交换为目的的生产。至于铜器和玉器这类高技术产业,专门化程度更高。制造这些器具从开采原料到加工出成品,必须经过许多复杂的工艺环节,非一人可以胜任,也即在这些手工业门类的内部,出现了不同工艺环节上的专业分工。

至此,社会分工不但在农业和制造业之间,也在制造业内部发展起来了。这必定引起产品的交换和流通方式的复杂和多样化,促进私有观念的产生和私有经济活动的发展,最终带动整个社会不可逆转地复杂化起来。

最后,发生在制造业内的一项特别值得注意的变化是,随着社会的贫富分化,开始出现了专门服务于社会上层的贵族手工业。关于贵族阶层的形成,以后还会专门说到。单就制造业本身而言,公元前3000年以来,专门服务于贵族的手工制造行业已经颇具规模,包括玉器、丝绸、漆器、象牙器、高档陶器的制作。这些产品有的原料稀有难得,如铜的开采它要花费大量人力物力,再将其冶铸成器,非有专门技术不可。若不计玉料的辨认和开采,仅制作成器,也需要切割、钻孔、镂孔、雕刻、抛光等一系列复杂技术,远非一般人可为。良渚文化是一个十分流行玉器的社会,常见的玉器有琮、璧、钺、柱形器、镯、环、璜、玦、三叉形器、梳柄、锥形器、管、珠、半月形牌饰、带钩等二十余种[19]。最能代表其制作水平的是一件出自余杭反山12号墓的玉琮。该器物外方内圆,器高8.8厘米、射口直径17.1—17.6厘米,重达6.5公斤,堪称琮王。器物通体呈乳白色,四面直槽各有两个羽冠人面兽身的神人徽像,每个神徽大小仅3厘米,是用减地法将周围降低,把神徽外廓浮现出来,再以阴线刻神徽的形体轮廓,并在轮廓内充填细密的卷云纹,其刀法之细腻,在1毫米宽度内,竟并列雕刻线条三四根之多(图1-5)。与玉器同样珍贵的,也许是象牙器了。这一时期各地都发现过一些精雕细刻的象牙器,例如大汶口文化发现的镂空透雕象牙梳、仿玉琮造型的象牙雕筒,都是不可多得的珍品。良渚文化和龙山文化都流行造型典雅的黑色陶器。其中的精品,同样令人叹为观止。良渚文化的一些陶鼎、双鼻壶、宽把杯、豆等表面被打磨得黑亮照人,进而用锐利的工具刻满流云、飞鸟、盘龙之类的纹饰,而宽把杯的把手,常常是用几十根细约一毫米的泥条编排而成的。龙山文化的陶器虽然不以纹饰见长,但其特有的细泥陶高柄杯,胎薄如蛋壳,即便是用现代技术,也少有仿制成功者(图1-6)。这样的陶器制作起来,需要高超的技术和大量工时,数量也自然不会很多。

这类华美的精品数量很少,不是一般人能够享用的。先秦史籍中说“以苍璧礼天,以黄琮礼地”[20],又说周武王“左杖黄钺,右秉白旄”[21]。在三代,玉琮、玉璧是重要的宗教法器,钺则是军权王权的象征。史前的情况虽然不能说得如此具体,但它们的持有者肯定不是一般平民。这些物品往往集中出土在少数特别营建的大型墓葬中。这类大型墓葬不仅规格大,还有一般小型墓葬

图1-5　浙江余杭反山出土良渚文化玉琮王

所没有的棺椁葬具。如山西襄汾陶寺遗址大型墓葬内发现有大石磬、鼍鼓、以龙纹陶盘为代表的大量彩绘陶器、漆木器等等[22]。良渚文化大型墓葬中的情况更是惊人,在反山[23]、瑶山[24]、寺墩[25]等遗址发现的大型墓葬,一座墓中仅玉器就往往有数十乃至上百件之多。此外还有大量精美的丝绸、漆器、象牙器等。这类墓葬的主人显然是一些社会上层人物,而这些手工业也显然是专门服务于他们的。

建筑和建筑技术,是反映人们技术和创造力的另一个重要方面。

新石器时代中期,黄河和长江中下游的农业村落里,房子多为面积不大、结构相对简单的窝棚式建筑。但不久,各地的建筑业就发展起自己的特色。气候比较干燥寒冷的黄河流域及更北的地区,流行半地穴式房子。即在地面上挖一个深约半米的圆形或矩形浅坑,沿四周坑壁,按一定间隔立柱,柱子之间结成栅栏,再抹上草泥,成为木骨泥墙。房子中央也埋设支撑房顶的木柱,上面结成攒尖房顶。为了出入方便,房子的一侧开设斜坡门道。室内地面往往铺抹数层不同的土,以阻断地面下的毛细管作用,收隔潮功效,室内特定部位设置灶塘,供炊爨和取暖。在黄土堆积特别丰厚的地区,人们还因地制宜,开凿窑洞。江淮地区湿润多雨,故多为平地起建的地面建筑。正所谓"地高则穴于地,地下则窟于地上"[26]。平地起建的房子一般要先处理基础,开挖墙基槽,内埋设木柱,柱子之间的间隙填充树枝、草把之类,再抹泥成厚墙,上承房顶。室内亦设火塘,居

图 1-6　龙山文化的黑陶高柄杯

住面通常也要铺垫几层不同的土来隔潮,墙上的房门,有的与现代的推拉门很相似,结构十分精巧。这种建筑和半地穴式房子不同,可以连接建设,一排三五间、七八间不等,最长的可达三十几间。至于在河网密布的江南,人们发明了干栏式建筑。如在著名的浙江余姚河姆渡遗址上还保留着打进地下的成排木桩,以及大量带榫卯的木梁架构件,榫卯种类多样,有柱头榫、柱脚榫、梁头榫、平身柱上的卯、转角柱上的卯、带梢钉孔榫、燕尾榫等多种名堂,此外还发现有企口地板、雕花栏杆等[27],复原起来,这是一种将房子架高起来的干栏式建筑。建造这类建筑,显然需要高超的木材加工技术和缜密的统筹计算能力。

当时的建筑水平,还体现在一个建筑群——村落的整体规划设计方面。典型的村落通常有一道人工开挖的圆形壕沟环绕保护起来,内部的房子或者成排、或者聚成若干小群分布,房子的附近散布着一些贮藏什物的窖穴,有的还有牲畜圈栏、陶窑等设施,整个安排井然有序,处处体现着氏族社会生活的原则。

大约从新石器时代晚期的后段开始,建筑业出现了几项重要的技术进步,分别是新型建筑材料的开发、夯土技术和打井技术。

　　江南地区也许是因为多雨潮湿的原因,对耐久的建筑材料有更大要求,于是人们发明了烧制土砖。这大大修正了所谓的"秦砖汉瓦"之说。同时期的北方地区虽然未见到砖,但人们开始使用土坯砌建房子,烧制石灰涂抹室内地面和四壁。此外,还有更高级的地面处理方法。甘肃秦安大地湾仰韶文化晚期房子 F901 的室内地面十分光洁平整,为一层厚 15—20 厘米的砂粒、小石子和人造陶质轻骨料掺和胶结的混凝土层,强度竟和现代 100 号水泥相仿佛[28]。

　　打井和夯筑技术是更具社会意义的发明。有了水井,人们就可以在远离自然水源却有重要意义的地点——如交通和贸易物流枢纽、重要原料产地、军事防御要地等——定居或驻守下来。在夯筑技术普及的地区,人们彻底淘汰了原来的那种低矮潮湿的半地穴式房子,改为高爽的地面起建式住宅,很多这种房子还建造在夯打起来的台基之上。而这种台基式、多间隔的土木结构建筑,正是日后中国古代建筑的主要特点。更重要的是,夯筑技术使得修建更大规模的建筑物,如城墙、大型宫殿等成为可能。新石器时代晚期以来,各地所见的大型工程的数量突然多了起来。目前在各地已经发现了数十座有夯土城墙和护城壕沟维护起来的城址[29],实际数量当远不止于此。前述大地湾遗址 F901 号房子是一座位于聚落中心的大型建筑,分前堂后室、东西两厢,仅前堂主室的面积就达 130 平方米,中排顶梁大柱的直径达 50 多厘米,复原起来是一座堪称宫殿的气势恢弘的建筑(图 1-7)。而在浙江余杭良渚遗址群上,中心遗址莫角山是一座总面积约 30 万平方米的人工填筑起来的矩形土台,上有大面积夯土建筑基址,是一片规模巨大的宫殿建筑群[30]。近年,又在遗址群北侧发现了一堵人工堆筑的长墙,墙底宽 30 多米,最高处尚存 5 米,沿天目山山麓建造,东西竟然长达 4.5 公里。推测是一种为了阻挡山洪,保护整个良渚聚落的设施。

　　这些大型建筑物的出现,固然是新技术的成就,同时也意味着社会动员、组织实施这类大型工程的软科学能力的大幅度提高。仅以良渚遗址群的莫角山 30 万平方米的台基为例,估计总土方量至少在 30 万立方米以上,以当时的水平计,估计整个工程需要 1000 人不间断地劳动 1 年方能完成。且不说台基之上,还要再建大面积的宫殿建筑。遗址北侧长达 4.5 公里的防洪墙堤的工程量也决不在台基之下。建造这样的大规模的复杂工程,从设计运筹、动员组

图1-7　秦安大地湾仰韶文化的大型房屋基址

织、施工中的监督管理到后勤保障的各个环节,缺一不可,是一套庞大的系统工程。而当时的人们,显然对此已经驾驭自如了。

总的说来,新石器时代晚期的后段是史前技术发展史上的一个重要节点,在农业生产进步的基础上,无论手工业还是建筑业,都以新技术的出现为标志,实现了跨越式发展,为社会走向文明做好了物质上的准备。

# 第二节　社会的分层化与复杂化

社会的分层化、复杂化与文明化　文明化的三个阶段　聚落形态和埋葬方式的变化　大批城址反映的古国林立的局面

　　史前技术领域的进步,引起了社会分工方面一系列的联动:首先是农业与手工业之间的分工,然后是手工业各部门之间的分工,直到一种手工业部门内部的分工。与此同时,部门之间的产品交换也变得越发必要和经常。当整个生产领域随着日益明确的分工变得越发复杂和规模不断扩大时,一套保障小到一项工程的成功实施,大至整个社会顺利运作的协调、管理机制也就必不可少了。而农业生产提供了更多的产品,使得体力劳动和脑力劳动的分工成为可能,并为建立和运行这样一套更为复杂的社会调控机制准备下了智力基础。另一方面,一旦以交换为目的的生产出现,私有观念随之产生,开始蚕食氏族公有制,社会成员彼此之间的经济状况逐渐失衡,社会成员间的分层化也就开始了。当这种情况愈演愈烈,利益冲突最终导致各种社会矛盾紧张尖锐乃至血腥的时候,社会就需要某种权威势力,以便对这些社会矛盾进行约束乃至压制。总之,无论是社会经济领域和技术领域的复杂化发展,还是社会生活分层化所引起种种问题矛盾,都将导致一种具有权威的强制力量的出现,这便是在今天称之为国家机器的东西。对于这个国家的形成过程,我们也叫作社会的文明化过程。

　　在公元前4000年前后,史前社会生产力实现了一次跨越式发展,社会也从此开始了向着复杂化、分层化、文明化的加速发展,直到大约公元前2000年前后夏王朝的建立,这个过程历经两千多年时间。这段历史,大致相当于古史传说的五帝时代。在扑朔迷离的古代传说中,我们还能隐约体察到国家形成过程的轨迹。《史记·五帝本纪》说,黄帝"置左右大监,监于万国。……举风后、力牧、常先、大鸿以治民"。左右大监、风后、力牧等是什么样的职务,语焉不详,似乎没有明确的分工。但到了尧舜时期,一人之下,有四岳、十二牧,似乎是协助尧舜掌控全局的官职,再以下有掌管土地的司徒、掌管手工业的司空、负责农事的后稷,至于士、工、虞、秩宗、典乐、纳言等,可能是身份更低一些的负责更具体事务的官员。尧舜之时,还作刑法、设军队、征四方等等[31]。综合这些现象,似乎已经有了一套初具轮廓的国家机器了。正是在这个基础之上,不久便产生了中国历史上的第一个王朝——夏。

　　从考古记录看,史前社会的文明化,是分三个阶段完成的。为了有一个比较明显的对比,我们首先看看临近公元前4000年的史前社会之一般情况。

　　当时正值新石器时代晚期的早段。南方的稻作和北方的旱作两个农业经济文化区的格局也已经形成很长时间了,农业作为人们主要生计手段的地位也早已确立。在散布各地的众多农业村落里,仰韶文化的姜寨遗址是其中的一个典型[32]。

　　姜寨遗址位于渭河一条支流的岸边,是一座根据氏族社会的组织原则规划建设起来的村落,面积约五万平方米,四周环绕着一条人工开挖的圆形壕沟,借以保护和强调村落的整体性。村落中心是一片广场,周围散布着百余座半地穴式房子。这些房子无论处在哪个位置,它们的门道都无例外地朝向中央的广场,显示出村落居民的团结一致。这种形态,可称之为凝聚式的和向心式的聚落[33]。村落内房子根据位置和分布的疏密不同,可以分成五个大组,每组内有一座面积100平方米左右的大型房子、三五座数十平方米的中型房子以及数量更多的小型房子。从小房子内的陈设可知,它是一个核心家庭起居生活的场所。若干小型房子麇集在一座中型房子附近,代表的应是家族之类的血缘集体,以一座大型房子为龙头,由三五个家族组成的大集体可能是氏族,也可能是介乎于氏族和家族之间的大家族。估计整个村落的人口约300至500人。他们生活在严格的氏族制度规范下,既从事农业,也兼营狩猎、采集以及进行陶器等的制作,整个村落在经济上自给自足,内部大小血缘集体之间以及个人之间,关系平等和睦。

　　村落的死者,埋在附近,久而久之,便形成了大片的氏族公共墓地。人们的丧葬习俗,源自社会生活中最基本的观念和准则。分析发现,这些墓地也有类似村落的那种层次结构,分若干片,每片内再分小群,是知死者的埋葬也是严格按照血缘关系"聚族而葬"的。姜寨墓地里主要是单人葬,其他一些地方也有流行多人合葬的葬俗,即每隔一定时间,将这期间的死者收敛起来合葬在一个大墓穴内,有时一座合葬墓中的死者达上百人之多。不过,这无非是"聚族而葬"的另一种形式而已。无论单人葬抑或多人合葬墓中,一般只随葬一钵、一盆、一瓶、一罐,即一套日常生活用的炊器、食器、盛器和水器组合,说明这些死者都得到了简单和平等的对待——至少在观念上是如此。

　　类似姜寨这样的村落,在同时期的其他文化中也都大同小异。

　　但是,这种田园诗般的生活中也存在着裂隙。据研究,姜寨村落以小型房子为代表的家庭,只是一个消费单位,粮食等是在从以中型房子为代表的家族内分配得来的,即在生活资料的分配方面,实行的是家族公有制。以一座大型房子为龙头,几个小家族联合起来的大家族,有陶窑或牲畜圈栏之类的公有财产,但不是样样都有,所以推测这些大集体之间在经济上有着某种互补的关系。整个村落有制陶场、壕沟等公有财产。可见,这样的氏族社会,实行的并非绝对平均的公有制,而是一种多级所有制[34]。尽管这个时候还看不出彼此间的分化,但这毕竟隐含了造成不同集体之间利益冲突的原因,成为以后社会演进的一个重要角度。

社会文明化进程的第一个阶段从公元前4000年开始,至公元前3300年左右告一段落,在考古学分期上,这相当于新石器时代晚期的后段。

这期间,一个显而易见的现象是社会的总人口发生了一次暴发性的增长。这当然是农业发展、粮食产量提高的结果。反映在考古资料上,这时的村落密度和规模都大大超过了以前。以仰韶文化的一个局部为例,在河南灵宝县城以西至函谷关、秦岭山麓以北至黄河之间的一块面积约400平方公里的狭促台地上,仰韶文化庙底沟时期的遗址数量几乎是早期的十倍。这其中,还有多座面积数十万平方米的大型遗址。若单以面积推算,这种大型遗址上的人口是姜寨村落的20倍,尽管实际人口可能没有这么多,但也定然可观。至于台地上的全部人口,恐怕也数十倍于此前阶段。文化中心区域的人口增加,促使了人们向边缘地区的流动扩散。在原本人烟稀少的河套、陇东、南阳盆地等,这时也都出现了定居的仰韶村落,从而整个仰韶文化的地域范围远远超过早期阶段[35]。类似的现象,在其他农业文化中都有发现。

技术进步、农业和手工业产品日渐丰富,刺激着村落内部多级所有制发生变化。多级所有制,实质上是不同社会单位的私有制。既然如此,便意味着这些社会单位在财产状况和经济实力上发生进一步分化的可能性。而在人口稠密的村落内部,由利益引发的各社会单位之间的矛盾越来越多,这就进一步从道义上声援了多级所有制的分化。于是,原本平等、平静的村落生活悄然改变。表面上看,这个时期的村落依然是凝聚式的,依然流行公共墓地,但在村落内部各大家族之间的分化首先产生了。湖南安乡划城岗大溪文化遗址上的墓地分两片,应当分别代表了一个大家族,整个墓地代表了一个氏族组织。每片家族墓地内再分若干小家族墓地,各自安排死者下葬。这些小型家族之间,看不出明显区别。但在大家族之间,差别显而易见。其中一片大家族墓地的一端有三座大墓,各随葬陶器50至70多件不等,是其他墓葬的十数倍,且随葬有特殊象征意味的石钺,他们应当是领袖级的人物,而且他们显然和这个大家族有着非同寻常的关系[36]。类似的情况也见于江浙地区的崧泽文化和黄河下游的大汶口文化。在已经揭露的山东泰安大汶口遗址上,共有这个时段的五座墓葬群,当代表了五个家族集体[37]。其中A墓群中大型墓葬数量明显偏多,整个墓地中规格最高的墓葬也出在这座墓葬群里。其中的M2005号墓长宽各为3.6米和2.28米,墓内随葬器物104件,包括成套的陶器和精美彩陶、石器、象牙器等,一些陶器中还盛放着牛头、猪上颌、猪下颚及蹄骨,并很可能有木质葬具,墓主人系一成年男性。M2007号墓的规模稍逊,但也有随葬品45件,其中的彩陶更为精美,而墓主却只是一个约六岁的儿童,充分显示出这个家族的殷实。

　　人口增加,对可耕地、水源、燃料、石器原料等环境资源的掌控变得越来越重要,村落之间的利益矛盾也就不可避免地发生了,从而需要建立某种协调机制。方法之一,是比邻的村落结成较大的集体。最初,组成这个集体的各村落的地位是平等的。但这种均衡显然脆弱。因为在利益的驱使下,每个村落都会设法扩大自己的力量,而各个村落由于人口多寡或地理位置优劣等原因,都可能导致彼此间原本平等的关系的失衡。在几个先行发展起来的地区中可以看到,一些聚落群内,开始出现了个别的大型聚落。例如安徽含山凌家滩、陕西华县泉护村以及山东泰安大汶口,都是面积数十万平方米的大型聚落,这是此前不曾有过的现象。这个时期最精美的手工制品几乎都发现在这类大型聚落之上,表明它们垄断了这些手工业的生产,当然也有权对其产品进行分配。中心聚落的手工业原料,如石材、玉料、象牙之属,很可能是其他地方获得的。为了养活众多人口,大型聚落所需粮食等生活物资也至少部分地要从其他村落输入。作为互惠,这些大型聚落可能会将其手工制品分配给后者,甚至承担着为这些后者提供保护的责任义务。这样,这种大型聚落无论在经济生活中还是在社会生活中,都成为一个地区的中心。

　　中心聚落内部的复杂程度也超过了一般村落,以凌家滩为例,聚落正中有一块平面呈梯形、面积近五千平方米的建筑台基,台基平均厚度两米,用红烧土和砖块堆积而成。上面若有建筑,一定气度非凡。聚落北面有一块附带着一座人工堆筑的方形祭坛的墓地。墓地中的墓葬分群埋置。有的群落小型墓葬居多,随葬品数量少,也不精良;有的群落以随葬制作玉器后剩下的边角余料为主,似乎墓主人的身份都是玉器工匠;而几乎所有的精美玉器以及罕见的玉钺、玉人、刻有八角方位的玉牌等重器都出自墓地最南边排成一排的大墓中,显示出社会贫富分化在中心聚落里已然发展得比较明显了[38]。

最后,人口大幅度增加带来的更深远的影响是使得不同人群之间的交往频繁密切起来。仰韶文化的影响所至,竟达大半个中国。可以想见,在这背后是各族群之间各个层面上的广泛交流,这使得原本是在很大程度上孤独地演进着的地方社会突然获得了大量来自外界的资讯。从长久来看,这是形成统一思想、统一文字、统一国家的一个重要远程原因。

如果说公元前4000年至公元前3300年之间,社会文明化的进程还只在少数先行文化中有比较明显的发展,那么,在广泛交流的基础上,在公元前3300年至公元前2500年之间,社会的文明化进程在各地全面且更深刻地发展开来了,尤其是在中原周围的各文化中,普遍达到很高的程度。这个阶段,可谓是文明化总进程上的普遍发展阶段。

这个时期,发生在社会基层的一个明显变化是,随着生产技术和劳动生产率的提高,小家族乃至个体家庭在经济上的独立性越来越强,社会的分化也随之扩散到了这个层次。

安徽蒙城尉迟寺是一座面积约五万平方米的普通村落。村落里的房子是连间排房,每个间隔内有火塘等生活设施,应当是一对夫妇连同他们未成年的子女组成的核心家庭的房间。若干分间连成一栋,是一个大家庭,或者是一个小家族。这样的排房在村落里至少有大小14栋,其中半数以上每栋只有2至3个分间,即两三个核心家庭组成小家族[39]。小家族的建筑中一般都有储藏什物的仓房,说明它们在经济上有相当的独立性,是村落生活的主流。类似的在郑州大河村等遗址上也有发现,是一个普遍的现象。甚至一个小家族的建筑中,有不止一座仓房,也许经济上的独立化倾向已经进一步深入到家庭之间了[40]。这种小型化趋势,也反映到了丧葬活动中。以前那种借以强调氏族成员彼此关系平等亲密的重要形式——大规模的公共墓地已不复存在,而代之以一些分散的小墓地。在良渚文化的一些遗址上,墓葬干脆就埋在自己房子的附近,不和另一座房子所属的墓葬混淆。在大汶口文化的一些墓地中,还出现了一对成年男女的合葬墓,如果没有充分证据来肯定他们生前不是夫妻的话,反而表明了一种新型的家庭组织形式已经开始得到社会的认可[41]。

不仅如此,还有迹象表明,社会生活中的一些重要活动,也被少数家族所左右。尉迟寺村落里有一片广场,广场上发现了相信是和祭祀宗教活动有关的特殊陶器。但和早前的那种中心广场不同,这片广场位于村落偏南部的一排房子前面,更像是这排房子前面的坪院。在这里举行的宗教活动可能有整个村落的居民参加,但似乎只有这排房子的主人才是活动的主持者。与此同时,这个时期的典型村落虽然还是用一圈壕沟环绕着的凝聚式结构,但内部的房子分布显得散漫,不再是向心式的格局了。聚落内部结构日趋松散的状况,在同时期的长江中下游、黄河中下游的广大地区内都有所反映,表明原本强有力的氏族制度正从内部发生蜕变[42]。

社会经济单位的小型化和日益独立,意味着私有制的发展和社会分化进一步扩大。原本集中出现在大型中心聚落里的社会成员之间的分化现象,这时已经扩散到普通村落中来了。良渚文化的浙江海盐龙潭港遗址就是一座普通村落,上面发现了一片大约是由两个小家族构成的墓地。这两个家族的墓葬各自聚群,中间挖了一道浅沟,清楚地划分开彼此的茔域。其中一个家族的墓葬,规格都比较大,除了随葬一些日用陶器之外,还有精制陶器和不少玉器,可能还有木质葬具。反观另外一个家族的墓葬,规模小,没有葬具,随葬品也仅止几件日用陶器而已[43]。其间的差距,一目了然。

观察和统计分析的结果,在红山、大汶口、良渚等文化中,社会成员的经济状况可以明确区分出三个等级。大体说来,位于社会最高端和最低端的人都不太多,中间等级的人口占了绝大多数,整个社会的分层呈两头小、中间大的橄榄形。这是社会分层化发展早期阶段的特征。但是,为数不多的上层阶层的情况十分醒目。他们占有着大量社会财富,几乎垄断了全部玉器、象牙器、丝绸、漆器、精制陶器等手工业的高端产品。为了突出自己的特殊身份,他们的墓葬也不同一般人的混在一起,而是有专门的茔域,甚至是耗费大量人工堆筑起来的专用墓地。各地发现的一些堪称宫殿式的大型建筑,也显然和他们的生前有关。他们的富有是和权力联系在一起的。例如他们可以调动大量资源来为自己建造城垣、宫殿、墓地,垄断着那些劳动密集型的最高级手工产品的生产制造,那些代表着军事权力的玉钺、代表着宗教权力的玉琮和玉璧之类的重器几乎都出土在这些人的墓葬中,有的还有殉人[44],说明他们甚至拥有了褫夺他人生命的权力,这是前所未有的现象。凡此种种现象都表明,在这个时期已经形成了一个高高在上的,享有充分特权的贵族阶层。

这个时期,传统的氏族组织,依然是社会的基础结构。但其民主和平等的原则,开始被瓦解。贵族阶层利用氏族组织的躯壳,作为控制管理社会大众的网络,以达到巩固和扩大自己权益的目的。为此,他们掌控了最重要资源如玉石的开采、加工和制作,通过对产品的占有和分配,来显示权威和扩大势力;加强对军事活动的控制;利用宗教维系族群团结及巩固自己在族群中的地位。他们还努力营造一种强调身份等级的社会关系。不少统计资料显示,这个时期墓葬的规模和葬具形制、随葬品种类和规格之间有着比较固定的对应配伍关系,说明通过物质财富来象征身份地位的做法出现了被人为地制度化的趋向。商周时代,对不同等级的社会成员所能享用的器物、仪仗等等是有严格的规定的,即所谓的礼制。用意是表明社会成员的尊卑等级,以此来维护社会秩序的稳定。或许三代礼制,就发轫于此时。总之,这些贵族阶层正全方位地推动一种新型的社会管理和控制体系的建设,从而在当时的社会生活中出现了许多全新的内容。

这种新型的社会管理和控制体系的发展,表现在宏观社会结构方面是若干普通村落围绕一座中心聚落分布的这种社群结构的数量明显较以前阶段多了起来。主要分布于今天山东境内的大汶口文化中,这样的聚落群大大小小有十几处[45]。在两湖平原上的屈家岭文化里,这种聚落群的数量也多达数十处[46]。中心聚落和普通村落不仅在规模大小、有无大型建筑以及在区域经济中的作用等方面存在一系列明显区别,它的组建方式也和普通村落有着全然不同的原则。如在良渚遗址以及年代稍晚的石家河等大型中心聚落中,已出现了比较明确的功能区划。聚落内分设宫殿区和一般居住区,有集中的石器或玉器加工制造作坊、单独辟出的宗教活动场所等等。中心聚落那远远超过一般村落的人口,也意味着其居民有着许多不同的血缘来源。因此,这是一种按照功能安排的建设蓝图,包括了对居民社会地位、行业分工等多方面的考虑,而不同于一般氏族村落中按血缘关系原则进行的规划。仅从这个意义上说,它已经和以后的城市建设思想没有本质的区别了。这种中心聚落,也越来越成为各种社会矛盾汇集的焦点。于是,在一些地区的中心聚落上开始建筑城垣之类的防御工程。这应当是其中的居民,尤其是上层贵族对日益尖锐起来的社会矛盾所做出的对策。

集中了社会权力、高级手工业生产和贵族阶层的中心聚落,围绕着它分布的普通村落,这样一种社会组成形式,就应当是古人所谓的"国"或者"邦"了。国字有两意,一指城垣卫护着的城邑,居住其内的叫作"国人",城外为"野",其民曰"野人"。但说到政治实体的时候,又往往把具有辖制关系的城乡统称作"国"或者"邦"。传说黄帝时,天下万国或天下万邦。万,言其多,描写的是列国林立的人文景观。而考古发现,在很多地方,这样的邦国每隔几十公里就有一处。发现与传说合节!社会已经普遍进入了一个"古国"的时代。

邦国之间大致是并立的关系。但一些强大的邦国,总是设法通过种种方式,对外施加着它们的影响力。良渚遗址群是良渚文化中最为强大的聚落群(图1-8)。许多迹象显示,良渚的贵族们通过派赠玉器的方式,获得了整个良渚文化范围内各地方聚落群对良渚宗教意识形态的认同[47]。无独有偶,在红山文化分布范围的中部,即今天的辽宁建平、凌源、喀左三县交界地区约五十平方公里的区域内,也有一系列大型石头祭坛、庙宇、墓地之类的遗迹[48]。这里至今没有发现当时人们居住过的迹象,因而缺少世俗成分,而是维系整个红山社会精神信仰的中心。因此,尽管现在尚无证据表明这个时期已经出现了凌驾于各聚落群之上的更高级的政治组织,但在意识形态方面,确实已经出现了一些广大地区内部的统一。华夏、东夷、苗蛮、吴越等一些见诸古史的重要民族的形成,应当就是这一时期内发生的事件。

总的来说,到公元前2500年前后,社会的文明化进程达到了相当高的水平。但是从此以后,整个长江中下游地区和辽河流域的地方文明却不同程度地沉寂下去了[49]。考古记录上有关这些地区的发现显然不及它们的前身辉煌。这其中的原因,我们以后还会说到。然在曾经比较沉寂的若干地区,尤其

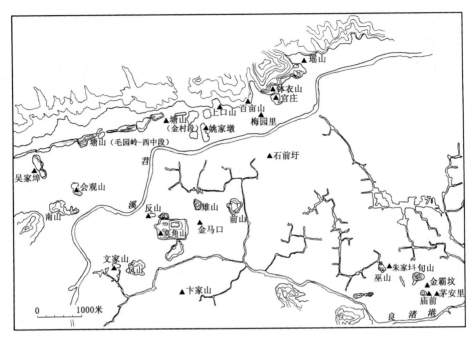

图 1-8　良渚文化中心的良渚遗址群

是中原地区却开始了激烈的变革,其剧烈程度,大大超过了此前阶段的那些地方社会。直到公元前 2000 年前后第一个王朝国家——夏的建立的五六百年,是值考古学分期上的铜石并用时代的晚期,又叫龙山时代,而从古史传说的内容看,大致相当于尧舜时期。

龙山时代,以各种矛盾的激化为特征。这个时期,社会成员的贫富分化继续加剧,并出现了结构性变化。贵族阶层地位的进一步提升,主要是通过相对于位于中间阶层的大多数社会成员地位下降实现的。这个时期各地的墓葬,绝大部分是一贫如洗的小墓。例如在山西襄汾陶寺[50]、下靳[51]等这个时期的墓地所见,约87%的墓葬是大小仅容一人,全无随葬器物的小型墓葬。山东龙山文化的墓地也有类似情况。但在同一座墓地里,也有少量规模中等和有随葬器物的墓葬,表现着墓主人身份的特殊。而这个时期最高等级的墓葬,根本不埋在这种墓地里(图1-9)。由此可见,龙山时代社会大多数的平民阶层,其财产和社会地位状况都处在不断恶化的境地之中。原来的那种大贫大富者少,中间阶层者多的"橄榄型"社会阶层结构,至此已经转变为底层的人数最

图 1-9　陶寺遗址的大型墓葬 M22

多,越往上层人数越少的"金字塔型"结构,这是典型的阶级国家的等级和财富分配的构成模式。

随着社会大众的日益贫困化,社会各阶层之间的不平等关系越发带上了暴力的色彩。田野考古经常发现这个时期建造的城墙里有人牲奠基的现象,多数在墙基下,有的在墙体里,说明建造城墙时,不止一次举行过这种残忍的仪式。被用来奠基的,既有儿童,也有成人。如果说建造城墙是一项重大工程,需要特别认真对待,因此采用了人牲,但在如河南汤阴白营之类的普通村落里,于一些很普通的建筑下,也发现有用人来奠基的情况[52]。另在河北邯郸涧沟遗址中,于两座估计是举行特殊仪式的房子里,各发现了三个人头骨做成的头盖杯,茬口处有多道利器劈砍的痕迹,有的头骨上还有剥头皮的痕迹,可见是用活人来进行这样的仪式[53]。此外,但凡这个时期的遗址中,都会发现一些乱葬坑,有时是一具人骨,有时是多具人骨,随便丢弃在坑内,很多人骨凌乱不齐,并有被肢解的痕迹。这些情况说明一部分人已经丧失了起码的生存权。不用说,社会的道德观念也已经发生了彻底的变化。

　　和这些血腥现象同时,有关战争的考古记录也格外多了起来。龙山时代人们的遗留物中,一个突出的变化是石箭头的数量激增,且尺寸变大,形状上也尽量制作得多棱角,总之是为了增大杀伤力。上述那些被用作人牲和被杀殉乱葬的死者,相信其中一部分就是战俘。在允满动荡的环境中,各地的人们也更普遍地建造城垣工程,用高耸的夯土城墙和环城壕沟构成严密的防御体系,以便拥城自保。这些城址,其本身也往往就是聚落群里的中心聚落。而战争就像一剂强力催化剂,把附近的普通聚落和这类中心聚落更紧密地结合在一起,使前者越来越沦为后者的附庸——无论在政治上,还是在军事上、经济上都是如此。

　　还有迹象表明,龙山时期,覆盖更大范围的社会动员和控制体系的运作变得越来越普遍和经常。山西襄汾陶寺、湖北天门石家河、山东日照两城镇和临淄桐林,都是面积二三百万平方米的超大型中心聚落。其中的陶寺城址仅城内范围就达 200 万平方米以上,整个遗址群落的面积更达 400 万平方米以上。这样的规模,暗示着它的影响力可能大大超过了它的实际领地的范围。龙山时代的战争和暴力冲突的规模之大和旷日持久是前所未见的。当尧之时,"流共工于幽陵……放驩兜于崇山……迁三苗于三危……殛鲧于羽山"[54]。按多数人的说法,尧舜是分布在中原地区华夏集团的领袖,驩兜、三苗则不属华夏[55]。因此,当时的战争,不仅有邦国之间的争斗,更有民族之间的大规模武装冲突。稍晚一些时候的"夷代夏政",也是一场民族之间相当长期的大规模战争。进行这些大规模战争时,或许正是这些大邦大国起着动员组织和领导整个民族的作用。这样,在一个文化范围之内,人们的关系就不仅仅停留在对某种习惯、风俗和精神信仰的心理认同方面,而是进一步结成了军事的联盟。这种军事联盟的目的不仅在于民族内部的政治统一,更指向民族之间的征服,从而开启了方国之争的序幕。如此,社会便完成了进入三代文明的各种准备。

# 第三节　走向文明的不同道路

　　燕辽地区红山文化的兴起和衰落　江浙地区良渚文化的兴起和衰落　长

江中游屈家岭-石家河文化的兴起和衰落　黄河下游大汶口-龙山文化的发展　黄河中游仰韶文化-中原龙山文化的发展　多元一体格局的初步形成与中原地位的逐渐突出

　　中国的地域辽阔,生态环境复杂,生活在不同环境中的人们,经济活动内容、家居形式、生活习惯、风俗信仰乃至思想方式等等,都各有特点,又经过世代传承,形成了各自的文化传统,并遗留下面貌各异的物质文化遗存。据此,可以把中国新石器时代的文化,划分出若干个相对独立演进发展的文化区,也即不同的地方社会(图1-10)。这其中,对中国文明的形成贡献最大的,是燕辽、江浙、长江中游、黄河中游和黄河下游文化区。这些区域文化各有鲜明特色,也就意味着在其背后创造它们的社会在文明化进程上各具特点,并对整个中国文明的形成作出过不同的历史贡献。事实的确如此。

　　燕辽地区指今天的辽西平原至燕山南麓一带。目前发现的这个地区最早的新石器文化是公元前6000年前后的兴隆洼文化,此后经赵宝沟文化过渡到公元前4000年左右,再演变为红山文化。这几个文化前承后续、一脉相承。这里的人们一直使用着一种深腹直壁、被称之为筒形罐的陶器。类似这种陶器,普遍发现于包括东西伯利亚、朝鲜半岛和日本岛弧在内的整个东北亚地区。因此,就文化传统而言,它又是所谓的东北亚筒形罐大文化群的一部分。但是,燕辽地区在这个大文化群中位置最南,直接和华北旱作农业文化区接壤,气候条件也和后者相差不多。当东北亚地区绝大多数的人类文化由于气候寒冷,很难开展农业而不得不长期停滞在渔猎采集经济中时,燕辽地区的人们在其南邻的影响下,很早就开始从事了农业。当地的文化也就越来越沾染上黄河流域文化的特色,而在筒形罐文化区中显得别具一格。

　　经过长时间的积累,红山文化时,当地社会发生了一次大跃进。考古记录发现,此时的人口突然地大幅度增加了,村落的密度数倍乃至十数倍地超过了此前任何一个时期。例如在今天赤峰市敖汉旗境内共发现了红山时期的遗址502处,是兴隆洼文化和赵宝沟文化遗址数量总和的数倍[56],又同在赤峰市的西部,于700多平方公里的范围内,发现红山文化的遗址125处[57],也数倍于此前。人口大幅度增加,社会组织也相应复杂起来。这些红山村落一般沿河

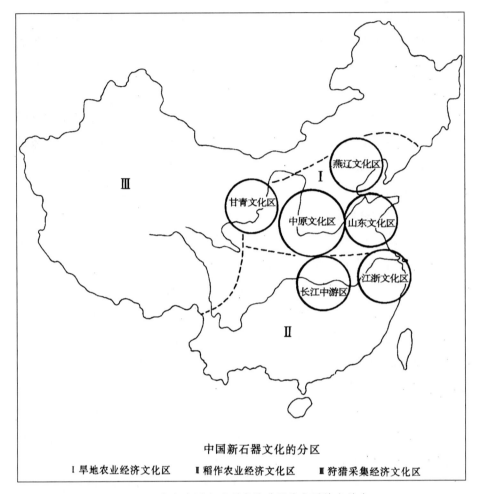

中国新石器文化的分区

Ⅰ旱地农业经济文化区　　　Ⅱ稻作农业经济文化区　　　Ⅲ狩猎采集经济文化区

图 1-10　参与中国文明形成总进程的主要地方社会

分布,不同流域范围内的村落各自聚成群落。这样的群落,在赤峰西部地区有
13 个,在敖汉旗有 11 个。一个群落内部,其村落数,有的几个,有的二十余个,
数量不等,其中,有的面积较大,似乎是群落的中心或核心。群落之间,也存在
着各种各样的联系,例如赤峰西南部的 6 个群落,彼此距离较近,意味着它们
之间的关系要比与其他群落密切得多[58],似乎结成了一个更大的社群集体。

　　红山文化的突出成就是在今天的辽宁建平、凌源、喀左三县交界处约五十
平方公里的牛河梁遗址群内,那里留下了十几处大型公共建筑[59]。

　　在这些建筑中,牛河梁第一地点无疑是一个极为特别的所在。它位于一

面山坡上,上方为一组总占地约四万平方米的大型平台。平台分三座,排列成品字形,台边皆有石块堆砌的护坡。台面上发现多座土坑,内埋有陶器之类,似与祭祀活动有关。平台下方是一座面积75平方米的神秘的半地穴式建筑。建筑墙壁画着朱彩图案,建筑内摆满了泥塑作品,其中人的塑像有的如真人大小,其眼睛由绿松石镶嵌而成,看上去应为女性;也有两三倍于真人的大型塑像,以及众多禽鸟走兽造型[60]。出于谨慎,这座建筑至今还没有全部发掘清理出来,其中的秘密也远未完整昭示。但仅就已有的发现,考古学家们相信这是一座庙宇,供奉的女性或者就是红山人的先祖。牛河梁遗址群内大多数地点是被称为积石冢和祭坛的石质建筑遗存,以第二地点最有代表性。该地点坐落在一低岗顶上,一字排列开六座积石坛冢,或圆形、或方形,边长或直径均在20米上下,石冢分层建造,保存好的尚余三层台阶,每层以人工加工修整过的石块围砌边缘。有的冢上,正中埋设大墓,边角部位安葬小一些的墓葬。这些墓葬以大块石板围砌成圹室和墓盖。有的冢上没有埋设墓葬,估计是和冢墓相关的祭坛。整个冢群东西150米,南北60米,从山坡上向下望去,蔚为壮观[61]。此外,在整个遗址群的西南端,还矗立着一座直径约百米、状似金字塔的巨型土石建筑,似乎用以标识遗址群的范围。

值得注意的是,这块位于整个红山文化中心、面积达50平方公里的范围内,至今还没有发现日常居住生活的遗址,像是一个充满丧葬和宗教祭祀活动的特殊场所,换言之,是整个红山文化的精神中心。

在远离日常住地的地方,建设如此大规模的工程,意味着红山社会里已经有了大规模发动社会的能力和机制。从墓葬等资料看,红山已经进入了一个等级社会。安置在牛河梁这块"圣域"里的墓葬有两种,一种是迄今为止所发现的红山文化里级别最高、最为豪华的墓葬。这些墓葬在一座积石冢上往往只有一座,埋设在积石冢正中,墓室宽大,随葬玉器,且多为箍形器、钩云纹器、凤鸟形器以及玉猪龙,这些器物绝不见于普通墓葬,这表明,墓主人生前具有显赫的地位。另一类墓葬规模小,随葬品也少,只能被安排在积石冢旁边,两者的等级明显不同(彩图1)。然而,肯定还有更多的人死后是不能进入这块"圣域"的,他们应当是社会最基层的一般民众。相信正是圣域中的死者,尤其是享用那些大型墓葬的贵族阶层死者,是驱动社会劳动力量的主角。

然而,从考古记录看,这样一个复杂的社会,却约在公元前3000年前后突然中断了发展。当地后续的文化中,再也找不到像牛河梁那样辉煌震撼的文化遗迹了。究竟是什么原因导致了这个地方文明的消失? 由于这是一个根本没有文字记录的时代,回答这个问题很不容易。

红山社会所在的燕辽地区,是一个环境比较脆弱、资源相对匮乏的地区。这一带今天属半沙漠化环境,也是农牧交错区。历史上,环境好的时期,当地的文化和社会就相对发达,环境一旦转坏,就会对当地的文化和社会造成显著影响。红山文化的发达,正是当地气候环境较好的时期。但是,快速增殖的人口和过度开发,必然给脆弱的环境造成巨大压力。而约从公元前3000年起当地气候向干旱化方向的变化[62],加速恶化了红山文化赖以存在的环境。这也许是导致红山社会崩溃的重要原因。

但导致红山社会如此快速消失的,还有更深刻的社会内部原因。牛河梁遗址群,绝大部分是那些形式和内容均雷同的积石冢,它们的年代相近,应当是由不同的集团分别修建起来的。进而可以推测,整个红山社会就是若干个这样的集团的联合体。既然它们分别建造了形式和内容都基本相同的建筑物,则它们彼此之间的关系大致也是平等。那么,问题就在于是什么力量将它们联系起来,构成一个联盟式的社会呢? 从考古记录中,看不出当时已经有了诸如军队之类的强制性机制,也看不出各集团之间必须联系在一起的经济方面的内容,这表明社会还正处在文明化进程的途中。在这样的社会基础上,能够集各集团力量建造起规模庞大的牛河梁建筑群的原因,只能是出于红山社会共同而强烈的宗教信仰了。宗教在维系红山社会的整体性方面扮演了重要,同时也是唯一的角色,因而社会整体的基础就远不那么坚实。一旦外部原因有些微的变化,靠信仰构筑起来的红山社会便轰然倒塌了。

从历史的结果看,主要分布在环太湖流域的良渚文化和红山文化的命运颇有几分相似。进入公元前3000年以来,这里就出现了一个发达程度更高于红山社会的地方文明——良渚社会,为今天留下了大量精美灿烂的遗迹遗物。然而,就是这样一个高度发达的地方文明,在公元前2500年前后也迅速崩溃了下来。

从新石器时代中期开始,长江下游地区就形成了一个颇具地方特色的文化区。新石器时代中晚期之交,分别位于钱塘江南北两侧的河姆渡文化和马家浜文化,就以颇为发达的稻作农业和木工建筑技术等闻名于世。稍晚,自九江以下长江下游广大区域内,出现了若干面貌接近的地方文化,分别是皖西地区的薛家岗文化、巢湖地区的凌家滩文化、环太湖地区的崧泽文化和江苏中部的青莲岗文化。这些文化之间,有着广泛的交流和互动。社会也启动了文明化进程。

这个时期,许多地方的墓葬反映出社会成员的贫富分化已经开始。安徽含山凌家滩是一座面积达百万平方米的中心聚落。聚落中央的高阜部有大面积土砖砌建的大型建筑台基;遗址边缘低平处则散布着小型普通居室。在公共墓地里,那些小墓和贵族大墓是分开埋葬的,以表示身份等级不能混淆。在贵族大墓中,出土了十分丰富的玉、水晶、玛瑙制品[63],其制作之精美,颇令人吃惊。表明这些贵族不仅富有,还掌控着玉器这种高端手工业的生产。

到了公元前3300年左右,当地进入了良渚文化的阶段。首先,这是一个生产技术迅速进步的时代。此时出现了全套的石质农具,表明一种精细的稻作农业技术体系趋于成熟,尤其是大型石犁的出现,意味着人们已经掌握了服驭畜力的技术。由于这个时期保留下来了大量形状复杂和表面装饰着微雕花纹的大型玉器、镶嵌玉珠粒华美的漆器、精致陶器等遗物,手工业技术的进步似乎更令人瞩目。

生产力的发展,将良渚社会带入空前富裕和繁荣,也为社会的进一步分化提供了物质条件。和崧泽文化的时代相比,良渚社会的阶层划分更为明确,并且扩展到各个角落,而不仅仅限于中心聚落。有证据表明,社会最上层贵族的身份地位是血缘世袭的。他们掌握了社会最高的宗教神权和军权,拥有当时手工业制造的最高端产品,如玉器、象牙器、漆器、精制陶器以及大量丝绸;他们可以驱动大量社会劳动力,修建宫殿、城防之类的大型工程,其主要目的当然是保护自己的利益;他们死后,则埋葬在专门的墓地里(图1-11)。中小贵族虽然没有专用墓地,但在村落墓葬中,往往有他们自己的茔域,他们的墓葬中也有棺椁和精美的随葬品,只是数量较少而已。至于一般社会大众的墓葬里,往往只有若干日常生活用具。大量的统计表明,良渚社会中已经出现了一套专门的制度,用来规定不同社会成员享用棺椁葬具和随葬品的数量以及规格。

图1-11 浙江余杭瑶山良渚文化贵族墓地

如果放在商周时期,这就是所谓的礼制。

伴随良渚时代的开始,还发生了一个重要的事件,即长江下游地区社会文明化的重心从巢湖地区转移到了环太湖附近。有研究者认为,这是良渚上层贵族追逐玉矿资源的举措所致[64]。无论是否真的如此,现实情况是在今天的杭州郊区余杭良渚镇,良渚人营建了一处面积达数十平方公里、规模巨大的聚落群。这个聚落群由一系列功能各异的区域组成。既有麇集在今天的苟山附近的普通村落,也有如位于莫角山、芦村等地的大型宫殿式建筑区,还有数处似乎是专门加工制作玉器的作坊;有埋葬一般人和中小贵族的墓地,也有如反山、瑶山、汇观山那种堪称王坟的最高贵族的专用墓地。整个聚落群是按照功能用途的不同规划建造起来的,这个做法和过去按照血缘氏族的组织原则规划聚落的情况截然不同,而与现代社区的建设思想十分一致。

在整个良渚文化中,良渚遗址群无疑是最高等级的聚落。在其他地方,还有一些规模较小、等级稍低的地区中心，如上海青浦福泉山[65]、江苏江阴高城墩、武进寺墩[66]、吴县张陵山等遗址，就是这类区域中心遗址。这些区域中心上，也发现过在良渚遗址群制作的玉器，尤其是玉琮之类的重器。琮、璧和钺之类的玉器，不仅是贵重的工艺品，还是军事世俗权力或宗教神权的象征物。看来，派发玉器正是良渚遗址群和这些地方中心保持关系的重要手段之一。凭借诸如此类的方式，良渚遗址群以自己为中心，编织成一张巨大的网络，把整个文化的人们维系成一个整体。而这个集体所在的长江下游地区，正是后来被称之为越的古代民族的主要分布区。

这样一个等级分明、分工精细、组织严密的社会，能量是空前强大的。正是在这个基础上，良渚社会开始向外扩张。在今天靠近山东的苏北地区，突然出现了一批良渚文化的聚落[67]。有研究者认为，这批聚落是良渚集团的一支远征军的遗留[68]。这支远征部队，给北方带来了威胁是不言而喻的。

然而，就是这样一个力量强大、在文明化进程上前进颇快的良渚文化，却在公元前2500年前后突然崩溃了，此后的长江下游地区，几乎成了一片空白。对这个令人困惑不解的现象，有研究者认为是由于气候环境变迁，连年淫雨湿涝和洪水，摧垮了这个地方社会[69]。也有人受春秋时期吴越北上争霸事件的启发，提出良渚集团大规模的北上远征，耗空了实力，或者干脆就是由于军事上的失利导致了元气大伤、一蹶不振的。但是，进一步的研究发现，良渚社会的快速衰落还有更为复杂深刻的原因。

从长江下游地区史前社会的演进过程来看，从崧泽文化到良渚文化，社会经过了一个跳跃式的发展。研究证明，规模宏大的良渚遗址群是在很短的时间内快速建设起来的，而不是从崧泽文化中长期积累、逐渐扩大的结果。各地发现的良渚玉器上，雕刻着一种千篇一律的神人兽面纹神徽（图1-12）。研究认为，这是一种被神格化的祖先崇拜。顺便说到，良渚的宗教和红山文化有所不同。这是对高度神格化了的一位先祖的崇拜，而红山文化那座女神庙里多个人像个体以及大量动物泥塑，则更像是多神的自然崇拜。但良渚的这种神人兽面图案却不见于此前的文化。只有良渚贵族才能拥有的象征神权的玉琮，在崧泽文化中也不曾制作过。这些现象意味着，良渚社会里的权力的加强和集中、统一的宗教思想的形成，乃至社会重心的转移迁徙，都出自人为的精

图 1-12　良渚玉器上的神人兽面纹

心设计和干预。但是,导致良渚悲剧的原因也就出在这里。

　　良渚是一个高度分工、等级分明、结构严谨的社会。就像一架精密的机器,它能否运转得顺畅,取决于社会调控机制是否有效。否则,任何一个环节出现问题,都可能导致整个系统崩溃。良渚同时又是一个宗教氛围非常浓重的社会,这一点可以从各地发现的大量宗教性玉器、祭坛和豪华的丧葬行为反映出来。而良渚贵族在运作这个精确的社会机器时,相当大程度上靠的就是这一高度统一的宗教意识,也即依赖宗教神权的力量。所以,良渚贵族们不惜耗费大量社会劳动去开采玉料,制作玉器,将其作为展示信仰的介质,并把它分派至各地,来巩固提高自己的威信。但是,凭借信仰建立起来的社会调控体系,由于缺少譬如经济联系等更基础、更实在的内容,其实是很脆弱的。良渚又是文明化进程上进步最快的先行者,没有现成的经验教训供借鉴。即便有,也因为地理上偏居一隅而很难得到。为此,只有不断提高宗教权威一途了。这就进一步提高了社会的风险程度。终有一天,宗教色彩日益浓重而变得极端和僵化的社会调控机制,再也无法应对任何来自外部环境或内部形势的变化时,整个社会系统便一泻千里般地崩溃了[70]。这大概就是公元前 2500 年前后江浙地区发生的事件。

以两湖地区为主的长江中游,其地古称荆楚;其居民或曰苗,或曰蛮;其文化,自新石器时代起,一直有自己的特色,是一个相对独立的古文化区。

长江中游是稻作农业最早的起源地之一,先行一步发展起来的农业为社会进步奠定了基础。这一带史前社会的文明化起步最早可以追溯到新石器时代晚期的大溪文化。当时,它的北方正值仰韶文化最为繁荣的庙底沟期的阶段。

至少在大溪文化的晚期,作为聚落生活中最基层的单位——血缘家族的规模开始有所变小,意味着小规模经济单位生产能力的提高以及伴随而来的私有制观念的产生[71]。这个时期,至少一些血缘氏族或大家族的领袖之类的人物,已经开始脱离社会大众,变得显然富有和掌握着一定的权力。与此同时,村落之间也开始出现分化,出现了一些有环壕和土墙围护起来的面积数倍于普通村落的大型聚落,例如湖南澧县城头山就是一座面积约十万平方米的大型聚落。城内中部设有祭坛,周围有家居建筑、公共仓储、制陶作业区和墓地。祭坛附近的墓葬拥有较一般墓葬丰富的随葬品[72]。这些现象,皆意味着这类大型聚落中的社会生活复杂丰富,同时也出现了种种不平均的现象。不过,总的来说,一切还只是刚刚开始。

从继承大溪文化而来的屈家岭文化开始,直到后续的石家河文化的早中期,长江中游地区的文化步入最为繁荣的时期。此时恰值原本强大的北方邻居仰韶文化结束了庙底沟期的辉煌,转入了长时间的内部调整,因而显得消沉。于是,屈家岭文化得以大幅度扩展[73],不但占据了河南南阳一带原来属仰韶文化的属地,在后者的腹心地区的豫西晋南一带,也出现了大量屈家岭文化风格的遗存。

长江中游文化大幅度扩张,缘自自身社会的发展。屈家岭文化在继承大溪文化社会文明化的趋势基础上,出现了许多新气象。这个时期,人们开始建造更多更大的环壕土城聚落。目前发现的这类城址达十数座之多,实际数量当更多。其中规模最大的当属湖北天门石家河城[74]。该城建于屈家岭文化,沿用至石家河文化的中期。城址平面形状为不很规则的四边形,每边长1100—1200米,整座城址面积一百多万平方米(图1-13)。宽大的城墙全部由

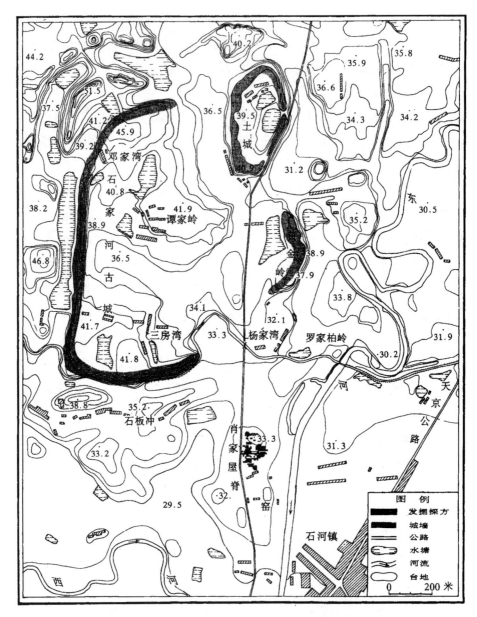

图 1-13　湖北天门石家河史前城址

人工堆土夯筑而成,最宽厚的墙段底宽50多米,墙高尚存5—6米,墙外开挖了宽阔的护城河,最宽处约达百米,并与流经附近的自然河流沟通。由城墙和护城河构成了一周坚固宏伟的防御体系。如此大的工程,以至让发现它的考古学家们很长时间里不敢相信它竟然是 5000 多年前人们的杰作。和长江下游的良渚遗址群相似,石家河城内的建筑设施也是按照功能不同来规划安排的,但更紧凑。城内大部分地段是排列密集的房屋建筑。位置居中的地段所发现的建筑,墙厚约 1 米,墙内间隔不到 1 米便埋设一根木柱,柱子直径将近 40 厘米粗,这样的形式,应当就是宫殿了。城址上的普通建筑是几间连在一起的排房,有的排房比较阔大,正屋和两侧厢房围成院落,当是有一定身份的中小贵族用房。城的西北角是一片墓地,墓葬的规模不大,随葬品也不丰富,应当是城内普通居民的墓葬。城外东南的肖家屋脊地点发现了一些规模较大的墓葬,其中随葬陶器上百件。但这还不应当是石家河最高贵族的墓葬。由此可见当时的社会分化已经发展得比较严重了。城址的西南角是一片颇为神秘的所在,这里发现了一种显系非日常实用器皿的杯子状小陶器,数量之巨,以百万计。推测是一个经常性的宗教活动场所。总之,整个石家河城里处处体现着巨大的劳动消耗和繁荣。

石家河城的外围,还麇集着一批普通村落,靠近城的分布密集,距离越远越稀疏。在有的村落上,发现大量绘有图案的捻线用器具——彩陶纺轮,说明这里要么是一处纺织作坊,要么是专门制作这类工具的地点。还有的村落发现了很多一种制作颇粗糙的浅腹小陶钵,似乎也和专业化生产有关。而大部分外围村落上采集到的主要是一些普通日用陶器,缺少城内出土的精致器物。这些村落作为石家河城的附庸其地位一目了然。这是一种基于利益而非血缘关系结成的大型社会集体,其结构和内容,很像古代文献中描述的"邦"或"国"。

在长江中游地区已经发现的城址有十数座,可知当时的邦国数亦至少有此数。其大者,如石家河城址的属地大约相当于今天一个县的范围,小者在一县之内可容二至三座。它们彼此间隔有序,形成一个社会网络体系[75]。这其中,规模最大的石家河城,是中心的中心。如此,屈家岭至石家河文化中期的长江中游地区,其宏观社会结构同下游的良渚社会很有一些相似之处。

但是,在文明化进程上,石家河文化也是一个未能持续发展下来的社会。考古发现,石家河文化中期以后,长江中游地区发生了沧海桑田式的变化,包括规模巨大的石家河在内的那些城址,几乎无一例外地荒废掉了。存续下来的文化,也发生了很大的变化,融进了大量来自北方的影响。再以后,当地竟连人的踪迹也难觅到了。这种萧条一直持续到商周时期,当地的社会才再度复兴。这个过程,也和下游地区颇为相似。所不同的是,石家河文明的衰落,要比良渚晚二三百年的光景。

从目前的考古发现看,屈家岭社会的进步,主要是在大溪文化开创的方向上的延伸,直到石家河文化时期,社会的复杂化是比较扎实地循序渐进地发展的,而与良渚社会的跃进式发展有所不同。长江中游地区的社会,也有一定数量的宗教性遗存,但不及良渚文化的多。这里的人们也制作玉器,以小件的饰物为主,数量也比良渚文化少得多。总体上看,社会上的宗教气氛不甚浓重,社会的发展显得比较朴实和顺其自然。所以,这个文明的衰落应当另有原因。

一种看法是,长江中游史前社会的衰落也和水患有关。直到今天,洪水内渍一直是长江中游最为凶险的自然灾害。屈家岭文化的人们大量修筑城墙,就与防水有关[76]。但这种说法解释不了石家河文化以前长达数千年的连续发展过程为何没有因为水灾而被中断过。对此,文献传说提供了另一种解释。

据文献记载,帝尧时期,尧曾借口苗人不遵守华夏的礼法宗教,指责"苗民弗用灵,制以刑,惟作五虐之刑曰法,杀戮无辜"(《尚书·吕刑》),对三苗发动了大规模战争。这场战争尧取得胜利。于是,尧"迁三苗于三危"(《史记·五帝本纪》)。一说三危是西方的大山,尧把一些苗民——估计是一些领袖人物迁徙到远方,以削弱其势力。帝舜时期,苗复强盛起来。《淮南子·齐俗》:"当舜之时,有苗不服,于是舜修政偃兵,持干戚而舞之。"干戚,武器也。舞之,张牙舞爪,极尽威胁恫吓之能事。但舜的办法似乎不大成功,舜本人也因"南征三苗,道死苍梧"[77],殒命苗地。直到大禹之时,又发生了一场大战。"禹既已克有三苗,焉历为山川,别务上下,乡制四极,而神民不违,天下乃静。"(《墨子·非攻下》)这场旷日持久的民族冲突,最后以华夏族的胜利而告结束。

目前还没有办法把发生在史前时代的这些战争的战场、人物都一一落实。但从考古发现看,屈家岭文化的时候,是长江中游文化向外,尤其是向北大幅扩张的时期,今天河南西南部一些原本为仰韶文化占据的地区,这时被屈家岭文化所取代。而后者的影响,竟更深入到仰韶文化的腹地。这个势头,一直持续到石家河文化中期。但是,从此以后,一度被屈家岭文化扩张得来的地盘,又重新被中原文化覆盖。与此同时,长江中游广大地区包括石家河城在内的大批城址被废弃不用,文化面貌也发生了很大变化,出现大量来自中原文化的因素[78]。这个两大文化区之间的折冲趋势,竟和文献传说记载的很合拍。看来,长江中游社会文明化进程的中断,和其在军事上的不走运有直接关系。

黄河下游,以泰山为中心,东濒大海,西抵今天河南东部和安徽北部的广大地区,古为青、兖和徐州的一部分。夏商时期的中原人把这里视为东方,呼其民为"夷"或"东夷"。从考古学的角度看,在整个中国新石器文化格局中,这里也是一个相对独立和稳定的文化区。在新石器较早阶段,泰山北麓有后李文化,其后续者北辛文化的范围扩大了很多,包括了今天山东的大部分地区,唯胶东半岛有些特殊,那里的同时期为白石村文化。再以后,山东腹地的文化过渡为大汶口文化后不久,胶东半岛的文化逐渐与腹地文化融为一体。至公元前 2500 年或稍晚,大汶口文化再演变发展为山东龙山文化。考古学上,取古文献中的"惟海岱为青州"[79]句意,将这个文化区称为海岱古文化区。

和其他文化相比,海岱地区的文化有许多特点。这里的居民拥有一套复杂的陶器群。它的陶器不喜欢表面绘彩或押印、刻划施纹饰装饰,而以丰富多变的造型取胜,炊爨用鼎、鬶一类的三足器物,鼎之大小形态各异,或许是分别用作不同的炊事内容;饮食器具除了碗钵之外,还有各色陶豆、三环足盆和饮酒的高柄杯等;盛储有瓮、罐、尊、盆、钵,其他器物如汲水的背壶、专门烧开水的鬹等,皆有特色。它的陶器群是新石器时代诸文化中最为复杂的一群。海岱居民还有几项特别的风俗习惯。如拔牙,即拔掉侧门齿。这在民族学上有些例子,有说是成丁礼仪,有说是为了纪念至亲死者,以示哀恸[80],还有的说宋代南方有些民族将这一习俗叫"凿齿",而之所以要将侧门齿拔掉,是因为当地多瘴气,事先拔去门齿,一旦染病,方便灌药[81],等等。至于海岱居民究竟为了哪般,一时还把握不准。

海岱地区的制造业也可能是当时最为发达的。它的制陶业最早发明了慢轮,又是快轮制陶程度最高的地区,在其技术发展顶峰的龙山文化阶段,即便是鬶、鬹一类形态十分复杂的三足器,也用快轮分别制出各部件,再拼接成整器,大量颜色漆黑发亮、胎壁轻薄的盒、篦、杯等器物是这一技术的精品,其中,薄如蛋壳的高柄杯,更集中代表了龙山制陶技术的最高水平。而在各遗址出土的陶器数量也是同期各文化之最,足见其生产规模之大。这里的玉石器制造业也非常发达,最早采用了切割石料和管钻孔技术。其玉器数量虽然不及良渚文化多,但玉器表面的花纹,已经淘汰了阴刻线条,而采用将两侧减磨以使线条鼓起的阳文装饰,技术上又比良渚文化更胜一筹。龙山文化中也发现了一些小件铜器。虽然考古尚未发现当时有大的铜容器,但有人根据其陶器的造型以及器物上流口、器把等部件的结合部位常加装泥钉的做法推断,认为这是模仿铜器的做法[82]。

海岱地区社会的文明化进程起步较晚,约在大汶口文化中期开始,以后持续发展至龙山时代达到高峰。

龙山时期,海岱大地上分布着许多城址。这其中,不少是从大汶口文化晚期一直延续下来的。在一些地方,大约每隔 50 公里就有一座[83],宛然一幅列国林立的人文景观。这些城址以宽厚的夯土城墙围护起来,墙外再开挖出陡深的围沟,而且大多多达两三重,这显然是由于聚落不断发展壮大而逐步扩建的结果。在一些城址内部,如临淄桐林遗址上,发现有普通的平民住地,也有以高墙围起来的大片夯土台基的特殊区域,估计和社会上层人物有关。城址内也发现有陶窑、石器制作场所等。这些城址内出土的器物要较从一般村落遗址出土的精美,不仅有大量磨光黑陶的精品,即便普通陶器也大而气派[84]。仅桐林遗址的一座灰坑里,就出土陶器几十件,其中七件带盖陶鼎最为重要,皆磨光黑陶,形制完全一样,唯大小不同,排列开来,竟成一列,不禁令人想起青铜礼器中的列鼎。还有三件陶甗,亦大小等差,最大一件体高近一米,大气磅礴。此外,还有磨光黑陶盆、白陶鬶等,皆数件并存。龙山文化还有少量装饰有类似后世青铜器上的云雷纹的磨光黑陶器物。这类特别的器物,无一例外都出土于桐林、日照两城镇和章丘城子崖这些最大级别的龙山城址上。目前为止发现的大汶口文化和龙山文化的玉器不多,也均集中出土在作为一个地方中心的大型聚落中。值得特别提到的是,在邹平丁公发现一块陶器残片,上面用尖锐的工具刻了 11 个文字[85](图 1-14)。这些文字至今不能辨认,是一种与后来商人的甲骨文不同的文字书写系统。但已然表明这些城址上有高度的文化活动,它们既是区域经济和政治的中心,也是文化中心。

海岱地区明确的社会分化从大汶口文化中期开始。晚期,从各地所见墓葬材料看,社会成员按财富可以划分出三到四个等级。最大型的墓葬在墓地

图 1-14　山东邹平丁公出土龙山文化陶文

中一般居于特殊的位置,有棺椁葬具和丰富的随葬物品,如泰安大汶口遗址的第 10 号墓,墓坑长 4.2 米、宽 3.2 米,随葬器物 52 件,除精制陶器之外,还有绿松石和石质装饰品、象牙雕花和象牙梳等贵重器物。有的墓葬中随葬猪下颚骨,其数量多寡,也是身份等级的象征[86]。更有甚者,在新沂花厅墓地的数座大型墓葬中,竟发现有殉人,殉葬者有成人,但多为儿童,每墓葬一至两人[87],充分暴露出社会成员身份地位的极端不平等。

龙山文化时期,社会成员的分化进一步加剧。大型墓葬更加豪华。如临朐西朱封遗址发现三座单独埋设的大型墓葬。其葬具在棺外有椁,椁室再分成边箱和头箱。随葬品除了多件蛋壳陶高柄杯外,还有精美玉器,其中一件碧玉发簪,长 23 厘米,簪子头端为一块镶嵌绿松石的扇形透雕玉牌饰,是绝无仅有的玉器精品[88]。与社会上层的奢华成鲜明对比,大量的小型墓葬大小仅能容下死者,几乎没有任何随葬器物。说明社会基层的经济状况较大汶口时期进一步恶化。

大体说来,海岱地区社会文明化进程虽然起步略晚,但从此便不间断地发展下来了,直到商代早期,一直是一个颇有竞争力的地方文明。这一点,和前述几个地方社会的命运很有些不同。海岱地区的文明成就是经过长期稳定发展取得的。这可以从大部分城址都经过多次扩建,沿用时间很长的情形得到说明。社会稳定,意味着各种社会关系变化和重组,即社会调控机制是在比较自然的状态下磨合形成的。这个过程,没有过多的人为干预。所以,我们在海岱各地所见,包括贵族在内的整个社会很重视财富的积累,显得颇为世俗,而没有如良渚或红山社会那样的由数量众多的宗教性遗迹遗物烘托起来的浓重而诡秘的宗教气氛。换言之,这是一个比较务实的社会。另外,海岱地区西接中原,绕渤海湾可与燕辽地区交通,其南与良渚文化接壤,沿淮河上溯,又可以同长江中游地区往来。这使得海岱社会可以与外界经常保持密切的联系,吸取其他社会的经验教训,从而在不断自我调整中持续发展下去。

黄河中游地区,古称华夏。新石器时代中期,这里有三支不同的考古学文化:以渭河谷地为轴线分布的老官台文化;占据今天河南省西半部分的裴李岗文化;以及分布在冀中南一带的磁山文化。约在公元前5000年,这三支文化融合成仰韶文化。此后的演变发展,是一个非常复杂的过程。而其社会的文明化进程,也如同文化发展的复杂多变一样,一波三折。

仰韶文化早期,各地文化的面貌还保持一定的独立性,社会以姜寨村落为代表,尚处在大致平等和平均的氏族公社阶段。但内部的多级所有制,孕育了导致日后社会分化的种种因素。约从公元前4000年开始,仰韶文化进入了中期,又叫作庙底沟期,进入了最为繁荣的阶段,整个文化的统一性得到空前加强,地域也大幅度扩张[89]。虽然受到目前考古资料的限制,我们对这个时段的社会状况了解得还不够仔细。但已经知道在这个时期,社会人口急遽增长,聚落之间的分化十分严重。如陕西华县泉护村[90]、华阴西关堡等都是面积超过百万平方米的大型中心聚落。这类中心聚落,经常有大型建筑遗址发现,如仅在河南灵宝西坡遗址上,就已经清理出数座面积在100平方米上下的大型半地穴式房屋基址,建筑的居住地面、墙壁的处理十分讲究[91]。这个时期最出色的手工制品,也发现在这类遗址之上。泉护村出土过一件青褐色鹰形陶器,全器打磨得光鉴照人,鹰首双目圆睁,怒视前方,系一欲蓄势待发、振翅高飞的造型,双爪及尾巧妙处理成器物的三足,是目前仰韶文化中仅见的精品。庙底沟期给人最深刻的印象莫过于文化的辉煌。仰韶文化以彩陶的发达在诸新石器文化中独具特色,而庙底沟期是彩陶最为发达的阶段。其纹饰以勾连纠结而又流畅飘逸的黑色花纹最有特色,另外常见的还有花朵纹、豆荚纹、几何图案化变形的鱼纹、垂弧纹等等,纹饰之多达十几种。这类彩陶器皿,在整个仰韶文化中随处可见,但很难给予区别,整个文化的面貌高度统一。随着文化的凝聚力空前增强,仰韶文化开始向外大幅度扩张,如原本很少有人活动的陕北及河套地区,这个时期也出现了密集的仰韶聚落。不仅如此,仰韶风格的彩陶在其他文化中也有发现,其文化的影响力达大半个中国。

但是,约从公元前3500年仰韶文化的晚期开始,高度统一的局面却不复存在,各地文化的独立性和不平衡性凸现出来。仰韶文化核心地区的渭河中下游谷地和豫西地区,聚落数量增长速度减慢乃至减少,尤其表现在大型聚落的数量和面积都明显减少,社会发展趋于沉寂;河套地区的人们似乎遇到了前所未有的资源紧缺的困难,聚落之间的矛盾冲突越发严重。于是,人们在险峻的地段开始修筑城墙,以求自保。渭水上游至陇东一带,社会却得到发展,出现了如秦安大地湾那样的大型中心聚落。聚落坐落在一台地端部,占据了一面山坡,中心部位即前面第一节说到过的大型宫殿,其周围五十多公里都是它的辖制范围;更西的湟水流域,早前扩展到这里的仰韶文化异化为马家窑文化,干脆从仰韶文化中分离出去了。

导致这一大空间尺度上沧海桑田式的变化的社会原因我们还不很清楚。由于庙底沟期是启动社会文明化进程最早的史前文化之一,并在短时间内迅猛发展而没有经验借鉴,所以,我们尽可以就其社会在文明化探索中做出过不成功的尝试为理由来推测它的衰落。但恰巧从公元前3500年起,中国北方的气候向干冷方向变化。庙底沟期之后社会进程的改变,也许在相当程度上是气候变迁效应在以粗放为特征的旱作农业社会上的表现。

整个仰韶文化松散离析的态势持续到公元前3000年左右,开始了一场大规模的重组。这其中,晋南豫西地区的文化扮演了重要角色。这里的仰韶文化最早发生变化,过渡为庙底沟二期文化,并在不太长的时间内迅速扩散开来,几乎覆盖了原来整个仰韶文化的范围。再到公元前2500年前后,形成了几支既有联系,又各具特色的地方文化,分别为关中地区的客省庄二期文化、豫西地区的王湾三期文化、豫北冀南的后冈二期文化、豫东地区的造律台文化以及局限在晋南襄汾盆地里的陶寺文化。它们统称中原龙山文化。

伴随着文化的重组,人群流动,以及周边文化大量涌入,中原地区显得混乱不堪,社会越发动荡不安起来,各种矛盾空前加剧。剧烈的冲突似乎首先发生在村落之间。聚落群内部一些有实力的村落开始建筑城垣工事,在对付那些更强大的近邻的同时,逐渐谋取了聚落群的领导地位。随着这些城池如河南的郑州西山古城[92]、登封王城岗[93]、安阳后冈、淮阳平粮台[94]、辉县孟庄[95]、密县古城寨[96]、郾城郝家台[97]以及山西襄汾陶寺等矗立起来,中原大地上遂进入了小国林立的时代。这时,冲突也进而扩大到邦国之间。大量乱葬、殉人和武器数量激增的考古记录都发生在这个时期。考古还发现,中原地区这个时期的城址多数使用时间不长,意味着邦国之间斗争激烈,势力中心不断转移,这与在黄河下游大汶口——龙山文化所见的城址多次扩建而反映出的社会稳定有很大不同。

在这种反复的折冲中,有两个地区格外值得注意。一个是位于晋中南的襄汾盆地,传说是陶唐氏即帝尧所居。这是一个面积不大、相对独立的地理单元。其中的庙底沟二期文化至龙山时期的遗址分布十分密集[98],按规模大小可分四个等级。最大的陶寺遗址,仅中部古城城垣内的面积就达 200 万平方米以上。历年的考古工作除在遗址上发现城垣之外,还有随葬品极为丰富突出的大型墓葬和数量庞大却几乎一无所有的平民小墓,以及大型夯土建筑基址,同时还出土过铜铃、铜齿形器、鼍鼓、特磬等重要遗物[99],俨然是整个晋南盆地这个大型邦国的中心。另一个是豫西晋南地区。这里被后人认为是虞舜、夏禹以及稍后夏王朝的所在。在考古学文化上,这一带是庙底沟二期文化的核心区,直至龙山文化阶段,遗址群的分布十分密集。大型聚落或城址如洛阳王湾、禹县瓦店、登封王城岗、密县古城寨、洛宁西王村、武陟大司马、济源庙街等各据一方,群雄并举[100](彩图 2)。在彼此之间格外复杂激烈的冲突中,逐渐酝酿成熟了一种新的社会秩序,其标志是公元前 2000 年前后在这一地区,产生了被认为是夏文化的二里头文化和被认为是夏王朝中心都邑的偃师二里头文化。

禹将王位传给了儿子夏启,以继承制替代了部落社会的禅让制度,标志着中国历史上第一个“家天下”王朝的开始。此后几千年的中国历史,就以中原地区为舞台核心展开了。这个基础,最晚也在中原龙山文化时就已奠定好了的。然而,何以在参与了中国史前文明总进程的几个主要地方社会中,大多在直线发展后难逃陨落之命运,而唯独中原社会经过大起大落却存续发展了下来呢? 看似一系列的偶然因素,促成了这一连串的历史悲喜剧。

中原地区大体与黄河中游的地域范围相当。这里的气候条件决定了它的环境资源不及长江流域丰饶富庶,甚至也比不上黄河下游的山东地区,但远比燕辽地区好。这也许就是红山社会经不起气候环境变迁的打击迅速衰落,而中原社会在仰韶文化后期同样受到环境变迁之苦,却能经受考验,再度崛起的原因。

由于在一个资源物产相对贫乏的环境基础上,中原社会文明化进程的原因机制也与其他社会,尤其是东南部地区的社会不同。黄河下游的大汶口—龙山、江浙一带的崧泽—良渚、长江中游的屈家岭—石家河文化的文明化有一个显著的共同点,即这些社会的贫富分化开始得比较早。这是以环境资源比较丰富和稻作农业生产率较旱作农业更高为基础的。因此,在这些地方社会中,社会成员等级分明,看似秩序井然。因为社会的运作主要是围绕如何处理阶层之间的关系而展开。无论利用宗教,还是掌控稀有贵重的手工业制品,或者消耗大量社会劳动建设大型工程,首要目的都是为了刻意强化社会成员之间的等级界限和贵族至高无上的权威。同时可以想象,为了控制手工业原料如玉的开采到加工制作这类复杂生产系统,为了监控宗教系统的有效运行,这类社会的上层领袖具有更多的管理色彩。

但是,在自然环境资源较为匮乏和以生产率较低的旱作农业为基础的中原地区,社会分化不大容易充分展开[101]。相反,社会的主要矛盾体现在集体之间的利益冲突上。在日益频繁的军事活动和动荡不安的社会环境中产生的领袖权威,带有更多的务实和军事的色彩。当整个社会越来越围绕这些军事领袖运转,并且越发感到有不断巩固他们的地位的需要时,社会分化方才快速展开。但这已是后话了。

为了巩固自己的地位,中原社会的军事贵族们开始设法建立一套新的社会秩序。经验来自周围的地方文明。于是,从庙底沟二期文化开始,中原地区出现了主要是来自长江流域和黄河下游地方的众多文化因素,如通过棺椁和随葬品规格数量体现的等级制度,通过玉琮、玉璧等体现的宗教思想等等——这些均是在维系社会成员之间关系的稳定方面的重要手段。

这里,中原的特殊地理位置再次帮了大忙。所谓中原,名副其实,是一个居天下之中,八方辐辏之地,是物流和情报信息的中心枢纽。从各种考古记录看,庙底沟二期文化以来的中原地区,实际成了来自四面八方各种文化、思想以及政治经验交汇融合的大熔炉。这一地理优势,是包括黄河下游海岱地区在内的各地方社会远不能比拟的。中国文明的形成,是一个极为复杂的过程,各个地方社会都为此作出过自己的努力。但是,它们的功过成败、经验教训,最终都融入到了中原这座大熔炉。这座大熔炉,既熔铸出了中原社会的文明化方向,也练就了中原人包容万象的开放心理和胸襟,它对周边社会的凝聚力不断增强,从而为三代文明以及一个更为持久的以中原为中心的历史发展趋势奠定了基础[102]。

## 第四节　中华文明特质的初现

多元一体的文化格局与民族关系　从墓地和宗庙遗迹所见氏族-宗族观念的牢固和祖先崇拜的强调　从埋葬方式所见等级制度与礼制的萌芽　具有中华特色的几种物质文化:丝绸和玉器等　卜骨的习俗

中国史前社会的文明化进程,不仅为夏商周三代文明做了准备,更重要的是还为日后中华文明的特征、性质、发展方向等方面奠定了重要的基础。换言之,中华文明实为史前社会文明化的继续和发展。

中国是世界上少数几个农业文明的起源地之一。在对农业有迫切需要,以及具有发展农业之各种必要条件的黄河和长江两流域的中下游地区,农业的发明可以追溯到一万多年以前。农业的发明和发展为上述地区的社会复杂化和分层化发展提供了最为坚实的经济基础,并且在数千年农业文化的积累中,确定了史前中国文明化进程的某些基本方向。

安土重迁,或许是农业经济生活最主要的特征之一。农业经济所提供的比较可靠的食物来源,使得他们有可能比较长时间在一个地方定居。由于人们在开垦农田上不得不花费大量劳动,使得他们除非因为地力耗尽等万不得已的原因,不会轻易放弃自己的田园。如果搬迁,他们也会尽量选择与原来村落环境条件相似的地方。一个村落尚且如此,在一个大得多的自然环境、其他条件大致相同的地区里的人们的生活,应当是十分稳定的了。

生活安定,村落间关系融洽,久而久之,便有了共同的习俗、信仰、文化和语言。如果没有大的变故，这些还将通过世代传承而形成传统。这种文化传统应当是非常有特色的。因为我们今天见到的石器、陶器以及房屋建筑等当时人们的物质遗存，只体现了这些文化传统中十分有限的部分，而最为要紧的如语言等，是无法保留在物质遗存中的。然而即便如此，考古学家还是可以凭借这有限的部分，把不同的文化传统识别出来，划分出若干个文化区。反过来看，一个这样的文化区，实际上就大致代表了一群有共同的经济活动、相同的风俗习惯、审美情趣、精神信仰和心理认同乃至共同语言的人群，以及由他们组成的社会。

这样的人群，也就是大体上相当于现代概念上的民族的共同体。尽管当时的人不这样叫，但它们各自是有名称的，例如在文献传说中就有"华""夏""夷""蛮""越""苗""戎""羌""狄"等等称谓，说明当时的人群彼此之间区别清楚。有史学家整理这些文献中上古民族的情况，将其划分为不同的集团，如傅斯年认为居于西方以炎、黄二族为主体的诸夏民族为一方，居于东方与诸夏民族长期对峙竞争的是东夷集团[103]。徐旭生基本赞成夷夏东西的说法，又将居于南方的诸族划并为苗蛮集团[104]。蒙文通的观点与徐旭生小异大同，分为江汉民族、河洛民族和海岱民族三群[105]。不过，只把古代民族划分出这样几个大型的集团，是很不得已的，这是因为文献传说毕竟年代过于久远，后人很难把当时的情况说得确切和仔细。反而是根据考古学文化面貌识别出来的群体，更为细致和确凿。根据苏秉琦的看法，中国新石器时代文化可以分为六个大文化区[106]，严文明则划分出大约十二个文化区[107]。此外，还有其他种种划分方法。总之，无论文献记载，还是考古记录都反映了一个基本事实，即新石器时代文化的演变、社会的文明化进程以及民族的发展都是多元的。

考察这些文化或其指代的古代民族的分布，可以发现一个很有意思的多重空间结构。例如从公元前4000年起，几个在中国文明进程中发挥过重大作用的史前文化，主要集中在黄河和长江的两大河流域，即黄河下游的大汶口—龙山文化、长江下游的崧泽—良渚文化、长江中游的屈家岭—石家河文化、燕辽地区的红山文化、中原地区仰韶文化及其后续龙山时代诸考古学文化。此外，没有列入这个名单，但最新的考古学发现表明其很可能也在文明总进程中发挥过重要作用的，还有晋中至陕北地区以及分布在四川盆地内的诸考古学文化。这一巨大的文化丛体，构成了多重分布的内重。事实上，这个内重结构的出现要早得多，至少可以追溯到新石器时代的中期。在它的外围，是那些因各种原因，尚停滞在采集狩猎阶段而迟迟没有开展农业经济的地方文化，也即文化分布上的外重。

造成这一现象的原因，归根到底是东亚地区的特殊地理和气候环境。东亚地区，东临太平洋；北面为蒙古高原，更北则是西伯利亚的高寒地带；向西有号称世界屋脊的青藏高原以及河西戈壁、新疆大漠；以南则热带雨林密布，是一个对外交通颇不便利的形势。历史上，真正打通地理障碍，大规模与西方交流的是汉代张骞凿空西域之路以后的事情了。史前的人们还没有这个能力。这一相对封闭的地理环境，其内部文化之间的交流相对方便，久而久之，趋于同一并形成传统；对外交往困难，形成于内部的传统也就意味着东亚社会的独特性。东西方文化的种种差异，盖缘于此。

横贯东亚地区中部的黄河和长江两大流域，气候既不十分严酷，也远不是最佳。四季分明的气候特点，尤其是缺乏食物的冬季，成为促使这里的人们很早就着手开发农业的动因。此外，在广阔的流域面积里生活着较多的人口，可以不断产生出新的发明创造。由于这里的人们在大致相同的环境里所面临的生存问题相似，所以，这些经验就具有普遍意义。而凭借各地之间比较方便的交通和交流，这些经验可以以一种横向传播的方式迅速普及开来，不必靠几代乃至数十代人的纵向积累才能看出效果。这一切，使得黄河和长江这两大河流域成为了东亚内部经济和文化发展程度最高的地区。

相对封闭的地理环境内部交通的便当和文化的多重结构，导致了史前中国历史的另一个重要动向，即在文化和社会多元发展的同时具有一体化趋势。

史前中国既是多元的，又是一体的。说它是一体的，有两层意思。从宏观角度看，东亚的文化和社会自成一体。从其内部看，在整个新石器时代，各地文化、社会、民族之间的交流、融合有越来越强的动态[108]。

人群之间的交流早已有之，否则不会在新石器时代中期就形成南方稻作和北方旱作两个地域颇为辽阔的农业经济文化区。与此同时，各地的考古学文化开始呈现出比较明显的地方色彩，因此有理由推测，古代民族这种共同体的出现，也大致在新石器时代中期。但由考古学文化反映的古代民族之间的大规模和高频度的交流,是从新石器时代晚期,尤其是从公元前4000年前后开始的。这个时期,黄河中游仰韶文化庙底沟期的彩陶风格影响所及,东到辽西和山东、南到江汉平原,达大半个中国。而具有江浙地区崧泽文化特点的陶器群,也广泛出现在北至山东、西抵洞庭湖东岸的广大地带。与此同时,居于内重的文化也开始向外围地区辐射它们的影响。例如具有长江中游大溪文化风格的彩陶和刻纹白陶,此时出现在岭南直至珠江三角洲地带。仰韶文化也不断向甘肃、青海以及河套地区扩大其影响,甚至向这些地区移民。

进入公元前3000年以来,随着中原地区在调整重组后再度崛起以及社会文明化进程步伐的加快,文化分布的格局也发生变化,在内重结构的中央形成了一个核心。这个核心的出现,导致文化的交流活动除了继续在各地之间进行之外,更开始出现了一个围绕着中原这个中心展开的趋势[109]。从这个时期开始,中原地区的考古记录中出现了大量来自周边的文化因素。而由于中原地区逐渐强大,邻近的文化越来越感受到来自中原的压力转而向外重空间扩张。例如出现在福建沿海的昙石山文化和粤北地区的石峡文化,皆以明显的农业文化的特征,从根本上改变了原来当地采集经济文化的发展方向。

更为要紧的变化是,这个时期各地之间的交流,尤其是与中原地区的交流不再仅仅是文化风格的传播,而是在制度、思想等更高深的层次上开展了全面交流。例如中原地区发现的与良渚文化颇为相似的玉璧、玉琮之类,意味着后者宗教思想的传播;从瓮棺葬俗向竖穴土坑墓葬俗的转变和通过拥有随葬高端手工业制品等来显示墓主人身份地位的做法,既是对东南地区社会风俗的接受,更意味着在社会政治层面对后者的等级制度的借鉴和吸收。传说禹铸九鼎,"铸鼎象物"(《左传·宣公三年》),一种解释是将各地方社会的标志性事物铸造在鼎上;又说是禹将天下划分为九州(《尚书·禹贡》),并对每个州的地域范围、人民、风物、特产等都有记载。这些情况皆说明,中原人已经对其他民族有了颇为全面和比较深入的了解。反之,中原社会也以各种方式对外施加其影响力,乃至包括战争。传说中黄帝与东方首领蚩尤的战争、尧与南方三苗的战争,前者以对方为为暴不仁、后者则以其拒不采用中原礼仪为借口。但从某种意义上,都可看作是中原制度或社会理念的直接输出。或许这种输出更具效果。

以中原为中心全方位的交流,形成一股强大的向心力和凝聚力,促进着民族间的理解和认同,推进着多元文化和社会一体化趋势的发展。夏商周三代历史继承了这个强有力的趋势。这一点,可以从三代中央王朝疆域不断扩大反映出来,也可以从众多史前民族不断融合,最终形成以汉民族为主体的、有着广泛文化、心理认同的中华民族大家庭体现出来。

如果说,史前文化的多元格局和一体化运动趋势导致了中国文明的根本方向——多民族国家的形成,那么,史前中国社会的文明化演进方式,则导致了中国社会生活的若干基本特征,那就是牢固的氏族-宗族观念和严格的礼制。

早期农业的发展应当主要是以简单再生产的方式进行的,需要尽可能多地投入劳动力和社会成员的合作。而农业提供了比较稳定的食物来源,反过来也为人口增殖提供了可能。于是,原本适应流动性很强的采集狩猎经济的较小规模血缘集体逐步扩大。反映在考古记录中,新石器时代早期的聚落很难发现,其规模也十分有限,譬如江西万年仙人洞那样的洞穴遗址,估计也就是一两个血缘家庭的规模。然而进入新石器时代中期,农业聚落已经遍布各地,聚落的规模也扩大了很多,在数千至几万平方米之间,其中的人口自然有大幅度增加。这些村落居民应当是以血缘关系的纽带联系在一起的,是出自一位共同的祖先的血缘集体。这种血缘集体的规模有大有小。小的集体里,各个家庭的人们对自己的共同祖先尚有清晰的记忆。这种集体叫作家族。大型集体里支脉纵横、世代累积,以致人们虽然认可大家都出自遥远的过去的一位祖先,但对这位共同的先祖的记忆却模糊不清了。错以为是一头鹿、或一条鱼、一只鸟乃至一棵树的情况经常有之。于是,他们就以此为图腾崇拜。

一些考古学家们相信,绘制在仰韶文化陶盆上的人面鱼纹图案、大汶口文化大陶缸上刻画的特殊符号以及良渚文化玉器上的神人兽面纹雕刻、红山文化的玉猪龙等,都是这类图腾(图 1-15)。不过,这些都是在新石器时代中属于年代较为晚新的文化,而原本起源于某个氏族的这类图腾以及有关的记忆传说,至此业已逐步发展成为整个民族的信仰了。这个过程中,肯定还有大量的有关祖先的传说和图腾信仰伴随着众多氏族、民族之间错综复杂的融合关系的发展而被遗忘了。事实上,这种历史的选择始终没有间断过。譬如有关商人起源的"玄鸟生商"的传说,有关周人起源的"姜嫄践巨人迹"的传说等等,都逐渐为人所淡忘,而今天的中华民族尊炎、黄为人文始祖,以龙为图腾崇拜,也是历史的选择。至于历史为何会做出这样的选择,是一个颇为值得认真研究的问题,不过,这已是题外话了。

总之,这样的集体,在人类学上叫作氏族。新石器时代中期以来的大大小小的农业村落,就是这样一些规模不等的血缘集体。其中最大的村落,可能包括

图 1-15　内蒙古三星塔拉出土红山文化玉龙

了几个氏族。氏族内部实行婚姻禁忌,不同的氏族之间才可以通婚。因此,在相当长的时间里,氏族是最稳定的社会单位。主要的社会财富归氏族公有,分配和继承在氏族内部解决,生产活动由氏族组织,对外通过通婚或其他利益关系与别的氏族结成部落。

不过,这种组织形式是与较低的生产力水平相适应的。公元前 4000 年以来,随着技术发展,生产有了一定剩余,私有观念出现并逐渐严重,家族的独立性越来越强,氏族制度遂开始出现被瓦解的迹象。公元前 3500 年以来的聚落或墓地的考古记录中所反映出来的氏族内部分化的情况已经很明显,表明家族经济越来越有独立性。与此同时或稍晚,男子由于往往在生产和对外的暴力活动中发挥关键作用,从而也在家庭和家族中取得实质性的权利地位,即世系的计算变得以男子为中心,背后的意图则是男子将财产传给自己的子嗣。大汶口文化晚期的墓葬中,前所未有地出现了一对成年男女的合葬墓,有的还携带一名儿童。联系到这个时期社会分化已经颇为醒目的各种迹象综合来看,这应当是继嗣向以男性为本位过渡的反映。

这样看来,在公元前 3000 年左右,原始的氏族制度发生了很大变化,氏族

这种社会组织形式还被保留着,但已经变为由若干在经济上有很大独立性的父系家族组成的联合体。由于各家族实行的是财产私有制,这就意味了氏族组织内部的各家族之间首先在经济上出现了不平等,这在当时的考古记录中是有大量证据可寻的。于是,原本建立在平等和民主原则上的氏族生活逐渐失去了基础,通过选举、禅让来行使的氏族公共权力将注定迟早落入最有实力的家族手中,并尽可能长久把持和因之牟取私利。

当社会组织随着生产力发展而发生分化的同时,更明显的分化发生在社会成员的经济地位以及从本质上说是以此为基础的社会地位方面。

公元前4000年,这种情况首先发生在局部地区。但以此为起点,逐渐引发了社会行为规范、社会观念等全方位的变化。

当社会分层化刚开始的时候,人们凭借自己的经济实力,在墓葬中随葬相应数量或质量的随葬品,以纪念死者并祈福他在另一个世界的生活,这是很自然的事情。在大汶口文化早期,有的墓葬中随葬了一二十件随葬品,也有的墓葬中一无所有,多数墓葬则随葬四五件日用器具。类似现象,也见于崧泽文化以及大溪文化的墓葬中。这种情况,当是当时社会成员经济状况的如实和自然的反映。

公元前3500年或稍晚,随着贫富分化的发展,社会成员经济状况的差距逐渐加大,他们的社会地位也发生变化,社会上层不仅经济上富有,还越来越多地把持了公共权力,形成了一个贵族阶层。从各地的考古记录中可以看到,聚落中原本用于公众议事的大型建筑,此时为宏伟的宫殿建筑群所替代,崧泽文化中墓地里的公共祭坛在良渚文化中成为贵族墓地的专属设施,贵族墓葬中消耗的社会财富更是惊人。良渚瑶山贵族墓地中,随葬器物最为丰富的7号墓中,共出土679件随葬品,其中玉器多达667件,一些串珠、玉牌是装配成套使用的,可折合成158套。不少玉器上有精美雕饰[110]。另有证据显示,这些墓葬中还随葬大量丝绸和漆器。只是腐朽已甚,不能窥其全貌了。根据大汶口—龙山文化、良渚文化、屈家岭—石家河文化以及中原地区的庙底沟二期文化中的大量墓葬的资料统计,在最高等级的贵族和社会底层之间,还可以再划分出一到两个中间等级。他们的墓葬其规模和随葬品的丰度与最高级墓葬相比,呈现出等差递减的趋势,至于社会的最底层的墓葬,则大小仅可容身、随葬品极端匮乏乃至一无所有。

　　值得注意的是,这个时期不同等级的墓葬中,不仅随葬品的质量和数量反映了墓主人生前的经济状况,还新出现了表达其生前社会地位的内容。仍以良渚文化为例,玉琮、玉璧、玉钺这类良渚玉器,并非只是一种单纯的贵重物品,而是具有重要的象征意义。前两种与宗教有关,集中发现在大中型墓葬里,尤以大型墓葬出土的多和精致。有人认为,它们在良渚文化各地的流布,实际上代表了位于良渚这一最大聚落的中央神权向地方的辐射或分配。而在良渚文化中,宗教神权是与世俗权力结合,共同参与社会运作的。至于后者的象征意义就更为直白,是军事权威的代表。在良渚文化的墓葬中,出土钺的墓葬很多,但玉钺仅见于高中等级的墓葬,又以最高等级的墓葬中出土的质量最为精良,而大多数墓葬仅出土一把石钺,据此或者可以推测他们生前分别是最高军事首领、中级首领和普通战士。

　　这个时期,似乎开始有了对不同等级身份的人物所享受物质财富内容和数量、质量方面的规定。据统计,大汶口—龙山以及良渚等文化的墓葬规模大小,与有无棺和棺椁具备以及与其随葬器物的丰度和质量之间,是有比较固定的相关性的。一些特殊的随葬器物,如山西襄汾陶寺墓地里出土的特磬、鼍鼓等礼乐仪仗之器和以整猪随葬等现象仅见于大型墓葬,其他人没有能力,也没有资格享用。案、俎、盘、豆等彩绘木器和彩绘陶器等虽然也见于中型墓葬,但数量和质量皆不能与大墓出土者相提并论。这些现象说明,当时在丧葬行为中,已经出现了某种制度(图1-16)。尽管有关其他方面的考古资料不多,但依然可以据此推测当时社会生活的其他方面,也有某种程度的规范化倾向。这应当就是所谓礼制的萌芽。

　　礼制是社会成员的行为规范。表面上,礼制是对不同身份等级的人从穿着佩戴、出行车马仪仗、宅室尺度、宴饮声乐器具、祭祀规格直到丧葬仪式的一系列严格规定,不得违反,更不得僭越,实质内容则是通过这一严格的行为规范,强调每个人要时刻注意自己在社会中的位置,不可超越雷池,以达到维护社会秩序稳定的目的。而这个社会秩序,就是自社会分层化产生以来各阶层等级的人们之间的新型社会关系。显然,社会的稳定对于任何统治阶层都至关重要,对于普通民众,安定的环境也未尝不是好事。因此,在新石器时代以

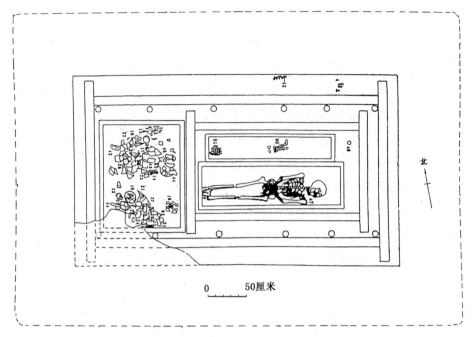

0 ——— 50厘米

图 1-16　山东临朐西朱封 1 号墓

来的考古记录以及大量先秦文献中都可以看到,最初出现于新石器时代晚期的一种炫耀个人财富的心理和行为是如何被一步步加工成为一种政治制度的。从这个意义上说,尽管三代礼制的具体内容各有特点,但实质相同,正所谓"三代之礼一也"(《礼记·礼器》)。另一方面,中国社会又是建立在小农经济基础上的,开始是氏族、以后是宗族的血缘关系网络构成的社会。因此,它的社会等级制度或礼制之中又调和进了这一层内容,即尤其强调对祖先的祭祀、崇拜和"孝",从而带有了强烈的道德色彩。

在早期宗教体系中,祖先崇拜只是其中并不重要的一部分,祖先神灵是众多被设想出来的自然神灵中的一个。从牛河梁第二地点的"女神庙"出土的大量人形和动物禽鸟泥塑,以及众多动物造型的玉器看,红山文化的宗教系统中似乎仍相当程度地保留着多神的自然崇拜的特点。建筑物中的女性塑像被认为是主神,是红山人的祖先,但对女性的崇拜也兼有祈福生育、丰产的内容,并且是很重要的内容。与红山文化年代大体相当的仰韶文化中,反映宗教情况的考古资料不多。根据张光直的研究,是一种类似萨满教的多神崇拜[111]。这与上述对红山宗教的分析结果一致。这些神灵代表的是当时人们所处的环境,如日、月、山、水、动植物等等,人们崇拜祭祀它们,是为了祈求这些神祇保佑平安和丰收多产、人丁兴旺,张光直将其概括为一种宽泛的"社祭"。

在较晚的良渚社会中,宗教内容有明显的变化。雕刻在良渚玉器上的兽面神人徽像,应当是从崧泽文化时期一种比较写实具象的玉人形象演变而来的。在良渚玉器上装饰的为数不多的几种纹饰中,这种神徽无一例外地被刻画在玉器最为醒目的位置。因此使人有理由相信,良渚宗教基本上属一神教的范畴。而这位逐渐被神格化了的自然人,也许就是良渚人供奉的祖先神。

但是,由于两个方面的原因,这种一神教并没有得到进一步的发展。

其中的一个原因是普泛性的,缘自史前中国社会基础经济和社会组织结构的变化,即随着从公元前 3500 年以来社会生产的进步和私有观念的发展,原始氏族组织开始向父系氏族公社转变,进而演变为宗族。由于财产及相关权益的世代传承是在家族或宗族内部完成的,因此,对各家族或宗族对自己祖先的祭祀就越发显得重要起来。各地龙山文化墓葬中的隆重葬仪,就是这种祖先崇拜的一部分。

另一个原因缘自中原社会文明化进程的特殊性,但由于三代社会主要是在继承了中原社会的文明成果的基础上发展起来的,因此,一个最初看来是局部的历史事件,却演变成了中国历史的普遍结果。据传说,史前中原社会内部曾经发生过一次宗教改革,即帝颛顼的"绝地天通"(《国语·楚语下》)。颛顼历来被列为上古五帝之一,排在尧舜之前、黄帝之后。一般认为,尧舜是龙山文化阶段的人物,则颛顼所处的年代就大致相当于仰韶文化晚期或庙底沟二期文化的阶段。这正是中原地区步入文化重组、社会环境动荡、军事冲突频仍以及由此引发的社会内部结构的剧烈变革的时期。这种形势迫使中原社会中那些军事领袖们必须采取有效措施,迅速巩固自己的权力地位。为此,宗教也许是可以达到这个目的的一个选项。中原地区也开始出现了类似良渚玉器的宗教性器物,表明他们确实利用了宗教的能力和手段。但是,达到巩固自己地位的目的还有其他方法,如引进等级制度等等,宗教只是手段之一而已。尤其是这些军事领袖却不能容忍存在着一个与自己并立的神权。于是,颛顼推行了"绝地天通"的宗教改革措施。其内容是禁止了一般巫觋沟通天地的职能而专为己有[112]。从当时的社会环境看,这一改革的政治目的十分明显。

如此,"社祭"虽然被保留了,但变得由最高统治者专擅。宗教如果不是完完全全,也是在相当大程度上沦为了统治者的政治工具。例如周王自命为天子,汉儒鼓吹天人合一,其本源皆出于此。与此同时,本能的血缘亲情的祖先崇拜,也出于对财产继承的经济利益和稳定社会秩序为目的的双重考量而被进一步强调,其宗教的神秘色彩亦反而日渐淡薄,在以后的历史进程中,变得越来越像是一种道德观念了。这些导致了古代中国社会在思想意识形态领域的一个显著特点,即宗教的不发达,但却开启了从儒家学派直至程朱理学,由关于"君君、臣臣、父父、子子"的理念所形成的牢固传统,并将之推进为中国人至高无上的道德观念。

同样地,这一缘自社会深层的原因,也导致了中国文化艺术发展史上的非宗教性特点。当"社祭"为帝王专擅之后,从商人崇拜的"帝",到周人祭祀的"天",越来越失去人格,变成虚无缥缈、很难琢磨描绘的抽象概念;而祖先崇拜又是各出己门,没有为整个社会认同的基础。这使得历代艺术家们对这个主题越来越失去了探讨的兴趣。

但是,史前文化的积淀却为历史留下了另外几项颇具东方特色的物质文化,它们是漆器、丝绸和玉器以及卜骨的习俗。这些缘自生活基本需要的发明,却在日后的历史进程中越来越成为东方民族的审美情趣、社会心理和思维方式的集中体现。

丝绸是中国古代最重要的发明之一。汉代以来,丝绸以其轻薄柔软的质地和华美艳丽的色泽和图案,与瓷器一道征服了世界。所以,"China"一词,有人解释为瓷器的译音,有人认为是丝的译音,竟不能纠缠清楚。传说是黄帝的妃子嫘祖发明了养蚕缫丝织做丝绸,并教会了大众[113]。最早的考古实物是浙江吴兴钱山漾良渚文化遗址出土的丝织物,有丝带、丝线和残绢片几种[114]。丝带宽0.5厘米,分10股,每股由3根单纱捻成线,编织成两排平行的人字纹。卷片系平纹织法,每平方厘米的经纬各47根,是很细薄的丝织品。从技术上看,应当不是最早的丝绸。此外,在良渚文化的许多高级贵族墓葬中,都发现随葬有丝绸的迹象,虽因腐朽不能得知全貌,但也可推测当时的丝绸制品的产量已经不小了。

　　目前最早的漆器出自浙江余姚河姆渡遗址,系一口径约十厘米的矮圈足木胎碗,外髹朱漆[115]。以后的良渚文化中,漆器的制作更为精美,反山贵族墓葬中,除了随葬丝绸、玉器之外,还随葬很多漆器,只是腐朽过甚,难窥究竟。根据千方百计复原起来的几件,得知有盘、杯和觯(小瓶)等器物,为黑色漆地,朱漆绘纹,有的还埋嵌米粒大玉粒组成图案,一如后代的螺钿。漆树在中国古代有比较广泛的分布,制作漆器的也肯定不只江浙一带的先民。目前,早期漆器的资料发现得少,原因和丝绸一样,纯为很难保存下来的缘故。

　　与漆器和丝绸不同,史前时代保留下大量的玉器资料。玉,按现代的矿物学分类,指具有交织纤维显微结构的透闪石、阳起石一类。最初的古人未必如此严格,凡是"石之美者",大约都被看作了玉石。

　　最早的玉器出现于公元前六七千年的新石器时代中期。当时人们开始寻找玉或一些色泽漂亮的美石制作一些小件的装饰品。大约从新石器时代晚期起,出现了两个制玉技术发达、制品数量众多且十分精美的玉文化系统。一个是以红山文化为代表的东北玉文化系统,典型的器物有玉猪龙、当是从模仿枭鸟正面形状演变而来的勾云形器、鹰鸟,以及箍形器、联璧等等。江浙一带的崧泽—良渚文化是另一个玉器文化系统的代表,其典型制品有琮、璧、钺、三叉形器、柱形器、冠形器,以及各色环、镯、管、珠、璜、牌、锥形器等等。在这些玉器制品中的相当部分,也不再仅仅是饰物了,随着社会分层化发展和贵族阶层的出现,具有了表示其所有者身份、地位的社会属性。例如红山文化的勾云形器、良渚文化的琮、璧、钺、柱形器之属,绝非一般人甚至哪怕是中小贵族可以拥有,从而演变成最早的礼器。至于那些精雕细刻在玉琮、玉钺之上的神徽,更表现出拥有者是社会生活中至高无上的精神信仰的化身。然而,在与此同时的其他地区,如黄河下游的大汶口文化、长江中游的大溪至屈家岭文化,以及中原地区的仰韶文化中,虽然都有自己的玉器制造,但显然不及以上两个地区发达。

　　不过,进入史前社会文明进程最后阶段的龙山时代,伴随黄河流域,尤其是中原社会的崛起和形成明显对照的辽西地区以及长江中下游地区文化的衰退,中原地区的贵族阶层出于迅速提升和巩固自己地位的需要,开始借鉴其他社会中的既有政治经验和做法,也开始把玉器作为正在形成之中的社会等级制度的重要表征物品。于是,玉器的制作中心发生了转移,中原地区成为新的中心。在这个过程中,红山、良渚等文化的一些玉器制作技术、由器物形制所表现出来的艺术构思和宗教观念,乃至干脆是一些成品,也辗转传入了中原。例如这个时期中原地区的遗址中发现的玉璧、双联璧、牙璧和玉琮、玉虎等器物,显然和周边地区有很多渊源。不过,中原地区自己制作的还主要是一些尺寸颇大的铲、钺、璋、多孔玉刀之类,此外,这里的人们喜用绿松石,也是一个鲜明的地方特色。如此,既有自己特色又广泛吸纳融会了其他玉文化而形成的中原玉器制造业,成为夏代中原地区的二里头文化乃至商周时期的玉文化继续发展的基础。

最后还要谈到的一项极具特色的文化行为,即以卜骨进行的占卜。占卜是一种起源非常古老的宗教仪式,根据商代以降的甲骨实物和文献,其做法是把大型动物的肩胛骨或龟甲按照一定程式加工、烧灼后,观察龟裂的“兆”纹的形状以判断吉凶,决定行事与否。

目前发现最早的卜骨见于分布在辽河上游北岸的富河文化[116],系鹿的肩胛骨,其年代大致与红山文化相当或者稍早。此后的龙山时代,在整个黄河流域的文化中普遍发现了卜骨。由此可知占卜是广泛流行在中国北方文化中的一种宗教习俗。这个时期的卜骨都是一些鹿、牛、羊、猪等动物的肩胛骨,不经修制,直接用火烧灼其背面,留下直径约半厘米的焦斑,有的焦斑向外辐射出裂痕,即卜兆。夏代二里头文化沿用龙山习俗,以动物肩胛骨进行占卜。商代卜骨集中选用牛胛,尤其值得注意的变化是,商人特别喜用龟甲。

新石器时代中晚期以来,遗址出土的龟甲遗骸以及乌龟造型的陶、石制品资料,多集中在偏南的淮河流域。例如河南舞阳贾湖遗址的墓地中,有二十多座墓随葬龟甲,这些龟甲内放置数枚至一百六十多枚小石子[117]。泰山以南的大汶口文化墓葬中,有的死者的腰部也配挂龟甲[118]。这些龟甲,全无灼痕,显然与占卜无关。推测是一种数卜的道具。学术界普遍认为,南方与北方不同,流行的是筮法而非占卜[119]。所谓筮法,是以蓍草为道具,用计算的方式卜算吉凶。仅从分布地域看,在史前时代,龟甲这种道具似乎主要和南方的这种筮法有关。甚至有观点认为,龟壳和石子,就是筮算的工具。这两个不同的系统,从商代开始却巧妙地融合起来了。商代的甲骨占卜,使用了原本筮法系统

的道具——龟甲。晚商至西周,卜甲之上进而出现了缘自筮法的易卦。两个
系统进一步整合起来了。这个过程,正好反映了从史前时代就已经开始的民
族融合的历史趋势,也为古老的占卜之术的最后消失做了最后的铺垫。

## 注　释

〔1〕 袁家荣:《湖南道县玉蟾岩 1 万年以前的稻谷和陶器》,《稻作、陶器和都市的起源》,
　　　文物出版社,2000 年,第 36—37 页。张弛:《江西万年早期陶器和稻属植硅石遗存》,
　　　《稻作、陶器和都市的起源》,文物出版社,2000 年,第 48—49 页。

〔2〕 植硅石。植物吸收土壤中的硅质后在植物体中形成的微小结晶,富集在植物的茎、
　　　叶部位,尤以禾本科植物多见。不同种属的植物,乃至植物的不同部位的植硅石形
　　　态各有其特征。植硅石十分稳定,植物体腐烂之后,仍能长期保存在土壤中。故植硅
　　　石检测是古植物、古环境以及考古学研究中重要的分析手段。

〔3 〕 严文明:《稻作起源研究的新进展》,《农业发生与文明起源》,科学出版社,2000 年,
　　　第 3—4 页。

〔4〕 严文明:《中国农业和养畜业的起源》,《史前考古论集》,科学出版社,1998 年,第
　　　354—356 页。

〔5〕 苏秉琦主编:《中国通史》第二卷《远古时代》,上海人民出版社,1994 年,第 5—10 页。

〔6〕 裴安平:《长江流域的稻作文化》,湖北教育出版社,2004 年,第 72—75 页。

〔7〕 苏秉琦主编:《中国通史》第二卷《远古时代》,上海人民出版社,1994 年,第 83—85
　　　页。浙江省文物考古研究所:《河姆渡新石器时代遗址考古发掘报告》,文物出版社,
　　　2003 年,第 371—373 页、第 424—444 页。

〔8〕 河北省文物管理处、邯郸市文物管理所:《河北武安磁山遗址》,《考古学报》1981 年 3
　　　期,第 303—338 页。

〔9〕 佟伟华:《磁山遗址的农业遗存及相关问题》,《农业考古》1984 年 1 期,第 194—
　　　207 页。

〔10〕 浙江省文物考古研究所:《河姆渡新石器时代遗址考古发掘报告》,文物出版社,
　　　2003 年,第 84—90 页、第 129—132 页、第 267—268 页、第 288—289 页。

〔11〕 同注〔5〕,第 64—75 页。

〔12〕 同注〔4〕,第 359—360 页。

〔13〕 严文明:《中国史前文化的统一性与多样性》,《史前考古论集》,科学出版社,1998
　　　年,第 1—17 页。

〔14〕 关于制陶技术的进步,参见李文杰:《中国古代制陶工艺研究》,科学出版社,1996年,第350—358页。

〔15〕 浙江省文物考古研究所:《河姆渡新石器时代遗址考古发掘报告》,文物出版社,2003年。

〔16〕 浙江省文物管理委员会:《吴兴钱山漾遗址第一、二次发掘报告》,《考古学报》1960年2期,第73—91页。

〔17〕 严文明:《论中国的铜石并用时代》,《史前考古论集》,科学出版社,1998年,第35—47页。

〔18〕 张弛:《大溪、北阴阳营和薛家岗的石、玉器工业》,北京大学考古系:《考古学研究》(四),科学出版社,2000年,第55—76页。

〔19〕 浙江省文物考古研究所、上海市文物管理委员会、南京博物院:《良渚文化玉器》,文物出版社,1990年。

〔20〕 《周礼·大宗伯》。

〔21〕 《尚书·牧誓》。

〔22〕 中国社会科学院考古研究所山西工作队、临汾地区文化局:《1978—1980年山西襄汾陶寺遗址墓地发掘简报》,《考古》1983年1期,第30—42页;中国社会科学院考古研究所山西队、山西省考古研究所、临汾市文化局:《陶寺城址陶寺文化中期墓葬》,《考古》2003年9期,第3—6页。

〔23〕 王明达:《浙江余杭反山良渚墓地发掘简报》,《文物》1988年1期,第1—31页。

〔24〕 浙江省文物考古研究所:《瑶山——良渚遗址群考古报告之一》,文物出版社,2003年。

〔25〕 南京博物院:《江苏武进寺墩遗址的试掘》,《考古》1981年3期,第193—200页。

〔26〕 《礼记·礼运》:"昔者先王未有宫室,冬则居营窟,夏则居橧巢。"《正义》解释为"营累其土而为窟,地高则穴于地,地下则窟于地上,谓于地上累土为窟"。

〔27〕 同注〔10〕,第14—27页。

〔28〕 甘肃省博物馆文物工作队:《甘肃秦安大地湾901号房址发掘简报》,《文物》1986年2期,第1—12页。

〔29〕 赵辉、魏峻:《中国新石器时代城址的发现与研究》,北京大学中国考古学研究中心、北京大学古代文明研究中心编:《古代文明》(第1卷),文物出版社,2002年,第1—34页。

〔30〕 杨楠、赵晔:《余杭莫角山清理大型建筑基址》,《中国文物报》1993年10月10日;费国平:《浙江余杭良渚文化遗址群考察报告》,《东南文化》1995年2期,第1—14页;费国平:《浙江余杭大观山果园及反山周围良渚文化遗址调查》,《南方文物》1995

年 2 期,第 50—58 页。

〔31〕参见《史记·五帝本纪》。

〔32〕半坡博物馆、陕西省考古研究所、临潼县博物馆:《姜寨——新石器时代遗址发掘报告》,文物出版社,1988 年。

〔33〕严文明:《中国新石器时代聚落形态的考察》,《史前考古论集》,科学出版社,1998 年,第 48—62 页。

〔34〕严文明:《姜寨早期的村落布局》,《仰韶文化研究》,文物出版社,1989 年,第 166—179 页。

〔35〕严文明:《略论仰韶文化的起源和发展阶段》,《仰韶文化研究》,文物出版社,1989 年,第 152—165 页。

〔36〕湖南省博物馆:《安乡划城岗新石器时代遗址》,《考古学报》1983 年 4 期。赵辉:《长江中游新石器时代墓地研究》,北京大学考古系《考古学研究》(四),科学出版社,2000 年,第 23—54 页。

〔37〕山东省文物考古研究所:《大汶口续集——大汶口遗址第二、三次发掘》,科学出版社,1997 年。

〔38〕安徽省文物考古研究所:《安徽含山凌家滩新石器时代墓地发掘简报》,《文物》1989 年 4 期,第 1—9 页、第 30 页;安徽省文物考古研究所、含山县文物管理所:《安徽含山凌家滩遗址第三次发掘简报》,《考古》1999 年 11 期,第 1—12 页。

〔39〕中国社会科学院考古研究所:《蒙城尉迟寺——皖北新石器时代聚落遗存的发掘与研究》,科学出版社,2001 年。

〔40〕郑州大河村遗址的年代和尉迟寺基本同时,遗址上的房子绝大多数也是分成两三间的小栋建筑,意味着其家族规模不大,和尉迟寺的情况相同。但在年代早一些的河南邓州八里岗遗址上,每栋房子的分间多为五至七间,有的更多。说明随时代发展,家族的规模变小了。大河村和八里岗的资料来自郑州市文物考古研究所:《郑州大河村》,科学出版社,2001 年。北京大学考古系、南阳地区文物研究所:《河南邓州八里岗遗址 1992 年的发掘与收获》,《考古》1997 年 12 期,第 1—7 页;北京大学考古系、南阳地区文物研究所:《河南邓州八里岗遗址发掘简报》,《文物》1998 年 9 期,第 31—45 页。

〔41〕绝大多数考古学家相信,在与大汶口文化早期相当的社会发展阶段,实行的是不稳定的对偶婚,无论对偶婚家庭设在男方还是女方,在对方生活的人死后要葬回到他原来的氏族墓地去。大汶口文化中晚期出现的一对成年男女的合葬墓,很可能意味着夫妻间关系变得越来越稳定巩固了,这个动力,说到底是来自家庭财产私有化的发展。

〔42〕 同注〔33〕。

〔43〕 浙江省文物考古研究所、海盐市博物馆:《浙江海盐龙潭港良渚文化墓地》,《考古》2001 年 10 期,第 26—45 页。

〔44〕 如江苏新沂花厅遗址大汶口文化中晚期墓地中,大型墓葬里的殉人现象多有发现。参见南京博物院:《花厅——新石器时代墓地发掘报告》,文物出版社,2003 年。

〔45〕 张学海:《山东史前聚落时空关系宏观研究》,《张学海考古论集》,学苑出版社,1999 年,第 95—129 页。

〔46〕 张弛:《长江中下游地区史前聚落研究》,文物出版社,2003 年,第 136—172 页。

〔47〕 中村慎一:《良渚文化的遗址群》,北京大学中国考古学研究中心、北京大学古代文明研究中心编:《古代文明》(第 2 卷),文物出版社,2003 年,第 53—64 页。

〔48〕 朝阳市文化局、辽宁省文物考古研究所:《牛河梁遗址》,学苑出版社,2004 年。

〔49〕 赵辉:《以中原为中心的历史趋势的形成》,《文物》2000 年 1 期,第 41—47 页。

〔50〕 中国社会科学院考古研究所山西工作队、临汾地区文化局:《1978—1980 年山西襄汾陶寺墓地发掘简报》,《考古》1983 年 1 期,第 30—42 页。

〔51〕 山西省临汾行署文化局、中国社会科学院考古所山西工作队:《山西临汾下靳陶寺文化发掘报告》,《考古学报》1999 年 4 期,第 459—486 页。

〔52〕 河南省安阳地区文物管理委员会:《汤阴白营河南龙山文化村落遗址发掘报告》,《考古学集刊》第 3 集,中国社会科学出版社,1983 年,第 1—47 页。

〔53〕 北京大学、河北省文化局、邯郸考古发掘队:《1957 年邯郸发掘简报》,《考古》1959 年 10 期,第 531—536 页。

〔54〕 《史记·五帝本纪》。

〔55〕 徐旭生:《中国古史的传说时代》,广西师范大学出版社,2003 年,第 65—68 页。

〔56〕 邵国田:《概述敖汉旗的红山文化遗址分布》,《中国北方古代文化国际学术研讨会论文集》,中国文史出版社,1995 年,第 97—104 页。

〔57〕 赤峰中美联合考古研究项目:《内蒙古东部(赤峰)区域考古调查阶段性报告》,科学出版社,2003 年。

〔58〕 周南、柯睿思:《对内蒙古东部、安第斯山北部和美洲中部早期酋长制社团的村落布局之比较研究》,居延考古学术研讨会论文,2003 年。

〔59〕 朝阳市文化局、辽宁省文物考古研究所:《牛河梁遗址》,学苑出版社,2004 年。

〔60〕 辽宁省文物考古研究所:《辽宁牛河梁红山文化"女神庙"与积石冢群发掘简报》,《文物》1986 年 8 期,第 1—17 页。

〔61〕 辽宁省文物考古研究所:《辽宁牛河梁红山文化"女神庙"与积石冢群发掘简报》,

《文物》1986 年 8 期,第 1—17 页;辽宁省文物考古研究所:《辽宁牛河梁第二地点一号冢 21 号墓发掘简报》,《文物》1997 年 8 期,第 9—14 页。

〔62〕 宋豫秦等:《中国文明起源的人地关系简论》,科学出版社,2002 年,第 42、51 页。孔昭宸:《内蒙古自治区赤峰市距今 8000—2400 年环境考古学的初步研究》,《环境考古研究》(第一辑),科学出版社,1991 年,第 112—119 页。李水城:《西拉木伦河流域古文化变迁及人地关系》,《边疆考古研究》(第 1 辑),科学出版社,2002 年,第 269—288 页。

〔63〕 安徽省文物考古研究所:《安徽含山凌家滩新石器时代墓地发掘简报》,《文物》1989 年 4 期,第 1—9、30 页;安徽省文物考古研究所、含山县文物管理所:《安徽含山凌家滩遗址第三次发掘简报》,《考古》1999 年 11 期,第 1—12 页。安徽省文物考古研究所:《凌家滩玉器》,文物出版社,2000 年。

〔64〕 将追逐玉石资源视为崧泽文化以后长江下游社会文化重心转移和良渚遗址群的兴起,是许多研究者的共同感觉,但由于迄今为止在良渚附近寻找玉矿资源的努力都没有结果,是说也就很少见诸文字。

〔65〕 上海市文物管理委员会:《福泉山——新石器时代遗址发掘报告》,文物出版社,2000 年。

〔66〕 同注〔25〕。

〔67〕 南京博物院:《花厅——新石器时代墓地发掘报告》,文物出版社,2003 年;南京博物院考古研究所、盐城市文管会、盐城市博物馆:《江苏阜宁陆庄遗址》,《中华文明之光——良渚文化发现 60 周年纪念文集》,海南国际新闻出版中心,1996 年,第 130—146 页。

〔68〕 严文明:《碰撞与征服》,《文物天地》1990 年 6 期,第 18—20 页。

〔69〕 最先提出这个观点的是俞伟超:《龙山文化与良渚文化衰败的奥秘》,《纪念城子崖遗址发掘 60 周年国际学术讨论会文集》,齐鲁书社,1993 年,第 9—11 页。以后,附议者众多。

〔70〕 赵辉:《良渚文化的若干特殊性——论一处中国史前文明的衰落原因》,《良渚文化研究——纪念良渚文化发现六十周年国际学术讨论会文集》,科学出版社,1999 年,第 104—119 页;许倬云:《良渚文化到哪里去了》,《良渚文化研究——纪念良渚文化发现六十周年国际学术讨论会文集》,科学出版社,1999 年,第 120—132 页。

〔71〕 吴汝祚:《划城岗遗址中一期墓地剖析》,《江汉考古》1987 年 1 期,第 22—32 页;宫本一夫:《长江中流地区新石器时代集团构造》,《比较社会文化》第二卷,1996 年。赵辉:《长江中游地区新石器时代墓地研究》,北京大学考古学丛书,《考古学研究》

（四），科学出版社，2000 年，第 23—54 页。

〔72〕 湖南省文物考古研究所：《澧县城头山屈家岭文化城址调查与试掘》，《文物》1993 年 11 期，第 19—30 页；湖南省文物考古研究所：《澧县城头山古城址 1997—1998 年发掘简报》，《文物》1999 年 6 期，第 4—17 页。

〔73〕 张绪球：《长江中游新石器时代文化概论》，湖北科学技术出版社，1992 年。

〔74〕 石家河考古队：《石家河遗址调查报告》，《南方民族考古》第五辑，1992 年。

〔75〕 同注〔46〕，第 170—173 页。

〔76〕 何驽：《长江中游文明的进程》，北京大学古代文明研究中心：《古代文明研究通讯》总第九期，2001 年，第 38—44 页；王红星：《从门板湾城壕聚落看长江重要地区城壕聚落的起源与功用》，《考古》2003 年 9 期，第 61—75 页。

〔77〕 《淮南子·修务》。

〔78〕 韩建业、杨新改：《王湾三期文化研究》，《考古学报》1997 年 1 期，第 1—22 页。

〔79〕 《尚书·禹贡》。

〔80〕 严文明：《大汶口居民的拔牙习俗和族属问题》，《大汶口文化讨论集》，齐鲁书社，1981 年，第 245—264 页。

〔81〕 宋人范成大在《桂海虞衡志》中记载，于今天广西右江一带居住的少数民族曰獠，"旧传其类有飞头、凿齿……之属二十一种"。元马端临《文献通考》卷三二八引《唐志》云："又有乌武獠，地多瘴毒，中者不能饮药，故自凿齿。"

〔82〕 安志敏：《中国早期铜器的几个问题》，《中国新石器时代论集》，文物出版社，1982 年，第 233—248 页。

〔83〕 张学海：《论山东地区的龙山文化城》，《张学海考古论集》，学苑出版社，1999 年，第 155—180 页；赵辉、魏峻：《中国新石器时代城址的发现与研究》，北京大学中国考古学研究中心、北京大学古代文明研究中心：《古代文明》（第 1 卷），文物出版社，2002 年，第 1—34 页。

〔84〕 北京大学山东临淄桐林遗址田野考古资料。

〔85〕 山东大学历史系考古专业：《山东邹平丁公遗址第四、五次发掘简报》，《考古》1993 年 4 期。

〔86〕 山东省文物管理委员会、济南市博物馆：《大汶口——新石器时代墓葬发掘报告》，文物出版社，1974 年；山东省文物考古研究所：《大汶口续集——大汶口遗址第二、三次发掘报告》，科学出版社，1997 年。

〔87〕 南京博物院：《花厅——新石器时代墓地发掘报告》，文物出版社，2003 年。

〔88〕 山东省文物考古研究所、临朐县文物保管所：《临朐县西朱封龙山文化重椁墓的清

理》,《海岱考古》第一辑,1989 年,第 219—224 页;中国社会科学院考古研究所山东工作队:《山东临朐朱封龙山文化墓葬》,《考古》1990 年 7 期,第 587—594 页。

〔89〕 同注〔35〕。

〔90〕 北京大学考古学系:《华县泉护村》,科学出版社,2003 年。

〔91〕 河南省文物考古研究所、中国社会科学院考古研究所河南一队、三门峡市文物考古研究所、灵宝市文物保护管理所、荆山黄帝陵管理所:《河南灵宝市西坡遗址 2001 年春发掘简报》,《华夏考古》2002 年 2 期,第 31—52 页。

〔92〕 国家文物局考古领队培训班:《郑州西山仰韶城址的发掘》,《文物》1999 年 7 期,第4—15 页。

〔93〕 河南省文物考古研究所、中国历史博物馆考古部:《登封王城岗与阳城》,文物出版社,1992 年。

〔94〕 河南省文物考古研究所:《河南淮阳平粮台龙山文化城址试掘简报》,《文物》1983年 3 期,第 21—36 页。

〔95〕 河南省文物考古研究所:《辉县孟庄》,中州古籍出版社,2003 年。

〔96〕 河南省文物考古研究所、新密市炎黄文化研究会:《河南新密市古城寨龙山文化城址发掘简报》,《华夏考古》2002 年 2 期,第 53—82 页。

〔97〕 河南省文物研究所、郾城县许慎纪念馆:《郾城郝家台遗址的发掘》,《华夏考古》1992 年 3 期,第 62—91 页。

〔98〕 中国社会科学院考古研究所山西工作队:《晋西考古调查报告》,《考古学集刊》第 6集,1989 年,第 1—51 页。

〔99〕 中国社会科学院考古研究所山西工作队、临汾地区文化局:《1978—1980 年山西襄汾陶寺墓地发掘简报》,《考古》1983 年 1 期,第 30—42 页;中国社会科学院考古研究所山西队、山西省考古研究所、临汾市文物局:《陶寺城址发现陶寺文化中期墓葬》,《考古》2003 年 9 期,第 3—6 页;中国社会科学院考古研究所山西队、山西省考古研究所、临汾市文物局:《山西襄汾县陶寺城址祭祀区大型建筑基址 2003 年发掘简报》,《考古》2004 年 7 期,第 9—24 页。

〔100〕 赵春青:《郑洛地区新石器时代聚落的演变》,北京大学出版社,2001 年,第 143—144 页。

〔101〕 韩建业:《中国北方地区新石器时代文化研究》,文物出版社,2003 年,第 258—265 页。

〔102〕 同注〔49〕。

〔103〕 傅斯年:《夷夏东西说》,《庆祝蔡元培先生六十五周岁论文集》,1935 年。

〔104〕 徐旭生:《中国古史的传说时代》,广西师范大学出版社,2003 年。

〔105〕 蒙文通:《古史甄微》,河北教育出版社,1996 年。

〔106〕 苏秉琦、殷玮璋:《关于考古学文化的区系类型问题》,《文物》1981 年 5 期。

〔107〕 同注〔13〕。

〔108〕 同注〔13〕。

〔109〕 同注〔49〕。

〔110〕 浙江省文物考古研究所:《瑶山——良渚遗址群考古报告之一》,文物出版社,2003 年。

〔111〕 张光直:《中国远古时代仪式生活的若干资料》;《仰韶文化的巫觋资料》,《中国考古学论文集》,三联书店,1999 年,第 115—150 页。

〔112〕 关于"绝地天通"的实质是禁止一般巫觋沟通天地的职能而专为己有,学术界看法似乎相当一致。参见徐旭生:《中国古史的传说时代》,广西师范大学出版社,2003 年,第 87—97 页。

〔113〕 《路史后记五》:"元妃西陵氏曰嫘祖,以其始蚕,故有祀先蚕。"

〔114〕 浙江省文物管理委员会:《吴兴钱山漾遗址第一、二次发掘报告》,《考古学报》1960 年 2 期,第 73—91 页。

〔115〕 浙江省文物考古研究所:《河姆渡——新石器时代遗址考古发掘报告》,文物出版社,2003 年。

〔116〕 中国科学院考古研究所内蒙古工作队:《内蒙古巴林左旗富河沟门遗址发掘简报》,《考古》1964 年 1 期。

〔117〕 河南省文物考古研究所:《舞阳贾湖》,科学出版社,1999 年。

〔118〕 山东省文物管理委员会、济南市博物馆:《大汶口——新石器时代墓葬发掘报告》,文物出版社,1974 年。

〔119〕 陈来:《古代宗教与伦理——儒家思想的根源》,三联书店,1996 年,第 74—82 页。

# 第二章　中华文明的肇始——夏

与"禅让制"的五帝时代——龙山时代相比，无论文献记载还是考古发现，夏代——二里头文化时期都发生了重大变化。废"天下为公"而行"天下为家"；变货力不藏于己而为"货力为己"，人们"各亲其亲，各子其子"，私有观念深化了。象征权力和威严的大型宫殿，反映尊卑与贵贱的各类墓葬，表示礼制存在与战争状况的青铜制品等，无不说明国家已经出现，社会已步入文明时代。

## 第一节　夏朝的建立和中原地位的加强

有关夏王朝的最早记载和鲧禹治水的传说　夏王朝的建立和夷夏之争　少康中兴和中原地位的加强　夏王朝的世系和疆域

现知有关夏朝记载的文献资料和古文字资料最早见于周代。比较而言，古文字资料为当时实录，未因后人转抄、诠释、增删等而致误，因而无可置疑。故先看古文字资料。

有以下三件(组)周代青铜器铭文提到禹和夏。

一是春秋齐器叔夷钟，该器铭文在追述成汤的功绩时，称汤"尃受天命，剗伐夏祀，……咸有九州，处禹之堵(土)"。

二是春秋秦器秦公簋和秦公钟等。其中秦公簋铭文颂扬秦之先祖"受天命鼏宅禹迹"，"虩事蛮夏"。秦公钟铭文也有类似内容。

三是北京保利博物馆新近收购的一件西周中期青铜盨[1]，其铭文开篇第

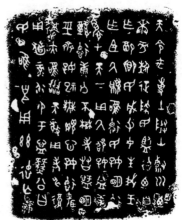

图 2-1　赟公盨及铭文拓片

一句就是："天命禹（敷）土，堕山濬川。"遗憾的是此器来路不明，不知出土于何地。依器形、花纹及铭文特征推知，应属中原姬周文化系统。这是现知有关夏禹的最早的文字资料(图 2-1)。

以上各器铭文的学术意义是多方面的，仅就禹和夏的内容而言有以下三点值得特别注意。

其一，周代对禹和夏存在的认识非常普遍，这由上举数器的出土地点及所属国别、族姓可以看得相当清楚：不仅中原地区的周人或封国有此种认识，而且周王朝最边远地区的封国，如最东边的齐国和最西边的秦国也有此种认识；他们且非同族，有姬姓周人，也有子姓宋人，还有嬴姓秦人。

其二，周代不仅认为禹和夏曾经存在过，而且视禹为英雄的观念也非常普遍。当时把能够"处禹之堵"，宅禹之迹当作是只有顺应天命才能取得的神圣而又辉煌的事业。这种观念至迟在西周中期已经形成。

其三，见于文献记载的古代圣王很多，而在周代铜器铭文中出现最早，数量最多的是夏后禹，上述诸器可以为证。即使在文献中和禹约当齐名，且比禹更晚的商代开国之君成汤也远不能与之相比。周代铜器铭文中有关成汤的记述只有两条。时代均属春秋时期，而且仅限于商族苗裔的宋人。一条是上举叔夷钟，叔夷为侨居齐国的宋人；另一条是 1979 年河南固始县侯古堆一座春秋墓所出宋公䜌盟。宋公䜌即宋景公头曼，他称自己是"天乙唐( 汤 )"之孙。

至于周代其他诸侯国的铜器铭文,还没有发现有关成汤的记述。比较而言,他显然没有像禹那样受到广泛的尊崇。

在周代或略晚的文献资料中,也有不少关于禹和夏的记载,其中有的内容与上述铜器铭文有着惊人的相似之处。如《诗·鲁颂·閟宫》说周之先祖后稷"奄有下土,缵禹之绪";《尚书·立政》载:周公号召周人"其克诘尔戎兵,以陟禹之迹,方行天下"。这说明周人也以"缵禹之绪","陟禹之迹"为奋斗目标。这种观念甚至影响到偏远地区的族姓集团,他们也以能与夏或禹攀上亲缘为荣耀。如地处江南的越人,称其先祖为禹之苗裔,少康庶子所封[2];地处塞北的匈奴亦称其先祖为夏后氏之苗裔[3]。至于夏禹治理山川和"敷土"的记述,在先秦文献中就更多了,说明先秦文献中所记述的夏禹事迹由来已久,并非虚构。由此还可推知,那些未被文字资料证实的有关夏王朝史事的先秦文献记载,也是当时的真实认识,如《古本竹书纪年》《国语》《世本》等文献对夏王朝世系、年数、居邑的记述;《逸周书》《战国策》等对夏王朝大致范围的记述;《尚书》《左传》《古本竹书纪年》《墨子》《荀子》《韩非子》《战国策》等对夏王朝与其他族系集团交往的记述等等。凡此都表明早在周代,人们普遍相信历史上有一个夏王朝。

这种认识长期流传下来,到了汉代司马迁编撰《史记》时,第一个王朝的本纪便是《夏本纪》。《夏本纪》首先以大量的笔墨记述禹的事迹,并且列出了夏代十七王的传承次序,介绍了他们的部分史事。

由于《夏本纪》是最系统的夏史资料,因而成为后人相信夏王朝存在和研究夏代历史的最重要的依据。

汉代以来,人们不仅相信夏代存在,甚至相信在夏代之前还有一个五帝时代。当然,汉代上距夏代已逾千年,即使东周时期,上距夏代也已七八百年。当时所记夏代史事不可能全为夏代实录,可能混杂了夏以后的某些内容。特别是东周时期,学派林立,百家争鸣,关于同一件事的记载往往相互抵牾,让后世学者无所适从。再经此后两千余年的流布,难免不产生更多的谬误,因而不能不引起后人的疑虑而就其真伪予以考辨。这种考辨从晚清以来大盛,然多限于文献本身之真伪的考辨,并未否定夏代的存在[4]。

因此要究明夏的先世即夏王朝立国前的夏世系,需首先确定谁是夏王朝的立国之君。对此，较早的文献记载并不明确，后世学者在分析文献记载之后，提出了两种看法。一种认为禹是夏王朝开国之君，理由颇多。如《古本竹书纪年》在记述三代积年时，于商、周二代分别从汤和武王开始，于夏云"凡夏自禹以至于桀，十七王"[5]，明言夏自禹开始。其他文献在论及夏、商王朝时，亦往往禹、汤并列。又如《史记·夏本纪》开篇第一句就是从"夏禹"讲起，而且有关禹的事迹占《夏本纪》内容八成左右。再如被学术界经常引用的《礼记·礼运》论"大同"与"小康"社会的那段文字，禹和汤、文、武、周公等一样，被列入"大道既隐，天下为家"的"小康"社会中，等等。另一种看法认为夏王朝开国之君是启而不是禹。理由是在文献记载中禹继位和传位的过程与尧、舜相类，属禅让制，并非"天下为家"之始。至于启的即位，按照儒家说法，禹传位给益而非启，是益有意避启，使启以和平方式顺利即位；按照法家说法，启是在与益的武力争夺中获得胜利而即位的。无论哪种说法，禹、启之间都横亘着一个益，启的即位与益的"让"或"争"有关，并不像启以后那样按照世袭制的规则直接继承禹位，因此夏王朝第一代开国之君不是禹而是启，启以来才形成真正的王位世袭。

按照后一种意见，禹是夏先世中最后一世。

由禹上推夏人世次，只有一世，即禹之父鲧，史无异辞，再往上推就不一致了。有些文献称鲧之父为颛顼（《史记·夏本纪》《世本》等）；有的文献则称鲧之五世高祖为颛顼（《汉书·律历志》引《帝系》）；还有的文献称鲧为白马，其祖为黄帝（《山海经·海内经》）。总之，鲧以前的夏先世扑朔迷离，难以确指。

鲧、禹的事迹以治水最为著名，据说当时"十年九潦，而水弗为加益"（《庄子·秋水》），"洪水横流，泛滥于天下"（《孟子·滕文公上》）。帝尧采纳四岳的建议让鲧治理洪水（《书·尧典》），但鲧的治水方法不当，他沿用共工之法，"壅防百川，堕高堙庳"（《国语·周语下》），结果"九载绩用弗成"，多年未能成功，遂被尧（或云舜）殛之于羽山。而后禹承父业，继续治水。禹总结了其父失败的经验，"厘改制量，象物天地"，在共工之玄孙四岳的辅助下，治水取得很大成功："高高下下，疏川导滞。钟水丰物，封崇九山，决汩九川，陂鄣九泽，丰殖九薮，汩越九原，宅居九隩，合通四海"（《国语·周语下》）。司马迁在《史记·夏本纪》中进一步发挥，虽然所言多有夸大敷张之辞，但其中亦可能包含些许历史的真实。

在先秦，有关禹治水的类似传说非常普遍。《诗》云："洪水芒芒，禹敷下土方。"(《商颂·长发》)"丰水东注，维禹之绩。"(《大雅·文王有声》)《论语·泰伯》云："禹卑宫室，而尽力乎沟洫。"《荀子·成相》云："禹有功，抑下鸿，辟除民害逐共工，北决九河，通十二渚，疏三江。"《韩非子·显学》云："昔禹决江浚河，而民聚瓦石。"除《天问》持怀疑态度，发出"洪泉极深，何以填之"的疑问外，各家都颂扬禹治洪水的丰功伟业。《庄子·天下》："墨子称道曰：昔者禹之堙洪水，决江河而通四夷九州也。名川三百，支川三千，小者无数。禹亲自操橐耜而九杂天下之川。腓无胈，胫无毛，沐甚雨，栉疾风，置万国。"颂扬他无私无畏，尽职尽责的高尚美德。以至于有人赞叹"美哉禹功，明德远矣；微禹，吾其鱼乎"(《左传·昭公元年》)。这种观念在西周已经形成，前举"燹公盨"铭文即为明证。

世袭王朝的建立有其发生与形成的过程，启以来所以行世袭制乃历史发展之必然。启生逢其时，成为划时代的转折性人物。

在启之前，即传说之尧、舜、禹时期，所谓"禅让制"已步入尾声，世袭的苗头已经显现。这一时期可谓"禅"与"继"的斗争时期。尧在正式传位于舜之前，曾考虑到是否传位其子丹朱，以为"授舜则天下得其利而丹朱病，授丹朱则天下病而丹朱得其利"。在舜和丹朱之间，在其子得"利"与得"病"之间犹豫彷徨。最后"终不以天下之病而利一人，而卒授舜以天下"(《史记·五帝本纪》)。这"终"与"卒"二字似透露出他下决心授舜不授丹朱的勉强与无奈。

实际上，舜的即位并不顺利，无论文献中哪种记述，丹朱都是他的竞争对手。比如，按照《孟子》的说法，在尧去世之后，舜也考虑到了丹朱的存在和身份，故辟其于南河之南。只因天下诸侯朝觐、讼狱、讴歌者"不之尧之子而之舜"，于是舜才顺应天意，践尧之位(《孟子·万章上》)。舜之所以避让，显然是由于尧与丹朱的父子关系，丹朱或多或少具备一些继承父位的社会基础和条件，舜还有所顾虑，所以采取了高姿态。如果丹朱完全没有继位的态势，也就无需舜做出让位的表示。若按照法家系统，如《古本竹书纪年》的说法，"昔尧德衰，为舜所囚也"，同时还"复偃塞丹朱，使不与父相见也"。在采取宫廷政变手段夺取尧位的同时，还对丹朱严加防范。也说明丹朱在继承尧位上对其构成了威胁。《韩非子·说疑》更把舜逼尧直接视为"人臣弑其君者"，看不出半点"禅让"的和平景象了。总之，无论哪种说法，都表明丹朱已具备一定的继承父位的社会条件,只不过还没有达到实现世袭制的程度。其后舜禅位于禹和禹禅位于益的过程与尧舜之禅相类,也有舜子商均和禹子启是否可以继位的问题。商均的命运与丹朱一样,其时世袭的社会条件仍不成熟。只有到启时,禅让制才走完它最后一段路程,启宣告了它的终结,也宣告了世袭制的开始。

世袭制的建立标志着社会财富和社会权利的集中,标志着贫富、尊卑、高下分层的形成,"各亲其亲,各子其子,货力为己"成为人们处世的共同行为。国君作为天下至尊,其显赫的地位及所拥有的一切自然会受到内部和外部势力的觊觎。启即位不久,即遭到同姓有扈氏的反对。至于来自外族的威胁,纵观有夏一代,最主要的也是最强大的一支就是东方夷人集团。二者的斗争早在夏代初年就开始了,上述与启争位的益就是东方夷人,据传其父为皋陶。按照子夏的说法:"舜有天下,选于众,举皋陶。"(《论语·颜渊》)说明早在舜时,夷人系统的皋陶已是一位了不起的人物。《史记·夏本纪》还说:"帝禹立而举皋陶,荐之,且授政焉,而皋陶卒。"在禹禅位于益之前,曾举皋陶并授之以政,可惜他很快就死了。如果皋陶不死,很可能成为禹的继承人。后来发生益和启"让"或"争"位的事件,当与禹曾授政皋陶有直接关系。益和启都有理由、有实力继承禹位。启所建立的夏王朝就是在与夷人的斗争中诞生的。

刚刚由"禅让"制脱胎而来的世袭制不稳固也很脆弱,统治者缺少应对新世态的措施,亦缺少治国安邦的经验。初建的夏王朝仅传了一代,就被东方夷人推翻,此即著名的"穷寒代夏"。关于这段历史最详细的记载见于《左传·襄公四年》:"昔有夏之方衰也,后羿自钼迁于穷石,因夏民以代夏政。恃其射也,不修民事而淫于原兽。弃武罗、伯因、熊髡、尨圉而用寒浞。寒浞,伯明氏之谗子弟也,伯明后寒弃之,夷羿收之,信而使之,以为己相。浞行媚于内而施赂于外,愚弄其民而虞羿于田,树之诈慝以取其国家,外内咸服,羿犹不悛,将归自田,家众杀而烹之,以食其子。其子不忍食诸,死于穷门。靡奔有鬲氏。浞因羿室,生浇及豷,……少康灭浇于过,后杼灭豷于戈,有穷由是遂亡。"类似的记载还见于《左传·哀公元年》和《史记·吴太伯世家》等文献。有人把"穷寒代夏"视为启、益之争的继续是有一定道理的。

少康复国以后,可能总结了先世亡国的经验,采取了一些治理措施,因而国势稳定,日渐兴盛。此后,诸夷虽时有乖叛,但总的态势是"世服王化,遂宾于王门,献其乐舞"(《后汉书·东夷列传》)。对此,《古本竹书纪年》有片断记述,可见一斑。

后少康即位,方夷来宾。(《后汉书·东夷传》注引)

后芬(或作"槐")即位三年,九夷来御。(《太平御览》卷七八〇注引)

后荒即位,元年,以玄珪宾于河,命九东狩于海。(《北堂书钞》卷八九引)

后泄二十一年,命畎夷、白夷、赤夷、玄夷、风夷、阳夷。(《后汉书·东夷传》注引)

由此可见自从少康中兴以来,在夷夏斗争中夏王朝占绝对优势,夷人几乎一直处在臣服的地位,常常"来御"或"来宾",而夏王则常常"东狩"或"东征"。由于夏王朝正好位于中原地区,夏朝建立后虽然经过一番周折而终于得到巩固与发展,在诸多族系中华夏的势力脱颖而出,中原地区在全国的地位突显出来,从而对往后中华文明的发展具有十分深远的影响。

大约到孔甲时,因孔甲"好方鬼神,事淫乱",故"夏后氏德衰,诸侯畔之"(《史记·夏本纪》),夏王朝开始走向下坡路。此后只有帝发出现过短暂的辉煌,一度"诸夷宾于王门,……诸夷入舞"(《北堂书钞》卷八二引《古本竹书纪年》),恢复了昔日景象。但为时不长,到其子桀时,夏王朝就灭亡了。

中国历史上有明确文献记载的最早的世系是夏王朝世系和与夏同时的商先公世系。详细记载分别见于《史记·夏本纪》和《史记·殷本纪》。大部分商先公已得到甲骨文的证实,可知《殷本纪》所言基本可信,因而推知《夏本纪》所言夏王朝的世系亦具有一定的可靠性。

《史记·夏本纪》云:"夏后帝启,禹之子,其母涂山氏之女也。……夏后帝启崩,子帝太康立,……太康崩,弟中康立,是为帝中康。……中康崩,子帝相立。帝相崩,子帝少康立。帝少康崩,子帝予立。帝予崩,子帝槐立。帝槐崩,子帝芒立。帝芒崩,子帝泄立。帝泄崩,子帝不降立。帝不降崩,弟帝扃立。帝扃崩,子帝廑立。帝廑崩,立帝不降之子孔甲,是为帝孔甲。……孔甲崩,子帝皋立。帝皋崩,子帝发立。帝发崩,子帝履癸立,是为桀。"这段文字可概括为下表:

发→履癸(桀)

若从禹开始,共历14世十七王。其他文献虽没有《夏本纪》这么详细,但有关夏王朝总的世数或王数的记载颇为一致。如《古本竹书纪年》云:"自禹至桀十七世(王)。"《大戴礼记·少间篇》云:"禹崩,十有七世乃有末孙桀即位。"《汉书·律历志》:"伯禹,《帝系》曰,……天下号曰夏后氏,继世十七王。"《国语·周语下》云:"孔甲乱夏,四世而陨。"等等,均相符不悖。只有部分王名在其他文献中写法稍有不同,如予、槐、芒、厪、皋和发,《古本竹书纪年》又作宁(或杼)、芬、荒、胤甲、昊和敬(或发惠)。

这14世十七王的总年数,即夏代积年,文献记载不一,汉晋及其以前主要有三种说法。

其一,471(或472)年说。如前引《古本竹书纪年》云:"自禹至桀十七世(王),有王与无王,用岁四百七十一年。"

其二,431(或432)年说。如前引《汉书·律历志》引《帝系》云:"(夏后氏)继世十七王,四百三十二岁。"

其三,"夏年多殷"说,见《晋书·束皙传》。

第三种"夏年多殷"说似与实际不合,因为文献所记商代积年,最少之数是496年(《古本竹书纪年》)。若夏年比商年还多,那就至少在500年以上。14代人历500余年,则平均每代人不少于35年,恐有失常理。倘商代积年为"五百有余岁"(《孟子·尽心下》)或"载祀六百"(《左传·宣公三年》),那每位夏王在位的年数将要更长,更加不合理。因此,"夏年多殷"说不可信。

前两说实为一说,《古本竹书纪年》"有王与无王"当然是包括了"穷寒代夏"无王一段在内,而《帝系》之说比《纪年》说少了40年,当是减去"无王",即"穷寒代夏"的年代。40年约历两代人,亦与穷寒或仲康、相之两代人相符。故夏代若从禹算起,14世十七王积年471年是可能的。若从启算起,应少于此数。

　　至于夏王朝的起讫年代,则由于商与西周的年代多有争议而难以确定。夏商周断代工程就指出有多种计算方法,暂定为公元前2070年至公元前1600年,与以往一般的比较模糊的说法,即公元前21世纪至公元前16世纪之说比较接近,并没有确实的凭据[6]。

　　对夏王朝疆域的确定,主要依据有二,一是夏代各王的居邑及相关地名,二是族际间的相对位置(图2-2)。

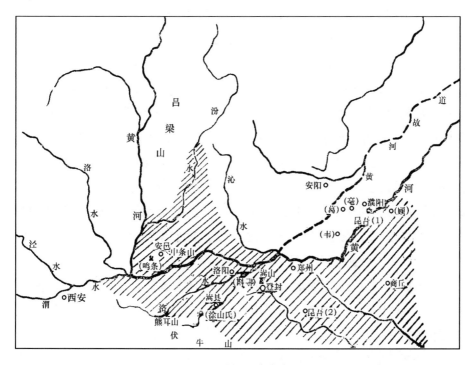

图 2-2　夏人活动地域图

　　见于文献的各王居邑颇多,主要如下:

　　禹之居邑有阳城、平阳、晋阳、安邑、阳翟;太康居邑有斟郭;相之居邑有商丘、帝丘、斟灌;少康居邑有纶;宁(予)之居邑有原、老邱;廑(胤甲)之居邑有西河;桀之居邑有斟郭、安邑。对于这些居邑,前人考证甚多,结论不尽一致。但无论分歧有多大,每处居邑总有一说在河南或山西,而且相对集中于豫西和晋南。因此,学术界普遍认为豫西和晋南是夏王朝的腹心之地。

　　其他与夏相关的地点,除禹涉及九州各地,传说成分太大不足凭信外,其余各地也基本在豫西和晋南。如与启有关的地点西河、钧台、启母石;太康之洛汭;孔甲之东阳萯山;皋之墓郜;桀之鸣条、历山、伊洛等。特别是"夏桀之居",更有明确的四至记载。虽然桀时夏王朝国势式微,疆域未必与此前完全等同,但它仍然是论定夏王朝疆域的主要依据。此即常为大家引录的吴起对魏武侯所说的一段话:"夏桀之居,左河济,右泰华,伊阙在其南,羊肠在其北。"(《史记·孙子吴起列传》)其范围仍以豫西、晋南为主。

还有一些泛称夏地而未与任何一王关联的地域名,如夏墟(《左传·定公四年》)、大夏(《左传·昭公元年》)、有夏之居(《逸周书·度邑解》)、颍川、南阳(《史记·货殖列传》)等,也不出豫西和晋南的范围。

由族际间的相对位置也可推断夏王朝的疆域,这可分两方面考察。其一是同姓族的分布区。因与夏同姓,或为夏之方国,其分布可视为广义的夏王朝的疆域。其二是通过确定异姓族分布地域,进而推断夏王朝的相对位置。

夏之同姓族,《史记·夏本纪》太史公曰:"禹为姒姓,其后分封,用国为姓,故有夏后氏、有扈氏、有男氏、斟鄩氏、彤城氏、褒氏、费氏、杞氏、缯氏、辛氏、冥氏、斟戈氏。"有学者对其分布地域逐一进行考证,认为其总的范围"包括西起华山以东、东达豫东平原、北至黄河北岸、南到南阳盆地方圆千余里的中原地区"[7],这与上述夏王居邑之地相一致。

与夏同时并有交往的异姓族主要是东夷,其次是有仍、有虞等。他们的分布地域"都位于夏王朝东方。其范围北抵黄河,南达淮水,包括了今山东大部,江苏和安徽一部及河南东部的广阔地区"[8]。

至于最终取代夏王朝的商族,与夏王朝的交往甚少,文献所见主要有两个时期,一是禹契之时,一是桀汤之时。

史传禹和契同时,均任职于尧、舜。禹为司空,契为司徒(《史记·五帝本纪》)。"契长而佐禹治水有功"(《史记·殷本纪》),显属传说,很难置信。桀与汤彼此关系的记载较多,其内容主要是汤伐桀及夏亡商兴。其中汤伐夏的路线就反映了夏亡前夕夏商两族的位置。成汤所都之亳及灭夏前先行伐灭的葛、韦、顾、昆吾等夏的与国,均在河南东部。相对而言,夏桀之国在豫西、晋南更近情理。

总之,各方面材料证明河南西部和山西南部是夏王朝的主要占有地。

# 第二节　夏文化的考古学探索

夏文化的考古学探索　二里头文化的发现与主要特征　为什么说二里头文化是夏文化

20 世纪初叶,甲骨文的破译和近代考古学的引进为历史研究注入了新的活力,开辟了新的途径。《史记·殷本纪》所见商先公先王大部分在甲骨文中被认定,使人们意识到《史记·夏本纪》的内容也不会全为子虚乌有,与商先公同时的夏王朝应该是存在的。自从王国维最先揭破这一道理之后,不少人相信"地下之材料"与"纸上之材料"的结合将会获得意想不到的成果。商史的突破性进展如此,夏史也有这种可能。

20 世纪50—60 年代,中原地区自仰韶文化以来考古学文化编年基本建立,即仰韶文化之后依次是中原龙山文化、洛达庙类型文化(后改称为二里头文化)、二里岗期商文化和殷墟时期商文化等等。于是人们把夏文化的研究对象锁定在龙山文化和洛达庙类型文化范围之内,分别出现了山东龙山文化[9]、河南龙山文化和洛达庙类型文化可能是夏文化的不同看法[10]。这些看法的提出者多为历史学家。随着考古材料的丰富和认识的深化,考古学界亦把夏文化探索提上日程,1959 年徐旭生的"夏墟"调查便是考古学界主动探索夏文化的开始[11]。从此以后,在夏文化探索的舞台上,考古学家一直扮演着主要角色。

徐旭生的"夏墟"调查中最看重的是位于河南省偃师县二里头遗址。但当时并未认识它属于夏墟的可能性,却初步认为它很可能是成汤西亳的遗址。在该遗址采集到的遗物,与当时被部分学者视为早商文化的"洛达庙类型文化"的遗物相同,而早商又恰与亳都年代相合,这无疑是非常重要的线索。晚商都城殷墟的发掘成果已震撼学术界,若早商都城——成汤亳都被确定,其发掘成果及学术意义亦可想而知,而且成汤时期的早商文化已紧临夏文化的门槛。二里头遗址对考古学家产生了巨大的诱惑。有鉴于此,调查的当年秋天就开始了对该遗址的发掘。初次发掘就把所获遗物划分为早、中、晚三期[12]，次年又发现属于晚期的一号大型宫殿基址[13]。因三期之长具备作为亳都的时间条件；一号基址的规模亦符合王室标准。故在 60 年代，学术界普遍认为二里头遗址是成汤所都西亳，二里头文化是早商文化；郑州二里岗文化时期的商城是仲丁隞都，二里岗文化是中商文化。虽然因一号宫殿基址属二里头文化晚期，有人曾论证汤都应从晚期开始，早、中期属汤以前夏文化或先商文化[14]，但未引起学术界重视，未能展开讨论。1974 年，在二里头文化晚期之后又增补一期——第四期[15]，原早、中、晚三期改称为一、二、三期。至此，二里头文化与二里岗文化前后紧密相衔。既然属第三期的一号宫殿基址被普遍视为成汤都亳的证据，那么早于成汤的一、二期到底属夏文化，还是属先商文化就不能不予以考虑。约从 1974 年开始，这一问题才再次引起学者们关注，重新就亳以来早商文化与夏文化的区分发表意见，或重复已有之说，定二里头遗址三期（原晚期）为亳都，为早商文化之始，其前为夏文化[16]；或认为二里头遗址二期为早商文化之始，一期为夏文化[17]。无论哪种意见，二里头遗址为亳都，二里头文化可一分为二，前段为夏，后段为商是共识。由于二里头文化前段年数较短，不足夏代年数，因此，他若属夏文化也只能是晚期夏文化，更早的夏文化有可能是稍早于它的河南龙山文化。出于进一步探寻早期夏文化的目的，考古工作者在传说为禹都之阳城——今登封一带展开了调查和发掘。1977 年在告成镇王城岗发掘出一座龙山时期小城堡，同时还在该龙山城堡之东约 700 米处发掘了东周阳城古城，并在后一古城获得很多戳印有"阳城仓器"等字样的东周陶器残件[18]，充分证明该城确为东周阳城。这一发现也为推断禹都阳城提供了新的依据，因而王城岗龙山城堡被不少学者视为禹都，河南龙山文化晚期被定为早期夏文化。这一结论与已得到普遍认同的二里头文化早段为晚期夏文化，晚期为早商文化，二里岗文化为中商文化的排序恰相一致。然而 1977 年冬在河南登封召开的河南登封告成遗址发掘现场会上，邹衡先生发表了与众不同的看法，认为郑州商城才是成汤亳都，二里岗文化是早商文化，二里头文化一至四期均为夏文化[19]。这一出人意料的观点使基本统一的结论受到挑战，因而也引发了一场围绕亳都和夏商文化分界问题的激烈论争，使夏文化探讨进入一个新的阶段。

20 世纪 80 年代初在考古学发现上有一项重要的突破,就是偃师商城的发现[20]。该城时代与郑州商城相当,亦属二里岗文化时期,其规模约 200 万平方米,在当时已知的商城中仅次于郑州商城。其位置恰在偃师,但偏离二里头遗址 6 公里。它的发现迫使争论双方必须重新审视各自的认识体系,给偃师商城一个合理的解释。

二里头遗址西亳说的部分学者放弃旧说,认为偃师商城才是汤都西亳,二里头遗址是桀都斟鄩,夏、商分界划在二里头文化三、四期之间,此可谓新西亳说[21];另一部分学者坚持旧说,但对偃师商城的解释并不相同,或认为西亳先在二里头遗址,嗣后迁于偃师商城, 二者都属早商亳都[22];或认为偃师商城是大戊在"旧亳邑东北"所建的新都[23];或认为偃师商城与二里头遗址晚期同时,同为西亳的有机组成部分[24];或认为偃师商城为盘庚所都之殷[25]。旧西亳说对夏、商分界的看法分歧甚大。

郑州商城亳都说对偃师商城的解释也不完全一致。或认为是太甲所放处之桐宫,为早商时期商王之离宫所在[26];或认为是成汤灭夏后所建的一座重镇,也可称之为商王朝的别都[27];或认为偃师商城和郑州商城都为成汤所建之亳都,为中国最早的"两京制"[28]。虽如此,郑亳说都认为两座商城都属二里岗早商时期,二里头文化一至四期为夏文化。

近年来偃师商城和郑州商城都进行了大规模发掘,获得大量新的资料。对进一步认识两座商城的年代,深入探讨夏文化起到了推动作用。西亳说的不少学者已转而同意郑亳说二里头文化一至四期为夏文化,二里岗文化为早商文化的看法。至于夏文化的上限是否包括一部分龙山文化,看法仍不一致,有待继续探讨。

1953 年,考古工作者在河南省登封县玉村遗址采集到一批陶器[29]。在当时,中原地区经过考古发掘的遗址寥寥无几,经过比较,发现玉村的陶器既不同于河南龙山文化陶器,也与郑州二里岗商文化陶器有别。它们究竟属何种文化,相当于何时,一时难以裁断。不久,在郑州洛达庙和洛阳东干沟等遗址的发掘中,分别出土了大量与玉村陶器相同的器物。两遗址的地层证明,玉村一类文化遗存晚于河南龙山文化,早于二里岗期商文化,于是将其暂时命名为"洛达庙类型文化"。1959 年,河南省偃师县二里头遗址开始发掘,所出遗物与"洛达庙类型文化"相同,而且该遗址比洛达庙等遗址更丰富,更典型,不久遂正式命名为"二里头文化"。

二里头文化共分4期,据碳14测年得知,其年代相当于公元前20世纪至前16世纪,属夏王朝时期。

该文化遗址已发现近百处,分布范围西起陕西东部,东至河南商丘,北不逾山西南部霍太山,南可抵湖北北部。在同时期诸考古学文化中,位居中原,范围最大。其中豫西和晋南所见遗址最为密集,是二里头文化的分布中心。这与前述文献记载的夏人的主要活动地域恰好相符。在二里头文化分布范围内,各地区的特征小有区别,可划分为若干类型,目前得到学术界公认的类型有两个,一是东下冯类型,分布在晋南地区;一是二里头类型,分布在豫西地区。至于其他地区,因材料零碎,虽有学者予以划分并命名了类型,但未成定论。

二里头文化发现的文化遗存相当丰富,所体现的社会分层亦非常明显。既有前所未见的大型宫殿式建筑基址,也有中、小型地面房基,还有陷入地下的半地穴、地穴或窑洞式房屋。前者大的近万平方米,如二里头遗址一号宫殿建筑[30](图2-3)。这是一座以夯土台基为底座的大型建筑,底座高出当时地表0.8米,平面近方形,长、宽各约100米,其规模比所谓禹都阳城之王城岗龙山城址还大。在整个新石器时代遗址中都未见过,即使与后来的商和西周相比,逾万平方米的大型建筑现仅见于近年发现的安阳洹北商城中,在殷墟小屯的晚商宫殿建筑中,任何一座都没有这么大。二里头遗址一号建筑的布局与结构亦开创了后世大型宫殿式建筑的先河,四周有高耸的围墙,围墙内外设回廊。大门开在南墙中部,由三个门道和四个门塾组成,这与后代多门道的宫室建筑颇为相似。进门之后是一个南北长70米,东西宽80米的广阔庭院,可容纳上千人。庭院正北是高大的主体殿堂,此殿堂建在一个比庭院更高的夯土台基上,东西长36米,南北宽25米,为一四周有回廊的"四阿"式庑殿顶宫殿。整个建筑气势宏伟,巍巍壮观,象征着权力、地位和威严。在二里头遗址,与一号建筑相类似的大型建筑还有多座,他们组成一个规模宏大的建筑群,外面有宫墙环绕(图2-4)。如果说安阳小屯的宫殿建筑是商代后期都城——殷都之王宫所在,那么二里头遗址的宫殿建筑为夏代都城之王宫所在也就毫无疑问了。

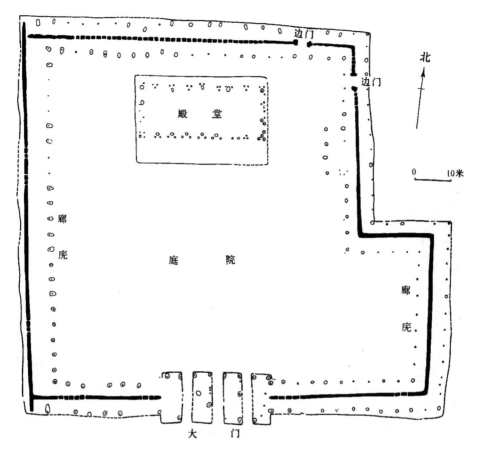

图2-3　二里头一号宫殿基址平面图

　　与大型宫殿建筑形成鲜明对照的是在二里头文化中还存在更多的地穴式或半地穴式房屋,面积最小的只有数平方米,昏暗阴湿,勉强可供二三人栖息。房屋建筑所反映的社会等级差别十分显著。这种差别在二里头文化已发掘的墓葬中也能看到,虽然属宫殿主人们的大型墓葬尚未发现,但已能看出明显的等级差别。有的不仅随葬青铜礼器和兵器,还葬有精美的玉器及其他装饰品,人体上下铺撒厚厚一层朱砂,甚至还有殉人。而有的则无任何随葬品,狭小的墓坑仅能容身。还有的被断手刖足或砍头,弃之于废毁的坎穴之中。高下贵贱,等次分明。

　　青铜器是中华文明早期阶段的重要标志之一。二里头文化的青铜铸造

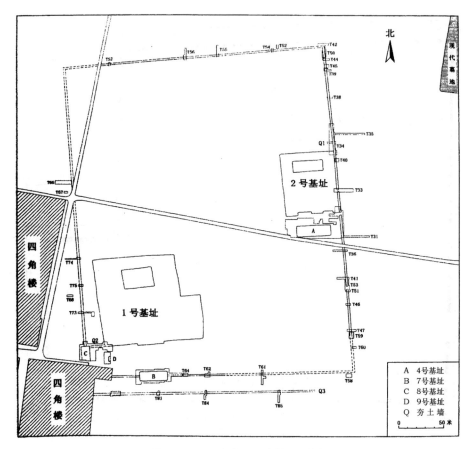

图2-4 二里头中心区宫城平面图

业已具有一定规模,仅二里头遗址所发现的青铜器,其种类之多几乎包括了中国青铜时代最主要的类别。既有具礼器性质的容器,如鼎、爵、斝、盉等(图2-5);也有用于战争的兵器和各类生产工具,前者有戈、钺、戚、镞等(图2-6),后者有锛、凿、钻、锥、刀和鱼钩等;还有各种镶嵌绿松石的铜牌和可能属乐器的铜铃(彩图3)。像青铜器这类高级物品,绝大部分出自墓葬,是各级贵族的随葬品。如上所述,目前发掘到的二里头文化墓葬规模都不大,最大一墓(ⅢKM2)长2.9,宽2.07 米[31]。比龙山时代的大墓小得多[32],显属中、小贵族一级墓葬。而身份更高的大型墓尚埋在地下,若这类大墓未遭盗扰,其规模之大、葬品之丰应远远超过现有的认识。

在二里头遗址发现一处铸铜作坊遗存,范围约一万平方米,属二里头文化

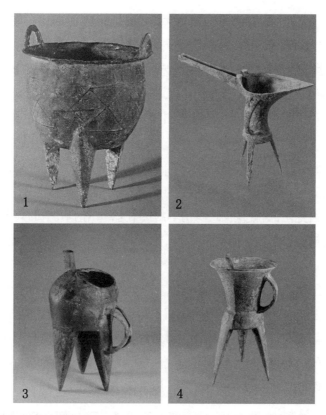

图 2-5　二里头文化青铜礼器

（1. 鼎，2. 爵，3. 盉，4. 斝）

图 2-6　二里头文化青铜兵器(上:戚,中、下:戈)

第二至第四期,前后延续使用约三百年之久,是我国现知最早的一处铸铜作坊[33]。作坊内发现有多座操作间,铸铜器具有各种形式的坩埚、炉壁和陶范。由这些陶范所铸造的许多器物迄今尚未发现,但依陶范可推知其所铸器物种类多样,其中不少造型奇特,形体较大,部分还有精美的花纹。若与二里头遗址已发现的青铜器实物相比,显得更加华丽精美。它们中肯定有一部分尚埋在那些还未发现的大型墓葬中。

视二里头文化为青铜时代,龙山文化为铜石并用时代的理由,除二者青铜器种类和数量相差甚远之外,更重要的是青铜器的使用功能在二里头文化时期发生了重大变化,这就是反映身份等级的礼器和用于战争的兵器突现出来。它们已经超越了日常生活所需的范畴,更多地被用来充作维护社会等级与秩序的工具。

礼器的出现不仅表现在青铜器上,在其他材质的器物上也有体现,如玉石器中的戈、钺、圭、璋、琮和柄形器等(图2-7);漆器和陶器中的觚、爵、盉等。这些器物一般都出在规格较高的墓葬中,部分器物还往往以组合形式相伴共存,如不同材质的爵与盉即是,类似于商代的觚、爵、斝与周代的鼎、簋组合。二里头文化已发现的各种材质的礼器在商、周二代仍然沿用。

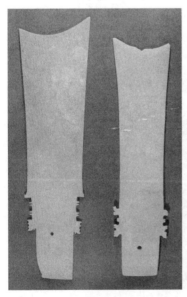

图2-7　二里头遗址出土的玉礼器(左:牙璋,右:钺)

在中华早期文明中,礼制是一大特色,其主要载体就是各种礼器,它不仅象征富有,而且是别等级,明贵贱,维护人际次序,保护社会权力的工具。由此可见,二里头文化是三代礼制形成的开始。

## 第三节　夏朝的社会与文化

夏代的制作　农事与历法　社会与文化

先秦文献中有一些关于夏代制作方面的记载,主要涉及宫室、车舆、铜玉礼器和兵器等方面。

"宫室"的出现与文明的产生和形成密切相关。如上所述,在二里头文化中就有规模宏大的宫殿式建筑。《世本》云:"禹作宫室。"到夏桀时,更"作倾宫、瑶台"(《古本竹书纪年》),"为琼室玉门"(《晏子春秋·谏下》)。这些都说明夏代已有了大型宫室建筑。至于大型宫室建筑的出现时间,或稍早于夏代。《淮南子·修务》就说"舜作室,筑墙茨屋,辟地树谷,令民皆知去岩穴,各有家室",似乎在舜之前,还没有大型宫室建筑存在。约在舜禹之时,大型宫室建筑才开始出现,这些记载与考古发现基本吻合。

在中国古代早期文明阶段的诸多制品中,车舆是反映当时科技与制作水平最高的代表性器物。据《周礼·考工记》所言,车舆的制作最为复杂,涉及攻木之工、攻金之工、攻皮之工和设色之工等多项手工业技术,即所谓"一器而工聚者,车为多"。《吕氏春秋》更把车舆的发明与文字、城邑和耕稼的发明相提并论[34]。可见车舆在古人心目中的重要地位。至于车舆的发明时间,在文献中最主要一种说法是夏代,并说它的发明者是一个名叫奚仲的人,此人还做过夏王朝的车正。如《左传·定公元年》云:"薛之皇祖奚仲,居薛,以为夏车正。"《世本》和《吕氏春秋》等文献亦说"奚仲作车"。目前,虽在二里头文化时期还未发现实物车,但在二里岗文化早商阶段已发现了轮痕,见于河南偃师商城。由此推想,车舆发明于夏代是完全可能的,文献所言当有一定的依据[35]。

至于青铜器的铸造,文献记载较多。《墨子·耕柱》说"昔者夏后开,使蜚廉折金于山川,而陶铸之于昆吾",所铸之鼎"三(四)足而方",用之"祭于昆吾之墟",后来又被商、周二代继承。类似的说法也见于其他文献,如《左传·宣公三年》记王孙满答楚子问鼎云:"在德不在鼎。昔夏之方有德也,远方图物,贡金九牧,铸鼎象物。"后因"桀有昏德,鼎迁于商",等等。《越绝书》还说夏人"以铜为兵",在所铸铜器中包括有兵器,时代有别于其前以玉石为兵的历史阶段。由这些记载可知,夏人铸造铜器之说在东周时期已非常流行,而且尤其强调两类器物,一是鼎,一是兵器。

夏人既已掌握铸铜技术,当然不限于仅铸造这两类器物,鼎与兵器所以被重视,实与他们在维护社会秩序中所起的作用有关。鼎是政权和等级的象征,在礼器中居首要地位,故有三代传迁,楚子问其大小轻重之事;兵器则是维护政权和等级制度的工具,属"国之大事"的重要组成部分。直到周代这两类器物仍被视为铜器中最重要的器物,其根源则产生于夏代。在二里头文化中,以青铜鼎为代表的礼器和"国之大事"必具的兵器都有发现。

其他生产与生活领域物品的制作,夏代多承袭着传统的工艺。农业生产工具依然使用着古老的石器、木器、骨器和蚌器等,形态也没有太大的变化。铜质农业生产工具还未发现。人们的日常生活用器仍以陶器为主,或辅以漆木器。

如果把夏代的所有器用分为创新和承旧两大类,就会发现创新类均属社会进一步等级化的产物,雄伟的宫殿,精美的青铜器和车舆等,无不是只有极少数权贵才能拥有的财富。

在二里头文化时期,除传统的手工业门类外,技术含量更高的青铜铸造业已相当成熟。这些专门化的生产行业,需要大批经验丰富的手工业生产者,这表明农业已相当发达,粮食有了一定剩余。酒器的大量发现也是粮食剩余的最好说明。二里头文化中、小贵族墓葬中,成套相伴出现的主要器物是酒器爵与盉,其性质有如商代的觚、爵、斝。以酒器为礼器,作为别身份、明贵贱的器物,可见酒器是倍受重视的,饮酒之风在夏代已相当盛行。

农业产量何以提高,就考古材料来看,并非在于生产工具的改进,二里头文化时期的农业生产工具与龙山时代相比没有太大变化,仍以石、骨、蚌和木质农具为主。器类主要有铲、刀、镰等。农业产量提高的主要原因可能是耕作技术与田间管理水平的提高,也可能与季节的把握、种子的优选和水利灌溉有关。据与夏代有关的文献——《夏小正》所言:正月"农纬厥耒",三月"祈麦实";五月初昏大火中,"种黍、菽、糜,时也"等等,都是按照季节安排的农事活动。孔子盛赞禹功,其中之一是"卑宫室而尽力乎沟洫"(《论语·泰伯》),把农田灌溉看得非常重要。也许夏代以沟洫之法灌溉农田已相当普遍。

农事与天文历法有着密切的关系,依文献记载,夏代已经有了比较成熟的历法,而且与商、周二代历法有所不同。直到东周时期,夏代历法仍与殷历、周历同时流行。春秋晋国铜器栾书缶铭文"正月季春"就是明证。比较而言,夏历在与自然界诸多方面变化的结合上更密切,尤其方便于农事。所以《左传·昭公十七年》云:"夏数得天。"《论语·卫灵公》载:孔子在回答颜渊问治国之道时,特别强调要"行夏之时",其重要程度与"乘殷之辂,服周之冕,乐则韶舞。放郑声,远佞人"一样。此所谓"夏之时",应即孔子到杞国进行"夏道"考察时得到的《夏时》(《礼记·礼运》),后被司马迁称为《夏小正》[36]。

实际上,夏历对农业生产来说,确实优于殷历和周历。它以冬至后第三个月为岁首(建寅),此时万物复苏,大地回春,作为一年的开始更方便于农事。

据东周与汉代文献的记述,夏代已经是文明程度相当高的社会。国家建立,礼制形成,有着自己的政治、文化和习俗,夏亡之后,在夏遗民集聚的部分地区一直传承不息,不同程度地沿用到周代,被称为"夏政",与商代形成的"商政"有所不同(《左传·定公四年》)。

《尚书·甘誓》记夏后启讨伐有扈氏的誓辞云:"用命赏于祖,弗用命戮于社。""祖"即宗庙,它与社同是国家的象征。二里头遗址一号或二号大型宫殿式建筑分别被一些学者解释为宗庙是有一定道理的。高大雄伟的殿堂和它前面可容纳逾千人的广阔庭院表明,它们肯定是举行重大礼仪活动的场所。在二号建筑的庭院中部偏北,与主体殿堂正中相对处有一直径近三米的"烧土坑",这很可能与燎祭有关。

有国家就有军队,战争亦不可避免。国王就是最高军事首领。文献中看到的夏与外族的战争,有关这方面的记载为数不少。

禹征有苗。(《墨子·兼爱》《墨子·非攻》)
禹攻曹、魏、屈骜、有扈,以行其教。(《吕氏春秋·召类》)

有扈氏不服,启伐之,大战于甘。(《史记·夏本纪》,类似内容又见《吕氏春秋·先己》)

启征西河。(《古本竹书纪年》)

后相即位,二年,征黄夷。(同上)

不降即位,六年,伐九苑。(同上)

桀伐岷山。(同上)

至于军队的规模有多大,无法得知。依《左传·哀公元年》之说,流亡中的少康尚"有众一旅"。据汉人许慎解释"军之五百人为旅"(《说文》),倘少康之旅如此,说明他在流亡时,仍拥有一支五百人的小型军队。

为维护国家政权,在御外的同时,还要采取一系列安内的措施。

上述考古材料表明,尊卑贵贱之分的等级制度已经形成。《古本竹书纪年》云:"帝泄二十一年,加畎夷等爵命。"这应该是对这种等级制的部分描述。夏代已有刑法。《左传·襄公二十六年》引《夏书》云:"与其杀不辜,宁失不经。"昭公元年云:"夏有乱政,而作禹刑。"《史记·夏本纪》也说:"皋陶于是敬禹之德,令民皆则禹。不如言,刑从之。"《左传·昭公十四年》又引《夏书》说:皋陶之刑有"昏、墨、贼、杀"数种。在二里头文化所见的那些被断手刖足、身首异处的尸骨中,有的应该是施刑的结果。夏代可能有了贡赋制度,《孟子·滕文公上》云:"夏后氏五十而贡。"《左传·宣公三年》云:"昔夏之方有德也,远方图物,贡金九牧,铸鼎象物……"哀公七年云:"禹合诸侯于涂山,执玉帛者万国。"《史记·夏本纪》太史公云:"自虞、夏时,贡赋备矣。"讲得非常具体。

夏代有自己的崇尚和信仰。《国语·鲁语上》:"夏后氏禘黄帝而祖颛顼,郊鲧而宗禹。"《礼记·檀弓》:"夏后氏尚黑,大事敛用昏,戎事乘骊,牲用玄。"《论语·八佾》记鲁哀公问社于宰我,宰我对曰:"夏后氏以松,殷人以柏,周人以栗。"

夏代还有了自己的文化艺术,音乐与舞蹈即其中之一。《楚辞·离骚》云:"启九辩与九歌兮,夏康娱以自纵。"《天问》也说:"启棘宾商(帝),九辩九歌。"二里头文化发现的石磬、铜铃、陶埙和陶鼓模型就属于乐器(图2-8)。这些器物大都始见于龙山时代[37],到二里头文化时有了进一步的发展。

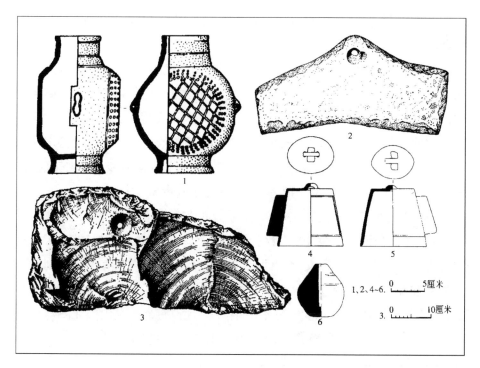

图 2-8　二里头文化乐器

（1. 陶鼓模型，2、3. 石磬，4、5. 铜铃，6. 陶埙
引自《中国考古学·夏商卷》第 131 页）

## 第四节　夏朝周边的青铜文化

夏王朝周边的各族及其文化　东夷文化和先商文化　夏家店下层文化
齐家文化和四坝文化　长江流域的青铜文化

夏王朝的兴起既是中华文明的开始，也是中国青铜时代的开始。夏王朝的疆域虽然主要限于河南西部和山西南部，但影响所及则达到了更大的范围。从考古学文化上来看，不仅二里头文化已经是初步发达的青铜文化，其周邻地区的许多考古学文化也有多少不等的青铜器出土。与各自当地龙山文化相比，文化面貌都不同程度地发生了变化，与二里头文化共同构成一新的时代。

从社会发展状况来看,有的显然已经进入文明社会,有的则即将进入文明
社会。

属于这个时代的青铜文化,在黄河下游,即二里头文化之东,有漳河型先
商文化和东夷的岳石文化;在长江流域有马桥文化、点将台文化和斗鸡台文
化;在北方有夏家店下层文化、东太堡文化和朱开沟文化。西部地区文化谱系
复杂,本阶段考古学文化大部分地区尚未确定,现知有四坝文化等。因地域和
文化传统的不同,这些文化未必与二里头文化的兴衰完全同步。一般来说,相
距愈远,不同步的差距愈大,相距愈近,愈接近于同步。

岳石文化西与二里头文化相邻,主要分布在山东省及其邻近地区。由于
岳石文化发现早而认识晚,1981年才予命名[38],发表的系统资料较少,因此对
它的认识还很有限。岳石文化的面貌,各地较为一致。它具有一套有别于其
他文化的陶器群,如夹砂陶多为褐色,泥质陶多为灰色,大部为手制。素面为
主,凸棱饰发达,还有少量彩绘陶,但制作工艺远没有当地龙山文化陶器精美
(图2-9)。石器中也有独特者,如半月形双孔石刀,体较厚重的穿有长方孔的

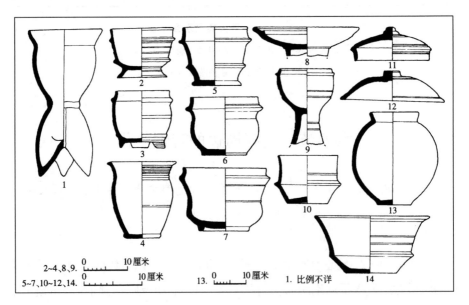

图2-9 夏朝东方岳石文化的陶器

(1. 甗, 2、5—7. 尊, 3. 三足器, 4、13. 罐, 8、9. 豆, 10. 盒,

11、12. 盖, 14. 双腹盆 引自《中国考古学·夏商卷》第450页)

长方形石铲。此二者均属农业生产工具。若连同其他石质农业工具一起与龙山文化同类器物相比,石器中的农业生产工具较龙山文化有明显增长。青铜器在该文化分布范围内有多处发现,但数量不多,且限于手工工具、兵器(镞)和装饰品,这当与考古工作的局限有关。目前已发掘的岳石文化遗址,几乎全属居住址,大、中型墓葬还未发现,即使小型墓亦发掘极少。青铜器不像石、骨、蚌器,破损后即可丢弃不用,在居住址中难得见到,所见只能是一些不慎遗失的小体器物,如手工工具和镞等。既然多处遗址发现有小体青铜器,说明青铜器的铸造比较普遍和发达,在大、中型墓葬中应该有更多的青铜器存在。岳石文化应属青铜文化,整个社会发展水平与二里头文化相当。

若从文化分布上与龙山时代相比,可以明显看出,在龙山时代属于河南龙山文化分布范围的豫东和鲁西南一带,到二里头文化阶段不属二里头文化而属岳石文化了。这种进退与消长的变化似可表明,夏代的东方夷人集团较其以前更加强大,随着今后考古工作的开展,这将得到充分证明。

据文献记载,有夏一代,与夏王朝关系最为密切的是东方夷人集团,其著名的领袖人物如皋陶、伯益、后羿、寒浞等都是夏初显赫一时的英雄,甚至一度取代夏王朝,入主中原。少康复国以后,夷人集团中虽再未出现上述一类人物,但一直兴盛不衰,与夏王朝时战时和,成为夏王朝外部的主要对手。其所属考古学文化,无论时间、地域都与岳石文化吻合。

漳河型文化主要分布在太行山东麓,今河北省中南部[39],与二里头文化和岳石文化相邻而范围略小。三者以河南东部为界,呈鼎足之势分布,在黄河中下游构成一种新的格局。与二里头文化和岳石文化相比,漳河型文化的考古工作开展较少,发掘内涵仅限于居住址,且地点无几。虽如此,所获遗物却较丰富,其中包括多件青铜工具。其陶器特征既不同于二里头文化,也有别于岳石文化,部分因素与太行山以西,分布于今山西中北部的东太堡文化接近,还有些因素透露出少许北方青铜文化的气息。如炊器以鬲、甗为主,蛋形三足瓮发达等。石器中多见石镰、有肩石斧等,而且部分石器为打制。

关于漳河型文化的属性,20世纪90年代以前主要有两种看法,一种认为属二里头文化的一个地方类型[40],另一种认为是二里岗商文化的主要源头,为先商文化[41]。近年来,随着讨论的不断深入,后一种意见得到了普遍的认同。然而,这一由考古学资料得出的结论与长期以来史学界几成定论的看法并不完全吻合。约自晚清以来,史学界普遍认为商族发祥于东方,属东夷集团,其分布范围包括渤海湾周围广大地区,以今山东、河北和辽宁为主。其中鲁西南和豫东是其中心活动地域。可这一广大地区存在的考古学文化并不单一,现知至少包括三种,即岳石文化、漳河型文化和夏家店下层文化。

考文献与文字资料,商先公世系清楚,且大部分得到甲骨文的证实。就这一点而言,商先公存在的可能性远大于夏人与夷人,将其笼而统之划归为东夷集团是不妥当的。而且这时的商人已相当强大了,商先公早期有所谓"相土烈烈,海外有截"(《诗·商颂·长发》)的记载;中期有王亥父子与有易氏发生冲突,最后以杀有易之君绵臣灭有易而告终的记述[42],到商汤时"十一征而无敌于天下"(《孟子·滕文公下》)。以往之所以把鲁西南和豫东定为商先公主要活动地域,依据是商先公的所谓"八迁之地"多被推定在这一地区。如王国维认为契所居之蕃在今山东滕县;昭明和相土等所居之商或商丘在今豫东商丘,成汤之亳在今山东曹州等。其实"八迁之地"在河北省中南部都可以找到线索,丁山就认为契之蕃不在山东应在今河北平山;关于昭明之居砥石王国维无考,在豫东和鲁西南毫无踪迹可寻。丁山认为在河北邢台与石家庄之间,砥石为砥水和石济水的合称。此说已得到西周早期青铜器铭文的进一步证明[43]。至于商地,亦有漳水流域之说,等等。商先公时期的族际关系也表明,与商族关系密切的部族亦多见于今河北或其附近,如契母名简狄,为有娀氏之女,狄与戎本属北方部族。再如王亥父子与有易氏发生冲突,假河伯之师伐之的故事。一般认为有易氏之名与易水有关,而最著名的易水即今河北易县之易水;最著名的河伯即西门豹所治的漳河的河伯,此二者均在河北境内。可知商先公之居地当不会距他们很远。

总之,结合文献、文字材料的研究,可以认为漳河型文化就是先商文化。由此可知,在夏代,黄河中下游有夷、夏、商三大集团同时并存。

夏家店下层文化[44]南与漳河型先商文化比邻,北达西拉木伦河流域,分布范围包括今河北北部(含京津地区)、辽宁西部和内蒙古一部,地域之广与同时期二里头文化、岳石文化相当,是现知北方地区夏时期分布最广,文化面貌最清楚的一种考古学文化。夏家店下层文化既发现有大批居址,也发现有大量墓葬。加之其所在地理位置特殊，即恰属北方农牧交接地带，故其文化内涵较之同时期其他诸考古学文化更显得丰富多彩。夏家店下层文化已有多处遗址发现青铜器，器物种类不限于手工工具，而且还有兵器和装饰品。依大甸子所出铜杖首等器物的特征来看，当时已掌握了内范与外范结合的铸造技术，很可能已会铸造青铜容器。现有的材料表明，他是北方地区最早的一种青铜文化。

在陶器制作方面，夏家店下层文化与当地此前的新石器时代相比，也发生了很大变化，尤其在燕山以北，一改以往各时期文化以筒腹罐为典型器物的传统，而大量使用鬲、甗等器（彩图4），这种变化显然有着深刻的历史背景。鬲和甗本是燕山以南和以西广大地区自新石器时代晚期以来普遍流行的器物。若再注意一下夏家店下层文化发现的大量制作精美，特征与二里头文化相同并具有礼器性质的鬶、盉、爵等器，以及发达的铸铜技术，就不难想到该文化与黄河中下游地区的联系远较此前密切和明显。其他器物，有些与高台山文化、双陀子二期文化，甚至岳石文化有关；有些则与北方草原地区古文化相似。在夏家店下层文化遗址中，流行石砌或土筑围墙，有的还在围墙外挖有环壕。还常见可能与祭祀有关的石圆圈、石堆等。部分房屋喜用土坯和石块建造。这些特点在中原二里头文化和漳河型文化中还未见到，颇具地方特色。

综观夏家店下层文化全貌，其文明程度似不比二里头文化逊色多少。有关该文化的族属，因对其历史时代判断不一，结论亦颇多分歧。或谓肃慎，或谓孤竹，或谓有易，或谓先商等等。无论何者，他显然是夏代北方地区一支强大的社会集团。

由夏家店下层文化往西，还有另外两种考古学文化。一种偏北，分布在河套周围，为朱开沟文化；一种偏南，主要分布在山西中、北部，被称为光社文化或东太堡文化。这两种文化的考古材料还不大丰富，但也是北方地区夏时期重要的考古学文化。

上述几种文化虽已进入青铜时代，但并不是发现青铜器最早最多的青铜文化。即使二里头文化所见青铜器，大部分属于其晚期，即第三、四期，而其早期——第一、二期发现并不多。至于更早的青铜器在黄河中下游发现就更少了。现知青铜器发现最早最多的考古学文化在甘肃一带，属齐家文化和四坝文化。

　　齐家文化和四坝文化东西比邻,前者主要分布在甘肃东部及其邻近地区,后者主要分布在河西走廊一带。这是两支特殊的考古学文化。齐家文化颇流行成年男女合葬墓,多为一男一女,个别为一男二女。往往男子仰身,女子侧身面向男子。这类合葬墓为一次埋入,女子当为殉葬的"从死"者,显然是男尊女卑的真实体现。四坝文化则流行乱骨葬,有的还有积石,墓葬规模有大小之别,葬品数量有多少之分。据研究,齐家文化的年代,其早期阶段与中原龙山文化时代晚期同时;其晚期阶段进入二里头文化时期,约与二里头文化早期相当[45]。无论其早期还是晚期,都发现不少青铜制品和红铜制品。当然绝大部分亦出自墓葬,属随葬器物。出土地点分布广泛,器物有镜、斧、凿、钻、刀、匕、锥、环、泡及装饰品等(图2-10)。四坝文化的年代与二里头文化相当,下限或可进入商代早期[46]。该文化墓葬中也发现较多青铜器,主要有工具、兵器和装饰品。在火烧沟一墓中还出有石范。除青铜器外,四坝文化还以金、银饰品随葬。

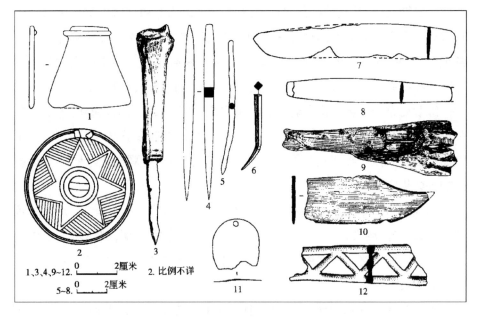

图 2-10　夏朝西方齐家文化的铜器

(1. 刀, 2. 镜, 3—6. 锥, 7—10. 削, 11. 残铜片, 12. 刀柄

引自《中国考古学·夏商卷》第550页)

　　由于这两种文化恰好地处后来的"丝绸之路"上,其青铜器的出现年代又早于中原地区,故使人们想到,中原青铜铸造技术有可能西来。此种推测不无可能,但现有材料尚显薄弱。首先,四坝文化青铜器的出现时间晚于其东邻齐家文化。其次,河西走廊以西还有相当大的地理空白未发现与齐家文化同时或更早的青铜器。第三,目前中原地区龙山时代未见太多青铜器,或与该地区龙山文化墓葬发现少有直接关系。比如在河南省,龙山文化墓葬发现很少,规模稍大者几乎不见。如上所述,各文化青铜器绝大部分出自墓中。因此,在中原龙山文化墓葬发现太少的前提下,还难肯定其青铜器不普遍或不发达。

　　在长江流域,目前还未发现与中原二里头文化年代基本对应的考古学文化,但约在二里头文化晚期阶段普遍出现了新的考古学文化。这些文化的下限年代往往进入商代。如上游的三星堆文化,中游的荆南寺文化,下游的斗鸡台文化、点将台文化和马桥文化等。

　　长江流域铜、锡矿之丰富远远胜于黄河流域,然现知早期青铜器的主要发现地却属黄河流域。这也许是历史的真实,但也许与长江流域考古工作起步略晚,开展略少有关。在上举长江流域诸考古学文化中,相当于二里头文化时期的墓葬发现极少。随着考古工作的开展,不排除在不久的将来会发现与黄河流域二里头文化时期水平相当的青铜器。现有材料已表明,长江流域诸考古学文化与二里头文化都程度不同地发生着联系。如三星堆文化上限年代的确定,主要依据就是该文化具有二里头文化典型器陶盉等,同时还发现与二里头文化所见几乎完全相同的镶嵌绿松石的铜牌。又如荆南寺文化早期之陶深腹圜底罐、大口尊;斗鸡台文化之单扉铜铃;马桥文化陶鸭形尊、觚、簋等都与二里头文化同类器物相近。

　　上述分布于夏王朝周围的青铜文化,在夏代只是多少受到夏文化的影响;商灭夏后,商王朝的势力大为扩张,这些青铜文化不少进入了商王朝的版图。到了周代,这些地方几乎全部成了各诸侯国的封地,从而最终实现了华夏化即文明化。其基础则是在夏代甚至更早一些时候奠定的。

## 注　释

〔1〕　A. 冯朝晖:《保利博物馆入藏珍稀青铜器》,《中国文物报·收藏鉴赏》2002 年 10 月

〔1〕 23 日第 1 版。B. 保利艺术博物馆:《霎公盨》,2002 年。

〔2〕 司马迁:《史记·越王勾践世家》:"越王勾践,其先禹之苗裔,而夏后帝少康之庶子也,封于会稽,以奉守禹之祀。"

〔3〕 司马迁:《史记·匈奴列传》:"匈奴,其先祖夏后氏之苗裔也,曰淳维。"

〔4〕 直到近代,因国势式微,传统观念受到西学的冲击,特别是"'五四'运动之后,人们对于一切旧事物都持怀疑态度,要求批判接受"(《古史辨》第一册第 9 页,上海古籍出版社,1982 年)。如何审理古史与古书中的真伪便显得更加突出,于是辨伪疑古之风骤兴。夏代,甚至商和西周的历史是否可信亦成为问题。用当时顾颉刚先生的话讲,即东周以上所谓很灿烂的古史,"自三皇以至夏商,整整齐齐的统系与年岁,精密的考来,都是伪书的结晶","东周以上只好说无史"(《古史辨》第一册第 35 页,上海古籍出版社,1982 年)。在当时的史学界,具有这种认识的人为数不少。疑总归是疑,所以有疑,为的是有信。即使在疑古辨伪之风最炽热的年代里,对夏代的存在也未彻底否定。

在中国历史发展的长河中,夏代行进到哪一阶段,在 20 世纪二三十年代以前无法也不可能做出合理的解释。传统的从史料到史料的研究者如此,引进国外新思想、新理论的研究者亦如此。如郭沫若在当时认为"商代的社会应该还是一个原始公社制的氏族社会,至少应该是这种社会的末期"(《中国社会之历史的发展阶段》,《中国古代社会研究》,人民出版社,1977 年,第 8 页)。至于夏代,他认为"有是有的,不过不会有多么高的文化,有的只是一点口头传下来的史影",属传说时代(《先秦天道观之进展》,《青铜时代》,科学出版社,1957 年,第 2 页)。吕振羽则把夏代视作父系本位的氏族社会,等等。远没有给夏、商二代找到合理的准确的历史位置。这一问题的解决有赖近代考古学的实行。

疑古辨伪之风兴起之时,也是甲骨文破译与中国近代考古学产生之时,他们是同一时代的产物。《古史辨》第一册出版于 1926 年,所收考辨文章写作或发表于 1920 年至 1925 年。而甲骨文自 1889 或 1888 年发现后,很快便考释出商先公先王之名号,证明《史记》等文献所记与夏王朝同时的商先公是确实可信的。1925 年,即第一册《古史辨》出版的前一年,王国维在清华大学讲授《古史新证》,他于考证商先公先王之后,接着明确指出:"《史记》所述商一代世系,以卜辞证之,虽不免小有舛驳而大致不误,可知《史记》所据之《世本》全是实录。而由殷周世系之确实,因之推想夏后氏世系之确实,此又当然之事也。"(《古史新证》,清华大学出版社,1996 年,第 52 页)他是深信夏代存在的。王的结论对当时的学术界同样有着巨大的影响。至于中国近代考古学的出现,一般以 1921 年安特生河南渑池仰韶遗址的发掘为标志,此后又有 1926 年李济对山西夏县西阴村的发掘和 1928 年至 1937 年中央研究院历史语言研究所对殷墟的 15 次发掘,这些发掘与夏、商史的研究有着紧密的联系,不少学者不仅相信夏、商存在,而且利用考古材料论证夏与商代的文化、习俗及社会性质等等。特别是殷墟发掘以来,丰富而可靠的地下实物材料使那些视商代为原始社会的学者不得不很快放弃旧说,承认商代已属发达的奴隶制社会,已建立了强大的国家。东周以上无史之说自然再无人信从。夏王朝是否存在,疑者增大了否定的难度,而信者却得到了新材料的支持,使之愈加普遍和深信不疑。

从 20 世纪 50 年代初开始,中国考古学蓬勃发展,二里岗文化和二里头文化的发现使人们更相信夏代是存在的。到目前为止,国内学术界大多数人认为二里头文化就是夏文化。至于国外,尤其是西方国家的汉学家还未能接受。1990 年在美国洛杉矶召开的一次夏文化研讨会上,几乎所有西方学者都否定夏王朝的存在,与所有华裔学者的观点形成对立。他们之所以停留在疑古阶段,原因是多方面的,随着考古材料的不断丰富,研究的不断深入和交流的扩大,分歧将会缩小和消失,夏王朝是否存在的探讨也将成为历史。

〔5〕 方诗铭、王修龄:《古本竹书纪年辑证》,上海古籍出版社,1981 年。以下所引《古本竹书纪年》之内容皆出此书,不另注。

〔6〕 《夏商周断代工程 1996—2000 年阶段成果报告》(简本),世界图书出版公司,2000 年,第 82 页。

〔7〕 郑杰祥:《夏史初探》,中州古籍出版社,1988 年,第 78 页。

〔8〕 刘绪:《从夏代各部族的分布和相互关系看商族的起源地》,《史学月刊》1989 年 3 期,第 13—18 页。

〔9〕 范文澜:《中国通史简编》,人民出版社,1953 年。

〔10〕 A. 黄河水库考古工作队:《黄河三门峡水库考古调查简报》,《考古通讯》1959 年 5 期,第 1—11 页。B. 中国科学院考古研究所:《新中国的考古收获》,文物出版社,1962 年。C. 石兴邦:《黄河流域原始社会考古研究的若干问题》,《考古》1959 年 10 期,第 566—570 页。D. 安志敏:《试论黄河流域新石器时代文化》,《考古》1959 年 10 期,第 559—565 页。

〔11〕 徐旭生:《1959 年夏豫西调查“夏墟”的初步报告》,《考古》1959 年 11 期,第 592—600 页。

〔12〕 中国科学院考古研究所洛阳发掘队:《1959 年河南偃师二里头试掘简报》,《考古》1961 年 2 期,第 82—85 页。

〔13〕 中国科学院考古研究所洛阳发掘队:《河南偃师二里头遗址发掘简报》,《考古》1965

年 5 期,第 215—224 页。

〔14〕 A. 许顺湛:《夏代文化研究》,《史学月刊》1964 年 7 期,第 15—21 页。B. 北京大学考古专业 1960 年《商周——青铜时代》讲义。

〔15〕 中国科学院考古研究所二里头工作队:《河南偃师二里头早商宫殿遗址发掘简报》,《考古》1974 年 4 期,第 234—248 页。

〔16〕 佟柱臣:《从二里头类型文化试谈中国的国家起源问题》,《文物》1975 年 6 期,第 29—33 页。

〔17〕 李民、文兵:《从偃师二里头文化遗址看中国古代国家的形成和发展》,《郑州大学学报》(哲社版)1975 年 4 期,第 80—84 页。

〔18〕 A. 河南省博物馆登封工作站:《1977 年下半年告成遗址的调查发掘》,《河南文博通讯》1978 年 1 期,第 30—31 页。B. 河南省文物研究所、中国历史博物馆考古部:《登封王城岗与阳城》,文物出版社,1992 年。

〔19〕 邹衡:《关于探索夏文化的途径》,《河南文博通讯》1978 年 1 期,第 34—35 页;《郑州商城即汤都亳说》,《文物》1978 年 2 期,第 69—71 页;《夏商周考古学论文集》第二部分,文物出版社,1980 年。

〔20〕 A.《考古》1984 年第 4 期《学术动态》,第 34—35 页,《偃师尸乡沟发现商代早期都城遗址》。B. 中国社会科学院考古研究所洛阳汉魏故城工作队:《偃师商城的初步勘探和发掘》,《考古》1984 年 6 期,第 488—504 页。

〔21〕 方酉生:《偃师二里头遗址第三期遗存与桀都斟鄩》,《考古》1995 年 2 期,第 160—169 页。

〔22〕 安金槐:《对于偃师二里头早商遗址和偃师商城"西亳"说的进一步认识》,《洛阳考古四十年——1992 年洛阳考古学术研讨会论文集》,科学出版社,1996 年,第 182—184 页。

〔23〕 杜金鹏:《偃师商城始建年代与性质的初步推论》,《华夏文明》第三集,北京大学出版社,1992 年,第 30—46 页。

〔24〕 愚勤:《关于偃师尸乡沟商城的年代和性质》,《考古》1986 年 3 期,第 261—265 页。

〔25〕 郑光:《论偃师商城即盘庚之亳殷》,台北《故宫学术季刊》第八卷四期,1990 年,第 55—84 页。

〔26〕 邹衡:《偃师商城即太甲桐宫说(摘要)》,《北京大学学报》(哲社版),1984 年 4 期,第 18—20 页。全文刊《纪念北京大学考古专业三十周年论文集》,文物出版社,1990 年。

〔27〕 郑杰祥:《关于偃师商城的年代和性质问题》,《中原文物》1984 年 4 期,第 66—70 页。

〔28〕 许顺湛:《中国最早的"两京制"——郑亳与西亳》,《中原文物》1996 年 2 期,第 1—3 页。

〔29〕 韩维周等:《河南登封县玉村古文化遗址概况》,《文物参考资料》1954 年 6 期,第 18—24 页。

〔30〕 中国社会科学院考古研究所:《偃师二里头》,中国大百科全书出版社,1999 年。

〔31〕 二里头遗址二号大型建筑基址的主体殿堂之后有一座所谓"大墓",因仅存一具狗骨架,是否为墓很可疑。

〔32〕 山西襄汾县陶寺遗址发现龙山时代大墓多座,一般长 2.9—3.2 米,宽 2—2.75 米,见《文物》1983 年 1 期,第 32 页。山东临朐县西朱封遗址发现两座龙山时代大墓,其中 M203 东西长 6.3—6.44 米,南北宽 4.1—4.55 米,见《考古》1990 年 7 期,第 591 页。

〔33〕 郑光:《二里头遗址的发掘》,《夏文化研究论集》,中华书局,1996 年。

〔34〕 《吕氏春秋·审分览》:"奚仲作车,仓颉作书,后稷作稼,皋陶作刑,昆吾作陶,夏鲧作城。"

〔35〕 最近在二里头遗址也发现了二里头文化时期的车辙。

〔36〕 《史记·夏本纪》太史公语。

〔37〕 龙山时代石磬已发现多件,见于山西、陕西和河南等北方地区;龙山时代铜铃见于山西襄汾陶寺墓葬中,仅一件,为红铜制品。

〔38〕 严文明:《龙山文化和龙山时代》,《文物》1981 年 6 期,第 41—48 页。

〔39〕 邹衡:《夏商周考古学论文集》第二部分,文物出版社,1980 年。

〔40〕 赵芝荃:《试论二里头文化的源流》,《考古学报》1986 年 1 期,第 1—19 页。

〔41〕 同注〔39〕。

〔42〕 《古本竹书纪年》。

〔43〕 刘绪:《昭明之居与元氏铜器》,《三代文明研究》(一),科学出版社,1999 年。

〔44〕 李伯谦:《论夏家店下层文化》,《纪念北京大学考古专业三十周年论文集》,文物出版社,1990 年。

〔45〕 张忠培:《齐家文化研究》,《考古学报》1987 年 1 期,第 1—18 页;2 期,第 153—176 页。

〔46〕 李水城:《四坝文化研究》,《考古学文化论集》(三),文物出版社,1993 年。

# 第三章　商周时期文明的兴盛

　　商朝是夏朝灭亡以后,代之而起的新兴王朝;西周又是商朝灭亡以后,代之而起的又一新兴王朝。文献记载,夏朝大约存在了四百七十余年,商朝存在了六百余年,西周存在了二百七十五年[1],合计约存在了一千三百余年。三个朝代的文化之传承,有继续,有发展,有创新。所以,孔子曰:"殷(商)因于夏礼,所损益,可知也;周因于殷礼,所损益,可知也。"[2]三个朝代文化的成就辉煌,为后代文明的发展奠定了基础。所以后代的许多帝王、政治家和学者都敬仰这三个朝代,并尊称之为"三代",尤其是将三代的思想道德和政治制度奉为圭臬。如孔子曰:"斯民也,三代之所以直道而行也。"[3]孟子曰:"三代之得天下也,以仁。"[4]真是言必称"三代",崇信有加。事实也的确证明,三代是中华文明的第一个高峰时期,而商、周两代又是三代文明最兴盛的时期。

## 第一节　商周王朝的建立与华夏文明的兴盛

　　商族的兴起　商汤"吊民伐罪"　盘庚迁殷与商文明的兴盛　周族的兴起与文王治岐　武王伐纣与西周的疆域

　　商族是中国的一个古老的民族,它的族源和兴起地,文献记载不多。关于商族起源,《诗·商颂·玄鸟》曰:"天命玄鸟,降而生商。宅殷土芒芒,古帝命武汤,正域彼四方。"[5]针对此诗,《史记·殷本纪》释曰:"殷契,母曰简狄,有娀氏之女,为帝喾次妃。三人行浴,见玄鸟堕其卵,简狄取吞之,因孕生契。契长而佐禹治水有功。……封于商,赐姓子氏。契兴于唐、虞、大禹之际。"[6]据此,我们可以推信,商族的祖先是以玄鸟为图腾的。又甲骨文名家胡厚宣先生在20世纪六七十年代著文,用众多卜辞证明,商的先公王亥之"亥"字上,刻有鸟形字画。他说:"王亥之亥而从鸟,乃商族以鸟为图腾之确证。""玄鸟是接受了上帝的命令来诞生商族的。"[7]玄鸟就是燕子[8]。此时之商族正处在由母系氏族向父系氏族过渡的时期,简狄是商族传说中的始祖母,契是商族的始祖,曾与禹共事。其活动地区大约在今河南东部,山东西部,河北南部,其族属于东夷。

契之后,社会发展迅速,似在向阶级社会过渡。主要表现在如下三个方面:

一、族长世袭制——这是生产资料由公有制向私有制转变的反映。此时之商族由部落发展为较大的部落联盟,其社会性质意味着已在由"公天下"向"家天下"过渡,史称商之先公的商族族长的职位也已世代相袭。《史记·殷本纪》即有详述:自"契卒,子昭明立"开始,至"主癸卒,子天乙立,是为成汤"止,凡14传,13世,无一或缺。当然有人对此记述半信半疑,可是近代学者王国维利用甲骨文资料对《史记》所记一一进行了考订,撰成《殷卜辞中所见先公先王考》一文说:"《史记》之为实录,且得于今日证之。"[9]至此,学界对先商世系的传继基本上已无异说。

二、族长以天干为名——族长以记日之天干为名,并与庙祭结合而成为庙号,这是神化族权,并使之与神权、政权结合的重要反映;但对当时的政治需要来说,应当肯定,这是一大进步。《史记·殷本纪》"子微立"《索隐》"皇甫谧云:'微字上甲,其母以甲日生故也。'商家生子,以日为名,盖自微始。谯周以为死称庙主曰'甲'也"。皇甫谧以为是出生之日,谯周以为是死后入庙之日,其说不同。白钢主编《中国政治制度史》说:"庙号的产生是死后通过占卜选择决定的。后世子孙占卜得到的庙名干日若有与其先祖相同者,则在干日字前加区别字,如从汤到纣的31王中,卜得以'甲'为庙名者有6位,于是在庙号干名前加区别字,分别称为大甲、小甲、河亶甲(戋甲)、沃甲(羌甲)、阳甲、祖甲,这样就不至于相混。"[10]不论是出生之日还是死后入庙之日,在先公的庙号中已有避混之制。如上甲微之孙与六世孙,前者号报乙,后者号天乙,即成汤。以干日为名号事始于上甲微,王国维亦持此说。他说:"上甲以降皆以日名,是商人数先公当自上甲始。"[11]此论,《史记·殷本纪》可证。文曰:"微卒,子报丁立。报丁卒,子报乙立。报乙卒,子报丙立。报丙卒,子主壬立。主壬卒,子主癸立。主癸卒,子天乙立,是为成汤。"文献与甲骨文所记正合。

三、都邑观念的加强与势力范围的开拓——契虽"封于商",不知什么原因,居商并不久,即为"陶唐氏火正阏伯"取代,史称"阏伯居商丘"。后来相土复迁回商丘,文献对此事多有记载。如《左传·襄公九年》曰:"阏伯居于商丘……相土因之。"昭公元年曰:"迁阏伯于商丘,主辰,商人是因。"从此,相土以商丘为都城与以商为族群之名两事,并传于后世。商在何时显露出具有国家性质的某些条件,目前尚难确定。但自相土时起,社会变化在明显地加快。以武力和疆土而言,《诗·商颂·长发》曰:"相土烈烈,海外有截。"[12]一般认为,此"海"当指今之渤海,"海外"当指渤海湾附近,或远至辽东半岛或朝鲜半岛。以社会经济发展而言,《世本》记载:"相土作乘马",王"胲作服牛"[13]。胲亦作亥,是相土之四世孙,《史记》作"振",其子上甲微。在《山海经·大荒东经》和《竹书纪年》等书中,还记载了王亥到有易(今河北易水流域)地区交易,为有易之君绵臣杀死,并夺去仆牛。后来上甲微借河伯之师,打败有易,杀死绵臣,夺回了仆牛,为其父报了仇。此事不像是血族复仇性质,已具有经济或政治权益争夺的性质。结合上述商之先公以日为名始自上甲微一事估计,此时商人已在向建立国家过渡。

汤初立时,从先王居于亳,以伊尹为谋臣,政治清明,国力强盛,夏桀封之为东方诸侯之长,号称"为夏方伯,得专征伐"[14]。他诛灭邻国葛伯(今宁陵县东北),可能还有其他征伐。《孟子·滕文公下》曰:"汤始征,自葛载,十一征而无敌于天下。"[15]至此时,商已强大到足可与夏朝相匹敌了。

这时,夏的国王桀暴虐无道,政治黑暗,生活奢侈腐朽,民不堪命,骂他说:"时日曷丧,予及汝皆亡。"[16]商汤乘机出兵,先灭掉韦(今河南滑县)、顾(今范县)和昆吾(今濮阳市)三个依附于夏的诸侯国,又举兵西向,以"吊民伐罪"之名,向夏大举进攻。《孟子·梁惠王下》说:夏民和附近不堪遭受夏桀侵夺的诸侯国人民欢迎商军的到来,"若大旱之望云霓"[17]。又说商军纪律严明,所到之处,"归市者不止,耕者不变"。夏桀大败,被逐于鸣条(今陈留西北)而死。夏亡,商朝正式建立。

商朝的疆域自灭夏后,占有黄河的中下游广大地区。但其间何者为商的国土区,何者为方国藩属区,文献缺少具体记载。只知汤建商朝,至盘庚即位,凡五迁其都[18],五都所在的方位至今尚无定说,但不出今河南中东部,山东西部,河北南部,这当是商的直辖地区,或是国土的基本部分(图3-1)。又《诗·商颂·殷武》曰:"昔有成汤,自彼氐羌,莫敢不来享,莫敢不来王。"氐、羌两族当时生活在今之陕西西部、甘肃南部一带。此诗所反映的是商前期的势力范围。至盘庚迁殷以后,社会稳定,国力进一步发展。此事证明了迁都之前盘庚的正确估计:"安定厥邦","永建乃家"[19]。在武丁统治的50年间,国力达到鼎盛时期。北伐鬼方,南伐荆楚,都取得胜利。《诗·商颂·玄鸟》曰:武丁时,"邦畿千里,维民所止,肇域彼四海。"邦畿当是商王直辖地区,四海当指今之黄海、渤海、青海湖、古云梦泽(今洞庭湖一带)。四海之滨是此时商的势力所能达到的地区。又在甲骨文中有"四土"之说,如:"北土受年? 西土受年? 南土受年? 东土受年?"[20]但此四土都是相对方位,无法确指。

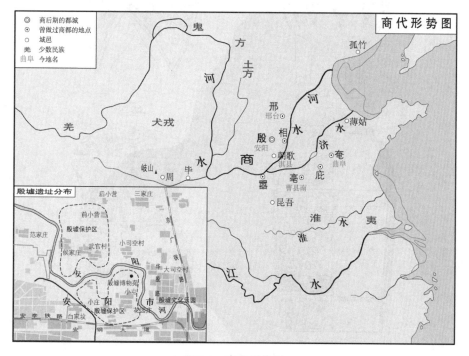

图3-1　商代形势图

商朝后期的文明盛况,在考古发掘资料中得到较充分的反映。以出土的青铜器为例,礼器、兵器、工具、车马器的种类很多,而且铸造技术也在不断创新。殷墟第一期的青铜礼器有鼎、鬲、甗、瓿、爵、斝、尊、盘等。第二期铜器的种类显著增加,如妇好墓出土的三联甗、分体甗、汽柱甑形器、簋、盂、卣、方彝、偶方彝、鸮尊、圈足觥、四足觥、方罍、方壶、方斝等(图3-2)。铜器的花纹也较复杂多样。妇好墓的殉葬品多达1400多件,仅青铜器一项就有400多件。其中有两件大方鼎通高82厘米,仅次于后母戊鼎。

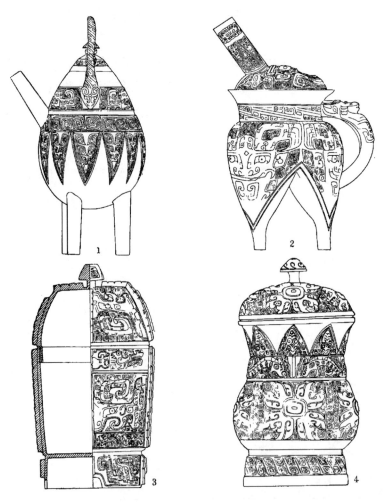

图3-2 妇好墓出土青铜器

(1. 提梁盉, 2. 封口盉, 3. 方彝, 4. 觯)

商朝后期,政治日趋黑暗,尤其是商纣王(帝辛)统治时期,国王、贵族的生活腐朽,对人民的剥削惨重,阶级矛盾日益尖锐。《尚书·周书·无逸》曰:"不知稼穑之艰难,不闻小人之劳,惟耽乐之从。"[21]《微子》曰:"小民方兴,相为敌仇。"[22]《诗·大雅·荡》曰:"咨女殷商,如蜩如螗,如沸如羹。"[23]在这样的形势下,纣王还大规模地对东夷用兵,使国内的阶级矛盾火上加油。这时西方的周武王联合西南众多方国、诸侯大举伐商,约公元前1046年,在牧野(今河南淇县南、汲县北)打败纣王,纣王自焚而死,商朝灭亡,周朝建立。

关于周族的族源和兴起地区,在古文献中,蛛丝马迹稍多一些。如《诗·大雅·生民》曰:"厥初生民,时维姜嫄。"[24]《鲁颂·闷宫》曰:"赫赫姜嫄……是生后稷。"[25]针对此诗,《史记·周本纪》释曰:"周后稷,名弃。其母有邰氏女,曰姜原。姜原为帝喾元妃。姜原出野,见巨人迹,心忻然说,欲践之,践之而身动如孕者。居期而生子……因名曰弃。"学术界一般认为,此时之周族正处在由母系氏族向父系氏族过渡的时期,姜原是周族传说中的始祖母,弃是周族的始祖。周族的早期可能以熊(巨人)为图腾。《周本纪》又说:弃"及为成人,遂好耕农,相地之宜,宜谷者稼穑焉,民皆法则之。帝尧闻之,举弃为农师,天下得其利,有功。帝舜……封弃于邰,号曰后稷,别姓姬氏。后稷之兴,在陶唐、虞、夏之际,皆有令德"。后稷一族很早就从事于农业生产。关于族源问题,《国语》卷一《周语上》曰:"昔我先王世后稷,以服事虞、夏。及夏之衰也,弃稷不务,我先王不窋用失其官,而自窜于戎狄之间。"[26]孟子曰:"舜生于诸冯,迁于负夏,卒于鸣条,东夷之人也。文王生于岐周,卒于毕郢,西夷之人也。"[27]当然还有其他一些文献可参考,据此,学界的多数人认为,周人的祖上的血缘关系可能与戎、羌相近。其主要活动地区在今陕西西部。

弃之后,尤其是其第四代孙公刘之后,社会发展迅速,也像在向阶级社会过渡。主要表现有如下三个方面:

一、族长世袭制——这是生产资料由公有制向私有制转变的反映。此时的周族也同商族在契后的情况相似,已非一个氏族,而是由氏族而部落,而部落联盟。族长世袭制意味着其社会性质已在由"公天下"向"家天下"过渡。《史记·周本纪》记载了自"后稷卒,子不窋立",至季历生昌,凡十五世,俱传子,无一或缺。这样的情况应是宗法观念已相当强烈的表现,这是权位垄断与财产私有倾向的反映。

二、公刘兴于豳——《诗·大雅·公刘》曰:"笃公刘,匪居匪康,乃埸乃疆,乃积乃仓,乃裹餱粮,于橐于囊,思辑用光。"[28]《史记·周本纪》曰:"公刘虽在戎狄之间,复修后稷之业,务耕种,行地宜,自漆、沮度渭,取材用,行者有资,居者有畜积,民赖其庆。百姓怀之,多徙而保归焉。周道之兴自此始。"又曰:"公刘卒,子庆节立,国于豳。"豳在今陕西旬邑县西南。当时的豳,已是周人的发祥地之一,是一个重要都邑。

三、古公、文王治于岐——至公刘九世孙古公亶父立时,迫于戎狄人之侵扰,再度全族搬迁。《周本纪》曰:"乃与私属遂去豳,度漆、沮,逾梁山,止于岐下。豳人举国扶老携弱,尽复归古公于岐下。及他旁国闻古公仁,亦多归之。于是古公乃贬戎狄之俗,而营筑城郭室屋,而邑别居之。作五官有司。"岐山在今陕西岐山县东北,那里有著名的周原遗址(图3-3)。关于"五官有司",《集解》引《礼记》曰:"天子之五官曰司徒、司马、司空、司士、司寇,典司五众。"[29]又《诗·鲁颂·閟宫》曰:"后稷之孙,实维大王,居岐之阳,实始翦商。"[30]所有

图3-3 周原遗址全景,远处为岐山

这些情况,都说明了由于社会经济的发展和私有制的产生,族群在不断扩大,阶级在不断形成,国家也在迅速产生,与商朝统治者的矛盾日益尖锐。商王曾屡以严厉的暴力手段对付周统治者。如纣王之祖父文丁(太丁)杀死了古公亶父之子周文王之父季历。纣王又曾囚周文王(西伯)于羑里(今河南汤阴县北)。近年在周原发现先周的甲骨文,有曰:"衣王田至于帛。"〔31〕衣王就是殷王,帛在周境内。这是商王曾以田猎的形式向周施压的记录。可是此时的周已相当强大,商纣王虽暴虐,也不敢轻易杀死周文王。虽曾将文王囚在羑里,后来还是将他放回,并封他为西伯,赐给他弓矢斧钺等武器,给他以得专征伐的大权,这些都是属于对周实行羁縻政策,缓和商周之间的矛盾,以改善关系。

文王治岐时,周已是强大的国家了。孟子评述曰:"昔者,文王之治岐也,耕者九一,仕者世禄,关市讥而不征,泽梁无禁,罪人不孥。"〔32〕此话虽简单,但却包括了周国已有的主要制度、政策及其行用情况,如井田制度、世官世禄制度、关贸市场管理制度、山林津梁管理制度及刑法制度等。文王治岐,行仁政一事为千古所传颂。如《诗·大雅·灵台》曰:文王"经始灵台,经之营之,庶民攻之,不日成之。经始勿亟,庶民子来"〔33〕。孟子对梁惠王曰:"文王以民力为台为沼,而民欢乐之,谓其台曰灵台,谓其沼曰灵沼,乐其有麋鹿鱼鳖。古之人与民偕乐,故能乐也。"〔34〕文王行仁政、倡德治的政治思想及其实践,是古代中国政治文明的宝贵财富,为后来的儒家政治理想的典范。

后来文王迁都于丰(今陕西西安沣水西)。文王去世,儿子姬发即位,是为武王,又迁都于沣水东岸之镐。约在公元前1046年,武王伐纣,商亡,周朝正式建立(彩图5)。武王灭商之后,又经周公之东征,旧时夏、商的统治区相继纳入周的势力范围之中,并逐渐形成周的疆域。西周时,颂扬武王之歌《执竞》曰:"执竞武王,无竞维烈,不显成康,上帝是皇。自彼成康,奄有四方,斤斤其明,钟鼓喤喤。"〔35〕这还只是相对的疆域概念。至春秋时,周王室大夫詹桓伯对晋侯所述西周的疆域、方位、四至及其奠定的时间都相当明确可信。他说:"我自夏以后稷,魏、骀、芮、岐、毕,吾西土也;及武王克商,蒲姑、商奄,吾东土也;巴、濮、楚、邓,吾南土也;肃慎、燕、亳,吾北土也。"〔36〕正是这个新的相对统一的疆域,为西周王朝提供了数百年间继续创造新的政治、经济、文化文明的舞台(图3-4)。

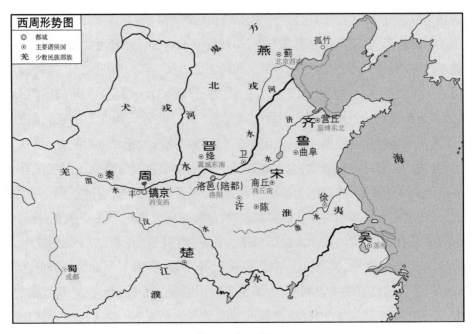

图 3-4　西周形势图

# 第二节　商和西周的宗法、分封与井田制度

宗法制度的由来和发展　"封建亲戚,以蕃屏周"　"列爵惟五,分等惟三"　世官世禄制度　井田制度

宗法制度是由氏族公社后期的父系家长制发展、演变而来的。初期的作用是为了规范氏族或宗族内部的权益分配关系。后来发展、演变成以区分嫡庶之间权位分配为核心的宗统关系,形成宗法制度。这种制度的最主要特点是嫡为大宗,庶为小宗。小宗之嫡在本支中为大宗,庶仍为小宗。在阶级社会中,国家形成,君权产生,宗法理论成为指导政治的思想原则,形成了以宗统为模式和灵魂的宗统与君统相结合的政治制度,这就是后来的封建制度,今天学术界称之为分封制度。

夏代已有宗法制度的萌芽。据《礼记·礼运》说:夏代以"天下为家⋯⋯大人世及以为礼,城郭沟池以为固,……以设制度,以立田里"。孔颖达疏曰:"'大人世及以为礼'者,'大人'谓诸侯也,'世及',诸侯传位自与家也。父子曰'世',兄弟曰'及',谓父传与子,无子则兄传与弟也。以此为礼也。"〔37〕"礼"就是制度。司马迁又在《史记·夏本纪》中具体讲述了夏朝帝王"世及"的情况:帝禹崩,其子"启遂即天子之位","从禹至桀十七君,十四世"〔38〕。传子十三,传弟二,回传嫡子一。以传子为主,疏而不漏。其间是否存在嫡庶关系,碍于资料缺乏,实难详辨。但其宗统与君统相结合,君统依托于宗统的特点是明确的。

商朝的宗法制度比夏朝有所发展,宗统不仅与君统进一步结合,更重要的是在理论上和实践中,已提出选择"父死子继"还是"兄终弟及"两大问题来了。从《史记·殷本纪》的记载来看,商朝所行是"父死子继"为主,"兄终弟及"为辅。子以"嫡"为主,弟以"长"为先。《本纪》曰:"汤崩,太子太丁未立而卒,于是乃立太丁之弟外丙,是为帝外丙。帝外丙即位三年,崩,立外丙之弟中壬,是为帝中壬。帝中壬即位四年,崩,伊尹乃立太丁之子太甲。太甲,成汤嫡长孙也,是为帝太甲。"又曰:"帝沃甲崩,立沃甲兄祖辛之子祖丁,是为帝祖丁。"此为传侄,但却是回到嫡系。"帝祖丁崩,立沃甲之子(祖丁之堂弟)南庚,是为帝南庚。帝南庚崩,立帝祖丁之子阳甲,是为帝阳甲。"此为传给三服之侄,也是回到嫡系。又曰:"帝乙长子曰微子启,启母贱,不得嗣。少子辛,辛母正后,辛为嗣。帝乙崩,子辛立,是为帝辛,天下谓之纣。"司马迁对商代发生"废嫡立庶"之事持批判的态度。如说:"自中丁以来,废嫡而更立诸弟子,弟子或争相代立,比九世乱,于是诸侯莫朝。"〔39〕白钢主编《中国政治制度史》时亦持此观点:"商代王位继承制度虽然有弟及现象,但其主干仍是以传长为常法。但无论如何,王位都在前王之子(或孙)中传袭,王位由子姓的商朝王族一家独占的王权世袭制已经确立。"〔40〕

王国维与司马迁的说法不同,他倡商朝君位以"兄终弟及"为主,"父死子继"为辅说。所以如此,他认为商无"嫡庶之制",只有君统,没有宗统。例如他说:"商之继统法,以弟及为主,而以子继辅之,无弟然后传子。自汤至于帝辛二十九帝中,以弟继者凡十四帝(本注:此据《史记·殷本纪》,若据《三代世表》及《汉书·古今人表》则得十五帝)。其传子者,亦多传弟之子,而罕传兄之子。盖周时以嫡庶长幼为贵贱之制,商无有也。"〔41〕王谓商无嫡庶之制,恐不符合事实。至少与上引司马迁之说不合。又他所统计的"自汤至于帝辛二十九帝中,以弟继兄者凡十四帝"或"十五帝"之说,也不准确。据我们统计,传弟者十三帝(其中包括传堂弟一),传子者十六帝(其中包括回传嫡侄三)。他所谓的"其传子者,亦多传弟之子,而罕传兄之子"之说,也与史不合。

至春秋初年,商裔宋宣公曰:"父死子继,兄死弟及,天下通义也。"[42]吕思勉先生说:"其视二者,犹无所轩轾也。"[43]此说也可能是商朝宗法制的基本情况。但自庚丁之后,"父死子继"之制,连续传袭了四世四王,至于商亡,未再改变。

西周存在宗法制度在学术界已是不争的事实。但此制是在商代的基础上发展而成,还是周人新创?仍有争议。此处不拟赘述。应当肯定周朝此制已相当完善了。如《礼记》有《文王世子》篇,专言文王以嫡长子为太子的情况。又武王崩,成王年少,太保召公作《召诰》曰:"呜呼!有王虽小,元子哉!"[44]自武王至幽王,传十二世十三王,基本上行嫡长子世袭制。其间曾发生两件有干扰的事。其一,懿王囏崩,立其叔辟方,是为孝王。是何原因,无法断定。但《周本纪》载:"孝王崩,诸侯复立懿王太子燮,是为夷王。"重建传嫡秩序。其二,厉王以暴虐侈傲,招致国人暴动,"厉王出奔于彘(今山西霍县)。太子静匿召公之家,……召公、周公二相行政,号曰'共和'。共和十四年,厉王死于彘。太子静长于召公家,二相乃共立之为王,是为宣王"[45]。此二事仍说明了传嫡已是不易撼动的基本制度。虽是这样,王位的传承,也可能会遇到一些特殊的情况。例如无嫡可立,或待立的庶子数人同年等,作为一项重要制度,应有权宜补救的办法。春秋时期,王子朝告诸侯曰:"昔先王之命曰:'王后无嫡,则择立长;年钧以德,德钧以卜。'王不立爱,公卿无私。古之制也。"[46]这些补充做法保证了宗法制的正常运转。

西周的宗法制度不仅是西周政治的建制原则和指导思想,也是规范社会秩序、整齐生活习俗的指导思想。王国维对于这些问题的研究颇深入全面,也多有评议。例如他在《殷周制度论》中说:"欲观周之所以定天下,必自其制度始矣。周人制度之大异于商者,一曰立子立嫡之制,由是而生宗法及丧服之制,并由是而有封建子弟之制,君天下臣诸侯之制。二曰庙数之制。三曰同姓不婚之制。此数者,皆周之所以纲纪天下。"又说:"有立子之制而君位定;有封建子弟之制而异姓之势弱,天子之位尊;有嫡庶之制于是有宗法,有服术,而自国以至天下合为一家;有卿大夫不世之制,而贤才得以进;有同姓不婚之制,而男女之别严;且异姓之国非宗法之所能统者,以婚媾甥舅之谊通之,于是天下之国大都王之兄弟甥舅,而诸国之间亦皆有兄弟甥舅之亲,周人一统之策实存于是。此种制度固亦由时势之所趋,然手定此者,实惟周公。"[47] 王国维对他所掌握的资料是融会贯通了的,他所提出的很多见解或研究结论也有可信度,总的说来,其学术价值很高。但他对商朝制度的估计过低,对西周制度的作用过于理想化,也是一种偏向。

商和西周两个王朝的基本政治制度:在中央行国王制,地方行分封制,这样的制度也是由原始社会后期的部落联盟制发展、演变而来的。其强大的部落为盟主,其他部落为成员。随着社会的发展和斗争的需要,以盟主为首在联盟中不断强化其军事、政治联盟的性质。起初,各部落是独立、自主的,后来,随着时间的推移,这种独立和自主在不断被削弱。《尚书》卷二《尧典》曰"协和万邦",卷五《虞书·益稷》曰"万邦黎献",等等,都反映了盟主与成员的地位在变化。夏商周时期,已是阶级社会,原来的部落联盟的盟主已成为国王,为一国的元首,后称天子[48],享有最高的地位和握有最大的权力。所谓"天子作民父母,以为天下王"[49]。

国王将国土划分为两种不同的统治区。其一,以国王所居京师为中心,四周五百里之内为王畿,或称邦畿,称内服,由国王或朝廷直辖。其土地和庶民的一部分直接隶属于王室;另一部分以采邑的名义赐给在朝廷供职的大小臣僚,充作俸禄。其二,王畿以外的广大地区,称外服,就是分封诸侯的地区。所谓诸侯,在夏商时期谈不到分封,其中多数是原本存在的部落,或称方国,处于独立、半独立状态。到了西周,才真正实施分封制。

商朝官制的设置情况,《尚书·周书·酒诰》曰:"越在外服:侯、甸、男、卫、邦伯;越在内服:百僚庶尹、惟亚、惟服、宗工。"[50] 在甲骨文中亦有类似的名称,但不系统。其他文献记载,商在中央设相,也称冢宰,是百官之长,无所不统,为商王的首辅。《尚书·商书·伊训》曰:"百官总己,以听冢宰。"[51] 商朝的名相很多,如早期的伊尹,商汤曰:"伊尹之于我国也,譬之良医、善药也。"[52] 后期的传说,武丁"与之语,果圣人,举以为相,殷国大治"[53]。相以下的重要官职有卿士、三公之称,可能都是高官群体的荣誉虚衔。执事官有帅、史、卜、祝、耤臣、小臣、百工等,分掌天文、历法、占卜、祭祀、农事、手工等文化、经济庶政。中央官也设武职,重要的有师、马、多马、射、多射等,主军马、射击等事。军队编制,有师、旅、行等,师级为最高的单位,其下有旅,再下为行。各级都分设右、中、左三部。在甲骨文中有"乍三师;右、中、左"的记载,又有"右旅"、"王旅"、"左旅"、"东行"、"中行"、"上行"等名称[54]。商王一次出兵,可达三千或五千人,有时多达一万三千人,最多可达三万人。士兵主要由平民组成,也有奴隶在内。内服没有明确的疆界,外服更是难言边际。文献记载,五服有侯、甸、绥、要、荒服;爵名有侯、甸、男、卫、邦伯,甲骨文中也有侯、伯、子、男、任等。纣王时曾经"以西伯昌、九侯、鄂侯为三公"[55]。

西周的国家制度和政府机构似稍清晰。大致而言,绝对王权制度进一步得到加强。这主要体现在三个方面:一、君统宗法化;二、王权专制化;三、封国宗亲化。如用最简单的语句来证明此三者的存在,前者:"文王孙子,本支百世。"中者:"溥天之下,莫非王土;率土之滨,莫非王臣。"[56]后者:"封建亲戚,以蕃屏周。"[57]君统中的王统是最根本、最主要的。

周王也把疆土分为内服、外服两部。内服也叫王畿,由周天子或朝廷直接管辖。外服即王畿以外的广大地区,由所封诸侯管辖,对周王来说,是实行间接的统治。关于商周内、外服的理论,文献所讲相差不多。但由于有关西周的记载稍多一些,所讲也比较具体,班固《汉书·百官公卿表上》曰:"夏、殷亡闻焉,周官则备矣!"师古曰:"事见《周书·周官篇》及《周礼》也。"[58]此二书成书年代较晚,又由于在铜器铭文中难以确证,致使后代学者颇多怀疑。尽管如此,其可信度仍很大。吕思勉先生对上古的主要高官"三公、四辅、五官、六官、冢宰"等等,遍查群书,多方比较,基本上肯定了它们的存在。如说:"言古官制者,今文家曰三公、九卿,古文家曰三公、三孤、六卿,而又有四辅、五官之名,孰为是? 曰:皆是也,皆有所据。今文家所谓三公,任职者也。古文家之三公及四辅,天子之亲臣也。五官与今文家之三公,同为任职之臣,或举其三,或举其五,各有所象耳。五官加一冢宰,则为六官矣。"[59]吕还对许多官职作了较详细的论述。

一般的说法,周王之下设有"三公",就是太师、太傅、太保。早期者,如姜尚为太师,周公为太傅,召公为太保。《百官公卿表上》又曰:"盖参天子,坐而议政,无不总统,故不以一职为官名。"师古曰:"傅,相也。"还有六卿,《周礼》分章详述。一为冢宰,就是宰相,统率百官,辅佐天子。二为司徒,掌管土地和人民。三为宗伯,掌管王族事务。四为司马,掌管军事。五为司寇,掌管刑法。六为司空,掌管公共工程。三公六卿之下各有副职或下属,有卿、大夫、士等名号,均由相应的贵族充当,俸禄以采邑充之,均在王畿之内。官位与俸禄世袭,即所谓"世卿世禄"制,亦谓之"世官世禄"制。

周王室有三支军队:一为虎贲,是王室的禁卫军;二为周六师,是国家的主力军,由周人组成,常驻京师丰镐一带,称西六师;三为殷八师,由商遗民组成,将帅由周人充任,主要驻在东方,亦用于征伐。军官之名有虎贲、亚旅、师氏等。

关于西周的外服,有五服说,还有九服(九畿)说,名称分侯、甸、男、采、卫、蛮、夷、镇、藩[60]等。此皆为书面或理想之说,实际并非完全如此。总的说来,分封是有计划有原则的,但在实行之时,则又是因人行事,因地制宜。所谓分封原则,就是"封建亲戚,以蕃屏周",或叫作"选建明德,以藩屏周"[61]。明德之人以亲戚为主,为符合周王统治需要者。此种人主要有三类:一是王室姬氏亲族,即"文之昭","武之穆","周公之胤"[62]等。文献中概括性的估计,如《左传·昭公二十八年》曰:"武王克商,光有天下,其兄弟之国者十有五人,姬姓之国者四十人,皆举亲也。"[63]《荀子·儒效》曰:武王崩,周公"兼制天下,立七十一国,姬姓独居五十三人"[64]。典型事例,为封鲁、卫、晋三国,均见《左传·定公四年》子鱼曰:

　　分鲁公以大路、大旂,夏后氏之璜,封父之繁弱,殷民六族:条氏、徐氏、萧氏、索氏、长勺氏、尾勺氏,使帅其宗氏,辑其分族,将其类丑,以法则周公,用即命于周;是使之职事于鲁,以昭周公之明德。分之土田倍敦,祝宗卜史,备物典策,官司彝器。因商奄之民,命以伯禽而封于少皞之虚。

　　分康叔以大路、少帛、綪茷、旃旌、大吕,殷民七族:陶氏、施氏、繁氏、锜氏、樊氏、饥氏、终葵氏,封畛土略,自武父以南,及圃田之北竟,取于有阎之土,以共王职;取于相土之东都,以会王之东蒐。聃季授土,陶叔授民。命以《康诰》,而封于殷虚。皆启以商政,疆以周索。

分唐叔以大路、密须之鼓、阙巩、沽洗，怀姓九宗，职官五正。命以《唐诰》，而封于夏虚，启以夏政，疆以戎索。[65]

这三人都是成王的至亲，又都有"令德"，所以封赏优厚。其他姬氏族人的封赏各有等级，均低于他们三人。

二类是功臣。伐纣时的功臣谋士很多，姜太公"师尚父为首封，封尚父于营丘，曰齐"。"太公至国，修政，因其俗，简其礼，通商工之业，便鱼盐之利，而人民多归齐，齐为大国。及周成王少时，管蔡作乱，淮夷畔周，乃使召康公命太公曰：'东至海，西至河，南至穆陵，北至无棣，五侯九伯，实得征之。'齐由此得征伐，为大国。都营丘。"[66]

三类是"友邦冢君"与古帝王之后。此类人各有族属、部众，在本地区和族群中，有巨大的影响力和控制力。如争得他们的友好和支持，则有利于王室对不同地区、不同族众的笼络或统治。名为分封，实为羁縻之而已。如周武王伐周时的"友邦冢君"：庸、蜀、羌、髳、微、卢、彭、濮各族群、方国[67]，都要关顾。对古帝王之后，亦要适当安置。《周本纪》曰："武王追思先圣王，乃褒封神农之后于焦（今安徽亳县），黄帝之后于祝（今山东肥城东南），帝尧之后于蓟（今北京西南），帝舜之后于陈（今河南淮阳），大禹之后于杞（今杞县）。"《殷本纪》曰："立微子于宋（今商丘南），以续殷后焉。"

封诸侯必"班爵禄"[68]。关于此事，学术界通常采用孟子之说。爵为五等，即公、侯、伯、子、男。禄为三级，即方百里，七十里，五十里。具体搭配，为"公、侯皆方百里，伯七十里，子、男五十里"。这就是所谓的"列爵惟五，分土惟三"[69]。孟子所说，只是一个基本情况或基本原则。其他文献另有异说。如《周礼·地官·大司徒》曰："凡建邦国，以土圭土其地而制其域：诸公之地，封疆方五百里，其食者半。诸侯之地，封疆方四百里，其食者参之一。诸伯之地，封疆方三百里，其食者参之一。诸子之地，封疆方二百里，其食者四之一。诸男之地，封疆方百里，其食者四之一。"[70]虽是这样，并无损于孟子所说。如吕思勉评论说："《周官》乃战国时书；战国时次于七国者为鲁、卫等国。列国之臣受封地称君者，盖最小亦当如古之大国，故《周官》所拟之制度因之也。足见制度因于事实，学说依于事实及制度矣。"[71]在铜器铭文中，亦有很多反映周天子赐田的事例。如康王时器大盂鼎铭曰:"先王受民受疆土。"昭王时器召卣铭曰:"王……赏毕土,方五十里。"厉王时器大克鼎铭曰:"王若曰:'克……易女田于埜,易女田于涉,易女井家匍田于曌,以厥臣妾;易女田于窜,易女田于匽,易女田于陣原,易女田于寒山。'"[72]这些事例都可以为孟子之说做生动具体的补充或注脚。

分封制度是西周的一种地方行政制度,是国家基本政治制度的重要组成部分。受封诸侯对周天子有镇守疆土、勤于王事、交纳贡赋、朝觐述职等义务。对封国内的土地,只有占有权和使用权,没有所有权,亦不得买卖或转让与他人。诸侯在国内,行使君权,以统治人民。自留部分土地归己用,另一部分土地赐给他的卿大夫为采邑,卿大夫再分其土地给士,士分土地给庶民耕种,行井田制劳役剥削。自天子,至诸侯,至卿大夫,至士,在全国范围形成一座庞大的政治金字塔,统治着全国广大劳动人民。大小官僚都由大小贵族充当,使宗法与权位密切结合,实行"世官世禄"[73]。

商和西周的土地所有制都是国有制,实际是以国王为首的贵族家系所有制。庶民处于奴隶或农奴地位,没有土地所有权。这样的土地所有制度也是由原始社会后期的农村公社发展、演变而来的。农村公社为二重所有制,土地归村社所有,或称公有,即集体所有;农具和收获物为农民私有。村社成员有使用(主要是耕种)本村社的土地的权利;亦有为本村社代耕田地或尽其他义务,用作村社的公积金或公益金。世界上各国或各民族较普遍地经历过农村公社阶段。有些国家或民族的农村公社在进入阶级社会后还长期存在,有些已是残余形态。中国的古代农村公社或其残余形态至少存在到战国时期。有些农民虽然表面上仍过着"日出而作,日入而息,凿井而饮,耕田而食"[74]的田园牧歌式的生活,可是由于社会性质的改变,他们的身份也已发生了巨大的变化,即由自由之身而沦落为奴隶或农奴。当年他们可以领受田地的"权利"已变质,成为为贵族主人提供剥削的条件;当年代耕村社田地的"义务"也已变质,成为为贵族主人提供的劳役或实物剥削。这就叫作"公食贡,大夫食邑,士食田,庶人食力"[75]。这种只剩下农村公社躯壳的田制在中国古代一直称之为"井田制度"。

井田作为一种制度,从其产生时起,就具有两种性质:一为自然性质,就是田地划分的形式。田方形成片，鳞次栉比，状如"井"字。二为社会性质，就是土地所有权问题。土地归国有，贵族们利用其特权，以井田制为手段，对农民进行劳役剥削。田地划分为井字形，起因于农业生产的需要，田地需要排水灌水，以防旱涝；需要筑有阡陌，以便往来劳作，自然形成井字形。田地方块付以固定的亩积，贵族们因利乘便，用以考核奴隶们或农奴们的工作量，或计算对他们的劳役剥削。所以井田制度得以社会化、政治化，而长期存在。

夏朝已行井田制度当是可信的。上引《礼记·礼运》说的"以设制度，以立田里"两句，至少已包含有井田的形状和剥削制度两事在内。《夏小正》曰："春正月……农率均田，……初服于公田。"清王筠正义："传曰：初服于公田。古者，有公田焉者，古（故）言先服公田而后服其田也。"筠按："此补经所未言也。"即《诗·小雅·大田》："雨我公田，遂及我私。"郑玄笺曰："其民之心，先公后私。今天主雨于公田，因及私田。"[76]

至商朝，亦行井田制。《尚书·商书·盘庚上》曰："若农服田力穑，乃亦有秋。"又曰："惰农自安，不昏作劳，不服田亩，越其罔有黍、稷。"[77] 郭沫若说："殷代是在用井田方式来从事农业生产的，这从甲骨文字中的一些象形文字可以得到证明。例如在《卜辞》中常见的田字就是一个方块田的图画，殷代必然有四方四正的方块田，才能产生得出那样四方四正、规整划分的象形文的田字。其在周代是以一田为一个单位计算的，可以证明一个田必有一定的亩积。……殷人的田也必有一定的亩积。"他还举例：

己巳、王即（锄），坚囲。（《殷契粹编》一二二一片）
甲子、贞于下尸刞坚囲。[甲]子、贞于囗方坚囲。（同上一二二三片）
王令多坚囲。（同上一二二二片）
王令坚囲陇。（同上一五四四片）[78]

周代行井田制度，已为学术界所公认。关于夏商周三代都行井田制，《孟子·滕文公上》还提供了另外一个证据："夏后氏五十而贡，殷人七十而助，周人百亩而彻，其实皆什一也。彻者，彻也；助者，藉也。……惟助为有公田，由此观之，虽周亦助也。"赵岐注曰："民耕五十亩，贡上五亩；耕七十亩者，以七亩助公家；耕百亩者，彻取十亩以为赋。虽异名，而多少同。故曰皆什一也。"孟子之说和赵岐之注虽后人有不同的解说，但并不影响大局。

关于井田制度说在学术界的争议，应具体分析。有关井田制的形式和其剥削性质两事，并无多大争议，争议焦点集中在孟子所说的一段话："方里而井，井九百亩，其中为公田，八家皆私百亩，同养公田。"[79] 人们仅批评孟子对于西周田制的估计过于简单化、理想化，从而对其说持否定态度。孟子之说固然有可商榷之处；但总的看来，他毕竟是一位学识渊博、博古通今的思想家、政论家，他广游齐、鲁、梁、卫等地，遍干诸侯，与众多的国君、士大夫纵论古今，并未见发表过多少虚妄怪诞之论。例如北宫锜问西周"班爵禄"之事，他答："其详不可得闻也。诸侯恶其害己也，而皆去其籍。然而轲也，尝闻其略也。"这段开场白说得多么实事求是而又胸有成竹，以下所云更是具体明确，言之凿凿。

"井田制"一事是孟子在回答受滕文公委托的大夫毕战向他请教时说的。他当时所说不只一种田制，而是说了多种田制。如"野九一而助"，"国中什一使自赋"，"卿以下必有圭田，圭田五十亩"。对授田百亩之家，还有"余夫二十五亩"。最后还说："此其大略也。若夫润泽之，则在君与子矣。"朱熹对孟子之说的领会较全面，而且都有解读传世。对前两条，他首先肯定说："此分田制禄之常法。……野，郊外都鄙之地也。九一而助，为公田而行助法也。国中，郊门之内，乡遂之地也。田不井授，但为沟洫，使什而自赋其一，盖用贡法也。"又说："当时非惟助法不行，其贡法亦不止什一矣。"对第三条，他说："此世禄常制之外，又有圭田。"对第四条，他说："此百亩常制之外，又有余夫之田。"对最后一条，他说："润泽，谓因时制宜，使合于人情，宜于土俗，而不失乎先王之意也。"[80] 由此看来，孟子所说是较全面的。当时的田制是有多种多样，虽以"九一而助"为常法，但自战国以至西汉，在文献中谈其他田制者也很多，致使有矛盾、分歧。于是，从东汉开始，即有人多方梳理。如郑玄注群经，对大司徒、小司徒、遂人、匠人等职官，因井牧田野、开掘沟洫、修筑道路的需要，将田亩、邑落按四进制、九进制、十进制而划分之事，做了具体的分析、说明。他还概括论之曰："玄之闻也，周礼制税法，轻近而重远者，为民城道沟渠之役，近者劳，远者逸故也。其授民田，家所养者多，与之美田；所养者少，则与之薄田，其调均之而足，故可以为常法。"[81] 可见他对孟子的授田说是支持的，并做了有益的补充解说。

对孟子有关井田制下农民生活的描述也有不同意见。例如孟子说："死徙无出乡,乡田同井,出入相友,守望相助,疾病相扶持,则百姓亲睦。方里而井,井九百亩,其中为公田。八家皆私百亩,同养公田。公事毕,然后敢治私事。"[82]此说即被视为理想化的典型。其实类似的说法不只见于孟子,如稍后的《韩诗外传》《汉书·食货志上》《公羊传》何休解诂等,都持此说。近数十年来,由于学术界重视了关于在古代社会中多存在农村公社或其残余形态的理论研究,对孟子等说,也转而接受。例如杨宽先生说:"作者认为我国古代的井田制,确是村社的制度。因为我国古代历史上,确实存在过这种整齐划分田地而有一定亩积的制度,也确实存在过按家平均分配份地的制度。"[83]林甘泉、童超在《中国封建土地制度史》一书中引述何休注之后说:"按照何休的说法,在实行井田制的条件下,授田农民每隔三年要重新分配一次份地,以保证'肥饶不得独乐,硗埆不得独苦'。这正是农村公社土地所有制公有与私有二重性的表现。"[84]

## 第三节 商周礼制及其在考古学中的反映

殷承夏礼与周承殷礼 礼制典籍:《周礼》《仪礼》与《礼记》 庙祭与社祭丧葬之礼 棺椁制度与用鼎制度

商周继承夏代成为礼制高度发达的社会,孔子说"为国以礼"。《左传·隐公十一年》有一段话说:"礼,经国家、定社稷、序民人、利后嗣者也。"把礼的作用讲得非常清楚。因此讲三代的文明史,不能不涉及当时的礼制文明。孔子说过"夏礼吾能言之,杞不足征也;殷礼吾能言之,宋不足征也。文献不足故也,足则吾能征之也"(《论语·八佾》),现在就更难找到关于夏礼和殷礼的文献记载了。不过他还说过"殷因于夏礼","周因于殷礼"(《论语·为政》),因而根据周礼也可以反推夏礼和殷礼。反映周礼的文献主要有三礼,即《周礼》《仪礼》和《礼记》。《周礼》主要讲官制和政治制度,《仪礼》讲朝聘、婚丧、祭祀、乡射和燕飨等多种礼制,其中反映当时的内政外交、亲族关系、宗教观念以及宫室、车马、服饰、饮食等制度和贵族的社会生活情形等。《礼记》则主要是孔门弟子讨论礼的理论和行为准则的文献,也有解释《仪礼》的篇章。据说《周礼》是周公旦所作,但现存《周礼》明显有较晚时期的成分。三礼的最后形成可能都在战国,其中内容有些是理想化的,有些还是反映了西周、春秋以至战国礼的制度和思想。三礼的内容非常丰富,究竟有哪些是反映了当时的真实情况,需要认真地进行研究。从考古学遗存中进行观察和分析,也是一个有效的途径。

商周礼制在考古学中反映最突出的是祭祀之礼。《国语·鲁语上》载:"夫祀,国之大节也。而节,政之所成也。故慎制祀以为国典。"视祭祀为国典,强调祭祀与国家制度的重要关系。正因为如此,当时将祭祀视为国家头等重要之事。这主要表现在对祖先的庙祭以及对天地诸神的社祭上。

《礼记·王制》"天子七庙"郑玄注云:"此周制,……殷则六庙,契及汤与二昭二穆。夏则五庙,无大祖,禹与二昭二穆而已。"夏代是否是"五庙"之制,难以稽考,但在河南偃师二里头遗址中已经发现了大型宗庙遗址。二里头二号建筑基址坐落在东西 58 米、南北 73 米的方形夯土台基上,坐北朝南,由大门、中庭、庙堂、左右两庑组成。在正殿以北空间的正中处发现一座大墓,大概是目前所见二里头文化中最大的一座墓。但墓室底部较小,很难放置一具多重棺椁。研究者推测,这可能是迁骨葬,或只是一座"衣冠冢",墓中所葬是当时统治者的始祖或高祖(遗骸或其象征物)[85]。从此遗址所处的重要位置及布局看,似为一座宗庙遗址。

商代祭祖礼制则可以通过对殷墟卜辞的研究,得知当时实行"周祭"制度[86]。所谓"周祭",是指殷商王室用五种祀典轮流而又周而复始地祭祀成系列的先公先王先妣。除周祭外,还有一些对祖先的不成系统的祭祀典礼,被称为"特祭"或"选祭"。卜辞中还记载,商王祭祀祖先是在"宗"或"必"中进行。从字形上分析,"宗"上面宝盖是屋宇之形,"示"则是神主的象征。故《说文》云:"宗,尊祖庙也。"于省吾先生考证"必"为"祀神之室"[87]。"宗"和"必"正是商代祭祀祖先的宗庙。在安阳殷墟发现了大型祭祀遗址。殷墟发掘时将其自北向南分为甲、乙、丙三区,甲区为宫室遗址,乙区为宗庙遗址,丙区为祭坛遗址[88]。乙组建筑基址规模较大,在乙七、乙八建筑基址周围有成行密集排列的殉葬坑,殉有大量的马、羊、狗及人等,此建筑基址似为商王祭祖的宗庙遗址(图3-5)。在乙组建筑基址以南,又发现了大型建筑基址,与乙组建筑基址

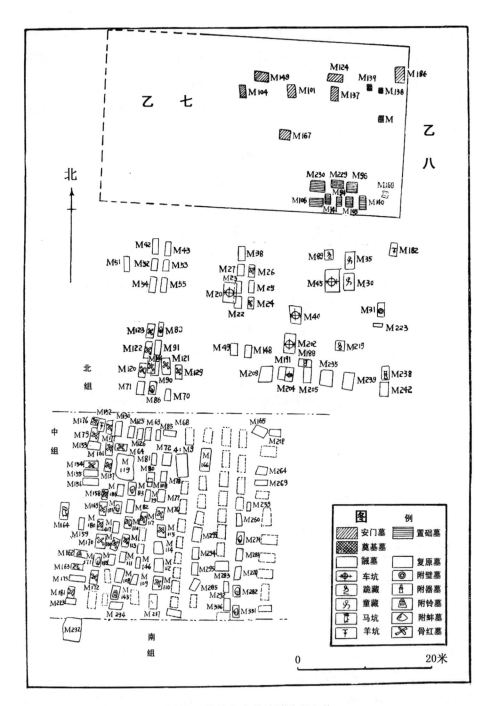

图 3-5　殷墟宗庙基址前的祭祀坑

是有密切关系的。其中 1 号房是主要建筑,南边至少有 6 处门道,门道两侧有排列规则的祭祀坑,坑内多数埋人架 3 具,其中各有 1 具跪状人架。从房"内无隔墙、无居住痕迹、门外有祭祀坑等现象分析,这座基址大概是用于祭祀的宗庙性建筑"[89]。可见,殷墟内用于祭祀的宗庙性建筑是相当庞大的,这与殷墟卜辞大量记有祭祖的内容可以相互印证。

周代是靠宗法制度来维护统治的,为了强调宗法关系,特别重视庙祭,各级贵族均按礼制立庙。《礼记·王制》云:"天子七庙,三昭三穆,与太祖之庙而七;诸侯五庙,二昭二穆,与太祖之庙而五;大夫三庙,一昭一穆,与太祖之庙而三;士一庙。"周天子的宗庙已在陕西岐山周原发现[90]。这一大型建筑遗址,南北长 45.2 米,东西宽 32.5 米,坐北朝南。整个建筑布局由南而北为影壁、门道、前堂,过廊居中,后边为后室,南北构成一中轴线;东西两侧配置门房、厢房,左右对称;由前至后又形成前院、中院和东西小院,中院和两小院四周有回廊,布局井然有序。此建筑遗址与文献记载的宗庙布局比较一致。以《尔雅·释宫》等文献解释,影壁谓之树。影壁与门之间谓之宁。门东西两侧门房谓之塾。中院谓之中庭。堂前有三阶,东为阼阶,西为宾阶。堂后两小院也应谓之庭。东西厢房谓之厢。最后一排是室,也可谓之寝。《尔雅》云:"室有东西厢曰庙,无东西厢曰寝。"郑玄注《周礼·隶仆》云:"《诗》云'寝庙绎绎',相连貌也,前曰庙,后曰寝。"以此观之,此遗址是寝、庙相连的祭祀建筑。又此遗址内所出 H1:117 号甲骨上刻有"祠,自蒿于周"的字样。蒿通镐,是周王从镐京往岐周进行春祠的记录[91]。

在陕西凤翔秦雍都内也发现了春秋时期的宗庙遗址。该宗庙遗址坐落在雍城中心偏南的最显处,是一组由三座房屋组成的封闭式院落,一座居中,坐北朝南,左右两座东西相对,中间是庭院,庭院中有用以祭祀的牛、马、羊及人的祭祀坑 181 个。研究者认为,这种建筑布局可能即是文献所说的昭穆宗庙制度[92](图3-6)。

除对祖先的庙祭外,另外重要的就是对天地诸神的社祭了。社又谓之社稷,是祭祀土谷神的地方。社稷又象征整个国家,所以历代王朝都对此非常重视。《墨子·明鬼下》云:"昔者虞夏商周三代之圣王,其始建国营都日,必择国之正坛,置以为宗庙,必择木之修茂者,立以为丛社。"《礼记·祭法》云:"王

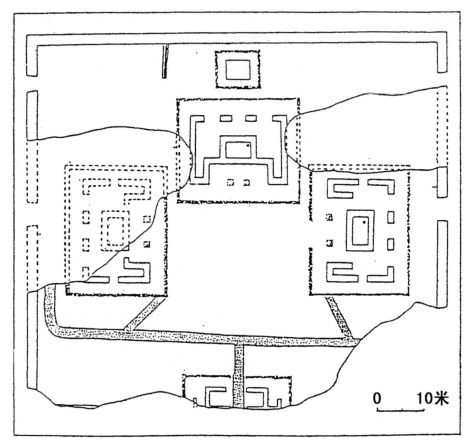

0 10米

图 3-6 秦雍城宗庙遗址

为群姓立社,曰大社;王自为立社,曰王社;诸侯为百姓立社,曰国社;诸侯自为立社,曰侯社;大夫以下成群立社,曰置社。"除了这些外,还有州社、里社、军社、亳社等。可见三代之时,社是非常重要的祭祀场所。文献记载,社大概只是一封土坛,其上或植树,或立石等。二里头遗址内还没有明确为社的遗址,但"封土曰坛、除地曰墠"的祭祀遗址已发现多处。这类祭祀遗址主要分布在宗庙、宫殿区的北面,呈东西方向排成一线,大约东西连绵二三百米。遗址的形状分为两类:一类是封土为"坛",主要是平面大致呈圆形、凸出于地表之上的土坛,坛径一般在 5 米以内。坛上布列着一圈或两圈不同土质、直径约 1 米左右的圆形"土墩"。坛面和坛下有路土,坛的周围是平整干净的场地。另一类是除地为"墠",是一种平面呈长方形的半地穴式建筑物,系在浅穴内铺垫层层净土,几乎每层垫土上都有因人们活动践踏而形成的路土面,往往还有成片的烧土面。一般不见柱子洞,应是没有屋顶的"场地"。在多数"墠"类建筑的活动面上,还发现排列比较整齐的墓葬,其中常见随葬铜器、玉器、漆器和精美陶器的"朱砂墓"。"墠"的规模大小不一,较小者长、宽各数米,较大者长达二三十米。据文献记载,坛、墠是古代都邑中常见的祭祀场所。《礼记·祭法》云:"天下有王,分地建国,置都立邑,设庙、祧、坛、墠而祭之,乃为亲疏多少之数,是故王立七庙,一坛一墠。"郑玄注:"封土曰坛,除地曰墠。"孔疏云:"一坛一墠者,七庙之外又立坛、墠各一。起土为坛,除地曰墠。"对照文献记载,上述二里头遗址内的两类遗址应是祭祀天地诸神的坛、墠类遗址[93]。

殷墟卜辞中"土"即"社"字。"贞,勿蒫年于甾土。"王国维释"甾土"为"邦社"[94]。陈梦家释"甾土为甾地之社",正如"亳土即亳地之社"[95]。在殷墟卜辞中关于祭"土"即祭"社"的内容颇为丰富,说明商代祭社是一项经常的礼仪活动。在郑州商城东北隅也发现了社祭遗迹,场地中部有 6 块大石块,中心一石最高,四周又放置五块。以石为社主与《淮南子·齐俗》"殷人之礼,其社用石"的记载相符。社石周围已发现 8 个祭祀坑,分三行排列。坑内埋狗,有的在狗骨架下还有人骨架。这些祭祀坑与社石应有密切关系,坑内的狗、人骨架应是祭社时的牺牲,祭完之后埋在社石的周围[96]。另外,安阳殷墟的丙组基址也被推测为社稷祭祀遗址[97]。类似的社祀遗址在江苏铜山丘湾商代遗址中也有发现,在遗址中立有 4 块大石,一石居中,三石紧贴其外围,在大石周围发现 20 具人骨架和 12 具狗骨架,都混杂地埋在一起,人的葬式都是俯身屈膝,双手反缚。所有的人头、狗头都是朝向大石。这应是当地的一处社祀遗址[98]。河南新郑郑韩故城内发现了郑国祭祀遗址,该遗址坐落在大城的中心部位,发现有夯土围墙墙基,在围墙内已清理了礼器坑 6 座,乐器坑 11 座,马坑 40 余座,共出土礼乐器 348 件。这些坑多数排列有一定规律,坑与坑之间也有一些打破关系,说明这里使用了较长时间,曾进行过多次祭祀活动。因这里没有发现墓葬和房屋建筑遗址,只有夯土围墙,故此遗址被推测为郑国的社稷祭祀遗址[99]。

商周的丧葬之礼在考古学中也有充分的反映。殷墟卜辞中有许多关于丧葬的内容。"贞,隹羽甲其葬。"张政烺释"葬"为"蕴",意为埋。"这是按照礼俗贞问在下一个甲日埋。"[100]"丙子贞,王更🅱令🅰我。"丁山云:"🅰,殆葬字。'葬我'者,盖谓使🅱临我氏之葬也。"[101]这些内容与周代丧礼中的"卜日""吊襚"等仪节非常相似[102],周代的丧葬之礼有些可能溯源于殷代。胡厚宣《释🅲》云:"🅲字作🅲,象人死后卧于棺椁之形,周围加᠁者,象土所以埋之。"[103]人死后置于"井"形葬具之中,正是周代所称的"井椁"之制。在安阳殷墟、罗山天湖等大、中型商代贵族墓中,已发现较多"井椁"实例[104]。商代贵族墓随葬铜礼器的种类比二里头文化时期大增,一般有觚、爵、鼎、斝、簋、斚、卣、瓿、尊、盘、罍和方彝等,并且铜觚和铜爵一直是铜礼器组合的核心。墓中随葬觚、爵套数的多寡与其他铜礼器多寡相联系,同时也与墓葬的大小成正比。表明墓中随葬觚、爵套数的多少代表了墓主身份等级的高低,体现了商代的礼器等级制度。在安阳殷墟西北冈王陵区,还发现了送殡行列所用仪仗的痕迹和祭墓现象[105],说明商王或高级贵族死后,要举行送葬之礼和祭墓之礼。王陵区东区分布着大量祭祀坑,总数约在2500座以上,已发掘了1487座。这些坑都是有规律的密集排列,可分成不同的组,同一组坑应是同一次祭祀活动。祭祀坑的内容以人祭坑为主,也有少数兽祭坑和器祭坑。最多时一组坑埋数百人,通常也有数十人或百人左右。从埋在王陵墓旁并分组排列的情况看,这些坑应是为某个王墓举行安葬仪式时或为某王举行祭祀活动形成的[106]。由此看出,商王室贵族祭祖除了庙祭外,王陵区也成了举行祭祖之礼的重要场所。

周代的丧葬礼制更加体现了贵族之间的宗法关系和等级关系。周代为了维护贵族之间的血缘宗法关系,死后实行聚族而葬的"族坟墓"制度。《周礼·地官·大司徒》载:"以本俗六安万民……二曰族坟墓。"郑玄注:"族犹类也。同宗者生相近,死相迫。""族坟墓"又分为"公墓"和"邦墓"。"公墓"是以国君为首的贵族墓地,由"冢人"根据血缘关系及等级进行族葬;"邦墓"是平民的墓地,由"墓大夫"根据血缘关系进行族葬。从考古发现来看,西周时期这种"族坟墓"制度是普遍存在的。如宝鸡𢀕国墓地是𢀕氏宗族的墓地,墓葬可分为七个等级[107]。其中𢀕伯墓的墓主是𢀕氏宗族的嫡长,又是𢀕国的国君,其墓规模最大。另外几代国君墓的葬制也基本如𢀕伯墓,只是略有差异。其他几类墓的规模则依墓主身份等级而逐次降低,这些墓的墓主人应当是𢀕氏宗族中的下等贵族,有的则是𢀕氏宗室的支庶,最低的可能是宗人或自由

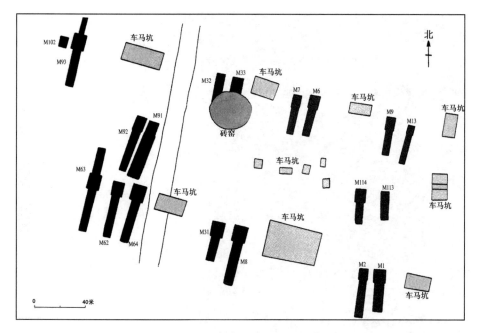

图 3-7　曲沃晋侯墓地平面图

民。这是一处典型的依血缘关系聚族而葬的姬氏"公墓"。类似的这种"族坟墓"，还见于北京燕国墓地、河南卫侯墓地、平顶山应侯墓地等[108]。山西曲沃晋侯墓地，时代属西周中期至春秋早期，埋葬情况略有不同。此墓地是九代晋侯夫妇墓并穴合葬的墓地，除九代晋侯夫妇墓外，只有一墓旁边陪葬三座女性墓，很明显是专门为晋国国君嫡系大宗而设的兆域，这种做法实开东周各国王陵之先河[109]（图 3-7）。至春秋战国时期，阶级关系重新组合，等级关系受到冲击，出现了所谓礼崩乐坏的局面，墓地的变化反映得更明显。各国国君的坟墓不仅筑起了显示墓主尊贵、地位和权力的高大坟丘，而且多数王陵还独自筑有宏大的陵园，以进一步突出国君的地位。如河北中山王譽墓出土的兆域图所示，在一个大陵台上并列五座大墓，中山王譽墓居中，王后和夫人墓居于两侧。墓的封土上建有三层台榭，称之为堂。整个陵墓四周又有两道城垣围绕，形成了一个十分壮观独立陵园[110]。河北邯郸的赵王陵、河南辉县固围村魏王陵也基本是这样修筑[111]。战国时期各国王陵的修筑，在一定程度上为秦汉陵寝制度的形成奠定了基础。

图 3-8 三门峡虢季墓(2001 号墓)墓室

周代丧葬制度中,棺椁制度和用鼎制度最能体现墓主的身份等级。《礼记·檀弓上》载:"天子之棺四重。"《荀子·礼论》云:"天子棺椁七重,诸侯五重,大夫三重,士再重。"据研究,周代的棺椁制度是:天子三椁四棺,诸侯二椁三棺,大夫一椁二棺,士一椁一棺[112]。棺的名称由内至外分别称为革棺、杝棺或椑棺、属棺、大棺。依身份等级高低而由内至外递减。两周时期的墓葬资料反映出这套制度是逐渐规范化的。西周至春秋早期为滥觞期,这时期的周天子墓还没发现,已发掘的诸侯级的墓如宝鸡茹家庄弓鱼伯墓、山西曲沃晋侯墓、河南三门峡上村岭虢公墓等多用一椁二棺(图3-8)。一般贵族也有使用一椁二棺者。说明这一时期棺椁等级制度还不十分严格。春秋中期至战国早期为形成期,考古发现的各国国君墓或卿墓,基本上是用二椁二棺或一椁三棺;大夫一级的墓用一椁二棺者居多;士墓一般是一椁一棺。说明这一时期棺椁的等级制度基本形成,但越制或不规范的现象也是会有的。战国中晚期是棺椁制度的僭越与破坏期,楚墓中已发现多例大夫级的墓用二椁三棺和二椁二棺者;一些士一级的小墓也多见用一椁二棺者。这说明棺椁等级制度到此时已僭越得非常严重了[113]。

　　周代的用鼎制度是整个礼器制度的核心,不论是祭祀、宴享、丧葬等所有礼仪活动,都要按等级使用以鼎为核心的成套青铜礼器。"三礼"等文献记载了周代礼器制度:天子九鼎、诸侯或卿七鼎、大夫五鼎、士三鼎,并有与之配套的其他礼器[114]。通过对两周墓葬用鼎制度的研究,可看出这套礼器制度发展变化的过程。西周前期存在相对应的两套用鼎制度:周王室自有一套天子九鼎,卿七鼎,大夫五鼎,士三鼎或一鼎的制度;另一套是对应的五等爵的制度,即公、侯七鼎,伯五鼎,子、男三鼎或一鼎(图3-9)。"存在这两套严格对应的用鼎制度,无疑即意味着当时的贵族等级制度以及与之相适应的用鼎等礼乐制度,处在何等严密的状态!"[115]这套制度从西周后期开始到战国中晚期连续遭到了三次破坏,主要表现为僭越,低等级的贵族用高等级的鼎制,这在春秋战国时期的墓葬中反映得非常明显。在最后的鼎制破坏中,"秦人所作变革对摧毁整个用鼎制度来说,产生了大于其他列国的作用,因为秦人的新制度,通过统一六国的过程,显然对东方六国之地发生过很大影响,加速了周人传统鼎制的破坏"[116]。鼎制的破坏,也就标志着旧的等级制度的破坏,秦人所创造的新的等级制度逐渐取而代之,走上了历史的舞台。

　　综上所述,商周的礼制在考古学中得到了充分反映,形成了中国古代独特的考古学礼制文化。中国古代各区域的文化,正是在这种礼制文化的强烈影响下,进行着大融合、大统一。这不仅是物质文化的融合和统一,而且是思想观念上的融合和统一,夏、商、周三代集中统一的政治格局的形成,礼制文化发挥了非常重要的作用。

图3-9　虢季墓七鼎六簋的配置

# 第四节　春秋战国时期政治、社会的发展与转型

平王东迁,王室衰微　宗法破坏,嫡庶互戕　"尊王攘夷"与五霸迭兴　"弭兵"会盟与民族融合　七雄并争与中央集权制萌芽　赋税改革与土地私有制产生

　　西周灭亡,平王东迁,是中国上古史上的一桩重大事件,也是上古史发展的一个重要转折点,即由西周的奴隶制或封建领主制向秦汉封建地主制过渡。

　　西周灭亡有多方面的原因。有天灾严重,有剥削残酷,也有政治混乱等原因。关于天灾,最严重的是地震。西周末年,关中大地震。《诗·小雅·十月之交》曰:"三川(泾、洛、渭)竭,岐山崩。""百川沸腾,山冢崒崩,高岸为谷,深谷为陵。"关于剥削残酷,周幽王及贵族们贪得无厌,《诗·大雅·瞻卬》曰:"人有土田,女反有之;人有民人(奴婢),女覆夺之。"关于政治混乱,主要是周幽王破坏宗法制度,废申后,立爱妃褒姒为后;废太子宜臼,立褒姒之子伯服为太子,引致王室内讧,诸侯反叛。公元前771年,申后之父申侯联合犬戎等举兵攻周,杀死幽王,虏走褒姒,洗劫了京师丰、镐。太子宜臼虽得勤王诸侯的拥立,为周平王,但以京师残破,关中动荡不安,就于次年东迁洛邑(今河南洛阳),重建国家,是为东周。东周的历史可分为两个时期,前期称春秋,后期称战国[117]。

　　平王东迁之后,王室衰微的情况严重。依赖于郑、晋等大国的保护,才得安定下来。所以周大夫富辰一再提醒周天子曰:"凡我周之东徙,晋、郑焉依。""平、桓、庄、惠皆受郑劳。"[118]可是从平王开始,由郑武公及其儿子郑庄公相继任王室卿士,大权在握,平王极感不安。他因重用虢公,以分郑伯之权,与郑发生矛盾。平王不得不屈尊与郑互相以人为质,作为守信的保证。史称"周、郑交质",王子狐为质于郑,郑公子忽为质于周。平王死,桓王立。桓王欲解除郑庄公卿士之职,专任虢公,从此"周、郑交恶"[119]。公元前707年,桓王以陈、蔡、虢、卫四国之师伐郑,以示惩罚,反而为郑打得大败,桓王的臂部亦被射伤,从此天子的威信一落千丈,更加速了政治与社会的全面转型。宗法制度的破

坏为这一转型起了催化的作用。

宗法制的破坏是从嫡长屡遭黜废、嫡庶互相戕伐开始的。当时就有人说："并后、匹嫡、两政、耦国,乱之本也。""并后"就是"妾如后","匹嫡"就是"庶如嫡","两政"就是"臣擅命","耦国"就是"都如国"[120]。四事在王室和诸侯国中都层出不穷,所诱发的坏事都很严重。

以王室为例。春秋初期,桓王欲废太子,立少子克。将此事托于周公黑肩。桓王死,太子立,为庄王。黑肩与王子克勾结,欲弑庄王而立子克,庄王杀黑肩,子克逃至燕国。可是庄王未接受这一教训,他在王位巩固之后,"嬖姬姚,生子颓,颓有宠。"[121]颓后来夺取了嫡侄惠王之位而自立。才过一年,为惠王杀死。可是惠王虽有此经历,也未接受教训。他本已立郑为太子,但却又偏爱幼子带。他死后,郑为襄王,王子带联合戎、狄造反,襄王外逃,子带自立为王。晋文公诛子带,襄王才得复位。至前 520 年,又发生过王子朝弑悼王而自立之事。后来又在前 441 年的一年中,先发生王子叔弑哀王(去疾)而自立为思王。才过五个月,少弟嵬又弑思王而自立为考王。总之,周王室由"并后、匹嫡"引发的政治动乱几乎不断。每次事件发生,必有王、太子、王子及众多贵族大臣罹难,有时还会引发战争,动乱时长数年至数十年。至战国中期,王室的疆土已为西周公和东周公分割,王室的宗法制度也破坏殆尽。

再以诸侯国为例:鲁国国君为周公旦之后裔,其所行制度可谓得周王室的真传,所以有"鲁有天子礼乐者"之说。可是自春秋开始,鲁国的宗法制度也在迅速破坏。如鲁惠公为长子息(隐公)娶宋女为妻,因此女甚美,惠公夺为己妻,并立为夫人。宋女生子允,立为太子;而息被废。惠公死后,贵族中一派以"隐(息)长又贤"为由,立息为君,即隐公。另一派以"桓(允)幼而贵,隐(息)长而卑"为由,与允勾结,在隐公即位十一年时,弑隐公而立允,是为桓公。可是后来桓公的遭遇也很坏,这与其家风腐朽有直接关系。他的夫人文姜婚前即与其兄齐襄公私通。婚后,桓公与夫人至齐,知此事而发怒,夫人与襄公合谋杀死桓公。此后,鲁立桓公子为庄公,但他另有三子,一为庆父,道德败坏,且野心极大。他与庄公夫人私通,又觊觎君位。庄公死,他杀太子斑,另立闵公。才过两年,又弑闵公而欲自立,后遭国人反对,到处窜逃,最后被迫自杀。庄公之孙文公,有长妃并生二子,文公均不爱,偏爱次妃及其子俀。文公死,俀勾结公子襄仲,杀长妃二子,自立为君,即宣公。长妃"哭而过市,曰:'天乎!襄仲为不道,杀嫡立庶!'鲁人谓之'哀姜'"。此后,鲁国的大权为桓公上述三子之子孙号称"三桓"[122]者垄断。后来三家联合讨伐鲁昭公,昭公外逃七年,不归而死。

司马迁对鲁国这二百年的历史甚不以为然,他说:"余闻孔子称曰:'甚矣!鲁道之衰也!洙泗之间龂龂如也。'观庆父及叔牙、闵公之际,何其乱也!隐、桓之事,襄仲杀嫡立庶;三家北面为臣,亲攻昭公,昭公以奔。至其揖让之礼则从矣,而行事何其戾也?"[123]

其他诸侯国的宗法制度破坏的情况也很严重。仅以周平王至周桓王十五年间的事件为例:平王四十七年(前724),"晋之曲沃庄伯弑主国晋孝侯"。四十九年,"郑伯弟段作乱"。五十一年,"郑侵天子之田"。桓王二年(前718),"卫弑其君桓公"。桓王八年,"鲁弑其君隐公"。桓王十年,"宋太宰华督弑其君殇公"[124]。司马迁曰:《春秋》一书所记,二百数十年间,"弑君三十六,亡国五十二,诸侯奔走不得保其社稷者不可胜数。察其所以,皆失其本已"。又曰:"夫君不君则犯,臣不臣则诛,父不父则无道,子不子则不孝。此四行者,天下之大过也。""臣弑君,子弑父,非一旦一夕之故也,其渐久矣。"[125]

政治制度本身的转型,过程很长,可分为三个阶段。第一阶段在春秋前中期,为"尊王攘夷"与五霸迭兴时期。第二阶段在春秋中后期,为"弭兵"会盟与民族融合时期。第三阶段在战国时期,为七雄并争与中央集权制度萌芽时期。

第一阶段的春秋前中期,"尊王攘夷"是华夏民族的自救运动。早在西周末年,居住在华夏族南面和北面的蛮夷戎狄有较大的内迁情况,许多中原诸侯国受到侵犯。至春秋前期,情况更加严重。由于周王室自顾不暇,众多诸侯希望联合起来,以求自卫。当时的形势有曰:"夷狄也,而亟病中国,南夷与北狄交,中国不绝若线。"[126]有条件领头的国家不多,齐桓公之齐比较有此条件。司马迁评论曰:"是时周室微,唯齐、楚、秦、晋为强。晋初与会,献公死,国内乱。秦穆公辟远,不与中国会盟。楚成王初收荆蛮有之,夷、狄自置。唯独齐为中国会盟,而桓公能宣其德,故诸侯宾会。"[127]齐桓公在管仲等人的协助下,已在国内进行了大规模的改革,国力强盛。前680年,宋国内乱,陈、曹等国欲联合齐国以伐之。齐桓公"请师于周",这是"欲崇天子,故请师,假王命以示大顺"。周天子果然派人与"齐侯、宋公、陈侯、卫侯、郑伯会于鄄(今山东鄄城北)"。次年,桓公"始霸"[128]。前667年,周天子又"赐齐桓公为伯"[129]。为一方诸侯之长,得专征伐。至此,齐桓公完全获得"礼乐征伐自诸侯出"的资格,并适时地举起了"尊王攘夷"的旗号,受到欢迎。

前664年,山戎侵燕,燕向齐告急,齐桓公率军伐山戎,保卫了燕国。他"命燕君复修召公之政,纳贡于周,如成康之时。诸侯闻之,皆从齐"[130]。前661年,狄人再次侵邢(今河北邢台),管仲对齐桓公说:"戎狄豺狼,不可厌也;诸夏亲昵,不可弃也;宴安鸩毒,不可怀也。"[131]齐桓公率军救邢,迁邢人于夷仪(今山东聊城),使邢人存活下来。前660年,狄人又侵卫,杀卫国君。齐桓公又率军救卫,迁卫人于楚丘(今河南滑县),筑城安置之。《左传》记曰:"齐桓公迁邢于夷仪,……封卫于楚丘,邢迁如归,卫国忘亡。"[132]齐桓公这些行动都"有存亡继绝之功"[133]。在诸侯中的威望大增。

也在此时,南方的楚国日益强大,不断北侵"江、汉间小国,小国皆畏之"[134]。前656年,齐桓公率齐、宋、陈、卫、郑、许、曹等国之师伐楚,与楚军对峙于陉山(今河南郾城东)。后在召陵(今郾城东)谈判,订立盟约,各自撤兵,史称"召陵之盟"。齐桓公这次行动阻止了楚军北进,在一段时间内消除了楚对中原各国的威胁。前651年,齐桓公在葵丘(今民权东北)大会诸侯,与会的有齐、鲁、宋、卫、郑、许、曹等国国君,周襄王命太宰周公与会,"赐桓公文武胙、彤弓矢、大路"[135]。会上齐桓公主导,订立了五条盟约。前三条以修身正家为主,如不擅易世子(太子),不以妾为妻,敬老慈幼等,有整顿宗法与政治混乱的作用。第四条为"士无世官",有废除世官世禄,提倡选贤任能的作用。第五条为"无曲防,无遏籴,无有封而不告"。规定国与国之间勿互相侵害,应互相支援;有分封事,要报告天子。最后还申明:"凡我同盟之人,既盟之后,言归于好。"[136]史称此次会盟为"葵丘之会"。此时,齐桓公的威望达到了高峰。他自称:"寡人兵车之会三,乘车之会六,九合诸侯,一匡天下。昔三代受命,有何以异于此乎?"他要效仿古代帝王"封泰山,禅梁父"[137]。他的骄傲之色已形于言表,管仲极力劝阻,才未成行。

齐桓公死后,齐国发生了内乱,国力大衰。南方的楚国又一再北伐。当时宋国尚强,宋襄公曾参与葵丘之会,与齐桓公有故交。此时他想联合一些诸侯抗楚,就决定会盟,自为盟主,约楚与会,会上为楚活捉,后放归。一年后,宋襄公又与楚作战,受伤而死。他的斗争虽未成功,后人还是承认他为五霸之一。

此时,晋文公即位,在晋国进行了许多改革,国力强盛。前635年,协助周襄王平定了王子带之乱,周襄王赐给他珪鬯、弓矢及河内之地,封他为方伯,得专征伐。晋文公的地位已仅次于当年的齐桓公了。前633年,楚军北上围宋,宋向晋告急,晋文公率军救宋。他先"退避三舍"[138],避开楚军的锋芒。至城濮(今山东鄄城西南),与宋、齐、秦会师,大破楚军,史称城濮之战。前632年,晋文公大会诸侯于践土(今河南原阳),与会的有鲁、齐、宋、蔡、郑、卫、莒等国,"晋文公召襄王,襄王会之河阳(今孟县西北)、践土,诸侯毕朝"[139]。晋文公向襄王献上大量的战利品。襄王策命文公为侯伯,赐给大辂之服及虎贲三百人等。命王室大夫王子虎参与会盟。"要言曰:'皆奖王室,无相害也。有渝此盟,明神殛之,俾队其师,无克祚国,及而玄孙,无有老幼。'"城濮之战,晋文公大胜;践土之盟,他又获得极大的成功。但他"召王"至河阳,又率诸侯朝王于践土,既有"勤王之德",又有"召君之失"。孔子曰:"以臣召君,不可以训。"[140]这是维护旧制度秩序的观点,已不合时宜了。

齐桓公和晋文公称霸,有其时代的意义。东汉学者曾在章帝的主持下,就各种主要典章制度议于白虎观,其结果编为《白虎通》一书,将古代曾被纳入五霸的人物分为三类,第一类为"尊王攘夷"者,第二类为"行方伯之职"者,第三类为作战讲仁义者。第一类:"昔三王之道衰,而五霸存其政,率诸侯朝天子,正天子之化,兴复中国,攘除夷狄,故谓之霸也。昔昆吾氏霸于夏者也,大彭氏、豕韦氏霸于殷者也,齐桓、晋文霸于周者也。"[141]昆吾、大彭、豕韦之事,这里不谈。其将齐桓、晋文纳入第一类还是符合历史实际的。宋襄公被纳入第二和第三类,甚是勉强。

约略与齐桓、晋文同时的,还有一位霸主是秦穆公。前659年,秦穆公立,任百里奚为大夫,整顿内政,发展生产,扩展疆土,东与晋国接壤。前645年,秦伐晋,大破晋军,生俘晋惠公,后来释放。前627年,秦东伐郑,回师至崤(今陕西潼关东),为晋军截击,秦军大败,史称"崤之战"。由于秦、晋势力均衡,秦东进,都为晋所阻挡,只能往西戎地区发展。《史记·秦本纪》曰:秦穆公"益国十二,开地千里,遂霸西戎"[142]。前624年,周天子命人赐穆公军用金鼓,表示祝贺,秦穆公亦有霸主之名,行方伯之职。《白虎通》归之入第二类,为"行方伯之职,会诸侯,朝天子,不失人臣之义"。他对中原的影响不大。

南方的楚国原属于蛮族,直到前706年,楚武王北伐华夏系姬姓随国时,还扬言:"我蛮夷也。今诸侯皆为叛相侵,或相杀。我有敝甲,欲以观中国之政,请王室尊吾号。"此话虽显示了楚与华夏之间,存在民族矛盾,但他自谓"吾先鬻熊,文王之师也"。认同华夏文化。只是抱怨周成王封他的先公以"子男"之爵,爵位太低,要求提高爵位。他说:"蛮夷皆率服,而王不加位,我自尊耳。"就自称武王。由此看来,他对中原王朝是向化的,对华夏文化是认同的。至前671年,楚成王即位,"布德施惠,结旧好于诸侯。使人献天子,天子赐胙,曰:'镇尔南方夷、越之乱,无侵中国。'"这是进一步向化、认同化的体现。前606年,楚庄王以武力北上,他灭庸(今湖北竹山西南)、伐宋,再伐陆浑之戎,而到周京洛邑,并陈兵以示军威。此时中原诸侯无力相抗衡,周定王忙命王孙满为使,慰劳楚庄王。庄王故意问:周室镇国重器——鼎有多大多重。王孙满虽用了"在德不在鼎"的话搪塞他,他还是说:"子无阻九鼎。楚国折钩之喙,足以为九鼎。"[143]以显示他蔑视周王之意;但楚亦无灭周之力,因而退兵。前597年,楚围郑,晋救郑,两军战于邲(今河南荥阳东北),晋军大败,史称"邲之战"。前594年,楚又围宋,宋向晋告急,晋畏楚,不敢出兵。从此,中原各国皆背晋向楚,楚庄王争得霸主地位。《白虎通》将他归入第二、三类,同于秦穆公。虽然楚庄王并无"朝天子,不失人臣之义"的表示,但其慕义向化的情况很明显。

自齐桓公至楚庄王,前后百年,中原的历史变化巨大。会盟运动起了重要的作用,理性处于主导地位,地缘政治发展,民族逐渐融合,形成了一些较大的地区性多民族国家。如《韩非子·有度》曰:"齐桓公并国三十,启地三千里。"境内东夷的一支莱人很多。《难二》曰:"(晋)献公并国十七,服国三十八。"境内戎、狄之人也很多。直到春秋后期,境内的姜戎首领驹支还对范宣子说:"我诸戎是四岳之裔胄也……以为先君不侵不叛之臣,至于今不贰。……我诸戎饮食衣服不与华同,贽币不通,言语不达。"[144]秦国,情况也类似。《史记·秦本纪》曰:秦穆公"用由余,谋伐戎王,益国十二,开地千里,遂霸西戎"。楚对中原之向化及民族融合的情况已如上述。《韩非子·有度》曰:楚庄王"并国二十六,开地三千里"。楚国是华夏化民族很深的多民族国家(图3-10)。

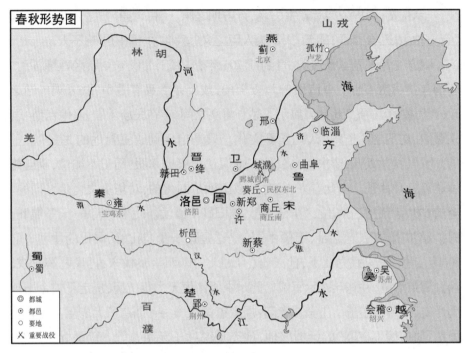

图 3-10　春秋形势图

在第二阶段的春秋中后期,发生"弭兵"运动是和当时历史需要分不开的。这时,南北斗争仍很激烈。南面有楚国不断北侵,北方则有晋国举行会盟,对抗楚国。楚与晋都不堪重负。郑、宋处于两大国之间,在七八十年中,郑遭战祸七十多次,宋遭四十多次。前565年,楚伐郑。郑恐,大夫子驷等"欲从楚",子展等"欲待晋"。子驷曰:"民急矣! 姑从楚以纾吾民。晋师至,吾又从之。敬共币帛,以待来者,小国之道也:牺牲玉帛,待于二竟,以待强者,而庇民焉。"[145]由此可以想见中小国家早已不堪其苦,普遍厌战;此时各国的民族融合与文化认同亦提供了有利的条件,一场被称为"弭兵"的和平运动发生了。此运动由多遭战祸的宋国发起,以承认晋、楚两大国的利益为前提。由于情况复杂,斗争不断,运动进行了两次。

第一次是在前579年,由宋大夫华元提倡,晋、楚两大国响应,各派代表会于宋,订立盟约曰:"凡晋、楚无相加戎,好恶同之;同恤灾危,备救凶患;若有害楚,则晋伐之;在晋,楚亦如之;交贽往来,道路无壅;谋其不协,而伐不庭。有渝此盟,明神殛之,俾队其师,无克胙国。"〔146〕三年后,楚国背盟,北侵郑、卫。前575年,晋、楚战于鄢陵(今属河南),楚共王被射伤眼睛,楚军大败。

第二次是在前546年,由宋大夫向戌提倡。当时,晋国的六卿(赵、韩、魏、知、中行、范氏)忙于争权,无暇他顾。楚国亦东面受制于吴国,不敢北进。其他小国也多有内争。所以这次弭兵之议提出,很快得到各诸侯的响应。前546年,晋、楚、齐、秦、鲁、宋、郑、卫、曹、许、陈、蔡、邾、滕共十四诸侯会于宋,这是一次多民族的国际会议。议定以晋、楚两大国为盟主,除齐、秦两个较大的诸侯不作从属国看待外,其他原来从属于晋、楚的诸侯在这次会盟之后,要互朝晋、楚,承担晋、楚两国给予的任务。史称此会为"向戌弭兵"。会盟之后,晋、楚之间四十多年没有发生大的战争,其他诸侯间的战争也很少。这为各国整顿内政,发展生产,安定人民生活,推动国家间的和平往来,民族间的交流与融合,起了积极作用。

向戌弭兵之后40年,长江下游以南,有吴、越两国兴起。吴在楚国之东,据文献记载,为周的祖先太王(古公亶父)之长子太伯和次子仲雍的后裔所建,都于吴(今江苏苏州),居民则以荆蛮或越人为主。春秋中期,助晋制楚,在晋的帮助下,国力日强。前506年,吴王阖闾在兵家孙武及楚亡臣伍员的协助下,率军伐楚,大破楚军,直入楚都郢。楚向秦告急。秦兵败吴,吴的南邻越国又乘虚攻入吴都,吴被迫从楚撤兵。

越亦称于越,其国君相传是夏王少康的后裔,居民为越人,建都会稽(今浙江绍兴)。越乘吴入楚而伐吴,在槜李大败吴军,阖闾受伤而死,其子夫差继位。前494年,吴伐越,败越军于夫椒(今江苏吴县太湖中),越王勾践求和,请为属国,夫差同意。

此时,齐国内争,齐、鲁之间大乱。吴王夫差欲争霸中原,就不断北伐,先后控制了鲁、邾、郯、莒等国,在江北筑邗城(今江苏扬州),开邗沟,联结江、淮,以通粮运兵。前484年,联合鲁军,大败齐师于艾陵(今山东莱芜东北),齐国降服。前482年,夫差又"起师北征,阙为深沟,通于商(宋)、鲁之间,北属之沂,西属之济,以会晋公午于黄池(今河南封丘西南)"〔147〕。他声言"欲霸中国以全周室"。与会者有晋、鲁、齐、薛、滕、卫等的国君及周天子的使臣、卿士单平公。会上"吴王与晋定公争长。吴王曰:'于周室我为长。'晋定公曰:'于姬姓我为伯。'"[148]吴王已争得盟主地位,但晋并不服输;吴王又得知越军已攻入吴都,心存疑惧,于是将霸主让与晋定公,急忙回师救吴,越军退出。前473年,越再伐吴,吴大败,夫差自杀,吴亡。

当初越败于吴后,勾践回国,即曾卧薪尝胆,誓报国仇。他"身自耕作,夫人自织,食不加肉,衣不重采,折节下贤人,厚遇宾客,振贫吊死,与百姓同其劳"。十年后,国力恢复,一再伐吴,终于报了亡国之仇。灭吴后,他也以"尊王室"为名,北上争霸。《史记》曰:"勾践已平吴,乃以兵北渡淮,与齐、晋诸侯会于徐州,致贡于周。周元王使人赐勾践胙,命为伯。勾践已去,渡淮南,以淮上地与楚,归吴所侵宋地于宋,与鲁泗东方百里。当是时,越兵横行于江、淮东,诸侯毕贺,号称霸王。"[149]《白虎通》把吴王阖闾和越王勾践列入五霸之中,这两国的华夏化应是基本条件。

在第三阶段的战国时期,中央集权制度萌芽标志着新的制度在产生。孟子曰:"诸侯之宝三:土地、人民、政事。"赵岐注:"诸侯正其封疆,不侵邻国,邻国不犯,宝土地也。使民以时,民不离散,宝人民也。修其德教,布其惠政,宝政事也。"[150]韩非曰:"事在四方,要在中央。"[151]在这样的情况下,世卿世禄制、分土封侯制都已不合时宜了,只有"强公室,杜私门"[152],创立中央集权制度才符合历史要求。

关于中央机构的改革,早在大国争霸时就已经开始。国君依据宗法用人的旧原则渐为选贤任能的新原则所取代。如齐之管仲、鲍叔牙,晋之狐偃、先轸,秦之百里奚、由余,楚之令尹子文、孙叔敖等,多出身低下,但却居相或上卿之位。此情况至战国时期,更有发展,几乎成为普遍的建政原则。如魏文侯以李悝为相,主持改革。李悝主张,"食有劳而禄有功,使有能而赏必行,罚必当"。"夺淫民之禄,以来四方之士"[153]。楚悼王以吴起为令尹,主持变法。吴起曰:楚国官制,"大臣太重,封君太重。若此,则上逼主而下虐民,此贫国弱兵之道也。不如使封君之子孙三世而收爵禄,绝灭百吏之禄秩,损不急之枝官,以奉选练之士"[154]。赵烈侯任公仲连为相,公仲"选练举贤,任官选能","节财俭用,察度功德"[155]。韩昭侯任申不害为相,"因任而授官,循名而责实,操杀生之柄,课群臣之能"[156]。齐威王任邹忌为相,慎选官吏,提倡节俭,广开言路,"群臣进谏,门庭若市"[157]。至于官职名称,各国大同小异。中央主要长官称相、丞相、相邦,为"百官之长"。楚则称令尹。其上有太师、太傅等,为国君之顾问,荣誉很高,但不管实事。相下有卿、御史、廷尉、内史、司空、司寇等,博士备顾问。军事长官有国尉、卫尉、司马、将军等,楚国称为上柱国、柱国等,亦有将军、司马之称。在七大国中,虽都选贤任能,但秦经商鞅变法,改革比较彻底,不论出身,用人唯才。而关东六国,则以用本国贵族为主。

分封制在各国还存在,秦国最少。封号为表示官阶或荣誉,封国、采邑是俸禄。各国封君不得"君国子民",只享受租税。如魏之安陵侯曰:"吾先君成侯受诏襄王以守此地也,手受大府之宪。""安陵,小国也,不能必使其民。"[158]

地方制度实行郡县制,大约是从设县开始[159]。华夏系国家,秦行之最早。《史记·秦本纪》曰:秦武公"十年(前688),伐邽、冀戎,初县之。十一年,初县杜、郑"[160]。邽县在今甘肃天水,冀县在今甘谷县东,杜县在今陕西长安县西,郑县在今华县。又前645年,晋惠公为秦所俘,向秦献晋在河西、河东、河南共八城与秦,"秦始征晋河东,置官司焉"[161]。"征"为征收赋税。"置官司"有可能是设县直辖。前457年,"初县频阳(今陕西富平东北)"。至商鞅变法时,秦在全国"并诸小乡聚,集为大县。县一令,四十一县"。但秦至此时,尚无郡制。秦有郡,见于战国中期,始于从他国夺取而来。如前328年,"魏纳上郡十五县"。前312年,秦"攻楚汉中,取地六百里,置汉中郡"[162]。后来取楚都郢为南郡,取巫郡、黔中郡,置南阳郡,夺赵上党郡,设巴郡、蜀郡等。

晋国行郡县制很早,而且郡县皆有。前651年,晋献公死,逃亡在外的晋公子夷吾希望秦国帮助他夺得君位。他对秦使说:"君苟辅我,……君实有郡县。且入河外列城五。"[163]此言反映了晋在此时已有郡县,这河外五城应有郡县之名。至前493年,晋执政上卿赵简子又讲到晋有郡县之事。他为讨伐叛逆而誓师曰:"克敌者,上大夫受县,下大夫受郡,士田十万。"[164]从行文看,晋国此时的县优于郡,二者有无隶属关系,尚不明确。楚国设县早于秦、晋,史载楚武王约于前700年前灭权国,改置县,为楚置县之始。前598年,又灭陈置县。楚之设郡大约始于战国中期,如为防秦,于其西北边境设汉中、巫、黔中等郡。燕在战国中期始设郡县。为北防匈奴、东胡,于北部边境自西而东设上谷、渔阳、右北平、辽西、辽东五郡,郡下设县若干。齐设郡,名曰都,都下设县。自战国中期以后,各国都有郡县,一般说来,郡先为军事区,其长官称守。后来兼管军民,仍称守;其副职有尉,专职军事。郡下设县,设县令(长),主县事。楚国的县令称公或尹,齐国称大夫。初步形成了地方行政郡县两级制。

现有资料证明,战国末年在七大国中只有三十余个郡名,郡下之县的数目不等。可能有不少的地区、城邑虽无郡县之名,而已行郡县之事了。但也可以肯定,在关东各国中,还有许多地方并未设郡县,郡县制度尚不完善。

社会经济制度的转型,主要是指土地所有制的改变,即由国有制转变为私有制。由于井田制破坏,导致各国进行地租赋税的改革,从而推动了土地私有制的产生。井田制度的破坏,在春秋前期已很严重。如在齐国,由于贵族们残酷的剥削,农奴们在公田上的生产劳动已没有积极性了,经常消极怠工,或结伙逃亡。《诗·齐风·甫田》曰:"无田甫田,维莠骄骄。""无田甫田,维莠桀桀。"郑笺曰:"甫,大也。大田过度而无人功,终不能获。"[165]大田,就是公田。骄骄与桀桀都是形容莠草茂盛之状。《汉书·食货志上》曰:"周室既衰,暴君污吏慢其经界,徭役横作,政令不信,上下相诈,公田不治。"[166]这样的情况加速了井田制的瓦解,促进了土地私有制的产生。

土地私有制的萌芽和产生有多种途径。主要途径有四:

1. 采邑或赐田转向私有——土地归王所有还是归诸侯所有,其性质都是"国有",所有权属于国家。但从春秋前中期开始,采邑或赐田转向私有已是必然之事。如晋公子夷吾赐给臣属里克"汾阳之田百万",丕郑"负蔡之田七十万"[167]。春秋后期,上引赵简子的誓词中有"克敌者,……士田十万"之语。赵简子还赐给名医扁鹊"田四万亩"[168]。战国初期,赵烈侯赐给两位歌者田"人万亩"[169]。赐田的对象已不限于贵族、高官,也有平民。

2. 贵族之间转让田地,或互相劫夺土地,转向私有——春秋时期争夺田地的情况很多,也很严重。诸侯、卿大夫、嬖臣、小吏都参加了这种争夺。如晋"知伯与赵、韩、魏共分范、中行地以为邑"。"魏武侯、韩哀侯、赵敬侯灭晋后而三分其地。"[170]晋大夫郤至与周王室争鄇田,周简王派人请晋侯评理。

3. 开荒地据为己有——当时由于已有铁器,青铜工具也很锐利,所以开垦荒地的很多,其中有中小贵族,也有逃亡的农奴和平民。开荒地一般不向国家登记,隐瞒在私人手中,成为私有财产。

4. 井田中的私田(份地)转向私有——大量的私田转向私有是从各国改

革税制开始的。

私田在出现之初,是非法的,不向官府登记,亦不纳税。私田越多,不纳税的田地也越多,拥有大量私田的人越富。可是公家(诸侯)都由于公田歉收或荒芜,经济日益困难。于是,出现了"私肥于公"的现象,这对于诸侯是很不利的,各国诸侯为了扩大税源,增加财政收入,先后进行了赋税制度的改革。各国税改的基本特点相同,都是不论公田(井田)、私田,一律按照亩积的多少或产量的高低,纳什一之税。这样的税改在客观上削弱了井田的国有性质,承认了私田的合法性。

税改是在齐国首先进行的,主持改革的是管仲,时间在公元前 680 年左右。文献称此种改革为"案田而税"[171],亦称作"相地而衰征"[172],就是土地不分公田、私田,一律按田地数量或亩产多少,分等纳税。此种税改意味着公田、私田不再存有界限,于是加速了井田制的破坏过程,促进了土地私有制在更大范围的发展,农民迁徙流动减少,社会安定,经济发展迅速,为齐桓公称霸奠定了雄厚的物质基础。前 645 年,晋国"作爰田","爰,易也,赏众以田,易其疆畔"[173]。赏田转为私有。再后,鲁国于前 594 年进行了一次赋税改革,就是历史上著名的鲁宣公十五年"初税亩"。《公羊传》曰:"初者何? 始也。税亩者何? 履亩而税也。"何休注:"时,宣公无恩信于民,民不肯尽力于公田,故履践案行,择其善亩谷最好者税取之。"[174]这一税改与齐国的"案田而税"的改革基本相同。

相继进行赋税改革的还有楚国,前 548 年"书土田","量入修赋"[175]。郑国于前 538 年"作丘赋"[176]。秦国于前 408 年"初租禾"[177]。稍晚,魏国的李悝"为魏文侯作尽地力之教",其内容有曰:"今一夫挟五口,治田百亩,岁收亩一石半,为粟百五十石,除十一之税十五石,余百三十五石。"这是废除井田制度下的劳役地租后而改行什一之税的实物地租,显然在此之前,魏国似已实行过"初税亩"。前 356 年至前 338 年间,秦国商鞅变法,是在 50 年前实行过"初租禾"的基础上"坏井田,开阡陌",由税改而进到"土改"。西汉政论家董仲舒曰:"(秦)用商鞅之法,改帝王之制,除井田,民得卖买。"[178]土地私有制从此在秦国完全确立。

土地所有权是一种法权问题。土地私有权的拥有,要以自由的让渡为标志,这种让渡包括了赠送、继承、抵押、典当等,但要以自由买卖为最高标志。这种让渡权要合法,要得到官府的承认并加以保护。文献记载,春秋后期,晋国已有土地买卖关系。《韩非子·外储说左上》曰:赵襄子时,中牟令"王登一日而见二中大夫,予之田宅。中牟之人弃其田耘,卖宅圃,而随文学者,邑之半"〔179〕。此时至少在晋国已出现了土地买卖关系。战国后期,赵国将军赵括把赵王的赏赐归藏于家,"日视便利田宅可买者买之"〔180〕。由上述记载来看,此时的土地买卖关系在关东也已成为合法的买卖关系了,这是土地作为商品进入市场的必然现象。

## 注 释

〔1〕 夏、商和西周三朝各存在的具体年数,文献记载差异很大。《史记·夏本纪·集解》引徐广曰:"从禹至桀,十七君十四世。"案:《汲冢纪年》曰:"有王与无王,用岁四百七十一年矣。"《殷本纪·集解》引谯周曰:"殷凡三十一世,六百余年。"《汲冢纪年》曰:"汤灭夏以至于受,二十九王,用岁四百九十六年也。"《夏商周断代工程1996—1999年阶段成果报告(简本)》第32页:"武王克商的首选之年"为公元前1046年。据此,至公元前771年幽王被杀国除,西周存在了275年。本注引《史记》为中华书局排印本第一册,第89页。以下凡引二十四史中华书局排印本者,不再注版本。

〔2〕 《论语》卷一《为政》,中华书局《十三经注疏》影印本下册,第2461页。以下凡引本版十三经者,不再注版本。

〔3〕 《论语》卷一五《卫灵公》,《注疏》下册,第2518页。

〔4〕 《孟子》卷七《离娄上》,《注疏》下册,第2718页。

〔5〕 《诗经》卷二〇之三,《注疏》上册,第622—623页。

〔6〕 《史记》第一册,第91页。

〔7〕 胡厚宣:《甲骨文所见商族鸟图腾的新证据》,《文物》1977年2期。又《甲骨文商族鸟图腾的遗迹》,《历史论丛》第一辑,1984年。

〔8〕 《尔雅》卷一〇《释鸟》:"燕燕,鳦。"晋郭璞注:"《诗》云:'燕燕于飞。'一名玄鸟。齐人呼鳦。"《注疏》下册,第2648页。

〔9〕 王国维:《观堂集林》卷九《史林》一(第二册),中华书局,1959年,第410页。以下引本文或其《续考》,不再注版本。

〔10〕 白钢主编:《中国政治制度史》,中国天津人民出版社、新西兰霍兰德出版有限公司,1991年,第100页。以下引本书不再注版本。

〔11〕 王国维:《殷卜辞中所见先公先王考》,《观堂集林》卷九《史林》一,第二册,第423—424页。

〔12〕 《注疏》上册,第626页。

〔13〕 《世本》,商务印书馆《丛书集成》初编本,第3页。胲亦作核、该、垓、冰,即王亥。

〔14〕 《史记》卷三《殷本纪·集解》引孔安国语,第一册,第94页。

〔15〕 《注疏》下册,第2712页。

〔16〕 《尚书》卷八《商书·汤誓》,《注疏》上册,第84页。

〔17〕 《注疏》下册,第2681页。

〔18〕 《尚书》卷九《商书·盘庚上》:"不常厥邑,于今五邦。"孔氏传:"汤迁亳,仲丁迁嚣,河亶甲居相,祖乙居耿,我往居亳,凡五徙国都。马云:五邦谓商丘、亳、嚣、相、耿也。"《注疏》上册,第168页。

〔19〕 《尚书》卷九《商书·盘庚中》,《注疏》上册,第170—171页。

〔20〕 郭沫若主编、胡厚宣总编辑:《甲骨文合集》3695,中华书局,1978—1982年。

〔21〕 《注疏》上册,第222页。

〔22〕 《注疏》上册,第177页。

〔23〕 《注疏》上册,第553页。

〔24〕 《注疏》上册,第528页。

〔25〕 《注疏》上册,第614页。

〔26〕 商务印书馆《国学基本丛书》1958年重印本,第14页。

〔27〕 《孟子》卷八《离娄下》赵岐注:"诸冯、负夏、鸣条皆地名也……在东方夷服之地,故曰东夷之人也。""岐周、毕郢,地名也。岐山下周之旧邑,近畎夷,畎夷在西,故曰西夷之人也。"《注疏》下册,第2725页。

〔28〕 《注疏》上册,第541页。

〔29〕 《史记》第一册,第114页。

〔30〕 《注疏》上册,第615页。

〔31〕 2号卜甲,"衣王"就是"殷王"。"帛",地名,在今陕西境内。见《文物特刊》1987年第43期《陕西出土一万余片周的甲骨》。

〔32〕 《注疏》下册,第2676页。

〔33〕 《注疏》上册,第524—525页。

〔34〕 《注疏》下册,第2665—2666页。

〔35〕 《注疏》上册,第589页。

〔36〕 《左传》卷四五昭公九年,《注疏》下册,第2056页。

〔37〕 《注疏》下册,第 1414 页。

〔38〕 以上依次引自第一册,第 83、88、89 页《集解》引徐广曰。

〔39〕 以上依次引自第一册,第 98、101、105 页。

〔40〕 白钢主编:《中国政治制度史》,第 101 页。

〔41〕 王国维:《殷卜辞中所见先公先王考》,《观堂集林》卷九《史林》一,第二册,第 430 页。

〔42〕 《史记》卷三八《宋微子世家》,第五册,第 1622 页。

〔43〕 《吕思勉读史札记》甲帙《先秦·殷兄弟相及》(上册),上海古籍出版社,1982 年,第 135 页。以下引本书不再注版本。

〔44〕 《尚书·周书》,《注疏》上册,第 212 页。

〔45〕 以上引自《史记》第一册,第 141—144 页。又见《国语》卷一《周语上》,第 3—5 页。

〔46〕 《左传》卷五二昭公二十六年,《注疏》下册,第 2115 页。

〔47〕 《观堂集林》第二册,第 453、474 页。

〔48〕 《尚书》卷五《虞书·益稷》曰:"元首起哉,百工熙哉!"孔氏传:"元首,君也。"《注疏》上册,第 144 页。《礼记》卷四《曲礼下》,《注疏》上册,第 1260 页。

〔49〕 《尚书》卷四《周书·洪范》,《注疏》上册,第 190 页。

〔50〕 《注疏》上册,第 207 页。

〔51〕 《注疏》上册,第 162 页。

〔52〕 孙诒让《墨子间诂》卷一二《贵义》,下册,第 277 页。商务印书馆《国学基本丛书简编》本,1936 年 10 月三版。

〔53〕 《史记·殷本纪》第一册,第 102 页。

〔54〕 参看高锐:《中国军事史略》上册,第 35—36 页,军事科学出版社,1992 年。

〔55〕 《史记·殷本纪》第一册,第 106 页。《战国策》卷二〇《赵三》,《国学基本丛书》本第二册,第 74 页,商务印书馆 1958 年重印本。

〔56〕 《注疏》上册,第 463 页。

〔57〕 《左传》卷一五僖公二十四年,《注疏》下册,第 1817 页。

〔58〕 第三册,第 722 页、第 724 页注〔22〕。

〔59〕 《吕思勉读史札记》甲帙《先秦·三公、四辅、五官、六官、冢宰》,上册,第 223 页。

〔60〕 《周礼·夏官·职方氏》,《注疏》上册,第 863 页。

〔61〕 《左传》卷五四定公四年,《注疏》下册,第 2134 页。

〔62〕 《左传》卷一五僖公二十四年,《注疏》下册,第 1817 页。

〔63〕 《左传》卷五二昭公二十八年,《注疏》下册,第 2119 页。

〔64〕《荀子集解》卷四《儒效》，商务印书馆《国学基本丛书简编》本第二册，第 28 页。以下引不再注版本。

〔65〕《注疏》下册，第 2134—2135 页。

〔66〕以上所引分别见《史记·周本纪》和《齐太公世家》。《世家》见卷三二，第五册，第 1480—1481 页。

〔67〕《尚书·周书·牧誓》，《注疏》上册，第 183 页。

〔68〕《孟子·万章下》，《注疏》下册，第 2741 页。又《礼记·王制》说同，《注疏》上册，第 1321—1322 页。

〔69〕《尚书·周书·武成》，《注疏》上册，第 185 页。

〔70〕《注疏》上册，第 704 页。

〔71〕《吕思勉读史札记》甲帙《先秦·封地大小》，上册，第 253 页。

〔72〕以上均引自郭沫若：《两周金文辞大系图录考释》，上海书店出版社，1999 年。受同授、毕、埜、淖、酓、寏、匿、陣原、寒山都是地名。

〔73〕《礼记·王制》曰：“（天子）大夫不世爵，使以德，爵以功。”又曰：“诸侯之大夫不世爵禄。”《注疏》上册，第 1348 页。此为后起之说，不可信。

〔74〕黄晖：《论衡校释》第五卷《感虚》（第一册），台北商务印书馆 1964 年，第 245 页。

〔75〕《国语》卷一〇《晋语四》，商务印书馆《国学基本丛书》本 1958 年 3 月重印，1959 年 10 月第二次印刷，第 133 页。

〔76〕王筠：《夏小正正义》，商务印书馆《丛书集成》初编本，1936 年 12 月初版，第 9 页。《诗·小雅·大田》及郑笺，见《注疏》上册，第 477 页。

〔77〕《注疏》上册，第 169 页。

〔78〕郭沫若：《奴隶制时代》，科学出版社，1956 年，第 6—7 页。据郭沫若《殷契萃编》校，科学出版社，1965 年。“刞”读若则。“坚”同圣，读若窟。

〔79〕以上均引自《孟子·滕文公上》，《注疏》下册，第 2702 、2703 页。

〔80〕以上所引依次见朱熹《孟子集注》卷一〇《万章下》、卷五《滕文公上》，中华书局 1983 年 10 月出版《四书章句集注》，第 316、256 页。以下引《集注》不再注版本。

〔81〕《周礼》卷一三《地官·载师》贾疏引郑玄《驳五经异义》，《注疏》上册，第 724—725 页。

〔82〕《孟子集注》卷五《滕文公上》，第 256 页。

〔83〕杨宽：《古史新探》，中华书局，1965 年，第 112 页。

〔84〕林甘泉主编：《中国封建土地制度史》第一卷，中国社会科学出版社，1990 年，第 8 页。

〔85〕 中国社会科学院考古研究所:《中国考古学·夏商卷》,中国社会科学出版社,2003年,第129页。

〔86〕 常玉芝:《商代周祭制度》,中国社会科学出版社,1987年。

〔87〕 于省吾:《甲骨文字释林·释必》,中华书局,1979年。

〔88〕 石璋如:《小屯·殷墟建筑遗存》,台北:"中研院"历史语言研究所,1959年。

〔89〕 中国社会科学院考古研究所安阳工作队:《河南安阳殷墟大型建筑基址的发掘》,《考古》2001年5期,第26页。

〔90〕 陕西周原考古队:《陕西岐山凤雏村西周建筑基址发掘简报》,《文物》1979年10期,第27页。

〔91〕 徐中舒:《周原甲骨初论》,《四川大学学报丛刊十》,《古文字研究论文集》,1982年。

〔92〕 韩伟:《马家庄秦宗庙建筑制度研究》,《文物》1985年2期,第30页。

〔93〕 中国社会科学院考古研究所:《中国考古学·夏商卷》,中国社会科学出版社,2003年,第129页。

〔94〕 王国维:《殷卜辞中所见先公先王考》,载《观堂集林》卷九。

〔95〕 陈梦家:《殷墟卜辞综述》第十七章,中华书局,1988年。

〔96〕 同注〔93〕,第352页。

〔97〕 石璋如:《小屯·殷墟建筑遗存》,台北:"中研院"历史语言研究所,1959年。

〔98〕 南京博物院:《江苏铜山丘湾古遗址的发掘》,《考古》1973年2期,第71页;俞伟超:《铜山丘湾商代社祀遗迹的推定》,载《先秦两汉考古学论集》,文物出版社,1985年。

〔99〕 河南省文物考古研究所:《河南新郑市郑韩故城郑国祭祀遗址发掘简报》,《考古》2000年2期,第61页。

〔100〕 张政烺:《释因蕴》,载《古文字研究》第十二辑。

〔101〕 丁山:《甲骨文所见氏族及其制度·殷商氏族方国志》,科学出版社,1956年。

〔102〕《仪礼·士丧礼》。

〔103〕 胡厚宣:《释䇂》,载《甲骨学商史论丛》初集(下)第四册,成都齐鲁大学国学研究所专刊,1944年。

〔104〕 同注〔93〕,第333页。

〔105〕 胡厚宣:《殷墟发掘》,学习生活出版社,1955年。

〔106〕 中国社会科学院考古研究所:《殷墟的发现与研究》,科学出版社,1994年,第112—121页。

〔107〕 卢连成、胡智生:《宝鸡強国墓地》,文物出版社,1988年。

〔108〕 北京市文物研究所:《琉璃河西周燕国墓地》,文物出版社,1995年;郭宝钧:《浚县辛

村》，科学出版社，1964 年；《平顶山应国墓地九十五号墓的发掘》，《华夏考古》1992 年 3 期，第 92 页。

〔109〕　北京大学考古文博学院等：《天马—曲村遗址北赵晋侯墓地第六次发掘》，《文物》 2001 年 8 期，第 4 页。

〔110〕　河北省文物研究所：《𰻂墓——战国中山国国王之墓》，文物出版社，1995 年。

〔111〕　河北省文管处等：《河北邯郸赵王陵》，《考古》1982 年 6 期，第 597 页；中国科学院 考古研究所：《辉县发掘报告》，科学出版社，1956 年。

〔112〕　赵化成：《周代棺椁多重制度研究》，载《国学研究》第五卷，北京大学出版社， 1998 年。

〔113〕　同注〔112〕。

〔114〕　俞伟超、高明：《周代用鼎制度研究》，载《先秦两汉考古学论集》，文物出版社， 1985 年。

〔115〕　同注〔114〕。

〔116〕　同注〔114〕。

〔117〕　东周始于平王元年（前 770），止于秦庄襄王元年（前 249）秦灭东周公国，凡 521 年。记载东周前期史事的主要著作是鲁国的《春秋》，后人称这段历史为"春秋时 期"。后期，时人称列国为"战国"，后人称这段历史为"战国时期"。学者们对春秋 与战国的分界有不同意见，本书从司马光《资治通鉴》说，以周威烈王二十三年（前 403）韩、赵、魏"三家分晋"为战国之始。

〔118〕　《史记》卷四《周本纪》，第一册，第 153 页。

〔119〕　《左传》卷三隐公三年，《注疏》下册，第 1723 页。

〔120〕　以上引自《左传》卷七"桓公十八年传"引周大夫辛伯语及注，《注疏》下册，第 1759 页。

〔121〕　《史记》卷四《周本纪》，第一册，第 151 页。

〔122〕　以上引自《史记》卷三三《鲁周公世家》，第五册，第 1529、1536 页。三桓，桓公三 子，仲孙氏，亦称孟孙氏，庆父之后；叔孙氏，叔牙之后；季孙氏，季友之后。

〔123〕　《史记》卷三三《鲁周公世家》太史公曰，第五册，第 1548 页。

〔124〕　《史记》卷四〇《楚世家》，第五册，第 1695 页。

〔125〕　《史记》卷一三〇《太史公自序》，第十册，第 3297—3298 页。

〔126〕　《公羊传》卷一〇僖公四年，《注疏》下册，第 2249 页。

〔127〕　《史记》卷三二《齐太公世家》，第五册，第 1491 页。

〔128〕　《史记》卷三二《齐太公世家》，第五册，第 1487 页。

〔129〕 《左传》卷一〇庄公二十七年曰："王使召伯廖赐齐侯命。"杜注曰："召伯廖,王卿士,赐命为侯伯。"《注疏》下册,第 1781 页。《史记》卷四《周本纪》:"惠王十年(前667),赐齐桓公为伯。"第一册,第 1487 页。

〔130〕 《史记》卷三二《齐太公世家》,第五册,第 1488 页。

〔131〕 《左传》卷一一闵公元年,《注疏》下册,第 1786 页。

〔132〕 《左传》卷一一闵公二年,《注疏》下册,第 1789 页。

〔133〕 《穀梁传》卷八僖公十七年,《注疏》下册,第 2398 页。

〔134〕 《史记》卷四〇《楚世家》,第五册,第 1696 页。

〔135〕 《左传》卷一三僖公九年,《注疏》下册,第 1800 页。《史记》卷三二《齐太公世家》。文、武胙,祭祀周文王和周武王用的肉。《集解》引贾逵曰:"大路,诸侯朝服之车,谓之金路。"

〔136〕 《孟子》卷一二《告子下》,《注疏》下册,第 2759 页。

〔137〕 《史记》卷三二《齐太公世家》,第五册,第 1491 页。封泰山,禅梁父:在泰山上筑土为坛祭天,报天之功,称封;在泰山下梁父山上辟场祭地,报地之功,称禅。

〔138〕 一舍为三十里。

〔139〕 《史记》卷四《周本纪》,第一册,第 154 页。

〔140〕 以上引自《左传》卷一六僖公二十八年,《注疏》下册,第 1826、1827 页。参看杨伯峻《春秋左传注》第一册,第 473 页注。

〔141〕 《白虎通》卷一上《号·五伯》,商务印书馆"丛书集成"初编本,第 26 页。第二类五霸有齐桓、晋文、秦穆、楚庄、吴王阖闾。第三类五霸有齐桓、晋文、秦穆、宋襄、楚庄。

〔142〕 《史记》卷五《秦本纪》,第一册,第 194 页。

〔143〕 以上引自《史记》卷四〇《楚世家》,第五册,第 1695、1700 页。

〔144〕 《左传》卷三二襄公十四年,《注疏》下册,第 1956 页。

〔145〕 《左传》卷三〇襄公八年,《注疏》下册,第 1939 页。

〔146〕 《左传》卷二七成公十二年,《注疏》下册,第 1910 页。

〔147〕 《国语》卷一九《吴语》第 219 页。

〔148〕 以上引自《史记》卷三一《吴太伯世家》,第五册,第 1473、1474 页。

〔149〕 以上引自《史记》卷四一《越王勾践世家》,第五册,第 1742、1746 页。

〔150〕 《孟子》卷一四下《尽心下》及赵岐注,《注疏》下册,第 2778 页。

〔151〕 《韩非子》卷二《扬权》,第一册,第 29 页。

〔152〕 《史记》卷八七《李斯列传》,第八册,第 2542 页。

〔153〕　刘向:《说苑》卷七《政理》,商务印书馆"万有文库"本,第66—67页。

〔154〕　《韩非子》卷四《和氏》,第一册,第64页。

〔155〕　《史记》卷四三《赵世家》,第六册,第1797页。

〔156〕　《韩非子》卷一七《定法》,第四册,第20页。

〔157〕　《战国策》卷八《齐一》,商务印书馆《国学基本丛书》本,1958年4月重印,1959年第2次印刷,第一册,第74页。以下引本书不再注版本。

〔158〕　《战国策》卷二五《魏四》,第三册,第24—25页。

〔159〕　西周时,有县之名,如称邦畿千里之地为县,或称王畿内的都邑为县。但都与后来作为一级行政区的郡县制之县不同。

〔160〕　第一册,第182页。

〔161〕　《左传》卷一四僖公十五年,《注疏》下册,第1808页。杨伯峻《春秋左传注》第一册,第352页僖公十五年:"赂秦伯以河外列城五,东尽虢略,南及华山,内及解梁城。"注曰:"《秦本纪》述夷吾之言谓'诚得立,请割晋之河西八城与秦',言八城,则并河外五城与河内解梁及瑕数之,余邑已不得知其名矣。惟史公谓'河西八城',似八城俱在河西者,盖偶疏。"

〔162〕　以上引自《史记》卷五《秦本纪》,第一册,第199、203、206、207页。

〔163〕　《国语》卷八《晋语二》,第110页。

〔164〕　《左传》卷五七哀公二年,《注疏》下册,第2156页。

〔165〕　《诗》卷五之二《齐风·甫田》,《注疏》上册,第353页。

〔166〕　《汉书》第四册,第1124页。

〔167〕　《国语》卷八《晋语二》,第110页。

〔168〕　《史记》卷一〇五《扁鹊列传》,第九册,第2787页。

〔169〕　《史记》卷四三《赵世家》,第六册,第1797页。

〔170〕　《史记》卷三九《晋世家》,第六册,第1685、1687页。

〔171〕　《管子》卷七《大匡》,注:"案知其壤垆而税之。"商务印书馆"万有文库国学基本丛书"本第一册,第93页。以下引本书不再注版本。

〔172〕　《国语》卷六《齐语》:"相地而衰征,则民不移。"韦注:"相,视也。衰,差也。视土地之美恶及所生出,以差征赋之轻重也。移,徙也。"

〔173〕　《左传》卷一四僖公十五年及"正义",《注疏》下册,第1806页。

〔174〕　《公羊传》卷一六,《注疏》下册,第2286页。

〔175〕　《左传》卷三六襄公二十五年,《注疏》下册,第1985、1986页。

〔176〕　《左传》卷四二昭公四年,《注疏》下册,第2035页。

〔177〕 《史记》卷一五《六国年表》,第二册,第 708 页。

〔178〕 以上引自《汉书》卷二四上《食货志上》,第四册,第 1125、1126、1137 页。

〔179〕 《韩非子》卷一一《外储说左上》,第三册,第 30 页。

〔180〕 《史记》卷八一《廉颇蔺相如列传》附《赵奢传》,第八册,第 2447 页。

# 第四章　辉煌的青铜文化

　　商周是中国青铜时代的繁盛时期。多样的青铜文化、发达的青铜工业和奇异的青铜艺术,在中国文明史和世界文明史上占据了重要的地位。中国的古代文明在这个时期开始了从多元向一统转化的进程,从而形成了以黄河中下游为核心的中原青铜文化系统,周边文化的中原化进程也从此拉开了序幕。正是在这一时期,中国不同地区的工匠发明和推广了青铜冶铸工艺,从而带动了整个手工业的发展和变革。在中国古代社会的政治制度、经济形态、技术工艺、交通、贸易等诸多领域中,人们都能感知到青铜时代到来的强烈影响。

## 第一节　青铜文化中心的形成

商代前期青铜文化的快速发展　中原青铜文化中心地位的形成　商周统治区的扩大与青铜文化的广泛传播　华夏观念的普遍认同

　　尽管夏代的中原地区已经出现了像河南偃师县二里头遗址那样的拥有当时最先进的青铜冶铸技术、修建了中国传统的廊院式大型宫室建筑群、使用着包括鼎在内的多种中国三代青铜礼器的规模宏大的中心遗址,但是,无论从纵向还是从横向来说,夏代乃至于商代初期的中原青铜文化系统还正在形成过程中。中原青铜文化系统的完全形成是在商代前期,具体地说是在二里岗文化的下层期与上层期之间(公元前 1450 年前后)。以中原为中心的商文化在这时急剧向周围扩张,彻底改变了史前时期以来黄河中下游地区的文化格局。山东地区延续了数千年的文化传统因二里岗文化的介入而陡然中断,当地的岳石文化已经融合到二里岗文化之中[1]，黄河中下游地区原先两个或三个文化并存的现象不复存在。二里岗文化从这个时期起形成了一个囊括了先前三个文化的很大的文化圈，后来中原青铜文化系统的基本特质在这时都已具备。中原青铜冶铸工艺在这时得到了高度的发展，出现了大型青铜容器如高达1米的铜方鼎等（彩图6）。青铜器的种类急剧增多，新出现的铜容器种类超过了先前的任何一个时期，中国青铜器的基本器类已经具备，且造型比先前更加复杂。青铜器的装饰也一改先前素面为主或只有单线条简单纹样的风格，以放大了头部和面部的正视的动物纹样（兽面纹，或称饕餮纹）作为主体纹样，以其他动物纹样和几何纹样作为附属和衬托纹样，已经成为青铜器和其他工艺品装饰的基本形式。青铜器也不再是个别大都邑才能够制造和拥有的东西了，在广大二里岗文化分布区和影响区都有青铜容器出土。与此形成鲜明对比的是，曾经与中原地区同为中国铜器工业中心的甘青地区，其青铜冶铸业出现了停滞的现象，中原青铜文化区无论在地理位置上、政治军事力量上，还是在技术和艺术上，都成为中国青铜时代各文化区的真正中心。

商代前期是先秦中国历史的一个特殊的时期。这时期尽管还没有发现可以确认的文字资料，青铜器也不如以后数量众多和浑厚华丽，但从二里岗文化圈之广大和文化面貌之统一等方面来分析，这个时期无疑是先秦以中原为中心的早期王朝的最强大的时期。在这个时期，以河南郑州商城为中心的二里岗文化急剧向周围扩展，在东至渤海、西达关中、北抵冀中、南逾长江的广大区域内，人们都使用着一套共同的日常生活用陶器，形成了分布范围相当广阔的二里岗文化圈。特点鲜明的二里岗文化青铜器本身及其造型和装饰风格更传播到了相当遥远的地方，形成了更大范围的中原青铜文化圈[2]。陶器是先秦时期人们日常生活的主要用器，这种器物用途广泛，容易破碎，需要量大，制作工艺也比较简单，在战国后期以前都是由各个聚落城邑自己烧制，因而几乎所有先秦遗址都有陶窑一类遗迹。由于陶器容易破碎，不便携带，陶器的地域特点往往表现得很强，如果不是人群迁徙等原因，某一地区的制陶工艺、陶器种类、造型和装饰风格很难被其他地区的人们全盘接受。因此，考古学上以陶器群作为主要指标划定的文化，其分布区往往可以代表某一人们共同体活动的区域。以河南郑州商城和偃师商城为中心的二里岗文化圈，也就应当是以商族为主体族群的散布范围,也可以称之为商文化圈。在商文化圈里,处在中心的是规模宏大的河南郑州商城、偃师商城等王都[3],在王都周围相当宽广的范围内都没有其他设防的城邑,次于王都等级的设防的大型都邑都分布在距离王都较远且出产重要资源的边区。

范围广阔的中原青铜文化圈形成以后,它就对周围地区产生了强烈的辐射作用和吸附作用。在商代中期以后,尽管随着商王朝国力的下降和周边地方势力的崛起,原先臣服于商的周边国家和族群不断反叛,出现了商文化圈日益缩小的现象,但这些原先属于商文化或原先受商文化影响地区的文化面貌,除了日用陶器外,其余许多方面都与当时商王朝统治的中心区域大同小异,中原文化圈在商代仍然在缓慢地扩大。一个极端的例子是,山西晋南地区早在二里头文化和二里岗文化期间文化都很发达,到商代后期商文化退出该地区后,这一地区成为了既没有商文化也没有其他新文化的文化遗存的“真空”,只在灵石县旌介等地发现过晚商时期的墓葬,另在个别遗址见到过极少的商文化陶器残片,这与殷墟甲骨文记载的晚商时期大规模用兵于晋南形成鲜明的对比[4]。不过,与商文化在晋南衰退相反的是,中原系的青铜器在晋乃至于晋陕高原却普遍流行,晚商时期的中原青铜文化圈在晋南及其以外地区还是既有退缩也有外延。另一个特别的区域是陕西关中地区,这里的商文化在商代晚期也迅速衰退,代之而起的是关中西部可能属于西羌族系的刘家村文化、关中中部可能是早期周人遗存的郑家坡文化和关中东部商文化变体老牛坡文化,这三支文化在商代末期都逐步统一到了周文化之中。周王国本来是商王朝的一个外服小邦,在周王国推翻商王朝以后,随着东方洛阳周王朝新的统治中心的建立,以及周王朝分封同姓姻亲诸侯于四方等殖民措施,周文化圈向东扩展到了海滨,向西逆渭河延伸到了陇东,向北发展到了京津地区。周文化圈的南界比二里岗时期的商文化圈有所收缩,没有跨越长江,但在东西方向和东北方向却超越了二里岗文化时期。由于西周时期文字和文献记录的增多,人们对周文化圈与周王朝政治势力之间的关系有了更多的了解。有证据表明,在西周早期(在周成王和康王前后),周王朝北方的重要同姓封国燕国的势力曾经一度向北发展,深入到了辽宁西部的大、小凌河流域,而这一地区已是魏营子文化的中心区而不是周文化分布区域[5]。另据古史传说,在周王朝建立前夕,曾经发生过周国公族太伯奔吴、建立吴国的历史事件,尽管对太伯奔吴的地望有不同的看法,但中国东南后来吴国疆域内西周至春秋中期的后湖熟文化,其文化构成带有浓厚的西周前期周文化的因素,反映了西周前期的以周王朝为中心的中原地区的文化的确强烈地影响到这一地区,中原文化圈在周灭商以后是在继续扩大而不是缩小。

商王朝直接统治区大,而周王朝直接统治区小;商王朝直接统治区内的文化一体化进程势头迅速,而周文化间接统治区的文化一体化进程缓慢且绵长;商王朝对间接统治区的国家和族群多采用承认其地位的羁縻手段,而周王朝对间接统治区多采用重新分封同姓姻亲的政策。周王朝这种分封制导致了族群分布格局的大变化和不同族群的进一步融合,并且由于周人贵族阶层被分散到了全国很广阔的地域中,他们的思想观念、生活习俗、文化艺术也传布到相当广阔的地域之中,使得周文化圈进一步扩大。西周晚期至春秋早期,西至渭河上游、东至渤海湾的不同国族的贵族墓葬所随葬的青铜礼器,都具有相似的器物组合、造型样式和纹饰种类,就是这种一体化的具体体现。

进入春秋时期,与周王朝从一统走向分裂的政治局面相一致,以周文化为主体的中原青铜文化系统在总体风格基本一致的情况下,也在春秋早中期之际(约公元前650年)前后分解成了以多个大国为主体的周文化的亚文化,这些亚文化主要有五个,即晋文化(包括以后晋国分化出来的“三晋”地区和周郑地区)、秦文化、楚文化、齐文化、燕文化,形成了丰富多彩的中原列国文化区。东周列国文化区与先前的周文化区不同,西周文化区尽管也有东西的差别,但总的说来只有宗周一个中心;东周列国文化区共同的中心已经模糊,凸现出来的却是多个新的分中心。每一个分中心都是当时具有实力的大国国都,这些大国除秦国的国都仍然位于西周王畿范围内,其余诸国都在王畿以外。由于东周列国在相当长的时间内还有周王室这个名义上的共同中心需要维持,他们各自势力范围的扩展又受到了彼此力量的制约和抗衡,只能努力向中原列国以外去发展,也就是征服原来非周王朝体系内的土地和人民。北方的大国晋国及其继承者之一的赵国,都曾致力于利用或征服北面“戎狄荐居,贵货易土”的众多戎狄部族[6],到了赵武灵王时已“攘地北至燕代,西至云中、九原”[7];西方的大国秦国自秦穆公开始就“用由余谋伐戎王,益国十二,开地千里,遂霸西戎"[8];南方的大国楚国更是不断地掠取"百濮""群蛮""淮夷"等国族,其疆土不仅从江汉地区延展到整个江淮地区,而且还向南扩展到江南的湖南等地区[9];就连东北方的实力稍逊的燕国,也将势力范围发展到辽东,当秦国攻下燕都蓟以后,燕王还能"东收辽东而王之"[10]。东周各大国为了各自富国强兵而进行的这些扩张,进一步拓展了本来已经相当辽阔的中央王朝的版图。这些大国原来就是周王朝的诸侯国,本来就有共同的思想文化基础和共同的价值观念,这些思想观念、礼仪制度、时尚风俗伴随着这些大国的扩张也深深地渗透到周围非中原文化区的国家中,"华夏"和"中国"的观念这时已经形成并得到广泛的认同,就连原来一直自成文化体系的东南地区,这时期的吴越诸国也在努力向"华夏"靠拢,吴越文化同中原列国文化的相似程度也越来越高。到了统一趋势开始出现的战国中后期,中国中部和东部的一体化进程更陡然加快,从而为以后大一统的秦王朝的中央帝国的建立奠定了基础。

在中原的中央王朝开始大分化和重新组合的同时,中原青铜文化区周边的其他古国古族也异常活跃起来,甚至一度出现"南夷与北夷交,中原不绝若线"的危急局面。在中国北方辽阔的荒漠草原地带,西周时期就曾给周王朝形成威胁的戎狄族群,在内外多种力量的共同作用下逐渐结成了相当强大的崇尚骑射的族群。相同的自然生态和环境变化,使得这些古族或古国人们的生产方式和生活习俗本来就大同小异,他们驱车或骑马逐水草而居的行为,又使得他们具有很强的流动性。这些不断流动的族群不仅将他们的文化因素从一个地点带到另一个地点,在东起辽宁西部、西至新疆东部的广大区域内形成了具有文化共性的新的北方草原青铜文化系统(燕山山地的玉皇庙文化[11]、内蒙古中部的毛庆沟文化[12]、宁夏地区的杨郎遗存[13],乃至于河西走廊的沙井文化[14],都属于这个新的北方青铜文化系统);而且还通过广大的欧亚草原的文化传播通道间接地将一些来自其他文明的技术和艺术传播到了中原文化区。东周时期在中国开始出现的冶铁术等新的技术和艺术[15],可能就是通过北方草原文化区传入周王朝的中心区域。不过,东周时期北方草原荒漠地区尽管出现了很强的文化一体化,在战国时期还出现了强大的骑马民族国家,但东周时期也正是中原列国纷纷改革图强、中国中心文化极度向外扩展的时期,因而中心文化圈的北界随着秦、晋(三晋)、燕诸国的扩张而缓慢地向北推移，基本稳定在后来的长城沿线地区，从而形成了以后中国长期断断续续存在的农耕区与畜牧区的相对固定的界限。在中国南方，史前时期就已形成的文化分区格局在东周时期被完全打乱，过去被长江两岸的南北向山脉分隔的若干相对独立的文化区，这个时期逐渐结合成了两个大的板块。东周时期前，长江以北的四川盆地、湖北地区和江淮地区，长江以南的湖南地区、江西地区和江浙地区都仍然维持着夏商以来的文化传统。到了春秋中期以后，随着长江中游地区楚国的崛起和扩张，属于周文化系统的楚文化不仅传布到湖南和江淮地区，而且还深深影响到了四川和吴越等地区。与此同时，长江下游东南地区的吴、越二国为了称霸中原的需要，也开始了努力把自己纳入三代中心王朝体系之中。中心地区的文化要素透过楚和吴越两国传播到了更南方的华南地区，在更广阔的范围内形成了以广义中原为中心的文化圈。生活在这个文化圈的人们，逐渐也完成了心理上和文化上的自我认同的过程，有别于周边的"夏""华夏""中国"的观念终于形成了。

## 第二节　规模宏大的青铜工业

在中央王朝严格控制下的青铜工业　铜岭和铜绿山等大型铜矿的发现　采矿和冶炼技术的进步　合金比例的控制　从范铸法到失蜡法的演进　青铜工业的不断进步

中国的青铜时代以延续时间绵长、青铜工业发达、铜器数量众多且大多是具有实用功能的容器为特点。由于制造青铜器的原材料在地域分布上具有很大的局限性，商周王朝直接统治区域附近除山西南部的中条山铜矿区外，缺乏大型的铜矿，更没有锡矿[16]，青铜原料大都来自长江以南地区，原料成本相对高昂。青铜器是多种技术和多种工艺的结晶，制作青铜器既要改变原材料的物理性质，同时也要改变其化学成分，其制造远比陶瓷器、玉石器、漆木器等复杂。青铜器的铸造需要从铜矿、锡矿和铅矿开采所需的矿石，再将这些矿石分别冶炼成铜、锡、铅等原料,然后将这些金属原料运输到需要铸造青铜器的城邑,并在这些城邑的铸铜作坊中经过制造模型、熔炼合金、浇铸成形和铸后加工等多道工序,才能制成所需的青铜器。青铜是一种质地细密坚硬又相对柔韧的材料,既可以用来铸造祭祀使用的礼仪用器,又可以制造锋利的作战武器,因而商周王朝及其周围的国家对青铜制造的器物都极为重视,被广泛用于祭祀和战争等重要活动。大型的祭祀用铜容器的制作需要专门化的工人队伍和熟练的匠师,需要有协调和组织不同工序的管理人员,不是个人、家庭甚至一般村社所能完成。原料的相对珍贵、质地的坚固持久和制造的技术难度,这些因素综合在一起,就使得青铜器在先秦时期成为一种颇为贵重的物品,成为具有某些象征意义和等级意义的特殊器物种类,当时贵族阶层争相追逐拥有的对象,在当时人们的社会生活中占据着重要地位。

夏商周古代王朝对于祭祀和战争所需青铜的追求,真可谓倾尽全力。从商王朝青铜器使用相当普遍、青铜器制作已经非常精美等情况来看,当时的统治阶级应当是相当关注青铜器的生产,并控制着大部分青铜器原料和青铜器。商代后期商王武丁夫人之一的妇好("司母辛")墓,在殷墟墓葬的规模中只属于中型墓,该墓随葬的铜器就有 468 件,铜器总重量超过了 1625 千克[17];商王室为商王武丁另一个死去的夫人"司母戊"(其地位比"司母辛"略高)铸造的大方鼎,重达 875 千克,体量惊人(图 4-1)。商王室成员墓葬出土的青铜礼器绝大多数都是含锡量较高的青铜,而在同一遗址其他等级较低的贵族墓葬,以及其他地区墓葬出土青铜礼器却大多是低锡的青铜甚至纯铜。铜礼器与铜兵器不同,本来无须使用高锡的锡青铜,商王室统治者在礼器中大量使用来自遥远地区的锡料,而距离锡产地更近的诸如江西清江县吴城遗址的青铜器却只少量使用锡料,这个现象说明了当时的商王室是相当富有的,他们占有了包括锡料在内的大多数贵重原料。商人积聚的这些青铜器在商王朝灭亡后,连同铸造这些青铜器的工匠全部被周王朝的新贵们获得,在《逸周书》中专门留下了记载周人及其同盟者瓜分掳掠商人器物(青铜器、玉器等)的《分器》的篇目,周人发祥地陕西关中地区出土的西周早期的精美青铜器才这样类似商代晚期商王朝都城安阳殷墟铜器作坊的青铜器[18]。青铜器不仅在周灭商的战役中是重要的战利品,在整个周代所进行的战争中,青铜器及制作铜器的原料

图4-1　安阳殷墟出土的商代最大的铜鼎——后母戊鼎

都是统帅军队的贵族掳掠的对象。

商周的统治阶级之所以花费这样大的人力和物力在盛装食品的青铜容器上，这除了青铜器的贵重和精美外，更主要的原因恐怕正如美籍学者张光直所说，是由于在当时人们的心目中，"青铜便是政治的权力"。这种政治权力象征意义的取得，张光直这样解释道："青铜礼器与兵器是被国王送到他自己的地盘去建立他自己的城邑与政治领域的皇亲国戚所受赐的象征性礼物的一部分，然后等到地方上的宗族再进一步分枝时，它们又成为沿着贵族线路传递下去的礼物的一部分。青铜容器获得这等意义是因为它们与在仪式上认可了建立在亲属关系上的贵族政治的祖先崇拜祭仪之间的联系关系，同时也因为它们是只有控制了大规模的技术的与政治的机构的人才能获得的珍贵物品，因而也适用为节约法则的象征。说到底的话，青铜容器是只与地位高贵的人相联合的，而在祭仪中所使用的容器的数目和种类是要依照这些人在贵族政治中的地位而有所分别的。"[19] 这种把青铜器——尤其是青铜礼器——与贵族权力和地位联系起来的观念，在当时是普遍认同的，并已成为一种制度。

由于青铜器是多种贵重原料和多种技术工艺的集合，为了制造出庄严美观的青铜礼器和锋利坚固的青铜武器，需要在远方的山区寻找铜、锡、铅的矿藏，需要具备矿石开采和选择的技术，需要不断改进铜的冶炼技术和青铜合金的配方工艺，还需要有经验的制模、制范和浇铸的匠师。在中国夏商周王朝及其附属国政府的直接控制和管理之下,青铜原料的远距离开采和运输在多数时期都得到了保证,青铜器铸造工艺流程的各个环节通常都能组织有序,再加上先秦时期的"工商食官"和父子相袭的世工制度,技艺的传承具有极强的连续性和稳定性。因此,夏商周三代在找矿、采矿、冶炼、铸造等技术工艺方面都在不断积累经验,工艺技术水平也在不断提高中,从而使得三代青铜器的制作达到了当时世界各文明的最高峰。

铜及铜合金需要的锡、铅等原料大都分布在中原之外的山区,中原地区的人们要获取这些矿料首先要知道这些矿山的位置。非中原地区的人们在接受三代中央王朝重视青铜的观念之前,还没有对大量青铜原料的迫切需求,他们能否主动去山区寻找青铜矿料还是一个问题,找矿工作可能在三代相当长的一段时间内还是需要中央王朝派专人来完成。中原地区的人要在中原以外的完全陌生的环境中找矿,可能会受到当地原住民的怀疑和敌视,在原始植被保存很好的先秦时期,还需要克服茂密林木等自然的障碍。因此,当时的找矿很可能不是个人或小规模亲缘组织的行为,而是由中央国家支持的大规模的国家行为。正由于有强大中央王朝及其附属国的支持,一大批找矿的工匠穿行在南北方的荒山密林之中,积累了丰富的找矿经验,找到了许多在当时技术水平基础上可以开采的铜、锡、铅等重要矿山。这些费尽心力才找到的矿山,其地理位置及其基本情况,当时国家的主管部门应当记录在案。这些档案连同当时许多文献一样,大都没有能够保存下来。只是到了东周时期,可能有一些档案资料已经流散在社会上,这时期的文献中才有少许关于铜矿数目、矿山名称和矿山标识方面的记载。

《管子》是战国时期齐国稷下学派的著作,该书假托齐国历史上著名的政治家管子,收罗了大量古今资料,以为今后的统一王朝提供系统的治国方略。《管子·地数》篇记管子对齐桓公说,天下"出铜之山,四百六十七山"。无独有偶,主要成书于战国时期的地理书籍《山海经·中山经》也假托夏禹之口说,"天下名山,经五千三百七十山",其中"出铜之山四百六十七"[20]。两书记载的铜矿数目相同,说明二者资料来源也相同,不能排除这些数据是出自周王室档案的可能性。这些铜矿山是三代找矿工匠多年来发现铜矿资料的积累,不仅是周王朝一代新找到的铜矿。先秦人们主要的找矿方法,应当是根据多种金属共生矿的地表征兆。《管子·地数》篇假借传说中的黄帝之臣伯高的话说:"上有丹沙者下有黄金,上有慈石者下有铜金,上有陵石者下有铅、锡、赤铜,上有赭者下有铁,此山之见荣者也。""荣"即矿苗的露头。丹沙又称朱砂,是汞(水银)的主要矿物,它与多种金属共生,其中与黄金共生矿可以为古人所认识。慈石即磁石,也就是磁铁矿,它往往与铜矿有上下垂直的分布规律,《山海经》将这种共生关系称之为"阴阳",即所谓"其阳多铜(或金),其阴多铁"[21]。陵石应该就是绿石[22],它是孔雀石等各种氧化铜在山崖间形成的绿色带状的矿"苗",找矿者可以根据这些矿苗而确定一座山是否蕴藏有铜矿。赭是赤土,也就是赤铁矿风化形成的土壤,去掉这层土壤后就有赤铁矿。这些都是商周时期人们寻找铜矿等实践经验的总结。

先秦时期的铜矿等矿藏被发现和确认以后,就被视为王室拥有的财产,不容他人染指。这个原因很简单,一来当时土地制度的基础是"溥天之下,莫非王土"的国有制,山林川泽本来就是中央王朝所有;二来青铜等金属作为一种重要的战略资源,如果为其他国家和部族占有,用来铸造武器,就会增加这些国家和部族的力量,给中央王朝的统治造成麻烦。所以,《管子·地数》篇说:"苟山之见荣者,谨封而为禁,有动封山者罪死而不赦,有犯令者,左足入左足断,右足入右足断。"并危言耸听地解释之所以必须这样做的原因:"葛庐之山发而出水,金从之,蚩尤受而制之以为剑、铠、矛、戟,是岁相兼者诸侯九。雍狐之山发而出水,金从之,蚩尤受而制之以为雍狐之戟、芮戈,是岁相兼者诸侯十二。"这种国家垄断重要金属资源的行为对以后有很大的影响,铁器时代的中央王朝往往对重要金属资源如铁等采取国家垄断的官营(直到封建社会晚期限制民间开采的禁令才逐渐松弛),就是青铜时代国家对青铜等重要资源国有垄断制度的延续。

迄今为止,还没有发现一处先秦的锡、铅矿遗址,铜矿遗址虽然发现了一些,但肯定只是三代曾经开采过的铜矿的很小一部分。已经发现的最早的铜矿是开始于商代的江西瑞昌县铜岭矿冶遗址[23]。该铜矿采冶遗址规模不小,面积至少在一平方公里以上。这里发现了许多不同时期的采坑、槽坑、竖井、横巷、斜巷等,此外还有选矿槽、泥沙池等遗迹。根据矿井内出土的遗物风格和碳十四年代测定数据,该矿至迟在商代中期就已经开采。随着社会对青铜需求量的增加,被开采的铜矿也明显增多。西周时期新开采的铜矿就有湖北大冶县铜绿山[24]、阳新县港下村[25]、辽宁林西县大井铜矿采冶遗址[26]和皖南铜矿采冶遗址群中的早期遗存[27]。铜绿山遗址位于长江南岸幕阜山北麓,规模相当宏大,在12个矿体中有9个曾经被古人开采,开采的时间从西周早期一直到西汉时期(图4-2)。港下村铜矿冶遗址也是在长江南岸,这里现在还有多个铜矿和铜金矿,其中丰山洞铜矿也有这一时期古矿采冶遗址的发现。铜矿由多个采矿场组成,揭露比较完整的第一采矿场中由3口竖井和其间的3条平巷组成。内蒙古林西县大井铜矿采冶遗址是一处夏家店上层文化的包括采矿、选矿和冶炼(也有铸造,但规模不大)的大型工场,这里矿苗距地表很浅,采矿都用露天掘槽坑的方式。开始于商代的瑞昌县铜岭铜矿遗址在西周继续在开采,其中的2号平巷和23号竖井经放射性碳素断代,年代都在西周;保存完好的由木制流槽、尾沙池组成的成套选矿设备也属于西周时期。到了东周时期,铜矿采冶规模继续扩大,先前就已经开采的古铜矿如瑞昌县铜岭铜矿等

图4-2　湖北大冶铜绿山外景

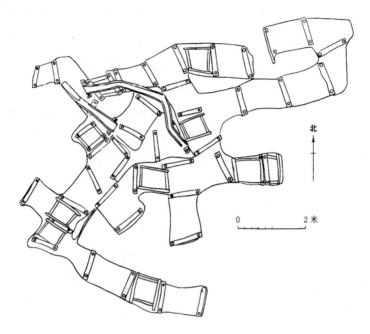

北

0　　　　2 米

图 4-3　铜绿山铜矿井巷

此间仍在开采,大冶县铜绿山铜矿、皖南铜陵和南陵一带的古铜矿群更进入了开采的高峰期,新出现的铜矿采冶遗址还有湖北钟祥县谢家湾和铜宝湾、鄂州市门祖镇铜灶坑、湖南麻阳县九曲湾[28]等多处。著名的大冶县铜绿山铜矿采冶遗址的鼎盛期正在东周时期,该遗址范围约二平方公里,其中采矿遗迹有竖井、斜巷、平巷等,井巷均以木框支护,掘进深度达到 50 余米,地下开采面达到了 839 平方米(图 4-3)。井巷内出土有采掘、装载、提升矿石的工具(图 4-4)。安徽南部的先秦铜矿采冶遗址群主要属于东周,仅铜陵及南陵两县发现的古矿冶遗址就达 20 余处,另在繁昌、贵池、青阳等县也都发现有多处先秦铜矿采冶遗址。这些矿冶遗址周围铜炼渣堆积如山,有人推算要炼出数十万吨纯铜才可能有这样多的炼渣,足见当年采矿和冶炼规模之大。

夏商周时期的铜矿开采技术与现代一样,既有露天开采,也有地下开采。通常是先在矿物露头的富集处进行露天挖掘,在能够露天开采的矿石被开采殆尽后才转入地下开采。铜岭铜矿采冶遗址的古露天采矿区位于铁山南部,其范围东西长约 250 米、南北宽约 100 米,主要是开采覆盖层薄、矿体较厚、品

图 4-4　铜绿山开矿的铜铲

位较高的矿体。铜绿山铜矿采冶遗址的古露天采矿区选择在"铁帽"[29]边缘的氧化铜矿体露头带,避开了压在铜矿体上的铁帽区。大井铜矿采冶遗址更是全部采用露天开采的方式采矿,共发现古采坑 40 余条,最长的达 500 余米,有的深度在 7 米以上,其采矿方式比较单一[30]。地下开采是沿着矿脉走向开掘井巷回采矿物的方法,需要开掘竖井深入到地下矿床,并需要沿矿脉挖掘斜井和平巷。地下的地质情况本来就千差万别,挖井掘巷一类开拓掘进还会破坏矿体周围的平衡状态,在围岩稳定性差的区域很容易发生井巷垮塌等事故,许多井巷都需要使用木材来作支护。竖井的支护有三种方式:一是比较原始的"排架法"(商至西周流行)。这种方法就是在方形竖井井壁四周用纵向木棍或木板阻隔岩石下落,其内隔一定距离用方形木框进行支撑;二是"框架法"(春秋前后使用)。这种方法就是在方形竖井四角树立上下贯通的方木,其间等距离施加横木枋和厚木板,组成一个方筒形防护框架;三是比较进步的"井圈法"(战国时期出现)。这种方法就是把一个个木枋拼成的方框垛叠在一起,放置在方形竖井中,随着竖井的加深再不断增加方框数量。斜巷和平巷的支护有两种情况,一种是"天然顶柱支护法"。这种方法就是在开采时保存部分上部的矿体作为天然护顶,并在跨度大的采空区预留安全柱或隔墙作为天然支撑。麻阳九曲湾铜矿采用的就是这种方法,因为该矿的矿体比较坚固。另一种是"木制框架支护法"。如瑞昌铜岭、大冶铜绿山等多数铜矿都是采用这种方法,因为这些铜矿的矿体及其周围岩体不够坚固,必须在开掘的巷洞周围用木制框架进行支护。支护的木框架基本上都是两根立柱承托一根顶梁,立柱柱脚放置在一根地栿上,梁柱间的连接方式多种多样,有的支护框架至今也还管用。

地下采矿根据铜矿脉走向和埋藏的不同,各矿山因地制宜采取了不同的地下开掘方式,如铜绿山就有群竖井开采、单框竖井分条开采、单层小方框开采、水平分层棚子支柱充填开采、支护小空场开采等多种采掘方法;麻阳九曲湾铜矿则采用了矿房法、倾斜分层采矿两种采掘方法。地下井巷开采剥离的矿石,被装入竹藤编制的筐子,由工人肩背或拖拽到竖井底部后,再沿着木梯(或木踏板)由人将矿石背上地面,或用木辘轳把矿石提升到地面。在瑞昌铜岭、大冶铜绿山等矿冶遗址的井巷内发现的竹筐、木钩、木铲、木梯、木辘轳等遗物,就是当时矿石运输和提升的工具。提升到地面的矿石还需要进行破碎和选矿,把矿石用木锤等工具锤击成大小差异不很大并分离掉附着在矿石上的黏土后,才能进行选矿。选矿有手工拣选和水选两种,后者是以水为介质,用盘筐或溜槽作工具,利用矿物与杂质间的不同比重使矿物分离出来。在瑞昌铜岭遗址发现了一个西周时期的选矿场,其主要设备是一个长三米多的木溜槽,接在溜槽后的有木板围护的尾沙池,以及有木条加固的滤水台。木溜槽系由一段大树干挖凿而成,中间设有活动挡板,槽尾设门。显然该选矿场是采用分节水洗法选矿,先将破碎后的矿石倒入木槽中,然后用水冲洗,以溜槽中段的挡板截留精矿,尾矿通过槽尾流入尾沙池。这种选矿工艺已经相当进步,以后很长一段时间的选矿工艺流程都与此大同小异。

古代的道路设施较差,人力和畜力车的运量又很有限,矿山采掘得到的矿料一般都是在当地冶炼,淘汰占绝大多数比例的炼渣等废料,然后将炼好的铜块、锡块、铅块等金属原料运到中心地区的都市。因而,古代矿料的采掘和冶炼总是分不开的,凡是有古矿山遗址的地方都有冶炼遗址,古矿山遗址周围散布的大量炼渣就反映了这个问题。

目前发现的先秦矿冶遗址的冶炼作坊大都遭到后世破坏,保存较好的冶铜作坊是湖北大冶县铜绿山矿冶遗址和安徽南陵县江木冲遗址[31]。铜绿山的冶铜遗址发现多处,炼渣分布很广,据估计总量约40—50万吨,据估算这里所炼红铜当在4万吨以上。从遗址上发现的多座炼铜竖炉的残迹可知,竖炉始终是炼铜的主要手段。在铜绿山一处春秋时期的炼铜遗址上发掘出的炼铜竖炉多达8座,从保存较好的几座竖炉分析,它们都由炉基和炉身两部分组成:炉基是先在工作面下挖掘圆坑,坑内用沙石、黏土、铁矿石混合夯筑不高的炉基,炉基上有一字形、丁字形或十字形的"风沟"[32]。炉身架设在风沟上,外表为下大上小、内腔为下小上大的椭圆筒状,下部的炉缸近底部有外高内低的拱形门称"金门",以便放铜排渣;稍上的炉壁长径处有小圆孔称"风口",可以用皮囊鼓风增氧,提高炉温。这些铜竖炉上部都已经残毁,根据试验考古的复原研究,其高度约为1.5米,炉腔有效容积约为0.3立方米,每座炉一昼夜可炼粗铜350—400千克[33](图4-5)。如果数十座炼铜炉在同时炼铜,铜的日产量是相当可观的。南陵江木冲西周冶铜遗址已经发现的炼铜竖炉共9座,并发现了十余块冰铜,炼渣分布区达1.5平方千米,生产规模相当宏大。从江木冲的炼铜竖炉与铜绿山基本相同,可以看出,先秦时期的筑炉技术和冶铜工艺有很大的一致性。

由于铜矿石的埋藏是氧化铜矿在上,硫化铜矿在下,古人开采铜矿必然是先采氧化铜,再采硫化铜。氧化铜矿

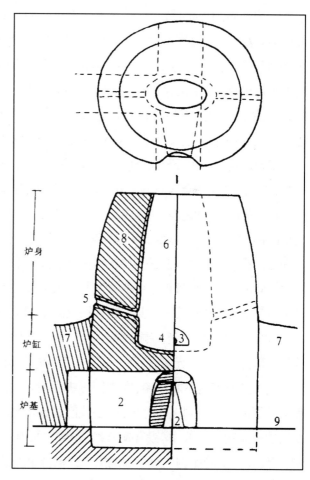

图4-5 铜绿山的炼铜炉

可以直接放入炼铜炉进行冶炼,而硫化铜矿则必须先经过焙烧脱掉部分硫,然后才能入炉冶炼,冶炼工艺比较复杂。故无论是中国还是外国,人们总是先掌握了氧化铜冶炼技术,然后才掌握硫化铜冶炼技术。瑞昌铜岭铜矿采冶遗址、大冶铜绿山铜矿采冶遗址大概是由于氧化铜矿比较丰富,故长期冶炼氧化铜矿石;而在皖南的南陵江木冲、铜陵木鱼山和万迎山、内蒙古的林西大井、新疆的尼勒克奴拉赛等地的铜矿采冶遗址中,通过对出土铜锭、炼渣等遗存的分析,可以确定这些矿冶遗址都是以冶炼硫化铜矿石为主。硫化铜矿石冶炼工艺是青铜工业的一项重要工艺成就,因为世界上大多数铜矿资源都是硫化铜矿。历史文献中关于硫化铜即冰铜的记载出现在宋代,但从考古材料来看,至迟在西周时期,中国的南方和北方不同文化区的人们都已经掌握了硫化铜矿石的冶炼工艺。根据这些遗址发现的冰铜块和铜炼渣的检测分析结果,可以推测当时是先将焙烧的硫化矿炼制成冰铜,然后再精炼成铜[34]。西周开始出现的冶炼硫化铜矿的技术,使大量的硫化铜矿得以开采和利用,扩大了铜矿石的来源,满足了社会对铜料的日益增长的需求。西周后期及东周时期出土铜器数量大量增加,可能就与铜料供应充足有一定的关系。

青铜器是铜与锡、铅等其他金属的合金。在熔铜时加入金属种类和数量的不同,合金的性能也会因此发生变化。一般说来,红铜延展性很好但质地柔软,强度较低,且铸造性能差,难以成形。锡的熔点低,流动性好,在熔铜时加入一定比例的锡,不仅可以降低熔点和提高铸造性能,更能够极大地增加铜合金的强度和硬度。铅的熔点也很低,可以在一定程度上降低铜的熔点并提高铸造性能;但在熔铜时加入铅却使青铜合金的强度和延展性都大大降低,铅青铜不适宜于制造需要较高硬度的武器和工具。在锡缺乏的中国中心地区,为了弥补锡料的不足,铅也被广泛地使用到青铜合金之中[35]。不过,纵观整个中国青铜时代,锡始终是青铜合金的基本元素,铅则一直处于添加剂的地位[36]。

通过长时间的不断摸索,在中国青铜器发展的第一个高峰期——商代后期至西周前期——到来的时候,中心地区的铜器作坊基本上都采用了以高锡高铅的三元铜合金为主、锡青铜其次、铅青铜再其次(不超过10%)的材料比例,三元铜合金的比例超过了前两类二元铜合金的总和,红铜只偶尔在特殊场合使用。根据属于商代前期的郑州商城两个窖藏、黄陂盘龙城墓葬,以及属于商代后期的殷墟妇好墓、殷墟西区墓地部分铜器的成分测定结果,可以看出商王室铜器与非王室铜器合金成分有明显的区别:王室铜器以锡青铜为主,锡铅青铜也以锡的比重最大;而一般贵族则多用铅代锡,铜器多铅青铜或含铅量较大的铅锡青铜。这应当与商王朝统治区域远离锡矿资源地、锡料贵重有关。这时期的铸铜工匠已意识到锡在加强铜器硬度中的作用,故铸造实用兵器时往往只加锡而不加铅。不过,在高级贵族的铜礼器中,存在含锡量较高与兵器相当的现象,却反映出当时还没有形成后世那种对不同用途器类采用不同合金比例的所谓"六齐"的认识。

　　通过长期青铜器冶铸经验的积累,铜器作坊终于能够熟练地根据不同种类青铜器的不同用途,合理地搭配其铜、锡、铅的比例,使之能够满足不同功能的需要。在中国青铜工业发展到东周时期的时候,在齐国国家青铜工业机构中终于出现了对青铜合金配方进行理论性总结的"六齐说"[37]。"六齐说"也就是六种不同用途的青铜器所采用的六种不同的铜、锡比例。《周礼·考工记》这样记述说:"金有六齐:六分其金而锡居一,谓之钟鼎之齐;五分其金而锡居一,谓之斧斤之齐;四分其金而锡居一,谓之戈戟之齐;参分其金而锡居一,谓之大刃之齐;五分其金而锡居二,谓之削杀矢之齐;金锡半,谓之鉴燧之齐。"按照研究者对"六齐"的比较合理的解释[38],铸造钟鼎一类器物的合金配比是六份纯铜一份锡,即铜85.71%、锡14.29%;铸造斧斤一类工具的合金配比是五份铜一份锡,即铜83.33%、锡16.67%;铸造戈戟之类装在竹木长柄上的武器的合金配比是四份铜一份锡,即铜80%、锡20%;铸造刀剑一类带长刃的劈杀武器的合金配比要三份铜一份锡,即铜75%、锡25%;铸造体量小的小刀和箭簇一类武器可用五份铜两份锡,即铜71.43%、锡28.57%;而铸造镜子和阳燧一类需要反光的器物则需要一份铜半份锡,也就是铜66.67%、锡33.33%[39]。这种青铜合金配比尽管与出土青铜器成分分析的结果不尽相符,但其铜锡比例与器物功用之间的关系的递增趋势却是完全相同的,代表了东周时期某一时期齐国官营铜器工业的管理者对铸器合金比例的认识[40]。

　　东周时期列国对青铜器合金成分的深刻理解和认识,不仅反映在对不同功用的器物采取不同的合金比例上,也反映在对同一件青铜器可以根据其不同部位对硬度或韧性的不同要求,分别采用不同的合金比例上。春秋晚期在吴、越、楚等国出现的锋刃高锡而剑体低锡的复合青铜剑(或称两色剑、复心剑、插心剑、双青铜嵌合剑),代表了中国夏商周时代在青铜器合金配比问题上的最高成就。剑是一种既可击刺砍杀对方又可挥舞抵御对方袭击的短兵器,在东周时期及其以后的各国贵族都喜好佩戴。击刺或切割需要锋利的剑刃,青铜剑的含锡量必须较高;劈杀及其与对方兵器的碰撞要求剑具有柔韧性,铸剑青铜的含锡量又不能太高。为了解决这个矛盾,战国时期的铸剑匠师将两种含锡量不同的青铜嵌铸在一起,剑身采用含锡较低的青铜而剑锋及剑刃则采用含锡量较高的青铜,使一柄铜剑既锋利又不易折断,技术工艺水平很高。著名的越王州句复合铜剑以及长江流域考古发掘出土的多例复合铜剑,就是东周时期南方诸国青铜兵器工业走在时代前列的实物例证[41]。

青铜原料基本上都是在矿山冶炼,铜器铸造却基本上集中在当时的中央王都和各国的都城中。早在二里头文化时期便已出现了"范铸法"[42],由于父子相传的世工制度的影响,这种相对复杂的青铜器铸造工艺在中国古代工匠的手中被不断发展和改进,被运用得炉火纯青,铸造出了无数体量庞大、复杂精美的青铜器。在春秋中期"失蜡法"[43]被引入中国以前,范铸法是中国青铜时代长期唯一的铸造工艺。

商代铜器铸造规模比夏代更加扩大,在商代前期商王朝的都城郑州商城中,就至少有城北的紫荆山、城南的南关外两处铸铜遗址。这两处铸铜遗址铸造铜器也以工具、兵器等为主,遗址中有铸铜工房、烘范窑、熔铜炉残片等遗迹,并出土了大量泥范残片,其中紫荆山一座铸铜工房内还整齐堆放着15套刀范,其铸造规模相当可观[44]。在商代后期商王朝的都城安阳殷墟中,铜器铸造工业的规模达到了极致,在殷墟遗址的范围内就至少有五处铸铜作坊,它们是苗圃北地、孝民屯西、孝民屯东、薛家庄、小屯东北地铸铜遗址,此外在大司空村也发现有铸铜作坊的遗存[45]。这些铸铜作坊除了小屯东北地和大司空村的存在时间较短外,其余四个作坊遗址在殷墟中晚期都存在,也就是说那时的王都至少有四个大型的铸铜作坊都在同时生产。这些铸铜遗址中有制模、翻范、烘范、浇铸工房的遗迹,在出土的大量泥范中礼器占相当大的比重,并有一些铸造大型重器的泥范残片(图4-6)。从这些铸铜遗迹来看,这时的熔铜炉口径估计在1米左右,像司母戊大方鼎那样的铜器,也只需几个熔炉同时

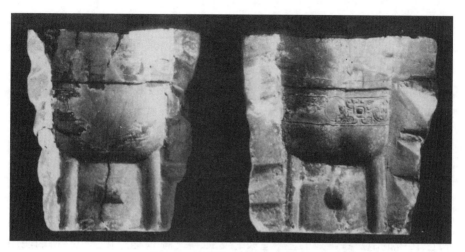

图4-6 殷墟出土的铸铜鼎陶范

工作即可完成。在殷墟苗圃北地铸铜遗址中,还发现了可能是从熔铜炉向铸型排放铜液的地槽遗迹,推测当时已发明了铸造大型铜件的地槽式浇铸技术。从这些铸铜遗物分析,当时王室铸铜作坊的各道工序如制模、翻范、烘范、制芯、合范、熔铜、浇铸、修整等,都显得熟练自如,一丝不苟。大型器物多采用分模技术以提高翻范速度,花纹主要在模上刻画堆塑而成。泥范以经过仔细筛选并羼和有细砂(以增加透气性)的泥土为原料,根据器物形态的不同采用了不同的翻范和分范方式。大型重器和造型复杂的铜器型范颇为复杂,铸一件器物有时需用数十块的型范,有的型范可能还是采用由多块分范拼嵌成数块外范的组合范,特别复杂器物的向外扭曲的附件还采用了活块范。正是巧妙地运用了这些方法,所以商代才能出现像牛鹿方鼎、左中右方盒、故宫三羊罍这样繁富精美的铜器。周灭商以后,商王朝的工匠尽为新王朝所有,故西周前期的青铜铸造技术基本上都是继承商代晚期,少有创新[46]。这种情况一直到西周后期才发生改变。

西周后期是周王朝固有制度形成和发展的时期,这时期周人贵族阶层出于礼制仪式的需要,普遍出现了追求礼仪所需青铜器种类和数量的倾向。青铜工业为了满足贵族们对青铜礼器的需求,迅速将青铜器的种类集中到了鼎、簋、壶、盘、匜和编钟这不多的类型上。由于铜礼器的需要量比往常增加,器物种类又大大减少,因而每一套铜礼器都是形态和纹饰相同、大小呈等差递减的多件鼎、簋、编钟"列器"。因此,简化青铜器的铸造工艺流程就成为西周后期至春秋早期各铜器作坊的最主要的追求。为了追求简便,原先采用附件和主体分别铸造的"分铸法"被简化为附件和主体一次成形的"浑铸法"(更准确地说就是,凡能不用分铸法铸造的器物就尽可能不用分铸法),原先精雕细凿的单元较大的多层动物纹样被粗放抽象地简化了的单层动物纹样和几何纹样所取代。这种简化了生产工艺而出产的产品,给人以草率粗放的感觉,似乎这一时期的铜器制造业已经开始衰退。实际上,如果不是从艺术上而是从技术上看,这时期铸造工艺的改进应当是一种进步而不是退步。

从春秋中期开始,中国铜器铸造工艺发生了很大的变化。在铜器铸造技术上,传统的范铸法达到了登峰造极的发展,除了制模翻范和模范材料的使用上更加讲究外,还运用了分模法和一模多范等新工艺。前一个时期已经简化了的铸造工艺这时又趋复杂,分铸法、嵌范法和附件焊接等方法被广泛运用,从而有效地提高了铜器的质量,铸造出了造型多变、纹饰精细的青铜器。

# 第三节　高度发达的青铜文化

青铜文化传统的形成　青铜文化的三个系统　作为礼器的青铜器　青铜艺术的基本特征和主要类型　青铜艺术的深远影响

在中国青铜时代的诸多领域中,能够流传至今、为我们视觉感知、且给我们心灵震撼的首推青铜艺术。当时中国大地上至少存在着三个大的青铜艺术系统和若干个小的青铜艺术系统或亚系统,青铜艺术的风格和传统也各不相同。在中国的三大青铜艺术系统中,中原青铜艺术是在中原本地诞生并成长起来的,受外来艺术的影响较小,传统最为稳固;北方青铜艺术是一种跨境青铜文化系统的艺术,它具有许多与南西伯利亚乃至于黑海之滨青铜艺术相似的特点,具有浓郁的草原气息;南方青铜艺术(这里特指云贵高原和岭南地区青铜文化系统的艺术)也是一种跨境青铜艺术,其风格与东南亚诸国有许多相似之处。中国青铜时代的几种青铜艺术传统,只有中原青铜艺术为中国本土所独有,其他地区的青铜艺术或为中原青铜艺术的变体,或为数国青铜文化所共享,不能作为中国青铜艺术风格的代表,只宜作为其中的构成因素之一。

中国青铜艺术风格的出现与中国青铜艺术传统的形成不是同时的。由于文化发展的不平衡,中原青铜艺术至迟在夏代晚期就已经初露端倪,二里头文化晚期就已经产生了极具中原特色的青铜礼器的造型,如铜爵、铜斝等,然而这时的南方和北方地区却还没有出现具有区域文化特点的青铜艺术传统,直到商代前期偏晚阶段这种风格才逐渐显露出来。商代前期是地处中原的商文化极度扩张的时期,商文化的分布范围在此时也最为辽阔,中原系青铜器的特质恰巧也是在这时完全形成。伴随着商文化的扩张和先进技术的传播,已经形成自己稳固特质和传统的中原青铜艺术也广布至四面八方,从而成为中国青铜艺术的核心和主流。

广义的中原是一个范围不很确定的地域概念,泛指黄河中下游地区。夏、商、周三代政治中心长期位居中原,大量的贵族聚居于此,各地的手工业工匠汇集于此,使得中原成为经济文化最发达的地区,成为文明荟萃之地。中原先进的青铜冶铸工艺本身就是尚未发明青铜冶铸技术或青铜工艺较落后的周边地区人们所仿效的对象,这些再加上夏、商、周王朝的强大政治、军事和文化对周边地区的强大影响力,中原青铜冶铸技术、青铜器种类和造型、富有特色的青铜器纹样等等,都随着这些早期中央王朝疆域和影响范围的扩张而传播到了遥远的地方,从而在广大地区形成了"中原系铜器"这样一种有着鲜明技术和艺术特色的铜器风格。中原地区显然在相当大的程度上是领导当时中国青铜艺术时尚的中心。

中原以南的长江流域的青铜艺术如同青铜技术一样,都来自于中原。三代中原文化向南传播的途径是否通畅,在相当大的程度上制约着长江流域诸文化青铜艺术的发展进程和艺术成就。当中原青铜技术和艺术的新信息能够源源不绝地传入长江流域诸文化的时候,它们的青铜艺术就随之发展,就出现了像商代早中期之间的四川广汉市三星堆器物坑铜器群、江西新干县大洋洲铜器群这样的高度发展的青铜艺术典范[47](图4-7);反之,它们的青铜艺术就呈现强烈的守旧和简约倾向,一些早已经在中原地区消失的文化因素(如铜器器形、纹饰等)在南方边远地区仍顽强保存和流传[48]。

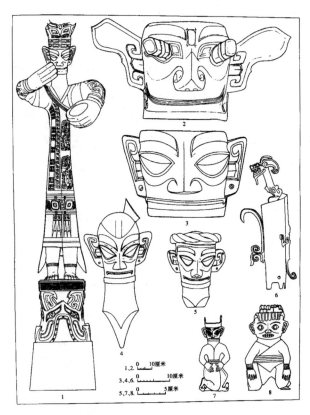

图4-7 三星堆遗址出土青铜器

（1、7、8. 铜人，2、3. 人面具，4、5. 人头像，6. 龙首柱形器）

中原地区以北即长城一带的北方地区，是中国青铜冶铸技术和工艺的两个发生地之一。但在夏代以后，伴随着北方由农业为主的经济形态向畜牧业为主的经济形态的转变，自身独立的青铜冶铸工艺也随之衰落下来，逐渐落在了中原地区的后面。中原青铜艺术从商代开始对北方青铜艺术施加了较大的影响，北方青铜艺术新风格的出现和工艺的繁盛期的到来，都与中原青铜艺术风格的转变和高峰期的到来息息相关。在中原地区进入第一个高峰期即商代晚期至西周早期之时，北方系青铜器形成了它的古典期艺术风格，也进入了它第一个发展高峰；在中原地区进入第二个高峰期即春秋中期至战国中期之时，北方系青铜器则形成了它的新兴期的艺术风格，出现了它的发展史上的第二个高峰。就艺术传统来说，北方系青铜器与长江流域青铜器完全不同，前者自有渊源且相对独立，属于北亚青铜文化系统的组成部分，是所谓鄂尔多斯·斯基泰·野兽纹青铜艺术[49]（图4-8）；后者则是在中原系青铜器影响下产生和发展起来，属于中原青铜文化系统的支系或亚系，是中原青铜艺术的变体。北方系青铜艺术的发展演变进程却与中原系青铜艺术的发展演变进程如此一致，这恐怕不是偶然的巧合，而应当与中原青铜艺术对北方地区的强有力的影响有着密切的关系。关于这一点，只需比较一下北方青

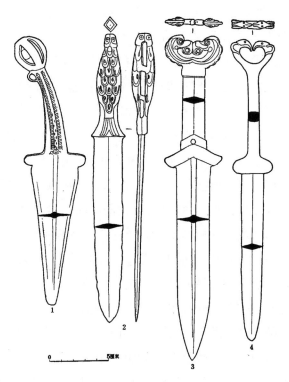

图 4-8 鄂尔多斯青铜短剑

（1. A 型, 2. B 型, 3、4. C 型, 据田广金）

铜艺术两次高峰来临前后, 北方地区中原系青铜器的分布状况, 就可以得到某种启发。在北方青铜艺术第一次高峰即将来临的前夕, 也就是商代前期偏晚阶段前后, 北方地区东起内蒙古西拉木伦河畔, 向西通过河套地区, 直到青海的青海湖东侧一带, 都受到了中原商文化不同程度的影响, 都有这一时期典型的中原系青铜礼器出土[50]。在北方青铜艺术第一次高峰以后的相当长一段时期内, 北方地区都不再有中原系青铜礼器的分布, 直到北方青铜艺术第二次高峰来临前夕, 中原系青铜礼器才又重新出现在新北方青铜艺术的发源地夏家店上层文化分布区（今河北北部、辽宁西部和内蒙古东部）[51]。除此而外, 在北方系青铜器中, 我们也还可以发现一些中原系青铜器影响的蛛丝马迹, 例如东周时期流行于北方地区的反卷云目形铜饰件, 其形态与西周后期以来流行于中原地区的反首双龙形玉石佩饰非常相似, 前者应当是从后者发展演变而来。

在中国青铜艺术的三个系统中,中原青铜艺术是最具特色且对周边青铜艺术最具影响力的艺术体系,中原青铜艺术的艺术类型和特征在相当大的程度上反映了中国艺术的基本状况。自从青铜器被广泛使用以后,中央王朝的统治阶级都将大量的青铜用于铸造祭祀神灵的礼器和作战的武器,很少采用青铜铸造工具,尤其是农具。祭祀祖先神和其他神灵的祭器是用青铜铸造,宴请宾朋的饮食器具的质料多为青铜,打仗的兵器更是青铜的世界。青铜器的状况不仅集中代表了当时技术发展的最高水平,在某种程度上表示着统治阶级权利和地位的变化,而且也代表了当时艺术思潮和风格演变状况。从中国第一个古代王朝夏代起,中央王室就将青铜器中的一些器物种类看作是中央王朝权威的象征,如《墨子·耕柱》篇说:"昔者夏后开使蜚廉折金于山川,而陶铸之于昆吾。……九鼎既成,迁于三国。夏后氏失之,殷人受之;殷人失之,周人受之。"这就是著名的九鼎的传说。在这个传说中,夏王朝开国国王夏启(开是汉朝人为避汉景帝讳所改)铸造的九件铜鼎被视为国家权力的象征,先后被夏、商、周王朝的君王供奉在宗庙中。中国先秦时期青铜器中另一种最为重要的器类是兵器中的钺。钺形状似斧但较宽扁,宽刃弧边,钺身后有长方形的"内"(读作"纳"),以穿孔和绳索将铜钺与木柄相连。青铜钺起源于新石器时代的阔刃大石钺,但至迟在商代,铜钺中的大型钺就不再是单纯的兵器,而且成为一种拥有政治和军事大权的标志(图4-9)。有的研究者已经指出,殷墟甲骨文和金文中的"王"字的字形就是像大斧钺,以斧钺来作为军事统帅权即王权的象征[52]。所以,当某臣下或某方国被中央王朝赐以斧钺以后,实际上就成为某一区域中央王权的代理人,拥有征伐这一区域其他族方国和部族的权力。《史记·周本纪》记载的商王纣赐给周人之祖西伯(文王)"弓矢斧钺,使西伯得征伐"的故事,就形象地反映了这一现象。此外,夏、商、周王朝各自还有一些表明自己不同于其他王朝的特殊的青铜器类,如《礼记·明堂位》记三代及传说中的有虞氏盛装食物礼器的差异时说:"有虞氏之两敦,夏后氏之四琏,殷之六瑚,周之八簋。"这些晚周的记载是否符合三代礼器的实际情况,我们已经不能确认,有的礼器的名称究竟指的是什么样子的青铜器,后人也不是很清楚,不过当时的人们已经知道三代各自拥有不同的青铜礼器,并且这些青铜礼器属于造型不同或装饰有别的器物种类,却是可以肯定的。夏、商、周王朝的君王如此看重青铜器的政治含义，其他各级贵族也纷纷效仿，因而青铜器在相当大的程度上又成为区分各级贵族的一种重要的标志物。这种标志物的使用在当时祭祀、宴享和交往活动中形成了比较严格的等级规范，以区分上下级贵族界线，防止僭越等危害统治阶级内部平衡的现象发生。从而三代青铜器中的多数容器成为反映贵族等级制度的仪式化的行为规范"礼"的组成部分。《左传·宣公十二年》记晋国的大夫随武子论礼制说："君子小人，物有服章，贵有常尊，贱有等威，礼不逆矣。"《礼记》中也专门有《礼器》一章。

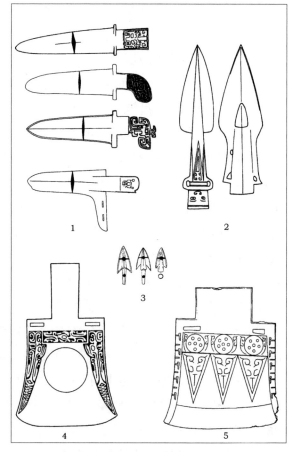

图 4-9　商代青铜兵器
（1. 戈，2. 矛，3. 镞，4、5. 钺）

从考古材料来看，商文化中铜觚和铜爵的数量配合，周文化中的铜鼎和铜簋的数量搭配，都非常显著地带有等级的限定[53]。因此，中国青铜时代的青铜艺术是带有浓厚的政治色彩的、集中反映了统治阶级等级观念和权力观念的一门艺术。

　　青铜器是中国青铜时代最为人们看重的器物，由于种种原因，青铜器被当时的人们视为沟通人神联系的重要中介物和贵族等级关系的重要标志物，这种观念一旦形成就长期沿袭和不断强化，青铜器因此被赋予了越来越多的原始宗教和贵族政治的含义，其造型与实际的需要的距离逐渐被拉大。所以当青铜器一旦克服了自身技术和工艺上的缺陷而成为统治阶级权力和财富的象征以后，它就很少再模仿其他质地器物的造型，而是变为一个相对稳定的自我完善和发展的造型系列，但也有明显的阶段性变化。大致说来，商代早期青铜礼器已基本形成了比较完备的系列，包括饮食器鼎、鬲、甗、簋，酒器觚、爵、斝、盉、尊、卣、瓿、罍和水器盘等，形制多仿陶器，器体比较轻薄，花纹比较简单，母题有饕餮纹、云雷纹和夔纹等（图4-10）。商代晚期青铜礼器除继承早期的各类器形外，又出现豆、觯、觥、壶、盂及鸟兽尊等，同时有不少方彝。其中的虎食人卣造型奇特，寓意深奥，花纹复杂又配置得体，是艺术价值极高的珍品（彩图7）。一般铜器均器体厚重，造型精巧，花纹繁缛。除饕餮纹、夔纹外，又盛行鸟纹、蝉纹（图4-11）。西周青铜礼器大多继承商代器物，但酒器明显减少，簋多有座和盖，新出现的器物有盨、簠、匜等。花纹开始变得简单潦草，饕餮纹、鸟纹已经少见，流行窃曲纹、重环纹和变体夔纹等。许多铜器上铸有长篇铭文（图4-12）。由于青铜器毕竟是以满足各级贵族礼仪和日常生活的需要为主，用途的限定，再加上中国先秦时期严格的父子相袭的世工制度，使得中国青铜器的造型如同其范铸法工艺一样，带上了陈陈相因的缓慢变化的色彩。

如上所述，中原青铜器是中国青铜艺术的核心和主流，如果以中原青铜艺术作为中国青铜艺术的典型代表，并考虑到周边其他青铜艺术在中国艺术中的地位和作用，那么，中国青铜艺术的特点就可以主要归结为如下几点：

（1）高度发达的青铜工艺和纷繁多样的青铜艺术形式。在世界诸古代文明中，中国的青铜冶铸工艺发生并不早，但由于自然环境和观念意识方面的原因，中国青铜器不仅使用范围广大，铸造数量惊人，而且种类丰富，区域特征也十分鲜明。在中原，大量的青铜被用作铸造礼器、乐器和兵器，以体现"国之大事，在祀与戎"的思想，而人物或动植物的造像和用于农业生产的工具相对来说很少。铜礼器以鼎为核心，鼎的形制和数量具有标志身份和等级的作用，以至于最高等级的铜鼎类型成为国家政权的一种象征。晚周文献记载的灭亡敌国，必"燔溃其祖庙""迁其重器"[54]，以使敌国彻底灭绝的行为，将青铜礼器在中原地区人们心目中的地位和作用充分表露了出来。在北方，就在中原青铜艺术形成的同时，中国长城沿线及其以北地区在吸收中原和甘青地区铜器制作技术及艺术的基础上，也逐渐形成了自己的风格，出现了以管銎军斧、兽首

图4-10　郑州商城出土商代早期铜礼器

(1.鬲，2.斝，3.鼎，4.爵，5.觚，6.尊)

图4-11　商代晚期铜礼器

（1.四羊方尊，2.人面方鼎，3.牛尊，4.象尊，5.方彝，6.封口盉）

图4-12　西周铜礼器

(1.提梁卣, 2.方座簋, 3.壶, 4.盘, 5.匜, 6.觥, 7.簋, 8.豆)

(或其他造型)的短剑和削刀、动物造型的柱饰为基本特征的北方系青铜器。这些铜器的兽首或立体动物的装饰造型至为逼真和生动,不作任何变形和抽象,从而奠定了北方地区自由而奔放的艺术风格。在南方的长江流域,通过吸收和消化中原先进的铜器技术和艺术,孕育出了与中原系铜器风格联系至深而又各具地方差异的南方系青铜器。铜容器以盛酒的尊、罍、提梁壶(卣)等为主体,饮酒器相对缺乏,形成无饮酒器的礼器组合;铜乐器相当发达,铙、镈等大型打击乐器分布地域广,数量多,年代早,很有特色;铜工具(尤其是农具)数量较多,且多集中出土,反映了南方铜农具的广泛使用和统治者对铜农具的占有。此外,在长江上游的四川盆地及其邻近地区,大型的铜神像、人像和具有神性的动植物造型,长江中游地区诸文化流行的将铜礼器做成动物形象的风气,也是南方系铜器特有的宗教文化现象。

(2)以中原青铜器为主体的青铜文化体系。中国青铜工艺总的说来,始终是中原地区居于中心和领先的地位,许多新的技术和艺术风格都是最先在中原地区出现,然后才流传到周边地区。中原青铜器无论在器物种类和器体造型上,还是在器表装饰和花纹上都往往开新风尚的先河。中原青铜艺术风格的转变往往很快带动周围其他地区青铜艺术风格随之转变,而当中原地区与周边地区因某些原因联系减弱或中断的时候,这些非中原地区的青铜艺术往往因得不到中原青铜艺术发展的新信息而陷于停滞或在先前传入的中原青铜艺术风格的基础上缓慢发展。中原青铜艺术在某种意义上成为中国青铜艺术的代名词。

(3)青铜器和青铜艺术形式的相对稳定和延续时间绵长。中国青铜艺术从它形成起,它的文化特征和独特的艺术表现手法就一直为后代所继承,青铜艺术的区域差异也始终比较稳定。在中原地区,铜器造型和纹饰构图以可以沟通人神的几种动物为主体,表现形式一般采用抽象、夸张的手法,将现实中的动物神秘化和程式化,以至于后人难以明了这些动物造型和纹样本身所指,青铜装饰也出现了"饕餮""夔龙""凤鸟""螭虺""窃曲""肥遗"等种种奇怪的带有神话色彩的名称[55]。这些造型和纹饰一旦出现就经久不衰,长期被模仿和沿用。北方地区更是如此,当北方系青铜器的风格形成以后,除了铜器种类长期固定在短剑、军斧、刀削和饰件等几种上外,在铜器上铸出羊、鹿等写实的立体动物形象一直是这一地区喜欢采用的手法，并且这种传统还通过环绕中原的半月形文化传播带传布到西南的云贵高原地区。至于南方地区，这里的所谓"文化滞后"现象主要就表现在青铜器上。四川盆地的铜罍、三角援的铜戈等器类，长江中下游吴越及百越地区铜尊、提梁壶（卣）等铜器的造型和纹饰，其延续时间之长久，更远远超过了中原地区。

中国青铜艺术的上述特征自商代形成后，经过了近一千多年的不断发展和完善，在东周时期已经成为特征鲜明、影响广泛、形式稳定的一个体系。在东周晚期青铜工业逐渐为钢铁工业代替，青铜器逐渐让位于漆木器和金银器，青铜工艺品日趋减少的形势下，青铜艺术并未衰微，青铜艺术表现的主题和形式，在青铜时代以后仍然发挥着不小的作用。

## 第四节　青铜工业带动下的手工业生产

手工业的专业化和"以职为氏"　中国最早瓷器的出现　玉器的礼仪化和人格化　丝绸纺织业和漆木器手工业的发展　制骨作坊与象牙制品　造车手工业的出现

在高度发达的青铜工业的推动下，商周时期其他部门的手工业生产也都有显著的发展，尤以王室和各级贵族掌控部门为最，这主要涉及陶瓷、玉石、漆木、丝绸和造车等方面。

商代有以职业为氏的情况。周灭商后，曾经将殷遗民迁到洛邑和分封给某些重要诸侯管辖。《左传·定公四年》记载"分鲁公……殷民六族"，其中有索氏、长勺氏、尾勺氏，"分康叔……殷民七族"，其中有陶氏、施氏、繁氏、锜氏、樊氏、终葵氏，这些都是以职业为氏。周人既然整氏族接收殷遗民，自然也继承了以职业为氏的传统制度。而专门制造陶器的就是陶氏。

这个时期在都城或地方城邑中往往有制造陶器的作坊。例如郑州商城西边的制陶作坊有 15 座陶窑[56]，偃师商城也有 15 座陶窑[57]，西周镐京的制陶作坊也有十多座陶窑集中分布[58]。其中郑州商城的制陶作坊颇具规模。它的中部有白灰地面,南部有成堆的陶片,周围散布有大量尚未烧过的陶坯、和好的陶泥、烧坏的陶器废品,还有制造陶器的工具如陶拍、陶垫和陶印模等。印模中有些是仿铜器花纹的,是制造高档陶器用的。这个陶器作坊旁边还有窑工住的许多小型房屋,形成一个制陶业者的小型聚落。

值得注意的是当时制陶业内部已经专门化。例如河北邢台贾村商代遗址中四座陶窑附近只有陶鬲及其残片,没有发现其他器物的陶片,推测那里是一处专门制造陶鬲的作坊遗址[59]。郑州铭功路的制陶作坊中只出土泥质陶如盆、甑、簋、瓮之类,尤以盆、甑为多而缺乏夹沙陶器如鬲、甗之类。安阳殷墟花园庄南地的陶器作坊遗址内,在一处灰层中就发现有几十个陶豆,而且式样相同,有正品,也有烧流的残次品[60]。这样的分工自然不是为了满足陶工自己日常生活器用的需要,而是为官方掌控以进行再分配的目的进行的集中生产,同时也有利于提高产品质量和生产效率。

由于官方的重视和专业化程度的提高,使得这个时期的陶瓷业有了一个质的飞跃,突出的表现在原始瓷器的发明和各种仿铜陶瓷礼器特别是刻纹白陶的制造。原始瓷和硬陶十分接近,都是用氧化硅和氧化铝为主要成分而氧化铁含量极低的瓷土(又称高岭土)而不是普通的黏土烧成的,只是原始瓷含铁量更低,原始瓷上釉而硬陶不上釉。二者的胎质均接近白色,烧成温度达1200℃,比普通陶器高得多(当时普通陶器的烧成温度约为850℃—950℃)。因而硬度高(莫氏5度以上),吸水率低(低于3%,多数不足2%),这些特点均接近于一般意义上的瓷器。只因为质地还不够细腻,所以称为原始瓷,好的硬陶则可称为素烧瓷。原始瓷表面的釉多为青绿色或黄绿色,很像后来的青瓷;少数为古铜色,好像是仿铜器而作(图4-13)。

硬陶在长江以南发生较早也比较普遍。原始瓷数量相对较少,主要发现于都城和地方性城址或贵族大墓中。例如湖北黄陂盘龙城遗存中,相当于夏代的第二、三期便发现有硬陶和原始瓷尊,相当于商代早期的四—六期更有尊、罐、瓮、碗等器,总数达93件之多[61]。江西清江吴城相当于商代的遗址也出土了不少硬陶和原始瓷器。在吴城遗址近旁的新干大洋洲大墓中即出土原始瓷和硬陶器28件,另有7件器盖,占全部陶瓷的20%以上[62]。北方则主要见于郑州商城和安阳殷墟。郑州商城出土过多件原始瓷尊,其造型和纹饰

图4-13　商周原始瓷器(1、4.尊,商代早期,均郑州商城出土;
2.尊,3.罍,均西周早期,均洛阳北窑出土)

同盘龙城的原始瓷尊接近,质量却更好。那里的两个陶器作坊中都没有发现硬陶和原始瓷,推测是南方的方国对商王朝的贡品。商代晚期的原始瓷略有增加。安阳殷墟发现的硬陶和原始瓷器有豆、壶、罐、瓿等,质量也较佳,原始瓷的釉面均匀光亮[63]。在殷墟范围内的王裕口发现过较多的原始瓷残片,其中有六片是烧坏的废品[64]。推测当时高档的原始瓷就是在王室控制的陶瓷作坊里烧制。但那些原始瓷的个别造型和纹饰仍然具有南方的特点,也许那些工匠就是从南方征调过来的。

　　到了西周,原始瓷器明显增加了。北方的陕西、山西、河南、河北的一些比较重要的遗址都发现有原始瓷器。种类则以豆为最多,也有罐、尊、瓿等。南方的江浙地区更是发达,其传统一直持续到后来六朝青瓷的出现。

　　在商代的高档陶瓷器中还有一种刻纹白陶。白陶的成分跟硬陶和原始瓷接近,也是瓷土或称为高岭土,只是氧化铝的比例稍高一些。社科院考古研究所化验室曾经对殷墟出土的白陶、硬陶和原始瓷的成分进行过化验,其主要成分大致是白陶的氧化硅占57%,氧化铝占35%,氧化铁约2%;硬陶的氧化硅为70%,氧化铝为22%,氧化铁约3%;原始瓷的氧化硅约71%,氧化铝约20%,氧化铁约2%[65]。由于白陶含氧化铝较高,所以烧成温度只有1000℃,比硬陶和原始瓷都低,但比普通陶器要高。硬度则多在4度以下。刻纹白陶主要出自殷墟,一般是出于大墓中。例如20世纪30年代在侯家庄商代晚期的王陵和小屯较大的墓葬中曾经出土过十几件可以复原的白陶礼器和3块残片;附近的武官村大墓出土白陶残器10件,残片数十块;而传曾出土司母戊大方鼎的大墓中,20世纪30年代末被盗掘时曾经出土白陶片五六筐,1978年正式发掘时又出土白陶820片[66]。可见这种白陶乃是王室专用的珍品。

　　刻纹白陶一般只做用于礼器的容器,其种类有豆、簋、盂、盘、皿、卣、尊、罐、瓮、匜、罍、瓿等,尤以豆、簋、盂、罍、瓿为多。其形制和纹饰多仿铜器,也有一些自己的特色。白陶的表面经过磨光处理,颜色洁白,温润如玉,显得特别华贵而高雅,几乎每一件都是上好的工艺品。白陶的纹饰是在陶坯晾干后刻上去的,刀工细腻,纹样丰富多变。主要纹饰有饕餮纹、夔纹、蝉纹、云雷纹、大三角纹、菱形纹、折波纹等,常有主体花纹和地纹配合,显得繁而不乱(图4-14)。

　　所谓普通陶器实际上也可以再分为三类。一类是日常生活用器,主要有用于炊事的鬲、甑、甗,饮食器簋、豆、盂、杯,盛储器盆、盘、罐、瓮等。二类是仿铜礼器,有簋、豆、觚、爵、尊、卣、觯,多为酒器,是贵族专用的。三类是明器,一般个体较小,火候甚低,也多仿铜器,有觚、爵、盘、罐、豆等。这些陶器的生产虽然不能代表当时的最高技术水平,却是生产量极大的重要手工业生产部门。

　　玉器制造在商周时期也十分兴盛,在当时的物质文明和精神文明中占有重要地位。史前玉器的重心在燕辽和江浙地区,中原地区并不发达。随着夏商周王朝的兴起和中原中心地位的确立,玉文化的中心也转移到了中原地区。

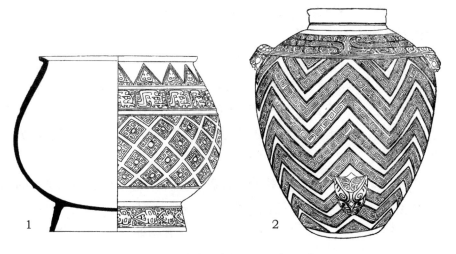

图 4-14　安阳殷墟出土商代刻纹白陶(1.簋，2.罍)

最重要的玉器大多出于中原的都城和相关城邑。例如殷墟出土的玉器无论在数量、种类还是在工艺水平上都远远超出别的地方。仅仅一座中等规模的妇好墓就出土玉器 755 件[67]。湖北黄陂盘龙城、江西新干大洋洲、山东青州苏埠屯和滕州前掌大等地方性城邑的贵族墓中也常常有玉器出土。当时的玉器制作有专门的部门管理，受到统治者的高度重视。殷墟宫殿区附近有一个制造玉器的作坊遗址，在玉工的房址内发现有六百多块玉石料，二百六十多块琢玉的砺石，还有铜刀等工具，许多加工的废品，其中大部是玉璋的碎片和小型雕刻品[68]。这个作坊显然是为王室掌控以专门为王室生产玉器的场所。

　　商周玉器的原料多为和田玉，也有少量岫岩玉和独山玉。和田玉产自新疆，岫岩玉产自辽宁，距离商周王朝中心地区都非常遥远，只有独山玉产自河南南阳一带，但质地较差。这说明为了获取上好玉料不惜从遥远的地方进行交换或掠夺。

　　这个时期玉器的制造工艺已经十分成熟。制造一件玉器，一般要经过选料、开料、造型设计和施工、钻孔、施纹、抛光等多道工序，每一道工序都很讲究。和田玉硬度比较高，要求加工的砣具的硬度更高，旋转速度更快，碾玉要用金刚砂，而且要有一定的纯度[69]。因此，大量利用和田玉说明当时加工玉器的技术有了很大的进步，玉器的质量也有显著的提高。

商周玉器最主要的功用是作为礼器。《周礼·春官·大宗伯》有所谓"六瑞""六器"的说法：

> 以玉作六瑞，以等邦国。王执镇圭，公执桓圭，侯执信圭，伯执躬圭，子执谷璧，男执蒲璧。……以玉作六器，以礼天地四方。以苍璧礼天，以黄琮礼地，以青圭礼东方，以赤璋礼南方，以白琥礼西方，以玄璜礼北方。

可见璧、琮、圭、璋是当时最重要的祭祀用礼器，也是象征地位身份的礼器。《礼记·聘义》中有一段话记子贡问孔子君子为什么贵玉，是不是因为玉稀少而显得珍贵。孔子说不是的，并且讲出了一番道理：

> 夫昔者君子比德于玉焉。温润而泽，仁也；缜密以栗，知（智）也；廉而不刿，义也；垂之如队（坠），礼也；叩之，其声清越以长，其终诎然，乐也；瑕不掩瑜，瑜不掩瑕，忠也；孚尹旁达，信也；气如白虹，天也；精神见于山川，地也；圭璋特达，德也；天下莫不贵者，道也。《诗》云："言念君子，温其如玉。"故君子贵之也。

这段话把玉的自然品质人格化，赋予了丰富的人文精神。这也是商周时期特别看重玉器的重要原因。郭宝钧先生把周人对玉的态度总结为三条，即"抽绎玉之属性，赋以哲学思想而道德化，排列玉之形制，赋以阴阳思想而宗教化，比较玉之尺度，赋以爵位等级而政治化"[70]。这是一个很好的概括。

一般把商周玉器分为礼器、祭器、工具、用具、装饰品和艺术品等六类或七类。祭器中有圭、璧、琮、璋等，礼器中有簋、盘、璜、环、戈、钺、大刀等（图4-15），工具中有斧、锛、凿、铲、刀等，用具中有梳、匕等，装饰品和艺术品中多各种人物和动物的造型，包括家畜、野兽、飞禽、水族和草虫等（图4-16）。实际上祭器也是礼器，工具和用具有些也是礼器，装饰品和艺术品有时难以区分，有些装饰品或艺术品是镶嵌在漆木器上的，另有一些装饰品实际上是佩饰，也具有礼仪性质。在一个讲求礼制的社会里，对人人都珍爱的宝物加以礼制化是很自然的事。

图 4-15　安阳殷墟出土商代玉簋

　　商周时期的纺织业已很发达,但纺织品很难保存,只能从一些残留痕迹上加以辨认。当时一般平民穿葛、麻织物,贵族则多穿丝织物。在石家庄附近的藁台西遗址曾经出土一卷几乎全部炭化的麻织物残片,属大麻纤维,经纱由两股合捻而成,用平纹织法,密度不大均匀。其中一片的经纱为每厘米 14—16 根,纬纱为每厘米 9—10 根[71]。商人喜欢用织物包裹铜器随葬,因此在随葬铜器的锈迹上往往可以看到织物的痕迹。在殷墟的妇好墓中,就有五十多件铜器上留有织物的痕迹,其中多数是丝织品,只有少量是麻织品[72]。

　　商代丝织品最常见的织法有三种。一是普通平纹织,经线和纬线基本相等,每厘米大约 30—50 根;二是畦纹的平纹织,经线比纬线多一倍,由经线显出花纹,其中细的每平方厘米经 72 根,纬 35 根;三是文绮织,地纹是平纹组织,花纹则是三上一下的斜纹组织,由经线显花[73]。妇好墓铜器上的丝织物痕迹至少有五个品种,即平纹绢、经朱砂染色的平纹绢、经重平组织的缣类织物、回形纹绮和罗类织物。其中大孔罗密度为每平方厘米经 32 根,纬 12 根,孔眼较大。经纬都是正手加捻,每米大约有 1500—2000 个捻,是目前所知年代最早的绞经机织罗标本[74]。

　　西周的纺织物也主要是丝、麻两类。过去在河南浚县辛村几座大墓中曾经发现丝织品印痕和麻布片[75]。洛阳东郊摆驾路口的 2 号墓内四角发现有画幔痕迹,上面的图案有黑、白、红、黄四种颜色[76]。陕西宝鸡竹园沟和茹家庄也出土了很多织物印痕。竹园沟有 7 座墓的铜器上有平纹丝绢包裹的痕

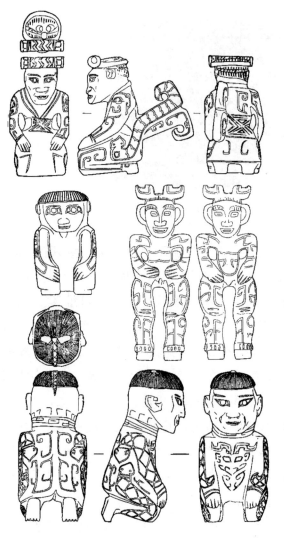

图 4-16　妇好墓出土玉人

迹,茹家庄一号墓死者尸体之下的淤泥中发现有平纹丝绢的绣品。刺绣法系锁线绣,绣圈每厘米 10 个,绣道宽 2/3 毫米。据推测原物应该是衾被之类[77]。

商周时期的漆木业是很发达的。贵族墓的棺材上和车马坑的车子上多有用漆的情况。木质虽然已经腐朽而漆皮仍然能够保存。所用漆多为红、黑、黄、白等色,不少棺面漆红地黑彩、白地红彩或黑地红彩,花纹多云雷纹和夔纹等。日常用具中也常有漆器。例如殷墟侯家庄 1001 号王墓的圆形漆盘内就放置了七个漆豆,还有髹漆的"抬盘"。河南罗山县天湖墓地出土八件漆豆,内红外黑。漆器不论大小,都经常用几何形或动物形玉片、蚌片镶嵌,是一种高档的工艺品。

这个时期的骨器和象牙器制造业也很发达,许多城邑遗址中都有制骨作坊。例如郑州商城北的制骨作坊就发现有成千的骨制品和废料,其中除动物骨骼外还有不少人骨[78]。殷墟花园庄南地的骨料坑中有兽骨数十万块,以牛骨为最多[79]。陕西周原的制骨作坊(在扶风云塘)中的骨料和废品也数以万计,主要是牛骨,上面多有锯割的痕迹,同时伴出有铜锯和铜刀等。骨器制品通常有刀、凿、锥、镞、鱼鳔、匕、梳、针、笄等，还有大宗动物形装饰品和镶嵌品。骨器作坊中还同时加工鹿角器和象牙器，仅殷墟所见象牙制品就有尊、簋、盂、杯、笄、梳等，其中有些是礼器，有些是高级工艺品。妇好墓出土三件象牙带柄杯，通体雕刻饕餮纹和夔纹，并且镶嵌许多绿松石片，造型典雅，是十分罕见的珍贵品（彩图8）。

先秦文献中多有"奚仲作车"的记载。奚仲是夏代人，但是至今没有发现夏代的车。商周时期的车则有大量发现。据统计仅殷墟就已发现车马坑41座（图4-17），在殷墟之外的安老牛坡、山东滕州前掌大、青州苏埠屯和山西灵石旌介村等地也发现有商代的车马坑。西周车马坑更是经常发现。一般都是一车二马，个别有一车四马的。有战车，也有乘坐的车。孔子主张"乘殷之辂，服周之冕"，说明商代的车子好坐，周代的衣服更讲究。商代的车都是单辕两轮，辕的前端置横木叫衡，衡两端置轭以便架在马肩上。辕的后端置轴，轴两

图4-17　商代车马坑，殷墟郭家庄出土

端置车轮。辕和轴的上面置舆,也就是车厢。车厢的前面有扶手叫轼,后面是车门(图4-18)。制造车子需要有木工、金工、髹漆工、皮革工等多个工种配合,是当时手工业的杰作。

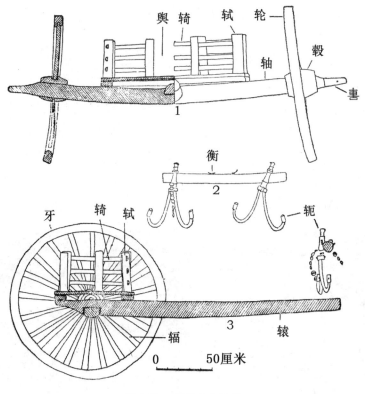

图4-18 商代车的结构

## 注 释

〔1〕 邹衡:《论菏泽(曹州)地区的岳石文化》,《纪念文物出版社建社三十周年文物与考古论集》,文物出版社,1987年,第114—136页。

〔2〕 关于早商时期商文化圈的问题,可以参看王立新《早商文化研究》,高等教育出版社,1998年。

〔3〕 郑州商城和偃师商城是两座年代大致相同的商代前期的大型都城遗址,关于这两个遗址的政治功能及其与古史传说资料中商都"亳"的关系问题,学术界认识的分歧很大。不过从郑州商城位置更居中、城邑规模更大、各类遗存更丰富等现象来看,郑州商城更有作为当时首都的气派。有关讨论可以参看宋国定:《1985—1992年郑州商

城考古发现综述》，《郑州商城考古新发现与研究》，中州古籍出版社，1993 年；杜今鹏、王学荣主编《偃师商城遗址研究》，科学出版社，2004 年。

〔4〕 晋南地区罕见晚商时期遗存的原因，应当与商代晚期晋陕高原的其他北方古族侵入晋南，与商王朝在这里展开了长期的争夺战争有关。殷墟卜辞表明，商王朝在商王武丁及其以后一段时间的主要用兵区域主要在晋南，长期的拉锯战争破坏了这个地区的经济和社会稳定，形成不了永久性的聚落，因而也就很少有这个时期的遗存发现。

〔5〕 根据考古发现的资料，西周前期的燕国都城是在北京房山区琉璃河遗址，在这里出土了"伯矩"等许多燕国贵族的青铜礼器。在辽宁大、小凌河流域喀左县，出土了不少埋藏西周青铜礼器的窖藏，其中就有"伯矩"等燕国贵族的铜器。

〔6〕 《左传·襄公四年》。

〔7〕 《史记·赵世家》。

〔8〕 《史记·秦本纪》。

〔9〕 关于楚国向东、向南的扩张，可参看刘和惠：《楚文化的东渐》，湖北教育出版社，1995 年；高至喜：《楚文化的南渐》，湖北教育出版社，1996 年。

〔10〕 《史记·秦始皇本纪》。

〔11〕 北京市文物研究所：《北京延庆军都山东周山戎部落墓地发掘纪略》，《文物》1988 年 8 期，第 17 页；韩嘉谷：《从军都山东周墓谈山戎、胡、东胡的考古学文化归属》，《内蒙古文物考古文集》（一），中国大百科全书出版社，1994 年，第 336—347 页。

〔12〕 田广金、郭素新：《鄂尔多斯青铜器》，文物出版社，1986 年。

〔13〕 钟侃、韩孔乐：《宁夏南部春秋战国时期的青铜文化》，《中国考古学会第四次年会论文集》，文物出版社，1983 年；许成、李进增：《东周时期的戎狄文化》，《考古学报》1993 年 1 期，第 1—11 页。

〔14〕 李水城：《沙井文化研究》，《国学研究》第二卷，北京大学出版社，1993 年，第 493—523 页。

〔15〕 关于中国冶铁技术的来源问题，学术界的主流意见是在中国发达的青铜冶铸工艺基础上直接发生的（杨宽：《中国古代冶铁技术发展史》，上海人民出版社，1982 年；华觉民：《中国古代钢铁技术的特色及其形成》；华觉民等：《中国冶铸史论集》，文物出版社，1986 年，第 3—20 页）。不过，目前中国已经发现的战国以前的铁器还很少，且基本上发现于一些高级贵族的墓葬中，它们究竟是本地铸造还是其他地方输入尚难以确认。从战国中期开始，铁器的数量骤然增多，许多都是铸铁件，不少还经过了柔化处理，有的还是铸铁脱炭钢。这种现象说明，中国人工冶铁可能不是从中心地区发生的，但当具有很高青铜冶铸技术的工匠一旦接触了外来的冶铁术后，就迅即采用了自

身的冶铸工艺,从而使冶铁工艺发生了全新的改进,钢铁工业反而走在了世界的前列。

〔16〕 闻广曾认为,中原曾经应当有锡,先秦中原地区的青铜器中的锡料有一部分应当来源于中原地区(闻广:《中原找锡论》,《中国地质》1983 年 1 期)。闻广先生的看法,受到了童恩正等先生的质疑,童恩正等对闻广认为中原有锡的证据逐一进行了分析,指出:"在中国青铜时代,即从商代到战国这段历史时期之内,就目前所知的资料而言,无论金文或是先秦典籍,都不能证明中原产锡。"参看童恩正、魏启鹏、范勇:《中国古代青铜器中锡料的来源——评〈中原找锡论〉》,原载《四川大学学报》1984 年 4 期,引自《童恩正文集·学术系列·南方文明》,重庆出版社,1998 年,第 270—295 页。

〔17〕 中国社会科学院考古研究所编著:《殷墟妇好墓》,文物出版社,1980 年。

〔18〕 陕西宝鸡市戴家湾、竹园沟、纸坊头等西周早期的墓葬中出土了一些造型夸张、附件繁复的非常豪华的青铜器,过去往往都认为是周人的新创造。近年来,在安阳殷墟的孝民屯东南铸铜遗址中,发现了不少与宝鸡诸西周墓地出土青铜器造型和纹样完全相同的泥范,从而可以证明这些铜器是从商人处分得或由虏获的商王朝工匠制作的产品。殷墟孝民屯东南铸铜遗址的这些材料还没有发表,相关信息来源于 Yung-ti Li. *The Anyang Bronze Foundries:Archaeological remains, Casting Technology, and Production organization*, A thesis for the degree of Doctor of Philosophy in the subject of Anthropology, Harvard University.

〔19〕 Kwang-chih Zhang, The Chinese Bronze Age:A Moden Synthesis, 原载 *The Great Bronze Age of China, Wen Fonged.*, New York:The Metropolitan Museum of Art, 1980, pp. 35-50. 引自张光直著:《中国青铜时代》,三联书店,1983 年,第 22—23 页。

〔20〕 《山海经》具体记载多铜的山名只有 18 个,多铜的水名 1 个,另有山"曰铜山",不过该山却"其上多金银铁"而不是铜(《山海经·中山经》)。又,据袁珂《山海经校注》引清人郝懿行说:"今案,自禹曰已下,盖周人相传旧语,故《管子》援入《地数篇》,而校书者附著《五臧山经》之末。"

〔21〕 如《山海经·西山经》:"符禺之山,其阳多铜,其阴多铁。""泰冒之山,其阳多金,其阴多铁。"《中山经》:"荆山……其阴多铁,其阳多赤金。"等等。

〔22〕 《太平御览》地部三就引作"绿石"。

〔23〕 江西省文物考古研究所铜岭遗址发掘队:《江西瑞昌铜岭商周矿冶遗址第一期发掘简报》,《江西文物》1990 年 3 期;刘诗中、卢本珊:《江西铜岭铜矿遗址的发掘与研究》,《考古学报》1998 年 4 期,第 465—496 页。

〔24〕 中国社会科学院考古研究所铜绿山工作队:《湖北铜绿山东周铜矿遗址发掘》,《考古》

1981 年 1 期,第 19—23 页;黄石市博物馆:《铜绿山——古矿冶遗址》,文物出版社,1999 年。

〔25〕 港下古铜矿遗址发掘小组:《湖北阳新港下古矿井遗址发掘简报》,《考古》1988 年 1 期,第 30—42 页。

〔26〕 辽宁省博物馆文物工作队:《辽宁林西县大井古铜矿 1976 年试掘简报》,《文物资料丛刊》第 7 集,文物出版社,1983 年,第 138—146 页。

〔27〕 杨立新:《皖南古代铜矿初步考察与研究》,《文物研究》第 3 辑,1989 年,第 184 页。

〔28〕 湖南省博物馆、麻阳铜矿:《湖南麻阳战国时期古铜矿清理简报》,《考古》1985 年 2 期,第 119 页。

〔29〕 铜矿往往与铁矿共生,这种共生矿氧化铜矿在上层,其下是硫化铁矿。上部的氧化铜矿靠近地表的部分往往深度氧化,以至于铜被流失,变成富铁矿。这种铁矿位于铜矿的最上层,故被称为“铁帽”。

〔30〕 林西县大井铜矿采冶遗址只进行露天开采,不进行地下开采,这固然与该古铜矿适宜于露天开采有关,也与夏家店上层文化采矿水平和铜矿石需要量有关。夏家店上层文化的人们大量使用武器、工具、饰件等青铜器具,但大型容器却较少,社会对青铜的需求量远低于夏商周中心地区,也低于南方地区。

〔31〕 杨立新:《皖南古代铜矿初步考察与研究》,《文物研究》1989 年 3 辑,第 14 页。

〔32〕 风沟有两种作用:在修建炼铜炉时它可以生火烘烤炉体,促使炉体尽快干透;在炼铜时,风沟内仍置炭火,以增加炉缸底部的温度,提高和保持炉温。

〔33〕 卢本珊:《铜绿山春秋早期的炼铜技术》,《科技史文集》第 13 集,上海科学技术出版社,1985 年,第 11—23 页。

〔34〕 有的研究者根据一些炼渣的化学成分分析数据,推断“西周早期木鱼山是先用硫化铜炼制冰铜,再精炼成铜”;江木冲“可能采用了先焙烧硫化矿,再入炉炼铜的方式”。从而认为“皖南矿冶遗址中既有溶化硫化矿成铜工艺,也有用硫化矿熔炼成冰铜,再由冰铜熔炼成铜的工艺”(苏荣誉、华觉民、李克敏、卢本珊:《中国上古金属技术》,山东科学技术出版社,1995 年,第 83 页。)。不过,从江木冲遗址在炼铜炉旁就散布有冰铜块来看,当时皖南这些冶炼遗址,在氧化铜矿开采完毕后,大量用硫化铜矿炼铜,其工艺流程当如下所示:硫化铜矿——→焙烧——→冰铜——→入炉冶炼——→红铜。

〔35〕 大概正是由于锡相对缺乏的原因,商周王朝的高层的统治者往往使用高锡的青铜器,而较低层的统治者一般使用高铅的青铜器。此外,在讲究礼器数量组合的西周中期以后相当长一段时期内,较高等级的贵族死后随葬的青铜礼器往往还使用高铅的青铜明器。目前分析中国古代青铜合金的著述对等级的差别、实用器与明器的

差别还没有给予充分的注意,其分析结论还有修正和强化的必要。

〔36〕 苏荣誉、华觉民、李克敏、卢本珊:《中国上古金属技术》,山东科学技术出版社,1995年,第279—292页。

〔37〕 郭沫若:《考工记的年代与国别》,《开明书店二十周年纪念集》,1947年。

〔38〕 关于《考工记》"六齐"的解释,历代学者作过不少分析和解释,主要的观点有两派:一派将"六齐"中的"金"解释为包括了锡在内的青铜合金,如明人徐昭庆《考工记通》;一派将"六齐"中的"金"解释为纯铜,锡不包括在内,如清人戴震《考工记图》。按照前一种解释,锡的比例太高,与古代青铜器实际合金比例相去太远,故现在多数学者倾向于后一种解释。

〔39〕 张子高指出,"金锡半"应是"金一锡半",可从。参看张子高:《六齐别解》,《清华大学学报》1958年4卷2期,第159—166页。

〔40〕 关于《考工记》"六齐"与实际分析的青铜器合金比例出现差异的原因,张世贤认为有以下原因:(1)"六齐"配方如属真实可靠,其实验和定案却是在《考工记》成书以前某个时期完成的,不能要求"六齐"与不同时期青铜器的合金成分相符;(2)"六齐"中只提到锡没提到铅,如加入铅,现代分析结果必然偏离原来的配方;(3)《考工记》是东周时期齐国官书,"六齐"反映的应是齐国上层用青铜器的合金比例,其他国家和阶层不一定遵循此比例;(4)各地矿产供应情况不同,当原料短缺时,未必能够遵循"六齐"的要求;(5)度量器具和标准的差异,可能使铜器的实际化学成分无法完全符合"六齐"的要求。参看张世贤:《见微知著——陶瓷青铜器的化学分析在若干历史研究上的应用》,文史哲出版社,1991年,第70—71页。

〔41〕 谭德睿、廉海萍:《东周吴越青铜兵器技术研究》,南京博物院编《台湾龚钦龙藏越王剑暨商周青铜兵器》,南京出版社,2003年,第12—22页;何堂坤:《关于双青铜嵌合剑的初步研究》,同上书,第23—29页。

〔42〕 范铸法的基本工艺流程是:先根据使用者的意图设计构思并创作出需要铸造的青铜器的原大模型,并在模型上刻镂和雕塑出花纹(也可以用现成的器物来作模型)。模型制好后,用经过选择的泥土贴塑和包裹在模型外,翻印出模型的外部形态和纹饰,并在恰当的位置设计预留下今后用于浇铸铜合金液体的"浇口"和排气的"冒口"。待包裹在模型外的泥土稍干后,根据器物的形态将包裹在模型外的泥土分块切割分离,切割时要在切缝两侧预先留若干卯榫,以便以后拼合。切割下来的泥范经过阴干和烘烤制成"泥范"(作为铸造青铜器的外范,它的烘烤温度往往不高,范土一般并未陶化,严格地说,烘烤后的范也应称之为泥范)。将这些泥范按分割前的原样组合起来,在范内填充泥沙,使之恢复模型的形状,然后削去相当于器壁厚度

的薄薄一层,这样就制成了内范即泥芯。将外范套合在内范上,内外范之间的空隙用"芯撑",以保证所要铸造器壁厚度的均匀。最后从浇口浇注铜合金溶液填满范与芯之间的空隙,剥离泥范露出铸件,并加以打磨修整使之成为外表光亮的青铜器。参看北京钢铁学院中国冶金史编写小组:《中国冶金简史》,科学出版社,1978 年。

〔43〕失蜡法的基本工艺流程是:先用砂性黏土按照所要铸造器物的大致模样制成略小的泥芯,再在其外用蜂蜡、松香等合成的材料按照需要铸造器物的样子制成蜡模,蜡模外用细泥沙浆浇淋多次,并裹以耐火泥沙而成铸型,铸型也要预留流出蜡液和浇注铜液的浇口和排出气体的冒口,然后烘烤铸型使蜡模融化流出,再将铜液浇注在蜡流出后所形成的空腔中,剥离外型就可以得到所需铜器。

〔44〕河南省文物研究所:《郑州商代二里岗期铸铜基址》,《考古学集刊》第 6 辑,中国社会科学出版社,1989 年,第 100—122 页。

〔45〕关于殷墟商代铸铜遗址的资料来源,除了中国社会科学院考古研究所《殷墟发掘报告(1958—1961)》(文物出版社,1987 年)一书外,还参考了中国社会科学院考古研究所编著《中国考古学·夏商卷》第 376—379 页(中国社会科学出版社,2003 年),以及李永迪《安阳铸铜作坊——考古遗存、生产工艺和生产组织》的博士论文( Yung-ti Li, *The Anyang Bronze Foundries*: *Archaeological Remains*, *Casting technology*, *and Production Organization*. pp. 310-312, A thesis for the degree of Doctor of Philosophy in Subject of Anthropology, Harvard University)

〔46〕西周前期周王朝基本套用商代晚期商王朝的青铜铸造工艺,这是近些年伴随着安阳殷墟遗址孝民屯东北等铸铜遗址的发掘才基本确认的事实。在此以前,由于缺乏殷墟晚期商王朝的高品级青铜器群,而在陕西宝鸡市弦国墓地等的西周前期墓葬中出土了一大批精美的青铜器,这些铜器的造型和纹样在殷墟晚期铜器中过去不曾见到,容易误认为西周青铜器颇多创新。安阳殷墟遗址孝民屯东北等铸铜遗址出土的殷墟晚期的泥范,其中有许多范的器型和花纹与原以为西周早期的器物一模一样。据此,在商代后期偏晚阶段(即考古学上的殷墟晚期),殷墟商王朝的铸铜匠师就开始了一些新风格的创造,这些新风格随着商王朝工匠被周王朝所有而带到了西周王畿一带。

〔47〕四川省文物考古研究所:《三星堆祭祀坑》,文物出版社,1999 年;江西省博物馆等:《新干商代大墓》,文物出版社,1997 年。

〔48〕李学勤:《非中原地区青铜器研究的几个问题》,《东南文化》1988 年 5 期,第 78—82 页。

〔49〕内蒙古自治区文物工作队田广金、郭素新编著:《鄂尔多斯式青铜器》,文物出版社,1986 年。

〔50〕 商代殷墟早期前后中原系青铜器在北方地区的发现,以最外缘的几组材料为例:东
北地区的内蒙古克什克腾旗天宝同村出土的铜瓿(克什克腾旗文化馆:《辽宁克什
克腾旗天宝同村发现商代铜瓿》,《考古》1977 年 5 期),北方中部地区的内蒙古伊金
霍洛旗朱开沟遗址出土的铜爵、斝等(内蒙古文物考古研究所:《内蒙古朱开沟遗
址》,《考古学报》1988 年 3 期,第 301—332 页)。

〔51〕 夏家店上层文化中的中原系铜器,主要见于:A. 辽宁省昭乌达盟文物工作站、中国
科学院考古研究所内蒙古工作队:《宁城南山根的石椁墓》,《考古学报》1973 年 2
期,第 27—62 页;B. 赤峰市博物馆项春松、宁城县文物管理所李义:《宁城小黑石沟
石椁墓调查清理简报》,《文物》1995 年 5 期,第 4—23 页。

〔52〕 林沄:《说"王"》。见《考古》1965 年 6 期,第 311—312 页。

〔53〕 在商文化青铜礼器中,爵、瓿两种酒器(或以角代爵如殷墟郭家庄 160 号墓)数量的
多寡,与持有者的身份等级有密切的关系。从最低级的 1 瓿 1 爵起,以上依次为 2
瓿 2 爵、3 瓿 3 爵、5 瓿 5 爵和 10 瓿 10 爵诸等级。其中出 10 瓿 10 爵的是商王武丁
的一位夫人的墓葬即殷墟妇好墓,该墓的形制和规模在商文化墓葬中只属中型墓,
如果有未经盗扰的更高级别的大型墓发现,其铜瓿和爵的数量一定更多。周文化的
青铜礼器组合以鼎和簋为主体,鼎用单数,簋用双数,组合成为 1 鼎无簋或 1 鼎 1
簋、3 鼎 2 簋、5 鼎 4 簋、7 鼎 6 簋、9 鼎 8 簋等形式,使之成为铜礼器的构成核心。根
据周代礼书记述,可以知道,周文化铜礼器至少分为 5 等:第一等为周天子,其礼器
规格为大牢 9 鼎配 8 簋;第二等为卿大夫及相应诸侯,其礼器规格为大牢 7 鼎配 6
簋;第三等为大夫及相应诸侯,其礼器规格为少牢 5 鼎配 4 簋;第四等为士及相应贵
族,其礼器规格为牲 3 鼎配 2 簋;此外还有低级贵族采用特 1 鼎配 2 簋或 1 鼎配 1
簋的。关于商文化青铜礼器的组合,可参看杨锡璋、杨宝成:《殷代青铜礼器的分期
与组合》。见《殷墟青铜器》,文物出版社,1985 年,第 79—102 页。

〔54〕 《墨子·非攻下》,上海古籍出版社缩印浙江书局《二十二子》汇刻本。

〔55〕 "饕餮"一名见于《吕氏春秋·先识》:"周鼎铸饕餮,有首无身,食人未咽,害及其身,
言报更也。""肥遗"见于《山海经·北山经》:"有蛇一首两身,名曰肥遗,见则其国大
旱。"(《山海经·西山经》中有鸟也名"肥遗")"窃曲"见《吕氏春秋·离俗》:"周鼎有
窃曲,状甚长,上下皆曲,以见极之败也。"均上海古籍出版社缩印浙江书局《二十二
子》汇刻本。

〔56〕 河南省文物考古研究所:《郑州商城》,文物出版社,2001 年,第 384—460 页。

〔57〕 中国社会科学院考古研究所:《中国考古学·夏商卷》,社会科学出版社,2003 年,第
404—405 页。

〔58〕中国社会科学院考古研究所:《新中国的考古发现和研究》,文物出版社,1984 年,第254 页。

〔59〕河北省文化局文物工作队:《1958 年邢台地区古遗址古墓葬的发现与清理》,《文物》1959 年 9 期,第 66 页。

〔60〕中国社会科学院考古研究所:《殷墟的发现与研究》,科学出版社,1994 年,第441 页。

〔61〕湖北省文物考古研究所:《盘龙城——1963—1994 年考古发掘报告》,文物出版社,2001 年,第 488—493 页。

〔62〕江西省文物考古研究所等:《新干商代大墓》,文物出版社,1997 年,第 159—181 页。

〔63〕同注〔60〕,第 237—240 页。

〔64〕中国社会科学院考古研究所:《殷墟发掘报告》,文物出版社,1987 年,第 132 页。

〔65〕中国社会科学院考古研究:《安阳小屯》第 79 页表二,世界图书出版公司,2004 年。

〔66〕同注〔60〕,第 228—229 页。

〔67〕中国社会科学院考古研究所:《殷墟妇好墓》,文物出版社,1980 年。

〔68〕中国科学院考古研究所安阳发掘队:《1975 年安阳殷墟的新发现》,《考古》1976 年 4 期,第 264 页。

〔69〕北京市玉器厂技术研究组:《对商代琢玉工艺的一些初步看法》,《考古》1976 年 4 期,第 229 页。

〔70〕郭宝钧:《古玉新诠》,《中研院史语所集刊》第 20 本下册,1949 年。

〔71〕河北省文物研究所:《藁城台西商代遗址》,文物出版社,1989 年,第 88—89 页。

〔72〕同注〔67〕,第 17—18 页。

〔73〕夏鼐:《我国古代蚕、桑、丝、绸的历史》,《考古》1972 年 2 期,第 12 页。

〔74〕同注〔67〕,第 18 页。

〔75〕郭宝钧:《浚县辛村》,科学出版社,1964 年,第 64、70 页。

〔76〕郭宝钧:《1952 年秋季洛阳东郊发掘报告》,《考古学报》1955 年 9 期,第 91—116 页。

〔77〕卢连成、胡智生:《宝鸡强国墓地》上册,文物出版社,1988 年,第 654—656 页。

〔78〕河南省文化局文物工作队一队:《郑州商代遗址的发掘》,《考古学报》1957 年 1 期,第 53—73 页。

〔79〕中国社会科学院考古所安阳工作队:《1986—1987 年安阳花园庄南地发掘报告》,《考古学报》1992 年 1 期,第 97—128 页。

# 第五章　铁器的应用和生产的发展

春秋战国是一个大动荡、大变革与大发展的时代。仅就物质文明而言,钢铁冶炼技术的发明和铁器的推广使用,大型水利灌溉工程的修建和农业技术的进步,铜器、漆器等新工艺的采用和手工业生产的繁荣,金属铸币的广泛使用和商品贸易的发达,凡此种种,奠定了这个时代社会转型与发展的物质基础。

## 第一节　铁器的应用和冶炼技术的快速发展

商周时期的陨铁器　中国最早的人工铁器　块炼铁渗碳钢技术　鼓风设备与世界最早的铸铁器　铸铁退火工艺与韧性铸铁的发明

在人类文明史上,冶铁技术的发明和铁器的推广使用具有划时代的意义。这是因为铁器具有石器、铜器所不具备的优良性能,铁器的普遍使用极大地改变了人们的生产、生活方式,成为推动社会进步的重要原动力。那么,中国古代何时掌握了冶铁技术? 其冶铁技术又取得哪些重要成就? 铁器的使用对人们的生产、生活乃至于社会的进步又产生了怎样的影响? 这些曾经困扰学术界多年的重大问题,由于考古发掘已积累了大量的实物资料,并经考古学家和冶金史专家的潜心研究,现在已经能够比较清晰地回答了。

地球上除存在少量来自天外的陨铁外,并没有可供直接使用的自然铁。在自然界,铁总是与其他物质紧密地结合在一起的,这就是人们所说的铁矿石。地球上的铁矿石蕴藏量极为丰富,但要经过人工冶炼后才可以使用。由于铁的熔化温度远高于铜,所以冶铁技术的发明要晚于铜的冶炼。不过,在掌握冶铁技术之前,人类对铁已经有了初步认识,这就是陨铁的加工使用。在世界历史上,许多古代民族都曾使用过陨铁制品。中国境内最早的陨铁器则发现于河北藁城县台西村商代中期遗址和北京平谷县刘家河商代中期(公元前14—前13世纪)墓葬中,即各发现了一件铁刃铜钺[1];年代稍晚则有1931年在河南浚县辛村西周早期墓中出土的一件铁刃铜钺和一件铁刃铜戈[2]。上述陨铁制品经电子显微金相观察,确定其刃部是用陨铁煅成的。陨铁的使用,表明至迟在商代中期,中国先民对铁已有了初步认识,但它与人工冶炼铁是两回事[3](图5-1)。

根据考古发现,世界上最早的人工冶炼铁大约出现于公元前2500—前2300年的西亚一带[4],而中国目前所见最早的人工铁器则发现于河南省三门峡市上村岭虢国大墓,时代为两周之际(公元前8世纪前半叶)。其中,编号为2001号大墓中出土了一件铜柄铁剑(或称玉茎铜芯铁剑);2009号大墓出土有铜柄铁刀、铜柄铁锛、铜柄铁戈、铜柄铁刻刀各一件。这五件铁器,铜柄铁剑和铜柄

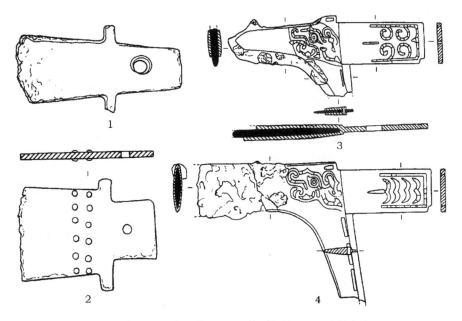

图5-1 商至西周的陨铁器(1、2.铁刃铜钺,3、4.铁援铜戈)

图 5-2　中国最早的人工铁器——铜柄铁剑,三门峡虢仲墓出土

铁刀经检验,确定为人工冶炼铁(图 5-2),其他三件则是用陨铁作刃的铜铁复合器[5]。两周之际虢国大墓人工铁器与陨铁器共存是值得注意的现象,联系到前面所说的商代中期和西周早期只有陨铁器的发现,似乎暗示出中国古代人工铁器的最初发生时间当距此不远,可能就是西周中晚期。

　　略晚于虢国大墓,属于春秋时期的铁器实物多见于秦国境内,主要有以下几批:甘肃灵台县景家庄、陕西陇县边家庄、陕西长武县的春秋早期偏晚的秦墓中各出土一件铜柄铁剑[6];凤翔雍城春秋晚期偏早的秦公一号大墓出土的铁铲、铁锸等铁制品 12 件;凤翔雍城马家庄春秋晚期宗庙建筑遗址出土的铁锸等[7];宝鸡益门村春秋晚期偏早墓出土有金柄铁剑 3 件、金环首铁刀 13 件、金方首铁刀 2 件、金环首料背铁刃刀 2 件,总计达 23 件之多[8]。秦国出土的这几批铁器中,甘肃灵台县景家庄秦墓的铜柄铁剑、宝鸡益门村墓出土的金柄铁剑经检验为块炼铁渗碳钢制品,秦公一号大墓出土的铁锸、铁铲为人工铸铁器(图 5-3)。此外,与秦国邻近的山西省南部曲沃县天马曲村晋国都邑遗址春秋早期地层中曾发现一件铁器残片,经检验为块炼铁;另属于春秋中期的地层中发现铁条和铁器残片各 1 件,经检验为人工铸铁器[9]。

　　年代稍晚一些,即属于春秋晚期或春秋战国之际的人工铁器还发现于南方的楚国、东南的吴越国等地,主要有江苏六合县程桥春秋晚期吴墓出土的铁条、铁丸;河南淅川下寺春秋晚期楚墓出土的玉柄铁匕首;长沙杨家山春秋晚期楚墓的钢剑;长沙识字岭春秋晚期墓的铁锸;长沙龙洞坡春秋晚期墓的铁削;湖南常德德山春秋晚期墓的铁削等。这几批铁器,经鉴定均为人工冶炼铁[10]。

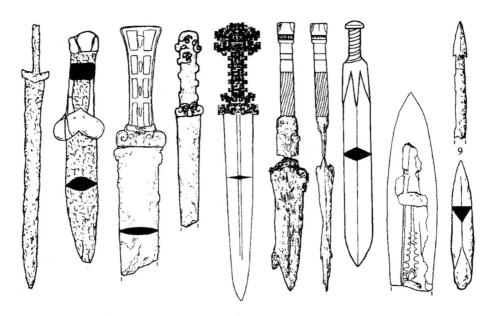

图 5-3 春秋时期的铁兵器

从以上所列举的中国内地人工铁器的出土情况看,时代从两周之际至春秋战国之际并未中断,而降至战国时期则发现的地点、数量急剧增加,至战国中期已进入广泛使用阶段。由此可知,中国古代至迟在两周之际已经掌握了人工冶铁技术。值得注意的是,中国铁器较早的发现多集中在广义的中原偏西地区,即河南西部、陕西关中、山西南部、甘肃东部这一大片相连的区域,这一现象是值得深思的。前面说过,在世界冶铁史上,西亚很可能是人工冶铁技术的最早发明地域,此后逐步向周围地区传播,首先波及南亚、中亚、欧洲。近年来,中国新疆地区公元前1000—前500年左右的古墓中也发现了较多的铁制小件物品,由此联系到中国内地的发现,一些学者推测我国冶铁技术(块炼铁技术)可能源于西亚、中亚,并经古丝绸之路通道传入中国内地[11]。这种可能性是存在的,不过,新疆的铁器多未经鉴定,年代也需要进一步斟酌。所以,这一问题的解决,还有待于更多的发现和深入的研究。

假如说,中国内地最初的冶铁技术确实是从西亚、中亚传入的话,那也只是一种最原始的块炼铁(熟铁)技术,在掌握这种技术之后很短的时间内,中国先民凭借发达的青铜冶炼工艺,不仅迅速提高了块炼铁的技术水平,使之成为渗碳钢,而且很快就发明了铸铁(生铁)技术。山西南部曲沃县天马曲村晋国都邑遗址的铁器、凤翔秦公大墓出土的铁锤、铁铲等即为生铁铸件。此后,冶铁技术不断进步,在相当长的时期内处于世界领先地位[12]。

纯铁的全熔温度为 1537℃,铜只有 1083℃,冶铁较冶铜困难得多,因而发生的时间就晚一些,但铁矿石的冶炼在较低的温度下也可以得到能够使用的铁,这种铁就是块炼铁。块炼铁的炉体构造简单,容积较小,冶炼时把矿石和木炭分层放在一起点火熔炼,由于没有或只使用简单鼓风设备,炉温比较低(大约为 900℃),铁矿石不能熔化为铁水流出,只能炼出半熔状态的海绵状铁块,取出后再经锻打剔除杂质。块炼铁含碳量低(少于 0.1%),质较软,但延展性好,可锻打,是为锻铁(也称熟铁)。世界上最早出现的人工铁都是这种块炼铁,我国春秋至战国早期人工铁器中多数也是这种块炼铁制品。块炼铁因为含有较多的杂质,需要反复锻打。值得注意的是,中国工匠在不太长的实践过程中,最先发明了炼钢的技术——块炼铁渗碳钢技术。虢国大墓出土的铜柄铁剑和铜柄铁刀、甘肃灵台县景家庄秦墓的铜柄铁剑和宝鸡益门村墓出土的金柄铁剑、长沙杨家山春秋晚期楚墓的铁剑,经检验均为块炼铁渗碳钢制品。战国时期块炼铁渗碳钢则发现更多,技术也更趋成熟。这种渗碳钢工艺是将块炼铁置于锻炉内的木炭火中,在 900℃以上长时间加热(3—5 天),或是在锻造时反复长时间加热,使碳分子逐渐渗入块炼铁内,温度越高,渗碳越快,再经反复锻打,杂质含量下降,这样就得到性能较好的低碳钢。这种工艺其实就是汉代所谓“百炼钢”的前身。块炼铁渗碳钢比较适合于制造兵器和部分手工业工具。如河北易县燕下都战国晚期墓(M44)出土的铁剑、铁铤等兵器就是块炼铁经渗碳处理制成的低碳钢。不过,由于块炼铁产量低、性能也不很稳定,像燕下都 M44 一次出土数十件铁兵器还是不多见的,当时战争中还是以铜兵器为主,如秦始皇兵马俑坑出土的兵器绝大部分都是青铜制品,直到西汉中期以后发明了“炒铁”技术,铁兵器才逐步取代铜兵器而成为战场的主角[13]。

所谓铸铁,就是将铁矿石熔化成铁水然后浇铸成型铁制品,中国古代则称为“生铁”。铸铁是用竖炉来冶炼的,现代则为高炉。铸铁冶炼的关键是要有性能优良的鼓风设备,中国古代使用一种被称之为“橐”的皮质大风囊,这不仅见于先秦两汉文献记载,还在汉代画像石冶铁图像中有逼真而形象的反映。

有了这样的鼓风设备,炉温才能提高,从而使铁矿石完全熔化,液体的铁水可以从炉体下部的出铁口流出,而铁矿石中的杂质因比铁水轻而浮在上面,可从渣口排出。这样一座竖炉由顶上不断加进木炭和矿石,下面则可连续出铁水,而铁水可以像浇注铜器一样直接铸造成型器物,其效率自然是块炼铁法无法比拟的(图5-4)。中国古代冶铜技术相当发达,鼓风设备出现很早,故在掌握块炼铁技术后很快就冶炼出了铁水。山西天马—曲村遗址春秋中期地层中的铁器残片,凤翔秦公一号大墓,马家庄遗址出土的春秋晚期偏早的铁工具,江苏六合县程桥春秋晚期墓出土的铁丸,经检验均为铸铁器。至于战国时期的铸铁制品则发现更多,并被广泛用来铸造农具和手工业工具。铸铁制品在中国出现于公元前6世纪,而欧洲铸铁大约要晚到公元14世纪水力鼓风设备发

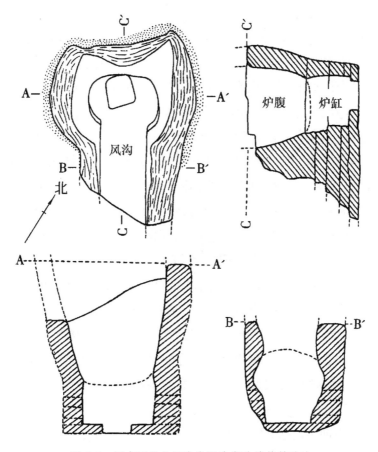

图5-4　河南西平县酒店战国晚期的炼铁炉遗迹

明后才发生。中国古代铸铁技术比起世界其他地区,差不多早了将近二千年,这确实是一件了不起的成就。

铸铁硬度高,缺乏延展性,不能锻打,但可直接铸造器物,故称为铸铁,中国传统上称之为生铁。与块炼铁相比,铸铁更适合于制造工具和农具,其产量和效率远远高于块炼铁,因而铸铁工艺发展很快。春秋至战国早期铸铁的发现还较少,但已能铸造成型的器物。除前述秦公大墓外,长沙新车站战国早期楚墓中出土了生铁铸造的铁鼎,洛阳水泥制品厂战国早期灰坑中出土的铁镢、铁镈也是生铁铸造的。其中的铁镢表面还经过柔化处理(也称退火处理),而铁镈经过柔化处理后进一步成为韧性铸铁。所谓柔化处理就是把铸铁件置于特殊的炉体中,在较低温度下(约稍高于727℃),经过一定时间的退火,以改变生铁的脆性,生铁表面就会变得柔韧。这种柔化处理再进一步发展,即增高温度(900℃左右)和延长时间(约3—5天),铸铁件就可以转化成韧性铸铁(或称之为展性铸铁)。这种工艺的原理是通过长时间的加热,铸铁中的碳分子改变其分布状态,即原来呈均匀的化合状态的碳分子分解为小石墨片,这些小石墨片聚集在一起成为团絮状石墨,从而使生铁具有一定的柔韧性。

韧性铸铁的发明是柔化处理工艺发展的结果,当然,柔化处理工艺最初都是凭经验来进行的,以后逐步能够较好地把握处理。这种韧性铸铁在战国中期以降得到广泛使用。如1957年长沙出土的铁铲、铜绿山战国中晚期的六角锄、燕下都M44出土的战国晚期铁镢、铁锄等都是柔化处理后得到的韧性铸铁件。汉代冶铁遗址中曾发现一种退火炉,可能就是对铸铁件加热退火用的。此项技术发展到汉魏时期则通过退火而得到脱碳钢件。

中国在公元前5世纪前半叶所掌握的这种技术,具有重大意义。正如冶金史专家韩汝玢所指出的那样:"中国古代工匠发明用液态生铁铸成工具、农具,并创造出改善铸铁脆性的退火工艺,为广泛使用生铁成为可能,退火处理是重要的技术条件。"[14]正因为有了这项重要发明,战国中期以降冶铁业才大大发展起来,铁器的广泛使用才成为可能。而在欧洲,韧性铸铁的出现是在公元1700年以后。

此外,战国时期还发明了淬火工艺,如燕下都出土的铁兵器中就使用了这种工艺。所谓淬火是一种热处理工艺,是将高温状态下的铁制品全部或部分置于水中,从而使铁件的硬度大大提高,以克服块炼铁质软的缺陷。中国古书中有"清水淬其锋"的记载,说的就是这种工艺。

战国时期的铸铁在铸造成型工艺方面也有很大发展。铸造铁器使用的主要是泥范,郑韩故城和登封阳城发现了大量的铸造铁器的泥范(图5-5),泥范的使用直接继承了青铜铸造技术。河北兴隆县于20世纪50年代发现了一批战国铁范,有双镰范、镢范、锄范、车器范等[15](图5-6)。铁范可以使铸件形态稳定,又可连续使用,对于提高劳动生产率很有用。但铁范铸造器物,冷却速度太快,铸件脆性加大,所以不如泥范应用广泛。

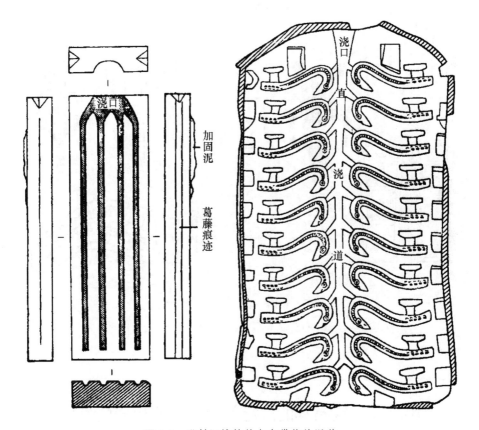

图5-5　登封阳城铸铁条和带钩的泥范

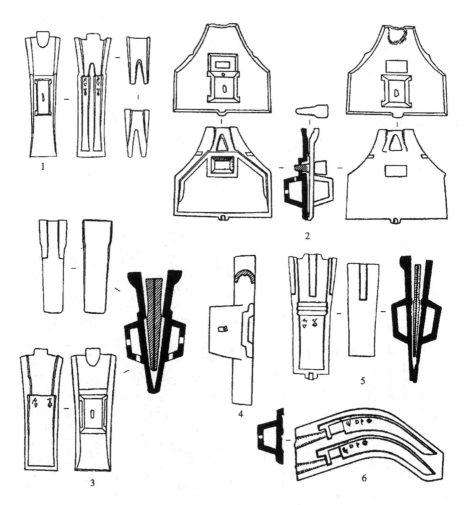

图 5-6　战国时期铸铁的铁范

（1. 凿范，2. 锄范，3. 镢范，4. 车具范，5. 斧范，6. 镰范，均河北兴隆出土）

## 第二节　铁农具的广泛使用与农业生产的发展

战国中晚期铁制农具的广泛使用　大型水利灌溉工程的修建　耕作技术
与耕作制度的改进　粮食的增产和经济林木的广泛栽培

秦汉以前中国内地人工铁器的发展历程,如按照发现的地点、数量(实际上也就是铁器的产量和使用广泛程度)以及技术水平来划分的话,大体经历了三个发展阶段:两周之际至春秋中期可称之为初始期,春秋晚期至战国早期是为发展期,战国中期以降则进入广泛使用期。

应当指出的是,过去在资料很少的情况下,人们从理论上推断春秋时期铁器已经广泛用于农业、手工业生产,并促进了生产力的发展,从而导致社会大变革的发生等等。事实上,春秋至战国早期有限的铁器基本掌握在上层统治者的手中,往往被用作防身的短兵器,少量的铁工具则多被用来修筑城池、宫殿、陵墓之类,真正用于农业和手工业生产的机会很少,所以还谈不上对生产力有多大促进作用,更遑论成为社会变革的决定性因素。人工铁器在两周之际出现后,由于统治者的垄断、人们认识的局限,以及技术方面的原因等,经历了三百多年较长的发展过程,直到战国中期才达到广泛使用的阶段。然而,这与世界其他地区相比仍然是很快的[16]。

在铁农具使用之前,农业生产主要依靠木、石、骨、蚌农具,青铜可以制造有用的工具和武器,但并不能排挤掉木石农具,这一点只有铁才能做到。因此,铁农具的使用是农业生产领域的一场重大革命。铁农具广泛用于农业生产,首先使得开垦荒地变得容易起来,从而扩大了耕地面积;其次,使得农业生产从粗放经营向精耕细作方向发展,提高了农作物单位面积的产量;其三,大型水利灌溉工程的修建成为可能,增强了农业抵御自然灾害的能力。

从考古发现看,战国中晚期铁农具使用已很普遍。例如:河南辉县固围村魏国大墓一次出土铁器160多件,其中铁农具就有58件[17]。河北兴隆县一次出土铁范87件,大多为农具范[18]。河南新郑韩国铸铁作坊遗址出土陶范300余件,其中农具范占60%以上,出土铁农具200多件,占全部铁器的63.5%[19]。战国铁农具的种类主要有镬、铲(镈)、锸、锄、耙、镰等。另外,斧、锛虽为手工业工具,但与农业关系密切,可用于垦荒时砍伐树木等。镬有长条形、二齿形、三齿形,主要用来开垦荒地、深翻土地、挖掘沟洫等;铲(镈)、锸是翻土的工具,发现最多,锸有一字型和凹字型(木质部分腐朽后留下的铁口),这种工具很可能是古书记载的"耒、耜"之类;锄有空首布形和六角梯形,可用于播种、松土、锄草、保墒等;耙为整地工具,发现较少;镰则是收获工具。从这些农具种类看,农业生产的主要环节,如翻土、整地、中耕、除草、收割等,都已使用了铁农具。《管子·海王》篇有这样的记载:"今铁官之数曰:一女必有一铖、一刀,若其事立;耕者必有一耒、一耜、一铫,若其事立;行服连轺辇者必有一斤、一锯、一锥、一凿,若其事立。不尔而成事者,天下无有。"《管子·轻重》篇也说:"一农之事,必有一耜、一铫、一镰、一耨、一椎、一铫。"《管子》成书于战国,所记为战国中晚期齐国的情形,至于中原其他国家当不会比齐国落后[20]。

　　这里,还应当特别提到的是,铁犁铧也已经出现,所见多是一种"V"字型的铁铧冠(图5-7)。春秋战国文献中曾见到一些关于"铁耕"或"犁耕"的零星记载。不过,总体上讲,战国时期牛耕还不普遍,西汉前期的《淮南子·原道》还说"织者日以进,耕者日以却"。这里的"却"是退却的意思,是用耒耜的一种耕法;如果用犁耕就要往前进。可见那时还大量使用耒耜来翻地,牛耕的推广使用,要到汉武帝以后。

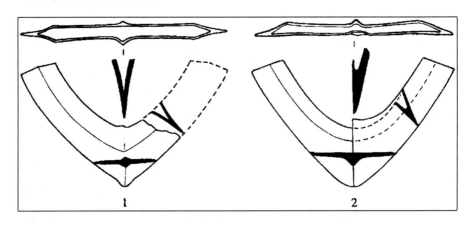

图5-7　战国时期的铁犁,均河南辉县出土

　　春秋时期,各国的水利工程建设已经有了一定的规模。如春秋末年吴国曾在长江、淮河间开凿运河,称为"邗沟",邗沟的开凿便利了交通和农业灌溉。相传春秋楚庄王时令尹孙叔敖曾在今安徽寿县城南60里处建造了一座大型陂塘蓄水工程——芍陂。芍陂利用丘陵起伏的自然地形,建造蓄水长堤,集防洪、灌溉功能于一身,与当今水库功能相似。春秋时期类似的水利设施当有许多。战国时期,由于铁器的广泛使用,大型水利工程建设有了更大的发展,著名的如西门豹引漳灌邺,李冰修筑都江堰,郑国修建郑国渠等[21]。

　　魏国在魏文侯时,邺县(今河北磁县东南邺镇)县令西门豹兴建引漳灌邺的水利工程,开凿了十二条渠,用灌溉冲洗含有过多盐碱成分的"恶田",使之变为能种稻粱的良田,成为改良土壤的典范。魏国迁都大梁后,又在大梁周围兴修水利,著名的"鸿沟"将黄河和淮河连接起来。后又进一步开凿济、汝、淮、泗的水道交通网,既便利交通,又可用于农业灌溉。据《史记·河渠书》记载,战国时期中原各诸侯国所开凿的运河还有很多。

　　战国时期,最著名的水利工程要数"都江堰"。岷江沿途高山深谷,水流湍急,每年夏秋水量骤增,成都平原因此经常水患成灾。秦昭襄王时蜀守李冰总结了以往的治水经验,因势利导,兴修变水害为水利的"都江堰"工程。在灌县以西的岷江中开凿与玉垒山相连的离江堆,在离堆上游修筑了分水坝,把岷江水分为郫江(内江)和检江(外江)两支,并筑水门调节两江水量。从而把岷江水分散,既可免除泛滥的水灾,又便利了航运和灌溉(图5-8)。都江堰水利工程的修建,不仅解决了岷江水患问题,并且修建了120个渠堰灌溉,受益农田

图5-8　四川都江堰水利工程

100 多万亩,所谓"水旱从人,不知饥谨,时无荒年,天下谓之天府也"(《华阳国志·蜀志》),成都平原从此成为富饶的"天府之国"。这项伟大的水利工程历经两千多年不衰,至今仍发挥着作用。

秦国的关中盆地是先秦农业最发达的地区,但也常常罹患水旱灾害。秦王政初年,韩国派水利专家郑国赴秦鼓动秦王兴修水利工程,意欲疲秦自保。当工程进行将半时,秦国识破韩国疲秦阴谋,但郑国辩解说:"始臣为间,然渠成亦秦之利也。""秦以为然,卒使就渠,渠就,用注填阏之水,溉泽卤之地四万余顷,收皆亩一锺,于是关中为沃野,无凶年,秦以富强,卒并诸侯,因命曰郑国渠。"(《史记·河渠书》)20 世纪 70 年代考古工作者对郑国渠遗址进行了勘察,郑国渠干渠线主要布于渭北平原二级阶地的最高线上,因而使干渠南部的整个灌区可以进行自流灌溉。渠修成后,不仅解决了渭河支流泾河的水患问题,而且使渭北平原变为沃野,有力地促进了关中农业的发展[22]。

铁农具的广泛使用,水利灌溉工程的修建,使得农业生产的基本条件出现了根本变化,农业生产逐步改变过去的粗放经营而向精耕细作方向发展。《吕氏春秋·任地》篇说:"五耕五耨,必审以尽。其深殖之度,阴土必得,大草不生,又无螟蜮。"《孟子·梁惠王上》也提到"深耕易耨"。看来,当时已经充分认识到"深耕"对农作物生长的重要性。铁工具中的铲(镈)、锸以及犁铧都是用来深翻土地的工具。"易耨"则是中耕除草。《管子·度地》篇云:"大暑至,万物荣华,利以疾耨,杀草薉。"表明当时不仅懂得了中耕除草的必要性,而且能够把握最佳时机。有关农作物的病虫害,当时也能够采取一些应对措施。《吕氏春秋·不屈》篇说:"蝗螟,农夫得而杀之,奚故? 为其害稼也。"前面提到深耕土地的作用之一也是为了祛除"螟蜮"。

战国时期还创造了农作物的畦种法。《吕氏春秋·任地》篇说:"上田弃亩,下田弃圳。"把低地做成高垄和低沟,利用沟间排水,高垄播种植物,这叫作"下田弃圳";相反,把高地做成高垄和低沟,利用沟间播种,利用高垄挡风保墒,叫作"上田弃亩"。垄要广而平,沟要小而深,苗要成行,行间留隙,才能风通苗旺[23]。

施肥至迟在春秋时期就已经出现,战国时期已较为普遍。战国诸子的篇章中,关于施肥粪田的记载有很多。《荀子·富国》篇说:"掩地表亩,刺草植谷，多粪肥田，是农夫众庶之事也。"韩非说到农夫用力田亩时"必且粪灌"（《韩非子·解老》）。除粪肥外，还使用了绿肥。《荀子·致士》篇说："树落则粪本。"《周礼·地官·草人》："草人掌土化之法以物地，相其宜而为之种。"似已经认识到不同的土质使用不同的绿肥。

农业生产的发展产生了像《管子》的《度地》《地员》和《吕氏春秋》的《任地》《辩土》《审时》这样的农学著作。这些著作不仅是当时农业生产技术水平的总结，同时也是农业生产发展的理论指导。此外，在《汉书·艺文志》农家类中还收录有《神农》二十篇、《野老》十篇等先秦农学专门著作，但大都已经佚失不存。

当时的粮食作物有所谓"五谷""六谷"。五谷有稷、黍、麦、稻、菽。稷又称"粟"，就是小米，中原及北方地区种植十分普遍，易于管理，是为五谷之长。黍就是黍子，去皮后称为黄米，是仅次于稷的农作物。麦有大麦、小麦之分，小麦有春小麦、冬小麦之别，战国时期黄河流域、长江流域都已普遍种植。稻为南方最主要的粮食品种。菽就是豆，有大菽、小菽之分，大菽就是今天的大豆，又称荏菽或戎菽，属于东北山戎所栽培的品种，春秋时期传入中原。战国时期成书的《禹贡》是一部先秦地理百科全书，它将当时的华夏分为九州，并描述了各州的土壤、农作物、特产等。其中提到主要是今黄河流域和北方地区的豫州、青州、兖州、幽州、并州也适宜种植稻谷，可知当时的产稻区域远较现在为广，这也说明先秦时期北方气候较现在温暖湿润。《战国策·东周策》说："东周欲为稻，西周不下水。"说明今河南洛阳一带当时也种植水稻。关于农作物的产量，因地理条件和生产水平的不同，各地有很大的差别，但可以明确知道，战国时期的粮食产量的确有了很大的提高。《孟子·万章下》记载当时百亩之获为："上农夫食九人，上次食八人，中食七人，中次食六人，下食五人。"是说收获的粮食，除了养活农夫一家人之外，还可养活更多的非农业人口。

除粮食作物外，当时经济林木的栽培也有了很大的发展。春秋战国时期的纺织手工业很发达，其中一个重要原因就是比较重视栽桑养蚕。《禹贡》叙述九州方物中以蚕桑为贡物的有豫州、兖州、徐州、青州等。其实不仅黄河中下游地区蚕桑业发达，就连东北的燕国以及赵国的北边代地也"田畜而事蚕"（《史记·货殖列传》）。至于长江流域，《禹贡》只提到荆州有蚕桑，但考古发现楚国的丝绸织物品种繁多,工艺精湛(详下文),其蚕桑业比中原更发达。战国时期的一些错嵌铜器花纹中常见采桑图,这可能是后妃劝农蚕桑礼仪活动的一种写照。《孟子·梁惠王上》记载孟轲游说魏惠王时说:"五亩之宅,树之以桑,五十者可以衣帛矣。"由此可见,从最高统治者到知识阶层乃至普通民众,都对蚕桑十分重视。

与丝绸产业得益于蚕桑种植相似,漆器手工业的发达也依赖于漆树的栽培。漆器的历史十分悠久,距今七千年前浙江河姆渡文化就有漆器出土。春秋战国时期的漆器手工业空前繁荣,考古发现的漆器制品不仅数量多,而且十分精美,尤以南方楚国为最。漆树本是野生的,但在西周时期就知道人工栽种。春秋战国时期有许多民间漆园,各国并对其征税。国家也经营漆园,庄周就"尝为蒙漆园吏"。

果树栽培在当时十分普遍。当时的果树,南方主要是橘、柚,北方主要是枣、栗。《周礼·地官·场人》:"场人掌国之场圃,而树之果蓏、珍异之物,以时敛而藏之,凡祭祀、宾客,共其果蓏,享亦如之。"这属于官营性质的场圃业。其实,传统的自给自足经济都是农民既种粮食,也种经济作物,因而当时的场圃业可能以分散经营为主。

# 第三节　新技术的采用与手工业生产的繁荣

青铜器新技术的采用　制盐手工业的类型　漆器手工业的繁荣　纺织手工业的进步

春秋战国是我国青铜时代向铁器时代的过渡时期,铁器的出现使得青铜器生产的中心地位开始发生动摇,但青铜器并未退出历史舞台,相反在工艺技术、产品质量、器类器型等方面都发生了新的变化,达到了新的高度。与三代青铜器相比,这一时期的青铜器逐步贴近大众生活,出现了铜镜、铜灯、铜带钩等与日常生活密切相关的新器类和新器型,铜器生产规模和产量也急剧扩大;花纹装饰方面,清新活泼的人物、动物活动场景登上舞台,并且愈来愈流行无纹素面铜器;在技术方面,广泛地使用了错金银、鎏金银和刻纹等手法,用这些手法制造出来的青铜器变得华丽无比。至于其他手工业领域,诸如漆器、纺织、制盐、制陶、皮革以及综合门类的建筑、造车、造船等方面,都获得了极大的发展。

早在商代和西周时期,我国青铜铸造业就相当发达,降至春秋战国,无论是在采矿技术、铸造成型技术,还是在铜器装饰工艺方面都有了新的进步。当时的采矿业多是由官府控制的,长江中下游南岸的湖北大冶铜绿山、江西瑞昌铜岭、安徽铜陵金牛洞都发现了大型采矿遗址。铜绿山采矿遗址中,属于西周时期的矿井端面还较小,一般为 50×50 厘米;春秋时期竖井端面一般为 60×60 厘米,平巷的端面为 60×100 厘米;战国时则增大为竖井端面 100×100 厘米,平巷 120×150 厘米。西周至春秋矿井的深度一般为 20—40 米。战国至于西汉可达 50—60 米。在竖井、平巷都采用了木构架支护,并在矿石提升、矿井照明、井巷排水、矿井通风等方面都有了一系列较为先进的采矿技术[24]。

失蜡法是一种精密铸造技术,也称熔模法。其方法可能是将蜂蜡加松香加油脂调制而成,精心雕琢成所需要的器形,是为蜡模(如果需要,可将多个蜡模溶接组合起来,形成一个完整的个体);用调制过滤好的细泥浆逐次淋浇蜡模,并预留好多个浇口,使其成为泥质的模型;模型晾干后入窑烘烤,内部的蜡模融化后从浇口流出,从而形成型腔;趁热从浇口注入冶炼好的铜液,待铜液凝固后再清除掉模壳,即获得精美的铸件。春秋以前的铜器都是用“范铸法”铸造的,河南淅川下寺春秋晚期楚墓出土了我国最早的失蜡法铸造铜器——铜禁,稍晚则有湖北随县擂鼓墩曾侯乙墓(前 433 年)出土的一组两件成套组合的尊盘。下寺铜禁的禁体、附兽的头花和尾花、足首的尾花等均为失蜡法铸造,而附兽的身和舌、足兽身和舌仍是范铸法成型。其中,禁体共分 25 块,逐块制作,各块的透空立体花纹,是由框梗、拱梗、直梗、花梗、撑梗、连纹梗组成,各块蜡模制作后再溶接成完整整体。至于头花、尾花与兽的组合,兽与禁体的组合,则采用了钎焊法[25]。曾侯乙墓出土的尊盘玲珑剔透、精美绝伦,其器口、器身外围弯曲缠绕的透空饰物是由表层细条状纹饰和内部多层次的铜梗组成,并无锻打、铸接和焊接的痕迹,如不是采用失蜡法铸造则无法完成[26](彩图 9)。

　　失蜡法是一种新的铸造工艺,而金银错嵌铜器则是一种表面装饰工艺新技术。简单的镶嵌工艺早在商代和西周时期就已经出现,一般是在青铜器或是象牙雕刻物件上镶嵌绿松石。春秋战国时期则发明了一种全新的错嵌工艺技术,从而使青铜器变得璀璨夺目,华丽无比。这种工艺技术是先在铜器的铸范上预留纹饰凹槽,待器物铸成后,再在凹槽内镶嵌金、银、红铜、铅等金属丝条,然后敲打牢固,最后则反复打错磨光。由于青铜的颜色较暗,而金银等色泽鲜艳,从而形成富丽堂皇、屈曲流畅的美丽花纹图案。当然,也有人认为一些花纹很细的错金银铜器可能是在器物铸成后,用钢刀将花纹图案刻成宽窄不同的燕尾槽,再错嵌金银丝而成的。这种错金银工艺始见于春秋中晚期南方的兵器上,为一种错金的"鸟书"文字。战国时期则在铜器上施以大面积的金银错图案,并迅速在中原地区推广。这种铜器的工艺复杂,金银材料昂贵,是王室或是高级贵族才能享有的高档铜器。20世纪20年代在洛阳金村被盗掘的东周王室大墓出土了一批错金银铜器,可惜多已流失海外;90年代在河北平山战国中山王厝墓中发现十多件错金银铜器,保存完好,其中动物造型的错金银铜器最为精美,是国宝级的文物(彩图10)。错嵌工艺中还有一类错嵌红铜或铅质的青铜器,虽然不如错金银铜器华丽,但其花纹流畅,题材丰富,也颇为人们所称奇。

　　鎏金银铜器也是一种表面装饰工艺。鎏金银工艺的基本原理是把金(银)碎片溶解在水银中,制成泥膏状金(银)汞剂,然后涂抹在铜器表面,再在炭火上烘烤使汞蒸发,金(银)则滞留于铜器表面,呈现出金黄或银白色,再经刷洗、压光即成。这种工艺至迟在战国时期就已经出现,主要应用于带钩等小件器物上。汉代则逐步流行对大件铜器通体鎏金,被称为"金涂""金银涂"或"黄涂"。

　　战国时期还新出现一种槌制的薄胎红铜器,其上往往錾刻细线条的纹饰图案,称之为刻纹铜器。刻纹铜器的内容有各种神话人物或鸟兽、宫殿建筑、宴乐歌舞等(图5-9)。这种铜器刻纹工艺最早出现在南方吴越地区,后来逐渐传播到中原各地。刻纹铜器的出现与铁工具的使用密切相关[27]。

　　盐是人们生活的必需品,春秋战国时期各地的盐业生产相当发达,其获取食盐的途径也是多种多样。《周礼·天官·盐人》:"盐人掌盐之政令,以共

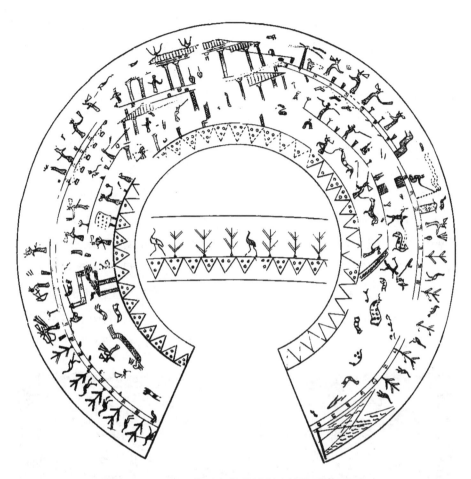

图 5-9　战国铜鉴针刻宴乐射猎图

(供)百事之盐。祭祀,共其苦盐、散盐;宾客,共其形盐、散盐;王之膳羞,共饴盐,后及世子亦如之。"所谓散盐即指海盐,苦盐可能是未经加工的湖盐,形盐可能是结晶的矿盐或井盐,饴盐或许是精炼的盐。齐国是海盐的生产大国。"齐带山海,膏壤千里,宜桑麻,人民多文采、布帛、鱼盐,临淄亦海岱之间一都会也。"(《史记·货殖列传》)齐国在春秋时期就实行盐业专卖,不过,战国后期齐国的私营盐业也有了很大的发展。此外,燕国、鲁国也生产海盐。山西南部自古就是湖盐的重要产地。《史记·货殖列传》说战国时"猗顿用盬盐起"而致富。所谓盬盐,就是《周礼·天官·盐人》所说的苦盐,即产于河东(今山西南部)的湖盐。巴蜀地区主要是用一种来自地下的盐卤水熬煮而成的盐,盐卤水自流或打井抽取。重庆忠县甘井沟的瓦渣地、中坝为东周时期专业制盐遗址。两地都发现堆积很厚、数量极大的煮盐容器——花边口沿陶釜等陶器残件,中坝遗址还发现储卤池、窑灶等典型制盐遗迹。汉代忠县设有盐官,继续从事盐业生产[28]。四川自贡汉代井盐十分发达,战国或更早当已经开始生产。其实,当时全国产盐的地方还有许多。

我国的漆器出现很早,新石器时代的河姆渡文化就有发现,商周时期有了一定的发展,但目前发现的数量较少,这也说明这种贵重的物品为贵族所独占,产量较小,工艺也较为原始。漆器的第一次兴盛繁荣在春秋晚期至战国时期,尤以南方的楚国最为发达。自20世纪20年代以来,在湖北、湖南、安徽、河南的楚国地域,出土了大量的漆器制品,大件的有屏风、虎座飞鸟鼓架、床塌、几案、棺椁、镇墓兽等,小件的有耳杯、鼎、豆、盒、壶、盘、卮、奁等器皿。其中江陵望山一号楚墓的彩绘透雕座屏(图5-10)、江陵雨台山出土的虎座飞鸟鼓架、彩绘木雕蟠蛇漆卮都是其中的艺术珍品。其实,当时各国的漆器手工业都有一定的规模,只是因为北方地区古墓保存条件不好,发现较少而已。

图 5-10　江陵望山战国漆彩屏

造船业也可看作一种特殊的漆木器行业,虽然这方面的遗迹发现较少,但文献的描述还是给我们留下了很深的印象。《史记·张仪列传》说张仪建议造船伐楚:"大船积粟,起于汶山,浮江已下,至楚三千里,舫船载卒,一舫载五十人与三月之食,下水而浮,一日行三百余里。"由此可见当时造船能力之一斑。

中国蚕桑丝绸的历史虽然远可追溯到远古时代,但直到春秋战国时期才获得了巨大的发展,并开创出无比繁荣的局面。人们熟知马王堆汉墓精美的

图 5-11　楚国丝绸上的龙凤虎纹绣，湖北江陵马山出土

丝织品，但却不知这些丝织品无论是工艺技术，还是花纹图案都与楚国的丝织品一脉传承。近年来，在湖北、湖南的楚国墓葬中经常有丝织品出土，尤其是江陵马山一号楚墓丝绸宝库的发现，更让人们领略到楚国丝织品品种之丰富、色彩之艳丽、图案之精美[29]。楚国丝织物的种类主要有绢、绨、纱、绮、锦、绦、刺绣等，汉代以后的主要品种这时几乎都已具备。绢是一种平纹织物，一般较

为细薄,主要用于衣衾或其他物件的衬里。绨是一种比较厚的平纹织物,《汉书》中多处提到"绨袍""绨衣"。纱也是一种平纹织物,孔径大而稀疏。罗是绞经网孔状织物。绮一般为素色的提花织物,或有彩条纹绮。锦为平纹地经线提花织物。马山一号墓出土的锦花纹繁多、色彩丰富。其中的三色舞人动物纹锦结构紧密,织造时使用了 143 个提花综,反映了当时已经有了相当先进的提花织机和熟练的织造技术。绦是用丝编织的窄带,用于装饰衣物的边缘,马山的针织绦带结构复杂,除横向连接组织外,还有提花技术的使用,把我国针织技术的起源时间提早到公元前 3 世纪左右。刺绣用绢和罗为地,其上绣出各种花纹图案,楚国刺绣以龙凤图案最为常见(图 5-11)。马山一号墓只不过是一座小型墓葬,墓主身份也不高,因其保存完整,才留下这么丰富的丝织品,可见楚国的纺织业该有多么发达。其实,不仅是长江流域的楚国如此,中原各国的丝绸业也不一定比楚国逊色,只是因为北方墓葬中的有机物保存不好,难以发现而已。

## 第四节　官营手工业的发展与私营手工业的兴起

官营手工业生产和管理机构　物勒工名,以考其诚　官营手工业的规模化、标准化生产　私营工商业的崛起与地区性经济中心的形成

商代和西周时期,手工业生产的重要领域基本上是由官府控制的,春秋战国时期虽然发生了一定变化,但无论是传统的铸铜、纺织、造车,还是新兴的冶铁、砖瓦、漆器等行业等,总体上仍以官营手工业为主。不过,春秋晚期以降私营手工业发展很快,特别是战国中晚期私营手工业迅速崛起,成为这个时代的特点之一,也是社会转型的重要标志。

考古发现列国都城中普遍有大面积的铸铜、冶铁、制陶等手工业作坊遗址,出土的铜器、漆器、砖瓦上的大量铭文也表明了其官营属性。各国官营手工业生产和管理机构名称不尽相同,但一般都分为中央和地方经营两大类。秦和三晋、楚国或有"大府""少府",它们既是手工业生产和储藏部门,同时又

是管理机构。秦国兵器中许多为"寺工"所造,寺工当是秦中央主造兵器的机构之一。三晋兵器多由武库制造,都城和地方武库或有左、右、上、下之分(详下文)。钱币铸造各国稍有不同,三晋、齐国的铸造权属于中央政权和地方政权,秦国、楚国和东西周等由中央政权统一铸造,《秦律》规定严禁民间私铸钱币。冶铁业方面,战国时期列国普遍设有铁官。《华阳国志·蜀志》记张若在成都时"置盐、铁、市官并长丞……"。《史记·太史公自序》和《汉书·司马迁传》都提到司马昌为"秦主铁官"。云梦睡虎地秦简《秦律杂抄》中记有"左采铁""右采铁"职官,另秦封泥中有"铁兵工丞"等。至于制陶业,官营也占有很大比重。如从秦陶文看,大体可分为中央官署制陶作坊、市府经营制陶作坊两大类。其中,中央制陶作坊的陶文主要见于秦都咸阳及秦始皇陵。秦始皇陵塑造陶俑、陶马的陶工的人名前冠以"宫"字,如"宫朝""宫得"等。宫字为中央官署"宫水"的省称,宫后一字为官吏或工匠名;有的名前冠以"大"字或"右"字,如"大速""右司空尚""右司""右齐""右师"等。大为"大匠"之省文,汉代有将作大匠一职,主领皇室土木建筑工程。砖瓦和陶容器上也多有中央官署制陶作坊的陶文,如"左司空""左司高瓦""左胡"、"右司空""右角""右尚""右司"等。《汉书·百官公卿表》:"少府,秦官。掌山海池泽之税,以供给养,有六丞,属官有尚书……左右司空……"陶文证明战国秦已有左右司空。陶文中又有"右水""左水""宫水""寺人""大水",都是烧造砖瓦的中央官署名。属于市府经营的制陶作坊出土的陶器和砖瓦上,有咸阳及其他市府经营的制陶作坊的印记。这一类陶文一般称为市亭陶文。其中属于咸阳市亭的陶文印记有"咸阳市""咸亨亭久""咸阳成申""咸原小婴""咸邑如顷""咸阳巨鬲"等,属于其他县邑市亭的陶文有"安陆市亭""杜亭""平市""栎市""丽亭""焦亭""犬亭"等[30]。

　　春秋战国时期的列国手工业生产与管理机构因时代早晚不同,名称繁多,较为复杂,各国之间也有较大差别,这里只是举一些例子,说明春秋战国时期官营手工业还占有主导地位。这种官府对手工业的控制,乃是正在发展中的中央集权制在生产领域的具体体现。

　　商代、西周和春秋时期,贵族常常因某种值得炫耀的事而铸造铜器并在上面勒铭以示纪念,这种青铜器的铸造一般批量小,属于贵族个人或家族所有,铭文的特点或可称之为"物勒主名"。战国时期,列国之间战争频繁,兵器、战车等战略物资的生产尤为重要。为此,各国的官营手工业在不遗余力地增加产量的同时,更加注重质量的提高,从而逐步形成一整套保证产品质量的"物勒工名"管理制度。这其中,以秦国和三晋的兵器铸造中的"物勒工名"制度最为完善。秦国的兵器生产其中央监造者为相邦,郡级为郡守;主造者为工师、令丞、士上造、工大人等;直接制造者则称之为"工",工后为人名。秦国中央监造的兵器如:"五年,相邦吕不韦造,少府工室令丞冉,工九 。"(秦王嬴政五年)。以吕不韦名义监造的兵器发现较多,已有十多件。地方监造的兵器如:"七年,上郡守间造,漆垣工师婴,工鬼薪带。"(背面:高奴,平周)该器为秦昭王七年所造。上郡铸造之兵器已发现多件,上郡乃秦国北方军事重地。鬼薪为刑徒刑名。三晋兵器制造由中央和县一级的武库作坊制造。中央一级由相邦、守相、邦司寇等监造,县级则由令、司寇监造;主造者为工师、冶尹等;直接制造称为"冶",其后赘以工名。此外,齐国、燕国、楚国也有自己的兵器手工业生产管理机构。这种由监造者、主造者、造者所形成的责任管理制度,有效地保证了产品的质量。从考古发现看,战国兵器不仅数量庞大、种类繁多,而且质量很高。"物勒工名"制度在战国时期应用比较广泛,不仅在兵器上,在其他领域如铜容器、漆器、砖瓦等方面也都有体现。这项制度为汉代所继承,成为中国古代一项重要的手工业生产管理制度。

与商代、西周时期的手工业相比,春秋战国时期的官营手工业的生产规模有了极大的扩展,产量也大幅度提高。如前所述,列国都城以及一些大的地方城市中普遍有大面积的铸铜、冶铁、制陶等手工业作坊遗址。如山西侯马晋国都城铸铜遗址面积很大,出土的数万件陶范包括了礼器、兵器、乐器、工具、车马器等在内的各种器具;河南新郑仓城村韩国铸铁作坊遗址占地达150万平方米,小面积的试掘即发现了残炉基底、烘范窑以及数百件铸铁泥范和铁制品。从兵器和钱币等铭文看,各国以冶铸为中心的官营手工业一般都有多个地点,并且铸造的兵器数量都比较大。如秦国的冶铸地点有雍、栎阳、咸阳、高奴、漆垣等,魏国有梁、宁、共、阴晋、宅阳等,赵国有邯郸、武平、兹氏、安阳等,韩国则有郑、新城、阳人、黾等,由此可见各国冶铸手工业生产规模之一斑。前述"物勒工名"制度也正是适应这种大批量、规模化生产的需要而产生的。此外，规模化生产的另一个标志是分工细致，成书于战国时期的《考工记》记载：攻木之工有七种，攻皮之工有五种，设色之工有五种，刮摩之工（玉石）有五种，搏埴之工明白二种，而造车之工更集多工种于一身。规模化生产同时需要标准化配合。《考工记》记载："金有六齐，六分其金而锡居一，谓之钟鼎之齐；五分其金而锡居一，谓之斧斤之齐；四分其金而锡居一，谓之戈戟之齐；叁分其金而锡居一，谓之大刃之齐；五分其金而锡居二，谓之削杀矢之齐；金锡半，谓之鉴燧之齐。"《考工记》有关不同器类使用不同金（即铜）锡配方的记载，既是长期实践的经验总结，又是标准化生产的一种要求。秦始皇陵出土的铜车马，其中铜车的金属合金主要成分为铜、锡、铅，其中铜约 82%—86%，锡 8%—13%，铅 0.12%—3.76%，这个合金比大体符合《考工记》"五分其金而锡居其二"的规定。此外，铜车马铸造工艺按标准化的要求，将各个部分分别铸造，然后采用嵌铸、焊接、铆接、镶嵌、套接、子母扣连接、套接、钎接等，将 3462 个零件组成一个整体。铜车的车辐 30 根，也合于《考工记》"辐条 30 根，以象日月也"的记载。四匹铜马，其身高、身长、重量、各部分的尺寸等大致相当，也是标准化的产物[31]。诚然，春秋战国时期各个国家的情况不同，特别是度量衡制度有一定的差异，但战国后期已经在许多方面逐渐靠拢，而秦始皇统一后，车同轨、书同文、统一货币等，实际上也是标准化战略的进一步发展。

简单的产品交换和贸易早在史前时代就已经发生了。进入文明时期，生产的扩大和专业分工的细化，导致贸易的进一步扩大。但总的来说，春秋中叶以前主要是一种"工商食官"（《国语·晋语》）制度，手工业生产控制在官府手中，生产的产品主要是为了满足贵族的需要，较少用于交换。大约从春秋中期开始，各国出现了以商品生产为目的的私营手工业者，所谓"百工居肆，以成其事"（《论语·子张》）。当然，也有专门从事货物贩运和商品交换的专业商人，他们"负任担荷，服牛辂马，以周四方，料多少，计贵贱，以其所有，易其所无"（《管子·小匡》），促进了经济的发展。春秋晚期至战国早期，商品交换继续扩大，金属铸币的出现也正是适应了这种需要。这期间，大商人也出现了。相传越国范蠡弃官经商，"十九年之中三致千金"，其子孙继续经营，财富积至巨万。周人白圭"乐观时变，故人弃我取，人取我与。夫岁孰取谷，予之丝漆；茧出取帛絮，予之食"。以至于后世称范蠡为商圣，尊白圭为"治生之祖"（《史记·货殖列传》)。稍后,鲁之穷士猗顿"用盬盐起",而赵国邯郸郭纵"以铁冶成业",两人皆"与王者埒富"。战国后期至秦代,富商大贾开山冶铸,围海煮盐,囤积居奇,贱买贵卖者更是多有其人:"蜀卓氏之先,赵人也,用铁冶富,秦破赵,迁卓氏。""程郑,山东迁虏也,亦冶铸,贾椎髻之民,富埒卓氏。""宛孔氏之先,梁人也,用铁冶为业。秦伐魏,迁孔氏南阳。"鲁人曹邴氏"以铁冶起,富至巨万"。齐人刀间用奴虏,"使之逐渔盐商贾之利",从而"起富数千万"(《史记·货殖列传》)。不过,中国古代的统治者一直存在着一种以农为本,以商为末的观念。战国后期"重农抑商"是其一贯的政策。商鞅佐孝公变法,其中的内容之一就是增加关税,加重商人负担,压低商人社会地位,迫使商人怯法弃商,返田归农。韩非更把商人斥为"五蠹"之一,贬低工商业的作用和商人的地位。不过,这些富商大贾社会地位虽不很高,可实际经济收益不亚于王侯将相,所以趋势仍大有人在。实际上,私营工商业的发展是对传统"工商食官"制度的根本否定,对于推动社会生产的发展、经济的繁荣有着十分重要的作用。

随着手工业、商业的兴盛,人口集中的都城和地方性工商业城市数量大增,"千丈之城,万家之邑相望"(《战国策·赵策》)已成普遍的现象。比较大的城市,如《史记·货殖列传》说洛阳"东贾齐、鲁,南贾梁、楚",吕不韦"封为文信侯,食河南洛阳十万户",足见洛阳人口之多、商业之繁盛。韩的大县宜阳:"城方八里,材士十万,粟支数年。"(《战国策·东周策》)至于齐的都城临淄,更为繁华:"临淄之中七万户,……甚富而实,其民无不吹竽鼓瑟,击筑弹琴,斗鸡走犬,六博蹋踘者;临淄之途,车毂击,人肩摩;连衽成帷,举袂成幕,挥汗成雨;家敦而富,志高而扬。"(《战国策·齐策一》)。这个描写虽不免夸张,但也决非凭空乱说。此外,齐的即墨、莒、薛,赵的邯郸、蔺、离石,魏的安邑、大梁,韩的郑、阳翟,秦的咸阳、栎阳,楚的郢、陈、寿春,宋的定陶等,都是当时有名的大城市。迄今为止,考古调查发现的战国城址较前代增加了数十倍,这其中除都城外,数量更多的是地方郡县以及边关城址。都城中,齐国的临淄、赵国的邯郸、燕国的下都、楚国江陵纪南城、秦国的咸阳、韩国的郑韩故城等,面积都超过二三十平方公里。城内文化层堆积极为丰富,不仅有宫殿建筑高台基址,还有各种手工业作坊和市场遗迹、一般平民居住遗址等,反映了城市人口的众多和城市经济的繁荣。

## 注　释

〔1〕 李众:《关于藁城商代铜钺铁刃的分析》,《考古学报》1976 年 2 期,第 17—34 页。张
先得、张先禄:《北京平谷刘家河商代铜钺铁刃的分析鉴定》,《文物》1990 年 7 期,第
66—71 页。

〔2〕 R. J Gettens et al. ,*Two Early Chinese Bronze Weapons with Meteoritic Iron Blades*,Washington D. C. ,1971.

〔3〕 参见华觉民:《陨铁、陨铁器和冶铁术的发明》,《科技史文集》9 集,上海科学技术出
版社,1982 年。

〔4〕 孔令平、冯国正:《铁器的起源问题》,《考古》1988 年 6 期,第 542—546 页。

〔5〕 河南省文物研究所等:《三门峡上村岭虢国墓地 M2001 发掘简报》,《华夏考古》1992 年
3 期,第 104—113 页。韩汝玢:《中国早期铁器(公元前 5 世纪以前)的金相学研究》,
《文物》1998 年 2 期,第 87—96 页。

〔6〕 刘得祯:《甘肃灵台县景家庄春秋墓》,《考古》1981 年 4 期,第 298—301 页;陕西陇县
图博馆发掘资料,参见张天恩《秦器三论——益门春秋墓几个问题浅谈》,《文物》
1993 年 10 期,第 20—39 页。

〔7〕 陕西雍城考古队:《凤翔马家庄一号建筑群遗址发掘简报》,《文物》1985 年 2 期,第
1—29 页;韩伟等:《秦都雍城考古发掘研究综述》,《考古与文物》1988 年 5、6 期合
刊,第 111—127 页。

〔8〕 宝鸡市考古工作队:《宝鸡市益门村二号春秋墓发掘简报》,《文物》1993 年 10 期,第
1—27 页;白崇斌:《宝鸡市益门村 M2 出土春秋铁剑残块分析鉴定报告》,《文物》
1994 年 9 期,第 82—85 页。

〔9〕 韩汝玢:《中国早期铁器(公元前 5 世纪以前)的金相学研究》,《文物》1998 年 2 期,
第 87—96 页。

〔10〕 同上注。

〔11〕 陈戈:《新疆出土的早期铁器——兼谈我国开始使用铁器的时间问题》,《庆祝苏秉
琦考古五十五年论文集》,文物出版社,1989 年。唐际根:《中国冶铁术的起源问
题》,《考古》1993 年 6 期,第 556—565 页。

〔12〕 赵化成:《公元前 5 世纪中叶以前中国人工铁器的发现及其相关问题》,《考古文物
研究——西北大学考古专业成立四十周年纪念》,三秦出版社,1996 年。

〔13〕 参见华觉民:《中国冶铸史论集》,文物出版社,1986 年。关于冶铁技术方面的内容

均请参见该书,以下不再注出。

〔14〕 韩汝玢:《中国早期铁器(公元前 5 世纪以前)的金相学研究》,《文物》1998 年 2 期,第 87—96 页。

〔15〕 郑绍宗:《热河兴隆发现的战国生产工具铸范》,《考古通讯》1956 年 1 期,第 29—35 页。

〔16〕 参见赵化成:《论冶铁术的发生及其铁器的使用对中国古代社会发展进程的影响问题》,北京大学中国传统文化研究中心编:《文化的馈赠——汉学研究国际会议论文集》,北京大学出版社,2000 年。

〔17〕 中国科学院考古研究所编著:《辉县发掘报告》,科学出版社,1956 年 8 月。

〔18〕 郑绍宗:《热河兴隆发现的战国生产工具铸范》,《考古通讯》1956 年 1 期,第 29—35 页。

〔19〕 李京华:《河南古代铁农具》,《农业考古》1984 年 2 期,第 83—89 页。

〔20〕 雷从云:《战国铁农具的考古发现及其意义》,《考古》1980 年 3 期,第 259—265 页。

〔21〕 参见《中国水利史稿》(上册),水利电力出版社 1979 年。参见杨宽:《战国史》(增订本),上海人民出版社,1998 年。

〔22〕 郑洪村:《略论秦郑国渠汉白渠龙首渠的工程科学技术》,《考古与文物》1996 年 3 期,第 61—63 页。

〔23〕 参见杨宽:《战国史》(增订本),上海人民出版社,1998 年。本章农业技术方面多参考了该书,下同。

〔24〕 刘诗中:《中国先秦铜矿开采方法研究》,《中原文物》1995 年 4 期,第 92—100 页。

〔25〕 李京华:《淅川春秋楚墓铜禁失蜡铸造法的工艺探讨》,《文物保护与考古科学》1994 年 6 卷 1 期,第 39—45 页。

〔26〕 湖北省博物馆:《曾侯乙墓》,文物出版社,1989 年 7 月。

〔27〕 淮阴市博物馆:《淮阴高庄战国墓》,《考古学报》1988 年 2 期,第 189—232 页。

〔28〕 孙华:《四川盆地盐业起源论纲——渝东盐业考古的现状、问题与展望》,《盐业史研究》2003 年 1 期,第 1—16 页。

〔29〕 陈跃钧、张绪球:《江陵马山一号墓出土的战国丝织品》,《文物》1982 年 10 期,第 9—11 页。湖北荆州地区博物馆:《江陵马山一号楚墓》,文物出版社,1985 年。

〔30〕 袁仲一:《秦代陶文》,三秦出版社,1987 年。

〔31〕 秦始皇兵马俑博物馆等:《秦始皇陵铜车马发掘报告》,文物出版社,1998 年(铜车马的埋藏年代或已经进入秦统一以后,但其铸造年代或可能早至战国。此外,其铸造工艺战国时已经达到这样的高度是毫无疑问的)。

# 第六章  商周时期的都邑与商业

商周都邑是当时文明发达程度的集中表现。其主要特征是都城规模庞大，其中宫室和宗庙占据主体位置，为全国的政治、经济和文化中心。到春秋战国时期社会全面转型，京城衰败而各诸侯国都城迅速扩张。各国之间交流频繁，商业兴旺，出现了多种金属货币和标准的度量衡器，从而为更高阶段的发展奠定了良好的基础。

## 第一节  商代都城和方国城邑

商代都城的探索　郑州商城和偃师商城　洹北商城　安阳殷墟和王陵
商代方国城邑的发现

依文献记载，商王朝建立后曾五次迁都，即中丁迁隞、河亶甲迁相、祖乙迁邢、南庚迁奄、盘庚迁殷，合成汤之都亳，则商王朝共有六都。目前得到学术界较普遍认同的都城有四处，即郑州商城、偃师商城[1]、洹北商城和殷墟。

与夏代乃至更早的城址相比[2]，商代的都城发生了空前的变化，规模之大，功能之全，内涵之丰富均前所未见，反映了中国早期都城的特点，也反映了商代文明的程度。

首先应提到的是郑州商城。

郑州商城发现于20世纪50年代前期，当时学界仅知周代以来的城址，商及其以前有无城邑？如有又是何等模样，无一确知。因此，郑州商城是第一座被确认的周代以前的城址。经过数十年的考古探掘，对该城的内涵有了较清晰的认识。

根据郑州商城的一系列重要发现,结合文献记载与出土的文字资料,有学者认为该城是成汤始都之亳[3];也有学者认为是中丁之都隞[4]。总之,作为商代都城这一点已成学界共识。

该城始建于二里岗下层文化时,即商代初年或稍早。有内、外城墙两重,内城较规整,周长 6900 多米,面积约 300 万平方米。外城就地形而建,不甚规整,其外有护城壕。因东部是湖沼,故城墙与护城壕只有南、西、北三面,估计其面积约 1300 万平方米[5],是目前所知龙山时期最大的城——陶寺城的 4.5 倍,即使与现知西周最大的城址曲阜鲁城相比,亦较后者大出 300 多万平方米。此仅是外城以内的面积,若将城外同时期文化分布范围计算在内,总面积可达 25 平方公里,其规模之大实属空前(图 6-1)。

内城城墙共解剖发掘近 30 处,墙体横断面呈梯形,底宽平均 20 米,最宽处可达 32 米;高度残存不一,最高处尚存 5.75 米[6]。墙体的营造相当讲究,筑墙前先在设计好的筑墙部位平整地面,大部分地段在平整好的地面上直接夯筑墙体,也有部分地段先挖墙体基槽,然后将基槽层层填土夯打与槽口平齐再夯筑墙体。墙体由中间的"主城墙"和内、外"护城坡"组成,二者交接处存有版筑时的木板痕。"主城墙"为平夯,"护城坡"为斜夯(图 6-2)。

外城城墙大多只剩基槽部分,因考古工作有限,墙体筑法不明。挖基槽前亦将地面平整结实,基槽口部宽 14 米,槽底较口稍窄,基槽深度均在 1 米以上。护城壕距外城墙 10 余米,壕口宽 40 余米,底距地表 7 米余。显然,墙与壕的双重建造,表明外城的防卫功能比内城更加突出。

内、外城墙的营造时间相当,都属商代初年或稍早。在短时间内完成如此巨大的工程,需要大规模的集体劳作,需要有专门的管理机构,需要有政权的强有力支撑。

内城之内发现很多大型夯土基址,分布比较普遍,显然是贵族的居住之所。其中以东北部较为集中,应为主要宫殿区,其范围略呈长方形,东西长约 800 米,南北宽约 500 米,面积约 40 万平方米,规模之大超过商代各城址发现的宫殿区。因内城恰是现在的郑州市市区,遗迹多遭严重破坏或被压在现代建筑下无法大面积揭露以探明全貌,故所知宫殿基址几乎无一完整,均残缺不

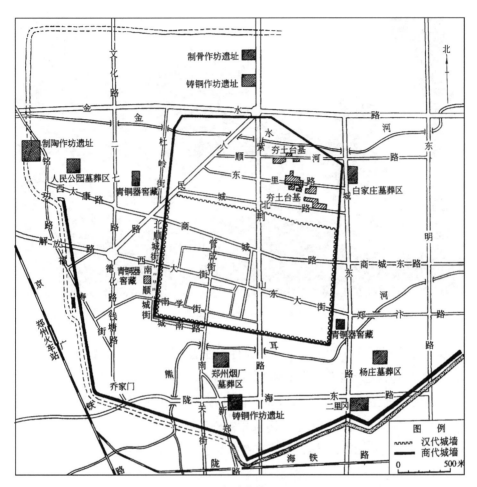

图 6-1　郑州商城平面图

全。虽然如此,历年来探出与发掘的大小建筑基址共 50 余处。其中较大一座如 C8F15,位于宫殿区西北部,发掘部分东西长 65 米(东端因被紫荆山路所压,还有多长,不明),南北宽 13.6 米。大型建筑的营造方法有类于城墙,一般也是先平整地面,再挖基槽,然后夯填基槽并夯筑台基,使之高出当时地表,最后在台基上建造宫室。在宫殿区边缘处还发现有夯土墙,有可能是宫城城墙。在宫殿区还有祭祀遗迹、水井以及具有大型蓄水池的供排水设施等。

在内、外城之间主要分布有手工业作坊、青铜器窖藏等。其中手工业作坊包括铸铜、制陶、制骨三类。铸铜作坊有两处,一处即南关外铸铜遗址,位于南部内

图 6-2　郑州商城东垣北段

外城墙之间,面积 2.5 万平方米。发现有铜炼渣、矿石、铜块、坩埚、陶范、炼炉、木炭、砺石及相关设施等。所铸器物依陶范(包括模)可知有礼器、兵器和工具。另一处是紫荆山北铸铜遗址,位于北部内外城之间,与南关外铸铜遗址隔内城而南北遥相对应。此处铸铜遗址规模较南关外者略小,也出土有炼渣、铜矿石、铅块、坩埚、陶范、砺石等,所铸之器可辨者主要是工具,还有兵器、车器[7]等。

制陶作坊主要见于铭功路两侧,紧依外城西墙,这是一处主要制作泥质陶的作坊,表明另外还有专门制作夹砂陶的作坊,可见制陶业内部已有分工。

制骨作坊位于紫荆山铸铜作坊之北不远处,面积约 5000 平方米。这里出土大量骨料、骨器成品、半成品和加工骨器的砺石等。骨器的原料除用动物骨骼外,还用大量人骨,这是先秦时期绝无仅有的现象,反映了商代社会的特殊性。制作的器物主要有簪、镞、锥、针等。

另外,20 世纪 70 年代在宫殿区中部发掘过一条壕沟的局部,在发掘的长15 米(一端被破坏,一端未到头)、宽 2 米的范围内发现近百个经切割、加工的人的头盖骨(杯)。各头盖都是从眉部至耳部上方横截锯割而成,锯痕清晰规整,技法熟练。这些头骨多为男性青壮年。如此之多的人头杯集中出土而不见被切下的人头下部(面部),表明另有专门制作人头杯的场所。这与上述用人骨制作其他器物的现象有着同等重要的学术意义。

青铜器埋藏坑已发现三座,均位于内城城墙外侧不远处,也有一定规律,显属有意而为。学者或认为是祭祀坑;或认为是窖藏坑。所出铜器以礼器为主,有不少是现知早商时期体量最大的青铜器,应该属王室重器,如杜岭埋藏坑的一件方鼎通高达100厘米,重86.4公斤[8]。

郑州商城究竟为亳都还是隞都,近年来主亳都者愈来愈多,主隞都者愈来愈少,前说更近实际。关于成汤之亳都,据汉以来文献记载,还有其他多种说法,其中以灭夏前都南亳,灭夏后迁西亳之说最为近来部分学者信奉。南亳何在,有待考古工作者去探寻,目前尚无着落;西亳所在则多以为即偃师商城[9]。

偃师商城发现于1983年[10],时代属二里岗文化时期,与郑州商城的时代基本相当。二十多年来,该城的考古工作持续不断,因而对其有了较全面的了解。

偃师商城的重要遗迹主要是小城、大城和三组建筑群(图6-3)。

小城平面大体呈长方形,南北长约1100米,东西宽约740米,面积81万多平方米[11]。大城是在小城的基础上扩建的,扩大部分位于小城北部和东部北半,东墙有两个转角,故大城形状不规整,北宽南窄,平面近似"菜刀形"。西墙长1710米,北墙长1240米,南墙长740米,东墙全长1770米,面积近200万平方米[12],约是郑州商城的六分之一。墙体基部宽18—19米,残存顶部一般宽16—18米,大城已发现城门5处,其中东西墙各2处,分别相互对应,北墙1处,估计南墙也应有一处。无论小城还是大城,其建造过程有如郑州商城,即先挖基槽,夯填后再筑墙。墙体的内外两侧都有土质较坚硬的附属堆积。大城之外也有护城壕,护城壕距大城城墙多在10米以上,壕口宽约20米,深6米左右,壕沟外壁较陡,内壁较缓,底部有淤泥。

城内的三组建筑群,其一(一号基址)位于小城中部偏南,是最主要的建筑,平面近方形,周有厚约2米的围墙,长宽各约200米。墙内有多座时期不同的建筑基址,还有渠、池俱全的供排水设施和祭祀场所。本组建筑群被部分学者称为"宫城"。

另外两组建筑,即二号基址与三号基址,分别位于一号基址的西南与东北,呈两翼护围之势,其中二号基址恰在城内西南角。这两组基址特征相同,外围也都有一周围墙,墙内是成组成排的建筑。据对二号基址的发掘得知,这

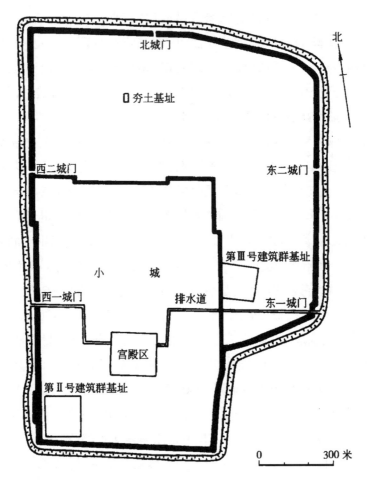

图 6-3  偃师商城平面图

些建筑有早晚之别,但形制基本相同,与已知的商代所有其他建筑都不类。发掘者认为是"府库",颇有道理[13]。

在大城内北部还发现有铜渣、坩埚、陶范残块、骨料与陶窑,这一带很可能是铸铜、制骨与制陶的手工业作坊区。

洹北商城属商代中期,有学者认为是河亶甲所迁之都——相[14],还有学者认为是盘庚所迁之都——殷。该城发现于1999年,南与殷墟相邻,二者少部分重叠。其平面近方形,现存多为城墙基槽,墙体保存甚少,墙外未见护城壕。基槽南北长约2200米,东西长约2150米,面积约470万平方米[15],仅次于郑州商城,是偃师商城的两倍多。虽然洹北商城发现晚,工作有限,但仍然获得了重大成果,其中最重要的是在城内中轴线南段找到了宫殿区。据保守估计,宫殿区的规模南北长约500余米,东西宽至少200米。其内分布着30余座建筑基址,它们成排分布,全部东西之长大于南北之宽,应为南北向,相互间没有叠压与打破关系,显然经过统一规划设计。

2001至2002年,考古工作者对宫殿区内1号基址主体的大部分进行了发掘和钻探[16],得知其平面呈"回"字形,包括门塾、主殿、配殿和廊庑等,东西通长约173米,南北宽85—91.5米,总面积近1.6万平方米。比二里头遗址1号宫殿基址大出一半,是现知夏商时期规模最大的建筑基址。1号基址的揭露既为探讨洹北商城的性质提供了有力依据,也是研究中国早期宫室建筑的绝佳材料。

由城址和宫殿的规模可知,洹北商城一度为商王朝都城似无疑问。

商王朝最后一处都城是殷,学界普遍认为即今殷墟遗址。

殷墟的考古工作是伴随着中国近代考古学的诞生而开始的,距今将近80年,因而收获最为丰硕。该遗址面积约30平方公里[17],比郑州商城还要大。这里不仅发现有王室宫殿区和商王陵墓区,还发现有各种手工业作坊,多处"族坟墓"墓地以及大量甲骨文(图6-4)。

王室宫殿与宗庙区位于殷墟遗址的中心部位,今小屯村一带,共清理出建筑基址50余座,由东北向西南分甲、乙、丙三组。宫殿宗庙区的东与北是洹河,西与南是与洹水相通的隍壕,由河与壕构成对宫殿宗庙的围护,其范围约70万平方米。其中属于中部乙组的乙七基址的前面,还发现一片祭祀坑,经发掘者有130余座。这些祭祀坑分布颇有规律,或成组,或成排。北半部有车、人合葬坑和人祭坑;南半部则以后者为主,也有少数动物坑。人祭坑中的人数不等,每坑少者1人,多者13人。大部分人骨身首分离。根据这些祭祀现象以及乙七基址的位置、规模,学者们多认为乙七建筑应是晚商时期一处宗庙。

商王陵墓区位于洹水之北西北岗一带,东南距宫殿与宗庙区2.5公里。陵区范围东西长约450米,南北宽约250米。共有带墓道大墓13座,分东、西两区分布。其中四条墓道的大墓8座,是现知夏、商与西周时期规模最大的墓葬,因此,至少这8座大墓是商王陵墓(图6-5)。可惜这些墓葬都遭严重盗扰,

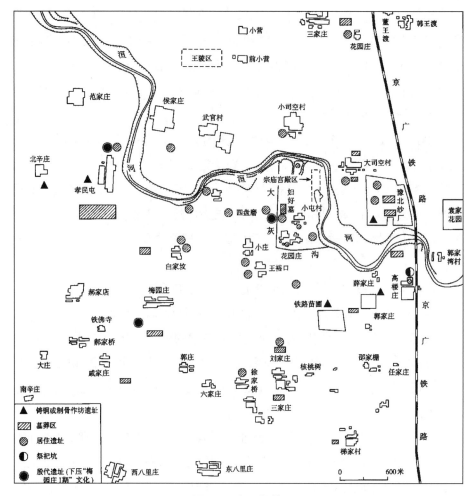

图 6-4 安阳殷墟

葬品所剩无几,但其宏大的墓室、特殊的形制,以及使用大量人殉与人牲的情状仍让人叹为观止和触目惊心。兹以 M1001 大墓(图 6-6)为例加以说明。

此墓墓室呈"亚"字形,墓口南北长 18.9,东西宽 21.3 米,口至底深 10.5 米。四条墓道中,南墓道长 30.7 米,北墓道长 19.5 米,南北两端通长近 70 米。椁室已朽,墓主无存。墓底有 9 个坑穴,每坑埋 1 人 1 犬 1 戈;椁外近旁填土中埋 12 人,有的也有少量随葬品,他们应属殉人。在南墓道有 59 具无头躯体,分 8 组埋在不同深度。另在各墓道中都埋有数量不等的人头,其中东墓道 3 组 6 个;西墓道 4 组 11 个;南墓道 14 组 42 个;北墓道 6 组 14 个,共计 73 个。

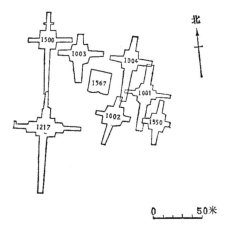
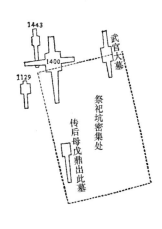

图 6-5 殷墟王陵

这些人头都颅顶向上,面向墓室,显经有意摆放。他们应是埋葬过程中被作为祭品而杀的人牲。此外,在北、西墓道还各有一坑,均埋 1 人,都有随葬品。在墓室东侧有 37 个墓坑,除坑内情况不明者外,其中埋人的 22 坑,每坑埋 1—7 人不等,共埋 68 人;埋马的坑 7 个。这些应该属于殉。若仅按人头(包括完整人骨)计算,此墓人殉与人牲至少 164 人。

除各大墓有人殉和人牲外,在王陵东区还有一片祭祀坑,依其分布规律可以分成不同的组,每组坑数不等。已发掘 1480 余坑,依钻探,估计总数不少于 2500 坑。坑内的埋葬可分人坑、动物坑和器物坑。人坑又有单人全躯、多人全躯、身首分离、无头躯体和人头坑之不同。各坑人数不等,多者一坑埋 30 多个人头。据对部分人骨的鉴定,死者有男性、女性和儿童,女性和儿童均为全躯,被砍头者均为男性青壮年,他们有的来自不同的族系,这恰与当时甲骨文所记俘获异族并经常伐之以祭祀的内容相符。

殷墟王陵是唯一一处已发现的夏商与西周时期的王陵区,是探讨商代社会性质最有力的凭据,也是探讨夏商周三代乃至稍后的帝王陵墓制度的重要资料。

在王陵区之外,殷墟成片的墓地还有多处,重要者如后岗、殷墟西区、大司空等墓地。在这些墓地中,既有带墓道的"中"字或"甲"字形大墓,也有长方形中小型墓,即墓主人既有高级贵族,又有普通平民,显然属于聚族而葬的"族坟墓"。在大型墓葬的右前方往往附葬有车马坑。这些马车是中国境内迄今

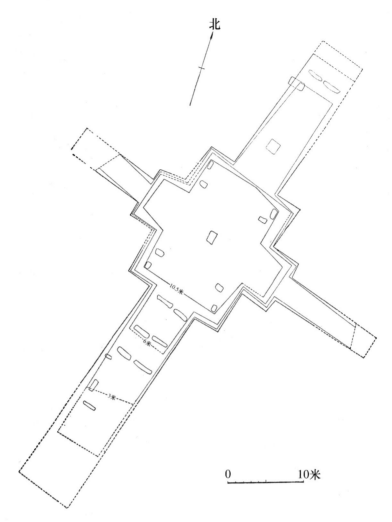

北

0 _____ 10米

图 6-6 殷墟侯家庄 1001 号王墓平面图

发现的最早的实物马车。

　　殷墟还发现多处手工业作坊。其中铸铜作坊有苗圃北地、孝民屯西地、小屯东北地和薛家庄附近,所出铸铜遗物数量之多,种类之全远超过郑州商城铸铜遗址。制骨作坊有大司空村南地、北辛庄与小屯附近等,前者主要生产骨笄,说明制骨业内部也有分工。制陶作坊如苗圃北地、小屯附近等。晚商时期的手工业门类实际更多,殷墟马车的发现就可以说明。依稍晚的文献《考工记》的记载,马车的制作需"攻木之工七,攻金之工六,攻皮之工五,设色之工五,刮摩之工五,抟埴之工二",晚商既有马车,其手工业门类也当与《考工记》所言相类。

最为人们所熟识的是殷墟发现有大量晚商时期的甲骨文。这是现知最早的成熟文字,出土地点主要集中在小屯一带,包括小屯宫殿区、小屯南地、小屯西地和花园庄东地等处。单是宫殿区第 127 号坑就发现甲骨 17096 片。现在各地收藏的甲骨已达 15 万片之多,几乎都是从殷墟出土的。这些甲骨刻辞多属王室之物,内容涉及职官、刑法、军队、战争、田猎、农业、畜牧业、手工业、疾病、天文历法、方国地理与宗教信仰等,是研究商代社会方方面面的直接而可信的材料。

以上几处商代都城遗址的考古发现表明,商代的都城是商王及其他高级贵族的聚居地,是举行各种重大活动的处所。这里还汇集了多方面的技术人才,在各种手工业作坊从事专门化生产,包括铸造精美的青铜礼器等,因而商代都城又是技术与经济最发达的地方。都城里还拥有一批精通文字的人才,他们主要是贵族,还是神职人员。总之,商代都城确是当时政治、经济与文化最发达,社会文明程度最高的地方。

商代有许多方国城邑,它们与中央王朝保持着不同程度的关系。现在考古发现的有湖北黄陂盘龙城商城、山西垣曲商城、夏县东下冯商城、河南焦作府城商城等。这些是发现有城垣的,尚未发现城垣但发现有高等级贵族墓和相关遗存的,还有山东济南大辛庄、青州苏埠屯和滕州前掌大等,各自的性质可能有所不同,但从文化特征来看都应该属于商文化系统。盘龙城处在长江边最重要的铜矿附近,可能是商王朝为控制铜矿开采和运输的一个重要据点[18]。垣曲商城处在黄河三门峡附近,地势险要,可能是一个重要的军事据点[19]。至于苏埠屯的商代大墓,学术界有认为是薄姑君长之墓,只是其文化特征还是属于商文化系统。

在四川广汉三星堆有一个颇具规模的城址,城中的两个祭祀坑出土了大量青铜器,包括全身人像、人头像、面具、神树、各种动物、礼器、工具和武器等。还有大量玉器和黄金制品。青铜器中的尊、罍和玉器中的琮、璧、戈等具有商文化的特征,所以三星堆应该是商代与商文化有一定关系的古蜀国遗存[20]。同样在江西清江吴城发现的城址和附近的新干大墓,也是与商文化有密切关系并且有高度发达的青铜文化的方国遗存[21]。它们共同构成了商代的都邑系统。

## 第二节 周代都城的发展

周代都城对商代都城的继承和发展 朝、祖、社三位一体的基本格局 宗周与成周 东周王城 临淄与曲阜 三晋与燕国都城 秦雍城与咸阳 楚郢都纪南城

周代都城继承了夏商都城的传统而又有新的发展。一是更加强调礼制的作用,二是诸侯国都城的急剧扩大和商业都市的兴起——这是与东周时期王室式微而诸侯国势力不断膨胀的政治趋势密切相关的。

《左传·隐公十一年》说:"礼,经国家,定社稷,序民人,利后嗣者也。"作为帝王所居的都城,其规划布局也必须遵循一定的礼制。《考工记》载:"匠人营国,方九里,旁三门。国中九经九纬,经涂九轨,左祖右社,面朝后市。"这是讲都城的营建,作正方形,每边长九里,各有三门,城中有纵横交错的大道各九条,城内宫城前部左侧建宗庙,右侧建社稷坛,宫城后边是市场。《考工记》是战国时期的著作,应是记述周代王城的规划礼制,王宫建中立极,表现了周天子至高无上的权力,"朝""祖""社"三位一体,集中反映了当时政权、族权和神权相结合的意识形态。需要指出的是,这只是一种理想化的设计体系,在考古发现中,并无任何一座都城和它完全相符。但此体系也并非闭门造车,也是采择三代以来已有之制又加以理想化而写成的。我们可以利用考古材料参照文献记载来分析这一礼制都城设计体系的形成及其特点。

先说西周的都城。西周立国前后的都城为丰和镐,都在今西安市西南郊。《诗·大雅·文王有声》写道:

> 文王受命,有此武功。既伐于崇,作邑于丰,文王烝哉!……考卜维王,宅是镐京。维龟正之,武王成之,武王烝哉!

郑玄笺注："丰邑在丰水之西，镐京在丰水之东。"这里所说的丰水就是今天西安市西郊由南向北注入渭河的沣水。丰、镐故都遗址就位于沣水的两岸。诗人称丰为邑，称镐为京，是有道理的。尽管周人十分尊崇文王，认为周之得天下起于文王受命；但是推翻商朝政权的是武王，武王建立的都城才是周王朝的第一个都城，故称为京。于今的沣水东岸还有丰镐村、镐京观等地名。

镐京遗址在汉武帝时期挖掘人工湖昆明池时受到严重破坏。现今在原昆明池西边的洛水村、普渡村、斗门镇一带还有约四平方公里的西周遗址。在斗门镇、官庄村、下泉村一带发现有十多处夯土基址和大批建筑材料。其中五号夯土基址面积将近 4000 平方米，上面的宫殿基址坐北朝南，长 59 米，宽 23 米，面积 1357 平方米，有主殿和东西两厢，当是镐京的主要殿堂之一[22]。在洛水村北的一座西周水井中发现了大量瓦片和白灰粉刷的墙皮。完整的板瓦长 45 厘米，宽约 30 厘米，是很有气派的。在它的西边还有一处制造陶器的作坊遗址，发现有十多座陶窑集中分布。沣东还发现有不少西周时期的中小型墓葬，其中普渡村的一座墓中出土了不少有铭文的铜器。这些发现固然非常重要，但是由于以前的破坏，也由于考古工作还做得不够，一个西周都城的规模还没有完全显现出来。

沣西遗址的保存状况稍微好一些。据调查在客省庄、张家坡、马王村、西王村一带有一个 6 平方公里的西周遗址，并且在客省庄、张家坡等地进行过比较大规模的发掘。在马王村北等地共发现 14 处夯土基址，其中四号平面呈倒凸字形，面积约 1827 平方米，附近有陶质下水管道和屋瓦残片。在夯土基址间还发现有宽 10—15 米，长约 200 米的道路。因此这些夯土基址应该是统一规划的宫殿遗址的一部分。在沣西还发现有制陶、制骨乃至制造铜器的作坊遗址（目前仅发现铸造铜器的陶范），还有多处铜器窖藏，许多中小型墓葬和车马坑。在张家坡发掘了 250 座墓葬，其中 20 座早期墓有殉人，每墓殉 1—4 人不等，晚期墓则基本不见殉人。同商代比较，可以看出社会对人的价值的认识在逐渐提高。

在沣西也发现过一些先周遗存，其中有些可能就是文王迁丰时期的产物，但规格并不相称，可见丰邑的主体建筑并未找到。而大量西周遗存的存在，说明武王迁镐后丰邑仍然是王都的组成部分而一直加以利用。周人通常把丰镐统称为宗周。

周代还有一个东部的都城。周武王推翻商朝统治后,曾经为如何控制东方的广大地区而颇费神思。因为宗周偏处西隅,鞭长莫及,于是决定在号称天下之中的洛邑也就是今洛阳市所在建立新都,并且让他的弟弟周公旦去选择具体地点。可是武王灭商后两年便去世,管叔、蔡叔鼓动商纣王的儿子武庚等叛乱,周公平叛并东征三年后才回来营建洛邑。这新建的都城称为王城,又称成周。《尚书·洛诰》说明了周公派召公选择建都的具体地点:

> 我乃卜涧水东、瀍水西,惟洛食;我又卜瀍水东,亦惟洛食。

由此可见王城或成周应该在瀍水的东西两侧,也有认为瀍水西为王城,瀍水东为成周的。周公认为武王选择这个地方是因为"此天下之中,四方入贡道里均"(《史记·周本纪》)。据说周人克商后曾经将代表最高王权的九鼎从殷都迁至洛邑[23]。同时把大批殷顽民迁至洛邑以加强控制。

通过多年的考古工作,虽然没有找到西周时期成周或王城的城垣基址,但是在洛阳市东部的瀍水两岸发现了一处面积约六平方公里的西周遗址。在瀍水西岸发现有残存的夯土台基,附近有可能是宫廷专用的鱼窖群,旁边有属于西周早期的南北走向的大道。夯土基址往北,北窑村西的瀍水西岸有一处大型的铸铜作坊遗址[24]。在遗址中发现有数以千计的熔铜炉壁残块,据测算熔炉的直径一般为 0.9—1.1 米,最大的达 1.6—1.7 米。周围发现的铸铜陶范的碎片数以万计,可辨器形的有四五百块,可以看出比较清晰的花纹的也有五百多块。这些陶范可以铸造的铜器多种多样,其中礼器类有鼎、簋、卣、尊、爵、觚、罍等,乐器有钟,车马器有辖、軎、銮铃、泡饰,兵器类有戈、镞等。礼器中有些器体甚大,花纹繁复,应属王室重器。整个作坊的年代主要属于西周早期,延续使用到西周中期。

在瀍水西岸的北窑村发现过很大的西周墓地。后者虽然经过历年的严重破坏,仍然发现有 471 座墓葬和 7 座马坑。有的墓规模较大,例如 451 号墓的墓室约 62 平方米,有南北两个各长 16.5 米的墓道;446 号墓的墓室约 77 平方米,也有南北两个墓道。二者都属于西周早期。尽管各墓均被盗掘,还是出土了不少贵重器物。如青铜器中的鼎、簋、尊、罍、盘、壶等礼器,其中有些有铭文,还有各种兵器和车马器。原始瓷器也出土不少,其中以豆为最多,还有簋、尊、罍、罐、瓮等,多是礼器。此外还有许多玉器和镶嵌蚌片的漆器等[25]。这起码是一个有高等级贵族的墓地。

又在瀍水以东至塔湾一带发现有一百多座殷遗民的墓葬。这与文献记载武王克商后曾经迁殷顽民于洛邑的史实正好相符。近年在洛阳市修建河洛广场时发现的车马坑中,更有六匹马驾的车子——那应该属于天子级别的车了。

上述遗迹基本上在瀍水以西,与东周王城接近,《汉书·地理志上》河南郡雒阳与河南县条有班固的自注曰:"雒阳,周公迁殷民,是为成周。……居敬王。……河南,故郏鄏地,周武王迁九鼎,周公致太平,营以为都,是为王城,至平王居之。"郑玄《诗·王城谱》也说:"周公摄政五年,成王在丰,欲宅洛邑,使召公先相宅。既成,谓之王城,是谓东都,今河南是也。召公既相宅,周公往营成周,今洛阳是也。"这就是说,王城和成周是两个城而不是一个,东周的王城就是西周始建的王城。但考古发现的东周王城始建于春秋中叶以前,与西周王城位置上稍微有些变动。

王城和成周究竟是一个还是两个,历来有不同的说法。1984年考古人员在进一步探测汉魏洛阳故城时,在其中部发现了一座西周城。该城在瀍水以东约十公里,大致为横长方形,东西约2.6公里,南北近2.0公里,到春秋时期有所扩建[26]。可见班固和郑玄的说法还是有根据的。

到了东周,平王东迁,居于王城。

这座王城位于涧水与洛水的交汇处,在涧水东、瀍水西。北墙保存较好,通长2890米,外有城壕,其余三边均只有部分墙基。城内中部偏南有大片夯土遗迹,并且有大量板瓦、筒瓦和瓦当,可能是王宫、宗庙所在。西北有陶器作坊和制骨作坊遗址,附近还有陶质排水管道。《国语·周语》记载"(周)灵王二十二年,谷洛斗,将毁王宫"。谷水是涧水支流,也是涧水别称,夏秋水涨时与洛水相冲突,威胁王宫的安全。正好说明当时的王宫就在二水的交汇处,也就是今王城遗址所在(图6-7)。

周代王都保存状况都不大好,但是各诸侯大国的都城却保存较好,其规模和布局都比较清楚。

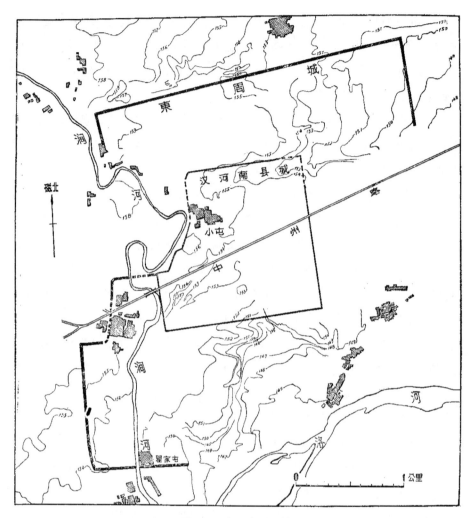

图6-7 洛阳东周王城

先说东方齐国的临淄故城和鲁国的曲阜故城。

《史记·周本纪》载:周"封功臣谋士,而师尚父为首封。封尚父于营丘,曰齐"。《史记·齐太公世家》亦有相似的记载。营丘在何处?晋郭璞、北魏郦道元、唐张守节均注在淄水附近或即临淄城内。后人多从其说。但至今没能确认。后至六世胡公,迁都薄姑(今山东博兴县境)。至七世献公元年(前859)又"都治临淄"。此后,齐国一直以临淄为都,至公元前221年为秦所灭。

姜太公初被封于营丘之时,营丘一带还是一片荒凉的不毛之地。《史记·

货殖列传》云："太公望封于营丘,地潟卤,人民寡。"《盐铁论·轻重篇》亦云："昔太公封于营丘,辟草莱而居焉,地薄人少。"然"太公至国,修政,因其俗,简其礼,通工商之业,便鱼盐之利,而人民多归齐,齐为大国"[27]。经过十余代的经营发展,至春秋时期,齐国已建设成为一个"冠带衣履天下,海岱之间敛袂而往朝焉"[28]的东方大国。其都城临淄也逐步发展成当时最为繁华的都市之一。《战国策·齐策》曾描写临淄的繁荣景象时说："临淄甚富而实,其民无不吹竽鼓瑟,击筑弹琴,斗鸡走犬、六博蹋鞠者。临淄之途,车毂击,人肩摩,连衽成帷,举袂成幕,挥汗成雨。家敦而富,志高而扬。"这段话是苏秦说给齐宣王听的,其中不免有夸张之词,但也可以想见当时临淄城的繁华景象。

临淄故城的规划布局与《考工记》所载的城建思想有许多不同之处,而与《管子》所载有密切联系。《考工记》强调礼制和等级,《管子》则更强调因地制宜和实用。如《管子·乘马》云："凡立国都,非于大山之下,必于广川之上,高毋近旱而水用足,下毋近水而沟防省,因天材,就地利,故城郭不必中规矩,道路不必中准绳。"论述了立国都和进行城市规划,必须充分考虑有利的自然地理条件。《管子·权修》云："地之守在城,城之守在兵,兵之守在人,人之守在粟,故地不辟则城不固。"指出,保卫国土,要依靠城池,依靠士兵,但归根结底要靠开垦土地,发展生产。《管子·八观》又云："夫国城大而田野浅狭者,其野不足以养其民;城域大而人民寡者,其民不足以守其城。"强调城市的规模,必须适应于周围土地面积的大小、肥沃程度及人口的多寡。从而阐明了城市与国防、城市与农业生产之间的辩证关系。临淄故城的地理位置和城市规划布局在很大程度上与《管子》所载的城建思想相近似。

临淄齐故城在今淄博市临淄区齐都镇。其东临淄河,西依系水,南有牛山、稷山,东、北两面是辽阔的原野。确是一处依山傍水、土地肥饶的好地方。现在保存的故城主要属于东周时期,秦汉时期继续沿用,到魏晋以后逐渐荒废。

经多年的考古勘察,已大致了解了临淄齐故城的布局和建制[29](图6-8)。

临淄齐故城有大、小两个城。大城南北约4.5公里,东西约3.5公里。大城西南角套连一个小城,南北约2公里,东西约1.5公里。小城是宫城,大城是郭城。《管子·度地》云："内为之城,城外为之郭。"《初学记》卷二四引《吴越春秋》曰："筑城以卫君,造郭以守民。"古文献清楚地说明了国君是住在宫

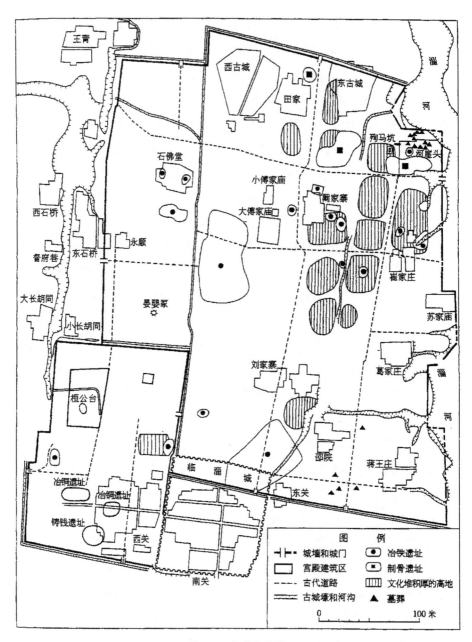

图 6-8　临淄齐故城

城里,老百姓及官吏们是住在郭城里。只是齐临淄的宫城不是在郭城的中部,与《考工记》所载有别。宫城与郭城分置的做法,早在商代就出现了,如郑州商城、偃师商城即如此设计。比较普遍地分筑宫城和郭城，则是从东周时期开始的。东周列国都城虽各式各样，但均是由宫城和郭城组成。通过这种形式，既划清了国君与国民的分野，又突出了国君所居宫城的重要地位，为后来中国古代都城形制的统一模式奠定了基础。

临淄故城的城垣不很规整，基本是依淄水和系水河岸的地形筑成的，拐角共有 20 余处。沿城墙外有护城壕，这既出于防卫的需要，又很好地解决了城内供水与排水问题。此外，在大城内东、西部都发现有人工河道，小城西部也发现古河道。这些人工古河道通向城外的河流或护城河。在齐故城城墙处发现了四处排水口。其中大城西墙北段的一处排水口已经发掘，系采用大石块堆砌而成，分三排，每排五孔，总长度达四米以上，规模巨大，设计合理。

临淄城的城门已勘测出 11 座，其中大城 6 座，小城 5 座。每座城门均筑一个门洞，并有通向城内的道路。城内交通干道共发现 10 条，其中大城 7 条，小城 3 条。大城内比较重要的主干道呈南北方向，与南北城门相连，道路宽 15—20 米。

城内的布局可分宫殿区、手工业作坊区、市场及民居区等。

在宫城的西北部的地面上，还保存着一大型夯土台基，当地传称"桓公台"，现存高度 14 米，南北长 86 米。从遗迹看，当时应是一座上下建有三层的高台建筑。这种高台建筑形式，在东周各国是比较流行的。台基周围还有大片的夯土台基，这一带当是主要宫殿区。齐故城的宫殿遗址并不都限于宫城内，在宫城西墙外，还有"歇马台"夯土台基，在大城西北约 9 公里处，又有"梧台"夯土台基。估计从宫城向西到"梧台"一带，是齐王的苑囿区，这些夯土台基应是离宫别馆。

《管子·小匡》记载，临淄城内划分为二十一乡，并区分为"工商之乡六，士农之乡十五"。对士农工商居住区也作了规定："凡仕者近宫，不仕与耕者近门，工贾近市。"（《管子·大匡》）现在已无法弄清这二十一乡的具体分布情况，但可以根据已发现的手工业作坊等遗址大体了解其分布规律。

手工业作坊遗址在郭城和宫城内都有发现：大城内发现制铁遗址 15 处，制骨遗址 4 处，多集中在郭城的中部略偏北；宫城内发现制铁遗址 2 处，铸钱遗址 1 处，冶铜遗址 1 处，多集中在宫城的南部。手工业分布区域上的不同，应反映了手工业的经营性质不同。于宫城内置手工业作坊,在东周各国是比较普遍的,应是王室直接控制的官府手工业。郭城内的手工业作坊大概官营和私营都有,因周代多是"工商食官",手工业基本都是官营的,但战国时期,私营手工业有了很大发展,因而,一部分手工业作坊也有可能是私营的。

从事商业活动的场所"市",是当时都市规划中的重要组成部分。东周时期,都市中的商业贸易活动,是实行一种"集中市制",也就是说,为政府所控制、管辖,有固定的场所,并设有专门的官吏进行管理。所以,各个都市中都设有专门的"市"。据文献记载,临淄城内有"国之诸市""市立三乡"等。据裘锡圭先生的考证,齐国印文中有"都市""大市""中市""右市"等[30]。可见,临淄城内大概有多个市。宫城之北的郭城西部区域大概是临淄城中最繁华的商业区。据杨宽先生考证:"临淄城中最热闹的街道叫作庄,是一条直贯外城南北的'六轨之道'。这条街道附近最热闹的市区叫作岳,在北门之内,是市肆和工商业者聚集之所。所谓'庄岳之间',是战国时代齐国人口最密集而繁华的地方。直到西汉初年,岳还很繁华,称为岳市。"[31]这一位置的南部是宫城,东部是手工业区,正符合《考工记》所载建筑国都要"面朝后市"之制和《管子·大匡》所记"工贾近市"的规划布局。

郭城的居住区主要分官署和民居两部分。郭城南部可能是官署和官吏的居住区域。1949年前在大城南部的刘家寨一带出土了许多汉初封泥,多为临淄官署所用,可知这一带为官署和官吏居住地域[32]。汉初基本是沿用旧临淄城,因而应与战国时期的布局大致相同。这一带西部是宫城,也符合"仕者近宫"的规划制度。

郭城的最北部当为一般平民居住区。《管子·轻重甲》载:"(齐)桓公忧北郭民之贫,召管子而问曰:'北郭者,尽屦缕之氓也,以唐园为本利。'"说明靠近北郭的居民多是贫寒的农民。这一带距离城门较近,出城便是一片平野,"不仕与耕者近门",更便于出城从事农业生产。

临淄城内居民都住在"里"内,"里"既是居民的基本组织单位,又"作内政而寓军令"(《管子·小匡》),也就是说,"里"还兼有政治组织和军事组织的性质。具体的做法是,按照当时每户出一人的兵役制,使城内各级居民组织的户数与军队各级组织的人数相一致。军队组织中"小戎"为一个基本单位,由五十名士卒、一辆战车及四马组成,又称为"一乘"。所以城内居民组织以五十户为一个基本单位,称之为"里","里"除有围墙、里门外,里内还有小空场,可以容纳五十名士卒的军事训练。因而同在一里内的居民不能随意迁徙,军旅大队人马的操练在郊外进行,即所谓"卒伍政定于里,军旅政定于郊,内教既成,令不得迁徙"。

在郭城的东北部发现一处墓地,时代大概是西周晚期至春秋时期。在此曾发掘了一座大墓,仅殉马即达二百余匹。据推测,此墓有可能是春秋晚期齐景公的墓[33]。又《左传·襄公二十五年》记:崔杼弑齐庄公,"侧庄公于北郭"。所以,郭城东北部这一墓地可能是姜齐的公墓区。春秋时期把公墓放在城内还见于其他都城,这种做法大概也是传统旧制。

公元前386年"田氏代齐"。田齐的公墓区不在城内,而在城东南二十多里的牛山脚下。这一带有多个高大的封土堆,其中有四个大的封土堆,《水经注》称之为"四豪冢",历代传说是田齐之威、宣、愍、襄四王之墓。另有"二王冢"可能也是田齐的公墓[34]。可见,田齐改变了姜齐的旧制,将公墓迁出了城外。

东方第二大都城是鲁国的曲阜。《史记·周本纪》载:西周初年,武王"封弟周公旦于曲阜,曰鲁"。《鲁周公世家》载:武王"封周公旦于少昊之虚曲阜,是为鲁公。周公不就封,留佐武王"。"后武王既崩,成王少",周公摄政,"其子伯禽代就封于鲁"。根据文献记载及考古勘察证实,鲁国的都城在今山东曲阜鲁国故城。

据目前的考古资料看,鲁故城的始建年代至少可到西周晚期,现在所保存的鲁城遗迹,主要是东周时期的[35](图6-9)。

鲁故城为大小两城相套。大城扁方形,东西长约3.7公里,南北长约2.7公里。小城位于郭城中部略偏东,东西长约550米,南北长约500米。大城应是郭城,小城应是宫城。宫城居中,郭城在外,基本上呈方形,与《考工记》所记都城的规划比较一致,体现了王者之居建中立极的思想意识。

经钻探发现,鲁故城郭城有十一座城门,东、西、北三面各有三门,南面二门。《考工记》记载,王城每边是三座城门,四面共十二座。何以"旁三门"?郑玄解释为"天子十二门,通十二子"。即十二门通子丑寅卯等十二辰。商周之时,以干支来记述天地时辰之运转。另外,"天圆地方"的宇宙观念在东周时

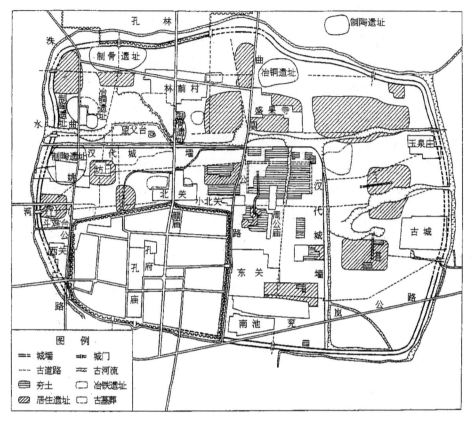

图 6-9　曲阜鲁故城

应当形成。所以,《考工记》如此设计天子都城,大概也是为了表现周天子居九里之方城以法地,建十二之通门以法"十二子",借此以通天地之间,更体现了周天子作为上天元子以御天下之地位。诸侯都城城门之数,礼书无记。考古发现的东周列国都城城门也无定数,每边多是一门或二门,只有曲阜鲁故城东、西、北三面为三门,南边为二门,此也可能是不能完全僭越天子之礼之故。

以礼制,周代宫城也是以等级而建。《礼记·明堂位》郑玄注:"天子五门,皋、库、雉、应、路;鲁有库、雉、路,则诸侯三门。"郑玄据"三礼"记载,还提出了"三朝"之制:皋门内有外朝;应门内有治朝;路门内是燕朝。郑玄据礼书而立的周天子宫城"五门三朝"之制,后来的经学家多从其说。但清代戴震《考工记图》则认为天子和诸侯皆为三门三朝。宫门及朝的等级之制,大概形成于西周时代。如周初《小盂鼎》铭文记述盂伐鬼方凯旋献俘并接受周天子的赏赐时,首先进南门以告,再进一门燎馘于周庙,最后入三门,接受周天子的赏赐。由此可见,盂是进了三层门(或认为五层门)。并且盂是在各层门内的"大廷""周庙""中廷"进行献俘和受赏活动的,周天子宫内这三处最为重要而显著的场所,即"三朝"所在。如斯则正合天子三门(或五门)三朝之制[36]。据郑玄考证,鲁之宫城有库门、雉门、路门三层门,正符合诸侯三门之制。

据文献记载,鲁城内还建有宗庙和社。《左传·哀公三年》记载,当时哀公的宫室起火,并殃及桓公庙、僖公庙和太庙,先后几位大员包括正卿季桓子和鲁哀公本人,都到现场指挥救火。从此事件可以看出,哀公的宫室是与桓公庙、僖公庙和太庙即周公庙毗邻的,而且知道宗庙居于宫室的一侧。据《考工记》"左祖右社"之制,宗庙的具体位置应在宫室的东侧。鲁城中有周社和亳社,《左传·定公六年》载:"阳虎又盟公及三桓于周社,盟国人于亳社。"《左传·文公十五年》载:"日有食之,天子不举,伐鼓于社;诸侯用币于社,伐鼓于朝,以昭事神、训民、事君。"此礼仪活动同时在朝廷和周社中进行,此两地不能相距很远。又《左传·闵公二年》记季文子出生时卜人占卜曰:"男也,其名曰友,在公之右,间于两社,为公室辅。""两社"即周社和亳社,其位置应在宫室的西侧。如此布局正符合"左祖右社"之制。

综观鲁故城的整体布局,则是以宫城为中心进行规划的。宫城往南直通位于南郭墙近中部的南门有一条宽15米的主干道。南门规模较大且特殊,门外两侧各有一夯土台基,据文献记载,此可能即城门的"两观"[37]。城门外往南1.5公里处有行郊祭礼的舞雩台。这样,宫城、宫城南主干道、南门、"两观"、祭坛成一直线,构成了鲁城的一条中轴线。宫城内是宫殿区,最大的宫殿基址位于宫城内北部最高处。宫室之左为宗庙,之右为周社。宫城南主干道两侧也有数处台基,可能是官府所在。居民区、手工业作坊区主要在郭城的北半部,已发现有冶铁、冶铜、制骨等遗址多处。作为商业活动中心的市,应靠近手工业作坊区,大概在宫城之北的位置,也符合"面朝后市"之制。总体来看,鲁故城更接近于《考工记》所载的都城规划形制。

关于燕国都城。《史记·周本纪》载,西周初年,武王"封召公奭于燕"。《燕召公世家》亦载:"周武王之灭纣,封召公于北燕。"燕国早期的国都在何处,史载不详。考古工作者于北京市房山区琉璃河发现一处大型西周遗址,包括董家林城址、黄土坡墓地及刘李店居址等,被推测为早期的燕都。春秋时期,燕又曾几迁其都。《世本》载:"桓侯徙临易。"《水经·易水注》载:"易水又东迳易县故城南,昔燕文公徙易,即此城也。"又谓战国时燕昭王始城下都。考古证实,河北易县县城东南燕下都遗址即为燕国晚期的国都,时代属于战国时期[38]。

燕下都的平面布局,与齐临淄、鲁曲阜比较,不大相同,属另一种类型(图6-10)。由东、西两城组成,两城之间有河道和城垣相隔。西城内遗存很少,可能是为加强东城的安全而扩建的附郭。宫殿、手工业作坊及居民区主要集中在东城。东城的东北部是宫殿区,由南而北有武阳台、望景台、张公台及北垣外的老姆台等四处大型宫殿建筑台基排列成宫殿区的中轴线,在其两侧又对

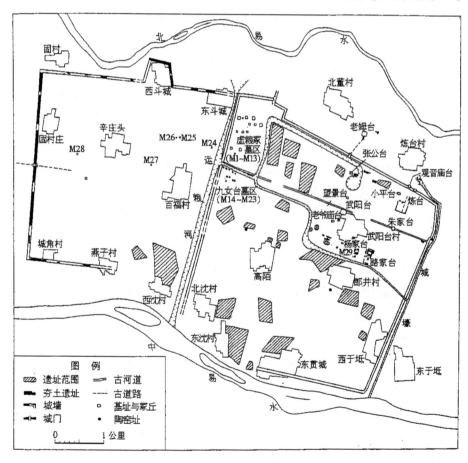

图6-10 易县燕下都

称分布着宫殿建筑组群。宫殿区虽没有宫城垣，但有两条河道将其围住，好像是用水道代替了宫城垣。

手工业作坊区分为两部分，在宫殿区西部的手工业遗址中，多出土兵器，在许多铜戈上都铸有"郾王×作"的铭文，说明宫殿区内的手工业作坊应是王室直接控制的军事手工业作坊区。在宫殿区南部水道以南为非军事手工业作坊区。居民区则规划在远离宫殿区的西南部和东南部。

在东城的西北角，有两个墓区："虚粮冢"墓区有 13 座大墓，"九女台"墓区有 10 座大墓。地面上都有大型封土堆，南北成排排列。此应是国君和王室的陵墓区。

总之，燕下都的布局同样是以主体宫殿建筑为中心进行设计的，高大的主体建筑居中，一般的宫殿建筑居左右两侧，形成了错落有致的建筑群，更加突出了国君居住的主体建筑威严壮丽的地位。同时，东城内的两条水道及中部偏北的一道东西隔墙，将宫殿区、军事手工业作坊区、非军事手工业作坊区、王室公墓区等分隔开来，形成了既相互独立又有联系的统一格局。

晋立国始自西周初年，从战国开始，分为韩、赵、魏三国，即所谓"三晋"。

据文献记载，韩国最初都平阳（今山西临汾境），后迁阳翟（今河南禹县境）。公元前 375 年，韩灭郑，遂迁都于郑的都城郑，在今河南新郑县[39]。因此城邑先后作为郑、韩两国都城，故现在通称为郑韩故城。郑韩故城也由东西相连接的大、小两城组成。小城应为宫城，南北长约 2.8 公里，东西约 2.4 公里，城内探出大片宫殿基址，在宫城中部的大型宫殿基址周围，又探出一方形城垣，此应是国君所居的中心宫城。大城应为郭城，南北长约 4.4 公里，东西长约 2.8 公里，在城内探出许多手工业作坊遗址，有冶铁遗址、冶铜遗址、制玉遗址、制骨遗址等[40]。在冶铜遗址附近，曾发现大量兵器，上有督造者的官名、工名。估计铸造这些兵器的作坊，大概主要是官营手工业。

按周制，宗庙和社稷是都城的重要组成部分。在郑韩故城的郭城内，还发现了属于春秋时期的郑国社稷祭祀遗址[41]。该遗址坐落在大城的中心部位，四周有夯土围墙，在围墙内已清理了礼器坑 6 座，乐器坑 11 座，马坑 40 余座。共出土礼乐器 348 件。这些坑多数排列有一定规律，坑之间也有一些打破关系，说明这里使用了较长时间，曾进行过多次祭祀活动。

据文献记载,赵最初都晋阳(今太原市西南),后迁中牟(今河南汤阴),自赵敬侯元年(前386)徙都邯郸,直至赵亡,再未迁都(《史记·赵世家》)。邯郸赵国都城遗址位于现在邯郸市的西南一带[42](图6-11)。故城分两部分,西南部是保存较好的小城,当地称之为"赵王城","赵王城"又分为东、西、北相接的三城,三城之内,都有巨大的宫殿基址,尤以西城最为密集。最大的一处宫

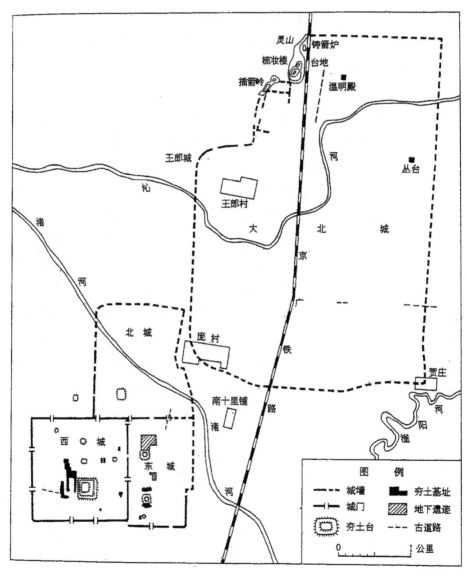

图 6-11　邯郸赵王城

殿台基是西城的"龙台",底部东西宽约 210 米,南北长约 288 米,应是一座由上下数层组成的高台建筑。根据这些高大的宫殿基址判断,"赵王城"应是国君所居的宫城。在宫城的东北部有一长方形的大城,应是郭城,城内发现有各种手工业作坊遗址。由于郭城在今邯郸市区内,其布局尚未全部探清。

魏国最初都安邑,魏惠王九年(前 361)迁都大梁(《史记·魏世家》)。安邑故城在今山西夏县西北 7 公里禹王村[43]。现存的城址有大、中、小三城,其中大城和小城的时代为战国,中城则较晚。大城近似梯形,应是郭城;小城为方形,位于大城的中央,应是宫城。中城在大城的西南角,可能是汉代筑成的。在大城内发现有手工业作坊遗址及铸钱钱范等。在故城内曾采集到有安亭陶文的汉代陶器,证明此地确是安邑。

秦立国于西部,其都城曾多次迁徙。春秋初期,秦文公居于汧渭之会,宁公迁于平阳(今陕西岐山西)。秦德公元年(前 677)迁都雍(今陕西凤翔县城南)。战国前期,秦灵公时有迁都泾阳之说。秦献公二年(前 383)迁都栎阳(今陕西富平南)。到秦孝公十二年(前 350),最后迁都到咸阳[44]。雍城和咸阳是秦国建都时间最长而占有重要历史地位的两座都城,并且都做过不少考古工作[45]。

经考古勘察得知,秦都雍城平面呈不规则的方形。城内已发现三大宫殿区,马王庄宫殿区位于城内的中央位置,已发掘了四处宫殿建筑群遗址,其中的三号建筑遗址被推测为春秋时期秦的寝宫。寝宫的布局比较规整,四周有围墙,围墙内由南而北分成五进院落、五座门庭。第一进院落内无建筑遗迹,南门正前方有一"屏","屏"南发现大量圭状石片。第二进院落中部偏北两侧各有一座建筑遗址。第三进院落中心有一大的夯土基址。第四进院落只有小规模的夯土痕迹。最后第五院落面积最大,三个建筑基址呈品字形排列。研究者认为,这一寝宫的布局正是五门三朝之制,由南而北依次是皋门、库门、雉门、应门、路门,三朝即指第三、四、五进院落[46]。秦的寝宫做成"五门",应是诸侯僭越天子之礼。

马家庄一号建筑遗址,被推测为春秋时期的秦宗庙。该宗庙遗址位于寝宫遗址之东约 500 米处,是一组由三座房屋组成的封闭式院落。门居正南,由门道和东西塾组成。院内的三座房基中,一座居北部正中,坐北朝南,由前堂、后寝、东西夹室构成。另两座分居左右,东西相对,其结构也是由前堂、后寝、左右夹室构成。中间是庭院,庭院中有用以祭祀的牛、马、羊及人的祭祀坑181个。研究者认为,这种建筑布局可能即是文献所说的昭穆宗庙制度[47]。李如圭《仪礼·释宫》云:"周礼建国之神位,右社稷,左宗庙,宫南乡(向)而庙居左,则庙在寝东也。"此宗庙遗址在宫寝之东,正符合都城礼制规划中的"左宗庙"之位。是否有"右社稷",还有待于今后考古的发现。

咸阳故城遗址位于今咸阳市东10公里处。南靠渭水,因渭水的不断北移,遗址的南部已被冲掉。据文献记载,咸阳应有外郭城,但目前还没有发现。从遗址的分布情况看,可分成宫殿区、手工业区、居民区等几部分。

故城遗址的北半部中心位置是宫殿区。宫殿区内的建筑遗址最多,分布最密集,规模也最大。在其周围有东西长900余米、南北长570余米的夯筑垣墙,此应是咸阳宫所在,也即秦王所居的内宫城。现已对宫城内的一、二、三号宫殿基址进行了发掘[48]。一号基址东西长60米,南北宽45米,高出地面6米。据发掘的遗迹现象进行复原得知,这是一座建在高大夯土台基上的上下错落的大型楼阁建筑,下层有回廊环绕,中层有不同层次的宫室,顶部是大型的主体建筑。这一建筑组群将各种用途不同的单元紧凑地结合在一起,成为一个整体的多层建筑,构成了秦宫建筑的独特风格。与一号宫殿基址往东隔沟相望,也有一座高台建筑基址,其规模及建筑格局与一号相似,在沟的东西断面上有两座高台基址之间相联系的建筑痕迹及陶水管道,估计其间可能有长廊或复道相通,构成一组东西对称的建筑整体。位于一号宫殿基址西北90余米处是二号宫殿基址,是一座设有地下室、四周有回廊的高台建筑,与一号宫殿建筑有走廊相连。在一号宫殿基址西南100余米处是三号宫殿基址,其间也有走廊相连。这是一座带有长廊的殿堂,在廊道两壁上彩绘壁画,为车马仪仗、植物纹饰和几何形图案。这三座宫殿基址虽各成一独立体,但它们之间以走廊相连接,构成了一组宏伟壮观的建筑群。

在宫殿区东、西两侧分布有冶铜、铸铁、制陶、制砖瓦等官府手工业作坊遗址。在故城的西南郊有制陶、制骨等手工业作坊遗址,在相当数量的陶器上戳印有市亭和民营生产的文字印记。

秦为了统一六国,更有效地控制关东地区,从渭河南岸取道关东更为方便,于是加速向渭河南岸扩建。文献记载的章台宫、兴乐宫、甘泉宫、阿房宫等都在渭南。《史记·秦始皇本纪》载:"乃营作朝宫渭南上林苑中,先作前殿阿房。东西五百步,南北五十丈,上可以坐万人,下可以建五丈旗。"经考古调查的阿房宫遗址比文献记载的要大得多。宫殿基址东西 1320 米,南北 420 米,台高 7 米。南部为一大型广场,东西 770 米,南北 50 米。前殿基址面积约 55 万平方米,也应是一组宏伟的宫殿建筑群[49]。

西周成王时,封楚熊绎为楚子,都丹阳。公元前 689 年,楚文王迁都郢(今湖北江陵北)。公元前 504 年,楚昭王为避吴国之势,迁都于鄀(今湖北宜城东南),不久又返回郢都。公元前 278 年,秦将白起拔郢,楚顷襄王被迫东迁于陈(今河南淮阳)。公元前 253 年,楚考烈王迁都钜阳(今安徽太和东南);公元前 241 年,最后迁都寿春(今安徽寿县)(《史记·楚世家》)。

郢是楚国建都时间最长的都城,对其地望文献中有具体记载。《史记·货殖列传》载:"江陵,故郢都。"《汉书·地理志》云:"江陵,故楚郢都,楚文王自丹阳徙此。"西晋杜预在《左传·桓公二年》的注文中明确指出,湖北江陵纪南城是郢都:"楚国,今南郡江陵县北纪南城也。"后北魏郦道元《水经注》、唐张守节《史记正义》也都明确指纪南城是楚文王迁都的郢都。考古工作者多年来对纪南城做了大量的考古工作,主要发现的是战国时期的遗迹和遗物,而春秋时期的很少。所以,近些年有一种意见认为,春秋时期的郢都不在纪南城,纪南城只是战国时期的郢都。据目前考古发现来看,纪南城可以肯定是楚国的郢都,是否春秋时楚文王开始就迁都于此,还要有待今后的工作。

纪南城的整体形状与曲阜鲁故城相似[50](图 6-12),大小两城相套,外大城是郭城,东西 4.5 公里,南北 3.5 公里;内小城是宫城,居郭城中部略偏东,现只探出东城垣 750 米,北城垣 690 米。在小城内有密集的夯土台基。郭城外有护城河。城内有四条古河道,即现新桥河、朱河、龙桥河的位置各有一条,宫城东边南北向有一条。

郭城四面城垣各设两座城门,其中南、东、北三面在古河道通过的城垣处各筑一座水门。纪南城旁二门,大概是以诸侯之礼而建,低于周天子"旁三门"之数。纪南城的城门,不论是水门还是陆门,都是三个门道。经发掘的西垣北门,中间门道宽 7.8 米,两旁门道宽 3.8 米。经发掘的南垣西门是一座水门,

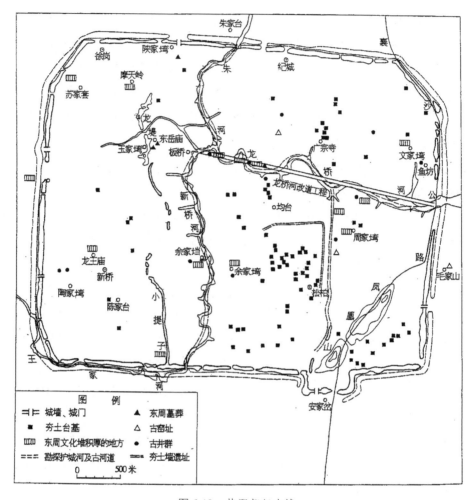

图例

城墙、城门　　　▲ 东周墓葬
夯土台基　　　　△ 古窑址
东周文化堆积厚的地方　● 古井群
勘探护城河及古河道　夯土墙遗址

0　　500 米

图 6-12　楚郢都纪南城

筑于古河道的入城处,在河道内竖立四排木桩,将河道分成三个水门,门道宽3.3—3.4 米,上部可能有城门楼之类的建筑。《考工记》记载,周天子的王城城门是一门三道之制,郑玄注云:“国中,城内也,经纬为涂也,经纬之涂皆容方九轨。”贾公彦疏云:“南北之道为经,东西之道为纬,王城面有三门,门有三涂,男子由右,女子由左,车从中央。”一门三涂,三门九涂,每涂可并行三辆车,三涂可并行九辆车,这样才形成城内“九经九纬,经涂九轨”之布局。考古发现的东周列国都城,只有楚郢都纪南城是按一门三道之制而建的。纪南城的西墙北门,中央门道较宽,当时车辙宽 1.8 米左右,完全可以并行三辆车,只是两旁门道略窄,不能并行三辆车,有别于王城规划之礼制。一门三道之制,从设计上取左右对称,使行者升降有上下之别,实际上也是以此突出帝王之地位。所以此制度遂为后来都城建制之通制。

从文献记载考证,楚的宫城也是"三门三朝"建制。《韩非子·外储说右上》载:"荆庄王有茅门之法曰:'群臣大夫诸公子入朝,马蹄践雷者,廷理斩其輈,戮其御。'"《太平御览·兵部》又称之为"弟门":"韩子曰,楚国法,太子不得乘车至弟门。"在先秦,"茅""弟"通用假借,"弟门"也即诸侯三门中的"雉门"。许慎《说文·隹部》:"鴟,古文雉,从弟。"段玉裁注:"弟声。"由此可证,楚之"茅门"即"弟门",也即"雉门"。既然有中之雉门(茅门),必然也有内之路门和外之库门。《左传·宣公十四年》记楚庄王闻宋杀楚使,"投袂而起,屦及于窒皇,剑及于寝门之外"。寝门即路寝之门,亦即路门。《说苑·奉使》载,楚昭王十年(前506),伍子胥引吴师攻入郢都,"子胥亲射宫门"。此宫门应是楚宫城的外门,也即库门。由此可证,楚宫城也是三门之制。楚宫城有三门,也应有三朝。《礼记·曲礼》孔颖达疏云:"凡天子三朝,其一在路门内,谓之燕朝。……其二是路门外之朝,谓之治朝。……其三是皋门之内、库门之外谓之外朝。……天子诸侯皆三朝也。"关于三朝的用途,任启运《朝庙宫室考》云:"内朝,路寝也,又谓燕朝,宗人嘉事行于此;治朝,日听政事所在;外朝,则有大政询万民之朝也。"楚茅门之法规定,"群臣大夫诸公子入朝"不能践雷,此朝在茅门(雉门)之内,应是治朝,正是楚之群臣大夫诸公子入朝听政之所。茅门之外、宫门之内楚也称之为"廷",所设官吏称"廷理",经学家已考证"廷"即"朝",所以,茅门之外、宫门之内应是外朝。《吕氏春秋·行论》在记述《左传·宣公十四年》所记楚庄王闻宋杀楚使的同一故事时,将"窒皇"改作"庭",杨伯峻《春秋左传注》则注释为路寝前之庭。"燕朝,朝于路寝之庭。"[51]由此可证,楚宫之"窒皇"即燕朝。楚宫城正好是三门三朝之制。

据文献记载,楚郢都内也设有祖庙和社稷。《左传·襄公十三年》载,楚共王临终前告大夫曰:"所以从先君于祢庙者,请为'灵'若'厉',大夫择焉。"《左传·昭公元年》载,楚公子围聘于郑,"围布几筵,告于庄、共之庙而来"。又《左传·昭公十三年》载,楚共王为立嫡子主社稷,"乃埋璧于太室之庭"。杜预注:"太室,祖庙。"另外,纪南城附近贵族墓出土的竹简中,有相当多祭祖、祭社的记录。经研究发现，楚国祭祖祭社的方式、职掌祭祀的官吏以及祭名等多与周礼同。既然如此，其祖庙和社稷的建筑格局也应遵循周制。

纪南城内发现有制陶作坊遗址、铸铜作坊遗址等，尤其是在宫城北部分布着较多制陶作坊遗址。郢都内还设有进行贸易的市。《史记·循吏列传》载，楚庄王改革币制，造成市乱，"孙叔敖出一言，郢市复"。当时还有"蒲胥之市"，昭王时有"刀俎之肆""屠羊之肆"等。有关市的位置，有学者认为，纪南城宫城北有许多手工业作坊遗址，郢都之市应在此附近，符合"面朝后市"之制。

在纪南城以北约10公里处为纪山，丘陵连绵，地势较高。这一带分布着大量的楚冢。每一处墓地多是以两座或几座高大的土冢为主，另有许多较小的土冢陪葬。如大薛家洼墓地，有两座大冢南北并列，其北又有4行10排共40多座小冢成南北整齐排列。在附近发掘的中型墓葬中，多属楚王室贵族墓。可以肯定，纪山一带是楚国王室高级贵族的公墓区，那些规模巨大的主冢应是楚王陵。楚将王室公墓兆域选择于都城之北，大概也是因于周礼。《礼记·檀弓》载："葬于北方，北首，三代之达礼也，之幽之故也。"郑玄注："北方，国北也。"即国都之北。周天子或各国王侯死后葬于本国国都之北，是三代之礼制。之所以如此择兆域，是因为当时人们的观念是将北方视为鬼神所居的幽都所在。楚王室贵族之兆域置于郢都之北纪山一带，符合"三代之达礼"。

楚郢都集中反映了楚文化之精华，与中原列国都城相比有其独特性。从先秦礼制角度考察，楚郢都又是最能体现周代都城建制之礼的最典型的都城之一。

## 第三节 商业都会与富商巨贾

中国古代工商业发展的第一次高峰　商业都会经济发展体系的形成　号称为天下之中的陶邑　东贾齐鲁、南贾梁楚的洛邑　富商巨贾的出现　高利贷的活跃

东周时期，由于社会生产力的不断提高，手工业和商业都在迅速发展，可

以说,迎来了中国古代手工业、商业发展的第一次高峰时期。当时独立经营的手工业者已非常普遍,金工、木工、车工、漆工、陶工、皮革工、纺织工、制盐工等比比皆是。这些手工业者被称之为"百工"或"工肆之人"。他们所制的产品并不是自用,而是放到"肆"上出卖,即所谓"百工居肆,以成其事"(《论语·子张》)。由于手工业已成为独立的专业性质,产品的交换则成为必然,各行业之间如果不是"通功易事",则会造成"农有余粟,女有余布",百工不可得食;只能有无相通,百工则可得食(《孟子·滕文公下》)。这样便促使了商品经济的大发展,商业逐渐从手工业中分离出来,一个专门经商的商人阶层也就出现了。作为手工业生产和商品交易的集中场所——城市,也迅速繁荣起来,各地逐渐形成了许多著名的商业都会。

文献记载了战国时期商业城市兴起的情况。"三里之城、七里之郭"普遍出现[52];"千丈之城、万家之邑相望"(《战国策·赵策三》)。《盐铁论·通有》载:"燕之涿、蓟,赵之邯郸,魏之温、轵,韩之荥阳,齐之临淄,楚之宛丘,郑之阳翟,三川之二周,富冠海内,皆为天下名都。"各国均形成了以都城为中心、又有多个重要经济都会相联系的商业经济发展体系。如齐国的临淄乃海岱之间一都会,又有即墨、莒、安阳等重要经济都会,用于经济贸易的齐国金属货币,多是这些城市铸造的。楚国以郢都为中心,又有陈、宛、寿春等经济都会。《太平御览》卷七七六引桓谭《新论》说:"楚之郢都,车挂毂,民摩肩,市路相交,号为朝衣新而暮衣敝。"可见郢都商品经济的繁荣情况。楚的黄金币"郢爰"即是以都城之名铸造的。楚的宛以冶铁制钢闻名,"宛钜、铁釶,惨如蠭虿"(《荀子·议兵》)。"陈在楚夏之交,通鱼盐之货,其民多贾。"(《史记·货殖列传》)并且还发现了以"陈爰"为名的黄金货币。陈、寿春又分别是楚的别都和后期都城。赵以邯郸为中心,又有晋阳、蔺、离石等经济都会。邯郸以冶铁闻名,邯郸人郭纵以冶铁为业,财富与"王者"相等。西汉初年"用铁致富"的临邛卓氏,其祖先也是赵人。赵国的金属货币也主要是邯郸、晋阳、蔺、离石等经济都会铸造的。魏以大梁为中心,又有安邑、温、轵等都会。大梁地理环境优越,"地四平,诸侯四通辐凑,无名山大川之限。从郑至梁二百余里,车驰人走,不待力而至"(《史记·张仪列传》)。这样好的地理条件,促进了手工业和商业的发展。大梁也是重要的冶铁业地点,西汉时在宛地经营冶铁业成巨富的孔氏,其祖先原是以"铁冶为业"的梁人。安邑所在的魏河东地区是煮造池盐业的著名地区,猗顿就是既经营河东的池盐,又兼营贩卖珠宝商业而成巨富的。温、轵则可"西贾上党,北贾赵、中山"(《史记·货殖列传》),是与赵、中山及燕进行贸易的重要都会。韩以郑为中心,又有平阳、扬、阳翟、荥阳、阳城、屯留、长子等经济都会。韩国的冶铁业及铁兵器是非常著名的,素有"强楚劲韩"之称。韩国的"墨阳"之剑与楚之"棠溪"、吴之"莫邪"并称。荥阳、阳城是韩国重要冶铁业都会,考古已发现阳城的较大规模的冶铁手工业作坊及铁制品。阳城之所以能成为冶铁业的重要地点,是与附近少室山"其下多铁"分不开的。直至汉代,阳城仍设有"铁官"。荥阳也发现了汉代的铁官遗址。平阳、扬则可"西贾秦翟,北贾种代"(《史记·货殖列传》),是与秦、戎翟及赵国北部地区进行贸易的经济都会。韩之旧都阳翟也是著名的经济都会,吕不韦曾是"家累千金"的"阳翟大贾"。平阳、屯留、长子又是韩国货币的重要铸造地点。燕国以易为中心,又有蓟、涿、襄平等商业都会。易县燕下都除发现许多手工业遗址外,还采集和发掘了数以万计的各国货币,有燕国货币三万四千余枚,赵国货币一千一百余枚,魏国货币一百二十余枚,韩国货币六十余枚,另外还有两周等国货币。由此可以看出当时燕下都商品经济之发达。涿、蓟是北方重要的商业都会,除燕本国外,与北方各民族及齐、鲁、赵、魏、韩等重要商业城市都有贸易联系,是当时名冠海内之名都。燕后期向东北发展,襄平则成了燕东北地区的重镇,铸有"襄平"的燕国货币多有发现。秦的先后都城雍、栎阳、咸阳也均是商业都会。雍,"隙陇蜀之货物而多贾";"栎邑北却戎翟,东通三晋,亦多大贾";咸阳则是"四方辐凑并至而会"(《史记·货殖列传》)。李斯在《谏逐客书》中列举了各地传至秦的宝物有"昆山之玉""随和之宝""明月之珠""太阿之剑""纤离之马""翠凤之旗""灵鼍之鼓""夜光之璧""犀象之器"等。可见秦与各地的工商业有着密切的联系。秦统一后,徙天下豪富于咸阳十二万户,咸阳已成为拥有百万人口的经济大都会。

战国时期的经济都会中,最为繁荣的当属陶邑(今山东定陶县)。陶于春秋时为曹国的都城,战国时归于宋。陶邑之所以成为最为发达的经济都会,主要是其处于非常有利的地理位置。陶邑处于济水的中上游,在陶附近有人工开凿的荷水,将东部的济水和泗水沟通。在济水上游又有鸿沟的开凿,"以通宋、郑、陈、蔡、曹、卫，与济、汝、淮、泗会。于楚，西方则通渠汉水、云梦之野，东方则通鸿沟、江、淮之间。于吴，则通渠三江、五湖。于齐，则通淄、济之间"（《史记·河渠书》）。这样便形成了水道交通网，陶邑正处于这个水道交通网的枢纽之地。陶邑的陆路交通也四通八达，处于各国经济都会之间的陆路交会位置。往西北方向，是卫都濮阳、赵都邯郸。濮阳也是商品经济非常发达的都会，当时往往将陶、卫并称，"裂地定封，富比陶卫"（《战国策·齐策六》）。往东则是齐都临淄和鲁都曲阜。往西则有魏之大梁、韩之郑、阳翟及周之洛邑。往南则有楚之陈、寿春及吴越之地。不难看出，陶邑正处于水陆交通的中心地区，故成为"天下之中，诸侯四通，货物所交易"的著名经济都会（《史记·货殖列传》）。

西周时期，洛邑原是周人的东都，以此为中心来治理关东地区。平王东迁洛邑，成为东周的正式都城。此时周王的国力远不如西周，不过洛邑的地理位置居于"天下之中"，且各诸侯封国往往以遵王为号召，使洛邑在一定程度上还能暂时保持着政治经济文化中心的地位。从商业贸易来看，洛邑处于各大商业都会之中。向东有荥阳、大梁、陶、卫等，再往东则通向齐、鲁地区；向南有阳城、阳翟、郑、陈、宛等，再往南通向江汉和吴越地区；向北有安邑、平阳、屯留等，再往北则通向燕、赵地区；往西有宜阳，并通过函谷关直抵关中地区。可见，洛邑也是一个南北、东西货物集散的重要地点，成为"东贾齐、鲁，南贾梁、楚"的重要经济都会（《史记·货殖列传》）。

由于商品经济的大发展，商人阶层不断壮大，各国逐渐出现了许多专靠经商起家的富商巨贾，最著名的有范蠡、端木赐、白圭等。

范蠡，原为楚人，后与计然同事越王勾践，用计然的经商办法，使越富国强兵，雪会稽之耻，灭亡吴国，建立了霸业。后来离越入齐，又从齐国到当时处于"天下之中"的经济都会陶邑，从事商业的经营，自谓陶朱公。他采用计然的贸易理论，"候时转物，逐什一之利"，"十九年之中三致千金"。其后子孙继续经营，家产"遂至巨万，故言富者皆称陶朱公"（《史记·货殖列传》）。

端木赐，字子贡，卫国人。孔子的弟子，"利口巧辞"，能言善辩。当时齐移兵欲伐鲁，于是，子贡游说齐、吴、越、晋等国之间，促使吴救鲁伐齐。子贡此一举，"存鲁、乱齐、破吴、强晋而霸越"，使"五国各有变"（《史记·仲尼弟子列传》）。后来他又经商于曹、鲁之间，"与时转货资"，经营有方，遂"家累千金"，成为孔门七十子中最富有的一个。他"结驷连骑",带着重礼聘问各国诸侯,"国君无不分庭与之抗礼"(《史记·货殖列传》)。

白圭,名丹,周人。曾为魏惠王的相国,以善于治水而著称。他有一套贸易致富的理论,"乐观时变",采用"人弃我取,人取我与"的办法从事商业贸易。当五谷成熟时贱取谷物等农产品,而抛售丝、漆等手工业产品;当蚕茧成熟时又贱收帛、絮等手工业品,而抛售谷物。通过这种囤积居奇、掌握时机的方法牟取巨额利润,成为巨富,受到当时商人的崇拜,所谓"天下言治生者祖白圭"(《史记·货殖列传》)。

还有投机商人将商业上的投机方法运用到政治上的。吕不韦原是"家累千金"的"阳翟大贾",但他并不满足于此,认为做珠宝生意只能盈利"百倍",而"立国家之主"可以盈利"无数"(《战国策·秦策五》)。他在赵国的国都邯郸经商,结识了作为"质子"的秦公子异人,认为"奇货可居",遂与之交往甚密。后来异人回国并继承王位,吕不韦也出任相国,掌握了秦国的大权,实现了他盈利"无数"的欲望。

商品经济的大发展,必然要求与之相适应的大量货币的流通。从考古发现看,我国最早的金属铸币正是从春秋时期开始出现的,至战国时期已经非常广泛地流通起来,并渗透到社会的各个方面。据文献记载,当时大量物品都商品化,农产品、畜产品、手工业的重要原料及产品等都作为商品进行买卖,并根据市场交易情况进行价格浮动。当时人们的生活费用也用货币来衡量,如战国初年魏相李悝估计,当时农民每年的衣服费用是三百钱。云梦秦律也记载了秦官府对官奴发放的衣服费用,冬衣每人每年一百一十钱,夏衣五十五钱。战国时期雇佣劳动的雇工已经出现,雇用"庸客"的工资可用钱币支付,雇佣劳动的最低工资每日只有八钱。战国时期人犯了罪,可以用钱来赎罪,如云梦秦律记载,赎罪而拿不出钱的,可以到官府服劳役来抵偿,每劳役一天折合八钱。还有用钱进行悬赏的办法来通缉罪犯的。公元前238年,长信侯嫪毐作乱,秦王下令国中曰:"有生得毐,赐钱百万,杀之五十万。"(《史记·秦始皇本纪》)由于货币的广泛流通,它已经具有储蓄财富的职能。如文献记载当时已进行"刀布之敛","征赋钱粟,以实仓库"(《韩非子·显学》)。说明官府已可以以货币来征收各种赋税了。

战国时期商品经济的大发展,也加剧了贫富分化,使农民"解冻而耕,暴背而耨,无积粟之实",而商人"无把铫推耨之劳,而有积粟之实"(《战国策·秦策四》)。那些家产巨万的富商大贾,又趁农民贫困之机,通过放高利贷进一步盘剥农民。齐相国孟尝君田文,在他的封邑薛地大放高利贷,一次就收到"息钱十万"。农民遇到荒年,连父母都养不活,只得"又称贷而益之"(《孟子·滕文公上》),靠告贷维持生活。然而高利贷的盘剥,进一步加剧了农民的贫困,有的被迫抛尸露骨于山沟,有的则为躲债而逃亡,即所谓"息愈多,急即以逃亡"(《史记·孟尝君列传》)。

# 第四节　东周列国的货币和度量衡

金属铸币的最早出现　形态各异的列国货币:三晋两周地区的布币　齐国和燕国的刀币　楚国的金币和铜贝币　秦国的圜钱　战国货币的趋同倾向　度量衡制的产生　东周列国的量衡制度　度量衡的统一

一般认为,我国最早的货币是商周时期的贝币。甲骨文及商周金文中,经常有商王或周王对属下进行"赏贝""赐贝"的记录,并且以"朋"为单位,受赏人则用所赐贝购买铜以做尊彝,即做铜礼器。西周金文中,还有周王"赐金""宾金"的记载,以"锊""钧"为单位。此"金"即铜,大概在西周时期,铜也曾做过称量货币。商周时期的海贝或铜都是实物货币,我国最早的金属铸币则是从春秋时期开始出现的,到战国时期已大量流通。这是由于当时社会商品经济的迅速发展与高度繁荣而造成的。由于当时列国分立,各国的货币形态也各异,形成了我国古代货币种类最多的时期。

三晋两周地区主要是指东周时期周天子所控制的洛阳及附近地区,晋及三家分晋后韩、赵、魏所控制的河南大部、山西大部及河北南部区域。主要流通布币,但布币的形态各有不同。到战国后期,为了各国之间的贸易交流,又都增铸了形体一致的平首小方足布和圜钱。

两周地区主要流通一种平肩或斜肩、弧足的空首布。这是两周地区一种独特的货币,他国不见。此空首布多有铭文,除数目、天干、地支、阴阳五行、方位、吉语、记事等几类外,较多的是地名。据统计,大约有七十余个地名,经考证均属两周地区。此种空首布大约从春秋晚期就出现了,一直流通到战国晚期。并且可能存在两种或三种大小、轻重不同的空首布同时参加流通,从而印证了周景王二十一年(前524)实行的"子母相权"的货币政策(《国语·周语下》)。

晋国流通尖肩尖足空首布(图6-13)。三家分晋之后,魏、赵、韩均铸有自己的独特货币。

魏国流通圆肩桥裆布和平肩桥裆布两种独特形态的平首布。面文均铸地名,在地名后多铸有面值。如"安邑二釿""安邑一釿""安邑半釿";"圁阳二釿""圁阳一釿""圁阳半釿"等。由此看来,此种魏币是三等制。有一种"梁"字布有四种文字格式,实际上也是三等制。

赵国流行尖足布、圆足布、三孔布三种特有的平首布。多铸地名,如"晋阳"(今太原)、"晋阳半";"蔺"(今山西离石境)、"蔺半"等。可以看出,赵国的尖足布是分二等制。圆足布发现较少,正面多铸地名,有的背面有数目字。

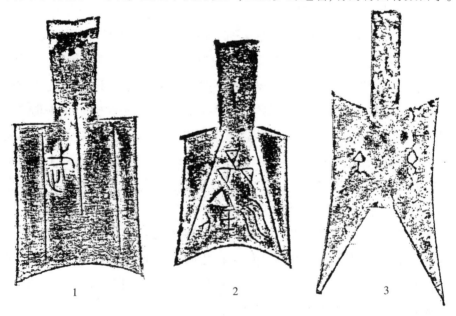

图6-13  1、2.两周空首布币,3.晋国空首布币

所见地名有"蔺""离石"（山西离石境）、"晋阳""兹氏""大阴"等，都是二等制。

　　韩国流通一种独特的锐角平首布，也属二等币制。到战国后期，为了相互之间的贸易需要，两周及魏、赵、韩又都增加了形态统一的小方足布（图6-14）。两周、魏、赵还出现了圆钱。小方足布和圆钱均铸有地名。赵还仿燕刀币铸造了小型直刀币。

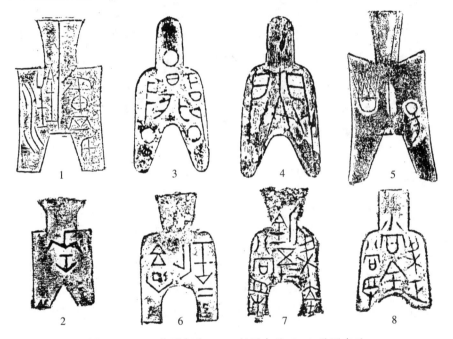

图6-14　1、2.韩国布币，3—5.赵国布币，6—8.魏国布币

　　齐燕地区主要流通刀币，但形态各异（图6-15）。齐刀币首部为凹弧形，背为弧形。面文主要有"齐之法化""齐法化""节墨之法化""节墨法化""安阳之法化""簟邦之法化""齐建邦㠱法化"等七种。背文有记数、天象、五行、吉语等。明刀在齐地也有发现，并且有的背面有"齐化""簟""安阳"等文，大概铸行于战国中晚期。

　　燕国主要流通尖首刀和"明"刀两种货币。尖首刀又称锐锋刀，即刀首部锐尖，这种刀币不铸地名，一般只铸符号，据不完全统计，约有七十多种，可分记事、天象、五行、象形、族称、吉语等几类。从出土范围看，主要是河北的承

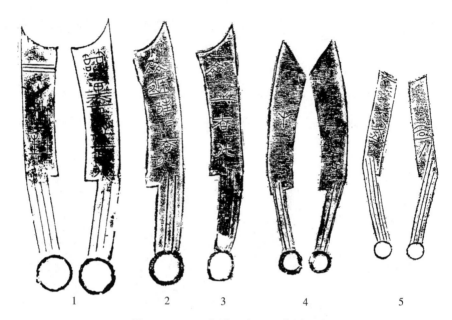

图6-15  1—3.齐国刀币,4、5.燕国刀币

德、张家口一线以南,石家庄以北,尤以北京、易县一带居多,正是燕国的中心地区。尖首刀大约开始流通于春秋晚期。"明"刀是燕国货币最多的一种,首部平齐,有弧背与磬折背两种。明刀大概流通于燕昭王之后的战国中晚期。

齐、燕除流通刀币外,战国晚期还出现了圆钱。齐国圆钱面文有"賹六化""賹四化""賹二化""賹化"四种。燕国圆钱面文有"明四""明化""一化"三种。在易县燕下都出土了许多小方足布及铸此种布币的陶范,证明至战国晚期,燕国也流通与三晋形态相同的小方足布。

楚国的货币比较特殊,有黄金币、铜布币和铜贝币(图6-16)。金币多圆形饼金和龟板形版金,还有少数瓦状的版金。饼金多切割成半圆形或三角形碎块,版金有的切割成小方块。版金上多有戳印,有"郢爰""陈爰""鄟爰""鬲爰""卢金"等印文。楚国的金币是一种称量货币,楚墓中经常出一种小天平,应是称黄金用的。在河南扶沟、襄城、江苏盱眙,与楚国的金币同出的还有马蹄金[53],有可能马蹄金在战国时期就出现了。

铜贝币是楚国最常用的货币,流通量极大。目前发现铜贝币上的文字有十种,有些不认识,或释法不一;有的虽释出来了,但又不明其意。自宋代以

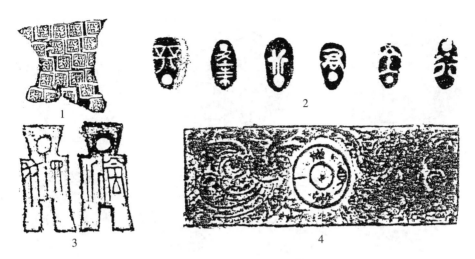

图6-16　楚国货币和钱牌

（1.金版郢爯，2.铜贝币，3.楚布币，4.钱牌）

来，因其文字不可识，习称为蚁鼻钱，后又习称为鬼脸钱，其实这种铜币是仿自海贝。

楚国布币形态与中原小方足布有些相似，首部有一圆孔。分大小两种，均有币文。流传量很少，时代为战国中晚期。

在湖北的大冶、阳新、蕲春还出土过长方形铜牌[54]，中部铸出凸起的圆币形，有"良金四朱""良金二朱""良金一朱"三种面文。"良金"又有释为"视金"者，即视同或比照黄金之意[55]。此也可能是楚国的一种货币。

秦国的货币主要是圜钱，面值单位用衡制中的"两""铢"制（1两＝4锱＝24铢）。以面文可分一两钱和半两钱两种（图6-17），以半两钱为主。还有一种"文信"方孔钱，有四曲文。一般认为是吕不韦在其封地洛阳所铸。秦庄襄王时封吕不韦为文信侯，封地在洛阳。秦始皇七年，出文信侯就国河南。1955年，在洛阳王城遗址内发现了"文信"钱石范[56]，说明"文信"钱确是在洛阳所铸。

秦统一六国后，秦始皇废除六国旧币，推行秦国的"半两"钱，基本上改变了各地区货币纷杂的局面，完成了中国古代货币的第一次大统一。

古代的度量衡是为了适应社会生产的需要而产生的。人们在生产过程中，逐渐产生了大小、多少、长短等概念，而这些概念都需要有一定的标志，特

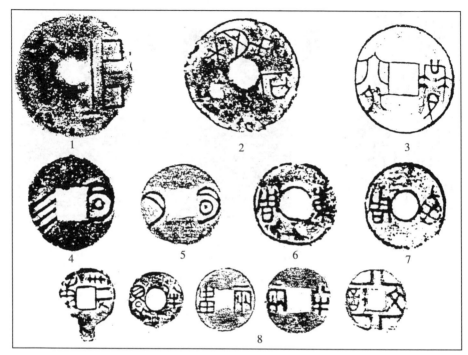

图 6-17 东周各国圜钱

（1. 魏国，2. 赵国，3. 齐国，4、5. 燕国，6. 东周，7. 西周，8. 秦国）

别是随着商品交换的出现，更需要度量衡的统一。所以说，度量衡的产生和统一，是社会经济发展的必然产物。

目前所见最早的尺是相传安阳殷墟出土的商代骨尺和牙尺，分寸刻画，采用十进位制。西周时期的铜器铭文中，多有计重单位"锊""钧"等。战国时期，随着商品经济的日益发展，与之相适应，列国的度量衡制度日趋完善，度量衡器出土的也比较多。但由于各国分立，度量衡制度又表现出一定的差异。最后经过秦的统一，终于形成了一套完备的度量衡制度，并奠定了而后中国两千多年封建社会度量衡制度的基础。

秦国自商鞅变法后，规定了标准的度量衡制度，《史记·商君列传》称之为"平斗、桶、权、衡、丈、尺"。现藏上海博物馆的"商鞅方升"，就是秦孝公十八年（前344）商鞅任大良造时颁发的标准量器[57]（图6-18）。直至秦始皇二十六年，又在"商鞅方升"上加刻秦始皇统一度量衡的诏书："廿六年，皇帝尽并

图 6-18　商鞅铜方升

兼天下诸侯,黔首大安,立号为皇帝。乃诏丞相状、绾,法度量,则不壹,歉疑者皆明壹之。"秦始皇统一度量衡的诏书,在其他秦的量器和衡器上也有发现,表明秦始皇统一六国后,仍以商鞅所定度量衡制度作为标准,推行全国。

秦国法定的度、量之制可以通过"商鞅方升"推算出来。"商鞅方升"是采用以度审容的科学方法制造的,即以它的长、宽、深的尺度计算出容积。因此,通过这件标准器可以测算出秦的法定量制和尺度。"商鞅方升"铭文为:"十八年,齐率卿大夫众来聘,冬十二月乙酉,大良造鞅爰积十六尊(寸)五分尊(寸)壹为升。"即规定十六又五分之一立方寸为一升。经用工具显微镜实测,计算出容积为 202.15 立方厘米。据此推算,知当时的一尺约为 23.19 厘米,一升约为 202.15 毫升。经实测的其他秦的量器,每升也约合今 200 毫升左右。

1986 年,甘肃天水放马滩战国晚期的一座秦墓中出土一件木尺,总长为90.5 厘米,上面刻有 25 个格,每 5 格划一"×",又分成五段[58]。这 25 格共长60 厘米,每 1 小格为 2.4 厘米。如 1 格为秦的 1 寸,10 寸为 1 尺,此木尺实际是 2 尺半,1 尺为 24 厘米。比用"商鞅方升"测算的一尺长度为 23.19 厘米略大。因这件木尺是民间自作自用的,所以会有些误差。

秦国的测重标准器是权,秦权发现得比较多,有石权、铁权和铜权三种,权上往往有秦始皇二十六年颁发的统一度量衡诏书,并多发现有自铭石、钧、十六斤、九斤、八斤、五斤、一斤、半两权等。西安高窑村(秦阿房宫遗址之北)曾出土"高奴禾石铜权"[59],阳文铸铭为:"三年,漆工酤,丞讪造,工隶臣平,禾石,高奴。"这是战国后期某代秦王官府为高奴(今陕北延川县)所铸的一石重铜权。故此权又加刻了秦始皇二十六年诏书和"高奴石"三字,还加刻有秦二世元年的诏文:"元年,制诏丞相斯、去疾,法度量,尽始皇帝为之,皆有刻辞焉。今袭号,而刻辞不称始皇帝,其于久远也,如后嗣为之者,不称成功盛德。刻此诏,故刻左,使毋疑。"据实测,此权重30.75千克。

国家计量局曾对84件有自铭重量的秦权实测,进行古今折算,取平均数值,知当时的衡制是:1石约为30000克,1斤约为250克,1两约为15.6克,1铢约为0.65克[60]。这与《汉书·律历志》记载的秦汉衡制进位关系是相符的。

齐国的尺度和重量制度,目前尚不清楚。其容量制度,则有其独特的特点。《左传·昭公三年》记载:"齐旧四量,豆、区、釜、锺。四升为豆,各自其四,以登于釜,釜十则锺。陈氏三量,皆登一焉,锺乃大矣。"齐旧四量是指春秋时期姜齐的量,即四升为豆,四豆为区,四区为釜,十釜为锺。田氏代齐后,"三量皆登一"。在齐国临淄等地出土的许多陶量器上常有文字戳记,如"公豆""王豆""公区""王区""王孙陈棱立事岁左里敀亳区""王孙□造左□敀亳釜""□□左廪釜"等。这些有文字的量器多为残片,无法测量其容积。经过实测校量的,是清末传出土于山东胶县灵山卫古城的"陈纯釜""子禾子釜""左关鈰"三件铜量器(图6-19)。这三件铜量,都有刻铭,知为官定的标准量器。"陈纯釜"容量为20580毫升,"子禾子釜"容量为20460毫升,这是一釜之值。"左关鈰"容量为2070毫升。"子禾子釜"铭有:"左关之釜节于廪釜,关鈰节于廪秖。"据考,"关鈰"容量为半区[61]。那么,一区之容量约为4140毫升。传出临淄的"右里"大小两件铜量,大者容1004毫升,约相当于秦的五升;小者容206毫升,约相当于秦的一升。据此实测数据,可基本推知田齐的量制为:升≈205毫升(小"右里"的近似值),豆≈820毫升,鈰=2070毫升(左关鈰量值),区≈4100毫升("左关鈰"为半区,容2070毫升),釜≈20500毫升(陈纯釜、子禾子釜容量的平均值),锺≈205000毫升。从田齐量制还可以看出,升、鈰、釜、锺的进位关系是十进位,看来"鈰"是田齐新量新增的一个单位,大概是为了向十进位关系发展。那么,齐的升、鈰、釜则相当于秦的升、斗、斛,都成了十进位,只是齐量略大一些。

楚国的度量衡制度与秦制极为接近。传出于安徽寿县的一件铜尺,长22.5厘米。传出于长沙的一件铜尺,长23厘米。这一长度与秦是非常近似的。

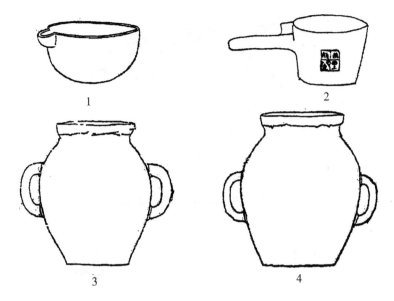

图 6-19　齐国量器

(1.左关𬭚, 2.右里𬭎, 3.陈纯釜, 4.子禾子釜)

楚国的量器已发现数件。其中,传出于安徽寿县楚王墓的大小两件铜量,大者实测容 1140 毫升,小者容 200 毫升。1957 年,淮南市博物馆征集 1 件铜量,实测容 1125 毫升。1976 年,阜阳凤台县出土 1 件铜量[62],实测容 1110 毫升。此件量器腹部刻有铭文:"郢大府之口筲。""筲"与"箐"通,为竹器。《说文》云:"箐(箱),饭莒也,受五升。"此四件铜量均作圆筒状,可能是仿竹箐制成。三件大量容积约是小量的五倍,大量可为五升之量,小量可为一升之量。一升为 200 毫升,与秦量相同。

楚国的衡制大概也实行铢、两、斤之制。楚国的称量货币比较流行,所以称黄金币重量的天平和环权经常在楚墓中出土,环权肯定是楚国衡制的标志。传出于长沙的一套天平与环权,环权共十枚,实测重量为:第 1 枚重 251.53 克,第 2 枚重 124.37 克,第 3 枚重 61.63 克,第 4 枚重 30.28 克,第 5 枚重 15.53 克,第 6 枚重 8.04 克,第 7 枚重 3.87 克,第 8 枚重 1.94 克,第 9 枚重 1.33 克,第 10 枚重 0.69 克[63]。长沙战国中期的左家公山楚墓也出土过一套同样的天平和环权[64],环权共九枚,除掉没有最重的那一枚外,其余各枚的重量,与上一套依次近似。另外实测其他几套环权各枚的重量,与这两套大小相

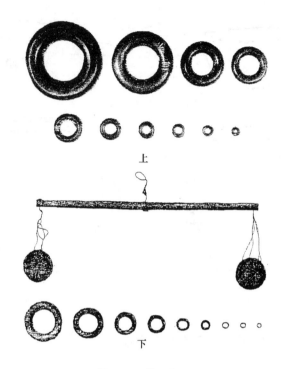

图 6-20　楚国衡器

(上.环权,传出长沙;下.天平和环权,长沙左家公山出土)

对应的环权基本一致[65]（图 6-20）。这肯定是楚国通行的重量制度的体现物。据此推算,最重的一枚正与秦的一斤相当,最轻的一枚正与秦的一铢相当,10枚环权和秦的衡制关系为:第 1 枚为 1 斤,第 2 枚为 8 两,第 3 枚为 4 两,第 4枚为 2 两,第 5 枚为 1 两,第 6 枚为 12 铢,第 7 枚为 6 铢,第 8 枚为 3 铢,第 9枚为 2 铢,第 10 枚为 1 铢。由此可知,楚国亦行两、铢制,与秦的重量单位基本一致。

　　两周度量衡的标准器很缺乏,据传出于洛阳金村的东周铜尺,长度为23.10 厘米,与秦的尺度基本相同。

　　金村古墓出土数件铜钫有记容、记重刻铭。如一件铜钫刻铭:"四斗司客,四锊廿三冢。"另一件刻铭:"四斗司客,四锊十三冢。"陕西临潼出土一件"公厨左官鼎",为周安王十一年( 前 391 )作,记容为"容一斛"( 实是"容一斗"之误)。据这些铜器刻铭,知两周的容量用斛、斗、升之制。经实测折算,两周的每升约为 192—205 毫升。因所测之器不是标准量器,量值肯定有误差,但基本与秦制相当。

两周的计重单位名称有"寽""冢"。寽是中国古代一种很古老的计重单位,西周金文常见。但"寽"的重量在西周和东周时期有很大的变化。金村出的许多铜器刻铭,常以"寽""冢"来标计其重量[66]。目前关于"寽""冢"的认识,还是很不准确的。但大致可以估计一寽之重约略和秦的五斤相当。这样,这种传统的旧制和战国的斤、两制换算起来还是比较方便的。

两周也用两、朱衡制,金村出土的一些银器上刻有"两""朱""分"重量单位。如:小银人刻有"四两二分","再四两半";银匣上刻有"重八两囗朱";鎏金银耳杯刻有"五两半"。

通过以上资料看,两周的衡制是两套,"寽""冢"制是周之旧制,"两""朱"制大概是吸收的秦制。

三晋的尺度还无实物资料,容量和重量也缺少标准器。只是一些铜礼器上常刻有容量和重量,可以借此推算出三晋量制和衡制的大体情况。

三晋的量制实行斛、斗、益制,即 1 斛 = 10 斗 = 20 益(《小尔雅》)。陕西咸阳出土的魏国"安邑下官锺",记容为:"大斛一斗一益少半益。"在锺的颈部刻有"至此"[67]。古人计重多"大半""少半""半"三分法计,"大半"为三分之二,"少半"为三分之一。按此锺自铭容量则为 110.666 升(1 升 = 2 益,少半益则为 0.166 升)。实测容量为 25090 毫升(测至"至此"的颈部)。这样,推算出魏国的量制为:1 斛 = 22670 毫升,1 斗 = 2267 毫升,1 升 = 226.7 毫升,1 益 = 113.35 毫升。此锺传至秦后,在口沿部又刻秦篆铭:"十三斗一升。"应是秦重刻的容量。实测到口沿部的容量为 26400 毫升,则秦 1 升为 201.5 毫升,与秦商鞅方升非常接近。可以看出,魏国的一升比秦升略大。

山西省博物馆藏一件铜壶,铭文为:"土匀容四斗锌。"[68]土匀即土军,赵国地名,此器为赵器。实测容 7000 毫升,折算每升合 175 毫升,比秦升小得多。

三晋地区还有一种独特的计容单位"斋",这种容量单位刻铭仅见于三晋等国的铜鼎上,不见与其他容量单位换算的关系,看来是一种特定的容量单位。如魏器中著名的梁三十五年鼎,铭文标明"容半斋",实测 3600 毫升。又如梁二十七年鼎铭文"容半齏",实测 3570 毫升。另一件铭文有"容四分齏",实测为 1800 毫升。一齏大约为 7200 毫升。这种容量单位的刻铭,目前主要见于魏、韩和卫国的铜鼎上[69]。

三晋衡制实行"镒""釿"制。在三晋等国的铜器上多有"镒""釿"重量单位,如陕西武功出"信安君鼎",器铭记重"九镒",实测重 2842.5 克;盖铭记重"二镒六釿",实测重 787.3 克。学者以"信安君鼎"进行了推算:1 镒 = 2842.5 克 ÷9 镒 =315.8 克/镒;1 釿 =787.3 克(盖重) −315.8 克/镒 ×2 镒 =155.7 克(六釿)÷6 釿 =25.93 克/釿。这样,大约 12 釿等于一镒[70]。学者还以另外的方法进行推算[71],但推算出来的镒、釿数值差距较大,并且数据也不理想。究竟以哪种方法推算更切合实际,还有待于进一步研究。

1977 年,河北易县燕下都燕国墓中出土一批金饰件,正面为浮雕人头及走兽纹饰,背面刻有"两""朱"记重铭文。"两"字的写法与秦不同,应是燕国的记重单位。从记重的数值看,其最小单位已到四分之一朱,即称量精度已达到了千分之一斤。经对八件金饰件进行实测,取平均值:1 斤 = 248.4 克;1 两 = 15.524 克;1 朱 = 0.647 克[72]。与秦的衡制基本相同。估计燕的两、朱制也是吸收的秦制。

河北平山县中山王墓出土记重铭文的铜器共有 10 件。经研究,其记重铭文内容为"重……石……刀之重",或"重……刀之重"。其中有五件仅以刀来计算,经实测此五件,一刀约重 13 克,折算一石约重 10000 克(经实测 10 件铜器,折合的一石之重在 9510.4—11576.16 克之间)[73]。由于都是生活用器,其重量之值不十分精确。

战国时期,各国的度量衡制度都存在一定的差异。随着各国之间贸易的发展,迫切要求度量衡制度走向统一。所以到了战国后期,有些国家的衡制都采用了秦的两、朱制,齐国的量制也向十进位发展。直到秦统一六国,颁布法令,才正式将度量衡统一起来。

## 注　释

〔1〕　偃师商城是否为商代首都,有分歧。或以为是首都,即亳;或以为是陪都。首都、陪都均为都,故这里按都城对待。

〔2〕 商代以前有城墙的城址发现不少,但何者为都城尚难确定。虽然二里头遗址可能是夏代都城,然并未发现规模较大的城墙设施。

〔3〕 此说最早由邹衡提出,见《郑州商城即汤都亳说》,《文物》1978 年 2 期,第 69—71 页。又见《夏商周考古学论文集》第二部分,文物出版社,1980 年。

〔4〕 此说以安金槐为代表,见《试论郑州商代遗址——隞都》,《文物》1961 年 4、5 期,第 73—80 页。

〔5〕 A、河南省文物考古研究所:《郑州商城外郭城的调查与试掘》,《考古》2004 年 3 期,第 40—50 页。B、袁广阔、曾晓敏:《论郑州商城内城和外郭城的关系》,《考古》2004 年 3 期,第 59—67 页。

〔6〕 河南省文物考古研究所编著:《郑州商城 1953—1985 年考古发掘报告》上册,文物出版社,2001 年,第 225 页。有关郑州商城的材料多引自此书,不另注。

〔7〕 目前所见最早的实物车与车器属晚商时期,郑州商城的铸铜作坊属早商时期,发掘报告说有两件"车轴头范",或指车軎范。若果真如此,应是现知最早的实物车器。然依发掘报告提供的图像与文字资料看,是否为车器,可疑。

〔8〕 河南省文物考古研究所、郑州市文物考古研究所编著:《郑州商代铜器窖藏》,科学出版社,1999 年,第 76 页。

〔9〕 少数学者以为西亳是二里头遗址。

〔10〕 中国社会科学院考古研究所洛阳汉魏故城工作队:《偃师商城的初步勘探和发掘》,《考古》1984 年 6 期,第 488—504 页。

〔11〕 中国社会科学院考古研究所河南第二工作队:《河南偃师商城小城发掘简报》,《考古》1999 年 2 期,第 1—11 页。

〔12〕 中国社会科学院考古研究所编著:《中国考古学·夏商卷》,中国社会科学出版社,2003 年,第 203—217 页。

〔13〕 中国社会科学院考古研究所河南第二工作队:《偃师商城第 II 号建筑群遗址发掘简报》,《考古》1995 年 11 期,第 963—978 页。

〔14〕 文雨:《洹北花园庄遗址与河亶甲居相》,《中国文物报》1998 年 11 月 25 日第 3 版。

〔15〕 中国社会科学院考古研究所安阳工作队:《河南安阳市洹北商城的勘察与试掘》,《考古》2003 年 5 期,第 3—15 页。

〔16〕 中国社会科学院考古研究所安阳工作队:《河南安阳市洹北商城宫殿区 1 号基址发掘简报》,《考古》2003 年 5 期,第 16—23 页。

〔17〕 中国社会科学院考古研究所编著:《殷墟的发现与研究》,科学出版社,1994 年。

〔18〕 湖北省文物考古研究所:《盘龙城》,文物出版社,2001 年。

〔19〕　中国历史博物馆考古部等:《垣曲商城》,科学出版社,1996年。

〔20〕　四川省文物考古研究所:《三星堆祭祀坑》,文物出版社,1999年。

〔21〕　江西省文物考古研究所:《新干商代大墓》,文物出版社,1997年。

〔22〕　陕西省考古研究所:《镐京西周宫室》,西北大学出版社,1995年,第2页。

〔23〕　《左传·桓公二年》:"武王克商,迁九鼎于雒邑。"

〔24〕　洛阳市文物工作队:《1975—1979年洛阳北窑西周铸铜遗址的发掘》,《考古》1983
　　　　年5期,第430—441页。

〔25〕　洛阳市文物工作队:《洛阳北窑西周墓》,文物出版社,1999年。

〔26〕　中国科学院考古研究所洛阳汉魏城队:《汉魏洛阳故城城垣试掘》,《考古学报》1998
　　　　年3期,第361页。

〔27〕　《史记·齐太公世家》。

〔28〕　《史记·货殖列传》。

〔29〕　群力:《临淄齐国故城勘探纪要》,《文物》1972年5期,第45页。

〔30〕　裘锡圭:《战国文字中的"市"》,《考古学报》1980年3期,第285页。

〔31〕　杨宽:《战国史》,上海人民出版社,1981年,第98页。

〔32〕　吴式芬、陈介祺:《封泥考略》;王献堂:《临淄封泥文字目录》。

〔33〕　山东省文物考古研究所:《齐故城五号东周墓及大型殉马坑的发掘》,《文物》1984
　　　　年9期,第14页。

〔34〕　张学海:《田齐六陵考》,《文物》1984年9期,第20页;王恩田:《陈齐六冢的年代与
　　　　墓主》,《管子学刊》1989年3期,第92页。

〔35〕　山东省文物考古研究所、山东省博物馆、济宁地区文物组、曲阜县文管会:《曲阜鲁
　　　　国故城》,齐鲁书社,1982年。

〔36〕　陈梦家:《西周铜器断代》(四),《考古学报》1956年2期,第85页。

〔37〕　《左传·定公二年》。

〔38〕　河北省文物研究所:《燕下都》,文物出版社,1996年。

〔39〕　《史记·郑世家》《韩世家》。

〔40〕　河南省博物馆新郑工作站、新郑县文化馆:《河南新郑郑韩故城的钻探和试掘》,《文
　　　　物资料丛刊》1980年3期,第56页。

〔41〕　河南省文物考古研究所:《河南新郑市郑韩故城郑国祭祀遗址发掘简报》,《考古》
　　　　2000年2期,第61页。

〔42〕　河北省文物管理处、邯郸市文物保管所:《赵都邯郸故城调查报告》,《考古学集刊》
　　　　第4集,第162页。

〔43〕　陶正刚、叶学明：《古魏城和禹王古城调查简报》，《文物》1962 年 4、5 期，第 59 页。

〔44〕　《史记·秦本纪》。

〔45〕　韩伟、焦南峰：《秦都雍城考古发掘研究综述》，《考古与文物》1988 年 5、6 期，第 111 页；陈国英：《秦都咸阳考古工作三十年》，《考古与文物》1988 年 5、6 期，第 127 页。

〔46〕　韩伟：《秦公朝寝钻探图考释》，《考古与文物》1985 年 2 期，第 53 页。

〔47〕　韩伟：《马家庄秦宗庙建筑制度研究》，《文物》1985 年 2 期，第 30 页。

〔48〕　秦都咸阳考古工作站：《秦都咸阳第一号宫殿建筑遗址简报》，《文物》1976 年 11 期，第 12 页；秦都咸阳考古工作站：《秦咸阳宫第二号建筑遗址发掘简报》，《考古与文物》1986 年 4 期，第 9 页；咸阳市文管会等：《秦都咸阳第三号宫殿建筑遗址发掘简报》，《考古与文物》1980 年 2 期，第 34 页。

〔49〕　西安市文物局文物处等：《秦阿房宫遗址考古调查报告》，《文博》1998 年 1 期，第 3 页。

〔50〕　湖北省博物馆：《楚都纪南城的勘察与发掘》，《考古学报》1982 年 3 期，第 325 页；4 期，第 477 页。

〔51〕　《周礼·夏官·太仆》郑玄注。

〔52〕　《墨子·非攻中》。

〔53〕　河南省博物馆、扶沟县文化馆：《河南扶沟古城村出土的楚金银币》，《文物》1980 年 10 期，第 61 页；郭建邦：《河南襄城出土一批古代金币》，《文物》1986 年 10 期，第 87 页；姚迁：《江苏盱眙南窑庄楚汉文物窖藏》，《文物》1982 年 11 期，第 5 页。

〔54〕　大冶县博物馆：《大冶县出土战国窖藏青铜器》，《江汉考古》1989 年 3 期，第 18 页；江宗耀、张寿来：《湖北蕲春县出土一批战国青铜器》，《文物》1990 年 1 期，第 93 页；费世华：《湖北阳新出土良金铜钱牌》，《中国钱币》1990 年 3 期，第 35 页。

〔55〕　黄锡全：《楚铜钱牌"见金"应读"视金"》，《中国钱币》1999 年 2 期，第 6 页。

〔56〕　左丘：《略谈"四曲文钱"》，《考古》1959 年 12 期，第 674 页。

〔57〕　马承源：《商鞅方升和战国量制》，《文物》1972 年 6 期，第 17 页。

〔58〕　甘肃省文物考古研究所、天水市北道区文化馆：《甘肃天水放马滩战国秦汉墓群的发掘》，《文物》1989 年 2 期，第 1 页。

〔59〕　陕西省博物馆：《西安市西郊高窑村出土秦高奴铜石权》，《文物》1964 年 9 期，第 42 页。

〔60〕　国家计量总局：《中国古代度量衡图集》，文物出版社，1984 年。本文中所举度量衡器凡没注出处者，皆出自此书。

〔61〕　丘光明：《试论战国容量制度》，载河南省计量局主编《中国古代度量衡论文集》，中

州古籍出版社,1990 年。

〔62〕 安徽阜阳地区展览馆文博组:《安徽凤台发现楚国"郢大府"铜量》,《文物》1978 年 5 期,第 96 页。

〔63〕 北京历史博物馆:《楚文物展览图录》,1954 年。

〔64〕 高至喜:《湖南楚墓中出土的天平与砝码》,《考古》1977 年 4 期,第 42 页。

〔65〕 国家计量总局:《中国古代度量衡图集》,文物出版社,1984 年。

〔66〕 李家浩:《战国时代的"冢"字》,北京大学中文系《语言学论丛》编委会编《语言学论丛》第七期,商务印书馆,1981 年,第 113—122 页。丘光明:《试论战国衡制》,载河南省计量局主编《中国古代度量衡论文集》,中州古籍出版社,1990 年。

〔67〕 咸阳市博物馆:《陕西咸阳塔儿坡出土的铜器》,《文物》1975 年 6 期,第 69 页。

〔68〕 胡振祺:《太原检选到土匀锌》,《文物》1981 年 8 期,第 88 页。

〔69〕 丘光明:《试论战国容量制度》,载河南省计量局主编《中国古代度量衡论文集》,中州古籍出版社,1990 年。

〔70〕 裘锡圭:《武功县出土平安君鼎读后记》,《考古与文物》1982 年 2 期,第 53 页。

〔71〕 丘光明:《试论战国衡制》,载河南省计量局主编《中国古代度量衡论文集》,中州古籍出版社,1990 年。

〔72〕 同注〔71〕。

〔73〕 同注〔71〕。

# 第七章　汉字的起源和早期发展

汉字作为中华文明的重要载体,是中华民族最重要的发明之一。根据文字形成的发展规律和发现的大量考古资料,大致可以勾勒出汉字起源和形成的过程。至于形成完整的文字体系的时代则还有不同看法。殷墟甲骨文是我们现在看到的最早的汉字体系。它不仅能够完整地记录当时的语言,而且在某些方面还显得相当成熟。虽然这样,它也保留着一些原始文字的痕迹,对于探索汉字体系最终是何时形成的这一问题有重要的意义。

汉字曾经被用来直接记录人们所观察到的客观事物,但它的主要作用是记录汉语词汇的读音和意义。随着社会的进步和先民思维的发展,汉字被用来记录汉语词汇的方式越来越丰富。至少在公元 1 世纪以前,汉字就已经发展成为一个成熟的、富有逻辑性的文字系统;它具有强大的生成新字的能力,拥有巨大的表达潜能,完全可以游刃有余地胜任记录汉语的任务。

## 第一节　汉字的起源

仓颉造字的传说　新石器时代遗物上的各种符号　文字是记录语言的符号　文字形成的社会条件　文字体系的形成需要一个过程

汉字和古埃及的文字、两河流域的楔形文字、古印度的印章文字以及中美洲的玛雅文,是世界上为数不多的几种独立形成的古老文字,关于它们的起源问题,一直是人类未解之谜之一。目前世界上正在使用的文字有很多种,而汉字是最为古老的。比起其他几种早已不用的古老文字,汉字的历史是延续不断的,其发展脉络清晰可见。人们越是感到汉字的生命力如此强大,就越想了解它是如何形成和发展的。探讨汉字的起源不仅是探寻中华文明源头的一项有意义的工作,而且也可以为探讨其他文字的起源及其形成过程提供参考,对于了解整个世界文明的发生和发展也是很有意义的。

古代中国人对汉字的起源也非常关注。如今几乎家喻户晓的"仓颉造字"的传说[1],早在战国晚期就流传开了。这一时期的传世文献里有这样的记载:

> 奚仲作车,仓颉作书,后稷作稼,皋陶作刑,昆吾作陶,夏鲧作城,此六人者,所作当矣。(《吕氏春秋·君守》)
>
> 苍颉造文字。苍颉,黄帝之史。(《周礼·外史》疏引《世本·作》)
>
> 仓颉之作书也,自环者谓之私,背私者谓之公。(《韩非子·五蠹》)

这种传说无疑在较早的时候就已经出现了。但是,在传世的战国晚期的古籍中却没有关于仓颉的时代以及他在造字之外的事迹的任何记载。现存的早于战国晚期的古籍中也从来没有关于仓颉的记载。仓颉是什么时候的人?他是做什么的呢? 汉代人多认为仓颉是黄帝的史官,魏晋以后人则说仓颉是早于黄帝的远古帝王[2]。《尚书》孔颖达疏说:

> 司马迁、班固、韦诞、宋忠、傅玄皆云:苍颉,黄帝之史官也。崔瑗、曹植、蔡邕、索靖皆直云:古之王也。

汉代人把仓颉跟史官联系起来,大概并没有多大的根据,很可能是因为人们认为史官在平时跟文字接触最多。魏晋人说仓颉是远古的帝王,过去大都认为荒诞无稽[3]。其实,这个说法大概也不是魏晋人创造的,而有很早的根据。最近出版的《上海博物馆藏战国楚竹书(二)》有一篇《容成氏》[4],第一简有这样的文字:

> [……尊]虘(盧)是(氏)、莟(赫)疋(胥)是(氏)、乔结是(氏)、仓颉是(氏)、轩缓(辕)是(氏)、斮(神)戎(农)是(氏)、榑(韦)是(氏)、墙遳

是（氏）之又（有）天下也，皆不受（授）元（其）子而受（授）取（贤）。……

　　这里就出现了"仓颉"的名字，并把他放在"轩辕"前面。由此可见，在战国晚期，就传说"仓颉"是远古的帝王。虽然这样，这一篇简文并没有讲到"仓颉造字"的事情，我们还不知道《容成氏》的作者是否已经把"仓颉"跟造字联系起来了。不过值得思考的是，"仓颉"为远古帝王这么一个重要的事情，居然在传世的战国晚期文献中没有保留下来，以至于汉代人就已不清楚他曾是传说中的"帝王"了。这或许有一些我们还不知道的原因[5]。《庄子·胠箧》有一段话，跟上引简文有密切关系，整理《容成氏》的李零先生已经引用：

　　　昔者容成氏、大庭氏、伯皇氏、中央氏、栗陆氏、骊畜氏、轩辕氏、赫胥氏、尊卢氏、祝融氏、伏牺氏、神农氏，当是时也，民结绳而用之。

　　依照此说，在容成氏等时代，还没有出现文字。这也许是战国晚期比较有代表性的看法。《周易·系辞》说："上古结绳而治，后世圣人易之以书契。"可见战国时代的人并没有把文字的发明看得很早。

　　在战国晚期的传世文献中，也有跟"仓颉造字"不完全相同的说法。例如《荀子·解蔽》说："好书者众矣，而仓颉独传者，壹也。"认为仓颉只是众多"好书者"之一，由于用心专一而把文字传下来了。这就没有把仓颉当成"造字"的人。看来，在战国晚期，"仓颉"其人其事的传说就不是很清楚了，或者在当时就已经不止一种传说了。

　　至于仓颉造字的方法和过程，史书记载就更有限了。从仅有的一些记载看，古代中国人对于创造汉字的仓颉充满了神秘感。例如下面两种说法：

　　　昔者仓颉作书而天雨粟，鬼夜哭。（《淮南子·本经》）
　　　仓颉四目。（《论衡·骨相》）

　　这跟世界其他民族一样，往往把文字的发明及其发明者看得非常神秘。东汉学者许慎在《说文解字·叙》中比较详细地阐明了仓颉造字的方法和作

用,代表的应当是当时学者的意见:

> 　　古者庖牺氏之王天下也,仰则观象于天,俯则观法于地,视鸟兽之文
> 与地之宜,近取诸身,远取诸物;于是始作易八卦,以垂宪象。及神农氏,
> 结绳为治,而统其事。庶业其繁,饰伪萌生。黄帝之史仓颉,见鸟兽蹄迒
> 之迹,知分理之可相别异也,初造书契。百工以乂,万品以察。

　　这一段话说到文字是在"饰伪萌生"的情况下产生,实际上指出了文字是
应社会需要而产生;仓颉根据符号相互别异的原理来造字,是受到狩猎劳动实
践中观察鸟兽不同之迹的启发,不仅说明文字的发明与生产劳动有关,而且揭
示了创造文字所需要的知识基础和心理基础;文字产生以后,"百工以乂,万品
以察",则认识了文字的巨大社会作用[6]。

　　这里面虽然有不少合理的意见,但是把汉字的创造归功于个人,现代学者
大都认为不可信。实际情况很可能是,在汉字形成的过程里,尤其在最后阶
段,曾经有个别人起过极其重要的作用。仓颉大概就是这样的人。

　　关于汉字起源的传说,古书中还有一些,由于都缺乏比较科学的根据,这
里就不多作介绍了[7]。

　　19世纪末,殷墟甲骨文发现以后,对于探索汉字的起源来说,有了一个可
靠的基础。人们普遍认为,汉字的起源应当在商代晚期之前。但是,究竟汉字
的源头可以追溯到什么时候呢? 比起传世文献的各种记载,人们自然更加关
注考古发现的新资料,希望能从出土文物中找到答案。

　　中国的考古学是在20世纪以后发展起来的。20世纪初,西方现代考古学
的观念和方法被引进到中国,从此,中国的考古学家开始了自己独立的考古实
践。近80年来,特别是在新中国成立以后,在我国新石器时代的遗址和墓葬
里,发现了不少刻有或绘有符号的陶器和陶片,还有少量刻有符号的龟甲、骨
片和石器等物。每一次考古挖掘,如果发现了跟汉字起源有关的材料,都会在
学术界和社会上引起不小的反响。

　　文字学家很早就注意利用考古新材料来推测汉字起源的年代。1933年,
唐兰作《殷契佚存·序》(金陵大学中国文化研究所影印本),指出安特生《甘

肃考古记》书中收集的辛店期陶瓮上的文字,与商周文字同一本源而较古拙,年代约在四千余年以前。这一观点,他还在《古文字学导论》一书中加以重申(第27页)。后来,大家发现辛店文化遗址的年代并不很早。近年经过碳14测定,得知它大约在公元前1000年。这样,唐兰先生的结论就失去了根据。但是,这并不妨碍人们寻求更早的跟汉字有关的材料。

直到现在,还没有人对所有已发现的新石器时代的各种符号加以汇集和整理,因而对其数量和种类很难有一个精确的统计。根据初步观察,新石器时代主要的文化遗址里都曾发现过这些符号。时代最早的是河南舞阳县贾湖村裴李岗文化遗址出土的符号,距今大约有8000年[8]。观察新石器时代各种符号的分布范围,可以发现它们几乎遍及全国,从陕西、青海到东南沿海,从黄河流域到长江流域,都有发现[9]。有人根据符号的外形,把它们分成甲乙两类[10]。甲类以几何形符号为主,可以把西安半坡、临潼姜寨等地发现的仰韶文化早期的符号当作代表(图7-1:1、2)[11]。

在已发现的新石器时代的符号里,甲类占绝大多数。乙类以象形符号为主,如莒县陵阳河、大朱村等地发现的大汶口文化晚期陶尊上的符号。在传世的一些良渚文化的玉器上,也刻有跟大汶口文化相似的乙类符号[12](图7-1:3、4)。

有些器物上同时出现多个符号,大多数是甲类符号的排列,还有一些或以甲类符号为主,夹杂着乙类符号;有的以乙类符号为主,夹杂着甲类符号。下面我们还会谈到。

西安半坡遗址发现于20世纪60年代,遗址中发现的刻画符号不久就引起了讨论,很多人把它们跟汉字起源联系起来。不少文字学家都发表意见,认为这些符号就是最早的汉字。1969年,李孝定发表《从几种史前及有史早期陶文的观察蠡测中国文字的起源》一文,最先提出"半坡陶文是已知的最早的中国文字,与甲骨文同一系统"。1979年,李孝定又发表《再论陶文和汉字起源的发展》一文[13],重申前一篇文章的主张。

1972年,郭沫若发表《古代文字之辩证的发展》一文(载《考古》1972年第3期)。1973年,于省吾发表《关于古文字研究的若干问题》(载《文物》1973年第2期),还专门对半坡陶文作了考释,并肯定地指出:"这种陶器上的简单文字,考古工作者以为是符号,我认为这是文字起源阶段所产生的一些简单文字。"

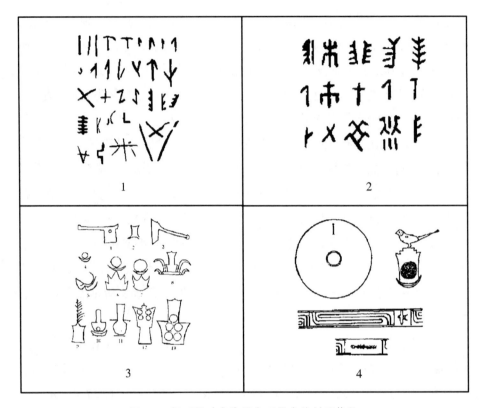

图 7-1 新石器时代陶器和玉器上的刻画符号

（1.西安半坡陶器上的刻画符号，2.临潼姜寨陶器上的刻画符号，

3.大汶口文化陶器上的刻画符号，4.良渚文化玉璧上的刻画符号）

　　大汶口文化陶器上的符号，是乙类符号的代表。同样有不少学者认为是文字。20 世纪 70 年代末大家对这些符号的性质曾经进行过激烈的讨论[14]。

　　但是，无论是甲类符号还是乙类符号，都有不少学者认为全都不是文字。大多数学者的意见都是游移不定的，具体对于哪些符号是文字，哪些符号不是文字，彼此往往还有很显著的差异。直到现在，学者们也还没有达成统一的意见。看来，这方面的争论还要持续下去。不过，以往的讨论已经把汉字起源的研究推进了一大步，过去许多错误的观念得到了纠正，大家至少在某些问题上已经达成了共识，关于文字起源的理论也逐步完善，汉字形成的过程也大致有了一个比较清晰的轮廓。下面我们就来介绍一些情况。

　　首先，大家在讨论中逐渐认识到，要判定一种符号是否为文字，必须看它是否记录了语言。裘锡圭先生在 1978 年首先提出在讨论有关文字形成过程的问题时要区分"记号"与"文字"[15]。后来，汪宁生、姚孝遂、高明都提出了跟裘锡圭相似的观点[16]。

在讨论汉字起源问题的早期阶段，大家往往通过简单的形体比附来认定符号就是汉字。例如对于出自仰韶文化半坡类型的甲类符号，于省吾先生就曾经把"×""＋""丨""∥""丅""丯""↑""↓""阝"分别释作五、七、十、二十、示、玉、矛、艸、阜等。随着讨论的深入，这种简单的形体比较的做法就被抛弃了。大家发现，不同地域、不同时间、不同文化都可能出现这些同样的符号。例如符号×，古汉字用来表示"五"，纳西族的东巴文和海南黎族的刻竹用来表示"十"，云南的哈尼族曾用来表示"五十元"，傈僳族曾用来表示相会的意思，古代巴比伦曾用作所有权的标记[17]，古埃及的圣书字用来表示"划分"。现代人则用"×"来表示"否定"之类的意思[18]。可见同样使用"×"这个符号，有的是当作文字来使用的，有的则根本不是文字。如果只是通过简单的形体比较，就认定某一些符号是古汉字，那么，就无法解释不同时间或不同地区，甚至根本没有文字的人也使用这种符号。因此，简单的形体比较的方法比较有随意性，正像人们对于西安半坡的刻画符号一样，虽然有人把它当作汉字，但是也有人却认为它们是古彝文[19]。有人认为这些符号在不同地域出现，很可能表明它们是作为文字传播到各处的。这也是没有根据的猜测。我们很难想象，在原始人那样的生活环境之下，相隔很远的地区之间能够互相交流，并且能够相互学习文字。

要避免随意比附的做法以及由此而带来的各种错误的看法，就必须坚持文字是记录语言的符号这个原则。裘锡圭先生指出：新石器时代刻画符号跟古汉字是两种不同系统的符号。古汉字是古人记录当时语言的符号。我们不能因为前一种符号跟古汉字里形体比较简单的例子或某些经过简化的形式偶然同形，就断定它们之间有传承关系。对于前一种符号，迄今为止还没有人能提供坚实的证据能证明它们记录了语言。而且，我们对新石器时代种族的情况了解得很少，对语言的情况几乎完全不了解。把使用者的种族和语言情况都还不清楚的那些符号看作古汉字或其前身这件事，本身就是不妥当的[20]。由此可见，我们同样不能根据商代前期、西周时代陶器上可以出现的单个陶文,就反推新石器时代的刻划符号就是文字,因为这是两个不同的系统。

有人看到甲类符号多出现在中国的西部,乙类符号多出现于中国的东部,因而提出汉字起源的"二元说"[21]。这种观点也没有道理。在文字体系的形成过程中,为了使文字具有可接受性,一般要求字形跟所代表的词有某种内在联系。几何形符号跟语言中的大部分词语不可能有内在联系。所以基本上使用甲类符号的原始文字是不可能存在的,除非是在周围先进民族成熟的文字的影响下产生的原始文字。我们新石器时代的甲类符号显然不会是这样的原始文字。跟新石器时代的甲类符号同类的符号,在汉字形成之后的很长一段时期内,还在我国的一些地区作为非文字的符号而继续使用着。这是这类符号不是原始文字的一个旁证(参看高明《中国古文字学通论》第35—36页)[22]。

对于乙类符号。由于外形很像具体的事物,人们很容易把它跟文字联系起来。其实这也是一种不太正确的做法。人类从很早的时候就有了比较高超的绘画技术。就在法国和西班牙发现的原始壁画来看,至少在两万多年前,人类已经能够非常概括地表现动物的形象,生动地表现狩猎活动,并且创造了几何形符号[23]。有时候,我们即便看到了原始人所画的乙类符号跟古汉字在外形上是一样的,也无法断定这些符号就是更早的汉字。因为我们仍然找不到它们有记录语言的任何证据。因此,现在就说大汶口文化、良渚文化的乙类符号是文字,恐怕还为时过早。

总之,单个出现在器物上的甲类和乙类符号都还没有用作记录语言的证据,很难把它们看成文字。就目前的研究情况来看,这应当是一种比较正确的态度。有人曾对判断符号是否文字的标准提出过异议。他们认为,陶器不是文字书写材料,在上面写东西也不是为了传播。当时必定有通行文字书于竹木之上,只不过早已腐朽,现在看不到了。陶器上的记号多半是一器一字,很少有词组和句子,这是陶器记号的特质,这跟能否记录语言或当时有没有记录语言的文字无关。因此,以是否记录语言作为标准,而把陶器上的符号排除在文字范围以外,是不合理的[24]。这实在也是一个无法证明的推测。我们无法理解,为什么已经出土的那么多的陶器、陶片或其他物品,大多数刻画或绘写的都是甲类符号,而且它们一般也是单个出现的?

由于单个符号很难鉴别其是否记录了语言,有的学者就比较注意一些排列成行的符号。1975 年江西清江吴城商代遗址第一次到第三次挖掘出土的陶片上的符号(包括石刻的符号)以及 1978 年发表的第四次发掘出土的陶片上的符号,数量多,有的是以排列成行的形式出现的。汪宁生认为吴城陶片上这些符号是"能记录语言的文字",有别于个别出现的陶器刻画记号[25]。这给鉴别符号是否文字提供了一个新的角度。

　　截至目前,新石器时代排列成行的符号已经发现了好几批[26]。大部分的例子多见于良渚文化(年代约为公元前 3300 至前 2200 年)的陶器上。比较有代表性的如 20 世纪 70 年代在江苏吴县澄湖古井群中发现的一件鱼篓形贯耳黑衣陶罐,腹部刻有四个符号。20 世纪 80 年代在余杭南湖发现的一件黑陶罐,"烧成后在肩至上腹部位按顺时针方向连续刻出八个图案"[27]( 图 7-2)。此外,龙山文化遗址也曾出土过这一类符号。例如 1991 年至 1992 年山东大学考古实习队在邹平丁公 1235 号龙山文化晚期灰坑中发现一块陶盘底部残片,上面刻有排列成五行的十一个符号[28]( 图 7-3)。1993 年在江苏省高邮市

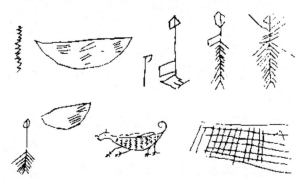

图 7-2　余杭南湖出土良渚文化黑陶罐上的刻画符号

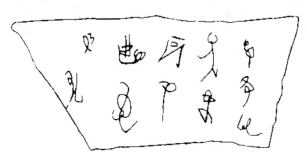

图 7-3　邹平丁公遗址陶片上的符号

图7-4 龙虬庄采集陶片上的刻画符号

龙虬庄遗址发掘时,在河边采集到一片磨光泥质黑陶盆口沿的残片,其上有排列成行的八个符号[29](图7-4)。据称该陶片"属南荡文化遗存,即王油坊类型龙山文化迁徙到江淮东部的文化遗留,其年代约为龙山时代末至夏初,比丁公陶文略晚"[30]。

学者们对这些排列成行的符号都很重视。李学勤先生认为,反对新石器时代符号是原始文字的学者"所持主要理由之一就是符号单个孤立,无法知道是否具备音、义等文字的基本性质"。他认为"良渚文化陶器上多个成行符号的出现,有可能祛除这样的疑难"[31]。裘锡圭先生认为李学勤先生的意见很值得注意,同时指出,良渚文化多个成行的符号,尤其是余杭南湖黑陶罐上八九个符号排列成行的一例,可能确实反映了用符号记录语句的认真尝试。也就是说,它们非常可能已经是原始文字了。但是,裘先生也指出:遗憾的是由于材料太少,并由于我们对良渚文化主人的种族和语言情况缺乏了解,正确辨释这种原始文字的可能性恐怕很小[32]。

不过,也有学者认为,排列成行的符号也完全可能不是文字。李万福和杨海明认为,民族学材料告诉我们,许多线式符号根本算不上文字。我们在探索文字起源的时候,一刻也不应忘记这一点[33]。他们列举了好几例排列成行的

符号,但都可以肯定不是文字。其中一例摘自格罗塞的《艺术的起源》一书
(红旗出版社,1997年,第137页):

> 这是一幅挂在阿拉斯加猎人门上的画,猎人要告诉人们这样的意思:
> 我坐船照这个方向到岛上去,我要在岛上睡一晚,又到另一岛上,睡两晚。
> 我希望杀死一头海狮才回家。

阿拉斯加人根本没有文字,但是也用排列成行的符号来表意。看来,对于
上面所提到的新石器时代的排列成行的符号,要确定他们就是文字,还需要别
的证据。

上面我们简单介绍了在探讨汉字起源的过程中,人们逐渐对判定符号是
否为文字的标准有了比较清醒的认识,这应当就是一种进步。与此同时,大家
基本上也都认识到,文字的形成需要一个过程。这个过程的终点就是完整的
文字体系的形成。在完整的文字体系形成之前,已经产生的文字通常只能记
录语句中的部分词语,并且往往跟图画式的表意手法夹杂使用。有人把这种
不成熟的文字称为原始文字[34]。

从仅仅用符号来表示一定的意义到用符号来记录语言,这是一种质的飞
跃。我们前面谈到甲类和乙类符号,认为它们很难看成文字。但是,这并不是
说它们没有意义。仅从这些符号出现的位置来说,就很值得注意。例如仰韶
时期陶器刻画符号的习惯非常固定,多施于钵形器外口缘黑色宽带纹上,一器
一个符号,多数在陶坯入窑前刻画,烧成后再刻者较少[35]。这无疑说明这些
符号有一定的意义。有人已经指出,新石器时代的甲类符号里至少应该包含
用来区别器物的使用者或制造者的符号和记数的符号。刻在大汶口文化陶尊
上的乙类符号可能有两种用途。有的用作性质接近后世的族氏或人名的标
记,有的用作器主或其所属之族的职务或地位的标记。在同一个陶尊上出现
的两个符号也许是分属这两类的[36]。虽然这样,还应该指出,有一定意义的
符号却不一定是文字,即使在较早的时候,这种方式的使用很可能只是促使人

们学会了用符号来记录语言。当人们认真地用符号尝试着记录语言时,原始文字才会产生。

可以设想,在古代中国广大的范围之内,原始文字很可能并不止一种。各地区不同的人群完全有可能分别创造出多种的原始文字来记录自己的语言。李学勤先生曾把南湖黑陶罐上的符号当作原始文字加以考释,并"倾向于这种符号是汉字先行形态的假说"。但是他同时又指出,这件陶罐上的符号"虽然多个成行,仍有属于文字画的可能",并说:"我们还必须承认,中国境内存在的古代文字,绝非都是汉字,或与汉字直接有关。……良渚文化的刻画符号也可能是文字,但又同商周文字无关。"[37]这些意见非常重要。裘锡圭先生也曾指出:"1936 年发现的良渚豆盘上的符号,作风跟南湖黑陶罐等器上的符号显然不同,但也是多个成行的。这会不会是良渚文化的另一种原始文字呢?"[38]原始文字的发展前途应当是多种多样的,并不见得原始文字都一定会发展成为完整的文字体系。有的原始文字可能还没有发育成熟就死亡了。有的原始文字很可能会在某一范围或某一行业中使用而变得非常特别,最终的命运也是退出历史舞台[39]。有的原始文字虽然使用很长时间,但始终没有形成完整的文字,例如我国云南省的纳西文字,其使用的时间相当长,但是一直处于原始文字的阶段而没有成为完整的文字体系。此外,从理论上讲,最后所形成的完整的文字体系,可以是从以前的某一种原始文字直接发展而来,也可以是以某一种原始文字为主,综合其他一些原始文字而来的。就汉字来说,也存在两种可能,一种是我们可以找到它所从来的原始汉字,另一种则很难找到这个直接的源头,因为它很可能是"综合"而来的。因此,我们在为寻找原始汉字时,似乎应该把眼光放宽一些,不必仅仅从形体上来给古汉字找到更早的源头,而应该充分考虑到原始文字的复杂情况。

从原始文字到完整的文字体系,又是一次质的飞跃。促使这种飞跃的条件到底是什么呢? 近年来人们越来越清楚地认识到,必要的社会条件是形成完整的文字体系的主要因素。社会条件其实包括两个方面,一方面指社会对文字的需求程度,一方面指社会发展的程度。这两个方面是密切相关的。一个社会的发展程度越高,它对文字的需求就越高。当一个社会发展到有强大的国家机器和人口密集的城市时,这个社会的统治者就势必要求有一套完整的文字体系来加强其统治[40]。

回过头来看,原始文字的产生所要求的社会条件应当比完整的文字体系的形成所要求的社会条件少。某一个氏族甚至某一个人在一定的时候都可能尝试着用符号记录语言。一旦这些记录语言的符号得到一定范围的使用者的同意,就应当具备了文字的条件。但是,这种原始文字可以跟后来已形成的完整的文字体系有直接的渊源关系,也可以没有这种关系。因此,重新检验前面所举的新石器时代的各种符号,结合这些符号出现的社会条件,我们会发现:在各类新石器时代的符号中,从外形上看,大汶口文化乙类符号虽然还不能断定为原始文字,但却是我国已发现的最像古代象形文字的一种符号。从有些符号在并非出于一地的遗物上,并且不止一次地出现的情况来看,这种符号的稳定性显然也是相当强的。它们无疑可以看作原始文字的先驱。在大汶口文化晚期,生产相当发达,社会的贫富分化也已经相当显著,原始文字开始出现的可能性并非完全不存在。如果汉字形成的过程接着开始的话,那些乙类符号的大多数应该是会转化成文字的。大汶口文化分布的地域接近古代中国的中心地区。有些大汶口文化乙类符号的作风,跟古汉字确实很相似。看来这种符号虽然不见得是原始汉字的前身,但是很可能曾对原始汉字的产生起过某种影响。再从符号排列的方式看,上面所举的排列成行的新石器时代的符号,也跟后来的汉字在形式上最为接近,虽然难以肯定它们就是原始汉字,但其中也许就包含着当时人用这种符号来记录语言的认真尝试。其出现的时间都跟大汶口文化的时代相差不多,当时文字起源的社会条件已经具备。因此,虽然它们不一定就是汉字的前身,但应当承认它们对汉字的形成也有过影响。大汶口文化晚期的年代约为前 2800 年至前 2500 年。这样看来,也许我们可以推测,汉字形成过程开始的时间就在公元前第三千年的中期[41]。

最后,我们还应该指出,一定的社会条件确实是文字形成的必要条件,但是要使已经发明的原始文字发展成为完整的文字体系,仅仅有这样的社会条件还是不够的,至少还必须有另外两个条件。其一,要在这个社会上有一群独立的、脱离体力劳动的知识分子;其二,在这个社会中使用的语言应当比较容易用符号记录下来。只有这些条件都具备了,完整的文字体系才会形成[42]。

## 第二节　殷墟甲骨文在汉字发展中的重要地位[43]

殷墟甲骨文是探讨汉字起源最有根据的材料　完整地记录语言　文字的结构　文字的排列方式　保留原始文字的痕迹　夏商之际汉字体系的形成

在第一节中,我们介绍了新石器时代的刻画或绘写的符号,由于目前大家对这些符号的性质还存在比较大的分歧,因而很难肯定这些符号就是汉字的前身。除此之外,还有一些学者认为有为数不太多的属于夏代的"文字",但是,其性质也很难肯定。商代前期的文字,目前发现的也很少,还不足以形成有价值的研究资料。商代晚期的铜器铭文大都比较简单,多数只有一至五六个字,最长的也不过四十余字。见于陶、石、玉、骨、角等物品上的文字也很少。因此,在能反映当时文字面貌的可靠的古汉字资料里,商代后期的殷墟甲骨文仍然是时代最早的成系统的资料。有的学者甚至认为:"我们只能从甲骨文字的本身去推求它究竟已经有了多少年的发展历史。"[44]由此可见殷墟甲骨文不仅可以反映汉字体系较早的情况,而且也是我们探讨汉字起源最有根据的材料。

自1899年甲骨文发现以来,出土的有字甲骨约有10万片。如以平均每片10字计,总字数已达100万左右。其他各种先秦古汉字资料,在数量上都比不上甲骨文,由于殷墟甲骨文的时代既早,数量又多,它在汉字史上的重要性非常突出。

从殷墟甲骨文来看,当时的汉字无疑已经形成了完整的文字体系了。甲骨文所反映的内容大多数是商王及其贵族进行占卜的记录,只有很少一部分是一般的记事刻辞。由于商代统治者非常相信占卜,很多事情都要通过占卜来了解吉凶。因此,当时社会生活的很多方面在甲骨文中都有所表现。例如战争、祭祀、农业、天气、未来十天的吉凶,乃至生育、疾病、做梦等等事情都在甲骨文中有不少记录。殷墟甲骨文的单字数量已达四千左右[45]。有人推测当时人也应当有简册之类的书写材料,一般也应当是用毛笔在简册上面写字的。甲骨文中的"册"字就像把简册编连起来的样子,有人还认为某些甲骨上的卜辞是从简册上面抄写来的(见张世超文)。估计当时人平时所使用的字的总量跟甲骨文不会有太大的出入,当在 4000 至 5000 这个范围之内。商代以后,各个时代一般使用的汉字字数大概也在这个范围之内[46]。由此可见,当时人利用四五千个文字是完全可以把自己的语言记录下来的。

在商代,有一个庞大的"贞人"集团为其统治者服务。这些人往往代替商王或大贵族主持占卜。甲骨学者认为,贞人不一定就是在甲骨上刻字的人。但是,可以推想,这些贞人也一定精通文字,他们所书写的文字一定在其他材料上面,可惜没有被保留下来。这也说明,当时掌握文字的人一定也不在少数。甲骨文的刻写,不同时期、不同类别都显示出娴熟的技巧和多样的风格。这反映出刻字者一定受过比较严格的训练,并经过长期的锻炼而形成了各自不同的风格。有的甲骨上面,在熟练的字迹旁边,还有稚嫩的"习刻"文字,可以想见当时老师言传身教的情形。

从文字构造来看,甲骨文中既有大量的象形字和会意字,也有大量的假借字,还有不少的形声字。甲骨文里的象形字,有些已经很不象形了。有很多动物字,已经跟动物的原样有了一定的距离,不容易一下子看出是什么动物了。例如就是"犬",就是"豕",就是"牛",就是"羊"。"犬"和"豕"的区别主要在身体和尾巴,"犬"的身体较"豕"瘦,"犬"的尾巴是上翘的,"豕"的尾巴是下垂的。"牛"和"羊"则只画出头部来代表,而且,头部的形状也很简略。其他如(刀)就不像一把刀,(示)也跟"神主"有相当大的距离,如果不经过古文字学家的考证,一般人是不可能知道的。现存的甲骨片上的字,大多数是用刀刻出来的。据分析,当时人平常也应当用毛笔书写文字。"笔"字本从"聿",甲骨文写作,正像手持毛笔写字的样子。在坚硬的龟甲或兽骨上面刻字比较吃力,为了提高效率,刻字的人就不得不改变毛笔字的写法。这也使得很多字更不象形了。

甲骨文中假借的方法也使用得非常普遍,例如本是一种竹编盛物之名"箕"的象形字,却常被借用来表示音近的语气词"其"。象高冠美羽的凤鸟,却被借来表示"风雨"的"风"。本是当鸟虫翅膀讲的"翼"的象形字,却被借来表示"翌日"的"翌"。这些字记录的都是极为常用的词。对于很多不容易为它们造表意字的词,商代人通常就用假借的方法来为它们配备文字。

甲骨文里还有不少形声字。形声字既有指示字义的偏旁,也有表示字音的偏旁。在使用意符、音符的文字里,尤其是对于记录以单音节语素占优势的汉语来说,这是一种最适用的文字结构。甲骨文中的形声字在整个文字体系中还不占优势,但是后来形声字产生的方式都已经出现。一种是在假借字上加意符。这是为了克服假借所引起的字义混淆的问题,因为一个字既用来表示本义所代表的词,又用来表示跟它音同或音近的词,在具体的环境下有时就难以辨别它到底表示哪一个词。商代人把有些表意字或表意符号用作指示字义的符号,加注在假借字上。例如在 𓂃 上加注"日"造出 𓃰 字,专门表示"翌日"的"翌"。另一种是在表意字上加注表示读音的偏旁,使它们跟所代表的词的联系更为明确。例如在 𓅪 上加注 𓏢(凡)而成为 𓅫,因为古音"凤"和"凡"音近,"凡"可以表示"凤"的读音。有时候,甲骨文里还能发现"省声字"。例如甲骨文中的"𤟥"字,裘锡圭先生指出它"是一个从'犬'从'𥃩'省声的字"。"'𥃩'是'埶'的本来写法,后来繁化为'蓺',古书多写作'藝'。"[47]又如甲骨文里有一个 𩰪 字,有的学者指出,这个字就是"膏"字,本从 𩰫(高)声,但在此字中"高"字已经被省去了"口"旁。甲骨文里这个字还有不省的形体,写作 𩰬[48]。一般来说,"省声字"一般都是由不省的形声字变来的,"省声字"的出现,意味着当时人使用形声字已经有了一段时间了。

商代文字的排列形式也有比较严格的规律,已经基本上形成了自上到下、自右到左的布局了,这肯定也不是短时间就能够形成的。这种形式在中国古代长期沿用,一直到20世纪一二十年代才被自左向右的横行文字取代。甲骨文中有些字为了适应直行排列的需要,已经改变了字形原来应有的方向,如上面所举的犬、豕等字都变成脚腾空尾着地了。除了直行排列要求这些字不能在横向占用太多的位置以外,有人推测形成这种样子也许是受了当时一般是在简上书写的影响。不仅表示动物的字是这样,有些比较复杂的表意字也都采用了这种方式。例如宿、疾、梦等字,甲骨文分别写成 𠁎、𤵸、𡃉,其实"宿"本象人睡在屋里的簟席之上,"疾"表示人躺在床上因生病而痛苦流汗,"梦"表示人躺在床上手舞足蹈做梦的样子。甲骨文把它们都写得竖立起来,看不出人躺着的样子了[49]。

殷墟甲骨文在记录语言方面是很忠实的。这从使用否定词的情况就可以看出来。见于殷墟甲骨卜辞的否定词,有"不""弗""勿""毋"等好几个。它们大致可以分为"不"和"弗"以及"毋"和"勿"两组,这两组在意义上的区别一般人还能分辨出来,但是这两组内部各自的区别连现在的语法学家都说不清楚。如果甲骨文记录语言不是很忠实的话,就不会有这种情况。又如下面一条卜辞:

辛卯卜,邲彡酒其又(侑)于四方。(《合集》30394)

命辞中的"其"刻在"酒"和"又"之间,位置和大小跟全版其他字都很不协调,显然是补进去的。"其"字是一个虚词,在古汉语以及卜辞中,一句话的主要动词前面,往往可以加"其",也可以不加"其",二者在语义上的区别,现代人不容易感受到。但是,这一版卜辞却特地把"其"补刻进去,不仅说明了"其"在语义表达方面一定有它的作用,也说明了记录卜辞的人对于文字记录语言的作用有比较认真的态度。

从以上各种情况来看,甲骨文所代表的汉字,不仅能够完整地把汉语记录下来,而且在某些方面已经相当成熟,这说明汉字发展到商代晚期应该已经有了一段时间了。

但是另一方面,在殷墟甲骨文里也还保留着一些比较明显的原始文字的痕迹。

首先,从整个文字体系来说,形声字的数量还不像后代那样占多数。有人统计,甲骨文中的形声字大概只占整个文字的20%多(见李孝定文)。这跟甲骨文中还存在着比较多的表意字是相关的。虽然甲骨文中有不少字已经变得不太象形,但是表意字的构成仍然带有比较原始的"图画"性质。例如,表意字构成成分经常使用一些象形符号,有的象形符号从来不能单独成字。例如(射)字有手形和弓箭形构成,其中箭形不能单独成字,又如(立)字象人所站立在地上之形,上面即正面的人形,下面表示地面。正面的人形单独成字就是"大"字,但在这个字里面却只能理解成一个人的形状,而不能当"大"来理解。表示地面的"一"形则从来不能单独成字。另外,合体字构成成分的相对位置具有较强的表意作用。构成成分相同,但位置不同,就可能是两个不同的字。例如"伐"和"戍"分别写作 、 ,它们所用的构成成分都是"人"和"戈",但是"戈"加之于人脖子上就是"伐",表示的是"砍头"的意思;戈架于人之肩上就是"戍",表示的是"扛着戈去戍守"的意思。这两个字到了小篆已经变成伐和戍,就不容易看出它们的区别了。又如"妇""乳""毓"三个字都跟女人有关,但甲骨文中"妇"作 ,所从的"女"作 ,跟单独写的"女"字一样;而"乳"作 ,其中的 既跟 不一样,也跟 不一样。其中的"子"作 形,跟一般的"子"作 形的写法也不一样。至于"毓"字则写作 ,所从的 跟"妇""乳"等所从的"女"都不一样。"子"也写成倒形,表示生孩子时头是先出来的[50]。这些构成成分之所以写得不一样,都跟甲骨文表意字比较原始的特点有关。因为 足以表现母亲哺乳孩子的样子, 则表明女人生孩子跟平时跪坐的样子(即 所象的样子)不同,至于"妇"的"女"旁大概只是一般的形旁,表示这个字的意思跟女人有关,并无特殊的含义,所以就写得跟单独成字的"女"字一样了。"毓"和"乳"中的两个"子"形写得不同,也都是为了更加象形。

汉字发展到后代,"已基本上成为由数量不太多的基本造字单位以一定的结构方式组合的符号体系了"[51],甲骨文中那些象形性原则就被抛弃了。

其次,甲骨文中有些表意字的字形有时随语言环境的变化而变化。有的学者指出,通过观察一些尚未形成完整体系的原始文字,可以推测这是比较原始的现象。例如中国云南省纳西族(即么些族)使用过的一种原始文字,把"吼"字写作 ,在牛头的嘴前方加象征吼声的线条以示意。在这种原始文字里,如果要表示"马吼"的意思,不必在"吼"字上加"马"字,只要把"吼"字中的牛头改为马头就可以了。甲骨文里也有类似现象。例如甲骨卜辞里时常提到对祖先献祭的 (異)祭。"異"在古书里多作"登"。《礼记·月令》说"农乃登麦","农乃登黍",郑玄注:"登,进也。"甲骨文"異"字象两手捧着一种称为"豆"的盛食物的器皿,有时还加上"示"旁写作" ",表示向祖先的神主进献食物。如果登祭所用的食物是鬯(一种香酒),"異"字就可以改写为" ",两手所捧的"豆"为"鬯"所取代。卜辞里既有" 鬯"" 新鬯",也有" 鬯"" 新[鬯]",看来" "仅仅是"異"字有特殊用途的一个异体。但是在汉字发展的较早阶段," "应该是直接用来表示"異"(登)鬯"的,就跟纳西文"吼"字的牛头改为马头以后可以用来表示"马吼"一样。到了甲骨文时代,这种比较原始的用字习惯基本上已被抛弃,但是"舁"则作为"舁"的一种异体而保存了下来。卜辞里偶尔可以看到后面没有"豆"字的"舁"字,也许仍然是用来表示"登豆"的。此外如象畜牛羊于栏的"牢"字,卜辞里用来指太牢的时候通常写作"牢",指少牢的时候通常写作"⊏"(古代以牛为太牢,羊为少牢),也是同类的现象。在晚于殷墟甲骨文的汉字里,这类现象基本上就看不到了[52]。

第三,甲骨文中还有一些现象跟原始文字的特点是相同的。裘锡圭先生最早指出,在埃及圣书字、楔形文字、纳西文、古汉字等古老文字中有一个相同的现象,语音并不相近的两个或几个不同的词,可以用同样的字形作为它们的表意字。例如在纳西原始文字里,象空气流动的"≋"字,既代表"风"这个词,又代表"春季"这个词,因为春天常常刮风。这其实会影响文字表达语言的准确性,是一种比较原始的现象。我们在殷墟甲骨文中也可以看到一些例子。例如在相当多的甲骨卜辞里,"月"和"夕"的字形并无区别,"𝄐"也可以代表"夕","𝄐"也可以代表"月"。在后来的古汉字里,"月"和"夕"作为表意偏旁有时可以通用;作为单字时不加区分的情况虽未绝迹,但已极为少见,跟殷墟甲骨卜辞的情况显然有别[53]。

第四,甲骨文中还存在着文字记录的顺序跟语序不一致的现象。这也是原始文字所遗留的痕迹。例如有一条卜辞说:"甲申卜,御妇鼠妣己二牝。"卜问用"二牝"作为牺牲祭祀妣己以被除妇鼠的灾殃是否可行。"牝"显然是"牝""牡"二字的合文。对于"二牝"可以有两种理解,一种是"二牝二牡",一种是"二牛,一牝一牡"。无论是哪一种情况,在这句话里都有必不可少的字没有写出来。也可能写卜辞的人是直接以"二牝"来代替"一牝一牡"的。那就跟文字与语言相对应的原则离得更远了。此外,不管怎样解释,在这句话里,"牝""牡"这两个词都不是直接相连的,但是写卜辞的人却把它们合写成一个"牝"字。从这个角度来看,"二牝"也是文字排列不合语序的一个例子。

在甲骨文里,卜辞行款比较紊乱的现象也相当常见。在少数商代后期的铜器上,还可以看到铭文排列得很乱的现象,例如在一个大"亚"字里杂乱地填塞着一些族名、祖先名和其他文字,或是把某个字或某些字填写在别的字的空隙里。这些现象大概也跟受原始文字排列方式的影响有关。

从上述这些迹象看来,商代后期距离汉字基本形成完整文字体系的时代似乎也不会很远。现在学者对于形成的时间还没有统一的意见。有的学者主张汉字形成于夏初[54]。有的学者认为"中国象形文字出于商代后期(盘庚、武丁以后)的卜人集团"[55]。但他们都没有提出比较可靠的根据。有的学者指出,《尚书·多士》记载西周初年周公对商朝遗民的训话说:"惟尔知,惟殷先人有册有典:殷革夏命。"周公特别强调殷的先人有典册记载"殷革夏命"之事,也许我国就是从夏商之际才开始有比较完备的记事典册的。汉字形成完整的文字体系,很可能也就在夏商之际。我们在第一节说过,原始汉字可能开始出现于公元前第三千年的中期。大约到这一千年的末期,夏王朝建立了起来,我国进入了阶级社会时期。这时统治阶级为了有效地进行统治,必然迫切需要比较完善的文字。因此原始汉字改进的速度一定会大大加快。夏王朝有完整的世系流传下来这件事,就是原始汉字有了巨大改进的反映,汉字大概就是在这样的基础上,在夏商之际(约在前17世纪)形成完整的文字体系的[56]。

# 第三节  汉字记录汉语的独特功能

词义构词和音变构词    单音节词和多音节词    汉字和汉语词汇系统的关系    形声字的作用

汉字是记录汉语的工具,要了解汉字,就有必要先了解汉语。

上古汉语通常是用一个音节对应地表示一个词。这种单音节词的构成有两种基本方式,其一,通过词义的引申而生成新词,叫作词义构词;其二,通过音节中音素的变化生成新词,叫作音变构词[57]。

词义构词采用的是一种"两条腿走路"的方式,特点是:不仅利用已有的词的读音,同时利用这个词的意义,在这二者的基础上生成一个表示新意义的词;读音沿用不变,新意义和原先的意义有着一定的联系,这种从旧有词里生发出新词的情况,类似于自然中从旧树桩或老根上孳生出新的枝条芽叶来;传统训诂学里这种现象被称为"孳乳"。

例如汉字"帝"，在甲骨文里的是象形字，字形所象的是架起木或束起木来燃烧的样子，本来表示祭祀最高天神的禘祭，是一个专用的动词。由于在它的意义里包括了一个特指的、被祭祀的对象，所以在这个基础上孳生出一个新词来单指被祭祀的对象，即最高天神本身——天帝，而不再代表祭祀的行为，"帝"就成了一个名词。再从指最高天神的意义继续发展，孳生出一个表示人间的最高统治者的意义，即人间的帝王。这时的"帝"虽然还是一个名词，可是所指的对象已经转移，由指天神变为指人了。这种演变的结果，可以理解为"帝"又孳生出一个新的、可独立成词的意义[58]。后来为了区别，将动词的"帝"加了偏旁，写成"禘"，名词的"帝"沿用了原来的字形。

在上述词义构词的全过程中，读音始终没有改变，改变的只是这个读音所表示的意义，导致出现"同音异义"现象。传统训诂学和现代词汇学称这种情况为"引申"。有引申义的词，表现在汉字上，就是"一字多义"，或"同形异义"。

"同形异义"的现象无疑会给阅读带来麻烦，那么，这种现象为什么能够存在呢？由于汉字的每个形体的读音本来只有一个，"同形异义"往往和"同音异义"相关，所以首先应该关心的是：为什么义异还要同音？为什么不能为每一个新词创造一个新的读音？

这是因为汉语是音节语。同在一个地域里繁衍生息的人，他们所能发出的音节的数量是有限的。以汉语的上古音为例，根据郭锡良所整理的王力上古音系统，声母有 32 个，韵部系统有 29 韵[59]，加上平上去入四声，从理论上来说，上古音可以有 3712 个音节。因此，上古汉语里可以有 3712 个发音不同的词。显然，这个数字就是上古汉语里所能拥有的单音节词的最高数额。这当然不够用。假如上古时期黄河流域里有一个部落，这个部落里恰好有 3712人，那么称呼每个人都可以用一个与众不同的、单音节的词，不必和他人分享同一个音节。但是，此外还想说出某一个名词，如动物或植物的名称，或是已去世的父辈、祖父辈、高祖辈，或是天地诸神，或是将要出生的孩子，就没有富余的音节来表示了。这还没有包括动词、形容词等其他词类所需要的音节。显然，在汉语里坚持词的单音节形式，就必定会有"同音异义"的现象产生。

给每一个新词赋予一个音节是可以做到的；但是，给每一个新词赋予一个前所未有的音节，在汉语里是不可能做到的。

解决音节不够用的办法只能是用多音节词,即增加单个词语所用的音节数,用两个或者更多的音节来称呼一个人或一个动作行为、或其他任何需要起名以称之的对象。

用多音节词可以解决汉语音节不足的问题。耐人寻味的是,我们的祖先宁可用同音的单音节词解决问题,利用经验来解决同音词引起的理解问题,而不太愿意用多音节方式创造新词。

这首先是出于记忆的考虑。一个同音多义词系统,其实也是一个便于记忆的概念系统。根据意义之间的关联划分出不同的意义群,同时利用一个音节来作为一个意义群的核心,由此构成一个以音节统领意义、以一音对多义的词汇系统模型。这个分层次(音节层次和意义层次)、分群组(音节 + 意义)的模型,相对于一个音节只对应于一个意义的模型来,在意义总数不变的前提下,可以少记忆一些音节的发音,所以就记忆总量来说,相对少一些,因此也较有利于记忆,有利于知识的学习和传授。

汉字的系统正是本着分组和分层次的精神构建起来的。

不过,汉字的情况比汉语里词的情况复杂一些。因为汉语的词作为读音和语义的结合体,只包含音和义这两个要素;而汉字则要兼顾构形,是形、音、义三个要素的结合体。汉字里不但有一字多义的现象,还有一字多音的现象。

汉字系统里最基本的构形方法是直观构形法。用这种方法造字时,造字者把自己通过视觉所观察到的对象直接用类似图画的方式描绘出来,传统的"六书"理论称这种方法为"象形"。用象形的方法所造的字,主要涉及人体、动物、植物以及其他自然物体。如:日、月、山、水、鱼、鸟、口、自(鼻)、火、木等(图7-5)。

| 日 | 月 | 山 | 水 | 鱼 | 鸟 | 口 | 自(鼻) | 火 | 木 |
|---|---|---|---|---|---|---|---|---|---|

图 7-5　汉字的象形字举例

直观构形法体现的是造字者对于事物的观察结果,是一种基于直接经验的做法。世界上能够被直接观察到的事物在数量上是有限的,更多的事物是无法直接观察和描画出来的。因此,发现、了解那些事物的特点,根据它们的特点来构造新的汉字,无疑需要更加复杂的思维能力。

　　通过分析对象,找出对象的特点,然后在该对象所处的环境中寻找相关的条件作为参照,加以巧妙利用,从而造出新的汉字,这是分析构形法。传统的"六书"理论称这种方法为"指事"。例如"刀刃"这个对象,它没有特定的形状,只是刀上的一个特定部位。通过分析,该对象所处的环境是刀,可以用象形的方法造出"刀"字,然后用一个符号放在刀刃所处的位置附近,引导读者注意这个位置,帮助读者由此记住这个字形与"刀刃"这个概念的关联(图7-6)。

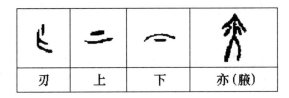

| 刃 | 上 | 下 | 亦(腋) |

图 7-6　汉字的指事字举例

　　如果说指事的方法是分析环境和对象的关系,那么,对两个或更多的事物,或一个事物所具备的若干因素进行分析,并将其中具有典型性的部分提取出来,汇聚在一起而造出新字,则又体现出先民的更为复杂的思维能力。用这样的方法造字,传统的"六书"理论里叫作"会意"。例如表示"休息"这个词的"休"字,音有了,意义也有了,但在造字的时候,如何把握这一行为的特点呢?"休息"是人类的行为,"休息"是非劳作状态,且和家居的情况不同,不是在家睡觉休息,而是在外劳作、征战、远行时临时歇脚、打盹等短暂的休息;这种休息的场所通常都在野外,天晴时在树下或石崖下以避日晒,雨雪时也在树下或石崖下以避湿寒。因此先民选择了一个"人"字和一个表示树木的"木"字,用左右相依的方式组合在一起,通过人在树下这样一个具体的场景,表达"休息"这样一个抽象的概念。在这种造字方法里,包含着一种智慧:将一个事物所具有的内在性质和表现特点,归纳到人们能够理解的日常事物中去。这其中也反映出先民在知识的扩展和传播方面,十分重视利用已经掌握的常识,以保证传承的通俗性和连续性(图7-7)。

　　尽管利用指事、会意的方法可以造出表示抽象事物的字来,但这两种方

| 休 | 明 | 遂 | 采 | 如 | 共 | 尊 | 爨 |
|---|---|---|---|---|---|---|---|

图 7-7　汉字的会意字举例

法和已经谈到过的"象形"的造字方法一样,所关注的都是将要表达的对象自身所具有的特点,如外形特点、环境位置特点、内在性质特点,做到了字形和词义的互相呼应、谐调统一;但却没有利用每一个词都具有的另外一个重要因素:语音。

一般来说,象形、指事、会意这三种构形方法所造出的字,由于没有考虑语音,所以通常都要专门指定一个读音,而读音的指定往往具有任意性。所谓任意性,指所有的象形、指事、会意字的读音的指定并没有一个共同遵循的规则,它们相互之间并不存在具有规律性的联系。因此,这三种方法尽管体现的是极高的创造性智慧和审美能力,却因为忽略了语言的基本要素——声音——而不能满足语言的需要。汉字是记录汉语的,它最终必须服从汉语的需要,必须和汉语的发音建立联系,所谓万变不离其宗;否则它尽可作为一个符号体系存在,却不能成为真正的、能记录语言的文字。

上述三种造字方法的欠缺之处,无疑早已被古人所了解。在"引申"的基础上,有一部分词的引申义越来越常用,使得人们感到有必要把这个引申义升格到"词"的地位上,让它获得独立的资格,并且在书写的时候也给予它一个特殊的待遇——在原来所使用的汉字的基础上,增加一个记号,形成一个新的汉字。这个新造出来的字,利用原汉字的读音来标记出需要独立的词的发音和所属的意义群,同时利用新添的记号来注明这个需要独立的词的意义特点。新的字由两个部分组成,通常左右并立,各站一边,传统的叫法称它们为偏旁。其中主要表示读音、常常兼带表示意义的偏旁叫作"声旁",注明词的意义特点的偏旁叫作形旁。用声旁和形旁结合的方法来造字,在传统的"六书"理论里叫作"形声"。

形声造字法兼顾了读音和意义,同时也从形式上体现和满足了汉语发展过程中通过引申生成新词的"词义构词"的需要,使字形、读音、意义真正融合到了一个符号上,因此它就自然而然地成了汉字造字过程中的常用方法。根据清代学者的统计,在我国第一部系统的字典,即成书于东汉时期的《说文解字》中,象形字只有 364 个,占 3.89%;指事字 125 个,占 1.34%;会意字 1167 个,占 12.48%。三项加起来是 1656 个,占 17.7%。最多的是形声字,有 7697 个,占 82.3%[60]。

东汉学者许慎调查了经籍文献中的汉字使用情况,经过分析和总结,于公元前 100 年写成《说文解字》。该书明确论述了传统汉字学里"六书"的名称、定义,并且一一举例说明;对 9353 个汉字进行了分析,归纳出 540 个形旁作为部首,找出了一千多个声旁。从理论上来说,将这些部首和声旁用"1 + 1"的方式组合起来,可以构成 54 万个形声字。这已经能满足记录汉语中的词的需要了。然而古人的造字方法并非仅此一式。例如以表示右手的象形字"又"作为声旁,加上形旁"肉"可以构成"有"字;再用"有"作为声旁,加上形旁"人"就可以构成"侑"字。这种"(1 + 1) + 1"的构造新字的方式及其所蕴涵的递进式造字逻辑,将形声造字法的造字能力扩大到了几无限制的境地! 由此可知,汉字系统在两千多年前就已经具备了强大的新字生成能力,拥有巨大表达潜能。即使要求做到只用一个字对应一个词,也是完全可以应付的。

现在一般情况下所用的汉字不过 7000 个左右。《汉语大字典》收集的汉字是 5 万多个。有的字典编纂者将俗字、异体字等一概收集入册,总共也只有 10 万来个汉字。然而在古今汉语里,所用到的词语远不止 10 万来个。放着一个具有无限构造能力的偏旁系统不去开发利用,明明可以做到给每一个词配备一个汉字,结果却并非那样。原因何在?

原因还是在汉语里。

前面说了,汉语的音节是有限的。用有限的音节表达几乎无限的概念,必然出现同音词。假设 3700 多个音节全都用上,来表示 10 万个词,平均一个音节就要对应将近 30 个词! 在交流过程中,同音词如果太多,交流时信息的清晰度必然受到影响,造成交流的障碍。一个单音节词如果引申出了太多的意义,就必须将其中若干常用的引申义分立出去。对于需要分立的、通过引申构成的新词来说,可以通过两条途径来进行标记。一条途径是用汉字表示,就是

利用本来的字为声旁,再根据那个需要分立的引申义的语义特点选择合适的
形旁,然后组合成一个新字。例如表示"采摘"的动词"采",本来是一个会意
字——在一个表示"树木"的"木"字上,加一个表示"手向下"的"爪"字,由此
表达出动词"采"这样一个行为(参图7-7)。在这个基础上,引申为用脚踏及
对象的时候,加"足"字旁为"踩"字;引申为用目光看及对象的时候,加"目"字
旁为"睬"字;而表示用手加于对象上进行采摘的时候,就再加一个"手"字旁
为"採"字;原来的"采"字抽象化,用来表示其他暂时不需要分立的意义,如
"采选""采纳""采听"等。此外,这个"采"字还分立出名词"埰"、形容词"彩"
等。不过这些新字的读音有的后来发生了变化,不完全相同了,但在当时,同音
的问题仍然没有从根本上解决。而且形体相近的汉字多了,对于学习和使用都
会带来麻烦。因此要考虑另外一条途径,就是改变词的单音节形式,使之变为双
音节或多音节的词。例如"采",将它和别的已经拥有自己的字形、意义上又相辅
相成的词构成一个多音节词,变成"采集""采摘""采择""采采""采地""文采"
"光采"等,这样一来,不必增加需要识读的汉字数目,又避免了单音节词的同音
问题。

显然,汉语的数千个音节经过组合而形成的构词能力,丝毫也不逊色于有
巨大构形潜力的汉字系统。而这种"以词表词"的方式所具有的不需要增加汉
字识读量的优点,以及它可以区别同音词的优点,则是通过"以字表词"的方式
来产生新字的"形声造字法"所望尘莫及的。

因此,汉语的词汇系统自然地向多音节化发展,而汉字应用系统中字的数
量也随之相对稳定下来,在不同的时代均基本保持在七千字左右,其中最常用
的部分虽然因时代的不同而在字种上有些出入,但在字量上却始终维持在三
千字左右。例如《史籀篇》存字223个,《苍颉》(五十五章本)有字3300个,
《苍颉训纂》收字2040个,《急就篇》收字3144个,《干禄字书》收正体字903
个,《五经文字》连异体字在内共收3235个,流传广、影响大的《三字经》《百家
姓》《千字文》三书一共1596个字。这个数量的汉字,通过小学阶段的学习完
全可以掌握;值得注意的是,由这三四千汉字所构成的汉语词汇,却占了日常
交际所用词汇的95% 。

当形声造字法被发明出来以后,汉字就具备了满足汉语一切需要的能力。

　　当复合构词方法被发明出来以后,汉语词汇的生成能力就可以满足交际中所有的需要了。

　　至此,可以说汉语及其记录工具汉字都已经发展到了成熟的阶段。这个阶段的完成,至少可以上溯到《说文解字》成书的时代——东汉。

　　汉字是中华文明的重要载体,虽然中国地域辽阔,各地方言差异相当大,但汉字的独特系统使之可以通行于不同的方言区。汉字在相当大的程度上影响着中华民族的思维方式、文学表现方式,进而维护着中华文明的连续性,对中国的统一起了十分重要的作用。

## 注　释

〔1〕　古书里"仓颉"又常常写作"苍颉"。

〔2〕　有关仓颉传说的文献材料,周澍《仓颉传说汇考》(《文学年报》1941 年 7 期)收集较多,可以参看。

〔3〕　唐兰《中国文字学》对此说进行过批判,上海古籍出版社 1979 年据开明书店 1949 年版重印,第 53—54 页。以下凡引本书不再注版本。

〔4〕　上海古籍出版社,2002 年。

〔5〕　很可能由于"仓颉造字"在战国晚期是比较流行的一个说法,而战国晚期的人一般认为远古时候没有文字,因而在记载关于远古的传说时,把"仓颉"删掉或改成别的名字了。李零先生认为《汉书·古今人表》中的"卷须氏"可能是"仓颉氏"之误,见上引书第 250 页。战国时代的人有没有这样的做法,也是值得考虑的。下面我们要引到的《庄子》里的话,在"轩辕"之前是"骊畜"而不是"仓颉",这是不是已经被改掉的情况,有待进一步研究。

〔6〕　此段分析参考了李万福、杨海明《图说文字起源》第 84 页的说法,重庆出版社,2002 年。

〔7〕　参看唐兰:《中国文字学》第 54—56 页;裘锡圭:《汉字的起源和演变》,《中国古代文化史》(一),北京大学出版社,1989 年,第 126—128 页。

〔8〕　河南省文物研究所:《河南舞阳贾湖新石器时代遗址第二至六次发掘简报》,《文物》1989 年 1 期,第 12 页。

〔9〕　对新石器时代各种符号综述性的论著,可以参看陈昭容《从陶文探索汉字起源问题的总检讨》,《中研院史语所集刊》第 57 本第 4 分,1986 年;陈全方《周原出土陶文研究》"我国出土的西周以前的陶文简表",《文物》1985 年 3 期,第 72—75 页;王蕴智:

《史前陶器符号的发现与汉字起源的探索》,《华夏考古》1994 年 3 期;李万福、杨海明:《图说文字起源》,重庆出版社,2002 年,第 162—170 页。

〔10〕 见裘锡圭:《文字学概要》,商务印书馆,1988 年。

〔11〕 西安半坡陶器上的刻画符号选自《西安半坡》第 103 图,西安半坡博物馆编,文物出版社,1982 年。临潼姜寨陶器上的刻画符号选自《姜寨》。

〔12〕 转引自裘锡圭:《究竟是不是文字——谈谈我国新石器时代使用的符号》,《文物天地》1993 年 2 期。

〔13〕 载《中研院史语所集刊》第 50 本,1979 年。

〔14〕 参看《大汶口文化讨论文集》中所收的唐兰、于省吾、高明等人的文章,齐鲁书社,1979 年。

〔15〕 裘锡圭:《汉字形成问题的初步探索》,《中国语文》1978 年 3 期。

〔16〕 汪宁生:《从原始记事到文字发明》,《考古学报》1981 年 1 期;姚孝遂:《古文字的符号化问题》,《古文字学论集初编》,香港中文大学出版社,1983 年;高明:《论陶文兼谈汉字的起源》,《北京大学学报》1984 年 6 期。

〔17〕 汪宁生:《从原始记事到文字发明》,《考古学报》1981 年 1 期,参看第 12、15、23 页的相关介绍。

〔18〕 裘锡圭:《究竟是不是文字——谈谈我国新石器时代使用的符号》,《文物天地》1993 年 2 期,第 28 页。

〔19〕 李乔:《再次证明半坡陶文是古彝文始祖》,《贵州民族学院学报》1992 年 1 期。

〔20〕 裘锡圭:《究竟是不是文字——谈谈我国新石器时代使用的符号》。

〔21〕 杨建芳:《汉字起源二元说》,《中国语文研究》1981 年 3 期。

〔22〕 同注〔20〕。

〔23〕 李万福、杨海明:《图说文字起源》,重庆出版社,2002 年,第 54 页。

〔24〕 上引李孝定《再论》一文,第 461 页;又见上引陈昭容文。葛英会《筹策、八卦、结绳与文字起源》也持类似的观点,文载北京大学古代文明研究中心《古代文明研究通讯》2002 年 13 期。

〔25〕 见上引汪文《从原始记事到文字发明》。

〔26〕 参看裘锡圭《究竟是不是文字——谈谈我国新石器时代使用的符号》、李万福《汉文字学新论》(重庆出版社,1998 年)、魏晓明、汪清《汉字产生时代的历史考察》,《安徽史学》2000 年 4 期;饶宗颐《符号、初文与字母——汉字树》(上海书店出版社,2000 年)第 44、48、56 页也对这些排列成行的符号进行了列举,可以参看。

〔27〕 据余杭县文管会《余杭县出土的良渚文化和马桥文化的陶器刻划符号》图五,《东南

文化》1991 年 5 期,第 184 页。

〔28〕 见《中国文物报》1993 年 1 月 3 日 3 版。

〔29〕 见《中国文物报》1993 年 9 月 5 日。

〔30〕 张敏:《从史前陶文谈中国文字的起源与发展》,《东南文化》1998 年 1 期,第 47 页。

〔31〕 《考古发现与中国文字起源》,《中国文化研究集刊》2 辑,复旦大学出版社,1985 年,第 108 页。

〔32〕 同注〔20〕。

〔33〕 同注〔23〕,第 142—143 页。

〔34〕 同注〔10〕,第 1 页。

〔35〕 陈昭容《从陶文探索汉字起源问题的总检讨》对符号出现的位置有较多的总结,可以参看。

〔36〕 同注〔20〕。

〔37〕 李学勤:《考古发现与中国文字起源》,《中国文化研究集刊》2 辑,复旦大学出版社,1985 年,第 109 页。

〔38〕 同注〔20〕。

〔39〕 参看裘锡圭《究竟是不是文字——谈谈我国新石器时代使用的符号》对丁公陶文的分析。

〔40〕 参看卢丁《汉字的起源及早期发展》,《四川大学学报》1991 年 3 期;李万福:《汉字起源问题览要》,《重庆教育学院学报》1992 年 4 期;李万福:《汉文字学新论》第 85—86 页;李立新:《"河图洛书"与汉字起源》,《周易研究》1995 年 3 期;李先登:《试论中国文字之起源》,《天津师范大学学报》1985 年 4 期。

〔41〕 参看裘锡圭《汉字的起源和演变》第 138 页相关的论述。

〔42〕 具体情况请参看李万福、杨海明《图说文字起源》第五章。

〔43〕 此节的撰写主要参考了裘锡圭先生的几种论著:《文字学概要》,商务印书馆,1988 年;《汉字的起源和演变》,载《中国古代文化史(一)》,北京大学出版社,1989 年;《殷墟甲骨文在文字学上的重要性》,《古文字学论集》,东文选(韩国),1996 年;《从文字学角度看殷墟甲骨文的复杂性》,载《中国学研究》第十辑,淑明女子大学中国学研究所,1996 年。

〔44〕 陈梦家:《殷虚卜辞综述》,中华书局,1986 年,第 75 页。

〔45〕 甲骨文单字的统计,据李宗焜《甲骨文字表》,北京大学博士学位论文,1995 年;沈建华、曹锦炎:《新编甲骨文字形总表》,香港中文大学出版社,2001 年。

〔46〕 同注〔10〕。

〔47〕 裘锡圭:《释殷墟甲骨文里的"远""狋"(迩)及有关诸字》,《古文字论集》,中华书局,1992年,第1—10页。

〔48〕 参看黄天树《略论甲骨文中的"省形"和"省声"》,待刊稿,2002年。

〔49〕 董作宾:《从么些文字看甲骨文》,《中国现代学术经典·董作宾卷》,河北教育出版社,1996年,第585页。

〔50〕 此段文字参考了林沄《关于甲骨文"字素"和"字缀"的一些问题》,《中国古文字研究》第一辑,吉林大学出版社,1999年。

〔51〕 林沄:《关于甲骨文"字素"和"字缀"的一些问题》,《中国古文字研究》第一辑,吉林大学出版社,1999年。

〔52〕 同注〔10〕。

〔53〕 更多的例子参看裘锡圭《古代文史研究初探》,江苏古籍出版社,1992年,第263—264页。

〔54〕 孟维智:《汉字起源问题浅议》,《语文研究》1980年1期,第106—108页。

〔55〕 徐中舒、唐嘉弘:《关于夏代文字的问题》,中国先秦史学会编《夏史论丛》,第127、140页。认为汉字形成于商代的,还有卢丁《汉字的起源及早期发展》,《四川大学学报》1991年3期;姜可瑜:《殷墟文字形成假说》,《文史哲》1992年2期;孙华:《关于汉文字形成的几个问题》,油印稿,中国古文字研究会第五届年会论文;李万福、杨海明:《图说文字起源》,重庆出版社,2002年。

〔56〕 裘锡圭:《汉字形成问题的初步探索》,已收入《古代文史研究新探》,江苏古籍出版社,1992年。

〔57〕 郭锡良:《汉语史论集》,商务印书馆,1997年,第133页。

〔58〕 同注〔57〕,第134页。

〔59〕 郭锡良:《汉字古音手册》,北京大学出版社,1986年,第4页。

〔60〕 朱骏声:《说文通训定声·说文六书爻列》,武汉市古籍书店,1983年,第18—24页。

# 第八章　商周时期的宗教与信仰

从文化上来说,商和西周时期总体上仍然处在一个帝与天的时代。关于它们的信仰普遍地存在着,帝与天被认为是控制着人间发生的一切重大事务,祖先因为与帝与天的联系也在崇拜和祭祀体系中占有重要的位置。但人的因素也在逐渐地增加着,道德、知识、技术等都被认为可能影响帝或者天的意志。人们相信通过某些技术,例如龟卜和筮占,可以了解甚至影响天的意志,因此此类技术在天子或者诸侯的朝廷中都备受重视,在官方的意识形态中具有关键的位置。

## 第一节　天神与祖先崇拜

祭祀系统　帝与天　祖先的意义

对于自然物以及灵魂等的信仰和崇拜,是古代社会中的普遍现象。自然物崇拜的一个重要表现就是图腾的崇拜,它曾经广泛存在于各个原始文化之中。就古代中国的情形而言,《左传·昭公十七年》所记郯子之语:"昔者黄帝氏以云纪,故为云师而云名;炎帝氏以火纪,故为火师而火名;共工氏以水纪,故为水师而水名;大皞氏以龙纪,故为龙师而龙名。我高祖少皞挚之立也,凤鸟适至,故纪于鸟,为鸟师而鸟名。"内中的以云、火、水、龙、鸟等形象为纪,一般被历史学家看做是图腾崇拜的体现。

根据《周礼》的记载,先民通过祭祀表现出来的信仰和崇拜的对象可以区分为三类:天神、地祇和人鬼[1]。这个体系至少在殷商时代就已经存在,陈梦家曾经如此归纳见于甲骨文的殷人所祭祀的对象：

一、天神：上帝、日、东母、西母、云、风、雨、雪；
二、地祇：社、四方、四戈、四巫、山、川；
三、人鬼：先王、先公、先妣、诸子、诸母、旧臣。[2]

天神指日月星辰以及主管风雨等自然现象之神，地祇则以山川之神等为主，人鬼基本上是死去的祖先。天神等之所以能够赢得人们的信仰和祭祀，是因为古人相信它们可以对人类的生活发生重大的影响。如《左传·昭公元年》所说：

山川之神，则水旱疠疫之灾，于是乎禜之；日月星辰之神，则雪霜风雨之不时，于是乎禜之。

这里提到的是天神和地祇，它们可以引起水旱或者瘟疫等灾祸，以及不合时宜的风雨等，于是需要人类通过祭祀活动来求福避祸。

由于文献的缺乏，天神等的崇拜在殷商之前的情形我们不能确知。如果我们相信《尚书·舜典》中的记载："正月上日，受终于文祖，在璇玑玉衡，以齐七政。肆类于上帝，禋于六宗，望于山川，遍于群神。"以及《甘誓》所说："用命，赏于祖；弗用命，戮于社。"那么，在夏代之前，就已经有对天地山川和祖先的系统祭祀。在上引的材料中，上帝与六宗代表天，山川群神以及社代表地，祖则是祭祀先祖的地方。因此，殷商以及后来周代的祭祀不过是对这一传统的继承和发展。殷商的情形已见上述，周代看起来仍然是沿用了天地人的三重结构。陈来根据《周礼·大宗伯》的记载将周代的神祇归纳为如下的三类：

天神：天、昊天、上帝、帝、五帝、日月、星辰、司命、司中、风师、雨师；
人鬼：先王、先公、先妣、先祖、祖庙；
地示：地、社稷、四望、五祀、五岳、山林、川泽、四方四物、群小祀。[3]

与殷商时代相比，除了祭祀范围的扩大之外，最重要的区别是作为至上神的天的观念的出现。在卜辞中,类似的角色似乎是帝。帝掌管着风雨等自然现象,譬如"帝其令风""帝其令雨"等,同时也负责着人间的祸福,包括王的命运。帝的住所应该是在天上的,所以又有上帝之名。郭沫若发现:"卜辞称至上神为帝,为上帝,但决不曾称之为天。"[4]由此引起了关于帝与天的关系的思考。郭沫若认为作为至上神的帝同时也是殷民族的宗祖神,也就是帝喾[5]。张光直也认为帝或上帝和先祖之间关系密切,他说:"事实上,卜辞中的上帝和先祖的分别并无严格清楚的界限,而我觉得殷人的帝很可能是先祖的统称或是先祖观念的一个抽象。"[6]

不过,陈梦家却认为帝是昊天的别称[7]。因此在关于帝的认识上,就存在着天神和祖先神的分歧。无论如何,作为至上神的帝在周代被天所取代,它和祖先神之间的区别是显而易见的。在周代的祭祀体系中,天或者昊天是最重要的,帝在某种意义上可以说是天的别名。《周书·召诰》中的"皇天上帝"和《诗·大雅·云汉》的"昊天上帝"之称似乎都能显示这一点。天对人间的事务,从政权的更迭到人的寿夭祸福都起着决定性的作用,所以得到人们的特别推崇。只有天子才有祭天的资格,《礼记·王制》说:

> 天子祭天地,诸侯祭社稷,大夫祭五祀。天子祭天下名山大川。五岳视三公,四渎视诸侯。诸侯祭名山大川之在其地者。

因此祭天成为人王受命的一个象征。祭天的活动被称做"禘郊之事",所谓的"禘",就是对上帝的祭祀。《礼记·丧服小记》说:"礼,不王不禘。"又说:"王者禘其祖之所自出,以其祖配之。"其祖之所自出就是其祖所出之上帝,祭祀时以其祖配祭。郊礼不同,它配祭的对象是日月等,《礼记·郊特牲》说:

> 郊之祭,迎长日之至也,大报天而主日。

《祭义》说:

> 郊之祭,大报天而主日,配以月。

"报"的观念显示出周人实际上把天看作是人的来源，所以祭祀天被看作是报本反始的行为。对照《诗·大雅·烝民》"天生烝民，有物有则"之说，周人实际上还把天看作是秩序和价值等的源头。

祖先崇拜在古代中国文明中是一个重要的现象。它的发生当然是建立在对血缘关系的普遍承认与肯定之上，所以这基本上是定居生活以后的产物。同时，它还需要死后灵魂不灭的观念作为基础。最早出现的祖先似乎是女性，从传说中的伏羲氏之母华胥，一直到殷母简狄，周母姜嫄，都透露出这种信息。男性祖先的崇拜，至少从夏代开始就存在了。《甘誓》上所说的"用命，赏于祖"，显示出祖先祭祀场所的存在。到了殷商的时代，通过卜辞，我们可以了解对祖先的信仰和祭祀乃是其信仰和祭祀体系中的重要部分。相对于自然神而言，卜辞中记载更多的是对祖先的祭祀，这包括男性祖先和女性祖先。祭祀祖先有各种不同的名目，它们依次进行，周而复始，谓之周祭。这里有对单个祖先的祭祀，也有众多祖先的合祭。对于前者而言，祭祀的日子一定与此先祖的庙号保持一致。如大乙的祭祀当在乙日，上甲的祭祀应该是在甲日等，以此类推。至于庙号何以用天干，历来说法不一。有生日说，死日说，祭次说和卜选说等，难以定夺。

商人的祭祀祖先，是因为他们相信成为鬼神的祖先对人间仍然有赏罚的能力。这种能力也许主要来自于他们与作为至上神的帝或者上帝之间的联系。从卜辞的记载来看，祖先是时王和帝之间的一个重要媒介。陈梦家说："先公先王可上宾于天，上帝对于时王可以降祸福，示诺否，但上帝与人王并无血缘关系。人王通过先公先王或其他诸神而向上帝求雨祈年，或祷告战役的胜利。"[8]先公先王在死后登天，宾于帝所，在帝左右，这使他们分享了上帝具有的某些权力。从卜辞上来看，人王并不能直接和帝沟通，这使得祖先的中介角色不可或缺。如果按照张光直等的说法，上帝和祖先是二而一的话，那么祖先崇拜在整个殷商信仰体系中的地位就更加重要。

祖先的信仰和祭祀在周代非常突出。从天子至于庶人的各个阶层都要祭祖，虽然其规模和制度不同。《礼记·王制》说：

> 天子七庙,三昭三穆,与太祖之庙而七。诸侯五庙,二昭二穆,与太祖
> 之庙而五。大夫三庙,一昭一穆,与太祖之庙而三。庶人祭于寝。

可见对祖先的祭祀有严格的等级区分。自大夫以上都有庙,而庶人无庙。这之中,太祖之庙是最重要的。所谓太祖,也就是所自出之祖,对于周人而言,就是文王。《礼记·祭法》曾经记载:

> 有虞氏禘黄帝而郊喾,祖颛顼而宗尧;夏后氏亦禘黄帝而郊鲧,祖颛
> 顼而宗禹;殷人禘喾而郊冥,祖契而宗汤;周人禘喾而郊稷,祖文王而宗
> 武王。

这里提到的禘、郊、祖、宗,实际上包含了天神与祖先两类祭祀。禘和郊的对象是天,而以祖宗配享。祖和宗的对象则是有直接血缘关系的先祖。

殷人的祖先信仰带有很强的功利色彩,道德的意味相对淡薄。祭祀祖先的主要目的是想通过取悦先王先公等获得庇护,避免灾难。与此相比,周人有着明显的不同。按照《国语·鲁语上》所记展禽之说:"夫圣王之制祀也,法施于民则祀之,以死勤事则祀之,以劳定国则祀之,能御大灾则祀之,能捍大患则祀之。非是族也,不在祀典。"[9]祖先的祭祀实际上主要是针对有功烈于民者而言。这里当然有血缘关系的肯定,但同时发展出对道德价值的肯定。这种变化,与周初开始的天命与德结合的趋势是一致的,显示出早期宗教文化中越来越多的人文理性因素。

值得提及的还有周人对祖先与天的关系的认识。很显然,祖先和天是不同的,但是,周人对祖先的理解,有一点和殷人是一致的,就是他们都和至上神之间有着密切的关系。对于殷人来说,是祖先和上帝的联系。对于周人,则是天或者帝。《诗·大雅·文王》:"文王在上,於昭于天……文王陟降,在帝左右。"显示出先祖和天、帝的密切关系。这种关系,实际上是人和天之间联系的重要桥梁和纽带。

# 第二节 筮占与周易

龟卜与筮占 周易的象与辞 筮法 春秋时期的《周易》筮占 象与辞的独立使用

以某些方式来推测天意,从而影响人的行为,是世界文明史上的普遍现象。其中的根本原因,当然是出于对天的信仰。就古代中国来说,天的信仰是非常突出和普遍的,我们很容易在古代的经典如《尚书》《诗经》等书中发现这样的内容。随之而来的,推测天意的活动也比较发达,其方式也多种多样,譬如星占、式占、梦占、五行等等,其中龟卜和筮占无疑是重要的两类。所以在据说是箕子为武王所陈的治国大法《尚书·洪范》中就专门把它们提了出来,认为当君主有大疑问的时候,就应该谋及卜筮。而且在五种影响决定的因素(君主、卿士、庶民、龟卜和筮占)中,居于最重要的地位。因此,卜筮也成了古代王官之学中的重要组成部分,而由卜史等所执掌,并在君主或者贵族们有疑问的时候,成为非常有影响的决疑手段。

龟卜和筮占是不同的。它们有各自不同的发展历史,使用不同的材料,运用不同的方法。龟卜的主要材料是龟甲,尤其是腹甲,有时候在龟甲难以获得的时候,也会用牛或猪等较大型动物的骨头来代替。卜人通过对于龟的各种攻治,譬如刮削、凿孔、火灼等一系列程序,最后在龟甲上呈现出兆纹来,这就是所谓的象(彩图11)。古人相信,天意或者吉凶正是通过象来暗示的。龟卜的历史至少可以追溯到殷商的时代,人们熟知的甲骨文就是刻在龟甲或者兽骨上的文字,主要就与占卜有关。而与龟卜相关的骨卜的历史就早得多,譬如龙山文化的遗址中就多次发现卜骨[10],商代也用兽肩胛骨占卜(彩图12)。

筮占的主要材料是蓍草。相比起龟来,它应该更容易获得一些。同时在操作的方式上,也较龟卜简易得多。从后来在《系辞传》中记载的筮法来看,筮占主要是通过蓍草的数目变化来确定卦象,以显示吉凶。在筮占活动中,比较起龟卜来,出现了一个新的因素,这就是数字。《左传·僖公十五年》记载晋国的韩简说:"龟,象也;筮,数也。"指出的正是这一事实。这也是龟卜和筮占的一个主要区别。数字的加入使得占筮有了更多的理性化和规范化的意义,这一方面体现出卜筮的进步,同时也体现出人类理性思维的发展。

龟卜和筮占的方法都是很多的。《周礼》上记载说,太卜掌三兆之法,玉兆、瓦兆和原兆。又掌三易之法,是《连山》《归藏》和《周易》。根据后来经师们的解释,这三种不同的龟卜或者筮占的方法,应该分别出现于不同的时代,或者由不同地区的人们所使用。但在周代,它们是并存共用的。遇到大事需要卜筮的时候,三种方法可以一起使用,如《洪范》所说:"三人占,则从二人之言。"关于三兆之法,由于书缺有间,我们不能清楚地了解,但从《周礼·春官·大卜》"其经兆之体,皆百有二十,其颂皆千有二百"来看,它们应该是大同小异的。三易之法中,《周易》流传最广,影响最大,人们对它的认识也最多。《连山》和《归藏》久已佚失,幸运的是,在20世纪90年代湖北王家台秦代墓地的发掘中,《归藏》重现于世。其中的卦名与《周易》有同有异,也由六十四卦组成,包含有卦辞和爻辞[11]。这证实了《周礼》所谓三易"其经卦皆八,其别六十有四"的记载,也说明"三易之法"之间应该有互相联系和影响的事实。

在筮占的传统中,对后来影响最大的当然是《周易》一系。这种影响力一方面表现在周代甚至后世的筮占以《周易》为主的事实,另一方面,由于后来以儒家为主的对于《周易》的理性化的解释,使得它渐渐脱离原来王官学的藩篱,从筮占的工具书变成了古代中国的人文经典。这种变化是极具象征性的,它可以作为一个很好的例子,来说明中华文明在此一时期从王官之学到诸子学的演进,以及中华文明发展过程中寓突破于连续性之中的特点。

作为筮占的工具书,《周易》在内容上与其他的文献有着明显的不同。一般的文献都只有文字,而《周易》除了文字之外,还有所谓的象。象的存在,当然与其筮占的性质有关。大体说来,象可以区分为卦象和爻象两种,其中卦象又包括八卦之象和六十四卦之象,前者是三画卦,分别是乾、坤、震、艮、坎、离和兑、巽。后者是六画卦,可以由八卦两两相重而构成。爻象指的是六画卦中每一爻的位置和属性,如它是阴爻还是阳爻,或者是居于从初到上的六位中的哪一个位置。无论是卦象,还是爻象,都由两个基本的符号"一"和"--"构成,它们被称做奇画和偶画。辞是指系在象(八卦除外)后面的文字,又随象分为卦辞和爻辞两种。从其本意来看,卦辞的作用在于揭示该卦的吉凶,爻辞则揭示该爻的吉凶。所以,卦爻辞中多有表示吉凶休咎的文字,如利,不利,吉,凶,无咎等。有些虽然没有这些直接的表示休咎的文字,但也会用暗示性的语言显示吉凶,如"舆说辐,夫妻反目"之类。

构成《周易》一书的基本单位是卦,这指的是六画卦。《周易》共有六十四卦,两两相对,所以分为三十二对,如乾坤、泰否等。其排列的顺序,唐代的孔颖达曾指出是遵循着"非覆即变"的原则。所谓覆,指的是两卦的卦象正相颠倒,如屯之于蒙。所谓变,指的是两卦的卦象正相反对,如乾之于坤。这种安排一方面体现着古人对于对立现象的认识,另一方面恐怕主要是出于方便记忆的考虑。每一卦,就其内容而言,包括卦象、卦名、卦辞和爻辞这四个部分。以乾卦为例:

　　　　☰乾:元亨,利贞。

　　　　初九:潜龙,勿用。

　　　　九二:见龙在田,利见大人。

　　　　九三:君子终日乾乾,夕惕若,厉,无咎。

　　　　九四:或跃在渊,无咎。

　　　　九五:飞龙在天,利见大人。

　　　　上九:亢龙有悔。

其中乾是卦名,"乾"字前面的是卦象。后面的"元亨,利贞"是卦辞。"潜龙勿用"等是爻辞。

筮法指的是占筮所用的方法。就《周易》而言,用于筮占首先是要通过一定的方法得到某一卦的卦象,然后再根据具体情形来判断吉凶。确定卦象的方法就是筮法。关于《周易》的筮法,最早记录的是战国以后出现的解释《周易》的《系辞传》。其中有一段话说:

　　大衍之数五十,其用四十有九。分而为二以象两,挂一以象三。揲之
以四以象四时,归奇于扐以象闰,五岁再闰,故再扐而后挂。……是故四
营而成易,十有八变而成卦。

　　这是说,筮占的时候,首先准备五十根蓍草,但实际使用的只有四十九根。然
后经过分二、挂一、揲四和归奇等程序,经过一系列的数字运算,得到九、六、
七、八这四个数字中的一个。其中九和七属于奇数,六和八属于偶数。奇数确
定的是阳爻,偶数确定的是阴爻。九和七、六和八的区别在于,由九和六确定
的爻是可以变化的,七和八确定的爻则是不变的。变爻和不变爻的意义在占
法即判断吉凶的方法中会表现得非常突出。遗憾的是,关于《周易》的占法,我
们没有较早的文献可以征引。后人曾经根据春秋时期的筮例试图复原,但未
必准确。

　　在周代的筮占活动中,《周易》无疑是最流行和最有影响力的。周初的材
料较难发现,但是西周青铜器和甲骨中发现的大量数字卦,学者认为应该与
《周易》有关,可以看作是当时人们以《周易》进行筮占的证据(图8-1)。春秋
时期的情形,我们可以通过《左传》和《国语》等来了解,这两部书记载了一些
时人筮占的例子,其中大部分与《周易》有关。从中可以看出,负责占筮的主要
是史、周史、卜等,偶尔也有贵族直接筮占的例子,如《国语·晋语四》中提到的
公子重耳,不过,到判断吉凶时,似乎仍然要请教卜史这些专门的官员[12]。这
说明在这个时候,《周易》仍然是专属于卜史等神职官员的书籍,总体上不出王
官之学的范围。

　　此时《周易》的用途当然是以筮占为主的。大部分的记载仍然是有关用
《周易》来占吉凶的内容,并极力渲染它的神奇。如《左传·庄公二十二年》提
到后来在齐国得势的田成子的祖先陈国公子敬仲时说:

　　陈厉公,蔡出也,故蔡人杀五父而立之,生敬仲。其少也,周史有以
《周易》见陈侯者,陈侯使筮之,遇观☷☴之否☰☷,曰:是谓"观国之光,利用
宾于王"。此其代陈有国乎? 不在此,其在异国。非此其身,在其子孙。
光,远而自他有耀者也。坤,土也;巽,风也;乾,天也;风为天于土上,山

图 8-1　西周初年的数字卦,陕西周原出土青铜觚腹内铭文

也。有山之材,而照之以天光,于是乎居土上,故曰"观国之光,利用宾于王"。庭实旅百,奉之以玉帛,天地之美具焉,故曰"利用宾于王"。犹有观焉,故曰"其在后乎"! 风行而著于土,故曰"其在异国乎"! 若在异国,必姜姓也。姜,大岳之后也。山岳则配天。物莫能两大,陈衰,此其昌乎!

这是可以反映春秋时期《周易》筮占情形的典型例子。此中特别提到《周易》,并标明是周史,显然有区分不同筮占方法的意义[13]。"观国之光,利用宾于王"是观卦六四爻辞,其吉凶的意义当然是很明显的。值得注意的是周史对于该爻辞的说明,完全是从卦象出发寻找出它的依据。可知当时人们的了解,确实是把象视为辞的基础。

但是,围绕着《周易》的新的倾向也出现了。这一方面是指筮占中"德"的成分的增加,另一方面,《周易》在筮占之外也获得了它的意义空间。前者看来是体现着周初以来的天命与德治相结合的传统的发展,也就是说,天的意志与道德并不是相违背的,"皇天无亲,惟德是辅"。这样的对于筮占的理解见于《左传·襄公九年》:

穆姜薨于东宫。始往而筮之,遇艮䷳之八,史曰:"是谓艮之随䷐。随,其出也,君必速出!"姜曰:"亡! 是于《周易》曰:'随,元亨利贞,无咎。'元,体之长也;亨,嘉之会也;利,义之和也;贞,事之干也。体仁足以长人,嘉德足以合礼,利物足以和义,贞固足以干事。然,故不可诬也。是以虽随无咎。今我妇人，而与于乱，固在下位，而有不仁，不可谓元。不靖国家，不可谓亨。作而害身，不可谓利。弃位而姣，不可谓贞。有四德者，随而无咎。我皆无之，岂随也哉？我则取恶，能无咎乎？必死于此，弗得出矣！"

在这个很有名的例子中，穆姜根据"德"的因素，否定了筮占的结果。这里对卦辞"元亨利贞"的解释，不是着眼于卦象，而是对其德义的发挥，代表了《周易》之用的一个新的方向。

另一个例子见于《左传·昭公十二年》：

南蒯之将叛也……枚筮之，遇坤䷁之比䷇。曰："黄裳元吉。"以为大吉也。示子服惠伯，曰："即欲有事，何如？"惠伯曰："吾尝学此矣，忠信之事则可，不然，必败。外强内温，忠也；和以率贞，信也。故曰'黄裳元吉'。黄，中之色也；裳，下之饰也；元，善之长也。中不忠，不得其色；下不共，不得其饰；事不善，不得其极。外内倡和为忠，率事以信为共，供养三德为善，非此三者弗当。且夫《易》不可以占险，将何事也？且可饰乎？中美能黄，上美为元，下美则裳，参成可筮。犹有阙也，筮虽吉，未也。"

"《易》不可以占险"，对于《周易》筮占的范围就给予了限制。这个限制实际上是把占筮和《周易》纳入到政治或者道德秩序中去，也就是纳入到德义中去。子服惠伯对于爻辞的理解，和穆姜一样，不是基于卦象，而是着眼于"德"。

从身份上来看，无论是穆姜还是子服惠伯，都不是专门负责卜筮的官员。这种情形也许表明，从《周易》中发展出的新的倾向主要地并不是由卜史们来完成的。由于习惯或者传统的因素，卜史们仍然主要地固守着王官之学的藩篱。

《周易》在筮占之外获得意义空间，指的是在春秋时期出现的一种仅仅依据卦象或者卦爻辞来说明人事的现象。在筮占之外，卦象和卦爻辞获得了独立的意义和价值。《左传·宣公十二年》记载知庄子的话说：

知庄子曰："此师殆哉！《周易》有之，在师䷆之临䷒，曰：'师出以律，否臧，凶。'执事顺成为臧，逆为否。众散为弱，川壅为泽。有律以如己也，故曰律。否臧，且律竭也。盈而以竭，夭且不整，所以凶也。不行之谓临，有帅而不从，临孰甚焉？此之谓矣！"

"师出以律，否臧，凶"是师卦初六爻辞，是说军队出行要有法纪，否则就会有危险。知庄子此处引用爻辞，与筮占无关，仅仅是以其作为立论的依据。其他如《左传·襄公二十八年》子大叔引用复卦上六爻辞"迷复，凶"来说明楚子将死等，也属于此类。根据卦象来引申或者说明哲理的例子如《左传·昭公三十二年》的记载：

（史墨）对曰："……社稷无常奉，君臣无常位，自古以然。故诗曰：'高岸为谷，深谷为陵。'三后之姓，于今为庶，主所知也。在《易》卦，雷乘乾曰大壮䷡，天之道也。"

大壮卦的卦象是震上乾下，震为雷，为臣；乾为天，为君。震上乾下象征雷乘乾，史墨引此来说明君臣可以易位，这与筮占也没任何关系。此外，昭公元年所记医和所说"在《周易》，女惑男、风落山谓之蛊䷠"，也有同样的意义。

在上面提到的几个例子中，我们可以发现一个值得注意的现象。引用卦爻辞以引申哲理者如知庄子或者子大叔，都并不属于卜史之列。而引用卦象者如史墨和医和正好相反。这个现象也许反映了一个事实，即卦爻辞比较起卦象来流传的范围要更广泛一些，也更容易为人们所掌握。同时，在卦爻辞的解释和发挥中，人道的意义要更丰富一些。而卦象由于和自然的事物直接相关，会引申出更多的关于天道的问题。春秋时期人们对于卦象和卦爻辞的解释，为后来《易传》的出现奠定了基础。

# 第三节　占星术

天事恒象　星占实例　分野理论　古代天文学的萌芽

对天的信仰驱使着人们通过各种方法来了解天意,从而发展出不同的通天的办法和技术,占星术就是其中重要的一种。这是一种普遍流行在古代文明诸如古巴比伦、古埃及和古希腊中的信仰和技术。就中国的情形来说,占星术的基础是古代社会普遍相信的"天事恒象"(《左传·昭公十七年》记申须语)或者"天事必象"(《国语·周语》)的观念。按照这个观念,天的意志一定会通过某种形式的天象表现出来。因此,人们也就可以反过来通过天象来了解天意。《易传》中"天垂象,见吉凶"的说法,就是对占星术理论基础的一个很好表达。

占星术的出现无疑需要一定的知识背景,古代中国天文学的发达满足了这一条件。反过来,占星术的实践也为天文学的发展提供了新的动力。就对天象的认识而言,古代中国有着十分悠久的历史。司马迁在《史记·天官书》中说:

> 昔之传天数者,高辛之前,重、黎;于唐虞,羲、和;有夏,昆吾;殷商,巫咸;周室,史佚、苌弘;于宋,子韦;郑则裨灶;在齐,甘公;楚,唐昧;赵,尹皋;魏,石申。

所谓传天数者,也就是负责观察天象并发现其中规律的人,他们中很多就是著名的占星术士。譬如这里提到的石申和甘公,都有星经传世,《晋书·天文志》中多见称引。裨灶的事迹则屡见于《左传》,很多是用天象来预言人事的吉凶。按照司马迁这里的说法,关于天象的知识甚至可以追溯到三代以前,颛顼时候的重和黎。《国语·楚语》中曾经记载颛顼令南正重司天以属神,火正黎司地以属民,也就是负责天地和神民之间的沟通,这颇有些占星术士的影子。关于羲、和的记载也见于《尚书·尧典》,他们遵照尧的意志,历象日月星辰,敬授民时。这似乎主要和农事有关,但以古代的情形来推论的话,其工作也应该和天人之间的神秘联系不无关系。在甲骨文中,有很多关于日食月食等的记载,这当然不是简单的天文记录,应该是在询问这些天象与人事吉凶的关系。

由于材料的缺乏,我们对于春秋以前占星术的情形知之甚少。不过,武王伐纣时的天象之所以被特别提到,应该是与占星术的传统有关[14]。就春秋时期的情形而言,由于有记录这段时期历史的《春秋》的存在,可以知道当时的史官对于天象是非常留意的,大凡日月之食或者星辰的异常变动,都会被记载下来[15]。它的背景,当然是古代占星术的信仰。《春秋》的记事非常简略,借助于《左传》和《国语》的记载,我们可以大体看出当时占星术流行的具体情况。较早的一个例子是关于晋公子重耳的,见于《国语·晋语四》:

> 董因迎公于河,公问焉,曰:"吾其济乎?"对曰:"岁在大梁,将集天行。元年始受,实沉之星也。实沉之墟,晋人是居,所以兴也。今君当之,无不济矣。君之行也,岁在大火。大火,阏伯之星也,是谓大辰。辰以成善,后稷是相,唐叔以封。瞽史记曰:'嗣续其祖,如谷之滋,必有晋国。'臣筮之,得泰之八。曰:'是谓天地配亨,小往大来。'今及之矣,何不济之有?且以辰出而以参入,皆晋祥也,而天之大纪也。济且秉成,必霸诸侯。子孙赖之,君无惧矣。"

董因是晋国的史官,他预言重耳可以成功继承君位,完全依靠的是占星学的知识。这里提到了三个星象,即岁、参和辰。岁指岁星,在古代的占星学中,地位非常重要。岁星之所在,一般被认为是吉利的。这里说"岁在大梁",当然是一个祥瑞。实沉之星也就是参星,照古代分野的学说,对应的正是晋国,如《左传·昭公元年》所说:"参为晋星。"所以说"实沉之墟,晋人是居",这当然也是一个吉兆。辰星也就是大火星,公子重耳离开晋国的那一年,岁星正运行在大火星的区域。董因接下来回顾历史,晋的先祖唐叔之受封,也正是岁在大火的那一年。如今重耳"嗣续其祖",当然也会兴盛。

又《左传·襄公二十八年》记载:

春,无冰。梓慎曰:"今兹宋、郑其饥乎!岁在星纪,而淫于玄枵。以有时灾,阴不堪阳。蛇乘龙。龙,宋、郑之星也。宋、郑必饥。玄枵,虚中也。枵,耗名也。土虚而民耗,不饥何为?"

这年的春天由于天气比较热,所以无冰。鲁国的史官梓慎据此认为宋国和郑国会发生饥荒。其推论的依据是岁星的位置。岁星在星纪,但被玄枵所侵犯,会有不时之灾,阴不堪阳。这也就是后来阴阳家说的春行夏令。岁星为龙,玄枵为蛇,所以说蛇乘龙。龙是宋和郑国的分星,所以饥荒会发生在这两个国家。

又如《左传·昭公七年》记载:

夏,四月甲辰朔,日有食之。晋侯问于士文伯曰:"谁将当日食?"对曰:"鲁、卫恶之。卫大,鲁小。"公曰:"何故?"对曰:"去卫地如鲁地,于是有灾,鲁实受之。其大咎其卫君乎!鲁将上卿。"公曰:"《诗》所谓'彼日而食,于何不臧'者,何也?"对曰:"不善政之谓也。国无政,不用善,则自取谪于日月之灾,故政不可不慎也。务三而已:一曰择人,二曰因民,三曰从时。"

在占星的传统中,日食当然是比较重要的现象。发生在昭公四年的一次日食,士文伯认为是鲁、卫要有灾祸的预示。而且就灾祸的程度而言,卫国大,其君当之;而鲁国小,上卿当之。做出这种判断的依据,是因为日食发生的位置,对应的正是这两个国家,其方向是从卫的分野到鲁的分野转移。

与占星术有关的记载在《左传》和《国语》中还可以发现很多,但从以上的几个例子我们已经可以看出它的基本理路。天象的观察显然是最重要的基础,其次是在天象和人事之间发现和建立起联系,最后是推断人事的吉凶。在第二个环节中,分野理论占据了一个重要的角色。

分野理论是构成占星术体系的一个重要内容,这个理论的核心是把天和地、人联系起来成为一个整体。它根据天象把天分成若干个区域,以与地上的区域相对应。其基本的功用是力图具体而准确地把握天象和人间事务的联系。《周礼·春官·保章氏》记载:

保章氏掌天星以志星辰日月之变动,以观天下之迁,辨其吉凶。以星土辨九州之地所封,封域皆有分星,以观妖祥。以十有二岁之相观天下之妖祥,以五云之物辨吉凶水旱降丰荒之祲象,以十有二风察天地之和,命乖别之妖祥。

保章氏的职责,看来主要的就是星占之学。其中所说"封域皆有分星,以观妖祥"就是所谓的分野理论。从现存的记载来看,春秋时期已经存在着分野的学说,如《左传·襄公二十八年》所谓"龙,宋、郑之星也",以及《左传·昭公十七年》所说"宋,大辰之虚也;陈,大皞之虚也;郑,祝融之虚也,皆火房也。……卫,颛顼之虚也,故为帝丘,其星为大水",都是把一定的星辰和地理相对应。《吕氏春秋·制乐》说到"心者,宋之分野也",直接地提到了分野两个字。同书的《有始》提到"天有九野,地有九州",似乎有天地对应的考虑。目前所知最早系统记载分野学说的是《史记·天官书》,其大体的描述如下:

| | | | |
|---|---|---|---|
| 兖州 | 角 | 亢 | 氐 |
| 豫州 | 房 | 心 | |
| 幽州 | 尾 | 箕 | |
| 江、湖 | 斗 | | |
| 扬州 | 牵牛 | 婺女 | |
| 青州 | 虚 | 危 | |
| 并州 | 营室 | 东壁 | |
| 徐州 | 奎 | 娄 | 胃 |
| 冀州 | 昴 | 毕 | |
| 益州 | 觜觿 | 参 | |
| 雍州 | 东井 | 舆鬼 | |
| 三河 | 柳 | 七星 | 张 |
| 荆州 | 翼 | 轸 | |

司马迁说："二十八舍主十二州,斗秉兼之,所从来久矣。"可见他认为分野之说历史悠久。所谓二十八舍即二十八宿,是古人划分天球上恒星的位置以便观测天体运行的情况,并据以确定时间和季节,即所谓观象授时,是我国天文学上的重要成就。二十八宿的体系至迟在战国初年即已形成,然后传入印度、伊朗和阿拉伯世界。湖北随县曾侯乙墓出土漆箱上便有二十八宿名称的天文图,那是战国早期的文物(图8-2)。至于把二十八宿与分野理论联系起来,就成了地道的占星术了。《史记正义》在司马迁这段话之下引《星经》云:

> 角、亢,郑之分野,兖州;氐、房、心,宋之分野,豫州;尾、箕,燕之分野,幽州;南斗、牵牛,吴、越之分野,扬州;须女、虚,齐之分野,青州;危、室、壁,卫之分野,并州;奎、娄,鲁之分野,徐州;胃、昴,赵之分野,冀州;毕、觜、参,魏之分野,益州;东井、舆鬼,秦之分野,雍州;柳、星、张,周之分野,三河;翼、轸,楚之分野,荆州也。

所说分野,与《天官书》有异,可见分野的理论随占星术中的学派不同而有异。

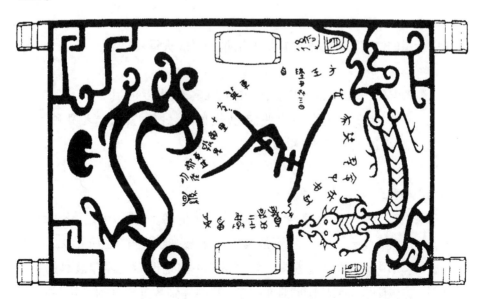

图8-2　曾侯乙墓出土漆箱上的天文图

占星术所牵涉的人事,多为国之大事,如诸侯之废兴、国家之治乱等,而尤与兵事有关,这在战国时期表现得更加明显。我们可以通过马王堆帛书中发现的占星文献对此加以讨论。马王堆帛书是指考古学家于 1973 年底至 1974 年初在湖南长沙马王堆三号汉墓中发现的一些抄写在帛书上的文献。该墓的下葬年代是在汉文帝前元十二年,即公元前 168 年。其中与占星术有关者主要有《刑德》《天文气象杂占》和《五星占》等几种。这些可以说是目前所见最早的占星术的典籍,具有重要的研究价值。

据整理者的介绍,"《五星占》包括占文和表格两个部分,共六千多字,记载了金、木、水、火、土五大行星的运行,列出了从秦始皇元年(前 246)到汉文帝三年(前 177)70 年间木星、土星和金星的位置⋯⋯此书内容来自战国时期的天文学家楚人甘德和魏人石申的天文学著作,从甘氏继承来的尤多"[16]。所以此文虽然作于汉初,不过运用的仍然是先秦时期的占星术理论。其中《五星总论》章记载:

> 太白始出以其国,日观其色,色美者胜。当其国日,独不见,其兵弱;三有此,其国可击,必得其将。

这是以金星的位置和颜色来预测战斗吉凶。又如《火星》章云:

> 其与心星遇,则缟素麻衣,在其南、在其北,皆为死亡。
> 赤芒,南方之国利之;白芒,西方之国利之;黑芒,北方之国利之;青芒,东方之国利之;黄芒,中国利之。

所谓死亡与利,皆与兵事有关。

《天文气象杂占》是"以彗星、云气占验吉凶的书。它以十四国云开篇,列在第一位的就是楚云,很可能出于楚人之手,其成书年代当在公元前 223 年楚亡国之前。书中的 29 幅彗星图尤为珍贵⋯⋯这是世界上现存最早的彗星图"[17]。这应该是一部战国时期的文献,其中提到各国云气的形状,并以图示,如开篇是"楚云如日而白",上画一日的形状。接下来是赵云、中山云、燕

云、秦云等,分别对应马、牛、树、女子等形象。现存文献中,《晋书·天文志》曾经有如下的说法:

> 韩云如布,赵云如牛,楚云如日,宋云如车,鲁云如马,卫云如犬,周云如车轮,秦云如行人,魏云如鼠,郑云如绛衣,越云如龙,蜀云如囷。

帛书《天文气象杂占》的发现,可以看出这种说法有很悠久的历史。帛书中还提到彗星等天象的吉凶意义,譬如:

> 赤云如此,丽月,有兵。
>
> 是是帚彗,有内兵,年大熟。
>
> 月食星,有亡邦。星出,复立;不出,果亡。

这一方面清楚地表明它作为占星术文献的特征,即在天象和人事之间发现并建立联系,根据天象判断吉凶,这本身是非科学的。但客观上有一批专门的术士那么认真地观察天象,留下了许多关于恒星星座、行星运行、彗星出没以及日食、月食等方面的记载,应该是古天文学的萌芽,是对天文学史的巨大贡献。

# 第四节 巫和史

绝地天通 巫与王 史巫之别

与天以及鬼神的信仰相关,出现了一些沟通人与神的技术,譬如卜筮、星占等,已如上述。但并不是所有的人都能够掌握这样的技术,事实上也不容许让所有的人掌握这种技术。拥有这个技术的特殊阶层,就是我们这里要讨论的巫和史。

按照《说文》的解释,巫是"祝也,女能事无形,以舞降神者也。象人两褒舞形,与工同意。古者巫咸初作巫"。祝也是以事神为己任者,《说文》:"祝,祭主赞词者。"巫、祝的主要职能是降神,也就是和鬼神沟通。这里特别提到了舞蹈,被认为是用来娱神和降神的手段。巫一般指女性而言,男性的巫被称做"觋",但是巫也可以作为男女巫的通称。《说文》特别提出巫咸,实际上认为他是最早的巫。《太平御览》卷七九引《归藏》云:"黄神与炎神争斗涿鹿之野,将战,筮于巫咸。"似乎巫咸生活在黄帝和炎帝的时代。后世还有巫咸为尧臣、殷臣的说法,《周礼》九筮之名,亦有巫咸,表明巫咸已经成为一个符号或者象征,我们很难把她(他?)落实到某一个时代。

无论如何,从世界范围内的情形来看,巫术以及巫的起源都是非常早的。对于研究古代中国巫的起源的学者来说,最重视的一段资料是《国语·楚语下》所记楚昭王与观射父的如下对话:

> 昭王问于观射父曰:"《周书》所谓重、黎实使天地不通者,何也? 若无然,民将能登天乎?"对曰:"非此之谓也。古者民神不杂。民之精爽不携贰者,而又能齐肃衷正,其智能上下比义,其圣能光远宣朗,其明能光照之,其聪能听彻之,如是则明神降之,在男曰觋,在女曰巫。是使制神之处位次主,而为之牲器时服,而后使先圣之后之有光烈,而能知山川之号、高祖之主、宗庙之事、昭穆之世、齐敬之勤、礼节之宜、威仪之则、容貌之崇、忠信之质、禋絜之服而敬恭明神者,以为之祝。使名姓之后,能知四时之生、牺牲之物、玉帛之类、采服之仪、彝器之量、次主之度、屏摄之位、坛场之所、上下之神、氏姓之出,而心率旧典者为之宗。于是乎有天地神民类物之官,是谓五官,各司其序,不相乱也。民是以能有忠信,神是以能有明德,民神异业,敬而不渎,故神降之嘉生,民以物享,祸灾不至,求用不匮。及少皞之衰也,九黎乱德,民神杂糅,不可方物。夫人作享,家为巫史,无有要质。民匮于祀,而不知其福。烝享无度,民神同位。民渎齐盟,无有严威。神狎民则,不蠲其为。嘉生不降,无物以享。祸灾荐臻,莫尽其气。颛顼受之,乃命南正重司天以属神,命火正黎司地以属民,使复旧常,无相侵渎,是谓绝地天通。其后,三苗复九黎之德,尧复育重黎之后,不忘旧者,使复典之。以至于夏、商,故重、黎氏世叙天地,而别其分主者也。其

在周，程伯休父其后也，当宣王时，失其官守，而为司马氏。宠神其祖，以取威于民，曰：'重实上天，黎实下地。'遭世之乱，而莫之能御也。不然，夫天地成而不变，何比之有？"

这是围绕"绝地天通"问题而进行的一个解释，事实上可以看作是对巫的性质与历史的一个说明。所谓绝地天通，也就是断绝一般人沟通天地、神民之间联系的能力，而把这种权力归之于一个特殊的群体——巫。依据观射父的说法，巫源自于民中间的有特殊能力者。所谓的"其智能上下比义，其圣能光远宣朗，其明能光照之，其聪能听彻之，如是则明神降之"，重点在表述巫因其精爽不贰而具有沟通神人的能力。以下提到具体的祝、宗分类，显示出他们是巫的一部分。这里明显可以把世界区分为神、民和巫三者，神和民是不混杂的，而巫是沟通这两个分离的世界的媒介。神民的不杂也就是所谓的天地不通，民神异业。正因为这种不通，巫的特殊地位和作用才可以彰显出来。

　　和《归藏》一样，观射父也把巫的历史追溯得相当远。发生在少皞氏之衰的混乱状态是对此前有序状态的破坏，那么巫的出现至少在此之前。在古史传说中，少皞氏是出现在黄帝之后，颛顼之前的，这和《归藏》认为巫咸与黄帝同时的说法大体是一致的。不过，至少在颛顼的时代，巫的地位明显确立。重和黎显然是巫的一员，他们把天和地隔绝的同时，又使它们连接起来。这种隔绝是否定一般人也具有沟通神和人的能力，而把这种沟通作为一种特权归之于某个特殊的阶层，也就是巫的阶层。因此我们在一个普遍相信神的世界中也可以同时看到一个巫的世界。《山海经·大荒西经》中曾经提到十巫：

　　　　大荒之中有山，名曰丰沮玉门，日月所入。有灵山，巫咸、巫即、巫盼、巫彭、巫姑、巫真、巫礼、巫抵、巫谢、巫罗十巫从此升降，百药爰在。

这似乎是说巫需要借助于山才可以升降于天地之间。在早期可能有这样的信念，不过在各种通神或者通天的技术出现之后，已经不需要山的存在作为升降之梯了。

　　在一个普遍信仰天和神的时代，巫因为能够和神沟通而在人的世界中享

有重要的地位。人王需要依赖于巫来和上帝沟通,因此很多巫充当了王佐的角色。《尚书·君奭》记载:

> 我闻在昔成汤既受命,时则有若伊尹,格于皇天。在太甲,时则有若保衡。在太戊,时则有若伊陟、臣扈,格于上帝,巫咸乂王家。在祖乙,时则有若巫贤。

伊尹可以格于皇天,自然具有巫的身份。伊陟、臣扈能格于上帝,也可作如是观。巫咸和巫贤从名字上就可以看出,他们都是王的辅佐之臣。学者们甚至认为,早期的人王同时兼具巫的身份,也可以说是群巫之长。陈梦家说:"王者自己虽为政治领袖,同时仍为群巫之长。"[18]张光直也认为像文献中关于禹和汤等的记载使他们看起来都具有巫的性质[19]。

　　商代是巫风盛行的时代,卜辞中大量地提到了巫祝等的行为,如祈雨、祈禾等[20]。到了周代,巫仍然在祭祀体系中享有重要的地位。《周礼·春官·司巫》记载:

> 司巫掌群巫之政令,若国大旱,则帅巫而舞雩。国有大灾,则帅巫而造巫恒。祭祀,则共匦主,及道布,及蒩馆。凡祭事,守瘗。凡丧事,掌巫降之礼。

此外还有男巫、女巫以及与巫相近的大祝、小祝、丧祝、甸祝、诅祝等。

　　史是一个和巫关系密切的职官,可能脱胎于巫,所以经常有巫史的说法。《说文》以"记事者也"来解释史字,应该看做是一个现象的描述,而不涉及其实质的功能。可以肯定的是,史最初的职责和巫一样,也主要以事神为主。根据陈梦家的概括,在卜辞中,像尹、多尹、乍册、卜、多卜、工、多工、史、北史、卿史等都属于史官类的官职,他们主要负责祭祀之事[21]。这在周代的职官系统中似乎可以得到支持。根据学者综合现存文献与金文资料的研究,周代的职官系统可以分成太史寮和卿事寮两大部分[22]。太史寮以太史为长,其僚属包括小史、内史、外史等,同时也包括大祝、大卜等职。太史寮可以说是宗教官,而卿事寮是行政官。前者主要负责"祭祀、礼仪、占卜、记事、典守文书档案,不管土地民人,后者由卿事寮负责"[23]。陈来曾根据文献资料具体讨论过史官的职责,并详述其与祝、宗、卜等之关系。他说:"《左传》《国语》中史任占卜的例子甚多……《仪礼·少牢》馈食礼'史兼执策与卦'。《礼记·月令》亦载'命大史衅龟、策,占兆,审卦,吉凶是察',大史任占卜,这也是史卜相通、史卜不分的证明。"[24]这都能够说明史的宗教官的性质。除此之外,周代史官的一个重要职责是通过对天象的观察来了解天意和天道。《国语·周语下》记单子说:"吾非瞽、史,焉知天道?"说明瞽和史是能够了解天道者。他们二者知天道的方式并不相同,瞽是听音辨风,史则是历象日月星辰。史官也往往同时兼任占星术士的角色。

史虽然源出于巫,在职责上和巫也有相通之处,但是和巫毕竟有着重要的区别。在史的身上,我们可以更多地发现人文理性的精神。就《左传》所见,如庄公三十二年内史过之语:"国之将兴,明神降之,监其德也;将亡,神又降之,观其恶也。"虽然表面上还保留了神的地位,但是更强调的却是德的因素。僖公十六年内史叔兴见六鹢退飞过宋都,认为只是阴阳之事,和吉凶无关,与时人的看法有重要的区别。这之中包含着发展出自然天道观念的萌芽,为哲学的出现奠定了基础。史和巫的这种不同,在马王堆帛书《要》中被概括为"赞而不达于数,则其为之巫;数而不达于德,则其为之史"。巫仅仅知道求助于鬼神,史已经开始留意于天道,而达到德的就已经是所谓的"儒"了。

### 注 释

[1] 《周礼·春官·大宗伯》:"掌建邦之天神人鬼地祇之礼。"
[2] 陈梦家:《殷墟卜辞综述》,中华书局,1988年,第562页。
[3] 陈来:《古代宗教与伦理》,三联书店,1996年,第123页。
[4] 《郭沫若全集》,历史编,第一卷,人民出版社,1982年,第321页。
[5] 同注[4],第329页。
[6] 张光直:《中国青铜时代》,三联书店,1983年,第264页。
[7] 同注[2],第574页。
[8] 同注[2],第580页。
[9] 《礼记·祭法》有类似的说法,可以参考。

〔10〕　参见李零《中国方术考》,东方出版社,2001 年,第 52 页。

〔11〕　参见李零《跳出周易看周易——数字卦的再认识》,《传统文化与现代化》1997 年
6 期。

〔12〕　《国语·晋语四》:"公子亲筮之,曰:'尚有晋国。'得贞屯悔豫,皆八也。筮史占之,
皆曰不吉。闭而不通,爻无为也。"

〔13〕　陈来认为,春秋初期的占筮并不以《周易》为主。见其《古代思想文化的世界》,三联
书店,2002 年,第 21—22 页。

〔14〕　《国语·周语下》记伶州鸠的话说:"昔武王伐殷,岁在鹑火,月在天驷,日在析木之
津,辰在斗柄,星在天鼋。星与日辰之位,皆在北维。颛顼之所建也,帝喾受之。我
姬氏出自天鼋,及析木者,有建星及牵牛焉,则我皇妣大姜之侄伯陵之后,逢公之所
凭神也。岁之所在,则我有周之分野也,月之所在,辰马农祥也。我太祖后稷之所经
纬也,王欲合是五位三所而用之。自鹑及驷七列也。南北之揆七同也,凡人神以数
合之,以声昭之。数合声和,然后可同也。故以七同其数,而以律和其声,于是乎有
七律。"《淮南子·兵略》:"武王伐纣,东面而迎岁,至汜而水,至共头而坠,彗星出而
授殷人其柄。当战之时,十日乱于上,风雨击于中。"

〔15〕　司马迁说:"盖略以春秋二百四十二年之间,日蚀三十六,彗星三见,宋襄公时星陨
如雨。"就是对《春秋》所记重要天象的统计。

〔16〕　傅举有、陈松长编著:《马王堆汉墓文物》,湖南出版社,1992 年,第 161 页。

〔17〕　同注〔16〕,第 154 页。

〔18〕　陈梦家:《商代的神话与巫术》,《燕京学报》二十期,第 535 页。

〔19〕　参看《中国青铜时代二集》,三联书店,1990 年。

〔20〕　参见陈梦家《殷墟卜辞综述》中的相关讨论,中华书局,1988 年。

〔21〕　同注〔20〕,第 520 页。

〔22〕　张亚初、刘雨:《西周金文官制研究》,中华书局,1986 年,第 102 页。李零:《西周金
文中的职官系统》,《李零自选集》,广西师范大学出版社,1998 年。

〔23〕　同前引李零书,第 114 页。

〔24〕　同注〔3〕,第 53 页。

# 第九章　教育的发达与学术的昌盛

伴随着春秋战国时期政治和经济大变动的是教育和学术领域发生的变化。王官之学衰落代表的是旧学术的退场,私学兴起则包含着新学术的酝酿。私学最终造就了诸子百家争鸣的兴盛局面,儒家、墨家、道家、法家、名家和阴阳家等共同构成了世界轴心时代的中国画卷,它们提出的不同精神方向并不因为大一统帝国的出现而消失,反而熔铸成为一个综合性的体系,塑造了一个支配了中华文明两千余年的意识形态,并成为后代中国智慧发展的永恒基础和源泉。

## 第一节　士人和私学的兴起

士人的出现　私学和乡校　孔子办学　诸子学的兴起

春秋战国是古代中国社会秩序变动最激烈的时期。从经济生活到政治结构,从人群组织到思想文化,都发生了巨大的变化。"社稷无常奉,君臣无常位"(《左传·昭公三十二年》),突出的是政治结构的无常,"礼崩乐坏"则主要表现秩序的丧失,更一般的表述则是"天下无道",它几乎成了当时人的口头禅。这是一个混乱的时代,但在这种混乱中,却孕育着新文明的生机。从思想文化的角度来看,士人和私学的兴起,是这一时期最值得注意的现象。正是它们,造就了古代思想史上百家争鸣的局面,奠定了以后数千年思想发展的基础。

士人显然和"士"有着密切的关联,虽然我们不能把两者等同视之。从文字上来看,士的出现应该是很早的事情,甲骨文中就有"士"字。关于士的具体身份,学术界中存在着不同的说法。在周代,它显然是贵族阶层的一员,其地位居于大夫之下,庶人之上,并且有上士、中士和下士的区分[1]。他们和其他的贵族一样,接受"《诗》《书》、礼、乐"的教育。《礼记·王制》说:

> 乐正崇四术,立四教,顺先王《诗》《书》、礼、乐以造士。春秋教以礼乐,冬夏教以《诗》《书》。

《王制》虽然是汉初的作品,其中"春秋教以礼、乐,冬夏教以《诗》《书》"的说法或许掺杂了后世阴阳家的成分,但所说的教育内容却近于古代的事实,可以和其他的文献相印证[2]。

因此,士可以很方便地描述为有知识的低级贵族。在稳定而正常的社会秩序中,他们可以保持自己的身份,并凭借知识和专业技能参与政治活动。但在社会大变动的时期,身处贵族底层的他们似乎更容易失去自己原有的位置。这种丧失体现为两种相反的趋势,少数人幸运地上升到卿大夫的阶层,但大多数人则和他们拥有的知识及技能一起降入庶人的行列。士地位下降的一个典型表现,就是"四民"说法的出现。《穀梁传·成公元年》记载:"上古者有四民:有士民,有商民,有农民,有工民。"我们当然不必完全相信成公时期或者更早就已经有了四民的区分或者说法,因为《穀梁传》的写成应该是在汉代初年的事情。但是从《管子·小匡》也有类似的说法来看,士、农、工、商的区分至少在战国时期已经是非常普遍的了。

这种摆脱了贵族身份的士,就是我们所谓"士人"的主要来源。除此之外,士人的来源还可以有另外的两个方面:一个是王官的下降,另一个是庶人的上升。前者如老子,曾做过周王室的史官,后见周之衰,于是辞官西去,隐居草野。或者如《论语·微子》中所记载的,"大师挚适齐,亚饭干适楚,三饭缭适蔡,四饭缺适秦,鼓方叔入于河,播鼗武入于汉,少师阳、击磬襄入于海",由乐官而散落民间,成为士人。后者则与私学的兴起有关,庶人因此可以接受教育,拥有知识从而进入士人的行列。

士人的大量出现,从时间上来说是在孔子的前后[3]。与此前的士相比,士人的地位固然可以说是下降了,从贵族成为庶民,但从积极的方面来说,却也摆脱了对某些特定贵族的依附,成为自由人。这意味着在社会结构中出现了一个特殊的知识阶层。这个阶层并不像农、工和商那样有一个固定的职业,其构成也不像其他的阶层那样稳定。他们没有贵族的权力和地位,可是也不像一般庶民那样从事耕作等。他们最重要的特长是知识和技能,他们当然有着自己的生活目标,这就是重新回到或者进入权力的世界。子夏说:"学而优则仕。"[4]反映的就是士人的生活道路。孟子也说:"士之仕也,犹农夫之耕也。"[5]把仕之于士人的意义说得更加清楚明白。

但是仕显然没有耕那样的简单,"学而优"固然是必要的前提,同时还需要的是君主或者在位者的赏识。这对于士人的影响是巨大的,一方面,这造成了士人的流动,他们往来于各国之间,以求见用,因此仕无定主,居无定所。另一方面,游士们也力图提出不同于他人的政治和思想主张,以期得到人主的承认和采纳,获得出仕行其道的机会,这正是战国时期百家争鸣局面出现的一个重要原因。

流动的士人,就是所谓的游士,是战国时期的一个重要现象。我们所知道的诸子,也就是士人中的佼佼者,大部分都具有游士的特点。最早的如孔子,自定公十四年去鲁,至哀公十一年返国,期间削迹于卫,伐树于宋,畏于匡,困于陈蔡等,颠沛流离,都是为求见用的机会。其他如墨子、孟子、荀子等也无不如此[6]。幸运的游士以他们的知识和智慧而获得执政者的礼遇,著名者如魏文侯之于子夏,以及梁惠王、燕昭王之于邹衍等。随着君主对于士的重要性认识的提高,养士开始成为风气。战国时期最有影响的养士场所是齐国著名的稷下学宫,它始建于齐威王或者更早一点的时期,一直延续到齐国的灭亡。学宫中有先生数十名,弟子无数。战国时期的著名学者如孟子、邹衍、荀子等都在学宫停留过,荀子还曾三为祭酒。先生们享受上大夫的待遇,不治而议论,这对于思想文化的繁荣是非常重要的。《管子》一书,就是和稷下学宫有密切关系的著作。其中《弟子职》一篇,还详细记述了弟子侍奉先生的礼节。此外,战国时期著名的四大公子,魏国的信陵君、赵国的平原君、齐国的孟尝君、楚国的春申君也养士众多,以备不时之用。秦国的丞相吕不韦门下也有很多的宾客,《吕氏春秋》一书,就是吕不韦借助于宾客的力量完成的。

这里,我们已经看到了士人的兴起和诸子学术之间的密切关系。诸子之学,其实就是士人的学问。和王官之学不同,它出现在民间,因此也可以叫作私学。其实所谓的私学,可以从教育及学术两方面来了解。教育意义上的私学是指民间的教育,学术意义上的私学主要就是指诸子的学术。私学的这两种意义其实是相关的,为了叙述的方便,我们把教育意义上的私学称为私学,而把学术意义上的私学称为诸子学。不论在哪一种意义上,私学都是和王官之学对立的。古代中国的知识和学术,如章学诚所说,原本是为官府所垄断,是所谓王官之学。只有贵族才有机会接受教育,拥有知识,庶民是无缘进入学术门径的。但是随着王权的衰落,王官不断流落到民间,因此出现了学术下移的趋势。所谓"天子失官,学在四夷","礼失而求诸野"等,就是这种情形的一种反映。这为私学的出现提供了重要的背景。而另一方面,士人的兴起和活跃,使得培养士人成为社会的所需,这也是私学出现和存在的一个重要理由。

在春秋战国时期,与私学出现相伴还有乡校的设立。乡校也基本上是私学。《左传·襄公三十一年》曾经说到"郑人游于乡校"。《管子·君臣下》说:"乡树之师以遂其学。"说明齐国也设立了乡校。《左传·闵公二年》在说到卫文公利农、通商、惠工之后,接着就说要敬教和劝学,说明其教学的对象就是农、工、商界的庶人。很明显,乡校的普及也促进了私学的发展。

与官学相比,私学可以使知识普及社会的每一个阶层,因此从理论上来说,任何一个人包括庶民都有机会获得知识。这在古代中国的教育史乃至整个文明史上都是划时代的大事,但其意义远远不止于此。我们可以以孔子的授徒讲学作为了解私学兴起及其意义的一个典型事例。根据司马迁在《史记·孔子世家》中的记载,"孔子以诗书礼乐教,弟子盖三千焉,身通六艺者七十有二人"。与贵族教育相比,孔子的私学有如下的特点。第一、孔子的收授弟子,并不像过去的官学那般有门第的要求,所谓"自行束脩以上,吾未尝无诲者也",就是"有教无类"(《论语·卫灵公》)的另一种说法。所以很多弟子如颜渊、子张等都是出身寒门。这就大大地扩展了教育的范围,使知识以更快的速度向民间转移和传递。仅仅就这一点来说,孔子被称为万世师表,就是当之无愧的。第二、孔门教授的内容和范围,如司马迁所说,主要仍不离《诗》《书》礼乐,与传统的贵族教育好像没有什么区别。但这只是表面上的,就其实质而言,则有非常重要的不同。这不同就在于,孔子已经把新的精神注入到了旧的文献中。譬如把仁作为礼乐的基础,就与过去对于礼乐的理解不同。又如孔子和弟子读《诗》,由色进于礼,从"巧笑倩兮,美目盼兮,素以为绚兮"中读出"礼后乎"(《论语·八佾》),显示出"旧瓶装新酒"的特点。

在这种教育中,新的学术和知识其实已经诞生了,这就是诸子学。孔子虽然自称是"述而不作,信而好古"(《论语·述而》)的人,不过他在述中就有了作,好古中就有了创新。与官学的沿袭守旧相比,诸子学的自由和创造性是无法比拟的。《荀子·荣辱》篇说:"循法则度量刑辟图籍,不知其义,谨守其数,慎不敢损益也,父子相传以持王公,是故三代虽亡,治法犹存,是官人百吏之所以取禄秩也。"很准确地道出了王官学的特点。对于王官而言,知识仅仅是职业,他们的态度是"不知其义,谨守其数",没有反省的精神,因此也就没有创新的基础。但士人不同,流动不居的身份使他们可以摆脱某种权力的束缚,从而对知识以及当时的政治进行反省,进而发展出新的思想。这些思想当然不是单调的,而是多元的,春秋到战国时期的百家争鸣正是在这个舞台上展开的。

私学和士人之间,实际上呈现着一种互动的关系。一方面,士人的兴起促成了私学的出现,另一方面,私学也促进了士人阶层的壮大。他们二者的结合,则是诸子学出现的直接土壤。

## 第二节　孔子与儒家学派

孔子和儒家　礼乐秩序　人性论　仁与义　人伦和人道　六经及其解释

伴随着"礼崩乐坏"所代表的旧的政治秩序的崩溃,以及私学和士人兴起的,是中国古代思想史上著名的百家争鸣的局面。儒家、墨家、道家、法家、名家和阴阳家先后出现[7],各种不同的思想和主张在互相批评中不断地融合,创造了中国古代思想史上前所未有的兴盛局面。这一情形从春秋末期开始,一直延续到战国时期的结束。在以后的历史发展中,也不断地产生一些回响。百家争鸣中,儒家占据了非常重要的地位。

儒家的由来,一般认为和"儒"这个阶层有关[8]。这是一个以传授知识、

图9-1 孔子像,传唐吴道子画,清人改画并刻碑,
现藏曲阜孔庙

教化人群为主要职责的群体,在旧的政治和文化秩序中担当着重要的角色。根据《周礼》的记载,儒的主要任务是"以道得民",这里的"道"可以理解为传统王官之学领域内的主要知识和学术,其核心则是以德为基础的礼乐制度。儒家虽然是在"儒"的基础之上发展出来,但和"儒"不同,它是一个有独特思想和系统主张的民间学术派别。孔子所说"君子儒"和"小人儒"的区别也许就是儒家和传统的"儒"之间的不同。这个派别对过去"儒"所拥有的知识进行了新的解释和发展,从而发展出在后来中国历史上影响深远的儒家思想。在这个由"儒"到儒家的转化中,孔子发挥了关键的作用。

孔子,名丘,字仲尼,春秋末期鲁国人。生于鲁襄公二十二年(前551),卒于鲁哀公十六年(前479)(图9-1)。早年的勤奋好学使得孔子成为当时最博学的人,这为他形成独立系统的思想提供了必需的知识准备,同时也为其中年以后的授徒讲学奠定了基础。依据司马迁的说法,孔子一生弟子众多,身通六艺者有七十余人。授徒讲学当然促进了知识和思想的传播,师弟的关系也自然地造就出一个关系紧密的团体,从而推动了作为一个学派的儒家的形成。

儒家是一个有着特定主张的学派,《汉书·艺文志》所说的"游文于六经之中,留意于仁义之际",概括了这一学派的主要特征。同时,儒家又是一个内涵丰富的学派,在这个特定的主张之下,包含着不同的解释模式和发展方向。韩非所说的孔子死后,"儒分为八"(《韩非子·显学》)的事实,《论语》中表现出的弟子间的分歧,孟子和荀子反复提到的以子夏、子游和子张为代表的不同取向,以及众所周知的孟子和荀子的对立,都是儒家思想丰富性的证明和表现。这种丰富性是思想发展过程中自然的现象,显示出认识和把握问题的不断深化。但是无论如何,作为整体的儒家有着某些共同的特征,它们体现在不同倾向的派别之中。

这些共同的特征中,首先的一点就是对政治和社会秩序的关注。在儒家思想的发展中,它一直占据着核心的位置。处在"礼崩乐坏"的时代,孔子对秩序的问题有着深切的感受,并成为其哲学思考的出发点。他很自觉地意识到两种类型的统治原则,也就是两种秩序,一种是"道之以政,齐之以刑",一种是"道之以德,齐之以礼"[9]。前者是以刑为主体的,后者是以德为主体的。它们导致的结果是不同的,用刑来治国,"民免而无耻";用德来治国,民"有耻且格"。从这种评价和比较中很明显地可以看出孔子的态度,那就是"为政以德"[10],而不是刑。而"德"的表现,就是礼乐制度。这制度原本不是新的东西,按照儒家的看法,礼乐是三代都有的东西,至周公制作而大备,只不过在春秋时期遭到了破坏而已。因此,重要的工作就是"复礼"。孔子把"正名"看作是恢复礼乐秩序的一个重要手段。在《论语·子路》中他向弟子解释正名其重要性时说:

> 名不正则言不顺,言不顺则事不成,事不成则礼乐不兴,礼乐不兴则刑罚不中,刑罚不中则民无所措手足。

正名之所以成为礼乐重兴的前提,是因为礼乐秩序实际上就是靠一系列的名来表现的。所谓正名其具体意义,就是要做到名和实的统一,名如其实,实副其名,如孔子回答齐景公问政时所说的"君君,臣臣,父父,子子"[11]。

礼乐秩序的追求在孔子以后的儒者中得到了进一步的发展。在湖北郭店楚墓发现的战国早中期的儒家文献中[12],德被看作是"率民向方"的有效途径,而礼乐则被规定为"德"的主要内容。《尊德义》说:"德者,且莫大乎礼乐焉。"因此,为政以德的统治原则,也就被具体化为以礼乐教化百姓。"教以礼,则民果以劲;教以乐,则民弗德争将。……先人以德,则民进善焉。"稍后的孟子同样重视礼乐的作用。他在孔子区别德和刑的基础上,重点讨论王道与霸道的不同。所谓王道是以德服人,霸道则是以力服人。德的表现就是行仁政,其中包含着礼乐秩序的建立。孟子还把"礼"和人性联系起来,认为人固有的恭敬之心就是"礼"之端。这为论证礼乐制度的合理性提供了新的途径。

在先秦儒家中,最强调礼乐秩序的,莫过于荀子。荀子名况,赵国人,生活在战国的晚期。他著有《礼论》和《乐论》等,对礼和乐进行了系统的论述。按照荀子的看法,礼代表着人道之极,即人道的最高标准。换言之,这是人之所以成为人的根本特征。《礼论》重点讨论了礼的起源及其本质,认为礼的基本精神有两方面:其一是养,即"养人之欲,给人之求",以避免人和人之间的争夺。其二是别,即"贵贱有等,长幼有序,贫富轻重皆有称者也"。使社会呈现出一种错落有序的状态。《乐论》论述乐的基本精神在于"中和",这与礼之别正好互相补充。荀子对于礼和乐的理解,强调它们各自的精神以及互相的补充,对后世发生了重大的影响。

礼乐秩序和教化是联系在一起的。教化就是以"教"而非强制的方式来改变百姓,使之接受儒家所主张的礼乐制度,这就有一个了解接受者即民众的问题。因此,对民性的讨论成为儒家思想发展中的一个重要课题。这个讨论以追问人性是什么的方式表现出来。从《论语》上来看,"性相近也,习相远也"[13]的说法虽然表现出孔子对此问题已经有所注意,可是似乎没有把它作为重要的问题。从孔子弟子及再传弟子开始,人性的讨论便开始活跃起来。根据王充在《论衡·本性篇》中的记载,世硕、公孙尼子、虑子贱、漆雕开等都参与过人性问题的讨论,并提出了不同的看法[14]。《孟子·告子上》记载着当时流行的几种人性主张,除了告子主张性无善无不善外,还有认为性可以为善可以为不善,以及有性善有性不善者。郭店楚墓竹简《性自命出》一篇,集中讨论性情问题,该篇以喜怒哀悲之气和好恶为性,又有养性长性之说,与《论衡》所记世子的说法相似。可知王充和《孟子》中的记载应该都是事实。

儒家中最有影响力的人性理论当然是孟子的性善说和荀子的性恶说。孟子在《孟子·告子上》中说:

> 乃若其情,则可以为善矣,乃所谓善也。若夫为不善,非才之罪也。恻隐之心,人皆有之;羞恶之心,人皆有之;恭敬之心,人皆有之;是非之心,人皆有之。恻隐之心,仁也;羞恶之心,义也;恭敬之心,礼也;是非之心,智也。仁义礼智,非由外铄我也,我固有之也,弗思耳矣。

所谓"才",乃是指人生而具有的品质或者能力,"情"则是"真实"的意思。为善是人之真实,为不善的罪过并不在才,而是后天的熏陶。在这段话中,孟子具体地叙述了人人都有恻隐、羞恶、恭敬和是非这四种心,此四种心也就是仁义礼智。它们并不是从外面强加给人的,实在是人人都固有的东西。在《公孙丑上》,孟子也把这四心称做四端,即仁义礼智的端倪。四端的说法更突出了仁义礼智在人性中虽然固有,但并非完成了的和不可改变的东西。因此仍然需要后天培养和扩充的工夫,孟子说:

> 凡有四端于我者,知皆扩而充之矣。若火之始燃,泉之始达。苟能充之,足以保四海;苟不充之,不足以事父母。

将这四端扩充到极致,也就是"尽心"。尽其心就可以知其性,知其性则知天矣。孟子把心、性和天都看作是一体贯通之物,而贯通这三者的就是善。

为了论证性善之说,孟子提出了性和命的区分。《尽心下》说:

> 口之于味也,目之于色也,耳之于声也,鼻之于臭也,四肢之于安佚也,性也,有命焉,君子不谓性也。仁之于父子也,义之于君臣也,礼之于宾主也,智之于贤者也,圣人之于天道也,命也,有性焉,君子不谓命也。

一般的理解,所谓性就是人生而具有的品质。这就提出一个问题,耳目口鼻等感官的欲望是不是属于性的内容? 如果是的话,它们是不是善的? 如果不是的话,为什么要把它们剔除在外? 按照孟子的理解,耳目口鼻之欲当然是人生而具有者,从这个意义上讲,它们是"性"。但是,这些欲望的实现或者满足与否,并不是一个人自己可以决定的,它属于命运的领域,是"求在外者",所以君子不把它看作是性。反之,仁义礼智等是天所命与人的东西,是"求在己者",所以君子视之为性。性和命的区分,使得孟子把人性中可以为恶的内容清除了出去,为性善说的成立奠定了基础。

与孟子不同,而且直接与孟子对立的,是荀子的性恶说。荀子认为,"人之性恶,其善者伪也"。他批评孟子性善说的主要问题在于不明白性和伪的分别。那么什么是性,什么是伪呢? 荀子说:

> 性者,本始材朴也;伪者,文理隆盛也。无性则伪之无所加,无伪则性不能自美。(《礼论》)
>
> 不可学,不可事,而在人者谓之性;可学而能,可事而成,而在人者谓之伪。是性伪之分也。(《性恶》)

在荀子看来,所谓的文理隆盛,所谓的可学而能可事而成者就是礼义,这是出于圣人之伪,而非人之性的。譬如人之性生而有耳目之欲,如果顺性而为的话,就会"淫乱生而礼义文理亡焉"。人之性好利,顺此而为的话,只会有争夺而不会有辞让。所以,性是恶而非善。人之所以能够成为君子,全在于后天的学习和努力,这和孟子"人人皆可以为尧舜"的说法类似,荀子说"涂之人皆可以为禹"。不过,由于对人性的了解不同,孟子和荀子提出的途径也就不同。对于孟子而言,是存心、养心、扩充,对于荀子而言,则是"化性而起伪"。

孟子的性善说和荀子的性恶说在儒家人性论史上都有很大的影响,汉代以后流行的人性理论,大多综合了性善和性恶两种说法,而以善恶混的形式表现出来。

最能代表儒家思想的范畴乃是仁和义。《易传》说"立人之道曰仁与义",班固说儒家"留意于仁义之际"[15],韩愈说儒家的道德是"合仁与义言之也"[16]。确实,仁义构成了儒家思想的本质特征。但是,仁和义并不相同。事实上,它们分别代表着儒家的两个基本原则。一般言之,仁偏重在情的方面,而义偏重在理的方面。

仁虽然见于孔子以前的文献,但是学者们都承认是孔子赋予了仁以特别的意义,才使得这个概念突出起来。《论语》中多有弟子问仁的记载,相应地孔子也有很多的答案。如"仁者爱人""仁者先难而后获",以及"克己复礼为仁"等,这些答案显然不就是定义式的东西,只是结合具体的情形对仁进行的某种描述或者界说。这些界说看起来是零乱而没有秩序的,但是其中有一个基本的倾向,就是孔子把仁看作是某种和人的爱的情感联系在一起的美好的德行。而最能体现这种爱的情的是子女对于父母亲和兄弟的爱,也就是孝悌。正是在这个意义上,孔子的弟子有子才说:"孝悌也者,其为仁之本欤?"将这种爱父母兄弟的情感向外推展,就是普通意义上的爱人。对一般人的爱虽然在程度上较对于父母兄弟的爱要薄,但是,就其为"爱"这一点而言,是共同的。这种施及于不同对象的有厚有薄的爱,被称做"爱有差等"。即离自己越近的,爱就越厚;越远的就越薄。孔子曾经提到过为仁的途径,即所谓的忠和恕。忠是"己欲立而立人,己欲达而达人",恕是"己所不欲,勿施于人"。二者的角度虽然不同,但是体现的都是基于爱的"推己及人"的精神。孔子之后,儒者对于仁的理解虽然深入复杂得多,但是爱始终是其基本的性质。如郭店竹简《性自命出》说:"爱类五,唯性爱为近仁。"所谓"性爱"是指发自于本性的爱,而非虚假的爱。孟子则从恻隐之心或者不忍人之心来规定仁。

义也是一个在儒家之前就广泛使用的词汇,也是一种普遍被接受的德行。它的基本意义可以从合理或者正当的角度来理解。与仁相比,孔子对于义并没有给予足够的解释和发挥。《论语》中,义有时候和利相对,代表着某种和私利相对的道德原则。孔子之后,儒家开始把仁和义联系起来考虑,把它们看作是相对的东西,并在此基础上对于义进行了新的理解。如《五行》篇分别从柔和刚两方面来界说仁和义:

　　颜色容貌温,变也;以其中心与人交,悦也;中心悦旃,迁于兄弟,戚也;戚而信之,亲[也];亲而笃之,爱也;爱父,其继爱人,仁也。

中心辩然而正行之,直也;直而遂之,肆也;肆而不畏强御,果也;不以小道害大道,简也;有大罪而大诛之,行也;贵贵,其等尊贤,义也。

如果说仁是基于血亲之爱的爱人,主要偏重在情的方面;那么义则是基于客观事理之上的贵贵和尊贤,主要偏重在理的方面。《庄子·天下》篇叙述儒家时说:"以仁为恩,以义为理。"与这里的意思是相同的。其实,类似的说法也见于很多儒家的文献中。譬如《中庸》所说:"仁者,人也,亲亲为大;义者,宜也,尊贤为大。"或者如郭店竹简中的《六德》篇所说:"门内之治恩掩义,门外之治义斩恩。"所谓的门内是指血缘的家庭,所以要以情为主;门外则是指家庭之外的一般社会关系,所以要以理为主。孟子虽然不从这个方向去理解,但是从他以恻隐之心规定仁、羞恶之心规定义来看,与"以仁为恩,以义为理"的精神也是一致的。

儒家始终是一个重视和突出人道的学派。所谓人道,其实就是体现在人与人关系中的道理和秩序。人与人的关系,即所谓的人伦,儒家认为主要有五种。《中庸》说:

天下之达道五,所以行之者三:曰君臣也,父子也,夫妇也,昆弟也,朋友之交也。五者,天下之达道也。知、仁、勇三者,天下之达德也,所以行之者一也。

这五种关系被称为天下之达道,达是通的意思。只要有人群,就有这几种关系。处理这些关系,《中庸》认为要遵循"知、仁、勇"这三种德行。这就是所谓的三达德,也就是《中庸》理解的人道。《中庸》这里是合说,如果分说的话,因为人伦的种类和性质不同,所以适用于它们的道理也就不同。如孟子说:"仁之于父子也,义之于君臣也。"认为父子关系适用于仁,君臣关系适用于义。郭店竹简的《六德篇》曾经具体讨论了君臣、父子和夫妇应该分别适用于哪种德行,其中义是君德,忠是臣德,圣是父德,仁是子德,知是夫德,信是妇德。这都是分说。

不过,德行总是某种内在的东西,它需要表现出来,体现在日常生活之中。

所以人道归根到底还是和礼不能分开。我们前面讲礼的时候，提到荀子认为礼是人道之极也。荀子对于人伦还有一个定义，他说："斩而齐，枉而顺，不同而一，夫是之谓人伦。"（《荀子·荣辱》）这是既承认人的差别性，就是不齐或者斩；又要肯定人的和谐，即齐或者顺。人有贵贱之等，长幼之差，知愚能不能之分，要让他们群居合一，就需要礼。在荀子看来，礼是用来规范人伦的，所谓"礼以定伦"。

孔子自称"述而不作，信而好古"（《论语·述而》），这种态度的一个重要表现就是对古代文献的极端重视。尤其是对《诗》《书》《礼》《乐》《周易》和《春秋》这六部文献，儒家通过不断的阅读和解释，将它们融会成为各具特殊意义的经典，构成儒家最基本的经典系统。根据司马迁的记载，孔子对于这六部古代的文献，都进行过编辑和整理工作。如删《诗》《书》，订《礼》《乐》，著《易传》，作《春秋》等，并用它们来作为其教授学生的主要课本[17]。在《论语》中，我们可以发现一些孔子与弟子们阅读和讨论这些文献的例子。譬如《八佾篇》记载：

> 子夏问曰："'巧笑倩兮，美目盼兮，素以为绚兮。'何谓也？"子曰："绘事后素。"曰："礼后乎？"子曰："起予者商也！始可与言诗已矣。"

子夏所问乃是《诗·卫风·硕人》的文字，这本是描写一个美丽动人的女子，但是在孔子和子夏的持续解释中，经过几次意义的转换，就成了说明"礼后乎"的依据。这种解释的方式，被称做"由色喻于礼"。事实上，它是一个把孔子以及儒家的价值注入古代文献中去的过程。这样，虽然表面上是"述而不作"，其实，作就已经体现在"述"中了。

就先秦时期而言，儒者对于孔子重视的几部典籍都给予了足够的重视，并进行了形式不同的解释。如对于《诗》，除了我们在《论语》《孟子》和《荀子》中可以看到的引用和发挥外，晚近的考古发现还提供了《五行篇》和《孔子诗论》等新的材料，使我们对于先秦儒家的《诗》学有了更多的了解。儒家对于《周易》的解释比较系统，现存《易传》的主体部分当时应该已经形成。《春秋》的解释有《左传》，成书于公元前400年前后。《公羊传》和《穀梁传》虽然成书于汉初,但是口说的历史在战国就已经开始了。关于礼和乐的阐述见于《荀子》以及《礼记》等书中。《尚书》在先秦的解释情形未详,但是从其他文献的情形来看,应该也是很丰富的。

这种对于古代文献的重视和解释,终于构造成了一个经典的系统,即所谓六经。在现存文献中,"六经"一词最早见于《庄子·天运》篇中,是指《诗》《书》《礼》《乐》《易》和《春秋》。现代很多学者曾经根据荀子在几处只把《易》之外的五部书并列,认为六经的系统在先秦尚未形成。不过,郭店竹简的发现基本上否定了这种看法。竹简中两次将这六部书相提并论,见于《六德》和《语丛一》,很明显它们已经具有了经典的地位。而且,根据每一经典不同的性质,儒家从中解释出不同方面的意义。竹简《语丛一》说:

> 诗,所以会古今之志也者;
>
> [书,□□□□]者也;
>
> 礼,交之行述也;
>
> 乐,或生或教者也;
>
> 易,所以会天道人道也;
>
> 春秋,所以会古今之事也。

结合现存文献的一些论述[18],可以知道儒家对于每一部经典都已经基本上确立了解释的方向。如《诗》主要与志有关,《礼》则与行有关等。其核心精神则是把儒家倡导的价值和古代文献嫁接起来,一方面赋予古代文献以新的意义,另一方面又为儒家的价值寻找历史的依据。如《六德篇》认为圣智、仁义和忠信可以在六经中发现,就是一个很好的例子。先秦儒家对经典的解释以及"六经"系统的形成,为经学在汉代的发展和成为官学奠定了基础。

作为百家争鸣中重要的一家,儒家在先秦时期虽然没有得到行其道的机会,但是,由于其本身对于人道的认识和阐发有相当的合理性,所以在思想的世界中一直占据着重要的地位。司马谈《论六家要旨》虽然对儒家有一些批评,但仍然肯定其突出"君臣父子之礼,贵贱长幼之序"是不可或缺的。这也正是儒家学说的生命力所在。正是这种生命力,使得儒家在汉代成为官方的意识形态,并长期在古代中国的政治、伦理和社会文化中占据主要的位置。在中华民族精神的塑造过程中，儒家是诸子百家中影响最大的学派，这样说是一点也不夸张的。

# 第三节 道 家

老子和道家 道家宗旨 虚无与道 无为与因循 刑名学说 形神关系
齐物与逍遥

"道家"之名最早见于《史记》[19]，指的是流行于汉初可是却产生在先秦的一个学派。它的得名很显然与其思想中特别强调"道"这个观念有关。百家争鸣中的道家虽然没有"显学"的称呼，但是就其思想的深度和实际的影响来说，却是仅次于儒家的。《汉书·艺文志》的诸子略，在儒家之后就是道家，似乎就是对这种地位的某种承认和肯定。这个学派的奠基者一般认为是老子。根据司马迁的记载，老子姓李，名耳，字聃（图9-2）。和孔子同时而略早，曾经做过周王室的史官，具有渊博的知识，孔子就向老子请教过关于礼的问题[20]。后来见到周王室的衰落，于是辞官西去，成了一个隐士。史官和隐士的经历对于老子思想乃至整个道家思想特征的形成应该都是很重要的，前者提供了必要的知识和思想储备[21]，而后者可以使他从现实的政治生活中摆脱出来，对社会和人生进行冷静的思考。老子的思想主要体现在被称为《老子》（也叫《道德经》）的书中，这也是整个道家学派中最重要的一部经典（图9-3）。

除了老子以外，道家学派中另一个为人熟知的人物是庄子。庄子名周，生活在战国中期，大约与孟子同时。司马迁说他"于学无所不窥，然其要旨归于老子之言"[22]。他的思想保留在《庄子》一书中，这部书并不是庄子个人的作品，而是整个学派的文字汇编。庄子和老子尽管关心的问题不同，譬如前者偏重在君人南面之术，后者以个人的生命问题为主，但是他们分享某些共同的东西，这正是人们把庄子和老子归于同一家的理由。和儒家以及墨家有师弟相承的团体，因此很自然地属于一家不同，道家作为一个学派的成立更多的是靠着某种思想的类同，人物之间并没有师承的关系。同样属于道家的还有黄老

图9-2　老子像,明张路画,清人重画

学派,这是一个依托黄帝同时又发挥老子思想的流派,它产生并发展在战国时期,并在汉初实际的政治中产生了重要的影响。

关于道家思想的主要特征,司马谈曾经在《论六家要旨》中进行过概括,他说:

> 道家无为,又曰无不为,其实易行,其辞难知。其术以虚无为本,以因循为用。无成势,无常形,故能究万物之情。不为物先,不为物后,故能为万物主。有法无法,因时为业。有度无度,因物与合。故曰"圣人不朽,时变是守。虚者道之常也,因者君之纲"也。群臣并至,使各自明也……凡

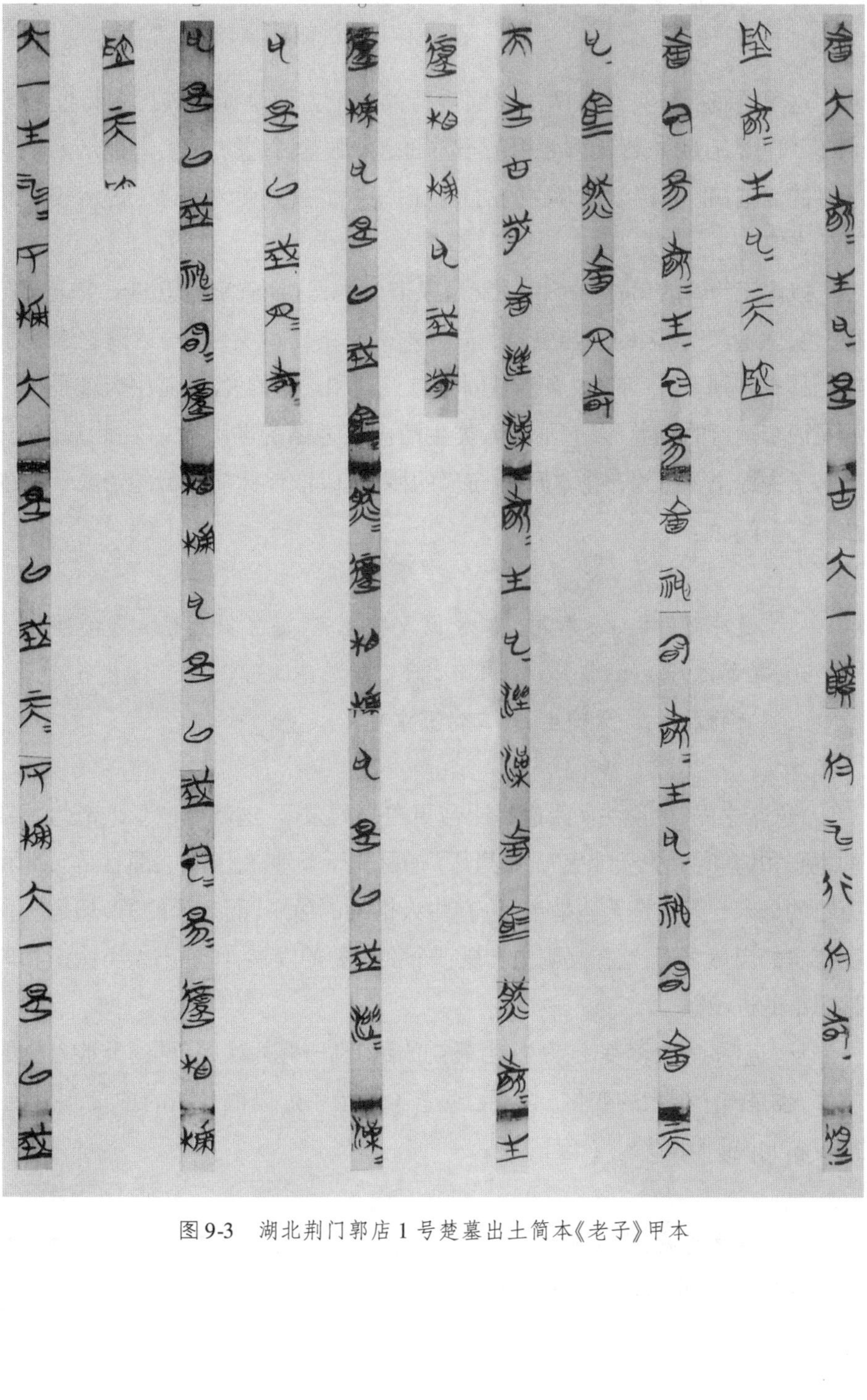

图 9-3　湖北荆门郭店 1 号楚墓出土简本《老子》甲本

> 人所生者神也,所托者形也。神大用则竭,形大劳则散,形神离则死。死
> 者不可复生,离者不可复反,故圣人重之。[23]

这里的概括其实是从两个方面进行的。一方面是偏重其思想特征的归
纳,即"以虚无为本,以因循为用";一方面是着眼其讨论的问题,即以刑名学说
为主的治国和以神形学说为主的治身。以下我们就以此为基础来讨论先秦时
期的道家。

以虚无为本的另外一个说法就是以道为本,这是道家思想的一个重要特
征,也是"道家"得名的主要原因。道的本义是路,《说文》:"一达谓之道。"引
申而具有法则、规律等意义。春秋时期有天道和人道的说法,其中天道是指日
月星辰等运行的轨道,人道则指人类生活应该遵循的准则[24]。在此基础上,
老子最先提出了作为万物本原的"道"的概念,以取代此前流行的帝或天的说
法。《老子》说:

> 道冲而用之,或弗盈。渊兮似万物之宗,湛兮似或存。吾不知谁之
> 子,象帝之先。(四章)
> 有物混成,先天地生。(二十五章)

"象帝之先"的说法认为道是比帝更在先的东西,这就否定了以帝为主宰
的主张和信仰。"先天地生",又表明了道是先于天地就出现的,而且是天地和
万物的母亲。无论是天还是帝,总有些人格神的色彩,而老子的道,却是一个
无意志的自然之物,这在文明史上是一个很重要的发展,体现出人类认识和理
性思维的进步。

从"道"的意义演变上来说,由最初的路,到一般的法则,再到天地万物的
本原,也是一个很大的变化。实际上,老子赋予了道以很多新的意义,因此也
需要新的说明和解释。《老子》说:

> 道之为物,惟恍惟惚。惚兮恍兮,其中有象;恍兮惚兮,其中有物。窈
> 兮冥兮,其中有精。其精甚真,其中有信。(二十一章)

这里的恍惚,原本并不是恍惚不清的意思。在马王堆帛书《老子》中,这两字作"忽望",《庄子·至乐》篇中作"芒忽",其意义相当于描述月相的"晦望"。老子本是史官,对于天道是非常熟悉的。他借用天道的术语来说明道的意义,应该是很自然的事情。这样来理解,道是由两方面因素组成的,一面是恍,一面是惚。若结合老子其他部分的论述,也可以说一面是有(有名),一面是无(无名)。有无互相产生,构成了道的运动,这就是所谓的"反者道之动"。不过,老子更强调无的一面:

> 天下万物生于有,有生于无。(四十章)
> 道常无名,朴,虽小,天下莫能臣。(三十二章)

在有和无的关系中,老子虽然也有"有无相生"的说法,但是就其根本来说,无是最重要的方面。这也就是司马谈所说的"以虚无为本"。老子之后,这一倾向变得越来越明显,黄老学派和《庄子》都突出道的虚无性。像《管子·心术上》直接说"虚无无形谓之道",与老子比起来,对道的规定要明确得多。这和发现于马王堆汉墓的黄老帛书《经法》中"虚无形,其裻冥冥,万物之所从生"的说法是一致的。帛书《道原》还提出"大虚"之说。至于庄子,更是强调道的虚无性质。所以《大宗师》说:"夫道有情有信,无为无形。"《人间世》提出"唯道集虚"。

在把道理解为虚无的同时,道家也就把万物理解为有。"有"的万物都是从虚无的道中产生的,其存在和发展也要依赖于它。这就确立了道的至高无上的地位,这种地位,非常类似于人间社会中的君主。因此,道也就被认为是君主应该效法之物。班固在《汉书·艺文志》中说道家的理论是"君人南面之术",也就是君道,是非常正确的。

道家讨论虚无的道的目的,并不是一味地关心天地万物从何处来的问题,而是为人间的秩序和事务寻找依据。像老子所说的道,主要地就是为君主而设计的,是"君人南面之术"[25]。以虚无为本的道,它和万物的关系,一方面是"生之畜之,长之育之",另一方面又是"生而不有,长而不宰,为而不恃",概括地说,就是"无为"。唯其无为,万物才可以各自有所作为,这叫作"道常无为而无不为"。将这落实到君主那里,就表现为无为的政治智慧。无为虽然也为儒家、法家等使用,但仍然是道家最有特色的术语。其意义主要是要求君主尽量减少对于百姓的干涉,无论是善意的还是恶意的干涉。所以,老子一方面反对以法治国,认为"法令滋章,盗贼多有";另一方面,更反对以仁义等治国,认为"仁义"等是属于下德,其特点是有为。《老子》十八章说:"大道废,有仁义。"仁义与大道相比,是等而下之者,所以要"绝仁弃义",以无为的大道来治理国家。如《老子》二章所说:

> 是以圣人处无为之事,行不言之教。万物作而弗始,生而弗有,为而弗恃,功成而弗居。

从君主这方面来说是无为、不言,从百姓方面来说就是自然。所谓的自然,并不是我们如今所理解的自然界的意义,是指自己做主的一种状态。五十七章说:

> 我无为而民自化,我好静而民自正,我无事而民自富,我无欲而民自朴。

因此,无为的真谛也就是对于万物和百姓的因循。用老子的话来说,就是"道之尊,德之贵,夫莫之命而常自然"(五十一章),或者"辅万物之自然而不敢为"(六十四章)。而最有名的当然是"道法自然"这四个字,其实就是道效法万物之自然的意思。

老子之后,黄老学派发展了因循的观念,进一步地把它和无为的统治术联系起来。如《管子·心术上》特别重视"因"的概念,它说:"无为之道,因也。所谓因者,无益无损也。"明确地把因看作是无为之道的表现。君主无为,则需因任臣子之才能,方能收到无不为的效果。为此,君主应该保持内心的虚静,这样认识事物时就可以做到"无益无损",即如事物之所是去了解事物。《心术上》也把这称做"舍己而以物为法",即放弃自己的任何主观想法,因循事物的实际情况。这也就是所谓的"静因之道",《心术上》说:

> 是故有道之君,其处也若无知,其应物也若偶之,静因之道也。

无知就是抛弃任何的知,就是静;偶之就是不带任何主观意志地去与物接触,就是因。黄老学派认为,这是有道之君应该采取的做法。

由无为和因循的理论,就涉及了道家尤其是黄老学派中著名的形名学说。《老子》中就讨论到了名的问题,譬如以无名为万物之始,有名为万物之母。这好像有些玄虚的味道,不过在"朴散则为器,圣人用之,则为官长。名亦既有,夫亦将知止。知止所以不殆"中,名的政治意义就变得非常明显了。老子似乎没有完全否定名的意义,但把无名放在根本的地位。黄老学派在发展无为理论时,则积极地发挥了形名的观念。按照这个学说,道是无形无名的,万物却是有形有名的。为了统御万物,形名是必不可少的。如《经法》所说:

> 虚无有,秋毫成之,必有形名。形名立,则黑白之分矣。故执道者之
> 观于天下也,无执也,无处也,无为也,无私也。是故天下有事,无不自为
> 形名声号矣。形名已立,声号已建,则无所逃迹匿正矣!

这把形名的必要性说得清清楚楚,同时也指出了形名与无为的关系。形和名相比,形是基础,名是依据形来制定的。《管子·心术上》说:

> 物固有形,形固有名,此言名不得过实,实不得延名。姑形以形,以形
> 务名,督言正名,故曰圣人。……以其形,因为之名,此因之术也。名者,
> 圣人之所以纪万物也。

名和形之间应该是完全一致的,所谓"名不得过实,实不得延名",说的就是这个意思。在这种情况下,名就是正名,反之就是倚(奇)名。名是圣人纪纲万物的工具,所以它的正奇与否就非常重要,"名正则治,名奇则乱",所以因形以立名,使形名一致是非常重要的。

刑名学的核心,其实是以道为基础,在人间社会建立起适当的秩序。这个

秩序应该是适合于社会中每一分子的,只有如此,才是有效的和理想的秩序。如前所述,它是和无为的主张联系在一起的。君主无为,可是臣子却不能无为,这就是道家在对无为学说的发展中提出的"君无为而臣有为"的主张。当然臣子的有为,需要在一个秩序的框架之中进行,譬如君主需要量能授官,也需要循名责实,这正是形名学说关心的重心所在。

道家思想的一个重要特征是它对于生命的重视,这和儒家尤其是墨家比起来更加明显。从老子开始,就表现出重生的倾向。在生命和名、货的比较中,生命是远比它们更重要的东西。老子认为,只有重视生命的人,才能治理好国家。《老子》十三章云:

> 故贵以身为天下,若可寄天下。爱以身为天下,若可托天下。

这种重生的态度,在老子之后有了很大的发展,并表现在几个不同的方面。其一是杨朱的轻物重生,或者叫作"贵己",孟子批评他是"拔一毛而利天下不为也"。其二是庄子的全生主张,提出"形莫若就,心莫若和"的生存技巧。其三也是最重要的,是由《管子·内业》篇以精气说为核心的形神理论。《内业》篇说:

> 凡人之生也,天出其精,地出其形,合此以为人。

这种对于人的理解,把人分成精和形两方面,分别有不同的来源。精也叫作神,它的本质是一种气,所谓"精也者,气之精者也",也就是精气。精气被认为是来自于天的,而形则来源于地。从后来道家的主张来看,形也被理解成是来源于一种气,不过不是精气,而是比较粗的气。精与形相比,精是最重要的,这是人的生命和智慧的基础。所以对于人而言,最应该考虑的就是如何积聚并固守精气。在这个基础上,《内业》发展出了其以心为主、心形并重的养生理论。该篇论述精气充满的状态时说:

> 精存自生,其外安荣。内藏以为泉原,浩然和平,以为气渊。渊之不

涸,四体乃固。泉之不竭,九窍遂通。乃能穷天地,被四海,中无惑意,外无邪灾。心全于中,形全于外。不逢天灾,不遇人害,谓之圣人。

其中颇有些神秘的色彩,不过确实能代表道家尤其是黄老学派的某些看法。应该指出的是,道家所说的养生和治国是一致的。一方面,生命和智慧是治国的重要基础,另一方面,如冯友兰强调的,养生和治国遵循的是同一个道理[26]。这同一个道理也就是道家的精神——虚无和因循。

道家中需要特别提到的是庄子,他属于《汉书·艺文志》所说的"放者"。事实上他自己就是以狂人自居的,这种狂表现在很多的方面,诸如文字的狂放不羁,或者生活的自在自得。庄子在生活中始终和政治权力保持距离,他的思想中也没有"君人南面之术"的空间,基本上是被个人生命的问题所占据。对于庄子来说,这在很大程度上是由于对无道世界的体认,积极的政治追求无法施展,于是转而求生命的保存。而要保存生命,又非提升生命不可。在这个主题之下,庄子对于道家的理论有很多新的解释和发展,齐物和逍遥就是最具特色的两个概念。

齐物的观念,主要表现在《齐物论》一篇中。如孟子所说"物之不齐,物之情也"(《孟子·滕文公上》),万物都是不齐的。譬如泰山大而秋毫小,彭祖寿而殇子夭,可是庄子却提出了"天下莫大于秋毫之末,而泰山为小;莫寿于殇子,而彭祖为夭"的惊人之论。我们究竟该如何理解庄子的主张?显而易见的是,这不是知识论意义上的讨论,而是生存意义上的描述。在庄子看来,生存的意义就在于使自己的心灵从万物中摆脱出来,保持虚静和独立。这就需要破除对万物进行的区分。庄子认为,事物的区分是相对的,而且是局限于物的立场得到的结果。如果以道观之的话,这种区分就会烟消云散。所以,齐物的关键就是要使自己从具体的事物中超越出来,回到万物之初也就是道的状态来观照万物。为此需要去除自我,《齐物论》的开篇,提出的就是"吾丧我",即对自我的破除。这也就是《人间世》中讲的"心斋"和《大宗师》中说的"坐忘"。一个人如果能做到"离形与知,同于大通",那么自我就消失了,随之而来,一切的差别都消失了,如《齐物论》所说"故为是举莛与楹,厉与西施,恢诡谲怪,道通为一"。于是,"天地与我并生,而万物与我为一",人就可以生活在一个无差别的混沌状态之中,没有是非、没有善恶、没有美丑。这就是齐物,万物在道之中齐通为一。

庄子的齐物,实际上是一种生活态度和生活方式。《天下》篇说:"不谴是非以与世俗处。"把齐物作为生存技巧的意义说得非常明白。由齐物就可以达到逍遥,一种自由自在的境界,庄子用无待来形容。无待也就是与物无对,万物消失了,"我"也消失了,"至人无己,神人无功,圣人无名",心灵进入到无何有之乡。没有物的羁绊,因此可以独与天地精神相往来。这个时候,人就像《逍遥游》中说的大鹏,抟扶摇而上者九万里,远离人间,进入天际。但这只是心的远离,形体仍然是在这个世界之中。庄子哲学是道家生命精神的一个集中体现。

在中国文化史上,道家一直是和儒家并称的,近人常用儒道互补来概括中国传统文化的精神,即此一端便可看出它的重要影响。相对来说,老子和黄老学派由于其对政治哲学的关注而在实际的政治生活中曾经发挥了重要的作用,而庄子学派则以其颇具特色的人生理论深刻地影响了中国古代的人生哲学。至于在文学艺术以及宗教领域,道家发挥的影响也是重大的。

## 第四节　墨家、法家、名家和阴阳家

墨子和墨家　兼爱、非攻、尚贤与节用　商鞅和韩非　法家的法、术、势
名家两派:惠施和公孙龙　邹衍与阴阳五行说

除了儒家和道家以外,战国时期主要的思想派别还有墨家、法家、名家和阴阳家。它们合起来就是司马谈所说的"六家"[27]。此外,《汉书·艺文志》曾经提出"九流十家"的说法,所谓十家就是这六家再加上农家、纵横家、杂家和小说家。班固认为,小说家多是道听途说之言,不入流,这样,去除它之后的九家就称做"九流"。各家围绕着当时社会面临的问题,从各方面提出解决的办法或者途径,互相批评,互相融合,为古代中华文明的繁荣和发展做出了重大的贡献。

在战国的时期,墨家是一个非常有影响的学派,战国中期的孟子说:"杨朱、墨翟之言盈天下。天下之言不归杨,则归墨。"[28]《韩非子·显学篇》记载墨家和儒家一起号称"世之显学"。墨家的成为显学,在很大程度上要得益于墨者团体的存在和延续。这个团体的领袖被称为巨子,第一个巨子就是墨子,这是墨家的创始人。墨子名翟,可能是鲁国人,但做过宋国的大夫。他生活在孔子之后,主要活动在战国初期。《淮南子·要略》说"墨子学儒者之业,受孔子之术。以为其礼烦扰而不悦,厚葬靡财而贫民,久服伤生而害事,故背周道而用夏政"。从这里可以看出,墨子早年曾经学习过孔子和儒家的学说,但是觉得其主张的礼乐制度实行起来既烦琐,又贫民害事,所以建立一种新的学说来反对它。因为孔子和儒家最推崇周道,如《论语》上记载孔子说的"吾从周",或者如《中庸》说的"仲尼祖述尧舜,宪章文武",所以墨子提出的新学说就依托禹所代表的夏政来,和儒家的周道对抗。《庄子·天下》篇说墨子称道大禹,并使后世之墨者以自苦为极,"曰不能如此,非禹之道也,不足为墨"。与《淮南子》的说法可以互证。

墨家的学说主要保存在《墨子》一书中,根据《汉书·艺文志》的记载,它原本有七十一篇,现存只有五十三篇。和战国时期大部分的子书一样,《墨子》也是一个学派性的著作。其中既有代表着墨子本人思想的作品,也有后期墨家的文献。一般认为,《尚贤》《尚同》《兼爱》《非攻》《节用》《节葬》《天志》《明鬼》《非乐》《非命》诸篇是研究墨子本人思想的重要材料,其余各篇主要反映了后期墨家的主张(图9-4)。

如上所述,墨家思想的一个重要背景就是孔子和儒家的学说。譬如孔子特别重视的仁,就是墨子反思的一个重要问题。就儒家而言,仁的基本规定性当然是爱人,不过,这种爱施及于不同的对象,其厚薄是不同的。譬如爱父亲比爱兄弟要多一些,爱兄弟比爱邻居要多一些等,这被称做"爱有差等"。墨子部分接受了孔子"仁者爱人"的说法,但在此基础上提出了他自己对于仁的新理解,这就是兼爱的学说。所谓的兼爱,墨子说是"视人之国若视其国,视人之家若视其家,视人之身若视其身"(《墨子·兼爱中》)。即对别人和自己一视同仁,不别亲疏,不分贵贱。与儒家的"爱有差等"相对,这是"爱无差等"[29]。很显然,这虽然出自于儒家"仁"的观念,却是和儒家的主张正相反对的。孔子和儒家所说的仁,其核心是亲亲的精神。所以既说孝悌是"为仁之本"[30],又

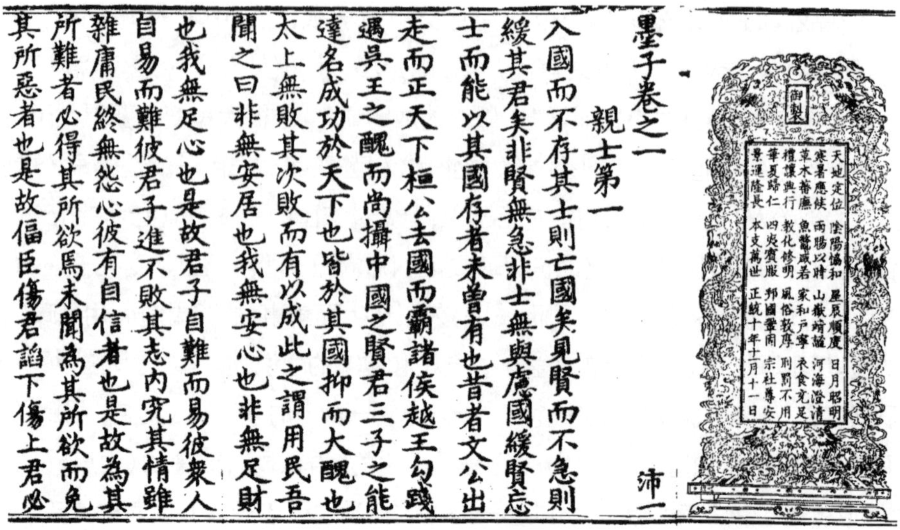

御製
天地定位 陰陽協和 星辰順度 日月昭明
寒暑應候 雨暘以時 山嶽奠鎮 河海澄清
草木蕃廡 魚鱉咸若 家和戶寧 衣食充足
禮讓興行 教化修明 風俗敦厚 刑罰不用
華夏歸仁 四夷賓服 邦國寧興 宗社尊安
景運隆長 本支萬世
正統十年十月十一日

墨子卷之一
親士第一
入國而不存其士則亡國矣見賢而不急則緩其君矣非賢無急非士無與慮國緩賢忘士而能以其國存者未曾有也昔者文公出走而正天下桓公去國而霸諸侯越王勾踐遇吳王之醜而尚攝中國之賢君三子之能達名成功於天下也皆於其國抑而大醜也太上無敗其次敗而有以成此之謂用民吾聞之曰非無安居也我無安心也非無足財也我無足心也是故君子自難而易彼衆人自易而難彼君子進不敗其志內究其情雖雜庸民終無怨心彼有自信者也是故為其所難者必得其所欲焉未聞為其所欲而免其所惡者也是故偪臣傷君諂下傷上君必
沛一

图 9-4 明刻本《墨子》书影

说“仁者人也，亲亲为大。”[31]儒家的仁爱当然会顾及别人，如“博施于民而能济众”[32]，但其中总有己和人的区别，亲和疏的区别。有了这个区别，就是“别”，而不是“兼”。墨子认为，兼正是和别反对的，“别”在人群中制造亲疏远近的分别，是造成社会混乱和争斗的根源。由爱出发，其结果是不爱，所以不是真正的仁。真正的仁应该是兼爱，墨子说：“仁则兼矣。”认为仁爱就必然地包含着兼而不别的精神在。兼爱的主张后来受到孟子的反对，孟子说：“墨子兼爱，是无父也。”仍然是用亲亲的精神来批评墨家。

兼爱可以说是墨子思想的核心，这种精神体现在国与国的关系上，就是非攻。非攻否定攻战，很显然是针对当时诸侯国之间频繁的不义战争提出的。但这并不就是反对一切的战争。墨子是一个“知类”的人，他区分了攻和伐，攻是不义之战，伐是义战。义战是受到肯定的。兼爱体现在国家政治上，则是尚贤。尚贤就是让贤能的人居高位，墨子认为这是为政之本，所以应该不辨贫富、贵贱、亲疏、远近，“贤者奉而上之，不肖者抑而废之”[33]。作为政治主张，尚贤与儒家倡导的亲亲和贵贵是对立的。儒家虽然也讲尚贤，但同时还有亲亲和贵贵的原则制约。将尚贤的主张贯彻到底，那么最贤能的人应该做天子，同时天子选拔次贤能的人做诸侯大夫等，这样就可以保证天下国家由贤人来统治。由于天子是最贤能者,所以自诸侯以下,都应该使自己的想法和行为上同于天子。这就是墨子尚同的主张。墨子认为,一人一义,十人十义,会导致争斗和混乱,所以"上同而不下比"是使社会保持秩序的必要手段。

兼爱看起来是一种很高尚的道德理想,从这个角度来看,墨子似乎是个极端的理想主义者。其实不然,墨子的思想真正呈现出的是很强的功利色彩。墨子认为,兼相爱本身并不是目的,真正的目的乃是交相利。《兼爱中》说:"爱人者,人必从而爱之;利人者,人必从而利之。"你爱了别人,别人就会反过来爱你。你做了对别人有利的事情,别人也会做对你自己有利的事情。理想主义和功利主义在墨子思想中是并存的,并得到了统一。之所以如此,是因为墨子倡导的功利并非一己的私利,而是天下之公利。《墨子》中经常说的一句话就是"兴天下之利,除天下之害",并把这看作是判断一个学说或者主张是否合理的一个主要标准。墨子有"三表"的看法,《非命上》记载:

何谓三表?子墨子言曰:有本之者,有原之者,有用之者。于何本之?上本之于古者圣王之事。于何原之?下原察百姓耳目之实。于何用之?废以为刑政,观其中国家百姓人民之利。

表是标准的意思。三表之中,上本之于古者圣王之事是从历史中寻找依据,下原察百姓耳目之实是从经验中寻找依据,废以为刑政,观其中国家百姓人民之利则是从国家人民的功利中寻找依据。事实上,后者也是最终的和最重要的依据。因为历史的记载可以根据不同的需要取舍,经验的知识可以呈现出不同的形态,只有天下之利才是确凿无疑的。也因此,这成了墨家思想的一个重要基石,其对儒家的批评很大程度上都是从这里出发的。

譬如非乐和非命,墨子认为,儒家主张命的存在,所谓执有命者,这会导致"上不听政,下不从事"。如此,则国家百姓的贫弱可知。《非乐上》论述墨子之所以非乐,并非认为乐不美,可是乐会"亏夺民衣食之材",所以要禁止。其节用和节葬的主张也是出于同样的想法。这些想法后来受到儒家的激烈批评,荀子认为"墨子蔽于用而不知文"(《荀子·解蔽》),即只知道"实用"而不知道"文饰"。儒家和墨家的争论一直贯穿在先秦时期的思想史中。

墨子之后,墨家学派继续存在和发展,并分化为三个不同的支派。韩非说"墨离为三",《庄子·天下》篇提到"相里氏之墨、相夫氏之墨和邓陵氏之墨"。他们除了继续坚持墨子的学说外,还发展出以《墨经》为代表的墨辩理论。墨辩与名家一起,为古代中国逻辑思想的发展作出了重要贡献。

法家是在战国时期变法运动的基础之上发展起来的一个学派。这个学派早期的代表人物有商鞅、申不害和慎到等,其集大成者则是战国末期的韩非。其中商鞅是卫国人,也叫卫鞅,曾经在秦孝公的支持下进行过变法的实践,帮助秦国富国强兵。商鞅最重视法,推行了一系列的社会和政治变革。现存《商君书》一书,是研究他的主要资料。申不害是郑国人,曾为韩昭侯相,著有《申子》一书[34],《史记·老子韩非列传》说"申子之学,本于黄老,而主刑名"。是说他受到黄老道家思想的重要影响,并重点发挥刑名的学说。在法家的传统中,他以对于术的重视而闻名。慎到是赵国人,稷下先生之一,司马迁在《孟子荀卿列传》中说他学习过黄老道德之术,并著有十二论。慎到思想的特色是对于势的强调和发挥。战国末期,韩非在总结此前法家和其他学派学说的基础之上,建立了一个集法、术和势的主张于一体的学说,成为法家思想的总结者。

韩非为韩国的公子,曾与后来成为秦相的李斯同学于荀子。司马迁说他为人口吃,不能道说,而善著书。他写的东西在当时就很有名,如《孤愤》《五蠹》等篇曾传入秦国,秦王读之说:"寡人得见此人与之游,死不恨矣!"李斯告诉秦王说这是韩非所著书,以至于秦为此急攻韩国。韩非后来被秦王关押,并死于狱中。现存《韩非子》有五十五篇,是研究韩非和法家思想的重要文献。

法家思想的核心当然是法。按照韩非对法的理解,它应该是"编著之图籍,设之于官府,而布之于百姓者也"[35]。"编著之图籍"说的是法要著之于竹帛,如此则不能轻易改动。"设之于官府"是说法要由官府来收藏和掌握。"布之于百姓"是说法要公布于天下,好让百姓了解和遵守。韩非认为,法一经制定和公布,所有与之相违背的东西就都要全部废除。"明主之国,无书简之文,以法为教;无先王之语,以吏为师。"[36]"明君使其群臣,不游意于法之外,不为惠于法之内,动无非法。"君主一切的行为都应该是以法为基础的。

法之外还有术。与法主要用以治民不同,术主要处理的是君臣关系。大略言之,术又可以分做两端,一是如《难三》篇所说:"术者,藏之于胸中,以偶众端而潜御群臣者也。"主要突出的是术的秘而不宣的性质,而这又根据于法家对君臣关系的理解。韩非引用黄帝之言说:"上下一日百战。"[37]认为君臣以利相合,互相算计,而君一臣众,所以君主应该有"术"以应对群臣,否则难免被群臣愚弄和控制,甚至失去君位。一是如《定法》篇所说:"术者,因任而授官,循名而责实,操杀生之柄,课群臣之能者也。此人主之所执也。"把术主要看作是任官课人的办法。这其实也就是刑名之术。所谓的"因任而授官",指根据其才能而给予其相应的权力和职位,使鸡司晨,使猫执鼠。"循名而责实",指"君操其名,臣效其形,形名参同,上下和调也"[38]。其名实相符者,赏之;名实不符者,罚之。赏罚是君主所独操之二柄,也就是杀和生的权力。以此为手段,君主才可以威服群臣。这两种术,在韩非看来,都是必须的,可是后一种要更重要。因为这是与法相结合的术,与申不害的"徒术而无法"不同。

所谓势,指的是由位置带给人的一种力量。任何人不论贤否,有势位就可以号令众人。所以韩非说:"势者,胜众之资也。"[39]在《难势》篇中,韩非引用了慎到的说法:"飞龙乘云,腾蛇游雾,云罢雾霁,而龙蛇与螾蚁同矣,则失其所乘也。……尧为匹夫不能治三人,而桀为天子能乱天下,吾以此知势位之足恃,而贤智之不足慕也。"这里特别把势位和贤智对立起来,以突出势的重要性。韩非认为,慎到所说固然有一定道理,但是并不全面。就势而言,既有自然之势,也有人设之势。自然之势是与位俱生者,有此位就有此势。人设之势则来源于居此位者的不同做法。"抱法处势则治,背法去势则乱",人君若能挟此势以法度治国,天下会大治。反之,就会大乱。

韩非以法术和势为核心,构造了一个系统的法家思想体系。这个体系中还包含着其他的内容,譬如重视耕战,主张富国强兵等,这在当时战争频仍的时代具有现实的意义。因此与其他各家相比,法家最早获得了行其道的机会。商鞅的变法固然是一个很好的例子,但最引人注目的还是法家思想在秦始皇时期的实践,并在秦帝国建立的过程中发挥了重要的作用。但是伴随着秦帝国的迅速灭亡,其局限性也充分地表现了出来。汉初的时候,人们对于法家得失的思考在很大程度上确定了法家思想的历史地位,并在客观上助了儒家一臂之力。

法家在中华文明史上的最大贡献就在于提出了"法"的观念。它的意义在与礼的比较中表现得会更加明显。如果说礼的基本精神表现在"别"上面的话,那么法的精神则是"同"。法家不别亲疏,不分贵贱,给重视血缘和等级关系的古代社会非常强烈的冲击。它以君主和国家为中心的思考,强调尊君卑臣,对于加强中央国家的权力有重要意义,在某些时候也具有积极的作用。这都是它在历史中不断产生回响的主要原因。

名家又被称为形名之家或者辩者,这是到战国中期才出现的一个学派。形名之家的称呼立足于内容,显示出这一学派主要是讨论形名的问题。辩者的称呼更着眼于形式,因为名家之徒多是喜欢论辩的人。形名是春秋战国时期各家都关心的问题,从孔子的正名,老子的无名有名,到黄老学派以至于法家的形名参同,各家的形名学说主要地与其关于政治秩序的看法相关。名家的讨论虽然不离这种形名学的背景,但是有其自己的特点。它主要是通过对"名"本身的分析来讨论形名关系。

按照冯友兰的看法,名家主要地包括两个派别:一个是惠施的合同异学派,一个是公孙龙的离坚白学派[40]。惠施的学派注重"合",所以多根据"名"的相对性来论证其同。惠施是宋国人,生活在战国中期,《庄子·天下》篇中曾记载了他的十大命题,分别是:

> 至大无外,谓之大一;至小无内,谓之小一。
> 无厚不可积也,其大千里。
> 天与地卑,山与泽平。
> 日方中方睨,物方生方死。
> 大同而与小同异,此之谓小同异。万物毕同毕异,此之谓大同异。
> 南方无穷而有穷。
> 今日适越而昔来。
> 连环可解也。
> 我知天下之中央,燕之北越之南是也。
> 泛爱万物,天地一体也。

　　虽然这些命题的确切意义不得而知,但是它要达到的基本倾向是显而易见的。这个倾向就是论证对立事物之间的同一性。譬如"天尊地卑"是一般的看法,见于《系辞传》,可是惠施却说天与地卑,反其道而言之。又如在古代中国的地理观念中,燕居北海越居南海,离中央相去甚远,可是惠施却说中央就在燕之北和越之南。位居十大命题首末的两个更能显示出惠施的倾向,所谓的大一和小一,是说事物从大和小两方面看都可以是一。而"泛爱万物,天地一体也"更清楚地表现出"合"的主张,并使得惠施的名辩思想和政治主张紧密地结合到一起。

　　公孙龙是赵国人,大约与惠施同时而稍晚。他最著名的学说当然是"白马非马",见于《公孙龙子·白马论》中。公孙龙认为:"马者所以命形也,白者所以命色也,命形者非命色者也,故白马非马。"意思是说,"马"这个名指称的是形体,"白"这个名指称的是颜色,指称形体的(马)和指称颜色的(白)是不同的,它们加在一起当然和仅仅是命形的"马"不同。所以说白马非马。公孙龙还认为,如果一个人"求马"的话,任何颜色的马都可以符合要求,可是如果"求白马",其他颜色的马就不行。可见,白马和马是不同的。《公孙龙子》中还有一篇《坚白论》,是以一块白石头为道具来讨论的。公孙龙认为,眼睛能够看见石头是白的,但不能看见石头是坚的;手可以感觉到石头是坚的,但不能感觉到石头是白的。所以,坚和白虽然看起来是合在一起的,其实是分离的。这就是所谓的"离坚白"。

　　无论是惠施的合同异,还是公孙龙的离坚白,他们都不是从实际的事物出发去论证,而是注重从"名"本身来分析其意义,对于古代中国概念和逻辑思维的发展,起到了积极和重要的作用。正是由于名家的推动,其后出现的思想家都很重视名的清晰性和确定性的问题。如荀子有《正名篇》,董仲舒有《深察名号》等。魏晋时期还发展出辩名析理的哲学方法。但是由于片面关注名的方面,所以很多主张和常识发生了冲突,也招致了很多批评。如荀子说名家"用名以乱实","用名以乱名"等,是好治怪说,玩奇辞[41]。司马谈也说名家"苛察缴绕,使人不得反其意,专决于名,而失人情"等[42]。这种批评反映出古代中国思想重"利用"而轻"玄谈"的特点。后来名家没有能够得到进一步的发展,这应该是一个主要原因。

阴阳家又称阴阳五行家,这是一个以阴阳和五行的观念为核心建立起来的学派。阴阳和五行本是各自独立的观念,就其本义而言,只是指自然的事物。阴阳是指日光的向背,五行是指五种与民生密切相关的事物:水、火、木、金和土。但在后来的发展中,这两个观念都被赋予了更加丰富的意义,并从自然世界进入了人事的领域。譬如阴阳渐渐发展为阴阳二气,成为宇宙间两种基本的材料和力量。老子说:"万物负阴而抱阳,冲气以为和。"认为万物都与阴阳有关。由此出发进一步的发展,就是把天地间所有的事物都容纳到阴阳的框架中去。如天阳地阴、君阳臣阴、男阳女阴等。因此,阴阳也就成为贯穿于自然事物和人类社会的一个基本法则。《易传》说"一阴一阳之谓道",是对阴阳观念的一个集中表达。五行的观念较早地出现在《尚书·洪范》中,其后人们渐渐地探讨五行间的关系,提出"先王以土与金、木、水、火杂,以成百物"[43]的说法。同时,五行之间相生和相克的观念也发展起来,相生是指木生火、火生土、土生金、金生水、水生木,相克是指金克木、木克土、土克水、水克火、火克金。五行也开始用来说明人间的事物,战国时期,儒家的子思一派曾经发展出"仁、义、礼、智、圣"的五行学说,其中运用了传统五行说中五行相生的理论。

阴阳和五行的观念在阴阳五行家中实现了结合,并表现出了强大的说明和解释世界的力量。这一学派的主要代表人物是邹衍,他是齐国人,司马迁说其著书十余万言,"深观阴阳消息,而作怪迂之变"[44]。深观阴阳消息说的是探索阴阳消长的规律,作怪迂之变是指其提出关于宇宙、历史和地理的宏大的看法。邹衍的著作在《汉书·艺文志》中著录有《邹子》四十九篇和《邹子终始》五十六篇,可惜都已经失传。不过,他的学说很多保留在《管子》《吕氏春秋》以及汉代人的记载中。

司马谈《论六家要旨》叙述阴阳家时说:"尝窃观阴阳之术,大祥而众忌讳,使人拘而多所畏,然其序四时之大顺,不可失也。"所谓四时之大顺,也就是春夏秋冬的秩序。《管子·四时》篇一般被看作是阴阳家的作品,其中说道:"是故阴阳者,天地之大理也。四时者,阴阳之大经也,刑德者,四时之合也。刑德合于时则生福,诡则生祸。"这是说阴阳体现了天地最根本的道理,而四时又是阴阳最基本的表现。具体地说,春夏为阳,秋冬为阴。阳为生长,阴为收藏。生长为德,收藏为刑。所以四时之中,春夏就代表了德,秋冬就代表了刑。这是自然的秩序,邹衍和阴阳家认为,人们也应该遵循这一秩序。如果人事的秩序和此自然的秩序相合,就会有福。反之,则有祸。所以,阴阳家对于人们在什么时候做什么事情,就会有一些规定。这就是司马谈说的"大祥而众忌讳,使人拘而多所畏"。《吕氏春秋》的十二纪,《礼记·月令》等,都与此有关。

以邹衍为代表的阴阳五行家还试图用五行相克的关系来说明历史,这就是著名的五德终始说。五德是指五行之德,从土德开始,木德继之,金德次之,火德次之,水德又次之。水德之后,又回到土德,开始下一个过程。终则又始,这就是所谓的"终始"。按照邹衍的理解,历史就是按照五德终始的次序演变的。譬如黄帝是土德,夏是木德,商是金德,周是火德等,以后的历史也将循此规律发展。所以代替周的一定是得到水德的人。每一德都有一套制度与之配合,如木德者其色尚青,火德者其色尚赤等,秦始皇自认为得到水德,所以其色尚黑,数字尚六,就是受到了邹衍的影响。

阴阳五行家综合阴阳和五行的学说,并试图以阴阳五行为框架解释世界和历史,寻找其中的规律,对于古代中国抽象思维的发展起到了重要的作用。它使阴阳和五行的观念深入人心,成为古代中国最有特色的思维方式之一。

# 第五节 兵家和兵书

六韬或太公兵法 司马法 孙子兵法

在中国古代的学术分类上,除与后世经、史、子、集相当的六艺、诸子、诗赋三种之外,还有三种,这三种偏重于技术,即兵书、数术和方技。传授兵学或写作兵书的人,也被叫作兵家。

兵书与"人道"有关。古代没有现代意义的社会科学,当时与治理人群有关,只有笼统的所谓"治国用兵之术"。而在"治国用兵之术"中,兵学的技术性显得格外突出,常被写进书本,供后世阅读,不像治国之术,没有系统的传授制度。

战国末年,赵国的军事家庞煖曾向他的老师鹖冠子请教:

庞子问鹖冠子曰:"圣人之道何先?"鹖冠子曰:"先人。"

庞子曰:"人道何先?"鹖冠子曰:"先兵。"

可见古人对军事是何等重视。

在世界军事史上,中国的经验非常丰富,中国的兵书也特别发达,占有显著的地位[45]。它不仅对中国的军事制度和战争生活有直接影响,而且对中国历代的政治制度和统治方法,乃至一般人的行为特点和思维特点也有深刻影响。所有西方军事史家都承认,战略文化的发达是中国的一大特点。

中国古代的兵书,数量很大,即使按最粗略的统计,至少也在四千种以上[46]。但它们当中,广为人知,奉为经典,作为军人必读之物的却主要是先秦时代留下的兵书[47]。我国的兵书,从起源上讲,是分为两大类型,一类可称为"军法"类的兵书,是讲"治兵之法"(涉及兵役征发、武器装备、军需保障、训练管理等问题),后世多入于政书、兵典;一类可称为"兵法"类的兵书,则是讲"用兵之法",即现代所谓的"指挥艺术"或"战略战术"。古人说"运用之妙,存乎一心"(《宋史·岳飞传》),就是指谋略类的兵法。后者是在前者的基础上产生,但又超越前者,形成独立的领域,在我国典籍中占了很大一块。西汉时期,经张良、韩信、杨仆、任宏对政府秘藏进行整理,当时所谓的"兵书"已经是以后一种为主。而任宏更把兵书分成四个门类。第一类是所谓"权谋",即侧重战略问题,带理论性和综合性的兵书,有如透彻研究人体、全面概括病理的医经。第二类是所谓"形势",则侧重战术问题,强调灵活多变和切近实用,则有如对症下药的医方。这两类是兵书的主体,二者互为表里。第三类是所谓"阴阳",则属于诸葛亮"上知天文、下知地理",能掐会算那一类(如古代军人必学式法,就是属于这一传统)。它是古代数术之学在军事上的应用,其中既有实用知识,也有占卜迷信。第四类是所谓"技巧",则是讲兵器使用、武术训练、军事体育(包括踢足球和下棋),特别是攻城、守城的技术[48]。两者属于军事技术的范畴。这是西汉时期的分类,但对理解先秦兵书很有帮助。

现在我们说的先秦兵书,主要都是战国时期的兵书。战国时期,各大国的出兵人数动辄在十几二十万,很多大的战役,旷日持久,可达数年,以至《老子》

和《孟子》都痛责这一时期,觉得他们是过于残酷。特别是战国晚期,更是杀人盈野,血流成河,每次大战,失败的一方常被全部杀光(有些是投降后被活埋),军民死伤,累计当在百万以上。这是先秦兵书产生的背景。战国末年,荀卿与临武君议兵于赵孝成王前,荀卿曾批评说,齐国的军队比不上魏国,魏国的军队比不上秦国。但从兵书的成就来看,情况却正好相反[49]。当时最著名的兵家是孙子(包括孙武、孙膑)、吴起和司马穰苴,即司马迁在《史记》中专门写有列传的四个人(见该书的《孙子吴起列传》和《司马穰苴列传》)。他们四个人,孙武、孙膑和司马穰苴都是齐国的兵家,吴起是魏国的兵家。古代最有名,水平最高的兵书也是齐国的兵书,其次才是魏国(如《吴子》和《尉缭子》),再其次才是秦国(如已经失传的商鞅的兵法)。例如,这里介绍的《六韬》《司马法》和《孙子兵法》,它们就都是齐系统的兵书,不仅在中国历史上有很大影响,而且还代表了早期兵书的三大类型[50]。司马迁说,齐国人是以足智多谋,有大国之风而出名[51]。齐国兵书的成就和这种特点是分不开的。

　　《六韬》或《太公兵法》　今本《六韬》是兵书,但这个本子是宋朝改定的本子。它和唐代和唐代以前的《六韬》似乎很不一样(如从《群书治要》引用的《六韬》和敦煌本《六韬》来看)。此书和汉唐时期的"太公三书"是什么关系,和"太公三书"中的《太公兵法》是什么关系,我们也不太清楚[52]。但齐国人依托其开国君主吕尚(即后世所说的"姜太公"),在战国秦汉非常流行,也非常有名,这点是没有问题的。《庄子·徐无鬼》已提到《六弢》,《六弢》即《六韬》。战国时期的苏秦,西汉时期的张良,他们也传授"太公兵法"。今本《六韬》来源于宋《武经七书》本,它是以周文王到民间访求垂钓渭滨的太公开头,然后分文、武、龙、虎、豹、犬六部分,讲述文王、武王事迹,并就各种问题向太公请教,从而撰成此书。其内容不仅关系到军事,也涉及政治和外交,和一般兵书不同,是属于广义的谋略。这种兵书,来源于战国时期"文、武图商"的历史故事,类似作品还有《伊尹》《辛甲》《鬻子》三书,以及有关的"小说"(见《汉书·艺文志·诸子略》中的道家和小说家)。在战国时期的古书中,伊尹、太公不仅是擅长阴谋的政治家和军事家,也是著名外交家和国际间谍。如《孙子兵法·用间》《孟子·告子下》《鬼谷子·午合》《吕氏春秋·慎大》和古本《竹书纪年》,它们都提到伊尹、太公为商、周作间谍,使用苦肉计和美人计,迷惑敌人,离间敌人。由于题材的相互关联,《六韬》和《逸周书》中的故事和词句也有一定的渊源关系。

《太公兵》在任宏的兵书四门中本来是属于权谋类的兵书,即在《七略》中,它原来是列于《兵书略》的权谋类,因为与《诸子略》的《太公兵》重出,所以《汉书·艺文志·兵书略》把它删掉了。它讲的"权谋",其实是广义的"权谋"(古人多以"阴谋"称之),应用范围比一般兵书大,内容也比较浅显,大部分是"头疼医头,脚疼医脚"的实用对策,在理论概括和思想深刻方面比不上《孙子》,但在战国秦汉时期,它依托太公传说,很神秘也很通俗,影响非常大。例如佩六国相印的大纵横家苏秦,他就是学太公术[53]。汉代初年的张良,他为刘邦作"画策臣","运筹策帷帐中,决胜千里外"(《史记·留侯世家》),看家本事也是太公术。西汉时期的兵书《黄石公三略》,就是依托张良从黄石公授太公术的故事[54]。太公的兵法在汉代和汉代以后一直是时髦书,不断有续作和改编,其他依托之作也层出不穷,影响一直延续到后世。特别是东汉末和三国时期,时人好论"英雄"(《三国志·蜀书·先主传》:"今天下英雄,唯使君与操耳。"),"英雄"一词,即出于《六韬》(《六韬·龙韬·选将》),并在《三略》中被大加发挥。这是中国先秦兵书的第一个类型(可称"阴谋类型")。

《司马法》也是齐系统的兵书,但它和《太公兵法》不同,不是以依托的形式写成。它有明确的年代,是写于战国中期[55]。它的古本,据司马迁讲,本来是由两部分组成,一部分为"齐威王使大夫追论古者《司马兵法》",是年代较早的司马之法;另一部分为齐景公时大司马田穰苴("田"本作"陈",汉代称"田")的兵法[56],则是年代较晚的司马之法(《史记·司马穰苴列传》)。因为编辑前书时,他们把后者也收在了里面,故二者也合称"《司马穰苴兵法》"。这是古书对《司马法》的最早记载。

在《汉书·艺文志》中,《司马法》是著录于《六艺略》的礼类,前面加了"军礼"二字,被当作一部礼书看待。过去清代治礼学者都很看重《司马法》,特别是《司马法》的佚文,主要是因为它是讲"五礼"(吉、凶、军、宾、嘉五礼)中的"军礼"。但我们知道,这是班固的一个改动。原来在《七略》中,它是收于《兵书略》的权谋类,本来是被当作权谋类的兵书,而且是很重要的兵书。

在先秦兵书中,《司马法》是很特殊的一类。它和其他兵书不同,不是私人讨论用兵之法的著作,而是由一批御用学者奉齐威王之命集体撰辑,是齐国官书,带"钦定"性质,有点像宋朝的《武经总要》,内容是以军事制度为主。它现在的本子,宋《武经七书》本,是宋以来的选本,只有五篇,但古书引用的佚文很多。其内容涉及:(1)军赋(两种"乘马之法");(2)军制(包括乘法);(3)车马兵甲和金鼓旌旗;(4)阵法和垒法,等等。它与《孟子》讲的"三代王者之师",《周礼》讲的"司马九伐之法",还有《管子》等书讲的军事制度均有一定关系,所以被历代儒家奉为最理想的军事制度和军事家"以正治国"的典范。它很强调"以仁为本,以义治之",并且讲究"逐奔不过百步,纵绥不及三舍"(追击逃跑的敌人不可超过一百步,跟踪退却的敌人不可超过九十里),以及"成列而鼓"(等待敌人摆好阵势才开战),在一定程度上可以反映早期贵族的战法。这类战法在春秋时代就已受到质疑和挑战,比如被毛泽东嘲笑为"蠢猪式的仁义道德"的宋襄公,他以商朝的后代自居,宁肯放弃有利战机,一定要维持君子风度,死要面子活受罪,结果落得身死兵败天下笑(很多人都指出,这是"中国的堂·吉诃德")。他所恪守的作战原则就是明见于《司马法》一书。战国以来的兵家和宋襄公相反,他们不但强调"半渡可击",而且是一定要击,对于"诈"也是一点也不脸红(可参看《孙子》和《吴子》对"诡诈"和"半渡"的看法)。比如韩非子提出的"繁礼君子,不厌忠信;战阵之间,不厌诈伪"(《韩非子·难一》),就和《司马法》成鲜明对照。我们正是从这种对照,才体会到"兵法"来源于"军法"又超越于"军法",即"兵不厌诈"的革命含义[57]。

《司马法》对后世的影响也很大。西汉初年的韩信,是有实际带兵经验的常胜将军,曾被刘邦夸奖,说是"连百万之众,战必胜,攻必取"。汉初兴立制度定规矩,就是把申明《军法》的重任委任于他。我们从汉代的《军法》佚文看,从《李卫公问对》的说法看[58],他的《军法》就受到此书的影响。这是中国先秦兵书的第二个类型(可称"军法类型")。

《孙子兵法》 现在我们熟知的《孙子兵法》,其实是三国时期曹操注解的《孙子》十三篇。但在战国时期,当时流行的"孙吴之书"(《韩非子·五蠹》),其中的"孙"却很可能是泛称,其中不仅包括《孙子》十三篇,也包括孙武兵法的佚篇和其后代孙膑的兵法(图9-5)。

据汉代史料记载,孙武是齐人,曾事吴王阖闾,和伍子胥一起,参加伐楚

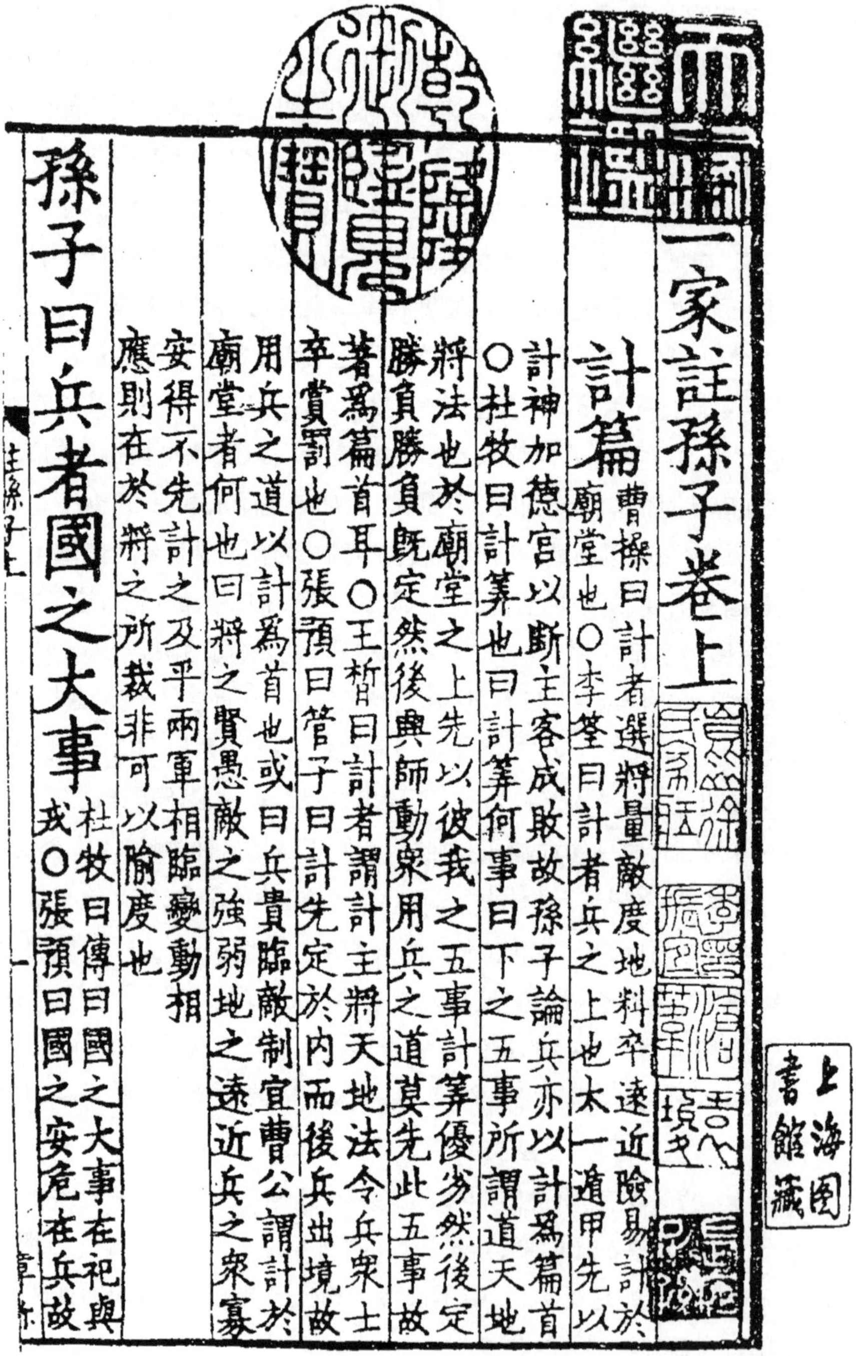

一家註孫子卷上

計篇

曹操曰計者選將量敵度地料卒遠近險易計於廟堂也○李筌曰計者兵之上也太一遁甲先以計神加德宮以斯主客成敗故孫子論兵亦以計為篇首○杜牧曰計算也曰計算何事曰下之五事所謂道天地將法也於廟堂之上先以彼我之五事計算優劣然後定勝負勝負既定然後興師動眾用兵之道以計為首也著為篇首耳○王晳曰計者謂計主將天地法令兵眾士辛賞罰也○張預曰管子曰計先定於內而後兵出境故用兵之道以計為首也或曰兵貴臨敵制宜曹公謂計於廟堂者何也曰將之賢愚敵之強弱地之遠近兵之眾寡應則在於將之所裁非可以喻度也安得不先計之及平兩軍相臨變動相

孫子曰兵者國之大事

杜牧曰傳曰國之大事在祀與戎○張預曰國之安危在兵故

图9-5 南宋刻《十一家注孙子》,清天禄琳琅阁旧藏,现藏上海图书馆

入郢。他的后代孙膑,则事齐威王,为桂陵之役和马陵之役的指挥者。他们各有兵法传世。当年,任宏整理兵书,为了区别这两个"孙子"的兵法,曾把孙武的兵法叫《吴孙子兵法》,孙膑的兵法叫《齐孙子》(银雀山汉简有《孙膑兵法》,《孙膑兵法》是个不太妥当的名称),但在银雀山汉简中,我们却无法把二者彻底分开[59]。特别是银雀山汉简有一枚残简,说"明之吴越,言之于齐。曰知孙氏之道者,必合于天地"(《孙膑兵法·陈忌问垒》篇所附),它很明显是把这两种《孙子兵法》统称为"孙氏之道",而且强调这个"孙氏之道",它的整理传授、广为流行,其实还是在孙武的故国,即齐国。从这种表达,我们估计,它的整理成书,与齐国的孙膑可能有很大关系[60]。由于其军事术语最接近于齐国的《管子》[61],所述战争也很像是战国情景,所以我们是把这两种《孙子兵法》视为一家之学,而且归入齐系统的兵书。

在中国古代的兵书中,《孙子》十三篇是最杰出的作品,它只有短短五千多字(今本比古本字数增多,近六千字或略多于六千字),但对战争现象的分析却非常深刻。甚至有一种意见认为,《老子》的辩证思维受兵法启发要远过于名辩,它的来源是《孙子兵法》[62]。

现存的《孙子》十三篇可以分为四组。它的第一组是讲"战争三部曲",一是出兵前的庙算,二是庙算后的野战,三是野战后的攻城,即《计》《作战》《谋攻》。和西方的"暴力无限"论相反,作者是把不花钱不费力的"伐谋"("不战而屈人之兵")设为战争的理想状态,而把花钱费力的"伐交"(外交斡旋)、"伐兵"(出兵野战)、"攻城"(攻城夺邑)依次排列,视为不得已而用之。他对战争的基本过程和暴力的使用程度,从逐步升级到逐步降级,有精彩分析,是古代战略思想的典范。这三篇下来,是《形》《势》《虚实》三篇。它把前三篇中的计算问题展现为不同的数量组合。"形""势",古书常连言,作为合成词,然而《孙子》却区别二者,把它们当作一对相反相成的概念:前者是显而易见,既成固有的客观状况,即国力、军力等各种实力的具体表现;后者是看不见也摸不着,变化无常的人为态势,即排兵布阵的运用之妙。"虚实"和"形""势"有点类似,但不同的是,它特别是指整个战局的虚实配置,范围更大。这是《孙子》的前六篇。《孙子》的后七篇,《军争》《九变》《行军》《地形》《九地》也是自成一组。它们是"虚实"之术的具体运用。这种运用既包含"打"与"走"的交叉为用,也包括"人"与"地"的相互适应。其中有些地形是与作战有关,有些地形是与行军有关,还有一些是和国土的纵深和主客角色有关,在先秦兵书中,是讲运动战术和地形学知识最丰富的篇章。其中《九地》篇强调"愚士卒之耳目","投之亡地然后存,陷之死地而后生",也是类似法家思想的御兵之术,有那个时期的管理学特色。在《孙子》的最后两篇中,作者讨论了火攻和用间。《火攻》讲"五火之用",涉及古代的风角之术,和兵阴阳说有关。《用间》讲"五间之用",则已有分工协作的间谍网,和《计》篇首尾呼应,也是其"知彼知己"思想的具体应用。

在中国古代的兵书中,《孙子》的地位是首屈一指,从来都没有动摇过。不仅如此,它于17世纪传入日本,18世纪传入欧洲,还是在海外最有影响的中国典籍,地位仅次于《老子》和《易经》。这是中国先秦兵书的第三个类型(可称"兵略类型")。

除这三大类型的代表作之外,我们还应提到《墨子》城守各篇[63]。《墨子》城守篇本来属于《七略·兵书略》的"技巧"类,《汉志》以其重出而删略。它不仅提到对付十二种攻城方法(临、钩、冲、梯、堙、水、穴、突、空洞、蚁附、轒辒、轩车)的守城技术,涉及各种军事器械和军事手段,还提到类似近代爆破技术的所谓"缚柱施火"。在中国古代兵书中,也是很有特色的一种。很多研究中国军事技术史的专家都很重视这一篇[64]。

# 第六节　数术和方技

数术　方技　巫术　礼仪　方术

数术、方技是古代与宇宙万物和人体健康有关的两门学问。它所涉及的范围主要与自然科学的对象有关,但也包括与自然现象有关而又涉及超自然现象的各种占卜和相术,并与中国古代的巫术、礼仪和宗教有密切关系。古人也把它们合称为"方术"[65]。

数术和方技,它们的来源很古老,但见于文献记载,比较兴盛和发达,还是到了春秋战国,特别是秦汉以来。后世以"数术""方技"指星算、占卜、医药、养生等术,这样的用法似乎是到汉代才固定下来。

在中国古代的典籍中,方术之书是正经读书人不读,遭受冷落和忽视的学问。重视者只有少数供奉朝廷的特殊专家,以及闾巷卖卜,江湖行医的民间术士,并不是一种普遍的读物。过去,讲图书分类,刘向、刘歆和班固,他们是把古书分为六类,前三类是"学",后三类是"术"。汉以来的知识结构,大家看重的是"学",即六艺、诸子、诗赋(略相当于后来的经、史、子、集),而不是"术",即兵书、数术、方技。这个知识结构,里面有意识形态存焉,利禄所在,趋之若鹜。过去的读书人,他们首先要读的是"正经之书",只有绝望仕途,失意科场,才会喜欢其他书。我国的思想异端,他们读子史,读词章,风花雪月,儿女情长,也自有其乐趣,但几乎没有人要读兵书、数术、方技,特别是最后两类书。古代喜欢方术的人,现在看来,都是有宗教兴趣的人,有科技兴趣的人。近代以来,欧风东渐,提倡科学,方术一类的书籍就更少人过问了。

"数术"[66],见于《汉书·艺文志》,是个单独的门类。刘向、刘歆父子为之设有《数术略》,收录其书。《后汉书·方术列传》和《七录》也用"数术",应是比较早的说法。"数术"也作"术数",见于《晋中经簿》,则为后世沿用。"数术"这个词,很容易让我们联想到"数学"或"算术"的概念,但它所谓"数"却并不限于数字类的概念,还包括"理数"(逻辑)和"命数"(机运);所谓"术",也不是一般的推算,而是指占卜。当然,古人认为占卜也是"算",比如大家说诸葛亮"能掐会算",就是这种"算",术家常称为"内算"。

中国古代的"数术",门类很多,《汉书·艺文志·数术略》分为六类,即"天文""历谱""五行""蓍龟""杂占""形法",其实归纳一下,主要是三大类:

(一)占卜。是以推算为主,又分三小类:

(1)星算类。包括天文历算、占星候气、式法选择(即用式盘和日书选择时日的数术)等术,大体相当《数术略》的"天文""历谱""五行"三类〔案:早期天文历算和占星等术不分,这里放在占卜类〕。

(2)卜筮类。包括龟卜(用龟甲占卜)、筮占(用蓍草或筹策占卜)等术,大体相当《数术略》的"蓍龟"类。

(3)杂占类。包括占梦、占耳鸣、占目眴(占眼睛跳)、占嚏(占打喷嚏)等术,大体相当《数术略》的"杂占"类。这类占卜与人的心理状态和身体状况有很大关系。当代弗洛伊德创精神分析法就是从释梦入手,古代的释梦也有精神分析的意义。

(二)相术。古代的"数"和"象"有关,天有天象,地有地形,人有面相手相,宅墓、六畜、刀剑也都各有各的"相"。古人于推算之外,也使用"观"或"相"。其中除观验天象属天文,其他入于相术,《数术略》叫"形法",自成一类。

(三)厌劾祠禳。"厌劾"是"厌劾妖祥","厌"是镇压之义,"劾"是驱除之义,"妖祥"是鬼怪邪魅。"祠禳"是"祷祠祈禳","祷祠"是求告神祖,"祈禳"是禳除凶祟。它们与"占卜"类的最后一类有关,在《数术略》中是附于"杂占"类。这类占卜,因为涉及人的心理、病理,往往使用驱邪巫术,它同"方技"中的祝由密不可分,也是比较特殊的一类。

但它们当中,占卜始终是主体性的东西,门派分化最厉害。

"方技"[67],见于《汉书·艺文志》,也是专门的一类,有《方技略》收录其书。但《史记·扁鹊仓公列传》已有"方伎"一词,比它更早,只是写法略微不同罢了。"方技"的"方"应同"医方"的概念有关。但古人所谓"方"涵盖甚广,不只限于配伍成剂的药方,还泛指各种处方。

中国古代"方技"也有许多门类,《汉书·艺文志·方技略》分为四类,即医经、经方、房中、神仙,其实归纳一下,主要是三大类:

(一)医药和服食。二者都是以"药"为中心,只不过前者是以却病延年为主,草木之药为主;后者是以不老成仙为主,金石之药为主。前者大体相当《方技略》的"医经"和"经方",后者则入于《方技略》的"神仙"类。中国炼丹术中的外丹术就是与后一类内容有关。

(二)行气、导引、房中。"行气"是"呼吸吐纳之术"(属气功类的静功),"导引"是"屈伸俯仰之术"(属气功类的动功),"房中"是"男女交接之术"(属性技术)。其特点是不假外物或"药",属于"无本生意"。前两种是入于《方技略》的"神仙"类,后一种大体相当《方技略》的"房中"类。《方技略》把"房中"排在"神仙"之前,可能是因为在早期的概念里,"房中"近于医学。当然这一大类和前一大类也有交叉,例如房中便使用媚药。中国炼丹术中的内丹术也与这一类有关。

（三）祝由。是一种祝诅术，即用诅咒、符水等巫术为人治病。它同厌劾类的巫术性质相通，也是以驱除邪魅为主，但不同点是，厌劾类的巫术，其对付范围比较广，并不限于治病，而祝由则专以治病为主。例如古代有所谓"避兵术"，即所谓"刀枪不入"，就是属于厌劾之术，但它和祝由还不一样。祝由是古代的心理治疗，它和现代的心理治疗有共通之处，就是它们都以心理接受为前提（"信则灵，不信则不灵"）。古人的心理问题是"心里有鬼"，所以装神弄鬼的一套对他们特别灵。

中国的数术、方技之书淘汰和更新的速度很快。早期的书大多都已散亡。如《汉志》著录，留下的书就很少，《数术略》只有《山海经》，《方技略》只有《黄帝内经》。

研究方术的起源，现在还有许多困难。过去我们的读物主要是宋元以后的东西，现在有不少出土发现（如战国秦汉出土的某些古书，以及敦煌卷子中的某些古书），可以弥补我们的知识[68]。虽然到目前为止，我们还讲不清上述各个门类，它们的起源到底有多早，但后世的"大术"原来往往是"小术"，原来的"小术"后世往往是"大术"，这个规律还是比较明显。

例如，在《方技略》中，"数术"是以属于"星算类"的"天文""历谱""五行"三类排列最前，门派最多，地位最重要；属于"卜筮类"的"蓍龟"次之；属于"杂占"类的占卜和"厌劾祠禳"类的"杂占"又次之；属于"相术类"的"形法"是列在最后。两汉盛言灾异，天象预报、天气预报、地震预报和灾情预报同时也是政治预报，当然第一类占卜最吃香，但它们在历史上的"得志"先后却正好相反。因为以人类学的知识判断，占梦、厌劾和相术同原始巫术关系最密切，肯定是最老牌的数术。而考古发现证明，卜约出现于5500多年前，筮约出现于3500年前，不晚于商代。星算类的发达反而最后，主要还是在战国秦汉时期。阴阳五行学说的流行就是以此为背景，图谶之说的流行也是以此为背景。同样，"方技"史的发展也有类似情况。在《方技略》中，"行气""导引""房中""祝由"，地位要低于"医经"和"经方"，但讲"得志"先后，恐怕也是相反。早期人类缺医少药，哪儿不舒服了就来点祝由术，使用"毒药""针石"全是后来的事，《素问·上古天真论》把这一点讲得很清楚。

中国的"方术"当然不等于现代的科学技术，但也未必可以称之为"巫术"。就总体而言,它不但同民族志上习见的那种原始巫术(如所谓"萨满")有相当距离,而且同战国秦汉时期的巫术也有很大区别。读《周礼》《史记》《汉书》,我们不难发现,战国时期的"巫觋",主要是祝宗卜史的属吏,他们多供事于各种祠祭之所,负责祈雨、禳灾、除病、降神一类事,地位并不是很高。技术也主要是围绕着太公射丁侯、苌弘射狸首这类把戏(见《太平御览》卷七三七引《六韬》佚文和《史记·封禅书》),即我们所说数术三类中的最后一类和方技三类中的最后一类,都是层次较低的方术,即使从内容上看也无法涵盖方术的全部内容。

战国秦汉以降,方术的门类有进一步分化。如天文历算同式法选择逐渐疏远,草木之药与金石之药也拉开距离;卜筮分家,卜衰筮兴,等等。宋以来的大趋势是:天文历算和狭义的"数术"分家,自成门类;医药之学也日益排斥房中等术,把它们从史志著录中挤掉。结果是把这些"不登大雅之堂"的东西甩给道教和民间宗教,最后消释混融于明中叶以后传入的西洋科技。

由于中国方术的外部格局和内部格局都是一变再变,后人常常是拿晚期概念去曲解早期。例如就连清代最好的校雠学家章学诚,他在这个问题上都不免糊涂。在《校雠通义》一书中,章氏曾持"数术附经"之说以非班志,谓"以道器合一求之","阴阳"(当作"五行")、"蓍龟""杂占"当附《易经》,"历谱"当附《春秋》,"五行"当附《尚书》,"天文""形法"乃后世天文地理之书,应自立门类。这种理解就包含了两方面的曲解:一方面是儒家"人文精神"的曲解,一方面是后世"科学精神"的曲解。

今天,我们对方术的理解,要注意这种"逆溯的误差",不要以今人之心度古人之腹。

另外,研究中国古代方术,我们还要注意它与巫术和礼仪的关系,特别是这三个方面与中国早期宗教的关系。因为研究任何一种文化,都离不开它的宗教理解。如果你不理解一个民族的宗教,也就不能理解一个民族的文化。而且越是古老的文化,这个问题就越突出[69]。方术、巫术和礼仪,它们合在一起,构成了我们讨论中国早期宗教的三个不同视角。

对于研究中国宗教,巫术虽有一定重要性,但更重要的是,我们应当考虑礼仪和方术的意义。特别是对商周以来的宗教,不能简单地概括为巫术。我们的发展水平,哪怕是商周时代的水平,也不能过于低估。对于重建早期中国宗教,我们最好是像二郎神,脑袋上有三只眼。而且在这三只眼中,礼仪和方术更重要。如果只有巫术一只眼,肯定看不清。

下面做一点解释。

(1)巫术。以"高级宗教"看,当然不算宗教,或者只能算"低级宗教"。但它对研究早期宗教确实有用,特别是对研究礼仪、方术的起源很有用。比如巫术包括祝诅和占卜两个分支,前者发展为礼仪,后者发展为方术,就是比较明显的事情。但我们应当注意的是,巫术在礼仪、方术发达起来之后仍然存在,特别是在民间有很大影响,和"左道"的概念(类似西方所谓的"异教"或"邪教")一直有关,汉以来的律令都是禁之唯恐不及,害怕借它煽动造反(主要是出于国家安全的考虑,而不是宗教的考虑)。而且同是巫术,前礼仪、方术时代和后礼仪、方术时代,情况也大不一样。后世的巫术是屈从于礼仪、方术,受贬斥和压制,善的一面(白巫术)被取而代之,恶的一面(黑巫术)被渲染突出,整个形象被"恶魔化"。比如汉代的巫,台湾的林富士先生做过研究[70]。当时北有胡巫,南有越巫,全国各地有各种各样的巫。这些巫不但地位不高,早就是祝宗卜史的附庸,而且经常受迫害,情况和欧洲中世纪的猎巫相似(但不是宗教迫害,而是政府迫害)。萨满说不但不能解释后一类巫术,也不能解释礼仪和方术,特别是礼仪、方术和国家的关系,以及它们的社会政治意义。

(2)礼仪。当然比巫术要高,但也不能等同于宗教。"礼仪"在中国很重要,这点早期传教士看得很清楚(因为他们有宗教立场,有宗教敏感,有传教可行性的实际考虑),比我们现在看得还清楚;但"礼仪"是什么,是宗教还是非宗教,他们争论很大(著名的"礼仪之争")。中国的礼仪,有国家大典(封禅、郊祀之仪和各种朝仪),有民间礼俗,有道教科仪,当然和宗教崇拜有一定关系。但中国礼仪的特点是,它既拜神,也拜人,早期是拜"天、地、祖",晚期是拜"天、地、君、亲、师"。"天""地"当然是神,但"祖"或"君、亲、师"却是人。总趋势是"天地"淡出,下降;"祖"变成"君、亲、师",上升。秦汉以下是家庭为本,大家没有共同的"祖",忠君孝亲尊师是读书人所奉,他们崇拜的是皇上、父母和老师,愚夫愚妇才求神拜佛(特别是妇女,包括皇帝的妈妈和老婆)。因此利玛窦说我们宗教感太差,佛教、道教只是儒家的两翼。这没有错。鲁迅在

《我的第一个师父》中说，龙师父的屋里有块金字牌位，上面写的就是"天地君亲师"[71]。这是中国礼仪的特色，早在《荀子·礼论》中就有类似说法[72]。我们中国，士农工商，读书人是头等公民，四民之中没有僧侣，这是研究中国礼仪必须考虑的问题。但我们不能说中国的礼仪就绝对不是宗教。我们既不能说礼仪就是宗教，也不能说礼仪就不是宗教。

(3)方术。方术也是"四不像"。它不但和巫术有关，和道教、前道教有关，而且和中国历史上的科学也有不解之缘。因为天文历算和针石医药，我们今天叫"科学"，原来却是属于方术的范围。可惜的是，现在研究科学史的，他们的科学观念太强，总是把它当作"伪科学"。这是现代对古代的偏见。比如李约瑟（Joseph Needham）的《中国科技史》（*Science and Civilizations in China*, Cambridge University Press），就是带着"科学"眼镜到中国找"科学"。他倒是帮我们找了一大堆"科学"，也提高了我们在科学史上的地位。但这些"科学"是从哪里来的呢？其实很多都是出自《道藏》和其他方术类的古书，都是从"伪科学"的垃圾堆里捡出来的。只不过，人们总是淘出金子就忘了沙子，以为金沙不是沙。其实如果没有淘金者，金子原来也是沙。更何况，"科学"和"方术"的关系比金、沙的关系还复杂。另外，它的各种门类还有交叉感染的趋同和节外生枝的分化，其中也包括比较"科学"的方术和其他方术的分化。但尽管如此，我们还是应该明白，不仅古代的方术和宗教有不解之缘，而且就是近代的科学也和宗教有不解之缘。"五四"以来，大家有一个误区，就是以为"赛先生"到中国来，它的责任是反宗教。但我们不要忘记，利玛窦到中国传教，他借助的正是科学。他说科学是传教最有利的武器。

对于方术和巫术、礼仪的关系，以及它们对早期宗教研究的意义，现在还有不少问题值得研究。


# 第七节　从百家到一统的趋势

分化与融合：百家争鸣的两种趋势　荀子对各家的批判与吸收　"兼儒墨、合名法"的杂家　思想的趋同呼唤政治的统一学者一般用"百家争鸣"来描述春秋战国时期思想领域的盛况，的确，这个词很适合表现那一阶段思想主张的多元性以及彼此之间的不同、分歧和冲突。儒家和道家的对立早就为大家所熟知，司马迁著名的概括"道不同不相为谋"[73]就是针对着这两个学派的。老庄的绝弃仁义，孟子的辟杨朱，荀子的排老庄，都表现着这两个学派之间的冲突。墨家从一开始就是儒家的对立物，墨子的十大主张每一个几乎都是直接针对着孔子和儒家的，而孟子和荀子也都把墨家看作是一个重要的论敌。庄子剽剥儒墨，扫荡名法，尤其是《天下篇》纵论诸子之短长，而以己为最高，显示出一览众山小的气势。荀子非十二子，解众家之蔽，也有以自己独得大清明的味道。至于韩非代表的法家，对于各家都有尖锐的批评，其极致处，则要君主完全以法为教，扫除异己，直接影响了秦始皇"焚书坑儒"事件的发生。甚至在每一家的内部，差别和矛盾也比比皆是。典型者，如韩非所指出的："孔墨之后，儒分为八，墨离为三。"（《韩非子·显学》）皆自以为真孔墨，他们之间互相攻击，激烈程度并不亚于各家间的批评。这些都能呈现出先秦时期百家争鸣的盛况。

但是在冲突和批评之中，不同思想之间的融合也就不可避免地发生了。如果以"家"为单位来考察这段思想史的话，我们可以看到两种不同而又互相依赖的趋势。一方面是各家之间的论辩和冲突使得各自的论题和特点越来越突出，相应地，与其他学派之间的界限也就划得越来越清楚；另一方面，却是各家不断地把其他学派的某些因素吸收消化，因此思想综合的程度越来越高。如果做个简单概括的话，前者可以说是分化的趋势，后者则是统一的趋势。这两种趋势并存在战国时期的思想发展中，而且越到战国的后期，它们表现得就越加明显。究其原因，既是思想发展本身的内在规律使然，也和政治因素有重要的关联。我们可以举《荀子》和《吕氏春秋》为例，对此趋势及其原因进行具体的说明。

作为一个坚定的孔子和儒家的信徒，生活在百家争鸣的背景下，荀子的思想具有很强的批判色彩。这种批评不限于别的学派，甚至儒家内部的很多人物也不能逃脱。《荀子·非十二子》中提到了六组十二个此前有影响的人物，荀子称他们的学说是"饰邪说，文奸言"，这十二人是：它嚣、魏牟，陈仲、史䲡，

墨翟、宋钘,慎到、田骈,惠施、邓析,子思、孟轲。以学派而论,包括了道家、墨家、法家、名家和儒家。如其论惠施、邓析说:

> 不法先王,不是礼义,而好治怪说,玩琦辞,甚察而不惠,辩而无用,多事而寡功,不可以为治纲纪。然而其持之有故,其言之成理,足以欺惑愚众,是惠施、邓析也。

就荀子所理解的儒家传统而言,礼义是最重要的内容,因此也成了他评论是非的准绳。惠施、邓析代表的名辩思潮不效法先王,不肯定礼义,而仅仅玩弄奇怪的文字游戏,虽然辨析得非常细致,却没有实际的功用,因此并不足以确立为治理国家的纲纪。这里对于惠施等的批评,其实并不在于他们名辩的本身,而在于名辩的方向。惠施们是怪琦和无用的,因为他们的名辩和礼义无关。其实荀子对于"辩"本身是持肯定态度的,"君子必辩。凡人莫不好言其所善,而君子为甚焉。是以小人辩言险,而君子辩言仁也"(《荀子·非相》)[74]。为此,和惠施等一样,荀子也会注重讨论和辩有关的名的问题。在《荀子》一书中,专门有《正名》一篇,阐述荀子对于名的看法。这也是先秦儒家中对于"名"的最系统的论述。其中批评名家的错误主要有三类,即"惑于用名以乱实""惑于用实以乱名"和"惑于用名以乱名"。这种批评当然有助于划清荀子和名家的界限,是思想分化的一个重要表现。但是批评本身也是接受影响的一种方式,我们发现,在很多的问题上,荀子实际上接受了名辩思潮的重要看法。譬如其关于共名和别名的区分,显然与后期墨家以"达、类、私"来区分名的种类有关。在这里,批评有时候反而成了思想融合的桥梁。

《解蔽》同样是《荀子》中一篇评论诸子之蔽的文章,其中说"墨子蔽于用而不知文,宋子蔽于欲而不知得,慎子蔽于法而不知贤,申子蔽于势而不知知,惠子蔽于辞而不知实,庄子蔽于天而不知人",很多是很恰当的。诸子等各有所见,但每个人反而都被他的所见蒙蔽,因此不能见到别人之所见。当荀子批评"墨子蔽于用而不知文"的时候,他并不是说"文"就比"用"好,而是说它们两者都是人类需要的东西。事实上,荀子固然对于"文"(譬如礼乐)是赞美的,可是对"用"也是看重的。因此才会批评名家的辩而无用。这显示出荀子综合的眼光。《天论》中说：

> 万物为道一偏，一物为万物一偏，愚者为一物一偏。而自以为知道，
> 无知也。慎子有见于后，无见于先；老子有见于诎，无见于信；墨子有见于
> 齐，无见于畸；宋子有见于少，无见于多。

诸子都是一偏，都有所见，也都有所不见。荀子要吸收诸子之所见，同时
也要见他们之所不见。这就是他说的"兼陈万物而中悬衡焉"，要使心保持
"虚一而静"，达到大清明的状态。这样，每个事物就会如其所是的那样呈现在
面前。荀子这种态度，在激烈的批评中仍然不失对于对手的较客观的了解，使
他成为诸子的一个综合者。譬如他批评庄子"蔽于天而不知人"，但同时对于
庄子和道家的天论，有很多的吸收，因此发展出"天人之分"的学说。战国思想
中的分化和统一两种趋势，在《荀子》中表现得都非常明显。

思想融合与趋向统一的另一个表现是杂家的出现。按照班固在《汉书·
艺文志》中的说法，杂家的特点是"兼儒墨，合名法，知国体之有此，见王治之无
不贯，此其所长也。及荡者为之，则漫羡无所归心"。无所归心是说杂家没有
一个中心的观念，以及围绕此观念的思想体系。它只是用拼凑式的做法把儒
墨名法等各家思想综合起来[75]。《吕氏春秋》就是这样的一部著作，它的创作
过程和动机，《史记·吕不韦列传》曾经有如下的记载：

> 当是时，魏有信陵君，楚有春申君，赵有平原君，齐有孟尝君，皆下士
> 喜宾客以相倾。吕不韦以秦之强，羞不如，亦招致士，厚遇之，至食客三千
> 人。是时诸侯多辩士，如荀卿之徒，著书布天下。吕不韦乃使其客人人著
> 所闻，集论以为八览、六论、十二纪，二十余万言。以为备天地万物古今之
> 事，号曰《吕氏春秋》。布咸阳市门，悬千金其上，延诸侯游士宾客有能增
> 损一字者予千金。

《吕氏春秋》著述的动机，似乎只是在于炫耀宾客的众多和备天地万物古
今之事，并不追求一个内在的思想系统。司马迁说"集论"是很形象的，虽然这

个"集"也有一定的章法可循。譬如它的骨架是阴阳家的,所谓的"十二纪",就是先以阴阳家的四时观念为核心,并把每一个季节都分成孟、仲和季三月,譬如春天包括孟春纪、仲春纪和季春纪,然后依据春生夏长秋收冬藏的观念,把与之相应的主张安放进去。在这种安排之下,历史上养生的主张和学说被放在了春季,关于兵刑和丧葬的学说放在冬季等。其形式上的确存在着系统性,虽然这仍然不能使整本的著作成为一个"一以贯之"的东西。

但是这种类型著作的出现,在思想史上仍然具有重要的意义。这意义当然不是提供了什么创新的主张,而是作为一种思想趋于综合和统一的象征。在《吕氏春秋》中,我们可以发现战国时期流行的各种各样的思想,编者力图把它们熔为一炉。值得注意的是,属于杂家的作品并不是出于学者的设计,而是政治家的安排,这意味着统一首先是政治上的需要。从执政的角度着眼,任何学说都可能是有用的。这和养士的想法是一致的,贵族们并不只会对某一类型的士有兴趣,他们所养的士之中,有各种各样主张和技能的人物,以备不时之需。同样,他们所收集和整理的思想,也就涵盖了各家各派。如班固所说,是为了明王治之无不贯。但既然政治上有如此的需要,思想家就会努力把这种需要加以实现。

简而言之,从战国中后期开始,伴随着政治上一统的要求,思想领域也呈现出融合和一统的趋势。《系辞传》"天下一致而百虑,殊途而同归",以及《中庸》"道并行而不悖,万物并育而不相害"的说法,就是这种趋势的反映。《吕氏春秋》等作品,则是这种趋势的具体表现,这些都为汉初的思想融合以及一统奠定了基础。

## 注 释

〔1〕《孟子·万章下》:"大夫倍上士,上士倍中士,中士倍下士。下士与庶人在官者同禄,禄足以代其耕也。"《礼记·王制》:"诸侯之上大夫卿、下大夫、上士、中士、下士,凡五等。"

〔2〕《国语·楚语上》:"庄王使士亹傅太子箴……问于申叔时,叔时曰:'教之《春秋》,而为之耸善而抑恶焉,以戒劝其心;教之《世》,而为之昭明德而废幽昏焉,以休惧其动;教之《诗》,而为之导广显德,以耀明其志;教之礼,使知上下之则;教之乐,以疏其秽而镇其浮;教之《令》,使访物官;教之《语》,使明其德,而知先王之务用明德于民也;

教之《故志》,使知废兴者而戒惧焉;教之《训典》,使知族类,行比义焉。'"其所教科目,有《诗》《春秋》、礼、乐等。

〔3〕 余英时:《中国知识阶层史论》,联经出版事业公司,1980 年,第 4 页。

〔4〕《论语·子张》。

〔5〕《孟子·滕文公下》。

〔6〕 如《孟子·滕文公下》载彭更语:"(孟子)后车数十乘,从者数百人,以传食于诸侯。"

〔7〕 从目前的文献来看,六家的区分始于司马谈,见《史记·太史公自序》。但"某家"的说法出现应更早,如《史记·陈丞相世家》记载陈平已有"道家"的说法。《战国策·赵策二》中也有"刑名之家"的称呼。《庄子·天下篇》则有"百家"之说。

〔8〕 因为涉及儒家的起源,所以关于"儒"的研究引起了现当代很多学者的注意。章太炎、胡适、冯友兰、陈来、阎步克等都对此有专门的讨论。诸说参见陈来《古代宗教与伦理》,三联书店,1996 年,第 331—342 页,以及阎步克《乐师与史官》,三联书店,2001 年,第 1—32 页。

〔9〕《论语·为政》。

〔10〕《论语·为政》。

〔11〕《论语·颜渊》。

〔12〕 详见《郭店楚墓竹简》,文物出版社,1998 年 5 月。据整理者的介绍,发现竹简的郭店一号墓下葬于公元前三百年左右。作为随葬品,竹简所抄文献的年代可能要更早一些。

〔13〕《论语·阳货》。

〔14〕《论衡·本性篇》:"周人世硕以为人性有善有恶,举人之善性,养而致之则善长;恶性,养而致之则恶长。……故世子作《养性书》一篇。宓子贱、漆雕开、公孙尼子之徒亦论情性,与世子相出入,皆言性有善有恶。"

〔15〕《汉书·艺文志·诸子略》。

〔16〕 韩愈:《原道》。

〔17〕 见《史记·孔子世家》。

〔18〕 如《庄子·天下》和《礼记·经解》,以及《史记·滑稽列传》等关于六经的论述,对于不同经典的特点和性质都有清楚的认识和了解。

〔19〕《史记·陈丞相世家》:"陈平曰:'我多阴谋,是道家之所禁。'"这是文献中可见的"道家"一名最早的出处。

〔20〕 关于孔子问礼于老聃的故事,不仅见载于《史记》,道家的《庄子》以及儒家的《礼记》中也都有类似的说法。

〔21〕 《汉书·艺文志》说"道家者流,盖出于史官",未尝不是受到老子本为史官这一事实
     的影响。但另一方面,史官的思想特征确实明显地表现在道家思想之中。详细的讨
     论见王博《老子思想的史官特色》,台湾文津出版社,1993年。

〔22〕 《史记·老子韩非列传》。

〔23〕 司马谈是司马迁的父亲,其《论六家要旨》见于《史记·太史公自序》,这是最早系统
     区分先秦诸子学派的文章。

〔24〕 参见张岱年:《中国古典概念范畴要论》,《张岱年全集》,第四卷,河北人民出版社,
     1996年,第475页。

〔25〕 班固《汉书·艺文志》述道家者流的思想,以"君人南面之术"来概括。

〔26〕 冯友兰:《中国哲学史新编》第二册,人民出版社,1984年,第215页。

〔27〕 见《史记·太史公自序》。

〔28〕 《孟子·滕文公下》。

〔29〕 《孟子·滕文公上》。

〔30〕 《论语·学而》:"有子曰:孝悌也者,其为仁之本欤?"

〔31〕 《礼记·中庸》。

〔32〕 《墨子·尚贤中》。

〔33〕 《墨子·尚贤中》。

〔34〕 此书已佚,《群书治要》中还保存部分内容。

〔35〕 《韩非子·难三》。

〔36〕 《韩非子·五蠹》。

〔37〕 《韩非子·扬权》。

〔38〕 同注〔37〕。

〔39〕 《韩非子·八经》。

〔40〕 冯友兰《中国哲学史》:"其实辩者之中,当分二派:一派为合同异,一派为离坚白。
     前者以惠施为首领,后者以公孙龙为首领。"《三松堂全集》第二卷,河南人民出版
     社,1988年,第204页。

〔41〕 《荀子·正名》。

〔42〕 《史记·太史公自序》。

〔43〕 《国语·郑语》。

〔44〕 《史记·孟荀列传》。

〔45〕 现在,研究世界军事史,大家都很重视三个方面,一个方面是军事技术史(兵器),一
     个方面是军事组织史(军队),一个方面是指挥艺术史(战略战术)。这三个方面,中

国都有重要贡献,而特别是在后一方面,中国的贡献尤大。虽然,有些西方学者,他们以最后的胜利者自居,目空一切(参看:Jeoffrey Parker, *Cambridge Illustrated History of Warfare*, Cambridge Universsity Press 1995),但是谁也无法否认,在西方的军事传统中,同中国相比,战略文化的缺乏是相当明显。例如,希腊罗马时代,他们几乎没有像样的兵书(具有战略概括性质的兵书),有也是《读史兵略》水平的东西。他们的兵书,真正具有战略眼光,可以同《孙子兵法》比美的兵书,其实是19世纪拿破仑战争时代的产物,如克劳塞维茨的《战争论》和若米尼的《兵法概论》,它们就是出现于这一时期。

〔46〕 许保林:《中国兵书知见录》,解放军出版社,1988年;刘申宁:《中国兵书总目》,国防大学出版社,1990年。

〔47〕 宋神宗元丰年间刊刻的《武经七书》是其后的一切武举教科书所本,其中五本属于先秦(《孙子》《吴子》《六韬》《司马法》《尉缭子》),一本属于西汉(《黄石公三略》),一本属于唐代(《李卫公问对》)。

〔48〕《汉书·艺文志·兵书略》的定义是:"权谋者,以正守国,以奇用兵,先计而后战,兼形势,包阴阳,用技巧者也。""形势者,雷动风举,后发而先至。离合背乡,变化无常,以轻疾制敌者也。""阴阳者,顺时而发,推刑德,随斗击,因五胜,假鬼神而为助者也。""技巧者,习手足,便器械,积机关,以立攻守之胜者也"。

〔49〕《荀子·议兵》:"齐之技击不可以遇魏氏之武卒,魏氏之武卒不可以遇秦之锐士。"

〔50〕《七略·兵书略》著录的先秦兵书约有四十余种。关于其国别年代,可参看:李零《齐国兵学甲天下》,《中华文史论丛》第50辑,上海古籍出版社,1992年,第193—212页。这些兵书,除这里介绍的三种,留于后世者,还有《吴子》和《尉缭子》。吴起的兵法在战国秦汉时期很有名,但今本《吴子》是唐陆希声的节选本,卑之无甚高论。《尉缭子》的影响也不能与《六韬》《司马法》《孙子》相比,这里从略。

〔51〕《史记·货殖列传》:"齐带山海……其俗宽缓阔达而足智,好议论,地重难动摇,怯于众斗,勇于持刺,故多劫人者,大国之风也。"

〔52〕 汉唐时期的太公书有很多种,其中最著名的是所谓"太公三书",即《太公阴谋》(或《太公谋》)、《太公金匮》(或《太公言》)和《太公兵法》(或《太公兵》)。我们从古书引用这三书的佚文看,《太公阴谋》似主要是讲图国谋政,《太公金匮》似主要是收警句格言(或讲谈话技巧、游说技巧),《太公兵法》似主要是论用兵技巧。

〔53〕 其行事言语,除见于《战国策》等书,还具载于《苏秦》,即今《鬼谷子》一书。

〔54〕《隋书·经籍志》著录梁有《张良经》,"与《三略》往往同"。

〔55〕 它的成书年代很明确,是在战国中期齐威王在位的35年间(前378—前343年)。

齐威王时，齐国力最盛，先后在桂陵和马陵两次打败魏国，成为头号强国。战国铜器陈侯因资敦是齐威王自作的铜器，在铭文中，他以齐桓、晋文自况，就是这种形势的反映。当时指挥桂陵和马陵之役的是田忌和孙膑，可见此书的出现与田忌、孙膑相先后，和孙武之学大盛于齐几乎是同时。这是战国兵学最辉煌的时代。

〔56〕 田穰苴是齐景公时的大司马，他与孙武同时，两人俱出"田完之苗裔"。司马迁讲这两个人，一个是以杀齐君宠臣（庄贾）而立威，一个是以杀吴王爱姬而取信，故事相类，都是强调他们的"申明军约"。他们都是贵族出身，又精通兵法，应对齐国的军法比较了解。特别是田穰苴，他不仅当过齐国的大司马，而且所传兵法是与古《司马兵法》编为一书，也必有相近之处。在今本《司马法》和《司马法》佚文中，虽然已无法判断哪些是古《司马兵法》，哪些是《穰苴兵法》，但《通典》卷一四八引"八陈之法"是标明为"司马穰苴曰"的，这一段仍属于"军法"类的内容，还是比较明显。它和《吴孙子》之长于谋略似有一定区别。

〔57〕 克劳塞维茨的《战争论》和中国兵法的出现其时间不同，但背景相似，一是拿破仑不守贵族战法，在耶拿之役生擒普鲁士亲王和克劳塞维茨；二是克劳塞维茨学过康德哲学，当时的思想氛围很活跃。

〔58〕 《李卫公问对》卷上："张良所学，《太公》《三略》，韩信所学，穰苴、孙武是也。"

〔59〕 这两种《孙子兵法》，我们只知道，简文与今本《孙子》十三篇对应的部分是属于《吴孙子兵法》，涉及孙武行事或解释发挥《孙子》十三篇的内容是属于《吴孙子兵法》的佚篇，涉及孙膑行事的内容是属于《齐孙子》，其他只标"孙子曰"的简文，我们很难断定是属于哪一个孙子。

〔60〕 孙膑所处的时代是齐国在军事上最强盛，对军事学的整理也最重视的时代。不仅《司马法》和孙膑的兵法是这一时期的产物，而且《管子》《周礼》可能也与这一时期有关。

〔61〕 《管子》中的论兵之作在《七略》中原来是收在《兵书略》的权谋类，《汉书·艺文志》因重出而删略。

〔62〕 何炳棣：《有关〈孙子〉〈老子〉的三篇考证》，"中研院"近代史研究所，2002 年。

〔63〕 加拿大麦基尔大学的叶山（Robin D. S. Yates）教授对此有精深研究，见他早年的博士论文：*The City under Siege*：*Technology and Organization as Seen in the Reconstructed Text of the Military Chapters of Mo-Zi*，Harvard University，Cambridge，1980，以及他在李约瑟主编《中国科学技术史》第五卷第六分册第三十章写的"早期攻守城技术：从墨家到宋"节（第 365—379 页）。

〔64〕 除上面谈到的兵书，还有若干出土发现也很重要。如 1972 年出土的银雀山汉简，其

中就发现了大批的兵书,既有可与传世本对照的《孙子兵法》《孙膑兵法》《六韬》和《尉缭子》,也有一些非常重要的佚书。如《汉书·艺文志·兵书略》的阴阳类没有任何书保留下来,但在这批竹简中却出土了它著录的《地典》一书。特别是这批竹简中,还有曾被整理者编入《孙膑兵法》而后来又被剔除的《奇正》篇。这篇的内容也很重要。它对奇正概念的讨论极富哲理,文字足以同《孙子兵法》比美。这里限于篇幅,不再一一介绍。

〔65〕　见《后汉书·方术列传》。在先秦古书中,"方术"有两种含义。一种是对"道术"而言,如《庄子·天下》说:"天下之治方术者多矣,皆以其有为不可加矣。古之所谓道术者果恶乎在? 曰:'无乎不在。'""道术"是无所不包的大理论,"方术"只是一隅之术,比较专门和具体。另一种是指治术,如《荀子·尧问》《韩非子·外储说左上》和《吕氏春秋·不苟》,它们提到的"方术"就都是指统治之术。这些都与我们说的"方术"不尽相同。我们说的"方术",比较明确的用法是见于《后汉书·方术列传》。但这个词却并不始于《方术列传》。例如《史记·秦始皇本纪》提到"文学方术士",就是合并"文学士"与"方术士"两者而言之。所谓"方术士"分两种人,一种是"候星气"者(姓名无考),擅长"数术";一种是入海求仙,寻献奇药者(如徐福、韩终、卢生、侯生之流),擅长"方技"。他们的特长正与《方术列传》同,显然有别于列为博士官的周青臣、淳于越等"文学士"。《史记·封禅书》说"苌弘以方事周灵王","周人之言方怪者自苌弘",这种"方"也应当是"方术"。"方术"可以简称"方",就像"方术士",后世多称"方士",道理是一样的。又《史记·孝武本纪》说:"少翁以方术盖夜致王夫人及灶鬼之貌云。"(《封禅书》无"方"字)也提到"方术"。《方术列传》说:"汉武帝颇好方术,天下怀协道艺之士,莫不负策抵掌,顺风而届焉。"李贤注说:"《前书》武帝时少翁、栾大等并以方术见。"看来它的"方术"概念是本之《汉书》,《汉书》是本之《史记》。

〔66〕　"数术",除见于《墨子·节用上》(作"数术而起与"),含义比较模糊外,先秦古书多作"术数"。"术数"见于《墨子·非儒下》,《管子》的《形势解》《明法解》,《韩非子·奸劫弑臣》,《鹖冠子·天则》,皆人主御臣之术,和《汉书·艺文志》的"数术"不一样。

〔67〕　"方技",见于《墨子·迎敌祠》(作"牧贤大夫及有方技者"),似是技艺之称。古书以"方技"指医药养生之术,如同《汉书·艺文志》所用,年代较早还是《史记·扁鹊仓公列传》,但字作"方伎"。

〔68〕　如李零的《中国方术考》和《中国方术续考》二书(东方出版社,2001 年)就是以讨论这类材料为主。

〔69〕　可是困难也在于,尽管每种文化都有类似的宗教需求(神祇崇拜、教义教规,等等),但要想找到一种普遍适用的理解却十分困难。每种宗教都很容易把其他宗教定义为非宗教,或异教(paganism),或邪教(cult),也很容易把自己的宗教标准当普遍标准。所以在此我们不打算从这样的定义出发,反而把"宗教"当作一种概念更宽泛、历史更长久、讨论更开放的对象,希望从材料本身出发,重新思考定义问题。

〔70〕　林富士:《汉代的巫者》,台湾大学历史学研究所硕士论文,1987年。

〔71〕　《鲁迅全集》,人民文学出版社,1958年,第六册,第464页。

〔72〕　《荀子·礼论》:"礼有三本:天地者,生之本也;先祖者,类之本也;君师者,治之本也。无天地恶生?无先祖恶出?无君师恶治?三者偏亡,焉无安人。故礼上事天,下事地,尊先祖而隆君师,是礼之三本也。"

〔73〕　《史记·老子韩非列传》:"世之学老子者则黜儒学,儒学亦黜老子。"

〔74〕　《荀子·非相》。

〔75〕　参见冯友兰:《中国哲学史新编》第二册,人民出版社,1984年,第469页。

# 第十章　文学艺术的兴起与繁荣

中国文学与艺术的起源很早。有文字和实物可征的文学作品和艺术作品都可以追溯到殷商时期。从殷商到战国,这段时间内,文学艺术出现了辉煌灿烂的局面,影响着后来几千年中国文学艺术的发展。在先秦,文史哲并没有完全严格区分开来,是一大特点;文学艺术的地域性很明显,是另一大特点。这两个特点表现在许多方面,值得充分注意。

## 第一节　先秦散文

甲骨文与金文的文体　历史散文　诸子散文

中国散文历史的开展与文字的产生有密切的关系。到了殷商时期,文字已经非常成熟了。殷商时期的甲骨文已经能够承担起记事和表言的基本功能,而施用于很多场合。

甲骨文主要产生在盘庚、武丁时期,从已经公布和解读的文字看,甲骨文已经具有了较为完整的记事功能。甲骨文有卜辞,也有记事刻辞。胡厚宣先生推测殷代当时通行之文字,至少亦当有万数乃至两万以上[1]。甲骨文的词类包括实词和虚词两大类,实词有名词、动词、形容词、数词、量词、代词;虚词有副词、介词、连词。现代汉语语法中基本的词类,在甲骨文中都已产生。从语法看,其基本的功能也都具备了,各种词类的关系和各自在句子中的地位也基本确定,像主—动—宾的句式结构,以及定语和状语的限制、修饰作用,甲骨文都已具备[2]。当然,甲骨文中有些语法现象在后世已经消失或转化为另外的形式,这反映了商周时人的语言表达习惯与后人有不同的地方。胡厚宣先生说早期的卜辞本身,已有记事文字,如卜某日是否降雨,及降雨之后,则于卜辞之后记某日允雨等。如中央研究院第十三次发掘所得一大龟,其左骨桥之边际记曰:"丁酉雨,至于甲寅,旬又八日,九月。"胡厚宣说:"九月自丁酉至于甲寅,连雨凡十又八天,此非一平常之事也,故利用龟甲上卜辞之余闲以记之。"[3] 除此之外,胡氏又专门研究了武丁时期甲骨文中所谓的甲桥刻辞、甲尾刻辞、背甲刻辞、骨臼刻辞、骨面刻辞等五种刻辞,称皆记事文字。其所记之事,主要分为两种,一种记甲骨之来源,一种记甲骨之祭祀[4]。从甲骨文释读的成果看,卜辞涉及的范围已经很广,有天象、历法、渔猎、征伐、祭祀、营建、年成等等。由于以甲骨作为书写材料,有许多限制,故无论卜辞还是记事刻辞,都还比较简短,少的只有三四字,多的将近百字,与用笔、简作为书写材料而记录的文字有较大的差别。殷商时期已经有笔和墨等多种书写材料[5],甲骨文之"册"字,象编简之形,金文"典"字,象置册于几上,说明商周时确有与后世相同的典册。《周书·多士》说:"惟殷先人,有册有典。"伪《孔传》以为指册书典籍[6],因此除了甲骨卜辞外,当时应该还有其他的文字材料产生,可惜现在还没有发现实物。用竹简和缣帛作为文章的载体,应该比龟甲和金器更为方便,篇幅也应该更长一些。不过即使从甲骨文来看,也足以作为传世文献的旁证,让人想到当时文字表达的高度成熟。

甲骨文以外,商周时期的金文,则是更为成熟的文字。甲骨文中各种句子成分基本具备,但和金文比较起来,还处于相对简单的阶段。金文的语法功能得到了加强,句子修饰成分不断丰富[7]。金文具有重要的史料价值,这一点为历代学者所了解并加以充分利用。但金文作为上古时期的文体材料,却很少有人去注意。金文铭刻于商周时代的青铜礼器、乐器和其他青铜皿上,由于青铜器皿较甲和骨面积大,故其文辞有的可以很长,如传世的《毛公鼎》长达497 字,丁宁反复,与《尚书·文侯之命》相当,但由于没有经过后人加工,因此比《文侯之命》更可信,是研究西周散文文体的宝贵材料(图 10-1)。当然,早商彝器铭文还很简短,少者一二字,多者四五字,至殷末始见数十字的铭文。附铭的目的在于识别器类的用途,至于西周,铭文得到了很大的发展,周人用以扬祖德,刻功纪烈,传遗子孙而特为制器。此时的铭文,长篇巨制已多,如

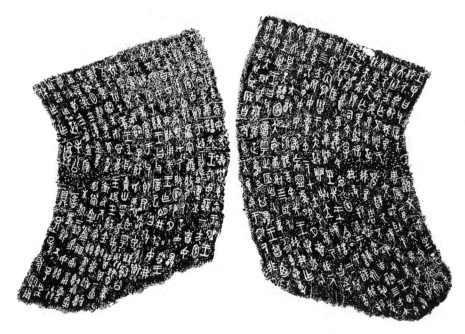

图 10-1　毛公鼎铭文

《大盂鼎》等即是。郭宝钧认为,周初铭文各有风格,颇少沿袭,演进到了穆王,策命渐多,书史若有定格,到厉王时,几于"公文程式化"了。郭宝钧说:"好像那时作册尹手中有这样一种格式,遇有锡命,只把不同的时、地、人名、命官、赏锡等分别填进去;制器者照样加上一段对扬、祝愿的话,就把它铸出来。"[8]西周铭文的格式化,可以看作文体成熟的标志。西周铭文非常重视对时、地的记叙,即如武王时期的《利簋》,是武王克殷后锡铜给利作簋[9],虽然简短,但时间、地点都是交待得很清楚的。

从甲骨文和金文记叙事件和言辞的成熟程度看,《尚书》的记载应该是可信的。尽管《尚书》经过了后人的润饰,但基本的事件和文体的格式,还是保留了原貌的。中国古代很早就发明了文字,并用文字记录事件和言辞,记事、记言之初,就注意文辞的表达和修饰,因此,这个时期不仅是中国文字的萌发期,也是中国古代散文文体形成的萌发时期。

从传世文献研究看,中国早期散文无疑是《尚书》和《春秋》以及后来产生的《左传》《国语》,世称"历史散文",而以《老子》《论语》《墨子》《庄子》《孟子》《荀子》《韩非子》等为代表的诸子散文,或称哲理散文。《尚书》有今文、古文之分,古文《尚书》,最终经清代学者考订,认为是伪托,今文《尚书》,也有怀疑并不全是真品。如《禹贡》,后世学者一般认为是战国时期人根据古代传说材料编辑而成,但大体上都还认为可信。今文《尚书》分虞、夏、商、周四部分[10],所收典、谟、训、诰、誓、命、歌、贡、征、范诸文体,可见上古时期文章分类颇为精细。《尚书》中殷商文章当以《盘庚》为代表,共分三篇,一般认为是殷商时期可信的文献。后人说周诰殷盘,佶曲聱牙[11],《盘庚》的确有这些特点。这一方面说明《尚书》是上古文献,故语言与后世有较大距离,因而应该可信;另一方面与同时的甲骨文相比,还算是比较典雅的。文中使用了许多很生动的比喻,如"予若观火""若网在纲,有条而不紊。若农服田力穑,乃亦有秋""若火之燎于原,不可向迩""人惟求旧,器非求旧,惟新",至今仍用于成语,仍然具有鲜活的生命力。文中写盘庚对臣民们的讲话,恳切陈辞而语气中亦时带恫吓,描写形象,显示了文章语言极强的表现力。全文内容丰富,要表达的意思层次多,但一层层推进,表现出较高的组织技巧。这篇文章在中国散文史上具有较重要的地位。

《尚书》中的《周书》,是周代的文献,记录当时的文告和讲演,其文辞忠厚恳挚,至诚感人。孔子说:"周监于二代,郁郁乎文哉,吾从周。"[12]古人称"夏尚忠,殷尚质,周尚文"。周代以文饰胜,周代的金文与《周书》所载诰辞,都说明了这点。但从语言上看,周诰无疑继承了《盘庚》,显示出与殷时散文的前后承继和发展。

周诰虽然佶曲聱牙,但都是当时口语的记录。随着时代的发展,这些口语渐渐不为后人所了解,所以显得古涩难懂。《汉书·艺文志》说:"古之王者世有史官,君举必书,所以慎言行,昭法式也。左史记言,右史记事。事为《春秋》,言为《尚书》。"这说明记言与记事在本质上都是一样的,都是史官的行为。《尚书》就是一部古史,是用言语的形式记录的虞、夏、商、周的历史。

周时各诸侯国均有史官,故墨子称他曾见过百国《春秋》。从现存的《春秋》看,除了记载鲁国的事,也有别国的事,这就是各国史官互相通告的结果,所谓"承告而书"。现在流传下来的《春秋》是鲁国的史书,但由于经过孔子的整理,"纪远近,别同异"[13],成为孔门弟子学习的教科书,所以产生了与别国史书不同的影响。《春秋》一书经过了孔子的整理,寄托了孔子的政治理想,其所褒贬,以君臣父子之伦常为准。《春秋》文辞简洁,后人称为"微言大义"。由《春秋》而产生了传释的公羊、穀梁、左氏三家[14],其中以《左传》影响最大。《左传》的特点是"繁富",代表了春秋时期叙事散文的成就。

　　《左传》的成就主要表现在叙事艺术上,它不像《公羊》《穀梁》那样,以解释经义为主,而是以史实的叙述为主,以此来证经、补经。作为编年史,《左传》主要按时间顺序交待事件发生发展的全过程,因此注重过程的完整性,同时也经常使用倒叙等手法。《左传》在叙事上的特点是故事性强,故事情节具有戏剧性,极紧张动人。比如僖公二十三、二十四年写晋公子重耳出亡及返国的过程,就具有很强的情节性,且故事的叙述颇有戏剧意味。从本篇可以看出,作者善于选材,详略得当,组织严密。重耳出亡 19 年,经过八个国家,材料当然很丰富,但作者围绕主题选材,凡有利于刻画重耳性格的就详写,反之则略写。如"及宋,宋襄公赠之马二十乘",在狄生活 12 年,也只一句"处狄十二年而行"。但在临走时,与季隗的对话却写得很详细,目的是突出重耳那时留恋妻子和对前途渺茫不乐观的心态。

　　《左传》善于叙事,善于刻画人物,这些都比前代的散文大大地进步了。其叙事曲折复杂,写人性格生动,形象鲜明。《左传》的语言简洁峻整,对后人的散文产生了巨大的影响。刘知幾《史通·杂说上》说:"左氏之叙事也,述行师则簿领盈视,哤聒沸腾;论备火则区分在目,修饰峻整;言胜捷则收获都尽,记奔败则披靡横前;申盟誓则慷慨有余,称谲诈则欺诬可见;谈恩惠则煦如春日,纪严切则凛若秋霜;叙兴邦则滋味无量,陈亡国则凄凉可悯。或腴辞润简牍,或美句入咏歌,跌宕而不群,纵横而自得。若斯才者,殆将工侔造化,思涉鬼神,著述罕闻,古今卓绝。"刘知幾是史学家,对《左传》散文艺术的赞赏,说明写作艺术在史书写作中应该具有的地位。后人或批评"左氏浮夸"[15],其实这是从另一个方面说明了《左传》在中国散文发展史上的地位。

　　《战国策》是继《左传》之后的又一部历史散文著作,但它主要偏重记战国时期策士的言辞。《战国策》的基本内容是记述战国时代谋臣策士纵横捭阖的斗争及其有关的谋议或辞说,它保存了不少纵横家的著作和议论。《战国策》具有极高的艺术成就,清代章学诚《文史通义》说它是"行人辞命之极"。本书的长处在于说事,策士们的每一说事,皆能指陈利害,所谓披肝沥胆,痛下针砭。语言夸张渲染,文笔纵横捭阖,气势奔放,敷张扬厉,这都是受历代文人所喜爱的艺术特点。此外,《战国策》的人物刻画传神,形象更为丰满,这一点显示了比《左传》的进步。

在历史散文发展的同时,哲理散文也迅速发展起来。先秦的哲理散文发展经历了一个由萌芽到成熟的过程,《老子》《论语》《墨子》词约义丰,是第一个阶段,约当春秋末年到战国初期。从《墨子》开始向有组织有结构的论说文形式发展。《孟子》《庄子》文辞繁富,说理畅达,是第二个阶段,时在战国中期;《荀子》《韩非子》逻辑谨严,结构严密,分析深入,文辞富赡,是第三个阶段,时在战国末期。从《论语》到《韩非子》,可以明显看出先秦哲理散文由语录体向论著体的逐步发展。先秦时期诸子竞起,儒、道、名、法,百家争鸣,代表着中国哲学思想的高峰,而用以表达诸子哲学思想的文体,也与之相适应地表现了中国哲理散文的高度成熟。散文艺术有不同的要求,就刻画人物性格,展现人物形象而言,《论语》显然比《荀》《韩》更具有文学性。但从理论的系统化和逻辑推理的谨严看,《荀》《孟》又比《论语》进步得多。

中国散文经过了漫长的发展,至春秋战国时期,无论记事、写人还是表达思想,都发展得非常成熟,奠定了中国散文写作的基础。同时我们应该看到,先秦散文的发展,又是与先民们的社会活动有着密切的关系,随着中华文明的发展,对记事和记言也就不断提出新的要求,这样就促进了文体的发展,从而散文艺术也就成了灿烂的中华文明的一部分内容。

# 第二节　《诗经》和《楚辞》

《诗经》的名称、时代和地域　《诗经》的分类　《诗经》的结集与整理《诗经》的内容　《诗经》的艺术　《楚辞》的名称、渊源、特征　爱国主义思想　作家及作品　离骚

《诗经》是中国第一部诗歌总集,原名“诗”,或称“诗三百”,共有305篇,

另有 6 篇笙诗，有目无辞[16]。全书主要收集了周初至春秋中叶五百多年间的作品。最后编定成书，成书时间大约在公元前 6 世纪。产生的地域，约相当于现在的陕西、山西、河南、河北、山东以及湖北北部一带。作者姓名绝大部分不可考。

《诗经》共分风、雅、颂三类[17]，其中风包括十五"国风"，有诗 160 篇；雅分"大雅"和"小雅"，其中大雅 31 篇，小雅 74 篇，共 105 篇；颂分"周颂""鲁颂""商颂"，有诗 40 篇。风，即音乐曲调，国风即各地区的乐调；雅即正，是西周王畿的乐调；颂是宗庙祭祀之乐。从《诗经》现存的面貌看，其写作的时代大致可以确定："周颂"全部和"大雅"的大部分是西周初年的作品；"大雅"的小部分和"小雅"大部分，是西周末年的作品；"国风"的大部分和"鲁颂""商颂"的全部则是东周以后至春秋中叶的作品[18]。但由此便推论出这些分类是在最后的编辑中才确定下来的，不一定符合事实[19]。《史记·周本纪》载祭公谋父谏周穆王引《周颂·时迈》，既称引《颂》，说明当时已经对《诗》作了分类。又同篇记芮良夫谏厉王引《颂》及《大雅》，既称"大雅"，说明已有小雅，则见周初时《诗》已有分类。

《诗经》是经过有目的的搜集和整理的。司马迁《史记·孔子世家》说古者诗有三千余篇，经孔子去其重，取三百零五篇。此说为后人所赞同，班固《汉书·艺文志》、赵岐《孟子题辞》《隋书·经籍志》、陆德明《经典释文》等，均赞成此说。宋人欧阳修又解释说，所谓删诗者，并不仅指全篇删去而言，"或篇删其章，或章删其句，或句删其字"，都是说的删诗。然而孔颖达《毛诗正义》说，从经传所引诸诗看，存者多而亡佚者少，不容孔子十去其九。自此以后，反对删诗者如朱熹、郑樵、叶适、朱彝尊、崔述、魏源、皮锡瑞等人，都不相信司马迁此说。朱熹认为，孔子只是刊定而已。又说，当时史官收诗时已各有编次，但到孔子时，已经散失，故孔子重新进行整理，谈不上删与不删。有的学者提出，从传世文献所记录的逸诗并不多来看，司马迁三千之说当不可信。此外，《左传》记季札至鲁观乐，鲁国乐工所奏《诗经》次第与今传本基本相同，而其时孔子未满十岁，说明孔子不可能删诗。《论语》载孔子径称"诗三百"，亦见不是孔子所定。现代学者基本同意此说。但《诗经》的流传和整理，的确留有不少疑问，司马迁生当西汉初，所见材料多，删诗与否，亦有不同说法，但他取三千之说,必有依据。黄焯认为,司马迁所说古者,当就诗兴以后、孔子以前言之,非专就孔子删诗而言。其实除了传世材料记录有不少逸诗外,近时上海博物馆发表所藏楚简书《孔子诗论》,其中有不少逸出于《三百篇》之外的诗。据马承源说,《诗论》所论诗共有六十篇,至少有八篇是逸诗,这个比例还是很大的,这也说明逸诗的数量的确不在少数[20],司马迁所说古者诗有三千之数,可能是指虚数,不可着实了看。至于孔子删诗,也可能是夸张的说法,将其整理的工作称为删诗。因此说孔子曾经对《诗经》做过整理工作[21]当无问题。大致的情形可能是,周王朝经过诸侯各国的协助,对各国诗歌进行采集,然后命乐师进行整理、编纂[22],从而有了《诗经》。

　　《诗经》在当时流行于诸侯各国,而运用于祭祀、朝聘、宴饮各种场合,在政治、外交活动中发挥了重要作用。《左传》记载春秋时期大夫用《诗》的情况,说明《诗经》已经相当普及。《左传·襄公二十七年》记齐庆封聘鲁,食不敬,叔孙为赋《相鼠》,庆封不知,遭到耻笑,可见《诗》是当时士大夫必修的内容。孔子说:“不学《诗》,无以言。”并不仅对行人辞令之士所说。《左传·僖公二十三年》记秦穆公享晋公子重耳,重耳赋《河水》一诗,其义取河水朝宗于海,而以海喻秦。秦穆公则为其赋《六月》。《六月》是写尹吉甫佐周宣王征伐,复文、武之业,此以喻重耳还晋必能匡佐天子。《诗经》中的原文并不是这样的意思,但赋《诗》的人却称述以符合自己在这个时候的意思,这就是断章取义。杜预说:“古者礼会,因古诗以见意,故言赋诗断章也。”赋诗取义,主要盛行在春秋时期,战国时不再见有这样的现象。但《诗经》并不仅是儒家所熟悉的材料,道、法、名、墨诸家在自己的谈论和著作中也常引《诗》以说明道理。比如《墨子·尚同中》说:“古者,国君、诸侯之以春秋来朝聘天子之廷,受天子之严教,退而治国,政之所加,莫敢不宾。当此之时,本无有敢纷天子之教者。诗曰:‘我马维骆,六辔沃若。载驰载驱,周爰咨度。’又曰:‘我马维骐,六辔如丝。载驰载驱,周爰咨谋。’即此语也。”以《诗经》之语来论证自己的观点。又如《庄子·天运》说:“孔子谓老聃曰:丘治《诗》《书》《礼》《乐》《易》《春秋》六经自以为久矣。”是战国时《诗》已称“经”,且以为六经之首了[23]。

　　当然,对《诗经》的整理和研究,还是以儒家最为重视。孔子虽未删定《诗经》,但对《诗经》的整理是没有疑问的。他对《诗经》发表了许多重要的意见,在《论语·阳货》中说："小子何莫学夫《诗》！《诗》可以兴，可以观，可以群，可以怨。迩之事父，远之事君。多识于鸟兽草木之名。"这就是对后世影响深远的"兴观群怨"说，奠定了儒家诗教理论的基础。孔子对《诗》的解释，其实也是继承了断章取义的传统，他的解《诗》，都是立足于政治伦理。上海博物馆所藏《楚竹书》中的《孔子诗论》，非常明显地表明了这一点。比如他用"改（怡）"来解《关雎》，又说《关雎》"以色俞（喻）於豊（礼）"，都与《关雎》的本义不符，但却与《毛诗序》所说的意思相一致。由此也可见《毛诗序》的确是从孔子说《诗》发展而来的。

《诗序》是指现存《毛诗》每篇诗前的解题一类文字，又分"大序"和"小序"。一般的说法是《诗经》第一篇作品《关雎》之前的一大段文字，其"关雎，后妃之德也"句至"用之邦国焉"句，是《关雎》的"小序"；从"风，风也"句至最后一句，是概论全部《诗经》的，为"大序"。其余各篇都有"小序"，但无"大序"。关于《诗序》的作者，一直有许多争论。东汉的郑玄说"大序"是子夏所作，"小序"是子夏、毛公合作；魏王肃认为大、小序全是子夏所作。南朝宋范晔《后汉书·卫宏传》则说是东汉卫宏所作。从《孔子诗论》看，对《诗》的解释确实是从孔子就开始了，因此《诗序》大约也是儒家传诗的人不断补充而成的。子夏、毛公大概是对《诗序》形成基本规模的重要人物，但也不排除别人增加修补的可能，卫宏可能就是最后对《诗序》加工整理的人。

《诗经》在先秦时是配合了乐舞一起进行的。《墨子·公孟》说："诵诗三百，弦诗三百，歌诗三百，舞诗三百。"这和《左传》所记季札至鲁观乐以及《史记·孔子世家》说"三百五篇，孔子皆弦歌之"的话是相吻合的。此外《仪礼·乡饮酒礼》也详细记载了乐诗的过程。但乐和舞在后来都脱离了《诗》，并且也都渐渐失传了，乐教和舞教就起不到作用了。

《诗经》在秦代遭到了焚毁，汉以后由于学者的讽诵和口耳相传，得以恢复。当时传授《诗经》的有四家：齐之辕固、鲁之申培、燕之韩婴和赵之毛苌。齐、鲁、韩是今文经学，在武帝时已立学官，世称"三家诗"。"毛诗"晚出，是古文经学，西汉时未能立于学官，但在民间广为传授，最终压倒了三家诗，盛行于世。后来三家诗亡佚，仅有毛诗流传于后世。

《诗经》是儒家六经之一，并且列为六经之首。从汉代以来，学者更是把它作为经学看待,作为儒家教化的重要典籍。从这一点说,无论是汉学,还是宋学,都是如此。不过就对《诗经》性质的认识上,以朱熹为代表的宋学,比汉学要接近事实。汉儒以来莫不从《诗序》出发,讲"经夫妇,成孝敬,厚人伦,美教化,移风俗",因此把《诗经》的内容政教化,这样完全歪曲了《诗经》的原始意义。宋儒反对《诗序》,朱熹更认为《国风》"多出于里巷歌谣之作,所谓男女相与歌咏,各言其情者也"[24]。虽然他仍站在道学家立场,称其为"淫奔之诗",但这种认识比汉儒的教化说更近于事实,也开启了后世从文学本质上把握《诗经》的思想。

《诗经》内容丰富,题材广泛,深入反映了殷周时期,尤其是西周初至春秋中叶社会生活的各个方面。其内容大致可以分为这么几类:

第一类,描写周民族发展的史诗。主要是《大雅》五篇:《生民》《公刘》《緜》《皇矣》《大明》,叙述了自周始祖后稷建国至武王灭商的全部历史。《生民》写周始祖后稷的诞生及对发明农业的历史。《公刘》写周人在公刘率领下由邰(今陕西武功)迁徙到豳(今陕西彬县、旬邑一带),开垦荒地,营造宫室的过程。《緜》写古公亶父率周部落由豳迁岐(今陕西岐山县)之周原,建造宫室、宗庙,划定疆界,设置官司,创业立国的经过。诗中写周人的发展,如瓜之蔓生,兴旺发达。诗中写到了文王的事迹。《皇矣》由太王、王季的德业写到文王伐崇、伐密。崇、密之伐,为周伐商纣奠定了基础。《大明》主要写武王克商,牧野大战。这五篇史诗比较清楚地叙述了周人一步步发展壮大,并最终灭商,建立周王朝的史实。诗歌气势恢宏,是研究周人历史的真实材料。先秦史料缺乏,《诗经》的这部分材料就成为描述周民族发展历史的重要文献。

第二类是政治讽刺诗。主要是《小雅》的大部分及《大雅》中的少数篇章,反映了当时社会变革的事实,所谓"礼崩乐坏",统治集团中一些有识见的人在诗中提出了尖锐的批评。如《小雅》的《十月之交》《正月》,以及《大雅》的《板》《荡》等即是。

第三类是战争诗。《左传·成公十三年》说:"国之大事,在祀与戎。"祭祀和战争是上古时重要的活动。《诗经》中涉及战争题材的作品不少,有的是史诗中所描述到的,如《大明》所写武王伐纣,其中对牧野一战的精彩描写,很为后人所赞赏:"牧野洋洋,檀车煌煌,驷騵彭彭。维师尚父,时维鹰扬。"写正义之师会战的场面,如在目前。其他如《小雅》之《六月》《采芑》,《毛诗序》说是写宣王北征猃狁和南征荆蛮。如《六月》:"六月栖栖,戎车既饬。四牡骙骙,载是常服。猃狁孔炽,我是用急。王于出征,以匡王国。"写士随周宣王北征,以急国难,斗志昂扬,洋溢着爱国主义精神,一直感动着后人。周时与猃狁的战争比较频繁而激烈。据《小盂鼎》铭文记载,在一次同猃狁的战斗中,杀死敌人3800多人,活捉俘虏13081人,可见战役的规模之大和战斗的残酷[25]。以《小盂鼎》与《六月》参照,才能体会到"猃狁孔炽"的真实含义。《诗经》中还有一首著名的《采薇》,写戍役从军以守卫国家,诗中写到了与敌人作战的场景。其末章则写返乡时的感慨:"昔我往矣,杨柳依依。今我来思,雨雪霏霏。行道迟迟,载渴载饥。我心伤悲,莫知我哀。"在经过了无数次生生死死,幸存者返乡时回顾昔年出征,真有恍如隔世之感。"我心伤悲,莫知我哀",是要后人细细体味的。东晋人谢玄曾评此诗末章的前四句为《毛诗》中最佳[26]。

第四类是表现劳动生活的诗篇。中国上古社会中的劳动情景,在《诗经》中有比较完整的记述。比如《周颂·噫嘻》说:"噫嘻成王,既昭假尔。率时农夫,播厥百谷。骏发尔私,终三十里。亦服尔耕,十千维耦。"朱熹说这是戒农官之词,"昭假尔",犹言"格汝众庶"。成王始置农官,诫其率农夫播百谷。耦,二人并耕为耦。此言十千,则是万人并耕的场面。《诗经》中最能表现劳动生活的名篇,当以《七月》为代表。这首诗出自《豳风》,《毛诗序》说是"陈王业也。周公遭变,故陈后稷先公风化之所由,致王业之艰难也"。以为此诗为周公所作。此说清代学者多表示怀疑,认为应是豳人所作,至周公始陈于王前而已。至于现代,则有学者提出《七月》为鲁诗说[27],其产生的时代也因为国别的不同而有所不同。主张豳诗说的认为产生于西周时,主张鲁诗说的,则主张产生于春秋时。《七月》一诗比较详细地描写了农夫一年四季中的劳动,真实地写出了稼穑之难。

第五类是爱情与婚姻题材。《诗经》中的爱情诗主要集中在《国风》中,即以《诗经》的第一篇《周南》中的《关雎》为例,就是一首优美的爱情诗。《诗经》爱情题材丰富多彩,塑造了各种各样的妇女形象,有贵族女子,也有平民百姓。有的矜持,有的则活泼大胆。表现的情感,也是有的热烈,有的羞涩。在《诗经》中,我们看到先民们对爱情的追求,大胆自由,全没有后世受到礼教约束那样艰难。虽然如此，也仍然有父母之命，媒妁之言，如《豳风·伐柯》所说："伐柯如何？匪斧不克；取妻如何？匪媒不得。"又如《齐风·南山》说："蓺麻如之何？衡从其亩；取妻如之何？必告父母。"都对婚姻作了规定。这自然限制了青年男女追求婚姻的自由，心中有怨，因而言之于歌诗，《鄘风·柏舟》即反映了青年女子追求婚姻自由，对"父母之命"的反抗，表现了对爱情的坚贞纯一，以及对父母不能理解的愤怒和无奈。和此诗差不多的有《郑风·将仲子》，这一首诗与前一首不同的是，这个女子在诗中对情人表示了拒绝，为什么呢？因为父母、诸兄及人言皆可畏惧。此诗写出了恋爱中女子内心的矛盾、迟疑，也反映了当时的社会风俗。

除了青年男女的爱恋之歌，《诗经》中还有不少以婚姻为题材的作品，不仅数量大，内容也丰富。大致可以分为这么几类：一、新婚的欢乐与幸福。如《唐风·绸缪》，这是一首喜庆意味十足的新婚诗，诗人抓住男女初见面那一瞬间的美妙时刻，描写新人喜悦兴奋的心情："今夕何夕，见此良人？子兮子兮，如此良人何？"是新郎新娘难以压抑的激动。方玉润说："《诗》咏新婚多矣，皆各有命意所在，唯此诗无甚深义，只摹写男女初遇，神情逼真，自是绝作。"[28] 二、婚后生活的和谐美满。婚前爱恋的激动、不安、躁动，固然容易感动读者，也给读者带来美的遐思，但婚后的美满、和谐、平静、幸福，则是爱情的进一步发展。《郑风·女曰鸡鸣》就是这样的诗。全诗采用问答方式，写晨鸡报晓而男子仍贪恋温柔之乡。妻子贤惠而通达，催促丈夫起床去河边射猎野鸭和大雁。夫妻之间的恩爱亲笃，是一幅怡人家庭图景。与此同调的还有《齐风·鸡鸣》，亦用对话体写男人的贪恋床笫之私欢。不同的是，这个男人不用去打猎，他应该是一个大夫，企图懒朝，但女子识大体，怕惹人非议。全诗对白简洁有趣，情趣盎然，生动活泼。三、弃妇之诗。代表作品是《卫风·氓》。此诗以弃妇自道口吻写其不幸的婚姻生活，谴责了薄情忘义男子对自己始乱终弃。诗歌写弃妇的心理活动比较细腻，塑造的女子形象自尊、刚强，在文学史上具有典型的意义。

《诗经》尽管是三千多年前的作品，但却具有极高的艺术成就，而且它的艺术手法对后世的文学创作产生了非常深远的影响。《诗经》尽管被统治者奉为"经"，尽管儒家教育从政治教化角度歪曲《诗经》的思想内容，《诗经》仍然以其迷人的魅力吸引历代的读者，这正说明了《诗经》具有非同一般的艺术性。

对此,是值得我们学习和总结的。《诗经》中最主要的表现手法是赋比兴。什么是赋比兴呢? 郑玄说:"赋之言铺,直铺陈今之政教善恶;比,见今之失,不敢斥言,取比类以言之;兴,见今之美,嫌于媚谀,取善事以喻劝之。"这是从《诗》的政治作用而言,当然是不对的,但是,我们应该注意到,郑玄对赋比兴三词本义的解释还是正确的,比如说赋的意思是铺,而比是比喻言之,唯对兴的解释不太准确。比较正确的解释是宋代的朱熹,他说:"赋者,敷陈其事而直言之也;比者,以彼物比此物也;兴者,先言他物以引起所咏之词也。"简单地说,赋就是直接地说,比就是比喻,兴即起兴。

赋是《诗经》中最基本、也最常用的表现手法。赋就是铺陈,通过正面的描写、记叙、议论,来直接铺写物态,阐明事理,抒发情感,比如《七月》《君子于役》《溱洧》等。

比,即今人写作中常用的比喻和比拟两种表现手法。从比的类型看,《诗经》的比有两种情况,一是纯用比体的诗,一是诗篇中运用的修辞手法。前一种如《魏风》中的《硕鼠》《豳风》中的《鸱鸮》等。《硕鼠》通篇描述不劳而食、令人憎恶的大老鼠,表现了诗人对它的憎恶之情。这里的大老鼠实际是指"蚕食于民,不修其政,贪而畏人"(《毛诗序》)的统治者。王先谦《诗三家义集疏》引鲁诗说:"履亩税而《硕鼠》作。"齐诗说:"周之末途,德惠塞而嗜欲众,君奢侈而上求多,民困于下,怠于公事,是以有履亩之税,《硕鼠》之诗是也。"所谓履亩税,是指原来农民每年要出劳役为公田耕种,私田百亩可以不纳税,现在除了服役公田,私田还要纳实物的十分之一为税。《硕鼠》一诗就是在这样的剥削制度下产生的。后一种比喻,《诗经》中用得很多。从比的基本形式看,《诗经》的比喻有明喻、暗喻、借喻。明喻如"出其东门,有女如云"(《郑风·出其东门》),"有女同车,颜如舜华"(《郑风·有女同车》),"手如柔荑,肤如凝脂,领如蝤蛴,齿如瓠犀,螓首蛾眉,巧笑倩兮,美目盼兮"(《卫风·硕人》)。暗喻指本体、喻体都出现,但不出现喻词,如"祈父,予王之爪牙"(《小雅·祈父》)。借喻指本体与喻词都不出现,而用喻体代替本体的一种比喻。如《邶风·新台》:"燕婉之求,籧篨不鲜。"这是卫国人讽刺卫宣公劫夺儿媳的诗。《毛序》:"刺卫宣公也。纳伋之妻,作新台于河上而要之,国人恶之而作是诗也。"孔《疏》:"此诗伋妻盖自齐始来,未至于卫,公闻其美,恐不从己,故使人于河上为新台,待其至于河,而因台所以要之耳。"

兴者,起也。先咏一物以引起所咏之词。比如《关雎》,用雌雄鸟的叫声起兴,引起青年男子的爱慕之词。兴的词语,有的是与所引之词有关系,有的是没有关系,如《关雎》是有一定的关系。又如《秦风·蒹葭》,以"蒹葭苍苍,白露为霜"的秋景为主人公的追求意中人烘托气氛,创造意境。

《诗经》的句法和章法很有特点,在形式上以四言为主,四句独立成章,隔句用韵,但并不拘泥,富于变化。许多诗常常冲破四言的定格,而杂用二言、三言、五言、六言、七言或八言的句子,因此显得错落有致,具有自然的节奏。如《召南·摽有梅》是三言、四言杂用,又如《卫风·木瓜》是三言、五言与四言杂用,《郑风·溱洧》是三言、四言杂用,《魏风·伐檀》是四、五、七言杂用,这是民歌的自然节奏形成的。

《诗经》在章法上多为重章叠唱的复沓结构,即每章字句基本相同,只换少数词语,反复咏唱。这样的结构增强了诗歌的音乐感和节奏感,同时对动作的进程和诗人情感的变化起作用[29]。如《周南·芣苢》三章里只换了六个动词,就描述了整个过程。叠章以外,《诗经》还往往叠句叠字,尤其是双声叠韵字,对刻画形象,详尽地表达感情,起到了很好的修辞效果;同时诗歌在演唱或吟咏时,音节舒缓悠扬,更富音乐美感。

《诗经》的押韵形式也多种多样,既有一句一韵,也有隔句押韵,还有奇句与偶句交换押韵,充分显示出《诗经》灵活自由用韵的特点。

《诗经》是中国文学的源头,对后世的影响深远。表现在一、《诗经》表现出的关注现实的热情、强烈的政治和道德意识、真诚积极的人生态度,被后人概括为"风雅"精神,直接影响了后世诗人的创作。二、《诗经》创立的比兴手法成为我国古代诗歌独有的民族文化传统。《诗经》中仅作为诗歌起头协调音韵、唤起情绪的兴,在后代诗歌中仍有表现,而大量存在的兼有比义的兴,更为后代诗人所广泛继承,比兴就形成了一个固定的词,用来指诗歌的形象思维,或有所寄托的艺术表现形式。《诗经》中触物动情,运用形象思维的比兴,塑造鲜明的艺术形象,构成情景交融的艺术境界,对我国诗歌的发展,具有重大的意义。后世诗歌的兴象、意境等,都可以在《诗经》里看到萌芽。

先秦时期与《诗经》并称的是《楚辞》。"楚辞"的本义就是楚人的歌辞。

宋人黄伯思《东观余论·校定楚词序》说:"屈、宋诸骚,皆书楚语,作楚声,纪楚地,名楚物,故可谓之楚词。"这一名称最早出现于司马迁《史记·酷吏列传》:"买臣以楚辞与(庄)助俱幸。"又,《汉书》卷六四《严朱吾丘主父徐严终王贾传》载:"王褒字子渊,蜀人也。宣帝时修武帝故事,讲论六艺群书,博尽奇异之好,征能为楚辞九江被公,召见诵读,益召高材刘向、张子侨、华龙、柳褒等待诏金马门。"说明汉初已有"楚辞"这一名称,流传至今日,它已具有两重含义:

1. 指的是以屈原为代表,战国时代在楚国出现的一种新兴的文体。

2. 指西汉末年刘向编定的一部专书《楚辞》。这是一部诗歌总集,这部总集到东汉时,王逸为之作注并作了补充,就是现在流传的《楚辞》。

《楚辞》的产生并不是没有来由的,它有着深厚的地方民歌的基础。这从南方地区的民歌、巫歌、音乐等中都可以见出。楚地古老民歌流传下来极少,但从著录中可以反映出当时的盛况。《招魂》:"陈钟按鼓,造新歌些;《涉江》《采菱》,发《阳阿》些。"形式上与《楚辞》相似的,如《诗经》之《周南·汉广》《召南·江有汜》,其时代是周初,其地点是江、汉、汝水之间。此外,《论语·微子》所载的《接舆歌》、《孟子·离娄》所载的《沧浪歌》、《史记·滑稽列传》所载《优孟歌》、《说苑·至公篇》所载《子文歌》、《正谏篇》所载《楚人歌》、《善说篇》所载《越人歌》,都与《楚辞》有渊源关系。再如《越人歌》的楚语译词为:"今夕何夕兮,搴舟中流? 今日何日兮,得与王子同舟? 蒙羞被好兮,不訾诟耻。心几烦而不绝兮,得知王子。山有木兮木有枝,心悦君兮君不知。"其格式与语言都与《楚辞》相似。

楚国巫风盛行,民间祭祀时,必使巫觋"作歌乐鼓舞以乐诸神"。《楚辞》中的《九歌》,其前身就是当时楚国各地包括沅、湘一带的民间祭神歌曲。楚国的地方音乐有其特殊的色彩。据载,在春秋时就有所谓"南风""北风"之称,如《左传·成公九年》记钟仪鼓琴而"操南音",被誉为"乐操土风,不忘旧也"。又襄公十八年记师旷说:"吾骤歌北风,又歌南风,南风不竞,多死声,楚必无功。"明白说明了"南风"与"北风"间的差别。战国时,楚地方音乐极为发达,其歌曲如《涉江》《采菱》《劳商》《薤露》《阳春》《白雪》等,《楚辞》的作者都提到过。这些是《楚辞》产生的音乐基础。

《楚辞》是楚人歌诗,当然具有鲜明的地方特征。首先是《楚辞》中的楚国地名,如九嶷、湘江、汉水、洞庭等;物产如秋兰、薜荔、蕙草等。诗歌中大量使用的是楚地方言,如:羌、些、只、扈、汨等。楚地保留了大量的神话传说,具有浓厚的宗教、神话色彩。这一点在《楚辞》中有鲜明的表现。如《离骚》中就有32条之多,《天问》中更不计其数。此外,《九歌》是娱神的祭歌,它是宗教仪式的反映。其中的东皇太一、湘水女神、太阳神、司命神、山鬼等,无不带有浓烈的宗教色彩和神话传说成分。这是楚人"淫祀"的表现。王逸《楚辞章句》说:"昔楚国南郢之邑、沅湘之间,其俗信鬼而好祀,其祠必作歌乐鼓舞以乐诸神。"这是《九歌》产生的民俗基础。

楚国的地理环境也不同于中原各国。楚至战国初,地方已五千里,带甲百万[30],其地烟霭万顷,幽篁千里,足以发人想象。故刘勰《文心雕龙·物色》说:"若乃山林皋壤,实文思之奥府,略语则阙,详说则繁,然屈平所以能洞鉴风骚之情者,抑亦江山之助乎!"以《诗经》为代表的北方文学和以《楚辞》为代表的南方文学,的确是不同的地理环境的产物。

楚国具有悠久的爱国主义传统,《左传·成公九年》记载钟仪虽为俘虏而縶南冠,乐操土风,又定公四年记申包胥七日哭于秦别馆,都是楚人爱国精神的表现。楚人地僻南隅,与中原各兄弟甥舅之国不同。中原各国以蛮夷视之,楚人亦以蛮夷自居[31]。但这反而养成了楚人自尊、自强和团结、爱国的优良传统,这正是屈原爱国主义精神的基础。

《楚辞》代表作家是屈原和宋玉,此外还有唐勒等。屈原的代表作品有《离骚》《九歌》《九章》《天问》等[32],《离骚》是屈原最重要的作品。《离骚》共有373句,屈原在诗中表达了自己为坚持理想决不妥协的意志和决心,从头至尾贯穿着关心楚国,热爱楚国的深厚情感。诗人表示自己具有高洁的情操,又不断修治,为了楚国的前途、命运愿意为王前驱。楚王虽然早年信任屈原,但由于小人的谗言,最终疏远了他。屈原面对日益昏聩的楚王和竞进贪婪的群小,忧心如焚,表示坚决不与小人同流合污。虽然以他的才能,当其时,何国不容?但对楚国的深厚爱思,他最终还是选择了以身殉国的道路。《离骚》最能感动后人的是屈原对自己祖国的热爱,对楚国命运、前途的忧虑,以及为坚持理想九死不悔的意志和决心。他坚决不随俗浮沉,尽管做到这一点甚至连自己的亲人也不理解,但他无怨无悔,置生死于度外。《离骚》是一部充满了浪漫色彩的作品,诗人打破了时空的界限,将现实与历史、传说、神话融为一体,充分展示他为坚持理想而不屈不挠、上下求索的心路历程。因此诗中塑造的人物形象丰满,真实可信,具有强烈感人的艺术魅力,例如下面这一段:

> 吾令羲和弭节兮,望崦嵫而勿迫;路曼曼其修远兮,吾将上下而求索。饮余马于咸池兮,总余辔乎扶桑;折若木以拂日兮,聊逍遥以相羊。前望舒使先驱兮,后飞廉使奔属;鸾皇为余先戒兮,雷师告余以未具。吾令凤鸟飞腾兮,继之以日夜;飘风屯其相离兮,帅云霓而来御。

《离骚》结尾写他升上天空准备飞离祖国,但从空中看到故土,又不忍心离开了:"陟升皇之赫戏兮,忽临睨夫旧乡;仆夫悲余马怀兮,蜷局顾而不行。乱曰:已矣哉! 国无人莫我知兮,又何怀乎故都! 既莫足与为美政兮,吾将从彭咸之所居。"

《九歌》共十一篇,分别祭祀天之尊神、云神、山鬼等。有的是写人对神的礼赞倾慕,有的是表现神和神的恋爱故事,富有浪漫的色彩。《天问》共提出172 个问题,涉及天地之形成、人事之兴衰,以及楚国的历史,以四言句为主,表现了屈原的探索精神。

以《离骚》为代表的《楚辞》,是继《诗经》之后又一部伟大的诗歌作品,它与《诗经》一样,成为中国文学的源头,"诗""骚"并称,形成了中国文学的优秀传统。

# 第三节　雕塑、绘画与工艺美术

商周雕塑的基本特点　商周雕塑中人和动物的形象　早期绘画的品类及其发展　春秋战国独具特色的青铜、髹漆工艺

在商周时期的造型艺术中,雕塑占有重要地位。所用材料主要是玉和白色大理石,还有动物骨骼、象牙和蚌片,此外还有少量陶塑。有些仿照动物的

青铜容器,如虎尊、牛尊、象尊、驹尊、豕尊、枭尊等,本来是用雕刻的泥模翻铸而成的,看起来也像是一种雕刻作品(图 10-2)。这个时期的雕刻技法先进,已经广泛地使用砣具。作品有圆雕、平雕、浅浮雕多种。雕塑的内容有人物、动物和半人半兽的怪异形象。

商代人物造像多有玉、石雕刻,个别有陶塑的。殷墟出土的玉、石人像以圆雕为主,多作踞坐形,双手抚膝,个别作箕踞状或站立状。有的着冠帽,至少可以看出有五种冠帽。不着冠帽的则可以

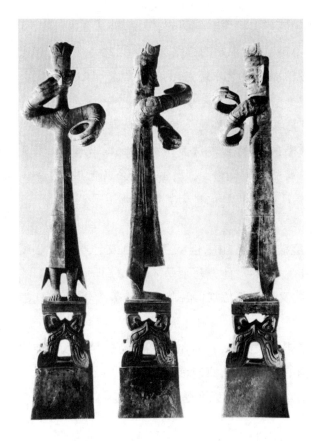

图 10-2 四川广汉三星堆出土的青铜人立像

看出不同的发式:有的剪齐刷刷的短发,有的梳或长或短的辫子,有的挽发髻,至少也有五种形态。人物的衣着也各不相同,有的交领,有的右衽,有的像是穿长袍,有的穿裙子,也有赤身裸体的,基本上都是写实的风格。不同的发式、帽式和衣着可能代表着不同的身份和性别。妇好墓出土一件玉雕的阴阳人立像,从一面看是男性,翻过来看又是女性,可能是巫术的用品。四盘磨出土的商代箕坐石像,屈膝踞坐,两手向后撑地,仰首而望,表现的是一种比较自由放任的姿态。小屯的一个窖穴发现的三件灰陶奴隶像,则制作简率,且都戴着枷锁,人物身份非常明确。相反,妇好墓出土的一件玉坐人,服饰华丽,气度雍容,显然属于贵族阶层(图 10-3)。半人半兽的典型作品是侯家庄 1001 号王墓中出土的虎头、人身、虎爪踞坐像,白色大理石雕,背后有直槽,是抱柱子的作品。

动物雕塑种类繁多，以圆雕为主，也有平雕和浅浮雕。内容题材有家畜马、牛、羊、狗、猪，家禽鸭、鹅，还有家蚕；有野兽虎、象、熊、鹿、猴、兔等，有飞禽鹰、燕、鹤、雁、猫头鹰、鹦鹉、鸽和麻雀等，有鱼、青蛙、龟、鳖、螺蛳，还有草虫蚱蜢、螳螂、蝉等等。许多作品逼真而传神，反映了作者也就是手工匠人对自然界各种动物的洞察能力和娴熟的艺术表现能力。侯家庄 1001 号王墓出土的白石雕刻的猫头鹰，高 33 厘米，通体惟妙惟肖，双目炯炯有神，是一件罕见

图 10-3　殷墟妇好墓出土的玉坐人

的艺术珍品，也是匠人洞察能力和表现能力的集中体现。

在西周玉器中，甘肃灵台白草坡出土的裸体玉人，螺髻形发式，双耳穿孔，也被推测为奴隶形象。1980 年，在陕西扶风西周宫室建筑遗址，发现了两件作骨笄帽使用的蚌雕人头像，面貌特征为活动于中亚的印欧人种，其来源还有待考证，但可反映出西周时期与西域的交通往来和文化关系[33]。春秋战国时期，在政治经济变革的背景之下，雕塑艺术获得了长足的发展。表现在雕刻材料方面，青铜、金、银、铅、陶、玉、石、牙、骨等被广泛采用，而且出现了综合使用不同材质的趋向。如河北平山中山国六号墓出土的人形灯，人的形象为银首铜身，嵌黑宝石眼珠，周身服饰以红、黑漆填卷云纹饰[34]。在内容题材方面，反映生活更为具体，出现了贵族、武士、侍从、舞女等不同社会地位的群体形

象,塑像的面容也从此前木然呆滞的神态中脱出,有了更多的表情。

殷商和西周时期的贵族墓葬还流行以人殉葬的习俗,东周之后则逐渐改为以俑代人殉葬。属于春秋战国之际的山东郎家庄1号墓,殉人和随葬俑现象并存,应还是处于用俑的早期阶段。该墓出土陶俑六组,其中女俑多为奴婢、伎乐,男俑披甲执物,还有骑俑。虽然制作粗略,但颇为生动。木质俑方面,现已出土的主要是战国时代的作品,先后发现于湖南长沙、湘乡、河南信阳、山西长治和湖北江陵等地,以楚墓所出居多。战国木俑涉及贵族、仆从、武士、伎乐、司厨等不同身份的人物,比较注意服饰之类细节的逼真(图10-4),有别于同时期其他艺术门类的表现。在楚墓中还随葬有镇墓兽,大多制作规整,施以精美的彩绘,而且形态变化多端,表现出异常丰富的想象力。

中国古代绘画,最初是画在岩壁、陶器和地面上,渐而发展到画在墙壁、纺织物、纸以及其他材质上。绘画使用的基本工具是毛笔和墨,以及天然矿物质颜料。中国壁画的起源比较早。河南安阳的殷商建筑物遗址中,已有壁画残片发现。陕西扶风县杨家堡的西周墓葬,墓穴四壁发现有用白色绘出的菱形二方连续带状图案。在文献记载方面,《孔子家语》说周代明堂壁画绘有"尧、舜之容,桀、纣之像,而各有善恶之状",以及周公相成王,抱之负斧扆、南面以

图10-4 楚国着衣女俑,湖北江陵马山出土

朝诸侯的画面,春秋末年孔子还曾见到。汉代王逸注屈原《天问》,言及"楚有先王之庙及公卿祠堂,图画天地山川神灵,琦玮僪佹,及古贤圣、怪物行事",《天问》就是屈原针对这些壁画内容发出的疑问。战国时期的壁画实物在咸阳秦故都宫殿遗址留有一些片断,该遗址的三号宫殿走廊两侧残墙保存有车马、人物、建筑形象的壁画遗迹[35]。同一地区发现的大量壁画残块,还可见到各类图案形式,色彩饱和度很高,画法以线描为主,兼用平涂和晕染,有工笔重彩的意蕴。

在纺织品表面绘饰,文献记载大多为具有礼仪性质的图案形象,如商周在服装、旌旗上用各类符号图案标志不同的等级身份。实物遗存方面,已知有河南洛阳摆驾路口商墓彩绘几何图案的画幔遗痕,和陕西宝鸡茹家庄西周墓的彩绘丝织品与刺绣品印痕,而最具独立绘画性质,且与后世卷轴画有较直接渊源关系的,则是发现于湖南长沙的两幅战国楚墓帛画。两幅画分别被命名为《人物夔凤图》和《人物御龙图》,都是随葬用的"铭旌",其中《人物御龙图》出土时上缘裹有细竹条,竹条正中系着棕色丝绳,可以悬挂(彩图13)。《人物夔凤图》1949年出土于长沙陈家大山楚墓,画中女性墓主侧身而立,细腰长袍,双手前伸作合掌状。女子前上方画有飞腾前进的夔龙、凤鸟,似在引导死者灵魂升天(图10-5)。《人物御龙图》1973年发现于长沙子弹库楚墓,画中男性墓主峨冠博带,腰佩长剑,上遮华盖,侧身御龙遨游。龙首高昂,身平伏而尾翘,犹如船状,龙尾立一白鹭,龙身下有一鲤鱼。画面人物衣着及手执的缰绳均有飘带,仿佛随风飘动,造成在水中向前行进的动势。两幅帛画均以单线墨笔勾勒,后者并加以平涂兼渲染设色,此项绘画形式和技巧,一直沿用至今天。因此可以说中国绘画的基本特征,早在战国时期就已经奠定。

春秋战国时期,在青铜器的纹饰中出现了部分绘画内容,其制作方法大致有三类:一类为镶嵌画,先在青铜器表面铸出浅槽形的图像,然后用异色金属镶嵌;第二类是平面凸起的绘画性纹饰,一般图形较大,略显粗犷;第三类是用锋利的刀具在器物表面针刻,构图活泼自然,具有较强的绘画性。四川成都百花潭出土的战国早期"嵌错图像铜壶",从颈部至壶身分为三层,分别镶嵌了精美的"习射""采桑""乐舞""射弋"和"水陆交战"等丰富的形象和场景[36](图10-6)。类似题材作为装饰的战国青铜器,还有河南汲县出土的"水陆攻

图 10-5　长沙楚墓帛画"人物夔凤图"摹本

战纹鉴"、辉县出土的"宴乐狩猎纹鉴"等,单纯镶嵌"狩猎纹"的战国铜壶也有
较多出土。根据这些青铜器图像,我们可以想见当时绘画艺术的水平。

　　春秋战国时期,髹漆工艺日臻成熟,饰于器物表面的漆画,以其绚丽的色
彩,与帛画一脉相承的作法,为世人所瞩目。漆画作品主要为南方楚国遗存,
已出土发现者尤以湖北随县曾侯乙墓和荆门包山楚墓的漆画最为精美。曾侯
乙墓的内棺漆画,在红色漆面上,用黑、金诸色绘出极其繁密的龙纹、凤纹,以
及鸟首蛇身、人面鸟身、人身兽头等奇异形象。在象征居室的棺壁两侧和足挡
部分都绘有窗格,棺壁窗格两旁绘有十名手持双戈戟亦人亦兽的武士,守护着
墓主人的灵魂。出现于棺木上的各类奇异动物,总计近九百个。几乎所有图
形都用双勾,局部平涂,统一为红、黑两种基本色调,具有浓厚的装饰风格[37]

图 10-6　成都百花潭铜壶纹饰展开图

（图 10-7）。在包山 2 号楚墓出土的彩绘漆奁盖上，绘有反映先秦贵族礼仪活动的"聘礼行迎图"。画面以柳树为间隔，将出行与迎宾双方的活动分隔为五个片段。出现于画面的既有深衣博带、冕冠垂缨的贵族，也有襦衣青帻的随从，共计有人物 26 位、车 4 辆、马 10 匹，穿插于人物活动之间的还有飞鸟、黄犬、豕等。与此前绘画相比，画家已经可以比较自如地表现正立、背立、奔走、匍匐等各种动作，以及相互晤对之时的动势。几匹马驾车，前后的关系得到较为合理的布置，画家甚至还注意到表现马的嘶鸣等细微动作。柳树迎风摇曳，长空大雁飞过，则颇有助于增强画面的环境气氛。该图还在黑色漆地上，熟练运用多种色彩，表现出通晓色彩配置的艺术技巧[38]（图 10-8）。

商周时期，手工业分工更细，制作愈加精良。比如伴随良渚文化、红山文

图10-7 曾侯乙墓内棺漆画

化用玉传统的继承,玉石雕刻工艺更趋成熟,而且内容题材在传统的琮、璧等礼器之外,还关注现实的人和动物,安阳商墓就出土有许多人和动物的玉石雕刻,形象生动,富于艺术创造。当然商周最为成熟的还是青铜工艺,其艺术形式主要是以动物造型和纹样作为表现主题,采用的手法具有抽象化与程式化

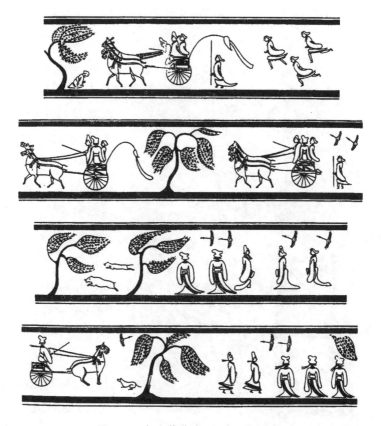

图 10-8 包山楚墓漆画"聘礼行迎图"

的特征,而且描摹的都是兽面、夔龙、凤鸟等特殊寓意的动物。此种艺术传统在三代之后的造型艺术中仍然发挥着作用。

春秋战国时期,发生礼崩乐坏的社会变局,政治文化束缚减弱,各诸侯国借助于较为先进的生产技术和工具,创造出许多既有共同时代特点、又具地方色彩的工艺美术作品。20 世纪 70 年代,河北平山发现战国时期鲜虞人建立的中山国遗址,王陵出土了大量工艺精美的器物,既有华夏风格,又具北方民族风尚,成为夷夏文化混融的见证[39]。其中的错金银龙凤方案、错金银铜神兽、十五连盏灯,器物结构精巧繁缛,金银错纹璀璨华丽,动物造型生动优美,令人叹为观止(图 10-9)。春秋战国时期广泛采用的焊接、鎏金、失蜡法等工艺技术,丰富了青铜器体的造型。1978 年在湖北出土的战国蟠螭透雕纹饰尊、盘,尊置于盘内,构思巧妙,造型奇特,显然就是用失蜡法铸造而成。战国时期,漆器工艺开始兴盛,器物品种和髹漆技法都有很大发展,而尤以南方楚地为著。战国漆器品种包括饮食及日用器具、家具、文具、乐器、兵器、交通用具、丧葬用具,几乎涉及生活所需的各个方面。漆器胎骨除木胎外,还有夹纻胎、皮胎和竹胎,可以适应不同造型的需要。湖北江陵出土的一件战国中晚期的虎座鸟架悬鼓漆器,底部为两虎相背伏卧,大小动态相同。其上两鸟翘首张喙,分立于虎背,鸟尾以榫卯相连。鼓框上有三个铜环缚丝带,分别系于两鸟的冠、尾连接处,使鼓悬挂在两鸟之间。虎座大而平,鸟架置于虎座之上,给人以平稳之感。整器造型优

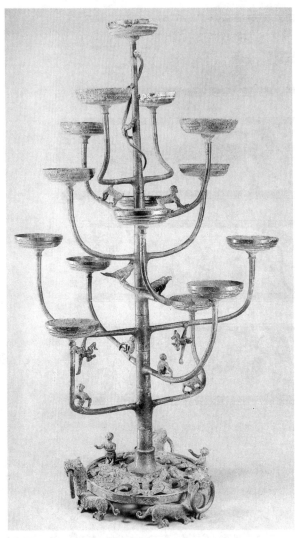

图10-9　平山中山国王陵出土的十五连盏灯

美,极富装饰性(彩图14)。战国漆器的装饰也达到了空前的水平。首先表现在彩绘用色比过去大为丰富,尤其是金、银的熟练使用,标志着技法的发展。而花纹的精美生动是战国漆器的又一重要成就,它可分为图案和绘画两大类。前者以云、雷、龙、凤纹及其变体为主,飘逸轻盈,灵活多变。后者就是用漆作画,既有现实生活的写照,又有纯出幻想臆造的神怪飞腾、龙蛇出没等。当时除了彩绘之外,也有用针、刀的锋刃刻画花纹的现象,这一技法为汉代出现的

铋金准备了条件[40]。

　　商周工艺技术的发展,还产生了理论总结,这就是中国最早论述工艺的专门著作《周礼·考工记》。《考工记》虽属后人补入《周礼》,但其本身当是先秦古书,记载了当时手工业的分工情况,具体为"攻木之工""攻金之工""攻皮之工""设色之工""刮磨之工"和"抟埴之工"六大工艺,三十个工种。可见周代手工业规模庞大,组织严密。《考工记》还提出了朴素的工艺观,如"天有时,地有气,材有美,工有巧,合此四者,然后可以为良"的观点,就是工艺制作的科学总结。直至今日,"材美工巧"的工艺设计观,仍是指导工艺美术设计与制作的重要法则。

# 第四节　音乐与舞蹈

　　武舞与巫舞　西周制礼作乐　春秋战国礼崩乐坏　民间乐舞的发展　乐器的繁盛　五声音阶、十二律与三分损益法　地下音乐殿堂——曾侯乙墓

　　在征战频繁的早期社会,配合誓师、检阅、庆功等项仪式活动的需要,产生了相应的乐舞形式,后世文献统称之为"武舞"。《山海经》载有刑天舞干戚的传说[41],《尚书·大禹谟》记大禹征有苗不服,后舞干、羽七十天,有苗始归服。周初编创的"六舞"中,就有《大濩》《大武》两项"武舞",舞者手中均持干戚等武器。《释名·释言语》:"武,舞也,征伐动行如物鼓舞也。"在原始岩画中,反映军事活动的舞蹈形象颇多,如甘肃黑山岩画描绘有数十人分层列队习武的舞蹈场面。直到战国时期的装饰性图案中,军事舞蹈仍是非常重要的题材。在河南辉县、四川成都百花潭发现的铜壶上的纹饰,都有反映征战的"武舞"场景[42]。

　　殷商艺术的中心内容主要还是神。音乐舞蹈歌颂的对象是神,又是表演给神看。由以神为本演变为以人为本,经历了一个漫长的历史过程,这也是一个文明演进的过程。殷商时期,社会仍笼罩在神权统治之下,盛行求神问卜。所谓"殷人尊神,率民以事神"。殷商时期主持祭祀占卜活动的巫师,由于具有

沟通人神的职能,而被赋予极高的社会地位。他们在举行征战、田猎、降神祈雨、驱鬼逐疫等项祭祀巫术活动时,往往要借助歌舞娱神,称为"巫舞",因而巫又成为中国最早的专业舞师。相传创自夏禹的"禹步"就是"巫舞"中特有的舞步[43]。在殷墟甲骨刻辞中,记载了许多巫乐、巫舞活动的资料。如"乎(呼)多老舞—勿乎多老舞—王占曰:其生雨"(《殷虚书契前编》7.35.2),"乎(呼)万無(舞)"(《殷虚文字甲编》1585),卜辞中的"多老""万",都是巫师的名字。由于农业已是社会经济的重要组成部分,农作物收成的丰歉依赖雨水的多寡,故殷人的巫乐、巫舞又多与求雨有关。甲骨文中有求雨舞的专用字,是在舞字上加水滴落形状的雨字头。殷墟卜辞中有许多关于求雨舞的记载,甚至商王都亲与其事。相传因天久旱不雨,商汤以自身作为牺牲,到桑林去求雨,果然天降大雨,当年农作物丰收,万民欢洽,遂作《桑林》乐舞。此舞延至春秋之世,仍在承继殷商文化的宋国流传[44]。

如果说殷人是以尊神事鬼、崇尚巫术作为文化特色,那么周人则是以敬天保民、崇尚礼乐教化作为文化特色,反映出商周时期从神本到人本的文明发展轨迹。周王朝建立之初,即致力于制礼作乐,制定了一整套烦琐的礼仪和与之相配合的用乐规定,作为维护严密的贵族等级秩序的手段,并区别于针对庶民的"刑""政"措施。据《周礼·春官·大司乐》,乐队编制分别为:"王宫县,诸侯轩县,卿大夫判县,士特县。"《左传·隐公五年》记载舞队编制规定为:"天子用八,诸侯用六,大夫四,士二。"包括使用何种乐器,选择哪些曲目,甚至乐律乐调、演奏时间地点,都有严格的等级规定,不得僭越。正是因为礼乐器是身份地位的象征,所以"唯器与名不可以假人"[45]。只有周公因为功勋卓著,其封地鲁国得以特赐天子礼乐祭祀,故春秋时有"周礼尽在鲁"之说,吴公子季札到鲁国要"请观于周乐"[46]。

周代将相传分别始创于黄帝、尧、舜时代的《云门》《咸池》《箫韶》与歌颂夏禹、商汤、周武的《大夏》《大濩》《大武》合为"六代之乐",简称"六乐"或"六舞",视为神圣的"雅乐",主要用于祭祀天地、日月、山川、祖妣以及相关庙堂典礼场合。周初还整理有帗舞、羽舞、皇舞、旄舞、干舞、人舞,合称"六小舞",由"掌国学之政"的乐师任教,教育贵族子弟,专供王贵享用。根据文献记载,"小舞"中保存了丰富的原始乐舞内容。流传至今的《诗》三百篇,据司马迁记载都是可以弹唱的乐歌,其间颂、大雅部分应主要是在庙堂礼仪场合演唱,而小雅和十五国风则多采自民间,带有鲜活的娱人色彩。

春秋、战国时期,政治上的争权夺利破坏了周朝的宗法礼仪制度,出现了孔子感叹的"礼崩乐坏"的局面。卿大夫为代表的新兴地主,在夺取国君权力的同时,自然僭用诸侯礼乐,甚或僭用天子礼乐。孔子对此曾进行过严厉的斥责。《论语·八佾》记载,鲁国的季孙氏"八佾舞于庭",而根据周礼,只有天子才能舞用八佾,故孔子斥责说:"是可忍也,孰不可忍也!"1978年,考古学家在湖北省随县擂鼓墩发掘了曾侯乙墓,曾侯是战国时期附属于楚国的小国曾国的君主,可是该墓共出土了青铜礼乐器及其他器具二百五十多件,包括升鼎九件,簋八件,编钟多达四十六件,其规格竟超出了当时其他第一等的九鼎墓。在礼崩乐坏的变乱时代,原先供职于王公贵族、诸侯大夫的士人,被迫散落民间,而其掌握的礼乐教化知识也因此扩大了影响的幅度,所谓"天子失官,学在四夷"。《论语·微子》曾描绘春秋末期王室乐队四散天下的图景:"大师挚适齐,亚饭干适楚,三饭缭适蔡,四饭缺适秦,鼓方叔入于河,播鼗武入于汉,少师阳、击磬襄入于海。"文献中记载的乐师师旷、伯牙、高渐离,大约都是类似的人物。孔子开创私学,其教育学生的"六艺"就包括礼与乐,而他本人也颇具音乐素养,故《墨子·非儒下》批评:"孔某盛容修饰以蛊世,弦歌鼓舞以聚徒。"

礼崩乐坏无疑是肇端于社会政治经济变局,然而主要服务于礼仪祭祀的雅乐文舞,内容形式日趋僵化,演变成为固定而刻板的程式,难以满足人本社会的感官享乐需求,恐怕也是礼乐教化无法实施的重要原因。《礼记·乐记》记载魏文侯曾疑惑地问孔子的学生子夏:"吾端冕而听古乐,则唯恐卧;听郑卫之音,则不知倦。敢问古乐之如彼何也?新乐之如此何也?"齐王更是直接向孟子表示,自己喜欢的并非"先王之乐",而是"世俗之乐"(《孟子·梁惠王下》)。所谓"新乐""郑卫之音""世俗之乐",都是相对于"雅乐"而言,因为源于民间鲜活的现实,不但为世俗社会所喜闻乐见,而且在上层社会大行其道。对此,保守的思想家视为"淫于色而害于德",予以极力贬斥。《吕氏春秋·本生》篇指责新乐是"靡曼皓齿,郑卫之音,务以自乐,命之曰伐性之斧"。《左传·昭公元年》批评说:"烦手淫声,慆堙心耳,乃忘平和,君子弗听也。"孔子更是"恶郑声之乱雅也"(《论语·阳货》)。实际上世俗之乐侵入雅乐的领地,代表着音乐舞蹈从娱神到娱人的转变,是不可阻挡的历史趋势。

春秋战国时期,宗周礼乐影响日渐式微,主要是以娱乐为目的的民间乐舞,在各诸侯国都得到很大发展。《战国策》记述齐国民间音乐生活有"临淄甚富而实,其民无不吹竽、鼓瑟、击筑、弹琴"的夸张字眼。《史记·货殖列传》言中山国地薄人众,谋生艰难。男子出为倡优,相聚游戏,悲歌慷慨。女子则"鼓鸣瑟,跕屣,游媚贵富,入后宫,遍诸侯"。赵女郑姬也都是修饰仪容,长袖善舞,游走在富贵之家。河南洛阳金村出土有一对战国玉雕舞女(图10-10),两人齐身对舞,束细腰,着长裙卷边舞衣,外侧手作托掌式扬袖,内侧手成按掌式拂袖,舞姿温婉妩媚。在战国铜器的雕刻花纹中,许多也是以乐舞作为描绘题材。如四川成都百花潭战国墓出土的宴乐渔猎攻战纹壶,嵌错有精美的图

图10-10 洛阳金村战国墓出土玉雕舞女摹本

像,中层部分的"宴乐图"就刻画了贵族宴饮、欣赏乐舞的场景。此类题材的出土物品数量不少,反映出音乐舞蹈走下神坛,在世俗社会的普及程度。在各诸侯国中,楚国的乐舞最为发达,然而又保留有浓重的神巫色彩。楚地具有崇鬼尚巫的风俗传统,延至春秋战国时期,仍然盛行巫舞祀神。屈原的《九歌》就是在民间祭祀乐歌的基础上创作而成的。据传楚灵王曾亲自登上祭坛起舞娱神,遭遇敌国入侵,国人告急,仍然"鼓舞自若",不肯中断祭祀,发兵抵抗[47]。上行下效,所谓"楚灵王好细腰而国中多饿人"[48],故楚舞不但在当时颇负盛名,而且一直流传到汉代,影响深远。在楚地墓葬中,发现有大量色彩艳丽的漆器,其中就有许多乐器,而在漆器的彩饰图案中,拥有丰富的甩长袖、扭细腰的楚舞形象资料。

殷商时期乐器无论是数量还是质量,较之前代都有了很大发展。河南辉县琉璃阁商墓出土的陶埙,有五个按音孔,可以发出八个连续半音。河南安阳出土的虎纹大石磬,琢磨精细,击之可发出类似金属之音。单体乐器之外,商代已有根据大小、声音高低为序编排成组的编磬、编钟、编铙等,大多为三枚成组。现存北京故宫博物院的三枚殷墓出土编磬,分别刻有"永启""夭余""永余"铭文,据测音高约为$^bb^2$、$c^3$、$^be^3$,依次恰好是一个大二度加小三度的三音列。殷墟甲骨卜辞中有不少乐器名,不仅种类多,而且字形也表现出乐器已经达到相当复杂的程度。如"龠"字作"𢁓""𥮉",据郭沫若考证,乃象编管乐器之形,从"𠃌",表示管头之空[49]。"乐"字作"𣓤",罗振玉认为是"从丝附木上,琴瑟之象也。或增'◇'以象调弦之器,犹今琵琶、阮咸之有拨矣"[50]。殷商乐器最为引人注目的还是青铜乐器的出现和应用。仅是钟类乐器就有钟、铙、镛、钲、镈等名号,敲击方式既有插在座架上之"植鸣"者,也有拿在手中之"持鸣"者,还有悬挂起来之"悬鸣"者。青铜商钟的形制颇像两片中国瓦拼合而成,故称"合瓦形"结构,其不同部位可以敲击出两个不同音高的音,而两音高之间的距离恰好是个小三度的关系。此外,湖北崇阳出土有一面晚商铜鼓,为青铜浑铸仿制,通体饰纹,器型与甲骨文的鼓字一致。从形制和敲击方式来看,可以看作是后世南方铜鼓的前身。

周代乐器品类更加繁多,见于文献记录的已有七十余种,其中《诗经》所载就达二十多种。于是,中国第一个乐器分类法——"八音"分类法便应运而生。

所谓"八音",是指我国古代乐器分类法中的八类乐器。这八类乐器根据制作材料分别被命名为金、石、土、革、丝、木、匏、竹[51],而"八音之中,金石为先"。八音分类法在中国沿用了两千余年,"金石(钟磬)""丝竹"成为日常惯用词语。基于制礼作乐的需要,周代雅乐还根据乐器的音量、音色等性能,构成比较合理的乐队编制和位置安排。杨荫浏依据《仪礼·大射仪》的记载,绘制了大射仪乐队排列示意图[52]。举行大射仪时,歌唱和弹瑟的乐工靠近堂上贵族的席位,其他音量较大的笙箫、钟磬、建鼓之类乐器,则安排在堂下不同的位置。不难看出,乐队基本上是按照贵族音乐欣赏的需要进行布置(图10-11)。

乐器分类和乐队编制排列必然需要科学的乐律理论指导,殷商时期埙序列和编磬、编钟序列的测音结果证明,商代已经初步形成了中国最古老的三声音阶,而到了周代,五声音阶、七声音阶以至十二律的理论与实践都已相当成熟。有关周代乐律理论的系统记述,见于《国语·周语下》伶州鸠对周景王问。伶州鸠说:"大不逾宫,细不过羽,夫宫,音之主也,第以及羽。"此处解说的是五声音阶及其相互关系,描述了五声音阶的主要轮廓,即从宫音开始一个一个地到达羽音,同时提出了五声音阶系列以宫音为主音的观念。伶州鸠还完整地

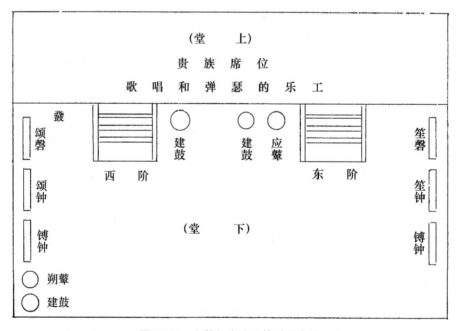

图10-11　大射仪的乐队排列示意图

叙述了十二律的律名,即黄钟、大吕、太簇、夹钟、姑洗、仲吕、蕤宾、林钟、夷则、南吕、无射、应钟。并将十二律分为阴阳两类,称为六律、六吕,单数各律称为"律",双数各律称为"吕",律、吕为半音关系。六律六吕阴阳相间,配十二月十二支,周而复始,循环往复。此外,又有加上"二变"的七声音阶,即宫、商、角、变徵、徵、羽、变宫。但在中原音乐中,五声体系一直占据主导地位。十二律是绝对音高,五声是比较音高。

最迟在春秋时代,中国人就率先发明了计算五声音阶和十二律的生律计算方法——三分损益法。该法最初是用竹管定律,首先确定出一个基本音高,即律管的基本长度,且又往往以黄钟为基本律,其长度定为九寸;然后自黄钟开始,递次用 2/3(三分损一)或 $1\frac{1}{3}$(三分益一)的比例,求得其他十一律的长度,再按音高的顺序排列起来(律管短者发音高),构成发音和谐的十二律。由于竹管定律不够精确,后来又改用丝弦长度进行计算[53]。最早记述三分损益法的文献是《管子·地圆》篇,方法是首先定出宫音长度为 81,然后用三分损益法求得徵、商、羽、角的长度比例,它们分别为 108、72、96 和 64,按音高排列,依次为徵羽宫商角。除《地圆》篇外,成书于战国时期的《吕氏春秋》的《音律》篇也记载了"三分损益法",而且扩展到八度间的十二律。

1978 年,曾侯乙墓出土的大批乐器文物,全面展示了春秋战国时期侯国乐队恢宏的建制和规模,长达两千八百多字的编钟铭文则记录了先秦乐律学的伟大成就(彩图 15)。该墓绝大多数乐器陈列在中室,其中南壁为一排三层编钟,钟架东侧安置了一面大型"建鼓"。钟架西侧向北成直角占满整个西壁的仍是三层编钟。北壁是一排双层编磬,共三十二枚。东壁则排列有竽二支、排箫三支(图 10-12)、篪二支、瑟七张(图 10-13)、带柄小鼓一件。此一长方形的四面乐队编制,实际就是礼乐制度中天子级别所谓"宫悬"的"堂上乐"。墓葬东室除棺椁外,放置乐器调音均钟一件,十弦琴(筑)、五弦琴各一张(图 10-14)、二十五弦琴五张、竽二支、悬鼓一面,而这恰好是雅乐中小型"房中乐"的乐器组合。中室布置的编钟总共 65 件,都有铭文。经乐律学家黄翔鹏等测试研究,可以证明:只要按标音位置敲击,就能发出合乎一定音阶的乐音,每钟可发两个音,音色优美,音域广,变化音比较完备,而且形成体系。总音域跨五个

图 10-12　曾侯乙墓出土排箫

图 10-13　曾侯乙墓出土瑟

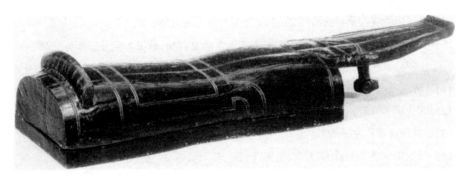

图 10-14　曾侯乙墓出土十弦琴

八度。在中心音域部分约占三个八度的范围内,十二个半音齐备,而全部音域中的基本骨干音则是五声、六声以及七声的音阶结构,可以旋宫转调。生律法以《管子·地圆》篇所载的方法为主,五音顺序为徵羽宫商角。不仅如此,曾侯编钟铭文还记载了曾国和楚、齐、晋、周、申等国各种律名、阶名、变化音名之间的对应关系,以便演奏各地的乐曲。世传周代十二律中已有八个律名在曾侯编钟上出现。可见至迟在春秋时代,十二律名已经存在,只是名称尚未完全统一。《地圆》篇所载生律法,应当是春秋时代或以前,乐律采用了三分损益法来计算音阶骨干音的结果[54]。

## 注　释

〔1〕　胡厚宣:《武丁时五种记事刻辞考》,载《甲骨学商史论丛》初集第三册下,青岛大学国学研究所专刊,民国三十三年 3 月版。

〔2〕　参见高明:《中国古文字学通论》,北京大学出版社,1996 年,第 246 页。

〔3〕　同注〔1〕,第 2 页。

〔4〕　同注〔1〕,第 68 页。

〔5〕　胡厚宣《武丁时五种记事刻辞考》说:"殷代已有极精致之毛笔与契刀,又有红、白、黑、黄、赭、绿等不同而美观之写绘颜料。其著录文字之物,除石、玉、骨、角、人头、兽头、陶、铜之外,由殷墟文字与遗迹推之,尚有竹、木、缣帛与兽皮。"同注〔1〕。

〔6〕　潘吉星在《中国科学技术史》造纸与印刷卷中说:"将有卜辞的龟甲用绳穿起来作为档案保留,即为册。"是册指龟甲。科学出版社,1998 年,第 35 页。

〔7〕　参见管燮初:《西周金文语法研究》,商务印书馆,1981 年。

〔8〕　郭宝钧:《商周铜器群综合研究》,文物出版社,1981 年,第 159 页。

〔9〕 参见唐兰：《西周青铜器铭文分代史征》，中华书局，1986年。

〔10〕 据孔颖达《正义》，马融、郑玄、王肃均以为虞夏同科，故以为应分三部分。《尚书·尧典》，《十三经注疏》本。

〔11〕 韩愈：《进学解》，《朱文公校昌黎先生文集》卷一二，《四部丛刊》本。

〔12〕 《论语·八佾》，《十三经注疏》本。

〔13〕 杜预：《春秋左氏传序》，《十三经注疏》本。

〔14〕 《汉书·艺文志》记有五家，但邹氏无师，郏氏无书，故至王莽时均已失传。

〔15〕 同注〔11〕。

〔16〕 毛诗认为原有311篇，6篇有声无辞，所以现存305篇，齐、鲁、韩三家诗意见不同。又，《史记·孔子世家》说《诗经》原有三千多篇，孔子删定为305篇，此说后人多不相信。

〔17〕 宋人提出"南"应独立为一类，即南、风、雅、颂四类。见程大昌《诗论》。又，清人顾炎武《日知录》提出南、豳、雅、颂四类说。

〔18〕 《商颂》创作时代向有争论，《毛诗序》及郑玄《诗谱》认为传自商代，三家诗则认为是春秋时期宋国的作品。

〔19〕 周满江《诗经》认为，编者可能把时代较早的以歌颂为主的雅诗编为一集，称《大雅》，把时代较晚的民歌一般贵族的雅乐编为一集，称《小雅》（上海古籍出版社版）。孙作云《说雅》认为，古人把讲述西周盛世或王室中兴的诗叫作"大雅"，"大雅"就是大周、大夏和盛周的意思。把那些反映当时乱离情况、特别是幽王时代的诗叫作"小雅"，"小雅"就是小夏、小周或衰周的意思（《文史哲》1957年1期）。

〔20〕 参见马承源主编：《上海博物馆藏战国楚竹书》（一），上海古籍出版社，2001年。但关于《孔子诗论》中的逸诗问题，学术界尚有争论，参见《楚竹书论文集》，上海书店，2002年。

〔21〕 近时发现的楚竹简有孔子论《诗》的意见，说明孔子对《诗经》有过深入的讨论，这些意见与汉人《诗序》并不矛盾，也说明汉儒论《诗》是有师传的。参见《上海博物馆藏战国楚竹简》，上海古籍出版社，2001年。

〔22〕 宋以来关于《诗经》是否全部入乐，颇有争议，现代学者一般都接受《诗经》入乐的观点，故《诗经》的整理编纂应该由乐官完成。

〔23〕 参见廖名春《"六经"次序探源》，《历史研究》2002年2期。

〔24〕 《诗集传·序》，上海古籍出版社影印本。

〔25〕 《小盂鼎》为西周康王时器，清道光初于陕西省岐山县礼村出土，传此器毁于太平天国之际。

〔26〕《世说新语·文学》"谢公因子弟集聚"条。

〔27〕参见傅斯年:《周颂说》(《历史语言研究所集刊》1 卷 1 期)、徐中舒:《豳风说》(《历史语言研究所集刊》6 卷 4 期)。

〔28〕《诗经原始》。

〔29〕参见袁行霈主编:《中国文学史》,高等教育出版社,1999 年,第 75 页。

〔30〕参见《战国策》卷一四江乙对荆宣王问。《四库全书》本。

〔31〕《史记·楚世家》记楚武王三十一年伐随,随称无罪,楚王说:"我蛮夷也。今诸侯皆为叛,相侵或相杀,我有敝甲,欲以观中国之政,请王室尊吾号。"周王不允,楚王怒,遂自尊号武王,与随盟而去。

〔32〕《汉书·艺文志》说屈原的作品有 25 篇,但未标具体篇目,王逸《楚辞章句》列了 26 篇,其中有许多作品有争议。

〔33〕尹盛平:《西周蚌雕人头像种族探索》,《文物》1986 年 1 期,第 46—49 页。

〔34〕河北省文物管理处:《河北省平山县战国时期中山国墓葬发掘简报》,《文物》1979 年 1 期,第 12 页。

〔35〕王学理:《咸阳帝都记》,三秦出版社,1999 年,第 432—433 页。

〔36〕四川省博物馆:《成都百花潭中学十号墓发掘记》,《文物》1976 年 3 期,第 43—45 页。

〔37〕随县擂鼓墩一号墓考古发掘队:《湖北随县曾侯乙墓发掘简报》,《文物》1979 年 7 期,第 3 页。

〔38〕相关记述可参考《中国文明史》第二卷,河北教育出版社,1992 年,第 590—591 页。

〔39〕河北省文物管理处:《河北省平山县战国时期中山国墓葬发掘简报》,《文物》1979 年 1 期,第 1—13 页。

〔40〕王世襄:《中国古代的髹漆工艺成就》,见阴法鲁、许树安主编的《中国古代文化史》(二),北京大学出版社,1991 年。

〔41〕《山海经·海内西经》:"形(刑)天与帝至此争神,帝断其首,葬之常羊之山。乃以乳为目,以脐为口,操干戚以舞。"

〔42〕杜恒:《试论百花潭嵌错图像铜壶》,《文物》1976 年 3 期,第 47—50 页。

〔43〕《太平御览》卷八二引《帝王世纪》曰:"世传禹病偏枯,足不相过,至今巫称禹步是也。"

〔44〕《左传·襄公十年》记载,"宋公享晋侯于楚丘,请以桑林","舞师题以旌夏,晋侯惧而退入于房,去旌,卒享而还,及著雍疾"。

〔45〕《左传·成公二年》。

〔46〕《左传·襄公二十九年》。

〔47〕事见《太平御览》卷五二六引《桓子新论》。

〔48〕《韩非子·二柄》。

〔49〕郭沫若:《甲骨文研究·释龢言》,科学出版社,1962 年。

〔50〕罗振玉:《殷虚书契考释》(增订本)卷中,东方学会,1925 年。

〔51〕见《国语·周语下》《周礼·春官宗伯·大师》。

〔52〕杨荫浏:《中国古代音乐史稿》,人民音乐出版社,1981 年。

〔53〕有学者认为三分损益法就是根据弦的长度计算,因为迄今还没有发现真正用于音乐实践的律管,而且弦上计算误差小,计算方便,古人可能掌握在先。参见余甲方:《中国古代音乐史》,上海人民出版社,2003 年,第 37 页。

〔54〕黄翔鹏:《先秦音乐文化的光辉创造》,《文物》1979 年 7 期,第 34—37 页;《曾侯乙钟磬铭文乐学体系》,《音乐研究》1981 年 1 期,第 36—37 页。

# 彩 图 目 录

# 插 图 目 录